U0528332

朱德年谱

一八八六——一九七六　中卷

新编本

中共中央文献研究室　编

主　审　金冲及

主　编　吴殿尧

副主编　庹　平

中央文献出版社

目　　录

1937 年 …………………………………………………（647）
1938 年 …………………………………………………（729）
1939 年 …………………………………………………（851）
1940 年 …………………………………………………（930）
1941 年 …………………………………………………（1027）
1942 年 …………………………………………………（1090）
1943 年 …………………………………………………（1122）
1944 年 …………………………………………………（1151）
1945 年 …………………………………………………（1180）
1946 年 …………………………………………………（1221）
1947 年 …………………………………………………（1247）
1948 年 …………………………………………………（1291）
1949 年 …………………………………………………（1322）

1937年　五十一岁

7月7日 夜，日本侵略军向北平（今北京）西南郊的卢沟桥发动进攻，驻守该地区的国民党军第二十九军第三十七师第一一〇旅奋起抵抗，卢沟桥事变爆发。全国性抗日战争开始。

7月8日 中共中央向全国发出通电，指出：日军在卢沟桥的这一挑战行动，"即将扩大成为大规模的侵略战争"，"平津危急！华北危急！中华民族危急！"呼吁"全国同胞，政府和军队，团结起来，筑成民族统一战线的坚固长城，抵抗日寇的侵掠！""驱逐日寇出中国！"

△ 毛泽东、朱德、彭德怀等红军高级将领致电蒋介石，要求"实行全国总动员，保卫平津，保卫华北，收复失地。"表示红军将士愿"为国效命，与敌周旋，以达保土卫国之目的"。同日，又致电驻守平津一带的国民党第二十九军将领宋哲元[1]、张自忠[2]、刘汝明[3]、冯治安[4]等，请他们"策励全军，为保卫平津而战，为保卫华北而战"。并表示："红军将士，义愤填胸，准备随时调动，追随贵军，与日寇决一死战。"

7月11日 毛泽东、朱德致电在云阳红军前敌总指挥部的彭德怀、任弼时、邓小平：中日战争有扩大之势，已电告周

---

[1] 宋哲元，时任国民党军第二十九军军长。
[2] 张自忠，时任国民党军第二十九军第三十八师师长。
[3] 刘汝明，时任国民党军第二十九军第一四三师师长。
[4] 冯治安，时任国民党军第二十九军第三十七师师长。

恩来转告林伯渠[1]向蒋介石交涉，红军调赴河北应战，第一步拟以二十七军、二十八军、三十二军及骑兵团编一小师先行派去，主力编成后再去。请即令二十八军、三十二军两部加强训练准备。

7月13日 毛泽东、朱德致电李仙洲[2]、高桂滋[3]："两兄所部奉命开赴前线，保卫国土，义薄云天。"代表红军向该师将士热烈致敬，表示愿与之"亲密合作，一致抗日"。

7月14日 毛泽东、朱德致电彭德怀、任弼时，贺龙、关向应、刘伯承、聂荣臻、徐向前等，发布关于红军在十天内准备完毕，待命开赴抗日前线的命令。

△ 毛泽东、朱德、彭德怀等致电在西安的叶剑英，要他通过西安行营转告蒋介石："红军主力准备随时出动抗日，已令各军十天内准备完毕，待令出动。同意担任平绥线国防。惟红军特长在运动战，防守非其所长，最特长于同防守之友军配合作战，并愿（以）一部深入敌后方，打其后方。"

△ 为红军开赴抗日前线题词："日本强盗夺我东三省[4]，复图占外蒙[5]，又侵我华北，非灭亡我全国不止。我辈皆黄帝子孙，华族胄裔，生当其时，身负干戈，不能驱逐日本（寇）出中国，何以为人！我们誓率全体红军，联合友军，即日开赴前线，与日寇决一死战！复我河山，保我民族，

---

[1] 林伯渠，时为国共谈判的中共代表。
[2] 李仙洲，时任国民党军第二十一师师长。
[3] 高桂滋，时任国民党军第八十四师师长，驻军绥德。
[4] 东三省，指辽宁、吉林、黑龙江。
[5] 外蒙，指现在的蒙古国，原是中国的一部分，称外蒙古。1921年宣布独立，1924年成立蒙古人民共和国。1946年1月中国国民党政府承认蒙古独立。

保卫国家，是我天职！"

7月15日 由周恩来、博古、林伯渠组成的中共代表团在庐山向国民党中央送交《中共中央为公布国共合作宣言》，表示："为求得与国民党的精诚团结，巩固全国的和平统一，实行抗日的民族革命战争"，中国共产党愿为彻底实现孙中山的三民主义而奋斗；停止推翻国民党政权和没收地主土地的政策；取消苏维埃政府，改称特区政府；取消红军名义及番号，改编为国民革命军。宣言还提出发动全民族抗战，实行民权政治和改善人民生活的三项政治主张，作为国共合作的总纲领。

△ 撰写《实行对日抗战》一文。文章从经济、军事方面分析了日本帝国主义存在的无法克服的弱点，指出"日本并不是那样可怕的"，让步、妥协与退却只能是死路一条，只是亡国灭种的饮鸩止渴的自杀政策。抗战，只有在抗战中找出路，求生存，不能踌躇，也不容徘徊，这是每个中国同胞应有的决心！并强调指出："只要我们全国民众上下一致齐心协力"，"团结一切力量，动员一切力量，武装一切力量"，"最后的胜利终会是我们中华人民的"。表示，中国共产党"愿意放弃十年来有着光荣声誉'红军'这个名字，改编为国民革命军"，开赴抗日前线。文章于七月二十六日在《解放》周刊第一卷第十二期发表。

7月16日 关于红军准备参战及编制原则问题，毛泽东、朱德致电彭德怀、任弼时并告叶剑英、刘伯承、张浩，指出：在国民党政府"许可主力红军参战条件下，拟以原一、二、四方面军出动，即以方面军编为师，军编为旅，师编为团。而以二十七军、二十八军、二十九军、三十军、三十一军五部共五千人，连同地方武装，准备编为第四师，留置后方，保卫苏区根据地，必要与许可时，得再派一部增加前线"；在国民党政府"不许可主力参战，但许可部分参战条件下，则以二十七军、二十八军、三十二军及骑兵团共三千余人，编成一游击师派去，活动于热、察、冀间，而多派红大干部随去，扩大义勇军运动。"

7月17日 张闻天、毛泽东致电叶剑英转周恩来、博古、林伯渠，指出：从大局出发，在谈判中对红军改编后的指挥机关可以承认平时设政训处指挥，朱德为正主任，彭德怀为副主任。但战时不能不设军事指挥部，以资统帅。

△ 周恩来、博古、林伯渠在庐山同蒋介石、邵力子、张冲会谈，提议以《中共中央为公布国共合作宣言》作为两党合作的政治基础，尽快发动全国抗战。同日，蒋介石在庐山发表谈话说："如果战端一开，就是地无分南北，年无分老幼，无论何人，皆有守土抗战之责任，皆应抱定牺牲一切之决心。"但又表示"希望由和平的外交方法，求得卢事的解决"。

7月18日 离开延安，前往抗日红军前敌总指挥部所在地陕西省泾阳县云阳镇，准备东渡黄河开赴抗日前线。

7月23日 抵达云阳镇，与彭德怀、任弼时主持红军前敌总指挥部召开的红军高级干部会议，从南京回来的周恩来、博古也参加会议。会议讨论红军改编和开赴抗日前线等问题。在七月二十四日会议上，讲了卢沟桥事变、国共合作和红军改编问题；在七月二十六日会议上，指出：在形势转变的情况下，有些干部热情有余，办法不足；强调干部要以身作则，军队要有军队的样子，要有一定的纪律；还讲了红军改编后如何使用和补充的意见。在二十七日会议上，讲了如何预防军阀主义的问题。会议于二十七日结束。

7月26日 与彭德怀、任弼时、林育英、关向应、刘伯承、贺龙致电中共中央书记处、中央军委，认为：蒋介石对红军改编所提条件苛刻，"超过我们统一战线的最低限度原则"，如果接受，红军"有瓦解危险"。提出："我们改编三个国防师一个军部及若干地方武装，是最低限度的原则与要求"，国民党如不同意，"则拒绝谈判，必要时准备将谈判经过公布"。主张"我们利用现在有利形势，立即自动地编为三个师一个军部，向全国公布"。建议"应采取必要准备，在部队中动员吃野菜、筹粮，使全体将士了解争取抗日斗争的艰苦，使全国人民了解红军抗日真诚"。

△ 收到毛泽东致朱德、彭德怀、任弼时电，指出：红军改编后的干部配备问题，待周恩来等回来再商一次才能最后确定。应以加强各师能独立作战为原则。如抗战暂时无望，编制以充实各师为原则。各独立军、师可一齐编入，尽量减少后方经费。将来抗战时留一师在后方。

7月27日 中共中央书记处复电朱德、彭德怀等，指出："中央决定红军和苏区必须全权由我们包办，绝不让步"；"统率机关必须是总指挥部或军部"。中央"同意你们的意见"，但由于"地方经费，南京必难多发"，"因此多留地方部队成为不可能"，拟改变计划，将所有原独立军、师一概编入三个师中，出动抗日。后方"留一个师，至少留一个旅"。

7月28日 收到毛泽东致朱德、彭德怀、任弼时、刘伯承、林育英、贺龙、关向应并告叶剑英电，告以："周、博、林[1]已回延安。我们商定：（一）立即取得行营[2]同意，一、四方面（军）及七十四师集中三原迅速改编，以便出动。（二）将各独立军师一概编入，编足四万五千人的三个师。（三）上设总指挥部（将来可让步为军部），朱正彭副，政治

---

〔1〕 周、博、林，即周恩来、博古、林伯渠。
〔2〕 行营，指国民党军事委员会西安行营。

部，任正邓副，不管南京承认与否，实行在军委领导下之全权指挥。（四）详由洛周博[1]明日来前方面告。"

△ 与彭德怀、任弼时致电罗荣桓、邓小平、萧克、宋时轮、宋任穷、贺龙、关向应并报毛泽东："部队急待出发"，"拟将一、四方面军集中三原、泾阳区域改编"；"第一、第十五军团及第四军、三十一军，统限于本月三十一日由现驻地出发，于八月八日前到达三原、泾阳地带集中完毕"。"二方面军集中庄里，二十八军暂留原地待命"。当日，张闻天、毛泽东复电："同意朱、彭、任意见，一、四两方面军，均调三原集中改编。"

7月29日 与彭德怀致电南京国民政府蒋委员长："大战已起，深信委员长必能麾动大军，继续北上，保我华北，复我失地。德等改编完成，待命出动，誓以热血为国效死。谨乞颁钧命，开赴前线，是为至祷。"

△ 日军侵占北平。

7月30日 关于成立中央军委军事研究委员会问题，致电各兵团首长，告以：中央军委组织军事研究委员会，已于六月十二日成立。目的在提高红军军事学识，总结国内战争的宝贵经验与学习新的军事知识，以迎接即将到来的民族革命战争。其主要任务在于研究对日抗战、目前军事教育、国内战争的经验教训各项问题，并拟具体意见，提交执行机关。委员会由五人组成，下设秘书处及编译委员会，编译两委员会各设主任一人，并各指定若干人参加之。委员为朱德、毛泽东、林彪、萧劲光、李德。主任朱德，编委会主任李德，译委会主任伍修权。各兵团首长应立即组织各该兵团军事研究委员会，并与中央军事研究会发生密切联系。

---

[1] 洛周博，即张闻天、周恩来、博古。

△　与彭德怀、任弼时、聂荣臻、刘伯承、张浩致电中共中央书记处、军委并告叶剑英："蒋十七号发表的谈话[1]虽较前强硬，但未脱离向日求和幻想"，"我们应有足够的认识，南京政府现仍未修正其严重动摇性。我们应以各种方式和行动，来推动蒋介石抗日"。"红军行动和改编仍需自主地动作，并需力求迅速。故我们决定八月一号，一、四方面军向三原、泾阳集中，我们已通知行营[2]，不管行营同意与否，我们应坚决地这样干，并说我们已经出动"。

　　△　收到毛泽东、周恩来致朱德、彭德怀、任弼时，贺龙、关向应、刘伯承、林育英电：（一）部队东调必先征得行营同意，否则国民党即认为我们自由行动，必生疑虑，影响抗日大局及两党合作。（二）在行营同意东调后，拟以二十八军驻镇原一带，三十军驻庆阳、驲马关一带；陕甘宁独三团驻宁县，独四团驻合水，赤水警卫营驻正宁，二十七军驻云阳、淳化、栒邑。上述接防部队来到前，原驻部队各留一小部驻守防区。

　　△　日军侵占天津。

7月31日　鉴于叶剑英从西安的来电中告知，李宗仁[3]、白崇禧[4]，刘湘[5]准备赴南京出席国民政府军事委

---

[1] 指蒋介石7月17日在庐山发表的谈话，表示如果战端一开，地无分南北，年无分老幼，无论何人，皆有守土抗战之责任。
[2] 指国民党军事委员会西安行营。
[3] 李宗仁，国民党军桂系将领，时任第五战区司令长官兼国民党安徽省政府主席。
[4] 白崇禧，国民党军桂系将领，时任国民党政府军事委员会副参谋总长兼军训部长、桂林行营主任。
[5] 刘湘，国民党军川系将领，时任第二预备军司令长官兼国民党四川省政府主席。

员会即将召开的国防会议,与周恩来、博古、彭德怀、任弼时致电毛泽东、张闻天,建议中共也应派人参加会议,争取公开合法地位,并建议由周恩来、叶剑英出席。

△ 收到毛泽东致朱德、彭德怀、任弼时,刘伯承、林育英、贺龙、关向应并告叶剑英电:部队可下令从八月五日起开始东移。集中后一面改编一面加紧训练,一面要求南京补充。

8月1日 收到张闻天、毛泽东致朱德、周恩来并转彭德怀、任弼时电:"红军抗日出动的路线、出动的兵力、作战的方法都不应请求蒋介石决定颁发","只能待适当的时机,由我们提出与之商定"。

8月4日 根据毛泽东、张闻天八月一日关于红军执行独立自主的分散作战的游击战争、开始阶段红军以出三分之一的兵力为宜的指示,在云阳总部与周恩来、博古、林伯渠、彭德怀、任弼时等讨论了全国抗战及红军参战的方针问题,并共同将意见致电张闻天、毛泽东,提出《关于全国对日抗战及红军参战问题的意见》和《关于红军主力出去抗战的意见》,认为对日抗战的方针是:(一)"要求南京要有发动全国抗战的决心和布置";(二)"争取我们在抗战中参加和领导";(三)"不反对在推动全国抗战中,须要积极的准备"。"为实现第一项方针,我们要反对妥协谈判、增援不力、划地自守与观望或再退的事。作战方针要以分区集团的防御钳制敌人,而反对单守不攻与退却逃跑"。"为实现第二方针我们应对参战不迟疑,但要求独立自主担任一方面作战任务,发挥红军运动战、游击战、持久战的特长";"不拒绝红军主力出动,但要求足够补充与使用兵力自由"等。为实现第三个方针,应要求"立开国防会议"、"实行全国动员"等。关于红军出动问题,主张"仍以红军主力出去","同时估计到持久战的需耗","可节约兵力,谨慎使用"、"多行侧面的运动战与游击战";"不拖延改编","不反对开赴察、绥",但要求国民党将《中共中央为公布国共合作宣言》及中共将领名单全部同时发表,迅速补充发足费用,以便开动;"不发表宣言及全部名单,不补充完备,不能出发"。"关于红军只出三分之一问题,我们再三考虑,认为仍以红军主力出去为妥。"

△ 应国民政府军事委员会委员长蒋介石的密邀,中共中央决定朱德、周恩来、叶剑英赴南京出席国防会议,共商国防问题。

△ 收到张闻天、毛泽东致周恩来、朱德、叶剑英电,关于中共方面在同蒋介石谈判时对国防问题的意见,提出:"总的战略方针暂时是攻势防御,应给进攻之敌以歼灭的反攻,决不能是单纯防御。将来准备转变到战略进攻,收复失地。""正规战与游击战相配合。游击战以红军与其他适宜部队及人民武装担任之,在整个战略部署下,给与独立自主的指挥权。""担任游击战之部队,依地形条件及战况之发展,适当使用其兵力。为适应游击战性质,原则上应分开使用而不是集中使用。""依现时情况,红军应出三分之一兵力,依冀、察、晋、绥四省交界地区为中心,向着沿平绥路西进及沿平汉路南进之敌,执行侧面的游击战;另以一部向热冀察边区活动,威胁敌后方(兵力不超过一个团)。红军应给以必要的补充。""发动人民的武装自卫战,是保证军队作战胜利的中心一环。对此方针游移是必败之道。"

8月5日 收到张闻天、毛泽东致朱德、周恩来、博古、彭德怀、林伯渠、任弼时关于红军参战等问题的复电,指出:红军只宜作侧面战,不宜作正面战,不宜于以"独当一面"之语意提出,而是提"担负以独立自主的游击运动战,钳制敌人大部分，消灭敌人一部"；"具体要求，指定冀察晋绥四省交界区（四角地区不是三角地区），向着沿平绥西进及沿平汉南进之敌，以出击侧面的扰乱钳制和打击，协助友军作战，并便于派一部远出热河"。这都是在一定地区协助正面友军作战的意思，而不是"独当一面"。使用兵力"可以是二分之一，可以是三分之二"，其余用以保卫"我们唯一可靠的后方"，因为蒋介石在陕、甘尚有十个师的兵力。

△ 与周恩来、博古致电张闻天、毛泽东，说：关于朱德赴南京同国民党谈判问题，他们虽经反复考虑，但意见不完全一致。朱德认为他目前去南京较以后去有利。同日，张闻天、毛泽东复电朱德、周恩来、博古、林伯渠、彭德怀、任弼时："我们以为朱德同志以即去南京一行为有利。"

8月6日 与周恩来、叶剑英自云阳抵达西安，拟赴南京同国民党谈判。

△ 红军前敌总指挥部命令红军集中到陕西三原地区，整装待命。

8月8日 与周恩来会见被押解到西安后释放的红军西路军部分被俘人员，表示慰问和鼓励。

8月9日 与周恩来、叶剑英乘飞机抵南京。八月十一日，与周恩来在国民政府军事委员会军政部谈话会上分别发言。朱德说：抗日战争在战略上是持久的防御战，在战术上则应采取攻势。在正面集中兵力太多，必然要受损失，必须到敌人的侧翼活动。敌人作战离不开交通线，我们则应离开交通线，进行运动战，在运动中杀伤敌人。敌人占领我大片领土后，我们要深入敌后作战。目前用兵方向主要是华北，但从目前情况判断，敌人必然会进攻上海，以吸引我国兵力。在抗战中应该加强政治工作，发动民众甚为重要，在战区应由下而上及由上而下把民众组织起来。游击战是抗战中的重要因素,游击队在敌后积极活动,敌人就不得不派兵守卫其后方,这就钳制了它的大量兵力。并强调抗战开始以后,应当根绝各种和平妥协言行,坚持持久抗战。还建议开办游击训练班,使国民党的军队亦能逐步学会游击战争。朱德、周恩来代表中共中央发表的意见对国民政府军事委员会制定全国抗战的战略方针产生了积极影响。

8月12日 与周恩来、叶剑英同国民党谈判代表张冲[1]、邵力子[2]、康泽[3]商谈《中共中央为公布国共合作宣言》的内容。康泽提出宣言中不提民主,取消对民族、民权、民生三条的解释,不提和国民党获得谅解共赴国难等。朱德、周恩来予以批驳,并要求将中共意见报蒋介石。

△ 收到毛泽东致朱德、周恩来电:山西阎锡山已答应红军由韩城渡河,经同蒲路输送。并称补充须有南京命令即可照办。指出:不反对红军出动主力,但决不可自提出动全部。

8月13日 与周恩来、叶剑英就同国民党谈判的情况和谈判条件问题两次致电中共中央,告以:"南京主战空气浓厚,主和者不敢公开发表意见";各方认为"蒋已有抗战初步决心,必须致力于巩固和保证";"我们已渐取得公开地位,南京各要人及刘[4]、白[5]、龙[6]等均见过"。并建议:(一)努力抗战,以巩固蒋介石的抗战决心;(二)红军立即改编,争取开

---

[1] 张冲,时任国民党中央执行委员、中央组织部代理副部长等职。
[2] 邵力子,时任国民党中央监察委员、中央宣传部部长。
[3] 康泽,时任国民党政府汉口禁烟缉私处主任。
[4] 刘,即刘湘。
[5] 白,即白崇禧。
[6] 龙,即龙云,国民党军滇系将领,时任第二预备军司令长官云南省政府主席。

动；（三）力争《中共中央为公布国共合作宣言》发表；（四）催促发表正副总指挥；等。

△ 日军大举进攻上海，淞沪抗战爆发。第二天，国民政府发表《自卫抗战声明书》，称"中国决不放弃领土之任何部分，遇有侵略，惟有实行天赋之自卫权以应之"。

8月16日 与周恩来、叶剑英致电张闻天、毛泽东，关于同国民党谈判的情况：除初步商定红军开赴前方的行动路线外，国民党当局同意每月发给军饷五十万元，另拨开拔费二十万元及一批物资。并告："朱于本日乘车回陕，叶仍留京进行各种联络及交涉补充款等事宜。"

△ 离开南京去西安。

8月中旬 在南京期间，与周恩来、叶剑英同国民党商谈了在南京、兰州、武汉等地设立中共代表团和八路军办事处，以及湘、赣、闽、粤、浙、鄂、豫、皖八省十三个地区和红军游击队的改编问题；会晤了冯玉祥[1]、白崇禧、龙云等，商谈合作抗日问题。探望于右任[2]，商谈中共准备在南京创办《新华日报》事，并请于为该报题写报头。

8月17日 毛泽东致周恩来、朱德、叶剑英电，关于红军抗日的出动路线问题，指出："红军为安全计，为荫蔽计，为满足晋绥渴望计，决走韩城渡河，在侯马上车，到大同集中，再转至怀来、蔚县，决不走平汉路。"还指出：红军"在独立自主的指挥与游击战山地战原则下受阎百川[3]节制，速通知阎"。

---

[1] 冯玉祥，时任国民党政府军事委员会副委员长兼第三、六战区司令长官。

[2] 于右任，时任国民党中央执行委员会主席。

[3] 阎百川，即阎锡山，时任国民党军第二战区司令长官。

8月18日 中共中央书记处发出《关于同国民党谈判的十项条件给朱德、周恩来、叶剑英的训令》,指出:国共两党合作须建立在一定原则上,目前最重要问题,须使党与红军放在合法地位。因此要求国民党迅即实现下列各项,以便红军早日开赴前线杀敌。要求实现的十项条件是:(一)发表我党宣言,同时蒋介石发表谈话;(二)发表边区组织;(三)发表指挥部;(四)发给平等待遇之经费;(五)发给平等待遇之补充器物;(六)红军充任战略的游击支队;(七)在总的战略方针下,执行独立自主的游击战争,发挥红军特长;(八)为适应游击战原则,须依情况出兵与使用兵力;(九)不分割使用;(十)第一批出动红军的使用区域,在平汉路以西、平绥路以南地区,并受阎百川节制。

△ 周恩来、叶剑英致电毛泽东并转彭德怀、任弼时等,告以:南京已决定朱德、彭德怀为八路军之正、副总指挥。部队仍以速开为有利。

8月19日 回到云阳镇抗日红军前敌总指挥部。

8月20日 与彭德怀发表《抗日人民红军留别西北同胞书》:"敝军要与相聚八个月的父老兄弟姊妹们暂且告别。为了国家、为了民族,为了使西北父老兄弟姊妹不做亡国奴,敝军要走上抗日的前线去。要以我们的头颅和热血把日本强盗赶出中国,把汉奸铲除干净,那时再回来与我们亲爱的父老兄弟姊妹相见,过快乐日子。"同时,发布《为东下抗日告同胞书》,表示:"我们改名为国民革命军,受命上前线去。我们抱定了最大的决心,要为民族的生存流到最后一滴血,不把日本帝国主义赶出中国,不把汉奸卖国贼完全肃清,决不停止。"还发布《告抗日友军将士书》,指出:"我们和你们同是黄帝子孙,同是中华军人,同是患难中的朋友。我们的敌人只有一个——

日本帝国主义。我们要胜利,要不做亡国奴,只有亲密团结起来,结成铁的长城。"

8月21日 中苏互不侵犯条约在南京签字。

8月22日 南京国民党政府军事委员会宣布将红军编入国民革命军第八路军序列,国民政府军事委员会委员长蒋介石委任朱德为国民革命军八路军总指挥、彭德怀为副总指挥。

8月22日—24日 出席在陕西洛川县冯家村召开的中共中央政治局扩大会议。会议分析全国抗战后的新形势,讨论正确贯彻执行党的统一战线政策问题,制定党在抗战时期的行动方针和具体政策。二十二日,在会上发言,主张红军早上前线,出动以后,应注意保存兵力,对红军的使用,"应是积极的,向前的,发展的。估计日本(军队)是外国军队,便利我们的行动。只有积极的活动,才能发展抗战,出去不能停顿太久,不要让人家(指国民党军队)败了,不好。"二十四日,再次发言,指出:持久战不能单凭消耗,主要的是发动群众,军事上是发动广大游击战争。为使国民党军队在前线阻止敌人多一些时间,就要在国民党军队还能抵抗时,及早布置工作,争取在华北的持久战;即使友军都退下来,我们也能在华北坚持住。我们的中心摆在支持华北。重点争取太行山及其以东地区。红军出动,其他工作人员也要出去,这是争取前面抗日工作胜利的重要一环。"应估计到我们能牵制敌人,起伟大作用"。会议决定成立党的中央革命军事委员会(中央军委),由毛泽东、朱德、周恩来、彭德怀、任弼时等十一人组成,毛泽东为主席(书记),朱德、周恩来为副主席(副书记)。二十五日,根据会议讨论结果,中共中央公布《关于目前形势与党的任务的决定》和《抗日救国十大纲领》。

8月23日 中共中央政治局常委会议决定成立中央军委

前方分会（后称华北军分会），由朱德、彭德怀、任弼时、张浩、林彪、聂荣臻、贺龙、刘伯承、关向应组成，朱德为书记，彭德怀为副书记。

8月25日 中共中央革命军事委员会主席毛泽东、副主席朱德、周恩来发布《中央革命军事委员会关于红军改编为国民革命军第八路军的命令》：南京已开始对日作战，国共两党合作初步成功，为着实现共产党中央给国民党三中全会红军改名之保证，使红军成为抗日民族战争的模范，推动这一抗战成为全民族的抗日革命战争，以争取最后的彻底胜利，特根据与国民党及南京政治谈判的结果，宣布红军改名为国民革命军第八路军，红军前敌总指挥部改为第八路军总指挥部，朱德任总指挥，彭德怀任副总指挥，叶剑英任参谋长，左权任副参谋长，红军总政治部改为第八路军政治部，任弼时任主任，邓小平任副主任。下辖三个师：第一一五师，以林彪为师长，聂荣臻为副师长，周昆为参谋长，罗荣桓为政训处主任，萧华为副主任；第一二〇师，以贺龙为师长，萧克为副师长，周士第为参谋长，关向应为政训处主任，甘泗淇为副主任；第一二九师，以刘伯承为师长，徐向前为副师长，倪志亮为参谋长，张浩为政训处主任，宋任穷为副主任。命令指出：各师改编后，"必须加强党的领导，保持与发挥十年斗争的光荣传统，坚决执行党中央与军委会的命令，保证红军在改编后，成为共产党的党军，为党的路线及政策而斗争，完成中国革命之伟大使命。"准备开赴山西前线，加入第二战区（晋绥）序列。

△ 毛泽东、朱德、周恩来致电叶剑英，告以：中央政治局会议已开完，通过新的决议及抗日救国十大纲领。红军主力出动原则上已决定，但必须争取南京发表宣言及决定陕甘宁边区政府组成。目前须以一个师经同蒲路北上，二十二日已开

动,其余看情况再定。在南京,一方面宣传红军先头部队已出动,另一方面强调南京不予发表中共宣言及边区政府,最使红军将士不安,要求国民党迅速实现此两项要求,以便红军迅开前线,安心杀敌。

△ 与彭德怀发表《第八路军总指挥副总指挥就职通电》:"日寇进攻,民族危急,敝军请缨杀敌,义无反顾!兹幸国共两党重趋团结,坚决抗战,众志成城。本月养日(二十二日)奉国民政府军事委员会蒋委员长委任令开,特派朱德为国民革命军第八路军总指挥,彭德怀为副总指挥等因奉此,遵即将红军改为国民革命军第八路军,并宣布就职。部队现已改编完毕,东进杀敌。德等愿竭至诚,拥护蒋委员长,追随全国友军之后,效命疆场,誓驱日寇,收复失地,为中国之独立自由幸福而奋斗到底。"

8月26日 与彭德怀签发《八路军总指挥布告》:"本军奉命抗日,为求民族生存。拥护中央领导,驱除日寇出境。团结全国各界,联合法苏美英。保卫中华领土,收复失地完整。实行统一战线,抗日救国纲领。本军纪律严明,买卖照常公平。禁止拉夫拉车,禁止侵犯百姓。凡属中华同胞,一律保护认真。汉奸敌探间谍,严办决不容情。望我国人奋起,共负救亡责任。抗日战争胜利,大家共享太平。"

8月27日 出席中共中央政治局常委在洛川召开的座谈会。会议讨论在抗日民族统一战线中共产党和国民党互相吸引的问题。在会上发言说:由苏区到白区去工作,自己要有阶级觉悟与马克思主义的认识,否则糊里糊涂就会被国民党吸引过去。因此,要加强教育,提高认识。要突破酒色财气、富贵功名这个关。对此,个别人应该有所警觉,要在革命过程中进行锻炼。要发扬红军吃苦耐劳的长处,做好工作。

8月29日 根据八月二十三日中共中央政治局常委会会议关于在前方设立军委分会的决定，中共中央书记处发出《关于成立前方军委分会及各师成立军政委员会的决定》，指出：中央在前方设立党的军委分会，以朱德、彭德怀、任弼时、张浩、林彪、聂荣臻、贺龙、刘伯承、关向应九人组成。朱德任书记，彭德怀任副书记，受中央军委统辖。各师成立军政委员会：一一五师由林彪、聂荣臻、罗荣桓、周昆、萧华组成，林彪任书记；一二〇师由贺龙、关向应、萧克、甘泗淇、王震组成，贺龙任书记；一二九师由刘伯承、张浩、徐向前、陈赓、王宏坤组成，刘伯承任书记。均受军分会统辖。

8月30日 与彭德怀、任弼时致电毛泽东，对日军占领张家口、南口之线后的战役计划作出判断，指出有两种可能：（一）乘胜进占大同、归绥等地，完成割断中苏联络；（二）其主力沿津浦略取德州，及由烟台、威海卫、青岛略取山东半岛、淞沪，以相机占领上海。根据以上判断，我三个师应速出动，向涞源、太宁、灵丘、浑源、阜平地域集结，小部向张家口北平游击，主力相机侧击向大同及保定前进之敌。并告：八路军第一二〇师和第一二九师，于九月初出动。

△ 收到毛泽东致朱德、彭德怀、任弼时本日急电：一二〇师（欠文年生团）准备即尾一一五师之后出发，请规定行程电告。尔后各部行程应按日电告。

8月31日 与彭德怀、任弼时等从洛川返云阳镇八路军总部，途中在中部县（今黄陵县）拜谒黄帝陵。

9月1日 毛泽东、朱德、彭德怀致电在西安的周恩来转告国民党军事委员会西安行营主任蒋鼎文，关于八路军过黄河需用船只问题："所谓（已）备好了船只全是空话，要蒋（介石）速令船只开到芝川镇（就用），免误军机。"

△　八路军总部发布命令，要求"一二〇师立即开赴山西抗日前线"。

△　收到毛泽东、张闻天致周恩来、博古、林伯渠和朱德、彭德怀、任弼时电，指出：对康泽等的进攻，我们的对策是：（一）陕甘宁边区设长官（不设主任），委林伯渠任，设副长官委张国焘任，设厅（不设处）任我们提出之人。（二）必须委任弼时、邓小平为八路军政治部正副主任。（三）传国民党派康泽为高级参谋，不许踏进前方营门一步。理由是南京应该信任红军，不应该破坏红军。如改为联络参谋并改派红军同意之人选，则不拒绝。关于红军开动问题，第一、二两个师及总部已接连出发。第三个师非把国共间各主要问题弄好后决不出发。此种部署是完全正确的。

9月2日　与任弼时等到陕西省富平县庄里镇参加一二〇师开赴抗日前线誓师大会并发表讲话。针对一些干部和战士把红军改编为国民革命军后思想不通的状况，说："现在国共合作了，我们工农红军改编成国民革命军第八路军。为了消除各阶层的疑虑，我们可以穿统一的服装，戴青天白日帽徽，同志们思想不通，甚至有的高级干部思想也不通，这个心情我们理解。毛主席说了，红军改编，统一番号，是可以的，但是有一条不能变，就是一定要在共产党的绝对领导之下。"三日，贺龙、关向应等率部北上转赴山西抗日前线。

9月3日　与彭德怀致电毛泽东、萧劲光、左权，说明：八路军总部出动在即，所有编入第八路军的留守部队，均由第八路军延安总部留守处主任萧劲光指挥。各部经理、教育、卫生、人事等亦由该留守处负责。请左权即下令各留守部队。

△　收到毛泽东致周恩来[1]及朱德、彭德怀、任弼时电：

─────────

[1]　周恩来以中共中央代表身份是日从西安赴山西。

红军第一、二两个师约本月二十五日前后可以展开于北平、石家庄、太原、大同、张家口之间。周、彭到太原应与阎锡山交涉红军活动之如下地区：（一）涿鹿、阳泉、蔚县三县境内一切友军未驻地区。（二）宛平、房山、涞水、易县四县友军未驻地区。（三）完县、唐县、曲阳、行唐、灵寿、平山六县县城以西地区。（四）涞源、阜平、灵丘三县作为我军之中心根据地。（五）广灵、浑源、繁峙、五台、盂县五县。以上共二十一县，有些是全县，有些是部分。均必须确定指定并由南京及晋阎令知三省省政府，转令各县县政府，同时令知各县及其附近之驻军，说明红军之布防及创造游击根据地之任务。

△ 收到毛泽东致朱德、彭德怀、任弼时、林彪、聂荣臻、贺龙、关向应、刘伯承、林育英电，通报华北战区情况，据我派往石家庄、保定、房山一带视察人员二日回太原报告：国民党二十九军已东移津浦线。房山孙殿英现有人四千枪千余，南京任其为冀察游击司令。河北群众负担激增。毁民房做工事，征民夫筑工事、任运输，战区群众无收容救济办法。日敌作战，仍以飞机大炮轰炸为主，步兵决不轻进，驻军戒警、筑工事颇周密。国民党军前方部队仍是消极防御，彼此观望，集守工事静待，绝少机动及袭击、伏击，亦不知构伪工事及荫蔽部、减少损失数目。一般将领甚少信心，对当面敌情多漠无所知。

9月5日 致信在四川省南溪县的前妻陈玉珍，说："我以革命工作累及家属本属常事，但不知你们究竟受到何等程度。望你接信后，将十年情况告我是荷。""我两母（生母和养母）是否在人间？"近来，国已亡三分之一，全国抗战已打了月余，我们的队伍已到前线，我已动身在途中。对日战争，我们有信心并有把握打胜日本。

9月6日 出席八路军总部在泾阳县云阳镇大操场举行的出

师抗日誓师大会，率领全体指战员宣读《八路军出师抗日誓词》：
"日本帝国主义是中华民族的死敌，它要亡我国家，灭我种族，杀害我们父母兄弟，奸淫我们母妻姊妹，烧我们的庄稼房屋，毁我们耕具牲口。为了民族，为了国家，为了同胞，为了子孙，我们只有抗战到底。我们是工农出身，不侵犯群众一针一线，替民众谋福利，对友军要友爱，对革命要忠实。如果违反民族利益，愿受革命纪律的制裁，同志的指责。谨此宣誓。"邓小平主持大会，任弼时宣布八路军"三大纪律"、"八项注意"。

△ 与任弼时、左权、邓小平率八路军总部从云阳镇出发，开赴山西抗日前线。途中，穿过大的集镇和村庄时，指示警卫部队召集当地群众开会，并站在临时搬来的八仙桌上演讲，宣传中国共产党的全面抗战路线和统一战线政策，号召"有钱出钱，有力出力"、"合理负担"，强调要建立抗日根据地，还阐述抗日游击战的战略战术。有时因演讲时间过长，不能按时到达预定的宿营地，只好就地宿营。为尽快赶到抗日前线，又不耽误宣传党的抗日政策，对警卫部队指战员说："没到达最前线之前，尽量安排在大村庄、大集镇宿营，宿营时间尽量早一点，让我向群众宣传宣传。过河以前，党中央在洛川开了会，通过了毛主席拟定的《抗日救国十大纲领》，你们知道了，群众不知道呀。这就要向他们宣传，以后，每个警卫战士，人手一册，都动口宣传，现在文件不够，就由我一人先讲吧。"

9月11日 国民政府军事委员会命令第八路军改称为国民革命军第十八集团军[1]，隶属第二战区序列，朱德为第十

---

[1] 虽有此命令，但中国共产党和人民群众仍习惯称之为八路军。故本年谱除在引用的文电中有"第十八集团军"番号者外，一般仍称八路军。

八集团军总司令、彭德怀为副总司令。

9月13日 日军侵占大同。

9月14日 与彭德怀发布关于第八路军改为国民革命军第十八集团军的通令（即九月十一日南京电）："奉南京军委十一日申电闻，着本路军改为国民革命军第十八集团军，并任朱德为该集团军总司令，彭德怀为副总司令。"

9月15日 与任弼时率八路军总部抵韩城县芝川镇。在这里东渡黄河入晋，在侯马镇转乘火车北上。

△ 与任弼时致电毛泽东、彭德怀，告以：根据情报判断，敌人占领大同后，在平绥线可能以一部向南掩护，主力"继向绥远攻进"；目前敌着重夺占保定，进占蔚县、涞源之敌，可能向涿县、川南转进，配合平汉正面攻取保定。建议一一五师宜以一部活动于蔚县、涞源敌人侧后，以达钳制该敌转向平汉铁路前进，配合平汉友军作战；以一个营伸出蔚县、广灵以北山地，向大同、张家口间积极活动，"配合晋军行动"；主力部队"集结灵丘、阜平、涞源地区，待机行动"。一二〇师"宜经五台向阜平集结"，以后使用于"蔚县、涞源以北山地"，向平绥（大同以东）铁路线发展游击，以便一一五师能够集结，并发动群众创造根据地；"大同失守后之情况，最好抽出陈伯钧所率之一团或陈先瑞部配适当干部使用于大同西南地区，扰敌向南及绥远前进，并创根据地"。一二九师在同国民党谈判问题解决时，"宜迅开前方"。"我们本日已过黄河，明日继进"。

9月16日 收到毛泽东致朱德、任弼时关于八路军部署问题的复电："日寇分两路进攻广灵、灵丘，晋军已放弃大同，绥远全境实际已失。以五台为中心之晋东北，日寇将以重兵进据并继进攻取太原。在此情况下，我三个师已无集中晋东北一处之可能，更无此必要。"提出拟以一一五师位于晋东北，以五台为活动重心，暂在灵丘、涞源，不利时逐渐南移改以太行山脉为活动区；以一二〇师位于晋西北，以管涔山脉及吕梁山脉之北部为活动地区；以一二九师位于晋南，以太岳山脉为活动地区。

9月17日 与任弼时致电毛泽东并告林彪、聂荣臻、贺龙、萧克，分析了敌军进攻太原的困难。提出："在尽可能保持太原，固守雁门关及长城各口隘，配合东西两面友军活动，争取华北局势之持久"，则一二〇师"似以使用于晋东北为妥"；如后方所得情况估计，雁门关绝无法扼守，敌可能进入雁门关以南，则一二〇师"自以使用于晋西北为宜"，"请速决"。现一二〇师"全部运榆次待机行动"。还提出："我进入大营、灵丘地带之陈旅，自以避免加入正面作战为妥，但必须迅即向浑源以北山地及蔚州东南山地派出游击部队，积极活动，以配合友军行动。否则有被迫正面作战之可能或受友军责备。"一二〇师"主力不宜停在大营、灵丘、怀仁之线，而应位置于灵丘一线及其以南地区。""上各项请虑并复"。

△ 收到毛泽东致朱德、彭德怀、任弼时、林彪、聂荣臻、贺龙、关向应、刘伯承、徐向前电：判断敌攻华北大约分为四路：一路山东；一路津浦线；一路平汉线；一路平绥、同蒲线，此路为其主力，以大迂回姿势，企图夺取太原和黄河以北，完成其夺取华北五省之企图。其总的战略方针是采取右翼迂回。另于上海进兵，破坏中国经济命脉，钳制中央军主力，以利夺取华北。日军右翼又分三路。均以追击姿势前进，分两步达成向两翼迂回之目的。蒋介石以卫立煌军沿平汉线撤退，阎锡山以灵丘为山西生命线，拟集中十四个团在平型关以北举行决战。阎指挥下之各军均失锐气。八路军此时是支队性质，不起决战的作用。但如部署得当，能起在华北主要在山西支持游击战争的决定作用。过去决定八路军全部在恒山山脉创造游击根据地的计划已根本不适用了。应改变原来的部署，以达到在战略上展开于主动地位，即展开于敌之侧翼。为真正执行独立自主的

山地游击战,为广泛发动群众,组织义勇军,创造游击根据地,支持华北游击战争,并为扩大本身起见,拟采取如下战略部署:(一)一二〇师应集结于太原以北之忻县待命,准备在取得阎之同意下,转至晋北管涔山脉地区活动。(二)一二九师在外交问题解决后,在适当时期,进至吕梁山脉活动。(三)一一五师则以自觉的被动姿势,现时进入恒山山脉南段活动。并准备依情况发展逐渐南移,展开于晋东南之太行、太岳两山脉中。(四)八路军总部进至太原附近依情况决定适当位置。

9月18日 收到毛泽东致朱德、任弼时电:恒山山脉是第一战区与第二战区接合部,敌主力必从此进。我林师现已当了正面,处于完全被动地位。贺师决不能再用此方,应速向晋西北转进。望速去太原转雁门关与阎锡山商贺师防地。

9月20日 与任弼时率八路军总部由侯马乘火车抵灵石县城北水头镇。

△ 经周恩来等在太原同阎锡山商定,由各军政机关、各民众团体的代表组成第二战区民族革命战争战地总动员委员会(简称战委会)。是日收到周恩来、刘少奇致朱德、彭德怀、任弼时、邓小平并报毛泽东、张闻天电,提出在山西开展统一战线工作的方针:我们要以左派出现,来巩固左派,联合中派,孤立右派。在战委会、动员实施会〔1〕、牺盟会〔2〕、教导团中,我们党员除

---

〔1〕 动员实施会,即山西总动员实施会,是1937年7月下旬阎锡山通令组织的一个徒具形式的官办机构。战委会成立后,在战委会管辖的地区内,这个机构自行取消。

〔2〕 牺盟会,全称牺牲救国同盟会,是1936年9月在中国共产党的推动和帮助下建立的一个地方性群众抗日团体,在山西省的抗日战争中曾起了重大的作用。阎锡山在牺盟会建立初期表示支持。后来阎锡山追随蒋介石转向消极抗战积极反共,于1939年12月宣布解散牺盟会,许多牺盟会的干部和群众中的进步分子遭到杀害。原牺盟会中坚持抗日的成员,在中国共产党的领导下继续进行抗日斗争。

八路军外，应尽量用左派面目团结左派，发展左派，以树立山西及阎的左派力量，便利统一战线发展。动员工作，我们要避名取实，尽可能地发动群众，推动左派、教导团、牺盟会及好的县长、特派员出头干，以便易于改革县政与领导筹款。

9月21日 与任弼时率八路军总部抵太原，住八路军太原办事处所在地成成中学，与先期到达的彭德怀会合，举行中央军委华北分会会议，讨论华北抗战形势和八路军行动方针。

△ 关于八路军行动方针，与彭德怀、任弼时致电林彪、聂荣臻、罗荣桓、贺龙、萧克、关向应、刘伯承、徐向前、张浩并告毛泽东。指出："我们支持华北局面，尽可能保障山西持久战，争取民主政治的实现。"八路军任何方面均起着的积极的模范作用。(一)"应以机动灵活的袭击，求得消灭敌人小部"，以此来"兴奋友军，转变其呆板死守战术，造成持久胜利的发展"；(二) 以"模范的纪律，发动和组织群众，并与之打成一片"；(三) "对一切友军，政权机关取尊重合作的态度"。(四) 为扩大队伍本身，要"利用时间加紧必要的训练，特别是夜战防空、防毒及土工作业、射击教育"。各兵团目前具体布置是：(一) 一二〇师主力以灵活的游击战袭击左云方向之敌，并派得力领导干部组织晋西北及绥东群众，组织游击队。王震[1]率三五九旅之七一七团，进至五台东北豆村镇、台怀镇地域，准备适时相机参加战斗，到达目的地即着手布置五台以北，阜平、平山以西之群众工作。(二) 一一五师陈旅[2]置于上寨镇附近，小部经常袭击扰乱灵丘、涞源之敌。徐旅[3]最好位于阜平东北，随时协助陈旅，相机袭击由灵

---

[1] 王震，时任八路军第一二〇师第三五九旅副旅长。

[2] 陈旅，即陈光任旅长的三四三旅。

[3] 徐旅，即徐海东任旅长的三四四旅。

丘、平型关西进或由涞源向平汉路南进之敌。总部直属队开进至五台附近,发动五台以南盂县及五台以东地区群众。(三)预计一二九师到达正太路以南,辽县[1]设后方机关,掩护并开展太行山脉之群众工作。二十四日,与彭德怀、任弼时又将各师团兵力部署的训令,下达到各旅首长。

△ 毛泽东致电彭德怀,再次强调八路军必须执行独立自主的山地游击战的战略方针,并指出要实行这样的方针,就要在战略上有有力部队处于敌之侧翼,就要以创造抗日根据地、发动群众为主,就要分散兵力,而不是以集中打仗为主。

△ 夜,与周恩来乘汽车从太原赶往代县去会见阎锡山。

9月22日 与周恩来早晨抵达代县太和岭口第二战区司令长官司令部,同阎锡山商谈八路军游击地区、军队驻扎以及兵力使用等问题。阎锡山同意八路军进行独立自主的山地游击战,一二〇师以一个旅进入晋西北管涔山地区。朱德也表示在有利条件下积极配合友军进行运动战。

△ 国民党中央通讯社正式发表《中国共产党为公布国共合作宣言》。次日,蒋介石发表《对中国共产党宣言的谈话》,承认中国共产党的合法地位。以国共两党合作为基础的抗日民族统一战线正式形成。

9月23日 与彭德怀、任弼时等抵五台县南茹村八路军总部。命令一一五师在平型关外侧选择地形,进入伏击状态。并致电中共中央汇报与阎锡山会谈的情况。

△ 九时,与彭德怀致电林彪并告聂荣臻:"据阎电,敌于昨夜以来,忽奇袭我平型关阵地,现正激战中。一一五师应即向平型关、灵丘间出动,机动侧击向平型关进攻之敌;但须

---

[1] 辽县,旧县名,今山西省左权县。

控制一部于灵丘以南,保障自己的右侧。"二十四日夜,第一一五师主力冒雨设伏于平型关东北公路右侧高地。

△ 二十时,与彭德怀、任弼时致电毛泽东并刘少奇、张闻天:"灵丘之敌于昨晚返平型关附近,正在激战中。我一一五师今晚以三个团集结于冉庄,准备配合平型关部队侧击该敌,另以师直属部队之一部及独立团出动于灵丘以北活动。""我们今晚到五台以北之南茹村宿营。"

△ 与彭德怀致电蒋介石,报告第十八集团军主力已集中平型关东南之冉庄附近,准备明日拂晓协同友军侧击平型关之敌。另组一独立支队三百人已从涞源、灵丘间向广灵以北袭击敌之后续部队,消灭敌之后方警戒部队,得手后即转向紫荆关西北袭扰进攻我第一战区之敌。我骑兵支队已向涞源南部及涞、蔚间袭扰,抑留该敌东进。一二〇师三五八旅已向朔县杀虎口集中,一部向大同、怀仁袭扰,主力随时协同友军侧击左云南进之敌,并分调陕北之王兆相部集中晋西北,准备向集宁、右玉及其以东地区袭扰。

△ 收到毛泽东复彭雪枫并告周恩来、朱德、彭德怀、任弼时、林彪、聂荣臻、贺龙、萧克、刘伯承、徐向前、张浩电:关于在山西进行游击战争问题,"游击战争主要应处于敌之翼侧及后方,在山西应分为晋西北、晋东北、晋东南、晋西四区向着进入中心城市及要道之敌人,取四面包围袭击之姿势,不宜集中于五台山脉一区,集中一区是难以立足的。""五台山脉应使之成为重要的游击区域之一,现就宜加紧准备","不宜迟缓"。"同时应该充分注意晋西北管涔山脉地区及部署与准备"。"太行、太岳山脉之晋东南与吕梁山山脉之晋西南","亦不可不于此时作适当之部署"。"游击战争除军事部署以外,最主要的是紧密依靠乡村广大人民群众,只有如此,才能取得

最后胜利。"

9月24日 收到毛泽东致周恩来、朱德、彭德怀并告刘少奇、杨尚昆、朱瑞电,关于山西地方党的工作问题,指出:"山西地方党目前应以全力布置恒山、五台、管涔三大山脉之游击战争,而重点在五台山脉",因该处"将来可向北恒山山脉发展"。因此,该处应设置军政委员会一类的领导机关,并选择能独立领导党政军各方面工作的干部和立即开始普遍的组织地方支队及群众组织,在半个月内布置完毕;"一切工作应在敌占太原的设想下作布置的出发点。"

△ 日军侵占河北省保定。

9月25日 中共中央发出《关于共产党参加政府问题的决议草案》,明确指出:"在党中央没有决定参加中央政府以前,共产党员一般地不得参加地方政府"和"一切附属于政府行政机关的各种行政会议及委员会"。

△ 七时许,第一一五师主力在平型关附近对日军第五师团(即坂垣师团)第二十一旅团一部发起伏击,激战至十三时,战斗胜利结束。歼敌一千余人,毁敌汽车七十九辆、摩托车三辆,缴获大量武器和军用品。这是中国军队在抗战开始后打的第一次大胜仗,粉碎了日军"不可战胜"的神话。是日晚,林彪、聂荣臻致电朱德、彭德怀、任弼时报捷,称:"我自晨至夕激战终日","被我包围之敌"均被打死。"敌虽负伤亦以刀刺我,死不缴枪"。并告:至黄昏始见友军之出击部队,"所谓二路出击全是鬼话"。

△ 关于平型关战斗,十二时,与彭德怀致电毛泽东:"我一一五师今晨八时出击平型关北面之敌,于十二时许占领关沟、辛庄、东跑池一带敌阵地,缴获汽车五十辆,满载军用品,俘虏二百余人。但战斗尚未解决,仍向东跑池、团城口以

东地区激战中"〔1〕";"我独立支队〔2〕昨日在灵丘东北地区击溃敌一部,缴获一部"。

△ 一时,与彭德怀致电毛泽东,林彪、聂荣臻、罗荣桓,贺龙、萧克、关向应,刘伯承、徐向前、张浩:(一)阎锡山面许我军驻区群众由我独立负责,不好之县长允更换,组织之游击队允予发枪。我工作区可实行减租减息。(二)阎锡山、杨爱源〔3〕、孙楚〔4〕、赵承绶〔5〕、傅作义〔6〕等,为其切身利益,不愿离开山西地盘,亦感觉自己军队太旧,故着手组织新军。该军官训练团,周恩来、彭德怀均去讲演数小时,现延长一月,要彭雪枫去讲游击战术。该干部团千人,多系外省青年。我党有相当组织,牺牲同盟(会)之干部训练队已分发,各县之特派员多系同志。(三)一二九师在政治问题解决后,至正太路南北为有利,特别扩大本身,收集散兵人枪(蒋介石已有命令)。

△ 与彭德怀、任弼时发出关于八路军作战的方针、任务及负担地方工作地区划分问题的训令。要求各部队:(一)"即动员群众,组织群众游击队,发展游击战争,使敌陷入我群众和游击战争的围困中,断绝其后方运输,增加敌人之恐慌和疲惫,分散敌人兵力。"(二)立即在我们占领之地域,独立自主

---

〔1〕关于平型关战斗,根据战后的准确统计:歼灭日军精锐部队一千余人,缴获步枪千余支、机枪二十余挺,击毁汽车百余辆、马车二百余辆。

〔2〕独立支队,指八路军第一一五师独立团和骑兵营。

〔3〕杨爱源,时任国民党军第六集团军总司令。

〔4〕孙楚,时任国民党军第三十三军军长。

〔5〕赵承绶,时任国民党军骑兵第一军军长。

〔6〕傅作义,时任国民党军第七集团军总司令。

地担负起群众工作,争取对友军及政权机关的合作。(三)立即在敌人占领区内,提出取消一切苛捐杂税、田赋、厘金,实行减租减息,"没收汉奸和日帝财产,分给抗日人民,优待抗日军人家属"。(四)"立即在战区提出减租、减税、减息,没收日寇和汉奸财产,分给抗日人民及抗日军人家属",并加强对"合理负担"即"有钱出钱,有力出力"、"好男儿上前线"、"誓死不做亡国奴"、"反对借战争从中渔利的贪污劣绅"等基本政治口号的宣传。(五)战区暂时定为:晋东北之灵丘、涞源、繁峙、定襄以东,正太路以北,曲阳、行唐以西;晋西北方面,以静乐、岚县以北包括宁武、左云、集宁以西,按战况及工作的发展,逐渐向南发展。(六)各部队担任工作地区:一一五师包括灵丘、涞源以南,曲阳、行唐、灵寿城以西,五台、盂县边界以东地区;王震所率之团在柏兰、定襄以南,平山县城以东(西)、井陉、盂县以北;总直属队在繁峙、代县以北,铁道以东;一二〇师暂照二十一日电告地区;一二九师预定在正太铁路南北地区。该师到后,王震率领之团归还建制。

△ 与彭德怀发布《中国红军告日本士兵书》,宣传八路军宽待俘虏政策,号召日本士兵们倒转枪口向着日本军阀,为日本工农的解放,为中国人民的解放,为打倒日本帝国主义,与八路军携手奋斗。

△ 收到毛泽东致朱德、彭德怀、任弼时电:一二九师由平汉线到满城集中不妥,仍以照你们意见位于太行山脉为宜。且该师衣弹补充均在太原,应走同蒲路。

△ 收到毛泽东致朱德、彭德怀、任弼时电:我有一新的战略意见,长电即刻发出。现拟请你们将全部晋东北我军暂时按兵不动,隐蔽目标,不去惊动敌人,以便待敌主力深入至代州及保定附近时,向北突击,恢复恒山山脉于我手中,在保定

及晋北决战中我军发挥战略上的作用。同日，收到毛泽东再致朱、彭、任和周恩来电，提出关于华北八路军作战的战略意见，拟使用第一一五师配合国民党军一部，待日军在华北相当深入后，从灵丘、涞源之间向北突击，灵丘、涞源、广灵、蔚县四线，恢复并建立根据地。"如若成功，还可用相当一部进出热河方向，如此或能造成华北战争的新局面，支持相当时期的持久战。"不管蒋阎协助与否目前红军不宜过早暴露，尤不宜过早派遣战术支队，待敌主力脱离蔚县、涞源、灵丘、广灵等四县深入至代州及保定附近而后方空虚时，使用一一五师全部向北突击，依情况再分成无数小支队，或分成二三个集团，向着恒山山脉以东、以西、以北广大地区之空处侧后，举行广泛的袭击战。只要广泛发动群众，我军便不孤立。蒋阎保定决战、晋北固守的方针，完全是处在被动挨打的姿势下，如无上述部队袭入敌后，决难持久，只有实行上述计划才能变被动为主动，现仅剩下此一着活棋，应向蒋阎极力建议。

9月26日 中共中央军委致电林彪、聂荣臻、贺龙、关向应、刘伯承、张浩、周恩来，指出：九月二十五日朱彭部署方针的训令"是完全正确的，各级领导同志应提起百倍的努力，坚决为这一训令的一切方针而斗争"。并指出："日本帝国主义现在大举南犯，首先企图灭亡全华北，然而我们坚决相信在整个八路军，坚决实行依靠民众的游击战争总方针下必能造成华北的抗日根据地，必能发动千百万民众，同十八集团军及一切革命的友军，一道给予日本帝国主义以坚决的打击，必能消灭许多敌人，支持华北的持久战，配合党在全国的努力，达到最后打倒日本帝国主义的目的。""目前是中国存亡的关头，只有正确的政治与军事方针，才能打倒日本帝国主义。每个十八集团军的同志，都应为中央军委与军分会的正确方针而贡献自己的力量"。

△ 收到毛泽东为平型关大捷致朱德、彭德怀电：庆祝八路军取得的第一个胜利。同时指出：八路军向恒山山脉及其以东、西、北三方向突击，展开敌人侧面游击战争的计划，暂时当无执行条件，要待敌更深入，后方更空虚时才能执行。

△ 收到蒋介石为平型关大捷致朱德、彭德怀的贺电："二十五日一战，歼寇如麻，足证官兵用命，深堪嘉慰。"

△ 赶赴一一五师驻地，与指战员一起总结平型关战斗的经验和教训。不久，在《八路军半年来抗战的经验与教训》文章里写道：我们在此次战斗中，事先曾很好地侦察阵地，看清了敌人的动作、位置，作了适当的部署，选择了良好的出击时机及突出点。突击开始后，我军上下一致，勇猛动作，配合行动，积极地同时向敌进攻。我们完全占到主动地位，以短少时间即将敌压迫在深沟里不利的地点，使敌之优越的技术、兵器不及发扬。而我们可利用火力与白刃杀伤敌人（手榴弹、机关枪等），并能迅速扩大战果，压倒和消灭各个主要阵地上的敌人。因此，取得了这一胜利。"但另一方面，因缴枪时不会喊日语口号，怒声而呼'老乡缴枪'，以致受伤人员反较突击时为多。再则，敌人对于隐蔽身体，各个利用地形、地物，射击技能，有良好的训练。因此，我军因不善于发现敌人，行近至百米甚至数十米不见敌人，因而受伤者，亦属不少。在争夺阵地中，敌人运动很慢，攻击精神甚差；在肉搏时敌人并不十分顽强，更怕手榴弹。"还指出："我们以劣势武器要战胜现代化的强敌，在战术上就必须善于灵巧机动地使用自己的兵力和兵器，发挥自己旺盛的攻击精神，选择有利阵地与时机，抓住敌人弱点，集中最优势的兵力与兵器，采用秘密、迅速的动作，出敌不意，突然袭击，进行肉搏，坚决消灭之，否则，即难于成功。"

△ 关于平型关战况，与彭德怀电告蒋介石：（甲）一一五师二十五日八时进入战斗，至二十四时止尚在激战中，平型关以北东跑池、辛庄、关沟及一八八六点标地完全攻占。计已缴获汽车六十余辆，小摩托车三辆，山炮一门，炮弹二千余发。俘虏敌官兵三百余人；另有敌一部约四五百人，马数十匹均被我军完全包围，因敌死不缴械，故全部被打死。（乙）我独立支队有日[1]仍在广灵、灵丘及涞、蔚间分途袭扰。腰站村、驿马岭之敌约一联队向我白羊铺之第三营攻击，黄昏仍在对峙中。三山镇、荞麦川、水南背至蔚县沿途均有敌守据点，保护交通。（丙）我骑兵支队仍在倒马关附近与敌对峙中。

9月27日 复信陈玉珍[2]："家中支持多赖你奋斗，我对革命尽责，对家中感想（情）较薄亦是常情。"并询问川北家中情况，并问及后代"以好设法培养他们上革命战线，决不要误此光阴。至于那些望升官发财之人决不宜来我处，如欲爱国牺牲一切能吃劳苦之人无妨多来。我们的军队是一律平等待遇，我与战士同甘苦已十几年，快愉非常。""我为了保持革命良规，从来也没有要过一文钱，任何闲散人来，公家及我均难招待。革命办法非此不可。"

9月28日 九时，与彭德怀致电张闻天、毛泽东、周恩来、任弼时并告林彪、聂荣臻、罗荣桓、贺龙、萧克、亲向应、刘伯承、徐向前等，提议："敌人深入山西后，我们在山西发展前途应以山西人民、地形、交通诸具体情形及华北大势来作一总的估计"。认为河北涞源、阜平，山西灵丘和广灵地区山脉很大，地形比晋西北好，人口不少，粮食不缺，可在上述地区连

————
[1] 有日，即25日。
[2] 1937年9月12日，陈玉珍致信朱德，讲述她本人和家中情况。

同山西浑源、繁峙、五台、盂县、河北阜平一带创建抗日根据地,与晋西北互相呼应。这无论对现在和长远来说都是上策。"黄河北岸以现在情形看,被敌占去(有)极大可能"。但"无论怎样,我们应有决心争取晋东、西两大山脉,巩固游击区,使入晋之敌陷入我群众重围中。我们应以一切力量争取抗日运动的扩大"。并针对日军从山西北部入侵山西腹地的计划,提议一二九师应即出动,暂以娘子关南北为目的地。

△ 十四时,与彭德怀致电林彪、聂荣臻,贺龙、关向应:"阎锡山本人今晚往沙河督战,望林、聂就近与平型关之友军经常联络,我军亦须以小部游击,勿使晋军为我军失望。"又告:"阎用电话问我们,有何良策消灭平型关附近之敌,意在要求与其配合出击。"

△ 收到毛泽东致刘伯承、徐向前、张浩并告朱德、彭德怀、贺龙电:"我一二九师(缺一个团)接电立即出动,经临晋渡河到侯马上车,在太原补充衣、弹,速开正太路南北地区。"

△ 与彭德怀致电蒋介石等:(一)二十五日平型关战斗得敌高级司令部地图一张,图上绘有平津直主攻平型关、雁门关、保定及津浦路之部署,部队番号标示甚详,可全部了解敌军事秘密。依此图,攻入涞源之敌系向易州前进而非向阜平前进,攻入大同之敌除留守外转向浑源沿长城外与攻入灵丘之敌合攻雁门关,攻入灵丘敌则攻平型关,依该县与浑源部队夹长城进,此图二十七日已由林彪送交孙楚[1]转呈阎锡山司令部。(二)二十五战斗已将敌原定计划破坏,使浑源及涞源两路转向平型关解围,攻平型关部队变为突围而逃。

△ 与彭德怀致电刘峙[2]转呈蒋介石:(一)在敌已占

---

[1] 孙楚,时任国民党军第二战区第六集团军副总司令。
[2] 刘峙,时任国民党军第一战区第二集团军总司令。

保定积极进攻平型关、雁门关之情况下,我军急谋在平型关、雁门关之线反攻消灭此敌,但敌之相当兵力占有巩固之进攻出发地,虽能突破一点,势难取得战役上的胜利,更难转变整个战局的形势。(二)建议迅即调集桂军主力三万以上兵力,由平汉路运往新乐县,转向涞源前进,配合第十八集团军主力从灵丘、涞源、蔚县,夹击进攻平型关、雁门关之敌,我军配合第六、第七集团军消灭进逼雁门关、平型关之敌。然后,转向紫荆关以北及东北地区逼近良乡、涿州,以小部进逼南口、怀来,更以第十八集团军之一部出于热南、冀东,开展广泛的游击战争,粉碎敌之进攻计划。照此计划,不仅能解平型关、雁门关之紧张情况,亦可转变整个华北战局。此意,为"目前整个华北战局之良策"。

△ 与彭德怀命令一一五师以小部配合平型关友军作战。

9月29日 与彭德怀致电王震,要求他"在指定区域(即平山、井陉、盂县间)加紧工作,在最短期内将群众发动起来,每三天将工作情形电告一次"。并指示:"应在群众中扩大一一五师在平型关打胜仗的影响,部队中亦应开庆祝会,提高信心";在河北地域平山、灵寿、行唐加紧散布,我军所在地吸收散兵来归,注意扩大本身。

△ 收到毛泽东致周恩来、朱德、彭德怀、任弼时电,进一步阐述八路军在山西作战的战略意见,指出:"华北大局非常危险",河北、山东很快也将沦陷,"中国阵地将变为扼守黄河、运河两线。这一形势将影响到上海战线发生某些变化,南京将被大轰炸。国民党如不妥协必将迁都。""山西将成为华北的特殊局面",这根本的是因为有八路军,其次是阎锡山同我们合作。"由于这两个力量的结合,将造成数百万人民的游击战争"。"根本方针是争取群众,组织群众的游击队,在这个总

方针下实行有条件的集中作战。""关于使用一一五师配合国民党二三个师,待敌相当深入后,向灵(丘)、涞(源)、广(灵)、蔚(县)及其以北突破找其空虚后方的计划,请你们着重研究一番,如实行此着,可能在一个时期内,展开一个新局面","大有利于在山西全省创立我们的根据地。"

△ 收到毛泽东致朱德、彭德怀、任弼时并告各师及周恩来电:一二九师五天前即已令其出动,现因河北情况变化,更有速开必要。但据刘、张电称,该师因待西安伙食钱,主力须十月二日才能开。伯承率一个团明日先头出动。不管国民党说什么,我们应有一定方针,此方针如是对的,即应坚持不变,如须改变方针,须有一定理由。

△ 应邀参加在五台县豆村召开的第二战区长官会议,讨论山西抗战形势和忻口战役准备工作。

9月30日 与彭德怀致电毛泽东:现应争取山西战局相当持久,使我军在山西创造根据地非常有利。并告:阎锡山以山西青年抗敌决死队为骨干组织之新军,其中主要干部系同志。决死队有政治委员制度,政委权力很大。政纲为减租减息、减税减价。现已开始撤换旧县长,实现民主。

△ 第一二九师先头部队由陕西省富平县庄里镇出师向晋东南挺进。

9月下旬 在五台县台怀镇与率领山西青年抗敌决死队从五台去盂县的薄一波[1]相遇。薄一波说:"我们在山西组织了一支新军,叫山西青年抗敌决死队,相当于一个团。我们准备

---

〔1〕 薄一波,1936年秋任中共山西省公开工作委员会书记,主持山西统一战线工作,组织领导山西牺牲救国同盟会和山西青年抗敌决死队,后任决死第一纵队政委,指挥所部配合八路军开展抗日游击战争和创建太岳抗日根据地。

在五台地区创建抗日根据地，坚持抗战。"朱德说：五台"这个地区是战略要地，北上可以威胁北平，南下可以直驱太原，是个进可攻，退可守的地方。八路军准备在这个地区建立抗日根据地，你们就不要在这里了"。"我们要把军队插到敌后去，创建抗日根据地"，"现在，我们首先要占据晋察冀、晋西北、晋东南这三个战略要地。现在给你一个任务：马上率部南下，到晋东南太行山区去，要占据那个地区，不准其他人进入。"

10月1日 与彭德怀致电林彪、聂荣臻并报毛泽东，指出：八路军做群众工作与过去有不同之点，过去红军发动阶级斗争，需要部队打民团掩护才能做工作。今天在新的环境中要用新的方式。在我们占领区乃是一种统一战线中独立自主的群众工作，不需要很多部队掩护，只要派干部带介绍信，由当地政权保护或派少数武装即可进行工作。并指示，一一五师要抓紧在河北阜平以南，行唐、曲阳以西地区扩大本身。"一一五师现处在恒山最高地带，房屋少，人烟稀少，主力应向南移，到下关镇、三楼神、神堂岭、青年堡、龙泉关地域，独立团仍留现地区活动。"

△ 与彭德怀致电毛泽东并八路军各师首长，通报平型关、繁峙失守，晋军各部正在转移，甚为混乱，及各部所处位置，并告"阎以第六十三师及章（拯宇）旅另某团共十个团，交十八集团军指挥，守五台地区。林、聂注意与章旅联络，并帮助其进驻神堂堡、龙泉关、石咀地区之工事设置。"

△ 收到周恩来致张闻天、毛泽东并告朱德、彭德怀电，关于中共中央北方局讨论华北游击战争的部署问题，为便于发展，拟将华北划为九个战略区：绥西、绥察边、晋西北、晋南、冀察晋（以阜平、五台为中心）、直南、直中、冀东（平津在内）、山东。已派人在这些地区进行组织游击战争和影响

友军工作。提出在这些地区因统一战线的政治关系，我党不能以八路军军政委员会的名义出现，可以通过战区动委会来实现中国共产党在政治、军事上的领导。并建议中央即派得力军政干部（师、团级）十人速到太原加强工作。

△ 阎锡山决心保卫太原，将国民党军十个团交给朱德、彭德怀指挥，以防守五台地区。

10月2日 与彭德怀致电八路军驻西安办事处代表林伯渠，告以：八路军就职通电发布后，各方贺电甚多，请在西安报纸登启示表示谨（敬）意。并请转告剑英在《中央日报》和延安新闻台公布。

△ 收到毛泽东致朱德、彭德怀、任弼时电：陕北红军各独立军师"改编原则以保存原有建制的基础，便于扩大及适应陕甘之地理、给养诸条件"。各驻防部队，划归为东、西地区，设东、西留守处分别驻洛川和正宁。由陈伯钧、王宏坤分别任东、西留守处主任。第八路军后方留守处设延安。以上各部队均由萧劲光统一指挥。

10月3日 关于八路军挺进敌后的部署及战况，与彭德怀致电蒋介石、程潜[1]、阎锡山、卫立煌、杨爱源、傅作义等：八路军自进入战斗以来，除以主力位于平型关、雁门关、朔县之线两侧翼外，另组织四个支队挺入敌人后方：刘云彪骑兵支队约六百人马在河北涞源、紫荆关、易县、唐县、曲阳地区活动；杨成武支队三千人已深入山西灵丘、广灵，河北蔚县地区；宋时轮支队一千人挺进于山西朔县、平鲁、左云、怀仁、浑源间；李井泉支队一千人已出动于山西朔县以北地区。各支队均以袭扰敌之后方，截击运输联络部队，破坏交通道路，发动群

---

〔1〕 程潜，时任国民党军第一战区司令长官。

众，组织群众，扩大游击战争等为任务。先后均有胜利。截至十月一日止，总共缴获汽车八十余辆（已烧毁），九二野炮一门（无炮弹），七三、七五山炮弹三千余发，步枪三百余支，机关枪二十余挺，其他军用品甚多。并毙敌千余人。现涞源、广灵、灵丘交通已被我完全截断，敌白天不敢运输，改为夜间行动。我各支队亦采取夜间伏击袭击手段，每战必有少数缴获，斩杀小部敌人，我伤亡官兵六百余人。目前"敌后方极为空虚，民众抗日情绪极高，对我军热烈欢迎与帮助。"

△ 与彭德怀致电贺龙、萧克等，指示第一二〇师"利用神池、宁武以南以西山地，滞敌前进"，具体部署为：派干部帮助撤至段家岭、黄土坡等地抵抗的国民党军马延守独立第七旅工作；宋时轮支队尽力破坏雁门关、岱岳镇、怀仁一带桥梁、道路、电线、袭击敌后小部队，宣传共产党主张，组织群众；李井泉支队可暂在利民堡、神池、八角堡三角地区之间尾袭南进之敌；师主力应在八角堡东南地区对来敌后方机动，求得消灭敌一连一营；教导营及直属队应尽量散开于王寨、苛岚县、静乐、偏关、河曲地域，加紧发动群众，以组织游击队为最中心，扩大红军暂时放在次要地位。

△ 与彭德怀致电彭雪枫转何应钦[1]等：已派八路军参谋长叶剑英为驻京代表，李克农为驻京办事处主任。以后发给八路军的一切军需、军械等由李克农负责署名领取。

10月4日 与彭德怀致电林彪、聂荣臻，告以：陈长捷已晋升晋军第六十一军军长；明日派徐向前"前往帮助指挥。望你们注意与之联络，尽量从政治上帮助"。指示"现在从任何方面，均不应派一个旅去河北。"

──────────

〔1〕 何应钦，时任国民政府军政部部长。

△ 收到毛泽东致朱德、彭德怀、任弼时并告八路军各师负责人电，告以："我们对于国民党交给我们指挥之部队，应采取爱护协助态度，不使他们担任最危险的任务，不使他们给养物质缺乏。对作战应使（他们）主要打几个小胜仗，对动员民众应详告以政策、方法，对他们多取商量，表示殷勤爱护之意，力戒轻视、忽视、讥笑、漠不关心及把他们置于危险地位等错误态度。"

△ 收到毛泽东致朱德、彭德怀、任弼时电，指出：一一五师南移，似宜派一得力团位于平型关北，与西面之宋时轮支队相呼应，能起大的作用。一二〇师王震七一七团似宜早日转入晋西北，增厚贺师兵力。一二九师似宜以一个团位于孝义、灵石地区熟悉地形，并做群众工作，将来准备转至太岳山脉。陈伯钧团进入中阳、离石两县，与在孝义、灵石之一二九师一个团相配合。各部作战及发动群众均在山地，扩兵不易，每师组织一招募机关，总部亦组织一个，派往太原为中心的广大地区，实行扩红，以一个月内招足四个补充团为目标。否则太原一失，该地域扩兵极难动员。

△ 日军分三路进攻太原，主力一路攻取繁峙县。南京国民政府为在太原北之忻口地区与日军会战，调卫立煌等五个师入晋，与晋绥军在忻口布防。

10月5日 收到毛泽东致周恩来、朱德、彭德怀电，告以：完全同意周恩来与阎锡山、程潜等商定的关于忻口地区的作战计划。并指示："一一五师全部除一部做地方工作者外，应速集中于台怀镇以北，大营镇、沙河镇以南之山地，待敌人被吸引于原平、忻县地区并打得急（激）烈时，袭取平型关、大营、沙河、繁峙线得手后，交友军占领该线，我军向北突出，占领浑源、应县地区开展新局面；王震部速归还建制。贺师全部除游击支队外，主力此刻应隐蔽于五寨地区，待原平正面打得激烈时，我一一五师又已实行向大营、浑源行动时，即用主力出长城袭击朔县、左云一带与一一五师相呼应，捣乱敌人的整个后方；一二九师以一个团位于孝义，主力位于包括娘子关在内之正太铁路侧后，主要任务是动员工人及两侧农民战略上策应，林贺两师巩固后路；林贺两师原来划定之地区、均应派遣必要之地方工作人员，有计划地散开工作。于一定地区完成一定任务。不得因为主力作战而置原定地区之地方工作于不顾。"

△ 为配合友军，打击宁武之敌，与彭德怀致电林彪、聂荣臻、贺龙、萧克、刘伯承、张浩[1]、王震、宋时轮[2]、杨成武[3]，告以敌情和友军情况，对八路军配合友军打击宁武之敌作出部署，指示："本军应积极准备在此决战中取得决定的胜利，除在敌后方各支队破坏敌后方交通外，其余各部即应迅速做帮助工作。"

△ 八路军第一二九师本日渡黄河，七日可全部集中太原以西。

10月6日 收到周恩来致毛泽东、朱德、彭德怀电，告以：和阎锡山、黄绍竑、卫立煌、傅作义已商定，统一指挥参加忻口会战的部队，右翼地区晋军十个团归朱德、彭德怀指挥；中路正面五十个团归卫立煌指挥；左翼归杨爱源指挥；预备军归傅作义指挥守太原。阎锡山表示，贺龙师的使用，杨爱源必与我们协商好。贺龙师主力目前在宁武以南截击敌人，退阻敌追，将来再向朔县、广武间扫荡朔县以北，

---

[1] 张浩，时任八路军第一二九师政训处主任。
[2] 宋时轮，时任八路军雁北支队队长。
[3] 杨成武，时任八路军第一一五师独立团团长。

由骑兵军出扰。

△ 收到毛泽东致周恩来、朱德、彭德怀并告林彪、聂荣臻电，告以华北八路军作战的战略补充意见，指出："敌占石家庄后，将向西进攻，故龙泉关、娘子关两点须集结重兵坚守，以便主力在太原以北取得胜利。"山西我方兵力在十五万以上，红军与卫立煌军在质量上可为晋北战役之领导者。山西现已处最后关头，将不得不打一仗。"此战役之关键在于下列三点：（一）娘子关、龙泉关之坚守。（二）正面忻口地区之守备与出击（出击是主要的）。（三）敌后方之破坏。"为此，应要求南京速加派主力军三四个师位于娘子关；要求卫立煌军四个师担任正面出击兵团之主力，晋军以两个师协助出击；八路军林彪、贺龙两师主力"担任从东西两面破坏敌人侧后纵深地区。另要求南京派生力军两个师从涞源、蔚县行动。"刘伯承师"主力或全部使用于正太路，发动群众，配合娘子关守军巩固后路。"

△ 与彭德怀、任弼时致电毛泽东、周恩来，告以：一一五师南移台怀以东，灵丘地域已留独立团（即原第一师），现在灵丘南之上寨附近，待补充棉衣子弹等，即向平型关、灵丘之间及大营、浑源之间，与宋支队呼应。王震已令归还建制。认为一二九师留一个团放在灵石、孝义，恐阎锡山不满。提出：我们同意陈伯钧团到孝义、汾阳、灵石、离石较好。一二九师教导营留寿阳、平定、盂县；主力三个团到河边村转五台，相机协助一一五师，以便应付意外变动，尔后转至盂（县）、寿阳、平定、平山地区，因晋军所留台怀之十团兵力，除七十二师较有战斗力外，余均很弱。

△ 与彭德怀致电林彪、聂荣臻、贺龙、萧克，刘伯承、张浩，指示：根据敌军行动判断，"敌以夺取崞（县）、原（平）两城，直逼太原，与平汉线进攻石家庄之敌相呼应"。

"我军以协同友军展开战局,保卫山西"。并具体部署:"一一五师以待机姿势,协同友军袭取平型关、大营镇,相机略取浑源、应县为目的。""一二○师张旅主力,应即配合马旅夹击宁武以南之敌,得手后,集结义井镇附近待机。宋支队背靠岱岳镇以西山地后,应即向岱岳镇怀仁、山阴活动,破坏公路交通。王震率所部进至忻县以西后,即归还贺、萧指挥。""一二九师及晋军六十一军,另令规定。"要求各兵团接此电后,除贺师之张旅主力配合马旅行动外,应立即进行各种准备,并尽可能于11月以前准备完毕;各兵团原则划定之地方工作区,应照规定加紧工作,不得因战争而废弃。

△ 与彭德怀致电王震并告周恩来、贺龙、萧克:你所率之团,于七日从现地出发,经定、忻附近开至忻县西北,宁武以南山地,归还建制,请恩来同志通知忻县友军,王震须特别注意纪律与秩序。

△ 与彭德怀致电刘伯承、张浩等,指示"一二九师决由同蒲路运至河边村转五台,准备协同一一五师从台怀向平型关、繁峙、浑源出击。教导营并多配工作人员,进至正太铁路间之寿阳、平定及盂县地区,加紧发动群众,扩大本身。"

10月7日 收到毛泽东致周恩来、朱德、彭德怀电:同意一二九师集中河边村,相机配合一一五师作战。

△ 收到周恩来致朱德并转彭德怀、刘伯承电,告以:第二十二集团军总司令兼四十五军军长邓锡侯、第四十一军军长孙震等愿同八路军建立联络。

△ 蒋介石致电朱德、彭德怀,对第一二○师宋时轮支队于十月一日收复朔县井坪镇表示嘉勉。

10月8日 中共中央军委华北军分会向各师团发出《对目前华北战争形势与我军任务的指示》,指出:目前山西成为华北战局中最后争夺的主要目标，如果南京最高军事当局"改善军事上的领导，坚决实现已定战役计划，真正实现民主、改善民众生活纲领，动员广大群众发展游击战争，加上我军以积极行动的配合、推动和领导晋北战局胜利的开展，在敌人远离交通增援接济困难条件下，争取歼灭深入晋境之敌，巩固山西，实现反击敌人，改变华北战局之可能是存在的。这种前途的争取，成为我们当前最中心的政治与战略任务"。由于我军积极的胜利的行动，模范的群众纪律，我们在全国友军及民众中的威望大大提高，而且对于我军抱着极大的期望，"我们逐渐取得对于华北抗战的政治军事领导地位"。在目前晋北决战当中，我们虽在决战的军事上仍然不能起到决定的作用，但我们正确地运用运动游击战，对敌侧后的袭击与捣乱，破坏敌人后方交通供给的积极行动，"应当成为达成晋北战役计划的重要因素，我们必须依据独立自主的运动游击战机动果敢的作战原则，以高度的积极动作争取新的胜利，以影响友军在战术上及对群众关系的改进，巩固我军的威望，提高我们的领导作用"。"这里必须反对一切民族失败主义的情绪与认为华北局势无法挽救的宿命论"，"也须防止一切轻敌的冒险行动"，以免"招致不必要的损失"。"必须加强地方群众工作的领导，创造太行、恒山山脉及晋西北地区的根据地"，"正确执行党的策略去发动群众，组织地方游击队"，求得部队的壮大。十月十七日，张闻天、毛泽东致电朱德、彭德怀、任弼时并告周恩来，指出：华北"军分会十月八日指示文件，有原则错误，望停止传达。"

△ 与彭德怀电令一二九师改移五台。电令国民党军陈长捷师协同一二九师消灭由阳明堡方向可能出击之敌。

10月9日 收到毛泽东致朱德、彭德怀、任弼时电：在敌人后方地区及迫近敌人地区，必须执行没收大地主政策，因为大地主多属汉奸，不没收大地主不能迅速发动群众，不没收大地主八路军给养难于解决。请通令各部实行。十一日，与彭德怀、任弼时复电毛泽东、张闻天说："我们考虑认为在上述地区，因〔应〕以没收当汉奸之地主为妥。因为在事实上并非全部大地主均为汉奸。据我们调查，接近战区富户多向地〔敌〕区逃走，如均实行没收，反促其倾向汉奸。""关于我军给养，可实行战地动员合理负担，即加重富有者负担，及打汉奸解决之"；"在敌后方除发动群众、没收与分配汉奸财产外，并可从减租减息、免捐税等方面去动员群众，现在没收大地主财产、土地分配农民似不适宜"。十五日，再次收到毛泽东、张闻天致朱德、彭德怀、任弼时电，说"没收大地主，指没收汉奸政策的主要阶级内容，大地主而未为汉奸者，当然不在没收之列。在一切汉奸分子中，首先应坚决没收大地主，而对中层分子之为汉奸者，在未得民众同意以前，不应急于没收。工农中有被迫为汉奸者，应取宽大政策，以说服教育为主。这是统一战线中的阶级路线，有向全体明确说明的必要。"

10月10日　与彭德怀致电国民政府军令部部长徐永昌，报告在灵丘、繁峙、五台、阜平、洪子店、正定等地八路军与敌战斗情况及战果。

△　日寇侵占河北省石家庄。

10月12日　根据中国共产党与国民党达成的协议，国民政府军事委员会宣布南方湘、鄂、赣、闽、粤、豫、浙、皖八省十三个地区（不包括琼崖红军游击队）的红军和游击队，改编为国民革命军陆军新编第四军（简称新四军）。叶挺任军长，项英任副军长。至翌年二月，新四军整编为四个支队，计一万零三百人。

△　八路军总部决定成立游击队干部训练队，与彭德怀致

电八路军各师,规定各师参加游击队干部训练队人数和选调学员的条件,学员限本月十五日前送五台集中。

△ 与彭德怀、任弼时致电中共中央军委、周恩来并八路军各师高级将领,提出:"我们目前应以一切努力,争取以山西为主的来支撑华北战局的持久,使友军一下子不过黄河,消耗日寇力量,逐渐提高友军胜利信心";"我们的中心任务"是"广泛开展游击战争"。估计日军可能集中六、七个师团的兵力,从娘子关、同蒲路夹取太原,向南转进。告以目前八路军部署:一一五师全部,一二九师之一个团,总部直属队在正太路以北,平汉、同蒲两路之间,以五台、盂县为中心,向榆次、平定、井陉、获鹿、唐县、行唐、曲阳、完县、满城、紫荆关、灵丘、广灵、蔚县、浑源、繁峙、代县、忻口、太原发展。"必要时可与贺、刘两师之任何一师共同作战,威胁敌后路,扩大本身,解决给养"。"如发展到某种不利时期,主力转向晋西或晋东南,此地域只能留适当兵力,派得力干部主持"。一二〇师主力暂时在晋西北,活动于大同以西平地泉、归绥之线以南;另一个团在晋西之离石南北。一二九师暂在正太路以南,同蒲、平汉中间地区。

10月13日 收到毛泽东致周恩来、朱德、彭德怀并告博古、叶剑英电,指出:"周(恩来)灰电(十日)判断是正确的,北面忻口反攻无充分把握,东西娘子关守备亦不大可靠。因此,朱、彭、任十二日重新划分区域之部署是正确的。一二九师的使用须慎重。""须知华北战局重点并不在太原,而在娘子关、龙泉关一带之太行山脉。如太行山山脉及正太路在我手,敌进太原如处瓮中,我军是还能有所作为的,请你们深刻考虑此点。"

△ 七时,与彭德怀致电一二〇师三五八旅旅长张宗逊并

告贺龙、萧克，指出："敌正集结兵力于忻口以北之平地泉地域，今明日有积极向我忻口镇正面攻击模样。你们应以灵活动作配合友军作战。最好从崞县、轩岗间由北向南袭击大牛店〔1〕敌之侧背，与轩岗马旅〔2〕联络。同日，还致电贺龙、萧克，指示第三五九旅第七一七团越过忻口之后，应向轩岗靠近，暂归张宗逊指挥，协同袭击敌之侧翼。"

△ 与彭德怀电令一二九师，依托太行山山脉侧击、游击攻我娘子关之敌，以协助友军，并创造正太路以南地带抗日根据地。令七一六团北进归还建制，以支援宋时轮支队。

△ 收到毛泽东致周恩来、朱德、彭德怀、博古、叶剑英电，告以"请你们考虑向国民党提出"准备太原失守后迅即执行的华北战略部署意见，提出要"确保太行山脉正太路于我手中，准备向大同、张家口、北平线作战略反攻，支持华北持久战，用以消耗敌人，保卫中原各省"。

△ 与彭德怀致电周恩来并转陈赓等报毛泽东，指出：井陉已失，一二九师陈赓旅应即转平定寿阳下车，主力进到昔阳以东，小部向井陉、获鹿以南，石家庄、元氏、邢台之线以西游击，主力集结昔阳以东，配合友军从敌侧翼袭击，求得部分消灭敌人；一二九师的地方工作，主要放在正太路以南，目前应以榆次、寿阳、平定、昔阳、和顺、辽县、太谷及平汉铁路以西，以后逐渐向南扩张范围；已到东冶之团，准备转到盂县、平山之间，沿滹沱河两岸向井陉、平山之敌游击；总指挥部必要时移上社或盂县，居中指挥。

△ 日军大举进攻忻口镇，忻口会战开始。

---

〔1〕 大牛店，地名，在山西省崞县（现原平市）境内。
〔2〕 马旅，即国民党军独立第七旅，旅长马延守。

10月14日 与彭德怀致电林彪、聂荣臻，告以忻口镇一带敌情及友军情况。为配合友军本日的出击，令徐海东旅派兵一团占领平型关，相机袭占团城口[1]、大营镇，其主要任务袭击汽车、破坏道路；杨成武独立团一带除在涞源地域活动外，主力应向灵丘、广灵之间活动。

△ 十九时，与彭德怀致电林彪、聂荣臻并告徐海东，令徐海东旅于十五日晨分两路出击，一个团袭占团城口，截断敌交通，彻底破坏公路截击来往汽车；另一个团附山炮连经野子厂、童子崖进至东山庄附近，以一部进占沙河镇[2]附近，主力在沙河镇南岸上下游扼河构筑野战工事，保障河北岸部队之安全及协助截击敌人，对大营镇注意警戒侦察，如地形许可，先以炮兵破坏其据点，相机袭占之。告以山炮连已令一〇一师[3]抽拨，在台怀待命。令陈赓旅在豆村东西会之线，加紧备足五至七天粮食，准备随时协同作战。

△ 与彭德怀致电周恩来转阎锡山等，告以八路军各师近日活动情况，并强调："我军连日均有缴获及相当伤亡，但敌伤亡则数倍于我，其资材、车辆损失尤巨，交通更感困难，群众再加发动，敌之困难必增。"

△ 日军侵占归绥（今呼和浩特）。

10月15日 致电国民党军第十四集团军第十四军军长李默庵，告以："我右翼军[4]任务是截断敌人后方交通，打击

---

〔1〕团城口，地名，在今山西省繁峙县境内。
〔2〕沙河镇，在山西省繁峙县境内。
〔3〕指国民党军第七集团军所属的第六十一军（属晋绥军）第一〇一师。
〔4〕右翼军，指忻口会战时第二战区的右集团军，由第十八集团军（即八路军）和国民党晋绥军第七十三师、第一〇一师、新编第二师等部组成，统一由朱德指挥。

来援之敌，消灭由忻口溃退之敌。"通报近日八路军部署及战况。提出："我一二九师一个团，在阳明堡、崞县之间截击，望贵部应该照令各师应抽出出击之一团，协我出击之部队一致动作。各阵地守兵务求十分节约，亦同时往阵地远方即汽车路之线游击，并破坏道路，袭击敌之小部队及交通兵，相机破坏其飞机场，应袭其降落之飞机并焚毁之。"指出："上述任务是本军决战的胜负关键，务望晓谕所部自动地努力去争取这一伟大胜利。"

△ 与彭德怀致电毛泽东、周恩来等，告以近日八路军战况：宁武、朔县交通被我完全破坏，宁武城为一二〇师一部及友军一部收复；三五八旅占领大牛店后，乘胜袭击敌之侧背，攻占北大常及永兴村，缴获敌之军用品一部，现正与南大常及永兴村一部房屋内之敌激战中。一一五师一部在平型关至小寨村之线，截断敌汽车一百三十余辆，正激战中。平型关至代县已被我截断，给敌以极大困难，惟雁门关之交通尚未完全截断，正设法截断中。

△ 收到毛泽东致周恩来、朱德、彭德怀电：可否以徐海东旅转至浑源、应县，以主力配合宋时轮支队截击大同、雁门关；以一部配合陈光旅截击平型关、代县线；杨成武团截断广灵、平型关线。一二九师陈赓旅主要应使用于娘子关以东之敌后，破坏敌攻娘子关计划，确保该关在我手中。

△ 与彭德怀致电蒋介石、阎锡山等并转程潜、卫立煌、杨爱源、孙楚，告以八路军战况：甲、林彪师主力一部已占平型关，刻正与团城口附近南援之敌激战中；另一部已占沙河镇，包围大营镇之敌，威逼繁峙。乙、代县之敌受我特务团袭扰，城内起恐慌。丙、宋支队已将岱岳、怀仁交通切断；另一部已挺进到怀仁、大同之间，破坏交通，截敌运输。深入崞县、原平之敌后路被截断，已形成深围。

10月16日 中共中央军委发出《关于成立总政治部的决定》，决定以任弼时为总政治部主任，总政治部副主任在邓小平未回军委以前由毛泽东兼代其职。"所有第八路军和各留守部队、医院、学校及边区各地区部队，全国各游击区部队的政治工作，均由军委总政治部负统一领导。"

△ 与彭德怀致电李井泉，令率一个营附电台经崞县、代县以西山地，星夜赶占雁门关，彻底破坏道路，抗击敌援兵；在兵力使用上，主力应在雁门关公路以西，利用险要配备侧面阵地为有利；如无电台，王震所率之电台交李使用。

△ 与彭德怀致电一二九师三八五旅七六九团：进至崞县、原平镇东北适当地点，派出多股小部队向原平及其以北积极袭扰，以威胁敌之后路，打敌之来往部队与车辆；主力集结于滹沱河东岸相机使用。

△ 与彭德怀致电周恩来、毛泽东并告林彪等，告以：阎锡山令台怀李俊功部开忻县增援，台怀留金宪章部；黄绍竑令朱怀冰、许权忠两部南调；此种调动，包含积极与放弃北面的两方面。提出：一二九师主力须用在正太路以南，绝不北调，应在平定、和顺地域及其以东，袭击敌人后方，开展群众工作；鉴于黑山关、龙泉关我们均无一兵去接防，应要黄绍竑派兵留守黑山关、龙泉关。建议：周恩来注意利用时机揭破他们抛弃恒山山脉，使我们隔断的阴谋。

10月17日 与彭德怀致电聂荣臻并转各部队主要首领，通报八路军十五日战况："敌由广武南开汽车百余辆，满载步兵，被我截击于雁门关附近，敌军下车登山配合守备队向我猛击，激战三小时，毁敌汽车三四十辆，敌伤亡极众，我亦伤亡五十余人"；由崞县北开装甲车八辆，骑兵百余人，我刘部配合义勇军将其击溃，退回崞县城，敌人、马伤亡三十余，缴获步枪十余支，我伤亡十余人"；"晚，我另一部配合义勇军夜袭平地泉，将敌守兵六七十人击溃，敌伤亡数人，缴获步枪三支，六五子弹万发"；黄昏时，我另一部袭占白水村，击退援敌汽车十余辆，缴获子弹、炸弹、炮弹百余箱，毒瓦斯五箱，我伤亡二十余人。

△ 收到毛泽东致朱德、彭德怀并告周恩来电："同意彭电意见，由周电蒋调主力军入晋，以调川军为宜。"并指出："我军各部胜利之后，易生骄志，易启轻敌观念，而敌在失败之后，对我必增加愤恨之心理，发生谨慎之心理，因此，请你们告诫各部首长，仍一本谨慎沉着精神使之与勇猛启发精神相配合，争取与日寇之持久战。"

10月19日 与彭德怀、任弼时致电张闻天并告周恩来、邓小平，提出在部队恢复党代表和政治机关原有制度。电报说："部队改编，政治工作人员的公开地位降低职权"，影响到政治工作的积极性，政治工作已受到若干损失。"而在各级指挥方面，仍有个别同志因单一领导不大接受他人意见，多数单一首长感到自己能力不够，致使军队建设上也受到某些损失。对此现象，我们认为除教育干部反对地位观念及轻视政治工作外，还需积极地从组织上得到适当地解决"，以红军的传统影响友军。"组织的具体改变如下：（一）团以上或独立营执行党代表制度，争取党代表名义的公开，党代表的职权一般与过去政委相同，应是负责保证党的路线与上级命令之执行，领导政治工作有最后决定权力。（二）估计到山地游击战争任务和方式，部队分开活动，旅应设政治处，负责全旅政治工作之领导。（三）各旅单独行动时，可临时派遣营党代表，并由团政治处分配一部分工作人员，在营代表或教导员指定之下，进行政治工作。（四）师政治处改为政治部，连仍为指导员。（五）军政委员会书记，如不是党代表兼任，则党代表应任副书记职。"二十二日，张闻天、毛泽东复电朱德、彭德怀、任弼时、邓小平并告周恩来："关于恢复政治委员及政治机关原有制度，我们完全同意，请即速令执行。惟党代表名义不妥，仍应名为政治委员。将来国民党采用党代表制时，我军方可改为党代表。"

△ 收到张闻天、毛泽东致周恩来、朱德、彭德怀、任弼时电：在"山西须坚持与阎（锡山）合作，不参加任何倒阎阴谋"，但"对原则（问题）决不让步"。

△ 为配合国民党忻口战役，奉命于崞县、代县以东地区侧击敌人的八路军第一二九师先头部队第七六九团夜袭滹沱河北岸阳明堡机场，歼敌一百余人，毁伤敌机二十四架。朱德接到战报后，在有祁县、太谷、榆社三县游击队和决死第二纵队参加的群众大会上宣布了这一消息；还告诉大家一架飞机价值多少钱，折合成小米多少担，并说："由此可见，日本鬼子并没有什么了不起，我们一夜就炸毁了他们这么多的飞机，我们的力量可以战胜日本鬼子！大家相信，八路军在，华北就在，八路军誓死保卫华北！"

10月20日 收到毛泽东致周恩来、朱德、彭德怀、任弼时电，指出："敌占太原后，将引起极大与极快之变化"，娘子关之敌速占正太路，我一一五师、一二九师与八路军总部"有被隔断之虑"。因此，林师主力不可过于向北；刘师主力不可过于向东；总部宜移正太路附近；王兆相部不宜出长城以北，以利紧急时，能够转移。具体部署意见："留杨成武团在恒山、五台山地区坚持游击战争"；"林师主力准备转移于汾河以西吕梁山脉"；"刘师在正太路以南之现地区，坚持游击战争"；"总部准备转移至孝义、灵石区"；"贺师坚持晋西北之游击战争"；"陈伯钧部暂在现地不动，准备必要时到河边策应。"

10月21日 收到毛泽东致朱德、彭德怀并告周恩来电，告以请考虑以下作战部署：（一）一二九师准备一个团或总部特务团之主力于必要时机赶至介休南、霍县北（主要灵丘地区），选择隘路地段破坏道路若干段阻敌南下。（二）贺师准备派出一个营至汾阳离石交界地区选择隘路地段，待敌进至汾阳及其川西时不失时机地坏道路，阻敌西进。（三）给杨成武团一个明确的政治、军事纲领和一个骑兵连，并速配备军事、政治上高级干部若干人，准备长时期独立自主活动于冀察晋三省交界地区，还须准备用两至三年的通讯方法和通讯材料。（四）从总部特务团中派出一个主力营，配备能领导三千人以上的军政干部若干人，独立自主长期活动于五台山脉地区，与杨成武团相呼应。（五）宋时轮团准备长期活动于长城以北大同、雁门以西地区，东与杨成武团南与一二〇师主力相呼应。（六）一二〇师主力两个团及师直属队，除准备派出一个营活动于汾阳、吴城镇、离石城之线不失时机地破坏道路外，其余分两部分，一部分为主力准备活动于神池、宁武、静乐三县及雁门关、太原线铁道以西地区，第二部分为次要力量活动于五寨、岢岚、岚县、偏关、河曲、兴县地区。（七）王兆相部准备于必要时机，以一部或全部返回神府，贺龙、关向应负责指导神府工作。（八）文年生团即日开动位于吴堡城、枣林坪、马灰坪、薛家峁、川口、河口、清涧城之线巩固河防，策应山西，七十四师陈先瑞部调至洛川、富县接防。

△ 与彭德怀、任弼时就山西战场形势以及八路军总部南移时间和路线问题致电毛泽东。

10月22日 收到在忻口的周恩来致毛泽东告朱德、彭德怀电，认为毛泽东十月二十日电"顾虑甚对"，又认为"敌愈入愈深，兵力愈分散愈小，一时尚难截断我军娘子关至榆次山地。"据此提出对八路军各部部署的意见,并建议"总部先移东冶,后随林师南移"。

△ 收到毛泽东复朱德、彭德怀、任弼时并告周恩来电,指出:"你们意见与我们意见是一致的,不是要总部及一一五师主力马上移至正太路南,而是要不被敌人隔断,确实保证于适当时机能够南移","只有不被隔断就不怕"。"请你们注意选择这个适当的时机,并立即布置恒山、五台山一切必要工作,并请考虑将总部特务团全部留驻五台山的问题,将来可另造一个特务团。"

△ 收到周恩来致朱德、彭德怀电:"我意,整个北面局势须表示我积极态度,以影响南京及友军坚守,并更便我军向南转移。""我现即动身赴忻州,如朱、彭同意上项办法,请一面部署,彭即乘在五台台怀载重车即来忻口相会。"

△ 收到毛泽东、张国焘、萧劲光致周恩来、朱德、彭德怀、任弼时及彭雪枫电:我们必须在一年内增加步枪一万支,主要方法靠自己造。请你们立即开始用一切方法,在山西弄到一部造枪机器及若干造枪工人,准备在延长设立兵工厂。

10月24日 与彭德怀、任弼时在五台县向八路军各部队发布加强党在军队中领导的命令:中共中央决定,在军队中恢复政治委员及政治机关原有制度,独立营和团以上设立政治委员。各师、团政训处立即改为政治部、政治处,旅设政治处,由政治委员兼任主任。二十八日,与彭德怀、任弼时、邓小平发布命令,委任聂荣臻、关向应、张浩分别兼一一五师、一二〇师、一二九师政委的命令;总部暂不设政委。二十九日,与彭德怀、任弼时、邓小平致电毛泽东、中共中央:我们拟先宣布聂荣臻任一一五师政委,关向应任一二〇师政委,林育英任一二九师政委,"请批准","总部是否设政委望酌定"。十一月二日，与彭德怀致电毛泽东并张闻天：报告已委任八路军各师政委和一一五师、一二○师各旅、团政委；一二九师的旅、团政委"因他们尚未提出，尚未委任。留守后方各师直属营政委，请军委委任。"

△ 会见昨日到达南茹村的美国记者艾格妮丝·史沫特莱，向她介绍八路军情况和打击日本侵略军的战略战术，说："我们的计划是要全华北和西北山区建立许多敌后根据地——就像在五台山这个根据地一样，敌人的机械化部队无法施展。我们的正规军可以休息、补充和整训，游击队和群众也可以在根据地受训，小型兵工厂、学校、医院、合作社和区政府都可以集中于此。从这些根据地出发，我们可以攻击敌人的部队、碉堡、战略据点、军火库、交通线、铁路。毁了这些目标以后，我们的部队就转移，攻击其他地方。我们要巩固和利用这些根据地，从而扩大我们的作战范围，好把我们的战略防御阶段转化为战略性进攻。""在战略上，我们打的是持久战，消耗敌人的战斗力量和补给。在战术上，我们打的是速决战。因为我们在军事上比敌人弱，我们永远避免运动战，而混合使用运动战和游击战，打击敌人的有生力量。同时，我们发展游击战，扰乱、吸引、分散和消耗敌人。我们的游击战给敌人增添了很多困难，这就便于我们的正规部队在有利情况下展开运动战。"此后一段时间，史沫特莱随八路军总部行动，朱德曾与她多次谈话，还派部队护送史沫特莱到前线去作实地考察，史沫特莱于一九三八年一月三日离开八路军总部。

△ 与彭德怀致电刘伯承，指出：为迟滞沿正太铁路西犯之敌，一二九师陈赓旅以小部队在平定县七亘村、营社、马山村一线采取运动防御，破坏公路，袭击敌人；该旅主力结集于七亘村王德寨附近，袭击敌之侧背及后方，求得消灭敌之一

部。徐向前率三八五旅七六九团二十六日由五台县东冶南进到平定东南地域，归还建制。师直属队主要部分放在昔阳、和顺两县，发动群众，组织游击队，扩大本身力量。指示要注意与友军联络，保持自主作战，严防轻敌。

△ 中共陕甘宁边区委员会、陕甘宁边区政府致函朱德、彭德怀，向八路军表示慰问，并送给全体指挥员战斗员八万双手套、毛袜子。

10月25日 与彭德怀、任弼时致电毛泽东，提出八路军在晋、察、冀、绥四省的军事部署意见：（一）平绥以南、同蒲以东、正太以北、平汉以西为晋察冀军区，聂荣臻任司令员兼政委，下辖三军分区：子、以五台、定襄、盂县、平山、阜平为中心，为一军分区，赵尔陆任政委，朱水根任司令员，留特务团的一个营为基干部队。我军在这里影响甚好，群众工作已有相当基础，游击队组织已有一千人，可成为四个独立团之骨干，正在继续扩大中。丑、以涞源、广灵、灵丘、蔚县、浑县、浑源、紫荆关为中心，为一军分区，杨成武任司令员，以杨支队为基干部队。群众对八路军信仰甚高，群众工作正在开展。寅、保定、卢沟桥以西，以门头沟为中心，为另一军分区，该区的组织很好，群众武装极多，现在赵侗厚（在东北领导过义勇军）领导之义勇军人枪五百余，内有我们强大的组织，可争取之，拟以赵为该区司令员，以现有之义勇军为基干部队。在晋察冀军区内再留一骑兵连，一干部连，四五个电台。（二）以晋西北、察西、绥东为晋绥察军区。（三）以正太路以南，同蒲以东，平汉以西，黄河以北为晋察鲁豫军区。（四）成立晋西南军分区。二十六日，毛泽东复电朱德、彭德怀、任弼时并告林彪、聂荣臻：我军部署照朱彭任二十五日七时电执行。并根据敌情和八路军须配合友军保卫忻口、太原的情况，指出：我原拟向恒山山脉及其西、北、东三方突击，展开于敌人侧后游击战争的计划，暂时尚无执行的条件，要待敌人更深入、后方更空虚时才能执行。

△ 与彭德怀发布关于对日军俘虏政策的命令：对于被我俘虏之日军，不许杀掉，并须优待之；对于自动过来者，务须确保其生命之安全；在火线上负伤者，应依阶级友爱医治之；愿归故乡者，应给路费。

△ 收到毛泽东致朱德、彭德怀、任弼时、林彪、聂荣臻、贺龙、关向应、刘伯承、徐向前等八路军各级负责人电，关于八路军一二九师七七一团在山西平定县七亘村遭日军袭击一事，指出："小胜之后，必生骄气，轻视敌人，以为自己了不得"，"该团遭受袭击，是这种胜利冲昏头脑的结果。宜发通令于全军，一直传达到连队战士，说明对日本帝国主义的战争，是一个艰苦奋斗的长过程，凡那种自称天下第一、骄气洋溢、目无余子的干部，须以深切的话告诉他们，必须把勇敢精神与谨慎精神联系起来，反对军队中的片面观点与机械主义"。

△ 收到毛泽东致周恩来、朱德、彭德怀、林彪、聂荣臻电：请考虑娘子关、太原失陷后，一一五师是留在现地区还是向南转移好。此问题关系甚大，并须在数日内考虑决定，否则将失时机。

△ 收到毛泽东致朱德、彭德怀电：有必要准备以陈光旅使用于正太路，且徐海东旅主力似亦有南下的必要。留一部配合总部特务团及杨成武支队在西北一带即可。"目前决定的战斗在正太路"。为确实截断雁门关南北大道起见，王震部似以加入雁门关一带配合宋时轮支队作战为有利。

10月26日 与彭德怀、任弼时致电林彪、聂荣臻等：令杨勇团向灵丘、涞源之线及良乡、怀来间独立自主地对敌活动，不要扼守一地，避免打硬仗。

△ 下午，在五台向徐向前布置，要他率七六九团（即陈锡联团）去正太路以南的昔阳归建，打击钳制从娘子关西进之敌，尽量迟滞日军沿正太路进攻太原。

△ 日军攻占娘子关。

10月27日 二十四时，与彭德怀致电贺龙、萧克、徐海东、杨成武、张宗逊、李井泉、王震："由娘子关前进之敌进攻颇猛，现正与我友军在娘子关旧关及其以南地区对战中。为打击与迟阻该敌，以争取山西阵地之持久，总部率一一五师陈旅南移，准备同一二九师主力配合友军消灭该敌之一部。总部明日开始移动，聂（荣臻）副师长率徐旅及杨团仍留五台、灵丘、广灵、蔚县地域活动。"

△ 与彭德怀致电刘伯承并报毛泽东、周恩来，报告晋北敌情和部署，并告："徐向前率陈锡联团准于二十六日由东冶南进，径到东南地域归还建制。"

△ 收到毛泽东致朱德、彭德怀电，关于一二〇师在雁门关等地的布置问题："我前提一二〇师主力北上未见答复，仍盼考虑。我意只留一团在原平以西，主力两团以宋（时轮）团全部位于大同、怀仁、岱岳、左云、右玉至平鲁地区，分数支队，主力袭击铁路沿线；一部开辟西面工作。另一团位于山阴、雁门关、朔县地区。主力袭击铁道，一部开辟朔县工作，目的在保证切断运输大道，又能发展北面工作。"

10月28日 在娘子关失守、晋东南战局危急的情况下，率八路军总部与第一一五师师部及第三四三旅，由五台地区南下。八路军总部由南茹村抵柏兰镇。

10月29日 率八路军总部抵盂县上社。

△ 收到毛泽东致朱德、彭德怀、任弼时关于八路军总部

南移后的位置电：我意八路军总部设在正太铁路之南百里左右，平定、昔阳线以西，离该线二百里左右指挥为宜，不宜太靠近前线。

10月30日 率八路军总部抵盂县白水村。

10月31日 率八路军总部抵寿阳县宗艾镇。

△ 与任弼时在寿阳县城会见从娘子关方向撤退下来的第二战区副司令长官黄绍竑和孙连仲[1]、唐淮源[2]、邓锡侯[3]、孙震[4]等友军将领。会见中，他们都表示对于日军的进攻，只能节节抵抗，并希望八路军攻其侧后，消灭其一部。

11月1日 率八路军总部越过正太铁路，抵寿阳县景尚村。

11月2日 与彭德怀、任弼时、邓小平致电八路军各部并报毛泽东、周恩来：南京国民政府军事委员会对我军袭击阳明堡机场，奖励二万元，陕北各地党部、群众团体募集二万元，慰劳前方将士。太原政府、民众团体前后慰劳约七千元，上海群众团体慰劳五百元，上项奖慰金分配办法：全军指战员各发奖慰金一元；参加阳明堡战斗的指战员各二元；袭击阳明堡受伤干部十元，受伤战士六元。

△ 与彭德怀委任萧华为第一一五师三四三旅政治委员，黄克诚为三四四旅政治委员；李井泉为第一二〇师三五八旅政治委员，王震为三五九旅政治委员。此后，还委任王维舟为第一二九师三八五旅政治委员，王新亭为第三八六旅政治委员。

△ 与彭德怀致电蒋介石：上月二十三、二十四、二十五

---

[1] 孙连仲，时任国民党军第二集团军副总司令兼第一军团军团长。
[2] 唐淮源，时任国民党军第二集团军第十二师师长。
[3] 邓锡侯，时任国民党军第二十二集团军总司令兼第四军团军团长。
[4] 孙震，时任国民党军第四十一军军长。

等日，一一五师杨成武独立团在灵丘、广灵间与援敌苦战，为消灭该敌，稳定晋北战局，职等令一一五师主力星夜赶援，部队赶至灵丘附近时为该敌发觉，敌即夜向北逃窜。又令杨团跟踪追击，连克广灵、蔚县。嗣以晋东吃紧，请命将该师陈光旅星夜南开，二十五日夜由灵丘出动，三十一日赶到平定西南沾尚镇、马道岭地域。现各兵团部署：（一）林彪师徐海东旅在繁峙代县，主力在崞县、原平东侧，截断敌人后方交通，直接配合晋北友军作战；杨独立团在蔚县、广灵向张垣、涿鹿、宣化游击；教导团在阜平、涞源、紫荆关及其以东地区向平汉线游击；骑兵营及特务营在唐县、曲阳、完县，向东袭击，一度占领清风店东站及定县；陈旅分两路尾击正太线西进之敌，以两个营由正太铁路经赛鱼村跟踪猛袭。该旅主力正与马道岭、友家村、白家掌四千余敌苦战中。（二）一二〇师宋团仍在大同岱岳镇以西地区，经常截击同雁公路。一个团经常截击雁门关、阳明堡之线。另一旅在忻口、原平、代县一线西侧，日夜袭击之。（三）一二九师主力正与敌苦战中，该敌约一个旅团（千余人）暴露于昔阳东之西固南北、界都地带。该师一部在昔阳北张庄镇，对平定、警戒及截击东西回镇敌之交通。

11月3日 率八路军总部抵和顺县马坊镇。与率总部一部经定襄、忻县、太原、榆次南下的彭德怀会合。

△ 与随八路军总部行动的美国记者艾格妮丝·史沫特莱谈话，说：国民党军队昨天吃了败仗，那个没有多大关系。如果日本人想开到太原来，那就随他们的便。到那时候，我们可以切断他们的后方，破坏他们的全部交通线，把他们打散之后再吃掉他们。

△ 沿正太路西进的日军占领寿阳县城。

△ 国民党军从忻口撤退，忻口战役结束。

11月4日 与彭德怀、任弼时致电林彪、聂荣臻,贺龙、关向应、萧克,刘伯承、张浩、徐向前并报毛泽东,发出关于扩军工作的指示。指出:(一)"在持久抗战中,壮大本身是极重大的任务。"规定各师在两三个月内,除应补充原数缺额外,应努力争取各组织两个新兵团,总部以一个特务连为基础扩大成为充实的特务团,准备每旅改辖三个团,以"更适宜于我军进行山地运动游击战争的战斗任务";另"在蔚县地区的独立团[1],应以营为单位扩大成为三个独立师"。(二)各师应从师团政治机关、司令部及排长以上副职、连队活动分子中,抽出大批干部组成强有力的工作团,并将各师随营学校分成若干队、组,散布于各师活动范围内人口稠密而较安全的地区,进行扩红、组织游击队、改善人民生活、建立党、创立根据地等地方群众工作。"我工作人员初到新区域开始一星期内,应以深入宣传争取个别扩大新战士为最中心工作"。在部队中也须努力扩大新兵,"以期能迅速有一批新兵补充战争中的减员"。(三)对新"组织的游击队,应多派干部进去,加强军政教育和巩固工作,争取大部分整批加入主力";一部分游击队应留在当地,建立独立的营、团地方部队。(四)发生过战争的地区,民间遗散有很多枪支、弹药,"各部及地方工作团应努力收集,并可出款收买"。(五)部队扩大,经费必增,在"我们恢复政权地区应有计划地进行筹款工作,除没收与罚汉奸的款外,须向富户进行救国的募捐"。应努力收容"各地流落之溃兵、散兵","应争取其加入我军"。

△ 与彭德怀、任弼时致电八路军各师军政首长并报毛泽东、周恩来,提出:目前仍应以一切方法支撑晋中、晋南抗战

---

[1] 独立团,指八路军第一一五师独立团,团长杨成武。

局面，推动南京增兵；目前我们的中心任务，除深入开展晋东北、晋西北群众工作，造成巩固的抗日根据地外，应以一切努力，发动和组织晋东、晋西群众，建立根据地，组织游击队，扩大本身，同时准备随时阻扰、截击、侧击敌人，以配合主力作战。具体部署如下：一一五师陈旅及师部之工作区：辛兴镇、寿阳及榆次以南，太谷以东，辛兴、沾尚、和顺（不含）以西，并包含榆社、辽县两县，主力应控制和顺西北及安丰镇地区。周建屏率杨团五个连仍在盂县以南，沿正太路活动，破坏正太路，袭击敌运输，努力扩红。杨团主力应尾敌袭扰沾尚镇、上龙泉、白家掌地域西进之敌。徐旅任务不变。一二○师应准备教导团在敌进攻太原、太谷时转至离石、汾阳之线，在太原失守时基本掘毁离太公路。一二九师主力应与一一五师靠拢，准备在有利条件下协同一一五师陈旅侧击敌人，以地方工作队派小部兵力掩护，在辛兴镇、沾尚镇、和顺以东及邢台、石家庄线以西进行地方工作。首要任务是扩大本身，该师并负责切断娘子关、平定线以南敌运输，破坏道路及平汉铁道到邢台之敌情侦察。总部直属教导营、炮兵、政治部移至汾阳、洪洞之线以西，由邓小平指挥，发动吕梁山脉及汾河群众扩红。要求各部队动作以袭击、夜袭、伏袭、破坏公路、打敌车马运输队、尾敌追袭为主，如敌优势兵力回击时则节节对抗，小部回击；有把握即消灭之，坚决消灭敌人追击队及有力之部队。还要求各部队应以团以下副职干部、教导团及大部政治工作人员组成地方工作队，派小部队掩护，专任在指定工作区域工作。首要任务是扩大本身，以免因作战行动妨碍地方工作，但各战斗部队在其行动区域，仍不应放弃地方工作。

△ 与彭德怀致电林彪、刘伯承，指出：一一五师主力应加紧对沾尚、广阳敌之侦察。如该敌继续向西进时，陈光旅应

积极迟阻。一二九师除小部向昔阳阻击迟滞敌军外，主力应准备迅速与一一五师靠拢，并利用松塔、广阳大小寨口有利地形，消灭此敌。

△ 与彭德怀、任弼时致电徐海东、黄克诚，指示：六八七团除一营在涞源向应县、阳泉方向游击，侦察小部在繁峙外，主力应在代县、崞县之线以东集结，相机截击敌人运输；忻口之敌进逼太原附近时，袭扰打击敌人，破坏道路；旅部及直属部队移东冶，向定襄、忻县方向游击，该旅并与一二〇师部队配合；将各部附属组织地方工作团，努力扩大本身，收枪及组织游击队，你旅应在短期内组成三个团，并每团约需二千人。

11月6日 关于敌军、友军情况与我军的战略部署问题，与彭德怀致电林彪、聂荣臻、贺龙、萧克、刘伯承、张浩并毛泽东、周恩来："（一）一一五师以待机姿势协同友军袭取平型关、大营镇，相机略取浑源、应县之目的。徐旅进至台怀以东之麻子沟、白堂子附近地区，封锁消息，侦察平型关、大营镇敌情地形；陈旅进至石嘴、台怀镇间之白头巷前后石佛镇地域侦察沙河村、龙泉村之线敌情地形；独立团暂在上塞下关由庄迅即补充棉衣弹药后，进至浑源大营镇、灵丘之间，向繁峙、应县浑源积极活动，尽可能切断广武、山阴段公路与宋支队东西呼应。（二）一二〇师张旅主力应即配合马旅夹击宁武以南之敌得手后，集结义林镇附近待机，我宋支队背靠岱岳镇以西山地后，应即向岱岳镇怀仙、山阴活动，破坏公路交通。王震率所部进至忻县以西后，即归还贺萧指挥。（三）我一二九师及晋六十一军另令规定。强调：各兵团接此电后，除贺师之张旅主力配合马旅行动外，应立即进行各种准备，并尽可能于十一号以前准备完毕；各兵团原划定之地方工作区，应照前规定加紧工作，不得因战争而废弃。"

△ 复信陈玉珍："十年来的家中破产、凋零、死亡、流亡、旱灾、兵灾，实不成样子。我早已看到封建社会之破产，这是当然的结果。""惟两位老母均八十，尚在饿饭中，实不忍闻。望你将南溪书籍全卖及产业卖去一部，接济两母千元以内，至少四百元以上的款，以终余年。""至于你的生活，望你独立自主地过活，切不要依赖我。我担负革命工作昼夜奔忙，十年来艰苦生活，无一文薪水，与士卒同甘共苦，决非虚语。现时虽编为国民革命军，仍是无薪水，一切工作照旧，也只有这样才能将革命做得成功。近来转战华北，常处在敌人后方，一月之内二十九日行军作战，即将来亦无宁日。我这种生活非你们可能处也。我决不能再顾家庭，家庭也不能再累我革命。我虽老已五十二岁，身体尚健，为国为民族求生存，决心抛弃一切，一心杀敌。万望你们勿以护国军时代看我，亦不应以大革命时代看我。"

11月7日 率八路军总部抵和顺县石拐镇。

△ 与彭德怀、任弼时致电聂荣臻并告林彪、刘伯承、徐向前、黄克诚并报毛泽东：晋察冀军区即公布聂荣臻任军区司令员兼政委。杨成武独立团、骑兵营、特务团所留之营，各抗日自卫军、义勇军、决死队，各地方独立团、营、连统归聂荣臻指挥。一一五师徐海东三四三旅暂归八路军总部直接指挥。同日，晋察冀军区在五台山普济寺成立。

△ 与彭德怀致电贺龙、林彪等，告以敌情，并指示：一一五师六八八团应即移关城岭以东及东南山地，向关城岭至阳曲线上积极活动，与西面张宗逊旅呼应，努力收集散兵，收集武器，扩大本身；一二〇师教导团（或与教导团相等之兵力）应即南移阳曲以西，向攻击阳曲之敌活动，在阳曲失陷后，移阳曲西南山地，向太原、阳曲、文水、交城之线积极活动，并

不失时机，彻底破坏道路。

11月8日 日军侵占太原。

△ 收到毛泽东致电周恩来、朱德、彭德怀、任弼时并告林彪、聂荣臻、贺龙、萧克、关向应、刘伯承、徐向前、张浩电，指出："太原失后，华北正规战争阶段基本结束，游击战争阶段开始。这一阶段，游击战争将以八路军为主体，其他则附以于八路军，这是华北总的形势。"国民党在华北各军残部将大量溃散，"八路军将成为全山西游击战争之主体。应该在统一战线之原则下，放手发动群众，扩大自己，征集给养，收编散兵，应照每师扩大三个团之方针，不靠国民党发饷，而自己筹集供给之。""吕梁山脉是八路军的主要根据地，但其工作尚未开始，因此，不但徐旅（一一五师三四三徐海东旅）须立即迅速转移，林率陈旅（一一五师三四三陈光旅）亦不应在东边恋战，亦以立即开始转移为宜。""一二九师全部在晋东南，一二〇师在晋西北，准备坚持长期的游击战争为宜。"

11月9日 收到毛泽东致朱德、彭德怀、任弼时并告周恩来、刘少奇、杨尚昆、彭真电，指出：日军不久即将移主力向着内地各县之要点进攻，八路军主力部队应即重新部署。一般部署纲领：以控制一部为袭击队，大部尽量分散于各要地组织民众武装为第一义。在大批靠近铁路公路地带先布兵先工作，偏僻地方后布兵后工作；敌快要到之地区先工作，敌暂不到之地区后工作。八路军应在统一战线基本原则下，放手发动人民，废除苛杂，减租减息，收编溃军，购买枪支，筹集军饷，实行自给，扩大部队，打击汉奸，招纳左翼，进一步发挥独立自主精神。

△ 与彭德怀致电林彪、刘伯承、徐向前、张浩，告以敌情及友军情况，指示一一五师直属队及陈旅（缺六八五团二

营）以适时准备转移吕梁山脉创造山西根据地之任务，明十日由现地开始南进至榆社附近，看情况再决，六八五团二营暂在执行原任务，待该师政治部到，再归还建制，徐海东旅行动另行规定。一二九师以创造晋东南抗日根据地娘子关及协同汤军迟滞敌人南进之任务，目前以一个团以昔阳为中心分向九龙关、平定、寿阳地域游击，发动群众组织游击队，主力两个团十一号开始南移，暂集结石拐及以西地区，向太谷游击，配合国民党军汤恩伯部在有利条件下侧击敌之小部，敌进至平遥、灵石之线时相机转移至榆社、武乡、沁县、沁源、黎城地域。林彪、刘伯承、张浩、宋任穷等于十一号赶到石拐本部开会，向前同志留部指挥。

11月11日 在辽县石拐镇主持召开中共中央军委华北分会会议，彭德怀、任弼时、左权、林彪、刘伯承、张浩、宋任穷等出席。会议决定：一一五师除聂荣臻率一部留在晋察冀创建根据地外，主力迅速转移到汾河流域和晋南进行群众工作，并留一部在太行山，配合一二九师在晋东南依托太行山脉开展游击战争，创建根据地；一二〇师仍留在晋西北同蒲铁路北段活动。

11月12日 与彭德怀、任弼时率八路军总部抵榆社县郝村。

△ 日军侵占上海。

11月13日 毛泽东致电八路军总部及周恩来、刘少奇、杨尚昆并告八路军各师负责人，指示：一一五师徐海东旅速到吴城镇地区，准备与一二〇师贺炳炎、廖汉生领导的游击支队配合作战，打几个小胜仗；总部、一一五师师部、陈光旅速到汾西、隰县地区准备打几个小胜仗；一二九师以师部及陈赓旅位于太行山脉地区，多打几个小胜仗；一二九师之另一团应交总部或一一五师指挥,位于介林、灵石以东、汾河东岸,与西岸之陈旅配合,夹击沿汾河南下之敌,多打胜仗。今后一切计划应以军渡、临汾、蒲县、晋城失守为基点,晋西北应以宁武、神池、五寨失守为基点,晋东北应以五台、蔚县、广灵、灵丘、阜平失守为基点。

△ 与彭德怀、任弼时致电聂荣臻等并报毛泽东、中共中央北方局,指出:晋察冀军区工作扩大,且"发展前途极大",原划三个军分区已感不够,故改为四个军分区。(一)杨成武所辖军分区,应即以现有两个营改编为两个团,涞源之营亦改编为团,合编为第八路军独立第一师,杨成武任司令员,邓华任政委。其活动范围以广灵、灵丘、蔚县、涞源四个县为中心,包括怀仁、大同、阳高、天镇、怀安、阳原、涿鹿、宣化等地;(二)赵尔陆所辖军分区,立即以特务团所留部队为中心扩大成团,其活动地区以定襄、繁峙、五台三个县为中心,包括石岭关、忻县城、原平县城、崞县城、宁武县城公路线以东,山阴、应县以南等地;(三)王平为司令员之军分区,以阜平、涞源、曲阳、唐县、完县、满城六个县为中心,要以独立团所留之涞源营为基干扩大成团;(四)以周建屏为司令员、刘道生为政治委员之军分区,其活动以盂县、平山为中心,以陈光旅留下的一个连和刘道生扩大的新兵一百人为基干组建成一个营,逐渐扩大成为团以至师,活动范围包括阳曲、石岭关以东,正太铁路以北,石家庄、正定、新乐以西;(五)除前决定一一五师随营学校留一个连归聂荣臻直接指挥外,再增加一个连,并将骑兵营留在聂荣臻处一个时期。还指出:"你处一切给养经费,均须自己解决,并须准备长期斗争。"

△ 在榆社县城召开的有邻近县城的游击队、县城的警察、山西军的一个连、当地救国会以及县城居民参加的大会上,介

绍了八路军和其他部队在山西北部各地的作战情况，并强调："我们必须连续作战，直到我们的国家取得自由，所有的敌军撤离我们的国土为止。""中国人民千千万万，日本军队就那么一些。如果我们的人民觉醒起来，组织起来，并把自己武装起来，那我们就能够打败敌人。中国是个穷国家。处在这种形势下，全体民众必须是有钱出钱，有力出力，能上前线的都上前线。"

△　收到周恩来致朱德、彭德怀、任弼时电：决死第一、四两纵队，现开武乡附近，请你们与之联络，鼓励他们留在晋东南太岳山区同八路军一起进行游击战争，由一二九师给以指示。提议第一二九师派宋任穷率一个得力连即开赴武乡联络，宋为该地军政委员会主席。

11月14日　与彭德怀、任弼时致电张闻天、毛泽东等：提出：太原已失，山西的正规战争已告结束，开始游击战争的新阶段。我们已布置"在山西及华北坚持和开展游击战争"。"我们鼓励友军尽可能利用灵石、介休山地，支持时日及争取部分友军留晋，同我们进行游击战是必要的，但提出凡是退过河的都是帮助日寇统治华北的号召，我们认为是不妥的。这可失去在抗战中牺牲最大之友军的同情。有些部分如孙连仲、卫立煌等，且应让其在适当时候过河，加紧补整，以备应付新的继续战争，只能提出无命令，不能自由过河。"认为在日本军事占领华北、上海后，南京有投降、继续抗战两种可能。建议目前我们应"（一）在临时国民大会上争取通过继续抗战方针及通过我们一些提议，求得排除政府中亲日动摇分子，加强左派力量，保障某些民主权利的实现。（二）我们应帮助蒋及左派迅速成立新的进步的军队，以便继续抗战。（三）努力扩大红军（在华北扩大我们已有计划，不必另定）。（四）以大的力量，留得力干部在山西及华北，坚持和开展游击战争（我们已在布置）。（五）加强各省党的领导，北方局应位置于晋东北或晋东南地区，指挥华北党的工作。"

△ 与彭德怀、任弼时率八路军总部抵武乡县段村。

11月15日 收到毛泽东复周恩来并告朱德、彭德怀、任弼时电：目前山西工作原则是"在统一战线中进一步执行独立自主"。"但仍然是在统一战线中的独立自主，不是绝对的独立自主。在大的方面仍应与国民党及阎、黄、卫商量，例如周电所述各条[1]及朱、彭要求补充等完全是对的。""我们计划要放在他们不答应、不兑现、不可靠时，我们还是能够干下去这样一基点上。"另"同意与朱、彭、任、阎、黄、卫见面后回延安，回时取道延长为宜，请朱、彭、任快点过汾河会商，以在隰县为宜"。

△ 与彭德怀、任弼时率八路军总部抵沁县开村。

11月16日 与彭德怀、任弼时、邓小平发出《关于山西战局对战士的解释大纲》，指出：敌占太原后可能继续向南、向西进攻，但敌愈深入，其困难亦愈增加。不论山西战局如何变化，为着以后的持久抗战，为着将来在华北反攻，最后战胜敌人，都必须努力在山西及冀察边创造持久斗争的抗日根据地。只有继续持久抗战，反对一切妥协与投降，才是唯一光明的前途。号召劳苦大众加入八路军，开展游击战争，在敌后建立民主政权，争取最后胜利。

△ 与彭德怀致电蒋介石：唯有本着持久抵抗方针，更能获得世界人士精神与物质之赞助，则最后胜利必属我中华民族。

---

[1] 指周恩来11月13日致毛泽东的电报中所说的有关他当天与卫立煌、黄绍竑谈判的问题。即部队改造；政治工作建立；政权开放；民运开放；战略战术改变；后方补给。

1937年11月

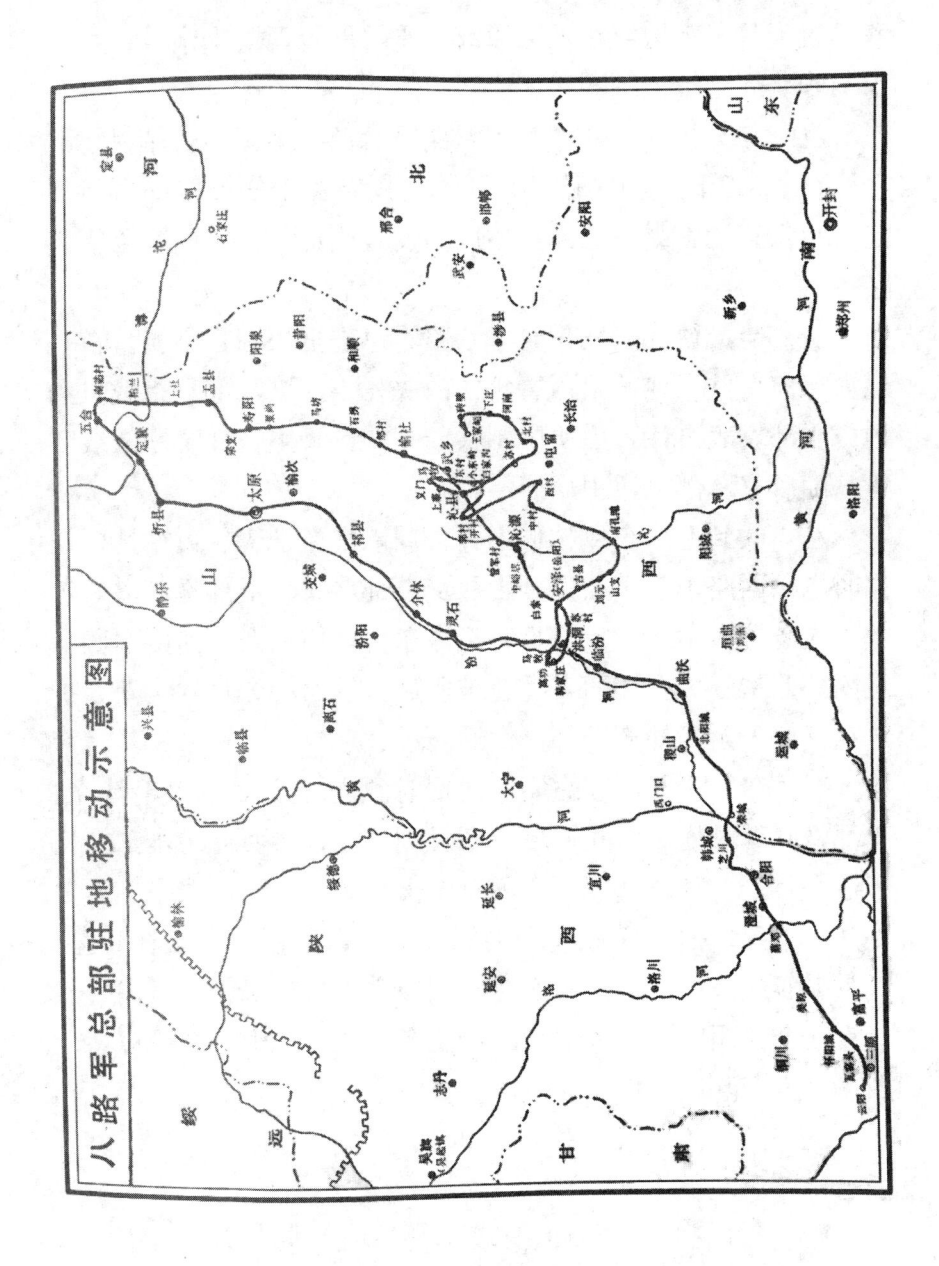

八路军总部驻地移动示意图

我军自十月以来恢复正太路以北、平汉路以西二十余县；我军誓与华北同胞抗战到底。

△ 与彭德怀、任弼时率八路军总部抵沁源县官军村。

11月17日 与彭德怀、任弼时发布关于伤员费的暂行规定：轻伤三元，重伤五元，残废另发残废证，暂照前军委规定转令。

△ 与彭德怀、任弼时率八路军总部抵沁源县县城。在一座大庙前对驻当地的山西青年抗敌决死第一纵队部分指战员和地方干部发表讲话，说明中国共产党的抗日主张和统一战线政策。随后率总部抵达中峪店。

△ 收到毛泽东致林伯渠并告周恩来、朱德、彭德怀、任弼时电：西路军三千余人开山西交总部接收。干部择其最好者数十人送抗大学习。十八日，毛泽东再电林伯渠：西路军归队之团，照朱、彭电在西安补充被服后，发给一个月伙食费，护送经三原来延安补充干部，然后转赴大宁。

11月18日 与彭德怀、任弼时致电邓小平并报毛泽东：总部将到隰县地区，我们二十四日到洪洞；晋西北游击部队已超过一万；晋东北（蔚县在内）游击部队六千余；晋东南游击队共二千余；一一五师抽出干部二百余，由杨勇率领在黎县、武乡、襄垣、涉县地区工作；我们拟定于最近二三个月内每旅成立一个新团，杨成武部扩大成三个团的独立师，总部以特务团一个连为基础，扩大成一个充实团。

△ 彭德怀由八路军总部动身回延安，与周恩来二十六日抵延安。

11月19日 与任弼时赴洪洞县与周恩来会面，讨论开展山西游击战争问题。当日返中峪店。

△ 与彭德怀致电周恩来转阎锡山、黄绍竑等，告以：国

民党军第八十四师骑兵营假借八路军名义在驻地吴城镇大肆收缴溃兵枪械，几经抗议无效。"此种行为显系破坏八路军名誉，破坏民族统一战线，而利于日寇分化中国抗日力量，除分别电知各友军就近制止，并电高师长〔1〕立即制止此种不妥行为外，特请严令查究"。

11月20日 与任弼时率八路军总部抵安泽县白素村。

△ 国民党政府正式声明迁都重庆，财政、外交、卫生署迁驻武汉。

11月21日 与任弼时率八路军总部抵洪洞县苏村。

11月22日 与彭德怀、任弼时致电博古、叶剑英并毛泽东，告以八路军送还收容友军溃兵及武器事实，请根据这些事实向外发言，并说明确有不少破坏分子，假用八路军名义，到处收编溃兵，收缴武器，扰害民众，破坏八路军名誉，如八十四师高桂滋部骑兵营。

△ 与任弼时率八路军总部抵韩家庄。

11月23日 收到张闻天、毛泽东致刘少奇、杨尚昆并告朱德、周恩来、彭德怀、任弼时电："（一）坚持山西游击战争的方针，是中央已定下的方针，谁也不应该对此方针发生动摇。（二）坚决执行这一方针，决不能束缚红军主力的适当的使用与适当的转移，这两者不能混为一谈。（三）红军主力的使用决定于今后全国抗战形势的发展，不决定山西一省的形势，你们不要仅看局部，而且要看到全国。（四）应该及时预防红军主力需要转移时，在同志中（勿）丧失坚持山西游击战的自信心。（五）组织问题待恩来、胡服（刘少奇）、德怀来开会后决定。"

---

〔1〕 高师长，指国民党军第八十四师师长高桂滋。

11月24日 与彭德怀致电刘伯承、徐向前、张浩、周建屏、曾国华、刘道生,指示:敌正在抢修正太路,如该路通车,对我晋东北、晋东南之游击活动不利,"因此,加紧彻底破坏正太路,使之长期不能通车至为重要。但我向正太路活动之各部队,对破坏该路任务多未执行。刘徐并应严令七六九团并加派得力干部与配合工兵人员携炸药,由南向北,周刘及国华由北向南,并活动沿路群众经常向该路活动,选择要隘、桥梁、隧道,大批爆炸或摧毁,打击其护路及修路部队,务使长期不能通车,并将每日破坏情况及沿途敌情电告。"

△ 日军以二万左右的兵力,在飞机、坦克的支援下,从平汉、平绥、同蒲、正太等四条铁路线出动,分八路向晋察冀边区发起首次围攻。

11月25日 与彭德怀、任弼时致电贺龙、萧克、关向应、甘泗淇,指示:一二○师在河东之三个团应准备扩成为六个团。新兵被服自己设法购布缝制,总部亦已在西安组织缝制,但为数不多。

△ 收到毛泽东、彭德怀致朱德、任弼时电:徐海东旅所率各部,如尚未过同蒲路时,暂宜在原地不动,仍在定襄、盂县及阳曲以东扩大队伍,弄清情况后再过。国民党军由阳曲退五台散兵千余人,暂时应在五台整理训练,千万不要开到晋西来。

△ 与任弼时率八路军总部抵高功村。

11月26日 与彭德怀致电各师首长转各兵团并转各级供给机关,兹规定从本月二十五日起,每人每月发给烤火费大洋一角,医院伤病员每人每月烤火费二角;前电各电台工作人员及各司令部之工作人员烤火费规定仍不变。

11月27日 与彭德怀、任弼时致电林彪、贺龙、刘伯承等,指示:新战士日益增加,我军经费之支持情形仍照如故。总部从西安筹办的新战士服装、鞋袜及日用品等补给品,为数不多,各兵团除应多方节省经费外,对所缺新老战士之被服、鞋袜、日用品等,应自己设法在群众中逐渐解决。"晋察冀军区应努力筹款,三四四旅十一二两月份经费由聂(荣臻)设法供给。"

△ 收到毛泽东、彭德怀致朱德、任弼时电:我们的占领区域民众及新组织的游击队,缺乏斗争经验,请立即做以下准备工作:加强新部队的政治教育工作与党的工作;加强必要的军事与游击动作的训练;动员地方民众。

△ 中共驻共产国际代表王明、康生由苏联经新疆回到延安。同机到达的还有中共驻新疆代表陈云。

11月28日 与彭德怀、任弼时致电贺龙、萧克、关向应:新成立的部队暂用支队名为好,如独立第一团即改为第一二○师第一支队等,因团的番号使人注目,易生磨擦。

11月29日 致信戴与龄[1]:"抗战数月颇有兴趣。日寇虽占领我们许多地方,但是我们又去恢复了许多名城,一直深入到敌人后方北平区域去,日夜不停地与日寇打仗,都天天得到大大小小的胜利。"我"家中有两位母亲,生我养我的均在,均已八十,尚康健。但因年荒,今岁乏食,恐不能度过此年,又不能告贷。我数十年无一钱,即将来亦如是。我以好友关系,向你募二百元中币",请速寄家中。"此款我亦不能还你,请你作捐助吧!"

11月30日 与任弼时致电聂荣臻等并报毛泽东:告以近日阳曲日军北撤出雁门关及大同、张家口、北平、保定等处之敌分数路进攻晋察冀边区的情况,估计敌军企图占领浑源、阳

---

[1] 戴与龄,朱德青少年时期的同学。朱德在滇军任旅长时,戴曾在旅部任军需。

原、易县、蔚县、广灵、满城、完县、唐县、曲阳、灵寿、平山各县城,缩小我军活动地域,"并压迫我留该区内部队向南或向西转移,以维护平汉、平绥、同蒲等线后方联络之安全,以巩固其占领地域"。提出:"创立与巩固晋察冀边区","仍为目前该军区一切工作最基本之任务。"全军区所有武装部队应与民众相配合,"向各路进攻之敌积极游击,袭扰,在有利时机、有利条件下,求得部分地消灭敌人,但不必集中全部兵力,且应避免与敌人决战"。还提出:"进一步地团结友军,帮助其解决某些物质上的困难,耐心地、逐渐地改造其部队,加强其政治工作,提高共产党八路军在他们中间的威信与信仰和抗日战争的胜利信心,使之靠拢我们作战,学习游击战争的经验。"十二月五日,毛泽东、彭德怀致电朱德、任弼时,指出:望注意不要与敌人正面抵抗,对进攻之敌,袭击其后尾部队,在确有胜利把握情况下,"集结适当力量,给敌以部分歼灭和有力打击"。晋察冀边区民众在一二〇师、一二九师配合下,至二十一日,经一个多月战斗,粉碎了日军的进攻,歼敌两千多人。

11月 与彭德怀向毛泽东、周恩来报告:八路军两月来伤亡实数近二千五百人。

△ 在辽县石拐镇与率部参加即将成立的八路军抗日游击第一纵队的东北军第一二〇师师长张廷枢和第一一〇师师长张政枋谈话。说:国民党搞不抵抗主义出卖了东北,现在敌人已经打到华北来了。你们建立人民武装,发展游击战争,准备打回老家去,我们很赞成。这支武装力量,归你们两人负责,担任正副司令。我们派周桓同志当政治部主任。还要他们把从保定退到邢台一带的东北军第五十三军一部分溃兵收容起来,经过改造,把好的官兵留下,把武器也留下,作为建立武装的基础。并指示:要建立新型的军队,首先要废除国民党旧军队的

不民主的军阀统治制度，要搞好官兵关系，搞好纪律，搞好群众关系。之后，又对全体干部讲话，要他们在共产党领导下，加强党的工作，建立真正的人民武装力量；要执行三大纪律、八项注意，搞好军民关系，官兵要一律平等，不能像国民党军队那样打骂士兵；要爱护老百姓，把军民关系搞得像鱼水关系那样亲密。后来，由于收容的溃兵不听指挥，纪律很坏，很难带，由于这两个师长是旧军队出身，怕困难，队伍抓不起来。这个纵队最终没有成立。

△ 在八路军总部召开的一次会议上，薄一波向北方局提出山西第三行政区主任公署和新军是否去掉"山西"这顶帽子并脱离阎锡山，朱德明确表示：不能这样做。你们根据党的指示同阎锡山合作，只做公开的合法工作，表面上戴"山西帽子"，说"山西话"，实际上是在做共产党的事。正是由于同阎锡山建立了这种特殊形式的统一战线，你们才能在短短的时间内打开这样一个局面，你们在政治上和军事上都是在共产党领导之下嘛，只不过戴着阎锡山这顶帽子而已，这顶帽子是在特定条件下，经过巧妙而艰苦的工作才得来的。来之不易呀，怎么能随便丢掉呢。由于薄一波提出自己没有打仗经验，当即决定派毕占云到决死一纵队担任参谋长，第一二九师还派了一个团框架的干部，以加强决死队的军事领导。

12月1日 与彭德怀致电刘伯承、张浩，询问一二九师扩兵情况，并要求他们"争取十二月底成立两个团，并要使原有三个团充实起来"。

12月2日 与彭德怀致电徐海东、黄克诚等，询问三四三旅扩兵情况，并要求他们"争取本月底成立一个新团"，"每团成立一个新兵营补充之，明年一月争取成立一个新团"。

△ 收到毛泽东、周恩来、彭德怀致朱德、任弼时、邓小

平并告杨尚昆、彭雪枫电，指出："山西仍须着重巩固统一战线，尤其是与阎（锡山）的关系，特别在日寇缓进阎留山西的条件下，我们更应避免与其作不必要的磨擦。"

△ 收到毛泽东、彭德怀致朱德、任弼时、左权电，告以：敌对晋察冀边区进攻形势已成，徐海东旅应准备转移至晋西。应将敌对晋东北进攻之部署和行动告诉蒋介石阎锡山。应利用通讯社和各种报纸扩大政治影响，使抗战军队及全国民众相信在敌人后方建立根据地能迟滞敌进，如国民党军能配合作战，在敌深入到适当地方时可能阻止敌进。

12月5日 收到毛泽东、彭德怀致朱德、任弼时电，指出：对进攻冀察晋边区之敌，请注意以下各点："（一）避免正面抵抗，袭击敌之后尾部队。（二）在敌之远近后方活动，使敌进一步仍在我包围中。（三）同蒲、正太路必须积极活动，予以有力的配合。（四）注意在敌后方破坏伪组织、伪军。（五）加紧瓦解敌军工作。（六）在确有胜利条件下，集结适当力量给敌以部分的歼灭和有力打击，增加敌恐怖与进攻困难是必要的，但（须）详细审慎。"

12月6日 主持中共中央军委华北军分会会议，讨论华北抗战形势和部署敌后游击战争。

△ 收到毛泽东、周恩来、彭德怀致朱德、任弼时、邓小平并告彭雪枫、杨尚昆电，指出：日军企图引诱阎锡山及国民党之中右派分裂抗日阵线，"我们无论在友军区域及敌人后方，均应执行民族统一战线的策略为基本方针，破坏敌人阴谋。"扩大之地方部队，应与地方政府以合理负担解决给养，避免与八路军正面磨擦。"征钱粮布等应即停止，应向当地政府借拨，准予筹还。"要"加紧内部的统战教育，切实检查"。

12月9日—14日 中共中央政治局会议在延安举行。朱德因在前方指挥作战，未出席这次会议。会议决定设北方军政委员会，由朱德、彭德怀负责；会议决定成立以毛泽东任主席由二十五人组成的中国共产党第七次全国代表大会筹备委员会，朱德为委员之一。

12月11日 与彭德怀、任弼时指示各部队，通告最近前方各部扩军颇有成绩，以现在情形，本年底组成十二个新团（每团以二千人计）及充实原有老团计划，可以完成；还指示：因部队新兵增多，而现在情形大部政治干部及一部军事副职均久离部队，现拟在月底完成计划后，即停止突击扩军，使干部归队，从明年一月十日起，"开始军政教育的突击"，只用小的力量继续扩军。

△ 与彭德怀、任弼时致电徐海东、黄克诚并告聂荣臻、罗荣桓：为避免在扩军中与友军磨擦，为威胁平汉线上的敌人，配合晋察冀边区武装及平汉线上的友军打退敌人围攻，三四四旅"不向西南移动，而向东南活动一时期"，你们须即定出到平山或过正太路北区扩军筹款、收集枪支计划；你们如有新兵"即可改编为三个团"。

12月13日 日军侵占南京。

12月14日 与彭德怀致电蒋介石，告以：八路军近来收复盂县、五台、定襄、繁峙、广灵、灵丘、浑源、蔚县、涞源、阜平、满城、完县、曲阳、唐县、平山、宁武、井坪、平鲁十八个县，并组织游击队近二万人；提出："冀察晋在开展（活动）中，苦无枪弹，致难收协助抗战之实效，拟恳将各军换下存库可用之旧枪，发万支，武装冀察、晋绥民众，扰乱敌人后方，截击运输，破坏交通，摧毁伪组织等，造成将来反攻收复失地有利条件，实为重要。"

12月15日 在八路军总部会见了美国海军陆战队情报观

察员埃文斯·福代斯·卡尔逊。在谈话中说："我们共产主义者，绝不像有时被描绘的那样野蛮。过去，我们的目的是解放中国农民……目前，国家的全部力量必须集中在打败日本的任务上，因为日本人要使我们沦为附属国。"还介绍了八路军在平型关歼灭日军一千余人的战斗情况。十六日，继续和卡尔逊交谈，说："我们相信，通过发展一种包括全体居民在内的抵抗形式，我们完全可以抵消日本在现代装备和组织方面的优势。这意味着，不管斗争多艰苦、需要多长时间，每一个男人、妇女和孩子都必须充满着继续抗日的决心。由于交通困难和某些地区会被日本人隔断，必须有一个经济手段，使十个或十二个县组成的地区能够相对地自给。日本没有足够的兵源占领我们整个国家。它必然想办法用政治的手段进行控制。如果我们的人民决心维护独立，愿意做出牺牲，以使自己的子孙后代享受自由和更大的幸福，日本就永远不会达到它的目的。""中国能够抵消敌人的现代军事装备和组织优势的，是发展一种包括全民在内的抗战。""我们优于犹太人的是情报、运动、必胜决心，这是我们克敌制胜的法宝。"当晚，与卡尔逊观看战地服务团演出。

12月16日 收到毛泽东、彭德怀致朱德、任弼时电：因"平汉铁路以东地区现甚空虚"，拟向东派出两支队游击。由一二九师以步兵一个营附骑兵一连，深入到磁县、沙河、赵县以东之永年、广平等县广大地区活动；由聂荣臻以步兵两连、骑兵一连组成队，深入到石家庄、保定、定县之线以东，沧石公路以北，天津、霸县至定兴公路以东地区活动。"该两支队须配足得力的军政干部及无线电台番号独用密本"，其任务是："侦察情况；扩大抗日统一战线，发动民众与组织游击队；破坏伪组织；收集遣散武器，扩大本身。"

△　与彭德怀、任弼时致电刘伯承、徐向前：由三八六旅副旅长陈再道率一个步兵营、两个骑兵连并带电台，深入到河北省的磁县、沙河、赵县以东之永年、广平、曲周、南宫、隆尧、新河、枣强地区活动，发动群众，组织游击队，破坏伪组织，收集国民党军队溃散时丢下的武器，扩大本身，行动"须十分谨慎周密"，并根据情况灵活地决定行动。

△　第十八集团军总部发布关于晋察冀边区目前紧急任务的指示，指出："冀察晋边区游击战发展胜利威胁日寇后，使日寇不得不改变占领太原后一直向风陵渡、军渡进兵计划。冀察晋游击战已有很多成功，局部引起日作战计划变更，保卫了晋南、晋西，给友军以休整机会。"强调："冀察晋处在日本进攻面前，紧急任务是扩大、巩固统战，集结一切力量，保卫冀察晋，坚持游击战。"还提出了完成这一任务的具体措施。

△　与彭德怀、任弼时、邓小平发布《关于减少磨擦，巩固抗战团结问题的训令》，指出："巩固民族统一战线，始终是我们工作的中心与方针。在山西方面的地方工作中，必须注意尽量取得与山西当局及地方政府、民众团体与附近友军的协同与合作。须从抗战利益说服其采纳我们意见与建议，万一不能同意的，不应出于勉强，而应让步，求得在〔再〕继续的说服，善意的批评。群众的要求中，使其能采纳而后实现。同时我们应检查与纠正我们某些'左'的急性病与幼稚，甚至违反路线的行为。"为减轻磨擦，巩固抗战团结，规定各部队在十二月底停止突击扩兵；各工作团地区，我们组织之游击队，大部只集中靠近粮食较易解决之主力附近，加紧训练，并随同主力游击部队行动；帮助阎锡山以牺盟会举办的国民党军官教导团和决死队为基础，"扩大新的部队"，在他们要求或取得其同意下，并可帮助其建立与健全部队的政治工作；各部队应派得

力干部与驻地友军联络，必须改正不善于与友军联络的关门主义；对地方政府中或地方绅士中某些阻止政府进步法令（如优待抗日军人家属、合理负担、改善生活）执行和破坏抗战团结分子，尽量通过牺盟会及地方政府处理，应避免我军直接干涉；在山西政府权力所及地区，我们不应直接筹款与罚款，集中游击部队必需之粮，除合法接收富户完全自愿之捐外，亦必须经过政府从合理负担去解决；我军各部指战员均必须佩带臂章符号，严紧管理教育，整顿军风及群众纪律；在深远后方及敌占领区域，应增派力量，加紧做组织和武装民众的工作。最后指出："本训令一直发到连队作深入的传达，并在各级干部小组及支部中讨论。"

12月20日 与彭德怀致电阎锡山，指出：有人把山西省优待抗战军人家属中的"抗战军人"理解为只指晋绥军、少先队、决死队之军官、军佐及士兵夫，而错误地认为其他各军抗战军人家属均不在优待之列。"请命令再加解释，对于各军一视同仁"。

△ 收到毛泽东致朱德、彭德怀、任弼时、邓小平、刘少奇、杨尚昆并各师电，指出：目前部队扩大甚快，枪、饷两缺，且与阎锡山方发生严重矛盾，亟应停止扩军，收回各部队，驻各处之八路军工作人员一切须在统一与各部范围内工作，一切须取得阎之同意，坚照十七日电及此之原则通令全军执行。

△ 由于八路军在华北敌后的活动对日军构成极大威胁，日军第一军参谋部第二课在本日"关于全般的敌情判断"一文中，分析八路军的活动说："朱德、彭德怀所统率的共产军主力在榆社宜城镇附近，其有力部队在五台山及太原西方山地，同时在各方面设立政治学校，民众训练所，努力军事的政治的训练外，还注意救济，所以民众有渐渐亲近他们的倾向，将来

更合并各地的残败兵、难民等，经过相当时期后，如果我们停止于现在配置状态，山西方面后方的扰乱愈发加多，共产军等一定会协力夺还太原。"

12月25日 与彭德怀、任弼时、邓小平发布八路军总部关于教育训练新战士的训令。指出：招补新战士工作暂时结束，决定从一九三八年一月份起，开始新战士训练工作的突击。规定训练项目及进步步骤如下：第一期时间二周。中心要求是使初入伍之老百姓习惯与养成军人之正规生活。课目有制式训练；整齐法、解散、集合；各种步法与转法；军人姿态；内务条例；礼节与纪律；卫生常识；本路军各师、旅、团、营、连之介绍。第二期时间二周。课目有各个战斗教练的散兵利用地形、地物、步哨卫兵；技术教练的射击瞄准、立与卧射击姿势、打手榴弹、刺枪与保管武器；防空、防毒常识；实弹射击一次。第三期时间一个月。课目有步兵班战斗教练的班进攻，最主要有军事哨、班侦察；射击、打手榴弹、刺枪；防战车；实弹射击。训令强调在教育及服勤务时间内，必须极严格、极紧张；在课外休息时间内，应最活泼与娱乐；各其课目之划分不是死板的，而应适当交叉，但每期之中心课目不能离开上列规定；训令要求在部队中造成积极紧张热烈的学习空气，务必使大批新战士能在两个月内参加作战，各级军政首长要在部队中心工作任务之下奋发起来。

12月26日 复信许小鲁、挹清[1]："吾辈幼年曾闻亡国之痛，彼此奔驰已数十年矣，至今吾辈即身尝之，此等滋味实不堪忍受。弟本此怕亡国之观念，始终即与日寇作有顺序长期

---

[1] 许小鲁、挹清，朱德青少年时期的同学。许小鲁，曾任国民党军旅长，后返仪陇县闲住。刘挹清，曾任国民党政府四川省南部县县长。

之抵抗，以期吾民族及吾国家不亡耳。时至今日国之将亡，虽斗争数十年，罪过言之不及，何敢言功。但处此国家危亡之际，吾国人应尽匹夫有责之古训。大家努力建立统一战线，以期达到全民抗战之实质，才能驱逐日寇出中国。两兄在川，祈努力统一战线是荷。"

12月28日 在美国作家艾格妮丝·史沫特莱的再三要求下，与任弼时商定同意她到前线采访。翌年一月四日，由于日军进攻日急，又与彭德怀、任弼时商定送她到延安转赴汉口。

12月29日 收到毛泽东致朱德、彭德怀、任弼时电，指出：判断日军分左、中、右三路向南进攻，其中路之敌将处于我夹击中，望按此种判断部署作战。"我军须集中必要兵力，在有利条件下打二三个好的胜仗"。

12月30日 与彭德怀、任弼时率八路军总部移至洪洞县马牧村。

△ 与彭德怀致电各部队，对敌情侦察作出部署：聂荣臻部负责保定、石家庄线；徐海东、黄克诚部负责石家庄、娘子关线；一二九师负责正太全线；张宗逊、李井泉部负责阳曲、忻县线；王震部负责忻县、雁门关线；宋时轮部负责雁门关、大同线。

1938年　五十二岁

1月1日—3日　与彭德怀连续致电一一五师三四四旅：于六日配合一二九师对正太路大破坏一次，然后移定襄待机配合友军在录石、霍县线两侧山地消灭敌人。

1月2日　与彭德怀在八路军总部马牧村听取刘伯承、彭真[1]关于第一二九师和晋察冀边区工作发展情况汇报。

1月3日—5日　主持中共中央军委华北军分会会议。会议听取彭德怀传达中共中央政治局一九三七年十二月会议精神，讨论坚持华北抗战的方针。五日，八路军总部致电张闻天转中央全体同志，表示"军分会及与会领导同志拥护布尔什维克党中央的正确路线"。

1月4日　与彭德怀、任弼时致电王明、周恩来[2]报告：平汉路及其以东地区武装统治权多落在地主手中，部队经费陷于极端困难。朱德或彭德怀拟赴武汉与王明、周恩来商谈。

△　与彭德怀致电林伯渠、伍云甫[3]：同仁医院医生能过艰苦生活与尽义务条件下，欢迎其来前方工作。

1月5日　收到周恩来致朱德、彭德怀、任弼时并报毛泽东电，告以：经我解说，国民党军政部部长何应钦答应在统筹

---

[1]　彭真，时任中共中央晋察冀分局书记。

[2]　王明、周恩来，分别任驻武汉中共长江局书记、副书记。

[3]　伍云甫，时任八路军驻西安办事处处长。

时讨论我军经费米津。提出：请朱德或彭德怀来，或可要到一点临时费，但必须呈告蒋介石、阎锡山，不要秘密来，如何？

△ 中共中央军委决定邓小平接替张浩，为第一二九师政治委员，傅钟为八路军政治部副主任。

1月6日 出席中共中央北方局和八路军总部在洪洞县召开的高级干部会议，传达中共中央政治局一九三七年十二月会议精神，讨论坚持华北抗战的方针。

1月9日 关于八路军在敌后作战情况，与彭德怀致电蒋介石：（一）七日，原平、崞县之敌约一千六百人附装甲汽车、坦克车计十余辆，炮十余门，向神山、大牛堡、施家庄地带进攻。王旅主力配合地方游击队义勇军等与敌激战终日，战况甚烈，直至黄昏我们以一部绕至敌后左翼侧击。又当晚一部夜袭该敌，上默都、大牛堡被我收复，敌向东逃窜。进攻大牛堡之敌被我以手榴弹击毁汽车两辆，是役敌伤亡甚众。我伤亡排长以下数十人，弹药消耗甚大。老百姓在火线上帮我们送饭、抬伤员，故接近战区居民受伤亦巨。（二）据报：墉葆驻敌约千人，板垣征四郎五日率宪兵百余人到石家庄；满城方顺桥、望都、新乐、正定一带敌情近无变化。（三）刘师长八日报：1. 邢台之敌六日约六百人，向任县东开去，武安城内驻敌三百余人，大部系伪满军，只有坦克车八辆，近无动静，该敌正演习实弹射击，彭城镇有敌二百余人，戒备甚严。2. 石家庄以南所被我破坏的铁轨及公路，近日军掩护正修筑中。3. 寿阳驻敌步炮兵共千余人，马首村、上湖村、芦家庄各驻敌数十人到百人不等，芦家庄驻有敌一个医院。4. 平定、昔阳各有敌约一千三百人。（四）左云敌千余，炮兵一连，汽车及坦克车计十余辆，于八日在两架飞机掩护下进占右玉。

1月10日 收到毛泽东、陈云、康生、张闻天致朱德、彭德怀、任弼时电，指出：前方部队给养处在极端困难的条件下，国民党政府及阎锡山暂时均无希望解决，也不能存有大的希望。外国捐款亦正在设法中。目前解决前方部队给养不足主要应依靠民众的自愿捐助，仍应在有钱出钱，有粮出粮，拥护抗日军队，战胜日军的口号下进行，"这不但不能以此破坏统一战线，而正应该从统一战线的开展中去解决"。

△ 在八路军总部，主持研究组建炮兵团和培训干部等问题。

1月11日 与彭德怀致电徐海东、黄克诚，指出：对进攻盂县之敌，应广泛地发展游击战争，层层包围；要集中主力，位于适当地点，在有利条件下，不放松一切机会消灭可能消灭的敌人。

1月12日 与彭德怀致电毛泽东及中共长江局王明、周恩来：目前经费已极困难，特别新兵服装不易解决，占领区筹粮已到相当程度，目前仍在设法筹措中；明十三日彭德怀去见阎锡山，具体帮助阎扩军、合办军事工业及华北军政机构与争取在敌后方游击支队合法名义；彭德怀见阎后准备秘密来武汉与王明、恩来同志面商后见蒋，目的在取得新成立支队合法名义，取得一批临时费及游击队活动费。请恩来同志活动返晋时去访李宗仁、韩复榘、程潜，与之联络，建议抗战方针，以便取得八路军将来转移地区作战的便利。

△ 以第十八集团军总司令部名义向全军发出号召："坚持华北抗战，与华北人民共存亡。"

1月13日 与彭德怀、任弼时向全军发出关于广泛开展华北游击战争的指示，判断晋东、晋北之敌有向南进击，压迫国民党军退过黄河南岸之企图，提出要坚持山西持久战局，开展华北广泛之游击战争，不断地打击和削弱敌人，增加敌南进困难，掩护与帮助友军之整理，提高友军及人民的胜利信心，扩大与巩固抗日民族统一战线，完成共产党及八路军在华北最中心的任务。要求全体指战员作好积极的政治、军事动员，应"在一切有利条件、有利时机下，不放走一个可能消灭的敌人（在目前敌人分途向我游击区进扰情形下是有极大可能的），积极争取不断的胜利"。

△ 与彭德怀、林彪、贺龙、刘伯承乘火车由临汾转赴河南省洛阳。同行的还有国民党高级将领卫立煌、阎锡山等。途中，与卫立煌诚恳交谈，并述说了自己的身世，给卫立煌留下深刻印象。

1月14日 收到张闻天、毛泽东致朱德、彭德怀、任弼时电："远方（共产国际）指示我们在此时不应参加政府。参加华北政权机关，当然亦不相宜。"

1月15日 与彭德怀、林彪、贺龙、刘伯承在赴洛阳参加蒋介石召开的第一、第二战区将领会议。为做国民党军事将领的统战工作，带去一些从日军手中缴获的战利品，送给白崇禧一把日本指挥刀，送给何应钦一头军犬。在这次会议上，蒋介石提出准备在津浦路南段同日军会战，准备保卫武汉，还要求反攻太原。

1月17日 与彭德怀、林彪、贺龙、刘伯承在洛阳会晤蒋介石。蒋介石同意朱德、彭德怀提出的改造军队，发动民众的意见，但对给八路军增加经费和供应武器的要求敷衍不允。是日，彭德怀与蒋介石同赴武昌商谈军务。

1月20日 与林彪、贺龙、刘伯承同国民党驻晋将领一道坐火车到潼关，转道风陵渡返回山西八路军总部。

△ 上海新生出版社出版《八路军怎样作战》一书，书中载有《朱德谈八路军怎样作战》文章，说："动员民众，武装

民众，给民众以充分的救国抗日的自由，这是胜利的最必要的条件。"文章还以八路军平型关战斗和夜袭阳明堡飞机场〔1〕为例，说明发动群众，进行游击战、山地战，向敌人展开侧面攻击，是能够战胜敌人的。

1月21日　与彭德怀致电蒋介石：前由平定、昔阳东进之敌，十九日晨在小瓦丘南界都附近被我刘师一部袭击，敌伤亡数十人，我亦伤亡二十余人，缴获步枪五支，军用品一部，我军乘胜追击至昔阳城附近。盂县敌约五百人，二十日晨进攻苌池，被我周、刘支队迎击，敌伤亡四十余人。保定之敌已开山东，现保定仅驻伪军约六百人。十六日拂晓，我刘师一部袭占正太路阳泉至寿阳之桑掌村、辛店，守敌百余人被击散，缴获步枪三支，辛店附近两座铁桥完全被我破坏，并破坏铁道一段。前由邢台西进之敌大部已退至岗头。

1月24日　与任弼时致电毛泽东等：前日在温塘镇战斗中，我六八八团团长陈锦秀被敌重炮击中牺牲，还阵亡营长一名，共伤亡二百人左右。现敌已占洪子店，我三四四旅主力等部队仍在洪子店以北、以西和西南地区向该敌积极活动中。

1月25日　与彭德怀发布《对日军作战的战术原则》训令，指出：八路军及各游击队在敌后方联络线上的积极破坏、袭扰，使敌不断损失，甚感不安。日军为保障其后方联络线，常派多支队兵力，对我军突袭、强袭或包围迂回。我应抓住敌兵力分散、进入山地技术兵种减少作用、外侧翼暴露、供给困难、与群众对立等弱点，发挥我军运动战、游击战之特长，求

---

〔1〕　1937年10月19日，八路军第一二九师七六九团一个营，袭击了日本侵略军设在代县阳明堡的飞机场，炸毁敌机二十余架，有力地配合了忻口战役，鼓舞了友军和全国人民。

得大小战斗不断的胜利。并具体提出了十六条战术原则：（一）在敌人的分进合击中，应在敌诸支队之暴露的外侧翼实行机动，以避敌之合击。（二）突击运动中的敌人，应伏击其后尾部队，在预定之伏击地点，应有详细的地形和敌情侦察，取适当的部署与具体规定各部分之任务与动作。（三）当突击某一支队时，应向敌可能来援之方面派出足够的警戒兵力，并以积极的动作向敌前进，隔绝可能来援之敌人。（四）对敌人的进攻和冲锋，应保持着高度的突然性质，切忌犹豫动摇与迟缓。（五）保持自己的主动地位，保持能迅速地转变自己的突击方向。（六）行动应极端秘密，应利用昏暗夜间接近敌人。一经与敌接触，应坚决迅速向敌冲锋。火器主要是用来直接辅助近距离的战斗，而战斗之过程主要是白刃战。（七）集中主要兵力、武器于选定的突击方向、突击点。（八）突击部队的战斗队形，应避免以大部队走一路前进的行军纵队和集团冲锋。（九）对驻止的敌人，如已有坚强防御设备，不应强攻，而应向之佯动，求得在运动中突然袭击增援之敌。（十）配合作战的部队，应保持密切联系和行动上的配合，一切等待与互不相关、各自为战的现象是有害的。（十一）当敌向我前进时，各地方游击队主要应向敌之侧后活动，须与正规军有严格的配合。（十二）加强侦察工作，并在群众中建立自己的耳目，特别在沿铁道线上和可能来敌之主要方向。（十三）加强警戒，及时发觉敌对我之一切企图。（十四）加强防空、注意隐蔽与伪装，注意躲避敌人炮火杀伤的威力。（十五）对可能利用的道路，应加以必要的破坏。（十六）应多派优良的射击手，潜伏在敌人的前进路旁或宿舍营地附近，不时给敌以杀伤。训令最后号召八路军指战员要发挥我军运动战、游击战的特长，提高我军固有的敏捷性、机动性和进攻勇气，发扬我军坚决、勇敢、刻苦、耐劳、机断专行的战斗作风，以争取胜利，打破敌之巩固后方联络线之目的与企图。

△ 与彭德怀发布关于《八路军新战士教育突击计划》，提出：务使大批新战士在两个月后能参加作战。

1月26日 与任弼时致电毛泽东等，告以：（一）山西敌近无积极南进模样，而且有小部队东调、北调，其驻守部队常分若干支队，轮流向我游击区域积极袭扰，以巩固其交通线。为着吸引敌人，取得一些新胜利，以配合其他战线，使增敌将来南进困难，兴奋全国军民，已决定我各部以较集中之兵力，积极求得在运动中打击消灭敌伸出袭扰之支队，并积极破坏敌之主干交通线。（二）为着战略上与东线配合，曾与卫立煌商定，由他抽调六个团，以四个团交刘伯承指挥，以两个团交贺龙指挥，配合我军在正太路及太原北，作更积极的行动。我们已向卫提出机动部队组织大纲，但他尚未具体拨出部队。

1月27日 与彭德怀、罗瑞卿、陆定一发布训令，就残废和老弱退伍人员等的组织、经费等问题作出规定。

1月28日 收到毛泽东、谭政致朱德、彭德怀、任弼时、傅钟并转各师首长及政治部电：前后方及南方游击区部队的政治工作，统归中央军委总政治部领导。为统一对外名义，军委政治部以八路军政治部名义出现，主任任弼时，副主任傅钟、谭政。

△ 八路军总部炮兵团在山西临汾成立，团长武亭，政治委员邱创成。三月，炮兵团奉命西渡黄河，转移到陕西洛川进行整训。

1月29日 与彭德怀、任弼时发布《关于目前抗战的局势及我军的战斗任务的训令》，指出：在抗战全局以保卫武汉、河南为重心，津浦（天津至浦口）铁路南段将有激烈战斗的情况下，八路军应以更积极的行动取得大小胜利，以达到抑留山西和平汉铁路线之敌,从战略上配合友军东线战局。训令对各师和晋察冀军区的作战行动作出具体部署:(一)一二九师应以五个营至两个团精干部队,位于平定、昔阳、和顺以东,平汉路以西,正太路以南之山地,配合三四四旅向获鹿、平定之间,积极打击消灭出扰运动之敌,并大规模地破坏正太铁路与石家庄以南之平汉路。为行动便利,三四四旅由一二九师首长指挥。(二)一二〇师应集结精干主力部队于雁门、石家庄[1]之线以西之适当地点,积极打击消灭出扰和同蒲线运动之敌,继续破坏敌之交通铁路;宋时轮支队仍积极活动于大同以南,破坏交通,袭击运动之敌。(三)一一五师之三四三旅,应组织坚强支队至太原以南文水、交城地带积极活动。(四)晋察冀一、三分区之武装部队,应以基干主力分途向平汉、正太线积极行动;四分区武装配合徐海东旅活动,努力不断破坏平汉铁路,以各小部队进入紫荆关以北之山地,向保定以北活动;其二分区武装应向浑源、繁峙、崞县、代县、原平间配合一二〇师积极活动。(五)我在平汉以东活动之支队,应领导当地游击队,积极向沧石公路,可能时尤须向津浦铁路活动,努力破坏交通,阻滞敌南移及东运。训令还指出:卫立煌总司令已允调一部兵力,配合我军进行运动游击战,但须在两星期后才能出动,我军行动不应等待。

1月30日 卫立煌发布电令:为发展游击队及歼灭敌人起见,兹与朱德总司令会商,除由八路军另抽两个团外,本部特命第三、第十四、第六十一军各选一支队,第五十四师与八十五师合选编一支队,以两营制编成,选派团长一员任支队长,由各驻地分经沁源、沁县线前进,统限二月十五日前到达

---

[1] 指山西省宁武县石家庄镇。

榆社集会,受一二九师刘伯承师长指挥,先向正太路积极活动,予敌以重大打击。

1月31日（农历春节） 国民党高级将领卫立煌、李默庵[1]、郭寄峤[2]到第十八集团军司令部向朱德、彭德怀拜年,十八集团军总司令部举行欢迎会。朱德致词赞扬他们在忻口战役中立下的功绩。并希望他们"和八路军坚决合作抗战到底"。同时,卫立煌对英勇善战的八路军亦表示钦佩。欢迎会后,西北战地服务团演出了以抗日为内容的文艺节目。卫立煌看了非常欣赏,表示在自己部队里也要组织一个战地服务团。作为学习八路军的第一步,并要求朱德给他介绍一些人才。朱德欣然同意。同年四月,卫立煌在西安以第二战区副司令长官兼前敌总指挥的名义批拨给八路军步枪子弹一百万发,手榴弹二十五万枚,军用品一部。

△ 与彭德怀致电贺龙、萧克、关向应：你们来电,每月至少需十八万元。彭德怀此次与蒋介石会见,蒋只同意增加米津五万元,余无所得。因此总部每月只能供给你们七万元,你们应"在不过分妨害统一战线原则下,仍需采取劝捐办法求得解决一部分。"王震旅、宋时轮部的粮食经费究能维持若干时间,请详细复查,并须防止浪费。另外,部队徒手人员过多,是否可分散一部分给地方政府组织自卫队,在必要时,亦可收回作为一二○师补充。同日,致电刘伯承、徐向前、邓小平：彭德怀此次与蒋介石会见,蒋只同意增加米津五万元,余无所得。经费极困难,总部每月只能供给一二九师六万五千元,"故仍须向富有者劝捐一部分粮食及没收证据确实之大汉奸补

---

[1] 李默庵,时任国民党军第十四军军长。

[2] 郭寄峤,时任国民党军第九军军长。

足之，否则无法维持"。

△ 与彭德怀暨全体八路军将士发表致广东同胞书，指出："你们的慰劳团遥远地到北方来，不只带给我们许多慰劳品，还带来了三千四百万同胞对我们的热望和关注，我们不但感谢，而且还更加兴奋。"表示："我们宁愿战死在沙场，不愿辜负你们的热情。"愿你们自己组织起来，武装起来，不但要保卫光荣的广东，而且要使它成为中国最得力的抗战根据地，源源不断地把人力和财力输送到抗日最前线去。二月十五日，这份致广东同胞书在《救亡日报》发表。

△ 与彭德怀、任弼时致电林彪、聂荣臻、贺龙等并报毛泽东：卫立煌以展开晋中游击战争配合东线作战之目的，已分饬晋绥皖及第三军、第九军，第五十四师、第八十五师合抽编一个支队，第十四军各抽编一支队，每支队以二营编成，选一团长任支队长，并配以必要工兵及政训人员，在无特殊敌情进行两周之熟练及预备后，开桥社集中，并归一二九师首长指挥。

1月 抗敌救亡出版社出版署名朱德、彭德怀合著的《抗敌的游击战术》一书。全书分为六编，前五编分别阐述了游击战术基本原则、游击队的政治工作、战争动员问题、民族战争的战略和怎样发动游击战，第六编附录《游击战术之光荣史略》和《争取持久抗战胜利的先决问题》两篇文章。书中详细阐述了游击战术的六个基本原则，即"熟虑断行，主动机动"；"不打硬仗，不攻坚锐"；"胜不骄惰，败不妥颓"；"稳扎稳打"；"绕圈子，打敌人"；"化整为零，化零为整"。附录《争取持久抗战胜利的先决问题》。从"持久抗战的胜利"、"战略与战术"、"游击战争"、"民众的动员与全民抗战"等六个部分，总结了抗战三个月来的经验教训，阐明了游击战在抗日战争中的地位、作用以及游击战的作战原则。指出："抗日的民族革命战争是一个神圣的伟大的事业","动员全国人民参加抗日战争与建立正确的军事作战和指挥,是争取抗战胜利必须首先解决的前提"。敌强我弱的客观形势,规定了抗日战争必然是持久战;在持久作战过程中敌人的力量则会逐渐变弱的,而"我们的力量会逐渐变强"的,"只有坚持持久的抗战,才能最终地战胜敌人"。这部著作的部分内容以《论抗日游击战争》为题编入《朱德选集》。

2月1日 与彭德怀、任弼时、傅钟发布关于克服纠正不良倾向的《整军训令》,指出：我军在十二月底以前部队分散行动和扩兵时期,暴露和产生了"军事政治纪律松懈"和"军阀主义与忽视政治工作"等严重现象,必须及时纠正教育,一直到公开与之斗争。训令要求部队各级首长和政治机关,"必须检查近几个月来部队中各方面的工作,要把部队中军事政治党的系统工作制度,适应今天战时而且是分散情况的实际环境去建立起来。"训令还提出相应的整军具体措施。

2月2日 与彭德怀、任弼时、傅钟致电刘伯承、徐向前、邓小平：(一)对卫立煌交八路军指挥的六个团部队的使用及指挥方法,我军应帮助其侦察、警戒,勿使其受到意外敌袭;勿使用于过分艰苦、复杂的环境;多采取商量态度,使之真能深刻地了解情形及任务和完成任务之办法。(二)每个指挥员应以热烈、虚心、诚恳的态度对待友军,切戒骄傲自大,看不起友军;用一切方法帮助友军进步和解决某些行动中的困难;应提高自己的警觉性,防止他们用吃得好和钱多来引诱我军;要使每个战士了解抗战中我们的模范作用,如和气、友爱、纪律、礼节与群众亲密的关系,特别是作战的勇敢。(三)作战基本原则：荫蔽集中于昔阳东南及以南半日行程(四十里以上)地区,以少数围攻昔阳或东冶头,调动敌人增援,打击增援队,或在有利的时机与地形袭击正太、平汉路上敌人小部队，或运动中部分消灭敌人。总之，要以打胜仗、勿打败仗为基本原则。(四)对群众工作：要动员当地群众慰问他们，沿途欢迎、欢送及准备茶水；组织救护队；帮助解决粮食；如遇有纪律不好者，群众应取谅解态度。

2月3日 与彭德怀致电聂荣臻，指出："应有最大决心与敌在山地坚持，采取各种办法削弱敌人与在有利条件下部分地消灭敌人。吸引敌人在山区长期周旋，于我军有利。""目前不要过路东，因为路东部队多，如敌围攻，以后转移困难。"

2月4日 与彭德怀致电贺龙、萧克、关向应并张宗逊、李井泉及林彪：敌七八百人进至河口镇、古交镇地域，张宗逊旅应集中全力包围河口镇、古交镇之敌。并指示一一五师萧华支队在古交以南配合之。

△ 与彭德怀致电三五九旅，命令：主力隐蔽于三交镇西南，待敌向神池、宁武进或向忻口退时，在运动中歼灭之。还指示了具体战术。

△ 关于运动战、游击战指挥的基本原则，与彭德怀致电徐海东、黄克诚，指出："运动战游击指导原则，应注意以下几点：(一)自主地有计划地去进攻和扰乱敌人，切忌被动地应战。(二)集中优势兵力。突然包围袭击薄弱之敌而消灭之。(三)避免无把握的战斗，万一被迫而应战，见无胜利把握时，应毫不留恋地向安全及便利于进行作战地带撤退。(四)如遇敌人进攻，只以极小部分与敌作有弹性的周旋，主力应隐蔽地迅速地转向敌侧后突然袭击。(五)战斗胜利，应估计敌之援兵可能与否，自己部队应作战斗准备或转移适当地带，不要久驻一地。"此文收入《朱德军事文选》，题目为《运动战游击战基本原则》。

△ 与彭德怀致电聂荣臻，指出：同意你们的平汉路作战布置，但有以下三点要注意：(一)平汉路以西、同蒲路以东

主力，应有较大的、适当的荫蔽，集结于机动地点，以准备随时打击进攻之敌，同时利用一切时间进行训练。（二）以小部队积极在两条铁路活动，以各种方法引诱敌人进攻，以便利主力歼灭一二路。（三）石家庄、保定之线以东地区，应加强其力量和领导，积极向津浦路发展，以危害津浦线敌军行动，并注意大量收枪械。

△ 与彭德怀致电阎锡山，报告关于八路军配合东线战场作战的部署。

△ 收到毛泽东致朱德、彭德怀、任弼时及王明、周恩来、叶剑英电：（一）即行秘密准备执行出击雾灵山计划的各种条件，主要是干部配备。（二）请陈、周、叶向蒋介石交涉派五千人去冀东的半年经费及若干枪支、刺刀、手榴弹、通信材料等，并告诉他此举的伟大战略意义和注意保守秘密。

2月5日 与彭德怀致电刘伯承、徐向前、邓小平：敌集中主力由津浦线南北夹攻徐州，为策应第五战区作战，我军主力除在晋积极动作外，应派出得力支队出平汉线以东向津浦线袭扰。第一二九师应即准备一个团或两个营的兵力，由宋任穷（如可能时陈再道亦可同去）率领，配足干部和通讯器材，在一个星期前后，待阎锡山、卫立煌所派部队到达平汉路以西活动时，乘隙东出沧州、石家庄路以南邢台、德州间活动，其任务是在上述地区发动民众抗日斗争，组织武装游击队；收买枪支；以小部向德州袭击，破坏铁道，声援徐州友军作战。

△ 与彭德怀致电阎锡山，报告八路军钳制晋中敌人，策应第五战区在徐州作战的部署。

2月6日 关于对国民党派人到八路军任联络参谋时应注意的事项，与彭德怀致电林彪、贺龙、关向应、萧克、刘伯承、徐向前、邓小平并报毛泽东：为着巩固统一战线，武汉大本营乔茂才等四人到达后,要开大会欢迎,但待遇要适当。要在部队中进行保守秘密教育,一切人员、武器、党的组织等不准随便谈。机要室除特许人员外,不准任何人进入。一切机密文件应有专人保管。密译情报、党的电文和一切机密之来往电文,统不能公开。一切来往译出后,要抄出传看,不准就原码传看。联络参谋不应完全驻到副官处,对联络参谋要表示诚恳,但不得泄漏机密。

2月9日 收到毛泽东致朱德、彭德怀并告刘少奇、杨尚昆、周恩来、叶剑英电,关于开展河北省兴隆县雾灵山区游击战争问题,指出:"雾灵山为中心之区域有扩大发展前途,但(那)是独立作战区域,派去部队须较精干,且不宜过少,军政党领导人员需有独立应付新环境之能力,出发前须作充分准备。"

2月10日 与彭德怀、傅钟致电毛泽东等,告以:国民政府所派伤兵慰问团已到西安,拟分两组,一组去云阳、延安、延长;一组来河东各医院,均于十五日到达,望即派政治工作人员去迎接他们,并陪同他们去各医院慰问,同时还要派人去各医院做好接待的准备工作。

△ 与彭德怀、任弼时致电聂荣臻:请立即准备派一千五百人左右的精干游击队,由杨成武或邓华(择一人)为指挥员,另择得力政治委员,并配足其他干部及交通器材,准备在二十日以前向承德、北平、山海关之间出动,创造根据地,扩大本身。选派部队必须有深入的政治动员及对统一战线政策深入的了解。

2月11日 与彭德怀致电周恩来、叶剑英转蒋介石,报告晋察冀军区武装于九日晚向石家庄、保定之线敌发起总攻击,部分向同蒲路攻击,"各路均得相当地成功"。具体报告了陈漫远支队、周建屏支队、刘云彪骑兵支队、杨成武支队作战情况和所取得的战果。

2月12日 在洪洞县马牧村八路军总部直属单位召开的平汉线胜利祝捷大会上发表《平汉线胜利的意义》演说：本月九日晚，由一一五师之一部及当地新近成立之民众武装部队，在同一时间内，同一指挥下，由保定至正定间铁道线分途进攻，占领了定州、望都、新乐、浑源等重要城镇及三百余里的铁道线，敌人被击毙八百余人、被俘四十余人，缴获步枪三百余支、轻机枪二十余挺及手榴弹、子弹和其他军用品等，铁道线与电线也全被破坏。这个胜利虽不算大，但在整个抗战过程中，它具有配合津浦线主力作战阻止敌人南进、打破敌人武力吞并全中国的迷梦和发扬了民众抗敌的力量、揭穿了托派汉奸的阴谋等重大意义。并强调指出："敌人占领这些地方已经好几个月，以为可以高枕无忧了。不料还有强大的部队留在他们的后方，开展着广大的游击战争，要对他们作生与死的抵抗。敌人满以为把华北吞下了肚子里去了，岂知我们在他的肚子里发展起游击战争来，不但要把敌人胀死，还要把他的肚子戳破，还要把他的心脏挖出来。这一次的战斗，向日本强盗充分证明了中华民族是不能征服的，在他们占领的地区里，有着千百万不愿做奴隶的中华儿女，终有一天会团结起来，以神圣的民族解放斗争的火焰，将他们这些杀人放火、奸淫掳掠的强盗消灭干净。"

△ 与彭德怀致电聂荣臻，询问攻击满城、行唐战况和平汉线部队部署，并指示："平汉线以东之吕（正操）部，应附骑兵一个连，应即乘胜东进，扩大胜利声威，肃清津浦、平汉两线间之伪组织，求得最近在津浦之沧（州）、天（津）、德（州）线之小胜利，响应徐州南北战局。""平汉线占领段，应用一切努力破坏和注意警戒。"

△ 在中共中央机关刊物《群众》周刊第一卷第十期发表《八路军半年来抗战的经验与教训》一文，文章在分别总结平型关战斗、忻口战役、广阳战斗等战役战斗的经验教训之后，指出："总结以上的战斗经验，我们今后的战斗，主要的应采用运动战、游击战并适当地配合扼守要点的阵地战，必能逐步地削弱敌人与消灭敌人。要在野战中打击和消灭敌人，使我们的要点能持久地扼守。在持久地削弱敌人和部分地消灭敌人造成的有利条件下，在适当时机和适当地点上，亦可采取集中优势兵力，消灭某一地区敌人的一部或全部。"这是因为："弱国战胜强国，必须要发动广大的民众战争，分散强国的兵力，消耗其资财，破坏其交通；在其占领的地区，则使其不能取得我们的一点资财与人员作为它的补充。这样长久坚持下去，敌之财力、人力，必受相当损失。但是，游击战是不能解决最后的胜负问题的，它只能使敌人受着某一部分的损失，某些时间的延滞，增加某些困难。要取得部队的较大的胜利，必须配备适当正规部队，在广大游击队的掩护隐蔽之下，采取运动战，以突然的袭击，短期间地解决战斗，是可以逐渐消灭敌人的。"还因为："如能进行大的运动战，每月进行几次较好的战斗，那末，敌人后方及侧翼与敌人的行动，各处感觉威胁，处处警戒，使敌处处处于被动地位，我则处处处于主动地位。"还因为："倘敌人集中兵力，进攻一点，逐步掩护前进，那时，游击战、运动战不能完全阻止其前进时，就必须依赖于坚守要点，预先设置坚强工事，以精锐的少数的兵力守着纵深配备的要点，并集合强大的兵力，使用于侧面的出击。"文章认为："抗战不是专靠某一种战术就可以取得胜利，而应随时随地，依人员、武器、政治、经济、交通条件，来决定采取适当的战术，辩证地活用它。切忌机械地误解，以为某一种战术最有利，某一种战术应完全

放弃。"文章最后指出："扩大和巩固民族统一战线，使全国人民，首先是军队，团结得像一个人一样。这是致胜的要诀。"

2月14日 与彭德怀致电毛泽东、滕代远：聂荣臻、刘伯承各派一部东出津浦；五日前已电令一二九师派宋任穷、陈再道以两个营组织支队，并指挥和争取邢台以东之自发游击队约五千人，袭扰德州南；平汉、津浦两线之间，在蒋介石坚持抵抗下可建立根据地，现已有部分基础；去雾灵山之部队，以杨成武为主率一千五至二千人，前已令其准备，二十日向北出动。

△ 任弼时由山西前线回到延安。

2月15日 收到毛泽东、滕代远致朱德、彭德怀、林彪、左权并告周恩来、叶剑英电：估计敌集力攻陇海路时，河北全境及山东乃至江苏北部，必甚空虚，同时晋察绥三省之敌，一时尚无力南进，拟用一一五师至少分三步骤全部向东出动。第一步转入河北、北平、天津；第二步分数路突然渡黄河，转入山东，以鲁南山地为根据地，并发展至徐海南北；第三步转入安徽，以豫鄂皖边为指挥根据地，为保卫武汉而作战。"一一五师最后准备转入豫西与鄂西"。如经你们考虑，认为可行时，则请周、叶向国民党接洽出河北的各种必须事件。

2月17日 收到毛泽东致朱德、彭德怀电：你们对一一五师出河北意见如何？我军不出河北、安徽，对敌无大影响，只能节节抗战，经费枪械亦难解决。除非出河北不可能，出安徽蒋介石又不许，才决心全部在平汉路以西包括晋东南、豫鄂西等地作战。否则应争取以一个师先出河北，后出安徽，最后转入豫鄂西似较有利。

△ 与彭德怀致电毛泽东、滕代远、周恩来、叶剑英、博古及林彪等：（一）津浦、平汉两路间已有吕正操部三千余人，陈再道部两个营，各附骑兵一部，且有地方党及自发群众武装

等共约万人。乘敌空虚，可以徐旅一部或主力东出，活动一短时期是可以的。但要估计到两道间汽车路网之完成，地形平坦而开阔，大兵团深入运动，在犹太人技术发达条件下，是带着某些冒险性的。至于东渡运河、黄河转入鲁南的条件，我们认为可能极少。至于陈光旅似不宜再向东出。（二）在敌占郑州后继续南进及一部西进，威胁武汉、西安时，蒋介石可能容许八路军直接参加保卫武汉，我以一二九师主力出豫皖鲁，以一一五师出潼关、洛阳之线以南，是可能争取实现的。我一二〇师即在吕梁山脉及晋西北地区，与陕北联结。（三）正太路以南之太行、太岳山脉，以一二九师一部为骨干成立新师，在晋南失守时赵寿山部许权忠旅、朱怀冰师及阎锡山之三决死大队（此最可靠），可能争取留晋。平汉路以东之新军，当不成问题。（四）据张浩此次在临汾谈，蒋介石与刘伯承在洛阳谈话，表示有意要一二九师去鄂皖豫边区，但刘因此前未与我们谈，不了解我们的考虑，未明确表示态度，失去了与蒋介石进一步商谈的机会。建议在徐州失守时，周恩来见蒋时可谈及此事。（五）争取上述部署的实现，对全国抗战的推动，保卫武汉与西北，有重大的实际意义。

△ 与彭德怀致电毛泽东、张闻天等：（一）十六日阎锡山、卫立煌电约朱德面商，提出要其担任第二战区右翼兵团总司令，其中似包含蒋介石不使八路军过黄河南岸的企图，朱德当面不好推辞。（二）应估计敌占开封、郑州后，继续南进及西进，晋中各军主力必退南岸，八路军全部留黄河北岸，共产党在全国起推动作用力量减少，于抗战全局不利。我们意见：朱德不去晋东，而彭德怀率小电台去晋东，指挥刘伯承师及徐海东旅和朱怀冰师。即被隔断，彭德怀不回亦不妨碍大局。究应如何，望立即电复。十八日，毛泽东复电朱德、彭德怀并告

周恩来、叶剑英并林彪:即照朱、彭意见准备以一二九师出安徽,请周、叶注意选择适当时机向蒋介石提议,但此时机未到则不要提。同意彭去晋东指挥,朱在后方较妥。

△ 与彭德怀致电林彪并告毛泽东:陈光旅在下堡及其稍西隐蔽集结,待进行孝义之敌或三泉之敌南进(在兑九峪以南地区时),配合晋军王靖国部,从敌侧后袭击,求得消灭敌一部;萧华支队应逐渐转移到汾阳西南地区,以不失时机与该旅配合作战;林彪应与王靖国商量打击敌右翼支队之计划与部署,并设法与傅作义联络,名义上是归王暂时指挥。

△ 赴临汾附近的土门镇,与阎锡山、卫立煌等共同商议制定作战计划。会议期间,多次同卫立煌长谈。鼓励阎锡山说:你不要以为你的军队垮了,不得了,就没有办法了。我们是持久抗战,不在一城一地的得失。我们是让开点和线,退到敌后打游击,让敌人去占领一些点和线,分散他们的兵力,它越多占领一些地方,补给线越长,那样我们就越有机动的余地,可以越打越强。不要以为你那旧军垮了怎么样,旧军还有底,同时要赶快组织新军。希望阎长官和我们一起坚持敌后。当日,致电林彪、贺龙、刘伯承等并报毛泽东等:判断平遥、阳曲、汾阳、文水、交城以及晋北等地之敌,有配合平汉、陇海两路敌之主力作战,相机进攻晋南,牵制我军企图。通告土门镇会议制定的作战方针:(一)决定以一二九师、一一五师、朱怀冰部之九十四师为右翼集团〔1〕,以朱德任总司令,向榆

---

〔1〕 右翼集团,即东路军,主要是滞留在晋东的中国军队。归朱德、彭德怀实际指挥的东路军,除八路军第一一五、一二九师及国民党军朱怀冰部第九十四师外,后来还增加山西青年抗敌决死第一纵队、第三纵队及国民党军第三军、第十七军、第四十七军、第十七师、骑兵第四师、第五二九旅等部队。

次、娘子关之线出击。（二）以第三、第十四、第十五、第十九军及第八十四、第一六九师为中集团，以卫立煌任总司令，向祁县、平遥、介休出击。（三）以第七十一师、第三十五军、第一二〇师为左翼集团，傅作义为总司令，向文水、交城出击，其中以一二〇师向阳曲出击。

2月18日　与彭德怀致电毛泽东、张闻天，告以："现东阳关已失，进攻之敌系伪军，我们以（已）争取一一五师主力第一步开至长治地区，靠近赵寿山及许权忠旅，阻敌西进；第二步，一一五师全部出平汉路以东，但须取得阎、卫之同意，现正进行运动中。"

△　与彭德怀致电林彪、贺龙、刘伯承等并报毛泽东，通告敌情、我情，指示本路军主力于二十日开始向正太、同蒲路进攻，确定截断两路敌之联络，具体部署：一一五师暂受卫立煌总司令直接指挥。一二〇师应确实占领石岭关、忻口之线，截断敌之联络，集结主力于铁道以西山地，打击敌之增援队，小部向朔县之敌袭扰，并与阳曲以南之傅作义左翼集团联络。宋时轮支队应积极向雁门关以北大同之线活动。一二九师主力及一一五师徐海东旅统归刘伯承、徐向前、邓小平指挥，应向平定以东，井陉以西，南北夹击，相机袭占娘子关、旧关。聂荣臻司令应以主力仍向保定、石家庄之线袭扰，相机占领一、二段，继续毁路，赵尔陆[1]部须配合一二〇师向繁峙、代县、忻县之线袭扰，并设法截断繁峙与浑源公路。杨成武支队一部应照前令向北出动，至迟不得超过二十五日，并多带炸药，经过南口时，尽量炸毁平绥路。总部组织野战司令部，于十九日向沁县前进，指挥右翼集团。

---

〔1〕赵尔陆，时任晋察冀军区第二军分区政治委员。

△　中共中央政治局常委召开会议。任弼时在会上报告八路军情况时讲：到一九三七年十二月底，八路军主力部队共扩兵九万二千余人，各种枪两万余支。一共新编了二十四个团，另外，地方武装也有发展。晋冀豫边区、晋察冀边区、晋西北共有游击队约二万五千人。现在的问题是：军费开支紧张，"尚差一半"；枪支不足，"尚需三万余支"。

2月19日　致电毛泽东：阎锡山、卫立煌已拨七个半师归朱德、彭德怀指挥，编为右翼军。我们商定朱、彭非同去不能指挥，亦不能在此危难之际不能不受命，决定组织野战司令部同彭德怀前去指挥。彭德怀于本日乘车带一电台赴长治。朱德明日率直属野战司令部约十人，电台两部，经安泽赴沁源或沁县指挥，彭亦回部。后方留守归吴溉之〔1〕指挥，任弼时速回临汾指挥，朱德到必要或可能时，转回晋西北。

2月20日　离开洪洞县马牧村，与左权率八路军总部经苏堡、铁沟，向府城（今安泽县）转移，向太行山挺进。在马牧村近两个月时间里，根据当地群众要求，派出一个警卫连，在一星期之内将从战场上溃散下来的明目张胆骚扰群众的国民党军"散兵游勇"的武器收缴，稳定群众生活。还根据国民党军一个军长的请求，派出一个警卫连到该军原撤退地将其埋在地下和丢下的各类炮找回。该军长将便于携带的小口径炮等送给八路军，以示感谢。这些小炮可以装备五六个连队。

　　△　致信杜基祥〔2〕：自三河坝别后，不见你的消息，估量你已早不在人世了。昨接你来信，才知道你尚在。现国难当前，你处更是战地。如你不在本地服务，即可持信到西安十八

---

〔1〕吴溉之，时任八路军总政治部野战政治部组织部部长。
〔2〕杜基祥，留法华工，曾与朱德在苏联时有过一段交往。

集团军办事处接洽后，到延安抗大担任军事教员，教出一批学生来以供战争需要。关系可持我的信去。

△ 与彭德怀致电卫立煌，告以：一二九师主力南移协同第三军、第四十七军作战。

2月21日 与左权率八路军总部到达安泽县县城所在地岳阳镇[1]。总部暂驻安泽。得知安泽县县长邓肇祥是共产党员，应邀向该县政府工作人员、牺盟会和其他群众团体骨干、武装自卫队员及个别开明士绅讲话。

△ 收到毛泽东致朱德、彭德怀并林彪、贺龙、刘伯承、周恩来电，提出：坚持长期抗战的重要战略支点有山西区、鄂豫皖区、苏浙皖赣边区、陕甘区、鄂豫陕边区、湘鄂赣边区等六处。因此，三个主力师位置大体上应预拟位于鄂豫皖区、鄂豫陕区、陕甘区，即两个在内线一个在外线。平汉路以西的内线地区虽广大，但仅有汾水、渭水、汉水三流域较富庶，而汾、渭两流域均为敌所必争。"这种意见当然还可以继续考虑"。

△ 致电刘伯承、徐向前、邓小平、徐海东、黄克诚：二十日长治失守。第一二九主力师迅速完成当前任务后，准备迅速南移，协同友军曾万钟部消灭进入长治之敌。第一一五师第三四四旅准备转移至正太线，协同第一二九师行动。

△ 与彭德怀致电聂荣臻，令晋察冀军区主力乘机进入平汉铁路以东积极活动，以壮大部队，解决装备与给养，扩大政治影响，配合友军作战。

△ 与彭德怀致电右翼军各部领导人并请朱瑞、左权转阎锡山、卫立煌及曾万钟、朱怀冰等。根据新乡已失和敌情变

---

[1] 安泽县县城今为府城镇。

化，提出右翼军部署：（一）一二九师主力攻旧关，无论得手与否，应即经和顺、辽县至黎城以南适当地点，准备打击由东阳关向长治继进之敌，或尾长治南进之敌而歼灭之。（二）徐海东旅主力转移到昔阳、平定线东，打击由九龙关向正太路运动之敌，并彻底破坏铁道，特别是桥梁、水塔。（三）周建屏、刘道生支队及曾国华支队积极向平山、获鹿、井陉、寿阳、榆次线活动，力求消灭敌少数守备队和打击运动之敌。（四）一二〇师除同意贺龙等部署外，以小部夜间向太原佯动；宋支队仍向大同、怀仁线袭扰敌人，破坏交通。（五）陈光旅尾随南进之敌而歼灭后，转移至安泽以东府城附近。（六）聂荣臻部，除出冀东和津沧线两支队外，主力仍应进至深县、定县南北。（七）武士敏师及朱怀冰师应照卫立煌电相机消灭子洪镇之敌。（八）赵寿山师两个团在高平附近布置，待曾万钟军到达，协同歼灭长治之敌。还告以："总部经安泽进至府城，或相机进占，取其就近指挥作战。"

2月22日 收到毛泽东致朱德、彭德怀，林彪、贺龙电：敌一路至川口、水头地区，另一路向离石、军渡。据你们观察，敌之企图何在？或为欺骗我们，调动八路军回陕，离开晋东、晋北；或为击破我右翼便利中路进攻；或为封锁黄河截断八路军归路。以上各项，何项是敌主要目的？

2月23日 致电毛泽东等，告以：总部直属后梯队，有随校、炮团、供给部、卫生、兵站、医院等之全部，特务团主力、司令部一部，政治部大部，共约五千余人，由吴溉之指挥。"离石、石楼到敌消息，我们尚未接得报告，如系确实，则多系佯动性质，以诱动我八路军过河。"

△ 致电刘伯承、徐向前、邓小平、徐海东、黄克诚：你们昨晚夹击正太路，结果如何应即告。刘、徐应严令电台注意

对总部之联络；一二九师袭击正太路，无论得手与否，应迅速经和顺南移辽县以南地区，参加晋东南作战；第一一五师徐海东、黄克诚旅转移到正太路以南，向正太路活动。

△ 收到毛泽东、任弼时致朱德、彭德怀、林彪、贺龙、萧克、关向应、刘伯承、徐向前、邓小平、刘少奇、杨尚昆、王明、周恩来、博古、叶剑英电，根据敌情提出中国军队"为保卫潼关及西安而战"和"为保卫武胜关及武汉而战"的两部战略计划及其相应兵力部署。指示八路军将来之行动：（一）假设在山西配合阎锡山、卫立煌作战有利，达到了歼灭及钳制敌军，确保潼关、西安之目的，武胜关尚无危险，则全部继续在山西作战，并准备加派一部出河北，建立华北坚持抗战堡垒，用以捍卫中原西北及武汉。（二）假设阎锡山、卫立煌能够执行前述计划，潼关、西安巩固，武汉危险，则应抽出一个师转入武胜关以东，配合友军作战。（三）假设阎锡山、卫立煌不能执行前述计划，潼关、西安危险，武胜关尚无危险，亦应抽出一个师转入潼、西线，配合友军作战。（四）假设潼关、武胜关均危险，则应抽出两个师南下，分别位于平汉路东、西，配合友军作战。仍留一个师活动于山西、河北，非至某种必要时期，不撤回来。（五）边区留守部队担负陕甘任务。还强调必须告诉国民党：如果近百万军队均退至黄河以南、平汉以西之内线，而陇海、平汉尽为敌占，则将形成极大困难。故总的方针，在敌深入进攻条件下，必须部署足够力量于外线，方能配合内线主力作战，造成有利于持久战之军事政治形势。

△ 致电周恩来转蒋介石并阎锡山、卫立煌，告以八路军第一二〇、第一二九师二十、二十一、二十二日战况：一二〇师骑兵支队二十日破坏沧石公路后，协同人民自卫军吕正操部攻占束鹿县，捕获维持会长一名，现该县政府已完全恢复。一

二〇师一部二十一日在李家窑附近与由朔县来敌约六百人激战终日，当即将敌击溃，毙敌七八十名。一二〇师一部二十二日晚袭击并占领平社车站，继进攻平社村，毙敌数十人，俘敌兵及交通人员十七人，内一日本人，附近铁道完全被破坏；一二〇师另一部在附近袭击敌火车一列，毙敌四五十。一二九师二十二日拂晓进攻旧关，并在长生口、核桃园间伏击由井陉增援之敌，毙敌警备队长荒井丰吉以下三十余人，俘敌二人，乘胜追敌至井陉南关，与守城之敌激战。

△ 夜，获悉三千多日军从长治出发企图夺取临汾，其先头部队已占领屯留城。决心以身边的二百余名警卫和通讯人员就地阻击，迟滞敌军西进。指示安泽县县长带上一百余人的县自卫队，在拂晓前到达古县镇，并说：要在府城一带打个阻击战，保卫临汾，否则临汾的人员、物资来不及撤退。如果敌人进行快，就在府城以东打，如果进得慢，可能在府城以西打。

2月24日 率八路军总部抵达安泽县古县镇，下午一时许，在该镇以东府城镇（今安泽县县城）附近同沿临（汾）屯（留）公路西进的日军先头部队相遇。与左权指挥警卫部队及安泽县自卫队节节抗击敌人。左权奉朱德指示联系安泽南边的新军决死队第六总队参加战斗。战斗开始后，致电毛泽东、滕代远、任弼时、彭德怀、聂荣臻、贺龙、刘伯承等并告王明、周恩来等：西进之敌约二百余人于本日十三时左右抵达安泽东南之府城镇以东十余里处，现与决死队一部及总部守卫部队对战中，估计西犯敌之主力将经此道向洪洞进，现则手中无兵，阻敌不易。曾军[1]已向屯留前进，李军[2]仍在长子以西地

---

〔1〕 曾军，指曾万钟为军长的国民党军第三军。
〔2〕 李军，指李家钰为军长的国民党军第四十七军。

区整理中。总部现在古县，拟于明日向南转移。

△ 战斗进行半天后，致电彭德怀，林彪、聂荣臻，贺龙、萧克、关向应，刘伯承、徐向前、邓小平并报毛泽东、滕代远、周恩来、叶剑英、博古：（一）敌先头步骑约五百人，黄昏时逼近府城，我特一营两个连及决死队已撤至府城以西，估计该敌有以威胁临汾、洪洞，动摇晋中整个作战战局之目的。（二）曾军已接近屯留，已令其迅速截断屯留及良马镇大道，以一部扼阻可能继续西进之敌，以主力尾随西进敌，猛烈向洪洞追击、侧击，李军以一个团向府城急进，协同曾军夹击。（三）阎（锡山）拟由临汾调一个团星夜来援，卫（立煌）欲抽一个师来，但何时可达尚不明。（四）拟于手中现有之两个连及决死队一部，尽量迟滞敌人，以待上列各部赶到而消灭此敌。总部明日仍在古县指挥。（五）卫立煌部朱怀冰、武士敏两师为进击军，由朱、武分任正副指挥，向榆次、太谷、祁县、平遥线进击，已电朱、武坚决照卫立煌电示任务执行。

△ 致电聂荣臻：二十二日来电关于配合主力目前行动到平汉线作战布置很好，即速出动，勿误时机。出动后根据地之巩固与扩大，即应同时进行，以免敌乘机袭后方。经济、西药、电料请由赵尔陆处，与王震交通弄好。急需时可由贺龙师暂借用，大批送来时当由西安转延安、绥德交贺龙师转送。干部学生尚源源接济，经济已由中外募捐给你们，汇送方法，你早准备。曾国华支队应随徐海东旅西移。

△ 致电彭德怀：敌距古县镇二十里，我节节抵抗，总部改移古县镇南二十里之道充。

2月25日 收到毛泽东下午一时、三时、四时三次来电，指出：晋南之敌既进府城，离临汾已甚近，其目的在袭占临汾，如不能给以歼灭的打击，势必将牵动大局。必须使用全力歼灭之。"但请预告阎（锡山）、卫（立煌）：即使该敌冲入临汾，亦不可动摇整个战局。该敌甚少，可用一部包围之，其余全军均应决心在敌后打不要后路之运动战，如此必能最后制敌。"

△ 致电彭德怀等并转毛泽东等：特务团两个连现仍在府城附近迟滞敌人，唯昨日战斗伤亡颇大。决死队第六总队临阵不战并于昨晚脱逃，现此间除在府城对战之特务团两个连外别无武装。曾万钟军长报，该军第十二师今赶向屯留攻击，第七师一部在夏店镇堵击向沁县前进之敌，余沿白晋公路前进，击西援之敌，现又令其主力迅速西靠。

△ 致电彭德怀、林彪、毛泽东等：本日晨敌复由府城向古县前进，我特营一、二两连节节抵抗至十七时距古县镇东里，今晚拟配置侧面阵地于古县镇南岸高地。总部改移古县镇南二十五里之刘垣。阎锡山派陈一炮兵连增援，明日可到，已派左权同志统一指挥。该敌如无后援，有可能完全消灭之。敌骑兵二百余、步兵六百余，附炮三门连日伤亡亦大，疲劳不堪。

△ 府城镇战场形势严重。日军探知正面阻击他们的是朱德指挥的警卫通讯部队后，出动十几架飞机轰炸，企图将古县镇炸平。晚七时，日军占领古县镇。朱德率总部转移至刘垣村，并致电彭德怀，请他迅速向总部靠拢。此时，从临汾赶到的友军五个营援兵布置在尧店一带。朱德身边的两个连同友军从侧面袭击日军得手，缴获两门炮和几挺机枪。但正面的友军不但未出击，反而防线被日军突破。日军向临汾迫近。二十七日，新扩建的总部特务团第二营赶到，朱德用这支部队袭击日军的后续辎重部队，"以手榴弹突然猛袭，很勇敢地一致冲入，完全获胜。计缴获步枪三支，军毡二百余床，大衣、食品甚多，文件数捆，新式通讯灯一，烟幕筒一，六五弹千余发"，

再次打击了西进日军。

△ 所著《论抗日游击战争》在《前线》杂志[1]第五期发表；三月二十五日，第六期连载；五月七日、十四日，《群众》杂志第一卷第二十期、二十二期又刊载。十一月，延安解放社出版单行本《论抗日游击战争》，全书分为三章十七节，已陆续发表的《论抗日游击战争》为该书的第一章"总论"，指出：抗日游击战争就是"抗日的大众战、民兵战"，其实质"是一切不愿做亡国奴的同胞为了救死求生而采取的一种最高、最广泛的斗争方式。"它"是整个抗日战争中的一部分，而且是必不可缺少的一部分，是取得抗日战争最后胜利的主要条件之一。"强调：抗日游击战争的作用就"在于抗日游击队是民众抗日学校，是抗日民族统一战线的武装宣传者和组织者"；"在于抗日游击战争能够部分地恢复国家领土和维系失地的人心"；"在于抗日游击战争能够使日寇无法从它所占领的地区中取得人力和资财的补充来灭亡我国"；"在于抗日游击战争能够配合正规军作战"；"在于抗日游击战争能够为正规军创造优良的后备军和新的兵团"。阐述抗日游击战争与别种战争一样，要能完全适当地运用和发挥政治、经济、人员、武器、交通（包括地形）五个要素，"更要善于发挥五个要素的特质，适当地运用它们，才能用其所长、去其所短，以战胜敌人。"并纠正对抗日游击战争的几种不正确的认识，驳斥了汉奸托派亲日派对抗日游击战争的污蔑，该书第二章着重阐述"抗日游击队的组织问题"，分别阐述了"组织的方法"、"抗日游击队组织的诸问题"和"抗

---

[1]《前线》，第十八集团军政治部编辑出版的刊物，创刊时为周刊，后改为月刊。

日游击队与各方面的关系"。该书第三章"抗日游击队的战术"，分别就"抗日游击队的活动方针"、"进攻战术"、"防御战术"、"追击战术"、"破坏战术"、"侦察"、"通信联络"、"行军"、"宿营"、"抗日根据地"等方面加以阐述。

2月26日 下午连续两次致电彭德怀。第一次电说：昨日对战之敌确有二千，七时由古县镇继续西进，行军拖得很长约二十里，很慢。本日临汾大道若无援兵抵抗，将进至坝子、步子镇一带，临汾、洪洞均危险，已请阎锡山、卫立煌由铁道抽兵抵御。你是否即回总部，请告。第二次电说：本日临汾援军与我特务营前后夹击古县镇、古罗镇之间，战至十七时敌仍前进，大约在古罗镇宿营。前方已不闻炮声。估计敌在我援兵不能阻止时，明我向临汾或洪洞进。曾万钟部仍在屯留附近，李家钰部派一旅绕沁水、浮山去侧击。"你今日到何处？明日是否向我靠拢？速回部。左权已去古罗镇指挥。"

△ 与彭德怀致电中共中央北方局：现向古县转移中，我们将转至外线作战。

2月27日 下午，致电毛泽东、彭德怀等请周恩来、叶剑英摘报蒋介石，详报二月二十四日至二十七日府城、古县镇、古罗镇各地战况："是役前后战斗四昼夜，杀伤敌人在三四百人，缴获辎重不少。我伤通讯营长、副营长，卫队副营长各一，连排干部以下百余人。"

△ 致电毛泽东、周恩来等，告以：从府城西进之敌经总部卫戍部队节节抵抗三昼夜后，敌增之四五千人，始于二十六日陷古罗镇，估计该敌今日续向临汾前进。敌辎重今晨在古罗镇以西被我特务团二营截击，缴获毯子二百多床、战马十五匹等，打死敌人百余名。贺龙师主力在同蒲线上，自平社及关城镇战斗后，同蒲铁路已为我控制与破坏；贺龙师之一部在忻

州以北，颠覆敌火车两列，毁坏敌火车头两个。刘伯承师已将白晋公路相当破坏。聂荣臻部本月在平汉线，第二次行动所得结果，自望都到正定沿线之间，共破坏铁路四百余米，毁电杆二百多根，收电线数十里，破坏小铁桥一座，使敌不以通车，又烧毁火车一列，毁坏火车头一个。平汉线之各车站与各县城，自九日被我袭击后，敌异常恐慌，早间闭城不敢出门。

△ 毛泽东、朱德、周恩来、彭德怀向第八集团军战地报务队队长钱亦石追悼会送挽联。

△ 下午六时，致电毛泽东、彭德怀、林彪、贺龙、刘伯承、聂荣臻等：林彪率陈光旅与贺龙师取得配合，在隰县、汾西以北地区截击敌之后尾，配合友军机动作战。刘伯承师除东出支队大肆活动外，其余与徐海东旅迅速南移辽县、榆社地区，与曾万钟军相机截击和消灭西进之敌。聂荣臻部应乘河北日军全部进入山西时，照前布置大肆活动。总部前梯队与刘伯承师靠拢，总部后梯队移大宁或古县，即请毛泽东指挥其行动。"以后作战方针，务求机动敏捷，不取牵制，主动地积极地消灭深入山地行动中之敌，以影响和帮助友军能在山西积极作战，共同消灭敌人。""更加扩大、发动游击战是目前紧急任务。"

△ 率八路军总部向沁县小东岭转移。

2月28日 致电彭德怀：总部拟东移就军，请接受毛泽东直接指挥。

△ 与左权致电毛泽东、滕代远、任弼时：因八路军总部指挥的部队日益增多，敌后情况日益复杂，必须加强司令部工作，请派一个较强的参谋处长或作战科长到八路军总部来。

△ 致电曾万钟、李家钰、赵寿山、武士敏、朱怀冰、杨

觉天[1],指出:在山西方面,敌由东面、北面分数路向晋南、晋西进攻,其目的或是破坏我大举反攻之计划,或驱逐我军出山西而占领临汾、风陵渡。我们当前的任务是积极消灭分散深进之敌,建立华北抗战的坚强堡垒,配合保卫武汉的作战,以捍卫中原。为此,我们要发挥高度的爱国热忱,精诚团结,积极抗战,不失时机灵巧机动地打击消灭敌人;要努力发动和组织民群,开展游击战争,破坏敌后之交通,肃清汉奸,实行坚壁清野,封锁消息,造成主力部队消灭敌人的有利条件;要特别注意军民的密切关系,切实保护民众利益,以诚恳的态度取得民众的帮助,来克服一切困难;将领要经常给士兵讲话,加强部队的政治思想工作,提高部队中的民主思想,坚定其抗战胜利信心,巩固部队的战斗力量;要提高部队的艰苦奋斗精神,官兵团结;要努力进行瓦解敌伪军工作。

△ 与彭德怀致电贺龙、聂荣臻等并报毛泽东、滕代远:一、一二〇师应以一个旅进占应县、浑源、阳原等县,向广灵、大同、张家口之线活动。该地区尚富,可解决粮食及筹相当的款子。另以相当兵力进占定襄及阳曲以东地区,向阳曲、忻县活动。二、部队扩大须按照武器成比例地发展,不应无限制地增加徒手兵员。地方壮丁应广泛地组织不脱离生产的自卫队,必要时征集入伍。三、赵尔陆部如因地区窄小不便发展时,应将主力转移至广灵、蔚县,以各种方法收复这两个县城,向张家口、怀来发展。杨成武部应移向宛平、涿鹿间,向南口、北平、涿州间活动。四、我们为发展本身,坚持抗日,减少磨擦,

---

[1] 曾万钟,时任国民党军第三军军长。李家钰,时任国民党军第四十七军军长。赵寿山,时任国民党军第十七师师长。武士敏,时任国民党军第一六九师师长。朱怀冰,时任国民党军第九十四师师长。杨觉天,时任国民党军第五二九师师长。

解决财政经济，可向热察冀辽地区发展，待宋时轮、邓华两支队到后，在适当时机与许可条件下，还须增派最大力量前往。

△ 收到毛泽东、任弼时致朱德、彭德怀电，告以：敌占领临汾后，其西进兵五千人以上，进至军渡碛口，昨前两日以猛烈炮火向西岸轰击，有渡河西犯企图，估计该敌可能强渡黄河威胁边区。提出：除令河防部队，尽量阻敌西渡，望即令一二〇师，除王震、宋时轮两部仍在同蒲线猛力活动外，张宗逊旅全部即转至离石至离石以北地区，积极向吴城镇军渡之间击敌侧背，并截断其后面交通，阻敌西渡。在目前情势下，徐旅应否西移归还一一五师建制，增强该师力量，求得在吕梁山脉，打击敌人，巩固河防。

△ 日军侵占临汾。

2月底 收到毛泽东致朱德、彭德怀，林彪，贺龙电：为严防敌人偷渡，必须严密掌握船只在我手中。近几日敌机相机继轰炸神府、兴县、碛口，敌一部今日向临汾运动，请严加注意。

2月 发表《告华侨同胞书》，指出："现在我们的国土及平津京沪等许多城市已被日寇肆意蹂躏，沿海各海岸大都被封锁，广大后方被其轰炸，一切被占领地之同胞无日不被其摧残，壮丁被其杀戮，妇女被其奸淫，财产被其劫掠，房屋被其焚烧，寇军所至，鬼哭神嚎，犹复扶持汉奸组织傀儡政府以期长期压制我国人民于十八层地狱之下，我中华民族已到存亡绝续关头了，唯有全国团结，结成坚固的抗日民族统一战线才能抵抗日寇，挽救危亡，这已成天经地义的真理了。""驱逐日寇出中国是一个持久的残酷战斗，中华民族解放，要依靠全民族力量的团结，从各方面努力奋斗才能获得。因此深盼我全体海外侨胞团结一致，一面努力援助国内抗战，同时加紧国际宣传，联络并推动一切爱好和平国家主持正义的人民，扩大反日援华运动，用以最后战胜我们的敌人复兴我们的祖国，至敝军物质方面甚感缺乏，倘得海外侨胞惠予援助无比欢迎。"

3月1日 彭德怀从沁水县回到八路军总部。

△ 与彭德怀复电贺龙、关向应、萧克，表示大体同意其二月二十八日根据敌围攻晋西北形势所作出"我主力在同蒲路的任务已完成，应按形势转移"，即回晋西北的有关部署。

△ 与左权致电毛泽东等，告以：根据我们的经验，如敌侵入陕北：（一）扼守黄河口守兵应少；（二）坚壁清野要做得好；（三）扼隘口并作运动防御；（四）腰击侧击，占领要点埋伏，以手榴弹掷之；（五）尾追截击；（六）彻底破坏道路；（七）动员群众与游击队四处袭击扰敌；（八）防敌烧杀。"以上简要办法，望传达到战士、群众中去。"

△ 与彭德怀致电叶挺，祝贺新四军开赴长江南北抗战。并应叶挺要求介绍八路军对敌斗争经验八条。

△ 与彭德怀致电贺龙、关向应、萧克，令：一二〇师应乘敌南进、后方兵力薄弱之机，发动民众及游击队，继续大肆破坏同蒲路北段及一切可能为敌利用的道路；宋时轮支队出大同线活动。

△ 率八路军总部抵山交村。

3月2日 率八路军总部抵达古县镇。

△ 收到毛泽东致朱德、彭德怀并林彪、聂荣臻，贺龙、萧克、关向应，刘伯承、徐向前、邓小平电，得知经中央政治局会议完全同意、"望坚决执行"的保卫边区巩固河防的部署：（一）目前部队在晋西北必须照贺、关、萧已定部署，以警六团对付进攻河西之敌，以一个旅攻击由五寨向临县进攻之敌，以一个旅星夜兼程至离石以北，攻击碛口、军渡两敌之背，阻碍其渡河。此三部并须猛力发动群众，巩固北段河防之一切未

失渡口，保障后路。如敌突破河防攻绥德，须以一个旅渡河，配合河西部队，消灭该敌，保卫延安。（二）徐海东旅必须立即西移，归还一一五师建制，协同陈光旅消灭当地之敌，猛力发动离石、中阳、石楼、永和、大宁、隰县、吉县及整个吕梁山脉之民众，配合河西友军部队，巩固中段河防一切大小渡口，保障晋东南、晋西南整个友军的归路。如潼关西安危险，在山西友军主力转移之前，准备先以一一五师之一个旅渡河南进，为保西安而战。（三）一二九师应位于同蒲以东，布置侧面阵地，破坏铁路，阻滞敌向潼关进攻，并策应林彪、贺龙两师作战。如潼关、西安危急，蒋介石有另调晋境主力部队渡河，改任保卫西安之任务时，该师主力亦应准备西移，而留一部永久位于晋东南，坚持游击战争。

△ 收到毛泽东致贺龙、萧克、关向应并告朱德、彭德怀电：为保障一二〇师后方巩固，贺、萧、关须立即派一部渡河加强葭县以北各大小渡口之防御，确实保障该须河防两岸渡口于我手，万不得疏忽。

△ 与彭德怀在浮山东北复电张闻天、毛泽东、任弼时及各师首长：（一）两电均悉。现东南尚有李默庵部三个师、陈铁师、裴昌会师、朱怀冰两个师、高桂滋师、赵寿山师及杨永清第十三旅、李家钰两师、曾万钟两师。以上李默庵部、高桂滋部及陈铁部、裴昌会部外，均归我们指挥，此时我们决不能离开此地，否则政治影响极坏。（二）入晋之敌，在离石、军渡、文水、交城之线，不超过一个旅，沿隰县及大宁一个旅，由长治进至临汾、洪洞约一个旅，沿同蒲路南之敌约一个旅，其余正太路及太原以北守兵不多，估计晋西北方面，进攻五寨、保德约一个旅或另附伪军一部。似此入晋之敌，不过四万余人。（三）目前敌之第二期作战方针，无论其沿长江两岸及

平汉路南进取武汉，或主力转向华北扫清我军，进攻西北，但首先均须夺取徐州，便于转动兵力于华北或华中。敌现集中主力争夺徐州中。因此，转移兵力至华北进攻西北尚须一月左右时间。如徐不下，时间恐更长。但敌部分渡河进攻绥德，调动我军回陕随时均有可能。（四）我八路军在适当与必要时西渡，现有九万人，以三万人留华北，六万人渡河，并陕北三万人，每月需经费在八十万元，服装特费在外，留华北军，每月至低限度十五万元，请早为筹划。

△ 与彭德怀致电张闻天、毛泽东：保持渡口，巩固与后方联系线，在适当时机，最适当地转移兵力，同时坚持华北游击战争。这一问题的决定完全同意。请以党中央及军委名义，给八路军党及华北党以原则的指示，指出战争形势和前进过程中所遇到的困难。我们认为有重要意义。任弼时去某方[1]联络很重要，尤其是在转移兵力时，要解决吃饭问题、军队新式装备问题，没有这个条件，不能最后战胜日本帝国主义。

△ 东路军总指挥部成立大会在沁县小东岭召开。与彭德怀分别就任第二战区东路军总指挥、副总指挥。东路军辖：八路军（欠一二〇师）、第三军、第十七军、第四十七军、第十四军、第九十四师、第十七师、骑四师、第五二九旅和山西青年抗敌决死队一纵队、三纵队等部队。

△ 林彪在隰县千家庄被国民党军哨兵误伤。收到毛泽东、滕代远致罗荣桓并告朱德、彭德怀电：已令交口镇派医生二人两天赶到永和救林伤，并由你派人送林来延安医治。林之师长职务暂由你兼代。三月十日，中央军委决定由三四三旅旅长陈光代理一一五师师长。

――――――

〔1〕 指去苏联。1938年3月5日，任弼时离开延安去苏联。

3月3日 收到张闻天、毛泽东、任弼时致朱德、彭德怀电：八路军主力留晋击敌后路，必须在黄河、汾河不被隔断的条件下，否则对于整个抗战及国共关系是非常不利的。尤其你们二人必须回来，即使留一人指挥，亦只宜留在不被隔之点（如吕梁山脉），决不应留在汾河以东。因此，对总部之转移及徐海东旅与刘伯承师主力之部署，务望本此方针考虑切实妥善方法。

△ 与彭德怀致电刘伯承、徐向前、邓小平，令：即在襄垣无敌的情况下，一二九师师部应进驻襄垣，其主力位于襄垣东南之适当地点，其任务如次：（一）配合曾万钟军两个师，准备随时由北向南侧击由东阳关向潞城、长治前进之敌及其辎重部队；（二）继续开展这一地区之游击战争，彻底破坏东阳关至长治公路；（三）与曾万钟部密取联络，帮助其军事、政治、民众等工作，帮助其解决粮食问题。刘伯承应与曾万钟及其各级干部见面，帮助其战术的改造；（四）派出极小的兵力，向平顺、陵川地域开展游击战争，并与在林县附近之孙殿英部联络。还指示：在和顺以北地区之游击队，应继续向正太路及平汉线积极活动，破坏道路，打击小的敌人。

△ 与彭德怀令三四四旅南移昔阳南，曾国华支队随同南移，归徐海东、黄克诚指挥。

△ 与彭德怀致电聂荣臻：你们应以最大决心与敌在山地坚持，采取各种办法削弱敌人与在有利条件下部分地消灭敌人，吸引敌人在山地长期周旋，以有利于我军；目前不要过路东，因为路东部队多，如敌围击，以后转移困难。

△ 率八路军总部抵安泽县南孔滩。

3月4日 关于游击战术的原则，与彭德怀致电各师指挥员，指出："正当华北敌人配合东线战场以争夺徐州，主力已南犯，先头（部队）已抵黄河北岸与东岸作战。""整个华北战局已转入大规模的游击战与运动战之新阶段。""敌人仍只占领点和线，民众仍与敌对立，而且（日）益严重。""民众抗日运动与游击战已有相当的发展，这是给我军在华北以大规模的游击战与运动战中取得胜利的有利条件。游击战与运动战是允许大踏步地进退，在广大地区内以灵活机动去求得胜利，并望研讨以下战术原则：（一）一切正规军与游击队，应以最积极地进攻敌人，而不应呆板地防御我某一地域或城镇，并以最高的抗日热忱克服所遇到的困难。（二）在一切活动中应力求与保持主动地位，不为敌人所吸引而陷于不利地位。（三）游击队与正规军应有密切的配合，游击队应以灵活的动作迷惑分散疲惫敌人，造成正规军各个打击消灭敌人的有利条件。""游击队与正规军应有计划地协同与配合作战。"（四）在一切战斗动作中应以最高度的突然性，利用昏暗、黑夜秘密接近敌人，迅速地投入战斗，迅速干脆地解决战斗。而迅速、秘密、坚决是争取胜利的主要手段。（五）袭击敌人弱点及暴露侧翼或向敌侧后实施机动，而优良的机动是突然袭击敌人的行军纵队并多注意伏击、急袭。（六）一切战斗前就有周密的计划，并须注意选择突击地段与时机及集中绝对优势兵力用于突击点以期必胜。对次要方向，只须以少数兵力以积极动作把敌人钳制起来。（七）战斗一经发起，应以最坚决、最迅速的动作连续冲锋，投入白刃拼搏，确实已无胜利把握，应迅速退出战斗，迅速转移兵力，寻求新的机动。（八）前线指挥官应有很好的战斗指挥，敏锐正确的判断，以迅速下定决心，并能在上级作战意图下发扬机断专行。（九）在组织与发动民众的斗争中，特别是游击队、自卫军应加强抗日戒备的组织，捕捉敌探，肃清汉奸、托匪，须慎重认清真伪，封锁消息，以保持我军秘密与安全。严格建立侦察队及通讯联络，以便能及时发现和传达敌情而利于我军的机动。

△ 与彭德怀发布第十八集团军总司令部告晋南人民书，号召晋南民众组织起来，配合抗战军队与日军作战：第一，要进行游击战争。能够组织起游击队、自卫队更好，没有游击队、自卫队，就一两个人也可以打游击。打游击是要趁敌人的不备，收缴零星敌人的枪支，杀死敌人，割断电线，到处放枪，恐吓敌人，扰乱敌人；封锁抗日军的消息，不给敌人知道；侦探敌人的情形，报告给抗日军；在抗日军与敌作战时，要帮助抗日军运输、抬伤员、带路、送信。第二，要实行坚壁清野。把粮食、用具、妇女、小孩以及牲口都放到山里，使敌人得不到一粒米吃，弄不到一口水喝，找不到一根柴烧，把敌人饿死、渴死、疲劳死，逼敌不得不走。抗日军也就容易消灭敌人。第三，要破坏道路。把各处的公路完全破坏干净，把路基挖掉，把隘路断掉，使敌人的汽车和坦克不能进来，不能通行。第四，要肃清汉奸；凡是发现形迹可疑的人和提倡组织维持会的人，立即报告当地政府和驻军，扣留起来，加以审讯；对于汉奸，依国法严办。汉奸肃清了，敌人不敢随便进来，飞机也打不到目标轰炸。第五，要对敌军士兵进行宣传。要他们回家，不替日本军阀打中国；对于东北同胞、蒙古同胞当伪军的，尤其应该进行宣传，教他们哗变，拖枪到抗日军方面来，好去打回老家，收复失地。

△ 收到毛泽东致朱德、彭德怀电：望考虑总部取何道路移至吕梁山脉为安全，为便利。如临汾以南现尚无敌，是否可以迁道临汾以南转回。

3月5日 与彭德怀致电曾国华：命令该支队过正太路后归总部直接指挥。

3月6日 关于在华北坚持配合友军作战及目前作战方针的意见，与彭德怀致电张闻天、毛泽东、王明、周恩来、博古、任弼时：蒋介石严令华北各军一兵一卒不许过黄河，该等兵力约二十万人，八路军九万人，组织三路军，朱、彭任东路军指挥，卫立煌兼南路军指挥，傅作义任北路军指挥。"在友军不过河以前，我应坚决而积极地在华北配合友军作战"。"总部准备移沁县召集东路军少将以上的军事会议，求得战略方针大体一致"。"目前作战方针（应）乘敌主力尚未转入华北时，以积极动作保卫陕北、潼关。因此拟议贺师主力配合傅之一部，进攻朔县、集宁，威胁大同归绥，以曾万钟部刘师及徐旅进攻涉县、武安，折断平汉线。以李默庵、高桂滋部，进攻灵石、霍县、赵城之线，均相机进逼主力，保持机动打击之增援队。赵寿山师及杨旅向阳城、晋城活动，南路相机收复翼城、临汾，朱、武两师相机使用。邓华支队积极破坏南口，东进两支队破坏沧石路及津浦路北段，聂区继续破坏平汉路及正太路。陈光旅目前向隰县及离石之敌袭扰，起到战术上迟滞敌进作用，如敌将主力转移华北时，津浦路济南，浦口、江南京沪路相机反攻。"

△ 与彭德怀致电聂荣臻：（一）晋察冀边区敌人退出后，应即乘势向易县、涞源、房山、昌平、涿鹿、阳原包括南口东西铁路段活动，并应作为主要发展方向；邓华支队应即向怀柔、顺义、延庆及昌平东北丰宁县发展。只有积极扩大领域，才能壮大本身与解决粮食、经费问题，并造成深入热河、冀东的有利条件。（二）在平汉线以东之工作部队，仍照原任务。（三）贺龙、林彪、刘伯承各师及总部与友军共驻，粮食还须购买部队或大部，筹款极困难，且人增加两倍以上，经费不够开支。除由贺龙师转送你处三万元外，以后每月只能供两万元，余须你们在统一战线原则下自己解决。

△ 复电贺龙、萧克、关向应，就其两次致电朱德、彭德怀与毛泽东，请示如何处理赵承绶提议晋西北各军统归于傅作

义指挥问题指示：同意晋西北地区军队统归傅作义指挥，但须机动执行其命令。

△ 收到毛泽东致朱德、彭德怀，贺龙、萧克、关向应电：敌分五路包围一二〇师及傅作义[1]军，企图压迫我军渡河，一二〇师应与傅作义协力各个击破之。

3月7日 与彭德怀致电张闻天、毛泽东等，建议：情况变化，政治局以前关于战略决定应有所改变。在友军不过河以前，我们应坚决而积极地在华北坚持配合友军作战，争取连续的胜利，以达到有力地保卫武汉、保卫西北和巩固统一战线。如我们现时过河，万分不利于统一战线。提出：总部准备移沁县，召集东路军少将以上的军事会议，求得战略方针大体一致。讨论以下问题：作战方针；建立根据地，主要的在发动群众，准备持久；军事政治工作；敌伪工作。报告目前作战方针及军事部署：在敌主力尚未转入华北时，以积极动作保卫陕北、潼关。拟议贺龙师主力配合傅作义之一部进攻朔县、武安，截断平汉路。以李默庵（第三十三军团军团长）、高桂滋（第十七军军长）部进攻灵石等地，均以相机进攻，主力保持机动，打击敌之增援队。赵寿山（第十七师师长）部及杨旅向阳城、晋城活动，南路相机收复翼城、临汾。朱怀冰、武士敏两师相机使用。邓华支队积极破坏南口。东进两支队破坏沧石路及津浦路北段。聂荣臻部继续破坏平汉路及正太路。陈光旅目前向隰县及离石之敌袭扰，取得战术上迟滞敌进作用。"请你们重新考虑上述问题并复，以便向阎（锡山）、卫（立煌）提出，并请周（恩来）向蒋（介石）提出。"

---

[1] 傅作义，时任国民党军第二战区北路前敌总司令、第七集团军总司令兼第三十五军军长。

△　致电毛泽东并刘伯承、徐向前、邓小平："一二九师总部前已电令：如襄垣无敌，进至襄垣东南，准备配合曾军作战。六日十七时的来电与我们布置完全不同。请根据毛（泽东）意见。你们布置即由毛（泽东）决定，以免重复。"

　　△　收到毛泽东致朱德、彭德怀并告贺龙、萧克、关向应电：离石、碛口敌之主力均向临县、方山进攻，后路极空虚。此点如证实，我张宗逊旅似不宜进入兴县方向，逐次抄至方山、临县以南敌之后路，便于取胜并解傅作义包围，使临县、方山不落敌手。尔后该旅即使用于太原、汾阳、离石、军渡线以北地区。同时，宜派一个小的支队配合程子华袭扰汾阳、离石间道路。

3月8日　收到毛泽东致朱德、彭德怀、陈光、罗荣桓、贺龙、萧克、关向应、刘伯承、徐向前、邓小平、聂荣臻电：军委指导只提出大的方针，由朱、彭根据此方针及当前情况作具体部署。军委有时提出具体作战意见，但只是建议性质，是否切合情况，须由朱、彭按当前敌情加以确定，军委不加干涉。关于敌我位置、作战情况等，除总部随时向军委报告外，各师给总部报告之电报应同时发给军委一份，使军委充分明了情况。

　　△　收到毛泽东致朱德、彭德怀，贺龙、萧克、关向应电：同意朱、彭七日电文中关于集中主力从东南向西南方向打的意见，即令阎红彦团从河口、界首线抽三个连渡河，扰击离石、大武镇一带敌之后路。

3月9日　率八路军总部抵长子县上寨村。

　　△　收到毛泽东致朱德、彭德怀并各师首长电：政治局决定之战略方针，包括现时在华北及将来转移至陕西、河南两个阶段，不是单指目前而言。在目前阶段，在不被日军根本隔断条件下，我军均应在敌后配合友军坚决作战，有效地消灭与削弱敌人，发动广泛的抗日运动。只要无被隔断危险，决不应过

早渡过河来。在将来阶段,即敌大举进攻潼关、西安、武胜关、武汉及陕北时,在取得蒋介石、阎锡山、卫立煌同意后,八路军主力及其他国军主力,应渡过河西、河南,为保卫西北、保卫武汉而战,而留适当兵力位于山西各区,继续坚持游击战。如敌突破吴堡线,进攻绥德,威胁延安,应准备从一二〇师抽一个旅先行渡河击敌。如敌攻潼关,西安危急,而武胜关、武汉尚不危急,应准备抽出一一五师或至少一个旅,同时并应从阎、卫军抽一部,先行渡河击敌。具体处置应依当时情况而定。但不论多少部队过河,那时均应事先力求取得蒋介石之同意,并与友军协同。如果八路军全部被限制于华北敌之包围圈中,根本不能转移至陕甘豫地区,则对整个抗战及全国政治关系,都是不利的。你们向阎锡山、卫立煌报告及召集军官会议时,应说在敌后作战之战略意义及依靠民众之大有办法。但同时无论如何也不要说全部长期在华北的话。"并请注意蒋之命令是双关的,一面包含战略需要之积极意义,一面又难免不包含恶意在内。"

△ 与彭德怀、傅钟致电刘伯承、徐向前、邓小平:坚持华北游击战争是我们的确定方针。一般战争形势发展的估计和我军布置,应根据彭德怀一日未电的基本意见,其余一切详情到沁县面谈。宋任穷[1]所率部队仍应按前任务执行,但目前宜在新乡以东及大名地区加紧收枪,发动民众。山西潞城、黎城之线以南的陵川、博爱,亦应派小部队去发动游击战争。万福麟[2]、宋哲元[3]两部在河南博爱、新乡地区和敌人作战

―――――――

[1] 宋任穷,时任八路军第一二九师政治部主任。
[2] 万福麟,时任国民党军第五十三军军长。
[3] 宋哲元,时任国民党军第一战区副司令长官兼第一集团军总司令。

失败，遗弃枪支不少，望抓紧这一时机。

△ 与彭德怀致电聂荣臻，刘伯承、徐向前、邓小平："津浦南北段仍在苦战中。目前日军已遭受严重抗击，积极配合津浦线作战使之持久，对华北形势极为有利。敌夺取徐州，有迅速转移主力来华北，首先进攻我军的可能，将使华北形势增加困难。你们以前派出之东进部队，应令其向沧（县）、德（州）线积极动作，以配合津浦北段作战。"

△ 与彭德怀电令晋察冀边区在敌后乘势向冀西北、邓华支队向北平东北积极扩大，并造成深入热河、冀东条件。并告：经费每月只能供应两万元。

△ 收到彭德怀从林县横水致朱德、左权电，告以：军队发展快，游击习气甚大，新兵多，整理之兵团决于三一八节举行入伍式并宣誓。誓词内容：坚持抗战，坚持统一战线，严肃纪律，爱护人民利益，提高战术技能，爱护武器公物。征询其意见并请拟誓词发出。

△ 与彭德怀致电陈光、罗荣桓并报毛泽东：为积极发展一一五师及扩大游击区，着三四三旅副旅长李天佑、政委萧华率旅部及六八六团全部，并附一个团的团、营、连预备干部，准备出直鲁豫边区。陈光、罗荣桓率师直及六八五团、补充团暂在吕梁山工作，准备八月中新的行动。后来，萧华奉命率部东进，准备到敌后津浦线一带建立抗日根据地，路过晋南太行山时，特地来到朱德驻地听取指示。朱德与彭德怀指示他们：要发展抗日武装，壮大抗日力量。派你们到敌后去，你们是火种，目的是要在广大的敌后发动群众，建立政权，扩大统一战线，组织和发展抗日武装力量，点燃抗日的熊熊烈火。你们远离总部，是敌后的敌后。为了创建根据地，你们的一切供应都要依靠人民支援，都要依靠你们自己解决，实行独立自主的方

针。平原游击战争是一个新的问题,要很好地组织游击队和自卫队,创造作战的经验。准备长期坚持和发展敌后游击战争。

△ 与彭德怀致电陈光、罗荣桓并报毛泽东:为掩护地方工作,拟在石楼等友军地区设置医院及后方留守处。

3月11日 率八路军总部经良马抵屯留县中村。

△ 与彭德怀致电聂荣臻:估计进党城之敌,有充分可能进占阜平,对紫荆关至涞源方向亦须注意侦察。对当前作战方针,基本上同意你以前意见。唯敌兵力过大时,应采取掩疲敌人,坚壁清野。利用山地以极小部队在正面阻击外,主要的从敌侧后寻求机动,尾击敌人,逐渐削弱敌人。集中自己主力,在有利条件下,求得消灭敌之一部。切忌过早疲惫自己主力。邓华支队,目前应积极向宛平、卢沟桥之线有力活动,赵侗支队[1]似宜迅速进至良乡、涿州地域活动,破坏铁道,使敌频于应付。

△ 与彭德怀致电毛泽东、滕代远转周玉成[2]并林伯渠、叶季壮及杨立三:周玉成带到延安的经费三十五万五千元分配方案为:送一二〇师十万元(前送延安八万元在内,再补二万元),送晋察冀区三万元(即前规定之三万元,如已送出不应再送),送足随校、炮团二三月份之经费,其余款项概交施作霖[3]带来前方。周玉成及供给部留延长,负责前方各部队之补给经费之前送等工作。兵站人员可以减少,但兵站费仍应照前领取。二月份应领取之三千包米应即领取,并分给随校、炮团、抗大及延安各机关。补给前方之电料、药品等,即交后梯队带来。

3月12日 与彭德怀致电陈光、罗荣桓并报毛泽东:永

---

〔1〕赵侗支队,即晋察冀军区第五支队。
〔2〕周玉成,时任八路军供给部部长。
〔3〕施作霖,时任八路军供给部财政处长。

和地区已集中友军伤病员甚多，给养必受到限制；以主力置于蒲县、汾西地区，向灵石、临汾之线，经常要以一部转移到中阳、汾阳、郭家掌以北地区活动，彻底破坏汾阳公路；永和建设医院及后方留守处以掩护地方工作，对友军及当地政府取协商态度，尽可能吸收友军参加居民工作。

△ 与彭德怀致电陈光、罗荣桓并报毛泽东：山西我军已达九万人，每月经费仅三十万元，吃穿用全部在内；一二〇师已达三万二千人，每月经费仅八万元；你师直及三四三旅，不足一万二千人，在一个月内已用去十万元，请你们设想经费如何开支；三月份仅能给你们三万元（三四四旅及曾支队[1]在外），你们须即设法向敌占区在统一战线原则下，筹粮及部分解决经费问题，并须注意节省及彻底检查供给工作。

△ 率八路军总部抵屯留县西村。

3月13日 率八路军总部抵沁县郭村。

△ 与彭德怀致电一二九师，令其在邯（郸）长（治）大道、涉县、潞城一线（敌军主要运输线）机动作战，寻机打击敌人。十六日在潞城、黎城间之神头岭设伏，毙、伤、俘敌一千五百余人。三十一日，在东阳关与涉县间之响堂铺设伏，焚毁敌汽车一百八十余辆，歼敌掩护部队一百七十余人。

△ 与彭德怀致电叶剑英转蒋介石：已遵令派第一二九师副师长徐向前率该师所属一个旅东出津浦线，配合鲁南主要战线作战，现该部已逾南宫，东进迫近津浦线行动。

△ 与彭德怀致电中共中央，纪念孙中山总理逝世十三周年，誓以头颅热血与暴敌周旋。

3月14日 率八路军总部抵沁县白家沟。主持召开总部

---

[1] 曾支队，指以曾国华为支队长的八路军第一一五师第五支队。

会议。

　　△　收到毛泽东、滕代远致朱德、彭德怀、左权、傅钟电：卫生部是否必须来前方，如刘伯承师和徐海东旅自己之野战医院能容纳时似以不去晋东为宜，因战争发展至将来阶段，总部及刘师、徐旅主力是要向西转移的。如卫生部全部留下则有政治部后梯队、供给部一小部、破坏队、材料等四部分去前方。拟派方强来前方代替吴溉之，因吴身体太差，应休养并留在后方工作。总部特务团长韦杰及汽车和学生六人派来，徐海东旅营级干部在选择中。

　　△　收到毛泽东、滕代远致朱德、彭德怀二十二时、二十四时两电。前电告以："前总后梯队、炮兵团、随校留洛川训练"及供给部有关人事及行动安排，另询问：政治部、卫生部、供给部、特务团第三营归队部队尚有一千人上下，而且很多骡马，从同蒲再到总部，有汾河之隔，颇感困难，应择何路线？"请即告，以便转知。"后电指出：根据周恩来、叶剑英所述蒋介石意见与河南及陇海路不久即将发生变化判断，徐海东旅及刘伯承师主力位于正太路以南，"担任正太路任务较为妥当。将来北转、西移较为便利。若深入晋冀豫边，恐往返徒劳，无裨大局。"照蒋介石意，对同蒲（路）、平汉（路）及南面之作战，朱、彭担任北面，似尚未最后确定。

　　3月15日　率八路军总部抵小东岭。

　　3月17日　收到毛泽东致朱德、彭德怀电：国民党军此次作战大部逃跑，要其巩固吕梁各县完全无望，应即考虑徐海东旅西移；建议蒋介石、白崇禧、阎锡山，由朱、彭去一人指挥打几个胜仗，否则将贻误大局。二十日，复电毛泽东：徐海东旅西移吕梁山时，同意朱、彭以一人随往指挥，何人去请决定。朱意留东边指挥，彭去吕梁。同日二十四时，毛泽东、滕代远又复电朱德、彭德怀："同意彭率徐旅移吕梁山，朱暂在东边指挥，但在将来适当时机亦应过来。"

3月18日 毛泽东致电周恩来、叶剑英：徐海东旅及朱德、彭德怀二人中以一人西移，不必向蒋介石请命。待行动时汇告阎锡山、卫立煌就是，似可不向蒋介石、白崇禧提出，免生枝节。

3月19日 收到毛泽东致陈光、罗荣桓并告朱德、彭德怀电："你师三个战士从永和跑过河西，该三人在永和时，因谋财目的用刀杀伤十九军抗战负伤连长，劫去晋票一百元。该三犯现在延长被捕，除严办外，你们应送一封信附洋百元，另附慰问费数十元，送交王靖国军长。申述歉意并慰问该连长。此举可进一步团结晋军与八路军。"二十日，与彭德怀致电毛泽东、滕代远：请将在延长捕获的一一五师的三个士兵，送陈光、罗荣桓处公审枪决，以此在部队中开展反土匪军阀主义斗争教育。

3月20日 与彭德怀、左权向毛泽东、周恩来、叶剑英等建议：在和蒋介石交涉时，应提出补充华北地区部队的武器弹药。二十一日，再电告周恩来、叶剑英：请向国民政府提出，犒赏费应按伤员数增加而增加。前方药品极端缺乏，请给予迅速补充。八路军伤员在一月前已有一万五千人，二三月以来，各部队战斗频繁，负伤官兵在六千以上。

3月21日 收到毛泽东致朱德、彭德怀电：（一）贺龙师主力须准备逐渐南下，代替林彪师陈光旅以便于将来转入新的方向。目前宜即令贺龙师抽一个团开至汾阳、孝义以西地区，配合陈光旅作战。（二）敌占郑州后，河南、武汉形势当速起变化。刘伯承师去信阳以东，林彪师去豫西配合作战，保卫武汉，当得蒋之同意。因此，此时徐海东旅及刘伯承师主力集结晋城、长治地区作战，是适当的。（三）陈光旅此时似无东移可能，宜确定在现地作战。

△ 与彭德怀致电第五战区司令长官李宗仁，告以八路军第一一五师陈光旅三月十七、十八日午城战斗等情况：十七、十八日，临汾敌八百余继续西犯，被我一一五师陈光旅歼灭于蒲县、大宁间之午城镇附近，计毙敌五六百人，俘敌十余名，毁敌汽车六辆，缴获枪弹等军用品甚多。又北进支队已达永定河边，一部进出于宛平附近，正在积极活动中。据该支队称，平绥沿线敌甚空虚，该带及平津附近民众抗日情绪极高，对我军热烈欢迎，并纷纷发动组织自卫武装，配合我军作战。

3月24日—28日 在小东岭八路军总部召开东路军将领会议[1]。参加会议的除八路军第一一五师、第一二九师的负责干部，山西第三行政公署主任兼山西青年抗敌决死第一纵队政委薄一波外，国民党军队第三军军长曾万钟、第九十四师师长朱怀冰及其他副师长、旅长等共三十余人。朱德在会上讲话，分析敌我形势，介绍八路军粉碎日军进攻和坚持敌后战争的战略战术，鼓励国民党军队将领为抗日做出贡献。还与参加会议的国民党军将领个别谈话，向他们指出：抗战初期战事失败的原因，是没有抗日民主，没有发动群众，没有搞好军民关系。单纯军队抵抗是打不好的。要他们开展抗日民主，搞好群众关系，把旧军队改造成新型的军队，废除旧军官对士兵的统治，改善官兵关系，训练政工人员，建立政治工作。今后要组织短小精悍、政治坚强的指挥机构，率领队伍深入敌后，开展游击战争。二十八日，与彭德怀致电张闻天、毛泽东等：东南两军将领会议共开了五天，一般尚热烈。议事日程如下：（一）

---

[1] 因交朱德指挥的南路军卫立煌部的几位将领也参加了会议，又称东、南两军将领会议。

报告讨论目前战争形势与任务；（二）改善部队政治工作与健全组织；（三）确定与统一民运工作方针及敌军工作方针；（四）确定作战方针，建立根据地，武装民众；（五）由东路军开办地方工作、敌军工作与部队政治工作训练班。四月十日开学，一个月毕业。东南两路军每师选送十人以上二十人以下。

3月24日 收到毛泽东、刘少奇致朱德、彭德怀、朱瑞、刘伯承、徐向前、邓小平、贺龙、萧克、关向应、陈光、罗荣桓、程子华、杨尚昆电：为了在八路军主力转移至其他地区后，我党仍能在统一战线中有力地坚持与领导华北抗战，必须立即组织以八路军名义出现的游击兵团，具体要求：在晋西北地区除宋时轮支队外，另组织四个支队；在晋西南地区组织三个支队；在晋东南地区组织七个支队；在平汉路以东组织若干个支队。各支队至少各有一千人左右，以八路军有战斗经验之主力一二个连作基础，由地方游击队及新兵编成。

△ 收到毛泽东致朱德、彭德怀电：目前晋东南主要作战任务，似在用打击、削弱与断绝后路等方法，钳制已进至修武、博爱并企图南犯洛阳之敌，其次则在打击进至长治之敌。因此，刘伯承师和徐海东旅两部似宜分开作战，一部从东阳关南下，直抵道清路侧，破坏该路，并打击该路之敌；一部位于长治附近，打击敌人。

3月25日 与彭德怀致电一二〇师，令留同蒲线活动之部队，配合友军打击进占定襄宏道镇之敌。

3月28日 与彭德怀、朱瑞致电中共中央书记处并告王明、周恩来、博古，建议恢复山西青年抗敌决死队内部党的组织，并提出恢复的具体办法：（一）指定原组织内最可靠的同志协同安子文同志负责处理；（二）将原有党员中认为社会出身、过去经历及现在表现决无问题者划出，作为审查范围；

（三）每人依入党手续填写履历表，完全以个别进行的方式，详细审查决定，及给以保证恢复其关系；（四）严格组织的关系及系统；（五）恢复党小组生活，第一时期主要是巩固组织和教育，尤其是党的基本问题及工作方式的教育。三十日，收到刘少奇复电：同意立即秘密恢复决死队中的党组织。

△ 收到毛泽东致朱德、彭德怀并各师首长电：敌可能进占保德及兴县，另路准备渡河进占绥德，威胁延安。敌占临汾必迅占河津及风陵渡，使我军不能从该地南渡。夏天水涨，汾河徒涉不易。请考虑在上述严重情况下，我西渡及南渡黄河是否将遇障碍，依现在晋全部敌军力量及可能增加力量，是否有利用临汾、黄河地形条件妨碍或甚至根本断绝我军主力及友军过河之可能。此点必须有正确估计，方能最后决定总的部署。

3月29日 与彭德怀致电中共中央，报告：一二〇师无变动，陈光旅在蒲县、隰县间，刘师主力移涉县、武安，徐海东旅在武乡附近。因吕梁山地区窄小，友军过多，徐旅暂不西移。朱、彭目前不能分开。

△ 收到毛泽东致朱德、彭德怀电：根据敌情，敌确有进攻陕北，在政治上打击共产党之计划。因而，刘伯承师和徐海东旅两部宜位于同蒲路东侧，依太岳山脉为根据，发动群众，袭击同蒲路，配合林彪、贺龙两师，打击晋西之敌，并便于向西转移为合宜。

△ 与彭德怀发出通电，呼吁全中国、全世界人民抗议制止日军投放毒气炸弹，屠杀晋陕冀鲁民众。

3月30日 与彭德怀、左权致电中共中央，报告：友军对打通后方联络线至为迫切，在东南两路军会议上，就后方联络方法商定：由沁源经灵石到永和渡河，由一一五师护送；沿太岳山脉打通垣曲与陇海路相接，由国民党第十四军负责；不得已时经陕北到晋绕五台过正太路南下。

△ 与彭德怀、左权致电周恩来、叶剑英等，告以：此次军事会议上，对东、南两路军（第十四、第四十七、第十七、第三等军，朱怀冰、武士敏、赵寿山各师、杨觉天旅及八路军各部）后方联络方法业已商定：（一）由沁源经赵城、灵石段，到汾西、隰县、永和，在川口上下游渡河。上列各军、师前送资材均屯积清涧、川口及河东岸，渡河后由一一五师护送，通过同蒲路再由同蒲路东侧部队接运。（二）沿太岳山脉打通垣曲上下游与陇海路衔接，目前由十四军负责。（三）不得已时拟经陕北到晋北，绕五台再过正太路南下。（四）各军、师资材由各军、师自行派队监护，由沿联张线之驻军派部队掩护。另提出：杨立三应即布置清涧、川口及河东岸，可能设置之兵站与运输。并统筹各军、师资材屯积及其运输方法。萧劲光应令河防部队掩护与帮助，叶季壮应以此事告俞飞鹏[1]，准备提出增设由西安至清涧之兵站及增加十八兵站分监[2]之经费。请周恩来、叶剑英速商何应钦、白崇禧，用飞机送各军、师经费及晋冀豫五万分之一地图来沁县县城附近投掷，并先约定联络记号。

3月31日 与彭德怀、左权致电周恩来、叶剑英等，告以：前方药品极端缺乏，请迅速补充；又因运输不易，药品不宜按月发送，应改为半年或一年的总数作一次发送。

△ 为打击沿邯、长路西犯之日军，支援晋西南友军作战，根据掌握的敌情，以第一二九师主力于河北涉县和山西东阳关之间响堂铺伏击日军往返运输部队和掩护部队，毙伤敌四

---

[1] 俞飞鹏，时任国民党政府军委会后勤部长。
[2] 十八兵站分监，即八路军（十八集团军）兵站的编制番号，即军委兵站部。

百余人,毁敌汽车一百八十辆。朱德邀请出席东路军将领会议的友军将领,赴战场实地参观此次战斗。这次观战,加深了友军将领对八路军游击战术的认识。

3月下旬—4月6日 国民党军队在徐州东北组织台儿庄战役,取得胜利,歼灭日军一万多人。八路军、新四军广泛开展敌后游击战争,积极配合了这一战役。

3月 在故县与三四四旅代旅长杨得志见面,谈话中指出:战争嘛,就是政治、经济、兵力和武器装备、指挥艺术的较量,看谁的优势强。我们最大的优势是民心所向,或者叫做政治优势。这是任何敌人所无法和我们比拟的。

4月1日 致电周恩来、叶剑英转蒋介石、何应钦,告以:二、三两月中,八路军各部共进行大小战斗一百余次,因消耗弹药甚多,而缴获之弹药均系六五子弹,口径既不符,为数亦少,不及消耗之大。现每支步枪子弹平均不足二十发,每挺机关枪不足一百发,每挺重机枪不足三百发,手榴弹平均两人共一个。弹药如此缺乏,有碍继续战斗,要求蒋介石设法补充八路军七九步枪弹七十万发,七九机枪弹三十万发,手榴弹五十万枚。另外,因战斗残酷,伤兵激增,医药亦甚感困难,请酌予接济。

△ 与彭德怀致电刘伯承、徐向前、邓小平转陈再道[1]、宋任穷:停留在河北南宫附近的津支队,我们意从山东临清县及武城县之线渡运河,似较安全。渡河后即以高唐县、恩县[2]、夏津线为依据地,向德州、济南之线发展,破坏该段交通,暂不

---

〔1〕 陈再道,时任东进纵队司令员。
〔2〕 恩县,旧县名。在山东省西北部。1956年撤销,划归平原、夏津和开城天县。

过津浦路以东。范筑先[1]在聊城附近，须与之取联络。

△ 与彭德怀致电贺龙、萧克、关向应并报毛泽东、周恩来、叶剑英：令宋时轮率一千五百人，步枪六百支左右组成察热支队，第一步在察哈尔省集宁、丰镇线沿铁路活动，第二步到张家口、南壕堑[2]三角地区活动。该支队在上述地区须注意组织地方游击队，与大同以北之原有根据地联系，工作时间之长短看情况决定，但估计该地域人口不多，发展不会很大，大约两个月为期，然后由张家口以北转至龙关、赤城地区与邓华支队接近，创造热察冀边区抗日根据地，必要时与邓华支队会合。在二十日前做好出发准备。

△ 与彭德怀电贺贺龙、萧克、关向应转一二〇师全体指战员，祝贺晋西北取得粉碎敌人围攻的胜利，同时提出在战术上应注意之点。九日，与彭德怀致电阎锡山、卫立煌等转蒋介石、何应钦等，报告粉碎日军对晋西北战役进攻的情况：此次战役开始于二月二十三日，结束于四月一日。敌以一万二千人从北、东、南三面分六路进攻。我部以一二〇师为主力，与新军各部配合作战，一一五师一部亦参加战斗，共进行大小战斗三十余次，敌伤亡一千二百余，俘敌伪二百名，我军伤亡六百余人。此次战役中敌占领晋西北三个县城（岚县、临县、方山）、十一个市镇（亚境镇、河口镇、西马坊、东村、普明镇、娄烦镇、岔口、屹洞镇、三交镇、安家庄镇、碛口镇），均已收复。

4月2日 与彭德怀致电中央军委并告八路军各部，报告

---

[1] 范筑先，九一八事变后在山东任县长，1936年以后任山东第六行政督察专员兼聊城县县长。日军侵入山东省后，韩复榘（省主席）不战而逃，范筑先在共产党领导下在鲁西北建立了抗日地方政权和武装力量，开展抗日游击战争。1938年11月15日，日军进犯聊城时，在作战中牺牲。

[2] 南壕堑，今河北省尚义县。

一二九师在响堂铺伏击日军取得的战果。

△ 收到毛泽东、滕代远致朱德、彭德怀、傅钟电：任弼时携回之军队政工条例已开会讨论，有些意见因谭政、罗瑞卿赴汉口未归，尚未修正和送中央讨论。你们可以其中重要部分用提案方式通知友军，但暂不印书。

4月3日 与彭德怀致电毛泽东、滕代远，提出："特团第三营即补入炮团，特团直属队及团政委应来前方。"还建议：目前加强炮兵的组织与训练甚为重要。在战斗中经常可以缴获敌人的大炮。请滕代远注意指导和检查炮团的教育。"迫机炮干部缺乏，请在随营学校中增设迫击炮队。"毛泽东采纳了这一意见。

△ 与彭德怀致电陈光、罗荣桓：（一）洪洞、赵城、灵石线，是我军将来出入通道，请以一个团（至少两个营），配备足够的政治干部，加紧地方工作，并须得到北方局及当地的协助，努力建立基干游击队。该线已有不少游击队，应切实加以整理，保证其在党的领导之下。据报，洪洞、赵城、灵石之线民间收藏民散兵武装不少，望注意收集。（二）并以特务团两连及徐海东旅一个营，开灵石、赵城、洪洞一线以东活动。

4月4日 与彭德怀致电陈光、罗荣桓：萧华支队应在中阳、石楼内及郭家掌地区活动；师主力应在隰县、蒲县、汾西及灵石、临汾之线以西地区活动，加紧发动群众，破坏敌人后方运输，打击和消灭敌之小部队。

△ 日军出动三万余人分九路向晋东南抗日根据地发动围攻。根据缴获的日军作战地图及大量情报，判断出日军这一军事行动。

4月6日 与彭德怀制定对敌作战部署：第一二九师三八六旅和三八五旅第七六九团及三四四旅第六八九团，由辽县以南转移到敌人合击圈外的涉县以北，隐蔽待机；留在内线的我军各部及协作作战的国民党军各部，按预定部署和任务，以游击战和运动防御战消耗、疲惫敌人，阻敌深入，为转入外线的部队创造战机；晋察冀军区和第一二〇师各部以部分兵力出击平汉、正太、同蒲等铁路线，钳制敌人，配合晋东南地区军民反围攻作战。

4月7日 与彭德怀致电左权，令其统一指挥徐海东旅及决死一纵队，徐海东旅向沁源疾进，决死一纵队配合歼灭东进之敌。

4月8日 上午，与彭德怀复电刘伯承、徐向前、邓小平，告以：六日拟就粉碎敌人围攻与动员训令，尚未发布。敌人原定围攻榆社、辽县计划有部分变更，其主要原因是卫立煌改走垣曲渡河，而长治之敌复占高平，有继续南犯阳城可能，新乡邢台之敌积极进占温县、孟县，有转向垣曲之线，截击卫立煌模样。请用各种方法收集敌一百一十六师团之行动及平汉正太路敌情。

△ 晚十时，与彭德怀致电左权、刘伯承，告以：综合各方根据敌情判断，敌第一步向辽县、榆社布置围攻，已就预定位置。如敌完成其计划，第二步必向太岳山脉围攻，以巩固白晋路、平汉线交通。指示："各兵团以机动、坚决、勇敢，乘敌分进之际集结优势兵力，从敌侧背给敌以各个打击与歼灭"，其部署为：一、曾万钟军主力应隐蔽集结于东田镇、西营镇、上北漳地区，待敌进至襄垣北侧击之，一部仍在亭、夏店、甘村、五阳去积极迟滞敌进，如日军猛攻时节节抗击。二、刘伯承师以协助曾万钟军及适时打击由涉县向辽县前进之敌，应即集结西井镇附近机动位置。该师政治部应尽一切努力，动员群众参战。三、徐海东旅及决死第一纵队或打击或消灭由沁源东

进之敌后,准备转至屯留以北,配合曾万钟军、刘伯承师作战。四、朱怀冰原属之两师主力,仍集结马陵关、白壁及其以西地区,待机以小部配合游击队积极向祁县、太谷、寿阳之线活动,扰敌、毁路。五、曾国华支队、陈锡联旅积极向石家庄、娘子关及平汉线袭扰。

4月10日 与彭德怀致电曾万钟、朱怀冰、武士敏:根据敌情判断,似日军即日围攻我太行山脉之东路军,"我东路军、八路军为抑留敌人于华北,应乘其进攻我军时,采取灵活的运动的游击战术",在敌未进入我利害循环变换线时,"采内线作战方式,以优势兵力各个击破其一路";如敌已进入我利害循环变换线内,"则应由间隙中转入外线,袭击侧后,仍以各个击破之。"敌之任何一股前进时,我军应以小部,以一连或一营为单位,采取运动防御之姿势,配合本地自卫军、游击队,昼夜袭击,疲劳敌人,分散敌人,迷惑敌人主力,出敌不意,突然袭击,而消灭其一部。各路前线指挥官应发动当地自卫军,并统一指挥而配合作用。各军、师应加紧部队政治动员,提高战斗力。供给应随时携带一部,临时就地补充,不宜屯积一地,切忌资粮与敌,伤病员严防被敌屠杀,应分散在偏僻地区,并临时转移。

△ 致电周恩来、叶剑英转蒋介石并报阎锡山、卫立煌,告以敌情,表示:东路军决于太行山脉坚决粉碎敌之围攻,创造巩固抗日根据地,抑留华北敌之主力。现正努力做一切动员。提出:在目前敌人已开始向我晋东南区域大举围攻的紧急形势下,我东路军须立即动员民众配合军队作战,彻底粉碎敌人围攻。本部现颁布两种有关部队和民众动员的工作纲领,请转饬所属,依照其内容办法切实动员。

△ 率八路军总部抵武乡县马牧村。

4月11日 与彭德怀致电曾万钟、朱怀冰、武士敏、刘伯承、徐向前、邓小平,判断襄垣北进之敌有可能经武乡进攻榆社或经蟠龙进攻辽县。令以伏击战消灭武乡、榆社间之敌,各兵力部署为:(一)朱怀冰师应于十二日进至石盘镇以东之云簇镇附近,准备协同夹击北进之敌,武士敏师仍执行原任务,但以一部向沁县游击。(二)曾万钟军以一部节节向武乡以北抵抗和后退,主力应隐蔽集结于东西田镇山地,待敌通过西营镇,向尾敌前进,待敌通过武乡后,即猛力尾攻。(三)刘伯承师十二日务须赶到蟠龙镇石门村之线,十三日看清敌之行动。如下良镇之敌向辽县前进时,该师即猛追击该敌;如经武乡向榆社前进时,该师应取道武乡以东之大南镇、贾豁镇,准备向榆社、武乡间之常银镇及其南北侧击,与朱怀冰师及徐海东旅夹击该敌。(四)徐海东旅本日伏击沁源之敌,无论奏效与否,应从沁源县西北之漳源镇附近转至涌泉镇,限十二日到达,准备十三日配合作战。"此次作战手段,以集中绝对优势兵力,取分进合击,求得消灭北进敌之一部,主要的依靠各军、师本此方针,坚决、积极、机动地去灭敌。"

△ 收到滕代远、杨立三电,告以:据卫立煌讯,汾河桥梁全被破坏,徒涉场均有敌监视,无法通过,送你们的衣服、款项及电讯、药品等材料,将取道五台,抑取平遥、襄垣间,请即具体决定电告。

4月12日 与彭德怀致电刘伯承、徐向前、邓小平、倪志亮:(一)武乡、榆社间夹击北进之敌计划,已受曾万钟军影响不能实现;(二)曾国华、汪乃贵两支队应包围、佯攻松烟镇之敌,以吸引洪水镇、蟠龙镇、麻田镇之敌急速北进;(三)师主力即在石门、大唐之线及其以南隐蔽,相机侧击敌之后尾部队;(四)如洪水、蟠龙之敌不向辽县前进时,应以极小部队在榆社讲堂镇吸引,师主力尾敌袭击,并随时电告情报,以便告徐海东旅侧击。徐海东旅明十三日黄昏进至武乡西北地区。

4月14日 与彭德怀、左权致电周恩来、叶剑英等:前电请商何应钦、白崇禧、俞飞鹏,我们提出,发给八路军的单衣,因交通隔绝,一部可发代金由我们自制。不知商量结果如何?请即催领衣服,并以三万套速自垣曲送来前方,以二万套由延安送一二〇师转五台区。如果每个人发两套,需要二十万套。

△ 与彭德怀、左权致电滕代远[1]、杨立三[2]等:西药、电料极端缺乏,希速送一批给陈光旅,由该旅经临汾、灵石送来;卫立煌批发贺龙师之二十万发步枪子弹中,拨十万发交陈光旅,以便在可能时东送,补充一二九师及陈光旅。

△ 与彭德怀致电刘伯承、徐向前、邓小平、徐海东、黄克诚:(一)判断由榆社退回段村之敌千余人,有可能退回沁县转长治,也有可能经故城镇出南关,救援被武士敏包围之敌。(二)为便于机动,一二九师以一个营进入武乡城西,逼近段村之敌,在该敌行动时即尾击。但对辽县大道注意侦察警戒;师主力应即转移到西黄岩、马牧等地区,准备机动打击敌人。(三)徐海东旅应于明日辰转移至石般镇以南附近,如段村之敌经故城镇向南关前进时,该旅乘机侧击。(四)已令六八九团之一部位于段村以西之姜村附近,主力集结寨上村。十五日,北犯榆社扑空的日军退回武乡,当日黄昏放弃武乡连夜沿浊漳河东撤。刘伯承命令部队分左、右两个纵队追击。十六日晨,八路军第一二九师三八六及第一一五师三四四旅六八九

---

[1] 滕代远,时任中共中央军委参谋长。
[2] 杨立三,时任八路军总部兵站部部长。

团将日军主力一〇八师团的一部压在武乡长乐村十五华里的河谷里，截为数段，予以大量杀伤，并对从辽县来援之敌予以打击，激战整天，消灭日军二千二百余人。此路日军被击溃后，其他各路日军纷纷退却。至二十七日，八路军和山西抗敌决死第一纵队、第三纵队以及国民党友军继续截击和追击敌人，并连克榆社、辽县、武乡、沁县、沁源、壶关、安泽、屯留、黎城、潞城、长子、阳城、沁水、长治、高平、晋城及河北涉县等十余座县城。此次战役共毙伤敌四千余人，使以太行山为依托的晋冀豫抗日根据地得到了进一步的巩固和发展。

△ 率八路军总部抵沁县义门。

4月15日 与彭德怀致电贺龙、萧克、关向应、聂荣臻并报毛泽东、滕代远及周恩来、叶剑英：（一）估计晋西北、晋冀察边、晋东南，尤以晋西对于我军今后的发展无论财政经济特别是武装的获得，均有一定的限度。为取得持久抗战的胜利，使部队得到更大更快地发展，同时解决财政经济问题，必须寻求新的可能发展的方向，"需要有适当兵力伸入热察冀地区活动"。（二）根据宋时轮电告，经平绥铁道以北似较困难。我们意见：宋时轮率领预定兵力改走平绥道以东蔚县，从宣化、北平间过到铁道以北，与邓华会合，以宋时轮为第二纵队司令、邓华为政治委员。（三）邓华久滞门头沟西，对北去似表示有困难，与宋时轮会合，建立集体领导亦较适宜。

4月16日 《新华日报》发表安娜·路易斯·斯特朗在离华前写给朱德的信，表示她对八路军和朱德的钦敬之情。

4月19日 抵达第一二九师三八六旅七七二团驻地武乡县合壁村，向在长乐村战斗中负重伤牺牲的第七七二团团长叶成焕的遗体告别。二十日，给第六八九团、第七七二团全体指战员讲话。

4月20日 关于粉碎日军九路围攻及八路军等部署问题，与彭德怀致电蒋介石：甲、敌之九路围攻已完全粉碎（另具简报）。乙、职等遵照前电部署如下：（一）朱（怀冰）师向榆次、寿阳，武（士敏）师向祁县、太谷线活动。（二）刘（伯承）师夺取辽县、和顺后向石家庄、娘子关活动并占领正太路一段。（三）曾万钟军向东阳关、黎城、潞城、长治以东活动，截断公路。（四）一一五师之徐（海东）旅及决死第一纵队向屯留、虒亭活动，并以一部逼近长治围困敌人，五二九旅仍担任截击晋、高、长线公路。丙、已令贺龙师一个旅进占阳曲、关城岭、忻口地带截敌之交通，打击增援部队。另以一部袭扰阳曲。丁、察冀边区之职部一部出击宣化、涿鹿及北平近郊及附近各县。另一部出击天津附近大城、青县。戊、一二九师三千余人的津浦支队，日前已占德州、济南间之黄河涯。以上各兵团具体任务均为打击运动之敌及收复城市。

△ 与彭德怀致电曾万钟、朱怀冰等，告以粉碎日军围攻后东路军部署：（一）敌之大举围攻已基本粉碎，并正在抽调华北军队援救津浦线。东路军应以一切方法抑留敌人，打击与削弱、消灭敌人，收复县城，截断敌之交通。（二）第一二九师及六八九团、曾国华支队，归刘伯承、徐向前、邓小平统一指挥，于二十一日向辽县地域以东前进，以七七一团、六八九团、曾国华支队组成东进纵队，归徐向前指挥，进至平汉铁道以东，沧石路（含）以南地区，发动群众，消灭伪组织，袭扰津浦、平汉线。陈赓旅及辽县、昔阳地域之游击支队，应向平定以东之正太路及石家庄以南之平汉路活动，争取收复昔阳。（三）第三四四旅主力及决死第一纵队（三个团）为中央纵队，归徐海东、黄克诚指挥，以协同曾万钟军、赵寿山师，相机打击长治、黎城、潞城之敌，并以围困袭扰及飞机轰炸求得最后

夺取诸城市为目的，该中央纵队主力应位置于屯留、余吾镇、夏店地域，小部逼近长治城袭扰，诱敌出击，给以歼灭之。（四）曾万钟军为左翼队，在襄垣（含）以东地区，主力位置于上遥一带，确实截断东阳关、黎城、潞城交通，并力求占领该线，吸引敌人出击而歼灭之。（五）第十七师及五二九旅为右翼队，仍执行原任务。（六）朱怀冰仍指挥九十四师及一六九师，向寿阳、榆次、太谷、祁县之线积极活动，并尽可能破坏寿阳、榆次间铁道和占领一段，打击敌人较小增援队。

△ 率八路军总部抵沁源县上寨村。

4月21日 收到毛泽东致朱德、彭德怀电：党中央对张国焘开除党籍的决定及通知不日电告。二十六日，华北军分会致电八路军各部队，表示：军分会一致拥护党中央开除张国焘党籍的决议。指出：张国焘的叛党不是偶然的，此次破坏党的纪律，破坏全国抗日团结的行动，是早有计划的，他现在已经起着与汉奸、托匪同样的破坏抗战的作用。党对于张国焘的错误曾做了艰苦的教育与纠正，但他始终没有改过来，张国焘的叛党是他的机会主义发展到反革命，是党内毒素的排除，党因排除毒素而进步。要求：必须在部队中以至地方党中，开展反对张国焘反革命行为的斗争，并把这一斗争与本身问题联系起来。

△ 收到毛泽东、张闻天、刘少奇致朱德、彭德怀等电：根据抗战以来的经验，在河北、山东平原地区扩大发展和坚持抗日游击战争是可能的。应在河北、山东平原划分若干游击军区，有计划、有系统地去普遍发展游击战争。二十二日，为有计划、有系统地发展平原游击战争，在上寨村电令第一二九师主力及第一一五师三四四旅一部迅速从太行山向冀南、豫北平原及各路沿线展开。

4月22日 与彭德怀致电毛泽东、周恩来转张闻天等：

（一）段部[1]编三团为独立旅，拟归一一五师，七八千人，现准备开边境熟练，每月经费至少八万元。吕部[2]可编为七个充实团，一万七千人，现在天津、北平以南及沧石线地区活动。如徐州被敌攻克或敌受重挫而徐州不克，敌均有转移兵力向华北可能。似此吕部主力在那时必须转入山地，每月经费至少在十六万元至二十万元。刘伯承师在五月底可完成九个团。（二）在华北我军现实有人数十二万以上，内有吕、段两部，党的组织薄弱，特别段部。每月经费至少需九十万至一百万元（买粮在内），现无单衣着棉衣，无鞋子，生活比较苦。但部队扩大，收买武器仍不应停止，而相反应加紧去做。解决财政经济问题，比打土豪时期较困难许多，因战争的破坏，特别敌人大举烧毁及华军[3]抢掠，我军筹捐，民众负担已极重，此问题不能不有预为筹划。（三）乘日军东运，为了牵制敌人及解决自己吃饭、夏衣和将来的回旋地区，八路军部署如下：1. 徐向前率七七一团、六八九团、曾国华支队向石家庄、内丘之线以东、德州、沧石之线地区。2. 陈再道、宋任穷仍在邢台、邯郸以东，大名以北另组一支队，两个连到宁津、乐陵、德平创造游击根据地。3. 刘伯承、邓小平率主力在昔阳、石家庄、高邑、内丘及正太路活动，策应路东。徐海东旅（缺六八九团），指挥决死第一纵队（三个团），在屯留、襄垣向长治活动，建立太行山以南中段工作。4. 抽宋时轮支队一千五百人与邓华支队合组为北进纵队（下设两支队），出热察冀创造雾灵山脉根据地，准备在某种情况下，为吕部回旋区。聂荣臻部

---

[1] 段部，指段海洲领导的青年抗日义勇军团。
[2] 吕部，指以吕正操为司令员的人民自卫军。
[3] 华军，这里指国民党军队。

及贺龙师无大变动。陈光旅在不能解决吃饭问题并在情况许可时，准备夹灵石、赵城、洪洞之线发展。（三）建议确定抽党费比例，陕北党费应自给，并请考虑以后扩军经费办法。国内大城市募捐仍请继续进行。我们的经费困难已达极点，朱德由一二九师回谈，指战员已苦到不能再忍受，每月非有鞋费五角、零用一元不可。

△ 与彭德怀、左权致电林伯渠、叶季壮并报毛泽东等：前方棉衣多不能收集，大批新战士穿空心棉衣，虱子成堆，且多数已烂；一二九师徐海东旅、聂荣臻部及总直前梯队的单衣，前方亦在设法缝制，但至多只能解决一套；领取单衣应按甲、乙、丙三等平均分配：甲、一二九师、徐旅、聂荣臻部、总直前梯队；乙、一二〇师、一一五师直、陈旅；丙、后方部队、学校、总直后梯队。

4月23日 与彭德怀致电北方局军事部长朱瑞等，简报粉碎敌九路围攻情况。具体战斗及其结果为：本月四日，敌各路部队到达进攻出发地，我各路部队已开始了反围攻的战斗。北进之敌于十四日进陷榆社、辽县、芹井镇之线，同时由昔阳南进之敌，到达辽县芹县镇。祁县、太谷之敌被九十四师、一六九师坚决抗阻于盘蛇镇，东、西团城地域。进陷沁源之敌五六百人。我决死第一、第三纵队等围困于沁源城。深入之敌，遭我连日堵截、袭击，不断打击与部分消灭，及民众的清野空舍，致使进入目的地之敌无法立足。尤以十五日武乡以东的战斗，我一二九师及徐海东旅一部给敌严重打击，歼敌一千五百人，将围攻主力苫米地旅团击溃，而成为此次粉碎敌围攻之决定战斗。敌遭此次打击后，纷纷脱逃。我各路亦乘机截击、追击敌人。截止到本日止，敌之大举围攻已完全粉碎。计历时十六天，大小战斗不下数十次，其中如一二九师、三四四旅一部在武乡以东马庄附近之战斗；九十四师、一六九师在东、西团城、盘蛇镇数昼夜抵抗敌军，致使其终未深入；第一、第三抗敌决死纵队在沁源附近之战斗；第八十三师、第四十七师在和川镇及其以西之战斗；八路军第三四四旅及特务团在沁县附近及追击沁县退却敌人之战斗；曾国华支队和汪乃贵支队在松烟镇之战斗；秦赖支队在和顺、昔阳间之战斗；第十七师收复屯留城、第四骑兵师在麻田镇以南之战斗。总计敌之伤亡在四千以上。本日前后，与彭德怀将此简报致电毛泽东、滕代远、周恩来、叶剑英转蒋介石等。八月二十九日，在延安抗大演讲时总结这次反九路围攻的战术说：针对敌人的九路围攻，我们到处实行"清野空舍"，什么东西都拿光，只剩下几间空房子；敌人来了，游击队跟着追。你动一动，我们就打。敌人到处挨打。有些敌人根本没有打进来。有些敌人打进来了，我们又把他们打出去。再加上伏击、尾追，致敌以更大的损失。敌人总喜欢挤在河沟里面，不朝山上跑。我们的手榴弹、机关枪就集中火力向那一个地方猛射。我们在上面守住，敌人一出头就打。"我们的战术也不完全这样。我们是怎样把敌人消灭得多，就是怎样好。后来，敌人不得不撤退。"

△ 与彭德怀致电刘伯承、徐向前、邓小平：（一）敌集结优势兵力打通津浦路后，可能转移主力于华北，此时，我们亦必须及时转入山地，准备与敌作持久周旋。（二）用一切方法与努力将铁道两旁之粮食搬入山地。至少半年以上，购买足够半年吃之西药、通讯器材及布匹棉花。（三）乘敌空虚放手在路东消灭与瓦解伪军及其伪组织，大量收集购买武器、弹药，在统一战线原则下筹一批经费。（四）聂荣臻晋察冀军区由娘子关至门头沟六七百里长之大山，必须分段储存上项军需品，一二九师太行山亦须有计划地储存。（五）山内公路必须

有计划地销毁而不是掘断。运用敌之大烧大杀教育群众。大道两翼之粮物必须有计划地搬开。（六）曾国华支队送聂荣臻晋察冀军区之三万元，仍应约定接送地即时送去。

△ 与彭德怀、左权致电林伯渠[1]、叶季壮[2]：（一）立即用飞机送款二十五万元到沁县投掷，以济眉急，但送来款项必须是中央银行纸钞，不要农民银行纸币。陆空联络符号为白布十字，已派人在沁县等候。（二）经垣曲送晋东之弹药、西药等，应迅速办理，并派得力人护送与交涉船只，何时送出立即告。此间拟派一个团到垣曲接收，约六天行程可达。（三）两月来之《新华日报》、《解放日报》、《群众报》及新出版之各种报章杂志，多收集一批随飞机送来。

4月24日 获悉日军满载军需品的三四百辆汽车经东阳关驶往长治，与彭德怀命令一二〇师及决死第一纵队至河神庙、张店一线相机侧击夺取之。

4月25日 与彭德怀致电刘伯承、徐向前、邓小平：据徐海东、黄克诚本日二十时电称，据报长治之敌已全部撤退，但退却方向未明。除令徐海东旅及曾万钟军、赵寿山师尾击、截击由长治撤退之敌；望即令东阳关附近游击诸部队迅速截击可能东退之敌，并通知第四骑兵师截击东阳关、涉县、武安大道，配合各追击部队，力求消灭退却敌之一部，相机收复涉县、武安。

4月27日 与彭德怀致电刘伯承、徐向前、邓小平、倪志亮，告以：（一）长治、潞城、黎城之敌主力南退，黎城之敌东退，该敌有巩固道清路及新乡南北与封锁黄河之可能。（二）已令徐海东旅向南退之敌追击，曾万钟军主力向东追击，

----

[1] 林伯渠，时任八路军驻西安办事处代表。
[2] 叶季壮，时任中共中央军委总后勤部部长兼政委。

以巩固东阳关，占领涉县、武安为目的。你们应速令骑兵第四师及该方面之游击队积极袭扰，截击涉县、武安之线东退之敌，加紧平汉线之活动，以便收复武、涉两县。

4月30日 与彭德怀致电毛泽东、滕代远等转蒋介石、何应钦等，报告：我东路军粉碎日军九路围攻后，残敌在我猛烈追击下，于二十五日开始南撤。在我徐海东旅及赵寿山师第五二九旅等部截击下，敌伤亡千人以上。截至本日止，侵入晋东、晋东南之敌已全部被我扫荡，失地全部收复。"此系粉碎敌九路围攻后战果的扩张与胜利的继续。"

△ 华北军分会发出关于目前战争形势与我军任务的训令，指出：日军在打通津浦线之后，可能进攻武汉、广州或以主力转向华北，我军必须开辟冀东、察北、热河新的游击区；继续巩固与扩大抗日民族统一战线，帮助友军进步；壮大本身，提高部队战斗力；帮助地方共产党广泛开展群众运动和组织游击队，并使游击队与运动战结合起来。同时，要求加强我军本身的政治教育和健全党的生活。

4月下旬 晋冀豫军区成立（对外称第一二九师后方司令部），倪志亮任司令员，黄镇任政治委员，下辖五个军分区。

5月2日 与彭德怀致电毛泽东、滕代远转卫立煌，报告东路军在粉碎日军的九路围攻后，为配合南路军歼灭晋南敌人所作的作战部署：国民党军朱怀冰师，八路军陈赓旅、周建屏旅破击正太路，该三部正在积极活动中，唯沿该线敌已构筑坚固堡垒，颇费周折；徐向前率一部已向德州南北地区出动，策应东进纵队及津浦支队，在津浦北段配合五战区作战；晋察冀区聂荣臻部除一部向石家庄、保定线行动外，主力已出涞水、涿州、房山之线，昨占涞水、涿州；贺龙师一旅在阳曲以北、雁门以南，破击同蒲路，另一旅在雁门以北配合国民党傅作义军破击平绥路，已向大同取包围之势；另已命曾万钟军及第十七师追向晋东南撤退之敌。

△ 与彭德怀致电蒋介石：我东路军自粉碎九路围攻后，残敌遭我猛烈尾击，狼狈南逃。我军直迫长治、潞城、黎城城下，敌势颇衰，于二十五日继续南窜又被我林彪师徐海东旅、赵寿山师五二九旅等部截击，敌死伤千人以上，我缴获甚多。侵入晋东南之敌已全部被我扫荡，失地被我全部收复。战况如下：（一）二十六日晨，长治敌一〇八团约八千人开始突围南窜，遭我林师徐旅、十七师五二九旅、决死一纵队等部猛烈追击堵截，伤亡极重，尤以二十八日林师徐旅在高店、长治间之张度岭战斗为烈，截敌三千余，汽、马车数百辆，激战竟日，敌在我白刃拼搏下死伤六七百人，我缴获轻重机枪三挺、炮一门、军用品甚多，残敌狼狈南窜。二十七日，决死一纵队收复长治。赵师、杨旅在高店北之箭滞村附近截敌步骑炮约千人，激战终夜，敌伤亡惨重，高平为我收复。（二）二十五日，曾万钟军收复潞城，二十七日占黎城东阳关，二十九日占涉县，敌向东退，我正向武安、邯郸追中。（三）二十一日，翼城被我八十三师及决死一纵队各一部收复。这是粉碎日军九路围攻后，战果的扩张与胜利的继续。

△ 收到杨立三致毛泽东、朱德、彭德怀、左权、滕代远电：我今日到洛川。西安送刘伯承师、徐海东旅弹药全到，并到大刀二千、刺刀一千二百八十及交通、卫生等材料，以上共需驴四百匹。我建议：这批物品由汽车北运取道平渡关或永和关过河，较为迅速、安全。如何？希前总立即回电来洛川。

5月4日 与彭德怀、左权电告滕代远等，请尽快布置好八路军第一一五师的兵站线，以便保证部队的后勤供应。

5月5日 收到毛泽东、滕代远致朱德、彭德怀、左权、陈光、罗荣桓并告杨立三电：据立三在洛川调查报告，由洛川至宜川计五日行程，途中有土匪扰乱。决定改运输线经延安、延川、永和关前送，只需三天，容易解决。望陈、罗兵站向永和关衔接，以免延误时间。

5月6日 与彭德怀致电王明、周恩来等："据蒋电，敌在徐州战线已使用毒气。敌对我军作战亦将有使用毒气之可能，请注意购制、特别是捐募大批防毒、消毒用品，如强心剂水及针等多收集一些。"

5月7日 与彭德怀致电王明、周恩来、叶剑英抄转蒋介石等，报告：为抑留华北敌军，配合津浦线作战，八路军主力曾于上月二十九日晚分向平绥路之南口至怀来间，平汉路之涞水、涿州、门头沟、宛平、琉璃河、永乐、定州、保定各点与平津间各车站发起总攻，列举了自上月二十九日至本月五日八路军各部的作战情况，敌人屠杀群众情况，群众奋起反抗的情况以及北平伪组织和汉奸的情况。

5月8日 与彭德怀、左权致电林伯渠、伍云甫[1]，告以：国民党当局通知补给八路军的弹药数目及发出的时间。并询问：他们"是否按上数领及共领有弹药多少，请即告"。

5月9日 与彭德怀致电聂荣臻、刘伯承等：敌夺取徐州后，华北形势将更加困难。以前派出之东进部队应向沧州、德州一线积极动作，以配合津浦北段作战。

△ 与彭德怀致电各师、军区，告以：敌近在芜湖、昌黎等处放毒，并贩有毒食盐、刀牌纸烟，各军民中毒即送就近外国医院诊治，并请觅记毒物名。对各种食物应统制检验，以防意外。

---

[1] 伍云甫，时任八路军驻西安办事处主任。

5月12日 与彭德怀致电刘伯承、徐向前、邓小平，指出：（一）对平汉路以东的一切伪组织及封建性的群众组织，均应以抗日为中心进行艰苦的争取与瓦解工作。企图以简单方式及单纯打击的办法，反而会促使他们内部团结进行反抗，增加我们的困难和给敌人以便利。一切危害我们行动的伪组织，应采取充分的政治方法使之孤立、分化，最后消灭之。（二）在游击队动作方面，基本上应避免攻击，对有特别攻击意义非攻不可的，事先应充分的准备并要有相当的把握。此次攻威县，我们认为在政治上没有足够认识抗日为中心，以致单纯的军事行动，缺乏对伪组织一切政治争取瓦解工作。在目前军事战略意义上，威县亦无多大意义，在战术上事先缺乏充分的侦察及布置，在攻击无把握时，又不机动地撤退，以致受到不应有的损失。（三）南宫附近之六离会，在民族危急这样严重时，杀害抗日军人，显系汉奸组织无疑。但必须联络检查地方党及我们军队在该区的统一战线工作，对该区伪组织内，应根据上述原则进行争取、分化、孤立其领袖的工作，并须自己以抗日行动与广泛的统一战线影响之，决非简单镇压的办法，军事行动尤不应离开抗日及配合津浦作战的中心。（四）六八九团经长乐村及五月十日的威县战斗损失及大，应即休整，力求补充，并须详细检查其战术动作，以教育全体。

△ 与彭德怀复周恩来十日询问可否由徐向前率部东出津浦，加强陈再道支队电，告以：徐向前率三个团已过路东与陈再道、宋任穷纵队会合，准备继续向南活动。

5月13日 与彭德怀致电贺龙、萧克、关向应并报刘少奇、毛泽东、张闻天：（一）在山西抗战不断胜利、敌大部转移津浦路作战的情况下，阎锡山欲控制恢复区之政权，这是意料之中事。请根据东路军将领会议报告灵活运用。（二）强调敌人正在进攻津浦,得手与否均有转移兵力来华北可能。我们除积极配合作战外,应加紧巩固团结,发动民众建立巩固的抗日根据地。这是从积极方面去转变或减少对内争夺那些军阀割据、偏安一时的心理。要强调团结,公开在群众中造成反对破坏抗日民族统一战线的舆论,揭破挑拨离间者之阴谋,肃清汉奸。

△ 与彭德怀、左权致电周恩来、叶剑英,告以:河南境内已有霍乱病流行,为各作战部队防疫起见,经饬军医署,另购浓敛式单纯霍乱疫苗,各部按现有人数计算向该署领取,请周恩来用朱德、彭德怀名义按本军呈蒋介石、何应钦现有人数十万三千人计算直向领取。

△ 与彭德怀、左权致电林伯渠、叶季壮:卫立煌来电告知,配发给八路军三个师的卫生材料四十五种,须到渑池兵站十四分监部领取,望即赴渑池领取。领取与否及起运时间,望先电告。

△ 与彭德怀致电徐向前转陈再道、宋任穷并刘少奇、邓小平及毛泽东、滕代远:告以对收编冀南游杂武装段海洲"青年抗日义勇军团"的处理意见:应在适当地区;以联欢等办法以帮助其进步;帮助办训练班,讲抗日统一战线及军事问题;经常向段介绍我军制度,在其同意和自愿条件下,渐次改善其制度;是否用八路军名义改编,必须在段自愿原则下进行之。对薪饷制度,亦必须确定解决办法,否则我军亦无法接受;李聚奎去当政委,我们觉得太早,改编名义不宜过快。二十四日,与彭德怀致电徐向前、邓小平、宋任穷并报毛泽东,提出对段海洲部整理意见:(一)必须采取艰苦耐心长期争取的总方针,万万不宜操之过急。(二)集中力量帮助该部多办训练班,轮番训练班、排、连长,提高其原有班、排、连级干部政治水平。对于营以上干部,采取会议方式进行教育,使之逐渐

进步。(三) 原则上应从该部本身逐渐引进干部，对新干部此点万分重要。从我方多派干部进去不适宜，事实上亦感困难。(四) 必要时曾国华支队可靠近该部行动，并归段海洲、李聚奎指挥，以模范作用去影响之。(五) 同意到陈光旅调若干工作人员去段部，惟陈旅部队暂不能抽调。(六) 段部现亦不宜来太行山，因财政与吃饭问题均不能解决。二十五日，与彭德怀致电陈光、罗瑞卿并报毛泽东、滕代远：同意你们收编段海洲部，编成三个团，准备将来成为一一五师之一个旅。现拟派李聚奎前去任副司令，在一二九师抽五六个营级干部前往工作，邓小平亦去帮助。由三四三旅抽六个营、团两级干部去段部任政治处主任、营教导员等工作，并须注意适当人选。

5月14日 与彭德怀、任弼时、傅钟致电贺龙、关向应、萧克、宋时轮、聂荣臻转邓华：宋时轮支队和邓华支队在平绥铁路（北）平、张（家口）段南北会合后，组成第四纵队，宋任司令员，邓任政委，指挥七、八两支队，原邓华支队改为第七支队，原宋支队改为第八支队[1]。为着联络与行动之密切配合，该纵队暂受聂荣臻司令员指挥。该纵队任务：进据冀东、热南、察东北创造抗日根据地，用一切努力争取伪军反正与瓦解，扩大本身及与辽热一带义勇军呼应，配合行动，以至联络传达党的统一战线政策及配合津浦、平汉各路作战。为顺利完成上述任务，首先应以怀柔、密云、平谷、三河、顺义为中心，发动和组织群众，向平绥路和北宁路发展。二十七日，与彭德怀、傅钟致电宋时轮、聂荣臻等：第四纵队以七人组成党的纵队委员会，我们指定宋时轮、伍晋南（纵队政治部主

---

[1] 1938年5月17日，朱德、彭德怀致电聂荣臻并转宋时轮、邓华，第四纵队所辖支队改为第十一、第十二支队。

任)、邓华为常委,邓华任书记,余由党代会或积极分子会选举之。纵委与地方党暂时发生兄弟关系,待了解情况后由中央及军委会解决之。军队指挥以首长制。

△ 与彭德怀致电八路军驻西安、武汉办事处及延安总部:(一)八路军平汉路东纵队一部十一日拂晓进攻威县,守敌依城顽抗,我奋勇攀城而入与敌巷战,后敌援兵赶到,我即退出该城,此役计夺获取轻重机枪各一挺,步枪十余支,我伤亡三百余左右,敌伤亡尤甚。(二)十日午,邢台敌三百余,汽车三十余辆进犯任县,被我击退。七日午,在邢台北之白塔与敌一列火车遭遇,我以炸弹数颗投入车厢,敌有死伤,车逃去。我破坏铁路二里许,毁电线杆二十余根。(三)十二日晚,三四三旅一部袭击同蒲路灵石、介休间之义堂、西渡镇,当即占领义堂镇,该地四座铁桥全被我炸毁。

△ 收到毛泽东致朱德、彭德怀、贺龙、萧克、关向应电,指出:"在平绥路以北沿大青山脉建立游击根据地甚关重要,请你们迅即考虑此事。"

△ 收到毛泽东、张闻天、刘少奇致贺龙、萧克、关向应、甘泗淇并朱德、彭德怀、杨尚昆及各师首长电:最近,阎锡山所属之旧派在晋西北、晋东南均极力向八路军及新兴抗日势力进攻。为了改善统一战线,改善我们与阎锡山的关系,并继续发展抗日力量起见,请朱、彭及贺、萧、关在集合更多、更大、更忍无可忍的材料之后,用适当的措词公开致电,抗议对方各种破坏八路军的谣言,电文印送各关系方面及地方,并请阎加以制止。

5月17日 与彭德怀致电毛泽东、滕代远、周恩来等:(一)十六日晨,三四三旅六八六团在南偏城击汾阳西开敌汽车四十余辆,步兵二百余,激战两小时,敌全部被击溃,获汽车五辆（当即焚毁），步枪五十余支，手枪一支，粮秣、军用品、文件甚多。十时后，与由杨家庄、汾阳增援之敌三百余战斗，毙敌一百余，我伤亡二十余人。（二）敌约两千人，大部系李守信部伪军，向友军三十五军及骑二军进攻。现三十五军退至清水河，骑二军退清水河、平鲁间，凉城、和林均被敌占领。（三）十三日，聂荣臻部赵侗支队攻克昌平城，缴步枪一百五十支，子弹十余箱，战马五十余匹，释放囚犯一百余。另一部攻占昌平之荣坊镇，缴枪二十余支，宪兵二十余反正。（四）九日，从冀东开来保安队五十四人及十三日永清城保安二大队一百四十余人，均携枪反正，现已抵霸县。

5月18日 与彭德怀致电周恩来、叶剑英转康泽[1]，就别动队第四纵队队长侯如墉向康泽报告称八路军桂干生支队与该部发生磨擦问题，告以刘伯承十七日电：（一）桂干生与侯如墉部并无冲突，八路军与侯部关系，曾经联席会议解决。（二）侯部现有一、二、三、四、七、八等六个团，除第一团以外，其他五个团都不抗日，有的与汉奸有勾结，有的本来就是路东的联庄会，被日军委任过。该纵队纪律极坏，在他们控制地区不许抗日，并经常派人暗杀我干部，原平、定县县长及八路军游击大队长高大成就被他们谋害。

5月19日 徐州沦陷。徐州会战基本结束。

5月20日 就贺龙、萧克、关向应转王震，指出：第三五九旅进至恒山地区应县、浑源、阳原及蔚县境，其任务是相机袭扰同蒲及平绥路；争取用一切方法瓦解伪军，争取反正；以各种方法扩大武装；发动与组织群众，与同蒲路西及与冀察晋联系；对部队本身争取时间加紧各种训练；按照本部前筹粮指

---

[1] 康泽，时任国民政府军委会别动队总队长。

示储粮食于山地偏僻处；筹一批经费，但筹粮款，必须充分经过统一战线工作与充分动员，必须自乐捐助及放在剥削者肩上。

△ 收到毛泽东致朱德、彭德怀，刘伯承、徐向前、邓小平并告王明、周恩来、叶剑英电，指出：徐州失守后，河南将很快落入敌手，武汉危急。彼时蒋介石将同意我军南进，在豫、皖、苏、鲁四省深入敌后活动，第一二九师、第一一五师将作整个新的部署。未到适当时机，不应向蒋等提出，只是自己预作准备。并告山东方面已发展广大游击战争，已派张经武、郭洪涛[1]率党政军干部五六十人及两个电台去。

5月21日 与彭德怀、傅钟致电八路军各部，指示：由于敌人对我经济封锁与军事破坏，加以中央政府对我军之限制，我军经费弹药均异常困难。解决困难的方针是：发展生产，有计划的经营和统制公私贸易；在改善贫苦人民生活的原则下，整理税收、田赋；加强敌占区的工作，争取运入根据地缺乏的物质；通过政权和民众团体，开展自愿献金、献粮；有计划的建设军事工业；成立华北总财政经济委员会。

△ 收到毛泽东、谭政致朱德、彭德怀、傅钟电：八路军总部后梯队政治部因当前交通阻隔，他们闲着无事，已与军委政治部合并，只留李基及其科员文书收发等七人在此工作，其他已送抗大学习，两班武装及杂务人员和牲口亦已编散。军委政治部工作日渐开展，组织亟待充实。方强及李基无法调来前方，所缺干部请另设法解决。

---

[1] 张经武，抗日战争初期曾任八路军驻武汉办事处高级参谋，后到山东参加组织和领导抗日武装斗争。1938年12月，任八路军山东纵队司令员。郭洪涛，曾任八路军留守兵团绥德警备区司令部政治委员兼中共绥德地委书记，后到山东开展抗日游击战争，1938年5月任中共山东省委书记。

5月22日 毛泽东、朱德、王明、周恩来、张闻天、博古、项英、陈云致电美国纽约《工人日报》转美国共产党中央委员会主席福斯特、总书记白劳德：我们谨代表中国共产党中央及全党党员，向美国工人阶级的先锋，努力保卫美国和平、进步及民主的先锋致敬，并感谢贵党及美国人民对中国民族解放战争的帮助和同情。六月八日，该电在《新华日报》上发表。

5月23日 率八路军总部由上寨移沁县南底水村。住在一位老百姓家里的一间又简陋又阴暗的房子里。后勤和警卫人员考虑到朱德看文件、写材料、批阅文件和召开会议不太方便，想请挑一间宽敞亮堂的好房子，朱德立即制止，并严肃地说：这房子就好嘛！你们看，这家老乡有老人，有小孩，还有个媳妇快生孩子了，住房并不宽裕。我们住了这间房子，比当年过雪山草地时睡在野外就好多了。咱们部队对老乡不能要这要那，要时刻想着为人民谋福利。

5月25日 与彭德怀致电八路军各部，指出：某部所率之营、排、班分散工作，脱离自上而下的统战原则，直接到下层筹粮派款，发生贪污逃跑；令加速集中训练，执行统一战线政策，不应采取过去打土豪的工作方式。

5月26日 与彭德怀致电周恩来转蒋介石、何应钦、林森、孔祥熙并报毛泽东、滕代远，呈报抗战有功的八路军将校名单及其功绩简报。

△ 与彭德怀致电刘伯承，同意一二九师三八六旅旅长陈赓率四个营过路东，政委王新亭率六个营在路西，配置于孟县、温县、博爱地域，并注意牵制敌渡河之增兵。

△ 收到毛泽东致朱德、彭德怀、傅钟并各师首长电：徐州失守后，判断敌将以进攻武汉为作战计划之中心。我们的口号是保卫武汉，保卫广州，保卫华北，坚持华北游击战争。华

北游击战争还是广泛开展的有利时机,目前应加重注意山东、热河及大青山脉。

5月30日 关于开展平汉路以东工作问题,与彭德怀发出指示:依目前形势,在直、鲁展开工作,猛烈发展我们的力量,已成为路东党和军队的重大任务。路东部队应配合地方党尽量扩大发展游击战争,尽量组织广大民众提高情绪,走上武装抗日斗争。强调在敌后恢复政权,一般仍用旧形式,但为加强与增高行政效率,适合抗战需要,应在县、区、村设立行政会议,由各民众团体选代表参加,在民主集中原则下讨论和决定工作。县长应由民选当地抗日积极分子担任,但仍加委。经过我们工作活动,把地方进步分子尽量吸收到政权中工作。在政权恢复区域,刷新教育,恢复学校。还强调应选择当地进步分子培养成为民众团体和政权机关工作的工作人才;注意发展地方党,建立党各级组织,特别新成立抗日武装中要建立党的组织;要确实依照去年十二月政治局会议及德怀同志关于该决议的报告和结论,按具体情况运用执行。

5月31日 八路军总部发出关于训练干部和加强部队政治工作的训令,指出:由于最近我军组织上的壮大和工作地区的扩大,训练干部、加强政治思想工作和党员布尔什维克意识的锻炼,已成当前部队工作的中心一环。新的部队、地方游击队、地方行政人员等等干部,各部必须努力自己补给。训令强调要加强全体党员为党工作,执行党的路线的观念。要求各级首长和政治机关要经常依照党的路线严格检查自己部队及各部门的工作,哪怕是只有微弱表现的脱离党的路线的倾向,也应及时给以纠正与教育,这样来把党的路线和为党工作的观念深入到党员中去。

△ 与彭德怀致电宋时轮、邓华等:(一)第四纵队通过

平绥线后，目前以创造冀热边区根据地为基本任务，应广泛地开展统一战线工作，特别伪军的争取工作亦十分重要。（二）消灭有把握消灭的敌人，一般应避免攻坚，对无妨碍的敌人，亦不必过多寻求战斗。（三）干部主要靠自己培养。总部教导队毕业后，可送一批连级干部。

春 朱德给家乡仪陇县马鞍场绅士、同学宁相齐等写信，希望他们能组织一个担架队上前线，支援八路军抗战。此信到后，马鞍场人颇为兴奋，青年人踊跃报名参加，不到半个月报名者即达二千多人。后经选择决定去一千人，并派人到成都募集路费。消息被《中央日报》公布。当时国民党当局已在限制八路军的发展，四川省政府令仪陇县政府制止。

6月1日 致电蒋介石、程潜、阎锡山、卫立煌：据职部驻陕办事处主任伍云甫急电称，邑县保安队在五月二十三日枪杀八路军残废院采购员后，又于二十五日扣留该院前去交涉的两名代表，残废院同志大为愤激，前去县政府要求释放代表，竟被保安队当场枪杀一人，重伤九人。八路军驻该县的独立团闻讯前去救援，又遭到保安队有计划地进攻，现保安队仍继续向我进攻，并仍在抽调增援，有意扩大事态，这种行为与抗战宗旨大相违背。强调：查此种不幸事件的发生，显系保安队有计划之行动，无理挑衅，应及早解决。表示：除本团结精神，电饬职部容忍听命解决外，谨此电恳迅速予以制止。

△ 与彭德怀致电刘伯承：目前太行山脉南端工作必须加紧，我们意见你们司令部、政治部移至涉县、东阳关地域。

6月2日 在沁县西林村对山西青年抗敌决死队游击干部训练队讲话，指出：坚持华北抗战，广泛地开展游击战争，要有大量的游击队。游击队的存在和发展，需要得到广大群众的支持与拥护。这就要求游击队有良好的纪律。纪律是游击队的生命。以后，朱德曾多次到该训练队讲话。

6月4日 与彭德怀、朱瑞[1]、傅钟等在沁县古城参加中共冀豫晋省委扩大会议。会议根据粉碎日军九路围攻后的新形势，研究如何进一步坚持与巩固根据地，如何使党的工作适应新形势的问题。

△ 与彭德怀致电陈光、罗荣桓等，命令：由隰县至兑九峪公路，由陈、罗负责彻底毁坏。程子华部应彻底毁坏离石、交城公路。这一毁路工作，应当做战斗任务，保障吕梁山脉工作之开展，必须破坏可能供敌之交通要道。

△ 与彭德怀致电第二战区：据称，杨玉昆部（汉奸武装），于五月间进入河北枣强县城，将该县保安队强令收编，自称救国军中央直属第三路第二旅旅长。查该逆前曾亲到天津与日寇接洽，据伪《新北平报》、《新天津时报》载，杨玉昆任伪冀州自治军军长，并劫夺国军电台。残杀国军官兵二十七人。又该逆叔父杨维高现任伪河北十九县联防自治主任，本人驻津，信使往来不断。据此判断，杨玉昆系叛国附逆，当即派部队将该逆全部消灭。并查获部分文件。

△ 收到王明、周恩来、博古、叶剑英致毛泽东、张闻天、朱德、彭德怀电，鉴于八路军在敌后的迅猛发展，称拟向蒋介石要求再增编三个师，计为六个师。

△ 与彭德怀致电卫立煌：汇往钧部之第十八集团军七月份经费六十三万八千五百八十三元伍角，已令军需处处长叶季壮亲到垣曲钧部领取，以便送往一一五师、一二〇师及聂荣臻所部，供六七两月之经费。

6月8日 与彭德怀、任弼时、傅钟发出训令：确定七月

---

[1] 朱瑞，时任中共中央北方局委员兼军委书记。

一日至七日为纪念周,拟举行盛大之宣传纪念,以检阅我军抗战一年来之军事政治等工作成绩和经验教训,扩大宣传党的民族统一战线政策和八路军及友军抗战胜利的事迹,以提高军民的胜利信心和推动部队各项工作。规定工作检查以下几个方面:(一)军事战术方面的学习与进步情形;实战指挥的优劣点;何部伤亡少而胜利大;何部能经常袭灭敌人而自己未遭敌人袭击;对敌人战术研究情形;对敌技术兵种之战斗方法与认识;我军传统的优良战斗作风是否有继续发展与新的创造;夜战;侦察警戒;通讯联络。(二)作战的英勇战例与各部之伤亡、缴获统计。(三)军事教育方面的教育科目、进度及结果;是否不间断地进行教育;是否联系实战经验作教育;教育方法,干部教育能力是否提高;干部教育情形;杂务人员教育情形。(四)各种制度建立情形(供给、卫生、管理内务等)。(五)政治工作检查。训令要求在部队中对干部战士专门进行一周的共产党抗日统一战线的主张与争取持久抗战及抗战经验教训的教育,同时要开展召开纪念大会、举行阵亡将士追悼大会、慰问负伤将士和阵亡将士家属,优待抗日军人家属,组织胜利品展览会,演剧,出版报纸与纪念刊物,召开各种座谈会等活动。十五日,与彭德怀致电八路军各部首长,对纪念抗战一周年作出补充指示:在七七纪念周中,除照前电训令规定工作执行外,并拟在该周中向平汉、平绥、同蒲、正太等线之敌作大规模之军事进攻与破坏,特别是平津与大同、保定、卢沟桥等处能夺取几个城镇,最好能夺回卢沟桥,打一两个较大的胜仗,争取几部分伪军哗变,以振奋全国军民,配合保卫武汉,扩大八路军的影响。

△ 与彭德怀致电刘伯承、邓小平,告以:朱瑞拟定的晋冀豫军区地方武装编制计划及一二九师扩大为九个团的计划,你们意见如何及怎样完成计划,均望即告。

6月10日 与彭德怀致电毛泽东,根据贺龙、萧克、关向应六月七日来电请示将在大青山建立根据地的意见,提出:大青山、青龙山地区建立根据地,为将来得到某种补充很重要,惟该地带甚寒冷。我们意见组织骑兵前往为宜。如同意,请将陕北骑兵抽出与一二〇师骑兵营合编支队前往,如陕北骑兵团不能抽出时,再由前方另设法。如因某种关系,在大青山脉非去兵不可,再由一二〇师另派为宜。另告以:宋时轮支队已到昌平以北,在热察冀边建立根据地,袭(北)平、张(家口)段铁路及承(德)、张(家口)公路,阻敌深入西北有重要意义,发动冀东、热河,争取民团、伪军及收缴武装较有希望。十一日,毛泽东复电朱德、彭德怀,贺龙、萧克、关向应,指出:大青山脉的重要性如来电所述,该地应派何种部队、何人指挥及如何作法,由你们依据情况处理之。惟开始建立根据地时,敌人知其意义重要,必多方破坏,故部队须选精干者,领导人须政治军事皆能对付,且能机警耐苦,而有决心在该地建立根据地者。陕北骑兵团现控制河套蒙古广大区域,在定(边)盐(池)以北五百里之杭锦旗一带,配合蒙民抗御敌军南下,故不能调动。十二日,朱德与彭德怀致电贺龙、萧克、关向应并报毛泽东:军委意见在大青山脉建立根据地,经过我们详细考虑,请坚决派李井泉率一个建制团去;本日午前电你们派一个营附骑兵作废;请毛泽东速抽一批做蒙古工作的干部随往。

6月11日 与彭德怀、左权致电刘伯承等,指出:对于一切土匪、民团及动摇于抗日降日间的复杂武装,我们均应做艰苦的统一战线工作,争取其进步,争取其分化,以致订抗日联盟;争取其中立,用各种方法争取群众,孤立不进步的首领,以仁至义尽的态度,使其下层了解上层分化,避免专以武力征讨的办法。专用武力反而促成一切复杂武装团结对付我们，甚至被日军利用与我军为仇。只有公开成为伪军或直接危害我军时，才采取武力消灭的办法。

△ 与彭德怀致电陈光、罗荣桓等：（一）吕梁山脉之游击队黄骅[1]部，改为一一五师游击第一大队（等于团），其他较小之游击队改为中队（等于营），中队以下为分队（等于连），分队以下为小队（等于排）。（二）以后黄骅之行动和取得的胜利，均以一一五师第一大队名义向阎锡山报告和向友军、政府、民众团体通报，使之在斗争中以合法地位存在，并在群众中建立威信。关于游击队编制，实质上支队等于三团制的师，故不宜随便用支队名义引人注意。

6月12日 与彭德怀、任弼时、傅钟致电八路军各部：军分会决定在七月份成立产业工人教导队，各部须用一切办法征集真正产业工人进步分子，于七月十五日前送来总部。各部亦须定出计划，开办同此性质的教导队，师政治部专门训练工人干部一个队。

6月15日 与彭德怀发布通告：一一五师三四三旅旅长并晋察冀边区第四支队长周建屏，去冬今春率部不断袭击正太路之敌，饱受饥寒，致疾逝世。请前后方在七七纪念中，进行追悼。

△ 收到毛泽东致朱德、彭德怀，周恩来电：目前为配合中央军作战，为缩小华北敌之占领地，为创造并巩固华北根据地，都有大举袭敌之必要。具体作战须全依敌我当前实际条件而定。

△ 与彭德怀致电贺龙、萧克、关向应：（一）向大青山出动部队须迅速完成下列准备：部队休整和干部配备；进行部

---

[1] 黄骅，时任中共晋西南区委军事部长。

队动员，但须注意保守秘密；准备若干地方工作干部，特别是蒙古干部；准备一个或两个电台（日内可由延安补充你们二五瓦手摇机一台），配备较好之报务员、机务员；编订密本，带一个通用密本，准备于本月二十日后出动。（二）该部行动计划：暂定第一步（以一个月左右时间）以青山主峰东端为根据，向保宁区附近及其以北、以西地区活动，发动群众，加紧对大青山及内蒙古各种情况之侦察；第二步拟继续向西转移到归绥、包头线以北，背靠大青山，向归绥、包头及其中间地区活动，时间按情况发展再定。

6月18日 与彭德怀致电中央军委，报告：以三四三旅六八五团团长李天佑升任三四三旅副旅长，杨勇升任六八五团团长，黄永胜任晋察冀边区第四支队队长。

6月19日 收到毛泽东、滕代远致朱德、彭德怀并各师、聂军区电：各兵团各支队的行动位置，每半月应电告一次，以便了解前方行动。

6月20日 与彭德怀、任弼时、傅钟致电八路军各师：为纪念建党十七周年及抗战一周年，各师在七月一日成立工兵营，旅、团成立工兵连，独立营成立工兵排。应以产业工人及手工业成分组编，加紧政治、文化、军事及工兵技术的训练，一面作为破坏交通及筑建工事，架设桥梁用，一面即是工人训练队。应多训练多做工，少打仗。

△ 与彭德怀致电中共中央，报告：一二九师七六九团团长陈锡联作战负伤，以副团长孔庆德代之；七七二团团长叶成焕阵亡，拟以副团长易良品代任。

6月21日 与彭德怀致电徐向前等：日寇仍能自由通车，河北似未重视破坏铁道、公路和拆城工作。你们应即刻发动群众配合部队，不间断地破坏铁道与公路，要视此项工作与杀敌工作同等重要。

△ 与彭德怀致电阎锡山、卫立煌、何应钦等，告以刘伯承、徐向前来电所述日军最近在华北投放各种毒品和利用一心会、六离会、新民会等反动或敌对组织宣传迷信，毒害群众的情况。建议"请通令吾军严防日寇用各种毒药灭我种族事"。还提出要加紧政治工作，在部队和群众中揭破其毒害政策；举行毒品展览，严禁吸食；向全世界人士公布毒品进攻的罪行等几项具体对策。

6月23日 与彭德怀致电一二九师首长刘伯承等：在纪念抗战一周年的战斗行动中，聂荣臻军区拟于七八日在平汉、正太线大肆动作。一二九师应在正太路娘子关以西、平汉路邢台以南动作。威县地域部队向南或向西之新乡动作。津浦支队自定适当时间，尽可能在四日至六日实现。

6月28日 与彭德怀、左权、傅钟向所属各部通报八路军战绩：自一九三七年九月二十日至一九三八年六月二十日，八路军共进行大小战斗六百三十八次，毙伤日伪三万四千七百三十四人，俘日军二百五十四人、伪军一千九百八十八人。伪军反正三千三百人。毙敌马一千三百匹。缴获马、步枪六千四百九十支，轻、重机枪二百四十九挺。缴获无线电台、望远镜、电话机、脚踏车、军毯以及子弹等大量军用品。炸毁大小铁桥八十六次、大小桥梁九十五座，破坏铁道总共二百零五公里。炸毁敌火车三十列、装甲车三十八辆、坦克十辆、飞机二十二架。炸毁井陉煤矿全部机器，砍断电杆三千零八十七根，收回电线一万八千九百七十斤。二十九日，又通报各部队：一年来八路军共伤亡二万五千九百八十六人，其中伤一万七千三百六十六名，阵亡八千六百二十名。

6月29日 复徐兴蔚[1]信："顷接托转令兄徐彦刚先生信，不胜悲感之至。彦刚同志不幸于民国二十三年在湖南牺牲，此不仅为本党一重大损失，亦为中国革命之重大损失。彦刚同志虽不幸中途牺牲，但精神不死，在中国革命史上已留下光荣一页矣。"

6月 收到毛泽东、滕代远致朱德、彭德怀、左权并各师及新四军电：为统一前后方部队基本教练并适合于友军起见，抗大拟改为采用国民革命军出版之步兵操典中之制式教练部分，至于战术部分仍保存我们的特点。

7月1日 在《解放》周刊第四十三、四十四期合刊上发表文章《八路军抗战一周年》，指出，八路军抗战一年来的成绩主要表现在：（一）在不断的粉碎和击溃敌人的进攻与围攻中，已经建立起许多的战略支点（如晋西北、晋绥边、晋东北，冀察晋边、晋东南、冀鲁豫边等），八路军依据这些支点向前发展，东面已跨过平汉线，东北面已达到北平附近的门头沟、昌平、丰台等地，北面已靠近平绥路，深入到敌军的深远后方与交通枢纽。（二）太原失守后，八路军以自己的模范作用，支持山西战局。（三）在战略上和战役上协同与配合了友军。（四）把过去战略战术的特长及政治工作的优良传统加以发挥，具体地灵活地运用到抗日战争中来。文章批评了唯武器论，并指出："战争越是持久，则敌人的消耗将愈是增大，集聚无数次的战役和战斗的歼灭战，达到战略消耗的目的，扩大敌人的战略消耗，以转变敌我优劣形势，然后，从战略防御的地位转到战略反攻的地位。"文章分析了游击战争的重要意义："广泛的发展游击

---

[1] 徐兴蔚，徐彦刚之兄。徐彦刚曾任红三军军长、红一军团参谋长，1935年8月牺牲。复信所说牺牲时间有误。

战争，经过普遍的游击战配合运动战，在战争中消灭敌人以逐渐消耗敌人力量，在客观条件不可能大量地歼灭敌人情形下，求得不间断的消耗敌人，取得无数次的小的战斗的胜利，所谓集小胜而成大胜，是有重要意义的。""因此，坚持华北的游击战争，努力创造和扩大抗日根据地，是整个战略问题中的主要任务。"文章还总结了八路军抗战一年来的经验教训：（一）要战胜强大的日本帝国主义没有全民族进一步的团结是不可能的。一切挑拨离间、造谣中伤及磨擦和削弱抗战力量的行为，其结果都帮助了日本帝国主义。（二）要战胜日本帝国主义，不但依靠于政治上的进步，而且还需要依靠于军事上的进步。政治和军事的进步，两者间又有相互的联结作用。只有政治上的不断改进，军事的进展才有根据。（三）发动人民协同军队作战，是战胜敌人的主要条件。（四）在敌人后方及其侧翼建立许多的支点和根据地，应当成为战略指导中重要方针之一。

7月2日 抵山西省沁水县，住东古堆村。在端氏庙召开八路军第三四四旅营以上干部会议，结合该旅抗日战绩，宣讲毛泽东《论持久战》，详细分析国内外形势，结合粉碎日军对晋东南抗日根据地反"九路围攻"的典型战例，指出该旅在战术上不灵活的缺点，强调要贯彻执行以游击战为主的方针。这次会议使该旅全体指战员加深了对"基本的是游击战，但不放松有利条件下的运动战"的战略方针和持久战的理解。

7月3日 与彭德怀致电毛泽东、滕代远、周恩来、叶剑英：（一）为保卫西北，巩固华北山地根据地，配合华中友军保卫武汉，准备于八月中旬集中十个团以上兵力，首先消灭正太路沿线敌人，彻底破坏路基，调动敌人增援，求得较大运动战消灭敌人，继续提高我军声威。完成此任务后，出击平绥路。（二）请滕代远令炮兵团派炮兵一个营、炮六门，并炮弹千发，于七月底到达沁县总部。延安现存黄色炸药亦请全数运送沁县。（三）彭德怀拟于日内到吕梁山巡视，与阎锡山见面后到延安报告华北情形，再转晋西北经冀察晋区，八月中旬到正太路参加作战。"毛（泽东）意如何望复。"（四）本军冬棉衣需缝十五万套。请周恩来估计可否领六万套，请滕代远估计陕北各军及学校需补发若干？均请电告，以便开始筹办。七月九日，毛泽东复电朱德、彭德怀：集中兵力攻正太路是否适当还须考虑，目前不必急于集中，看一看情形再决定为宜。彭德怀来延安一行很好，最好八月中旬抵延，那时可开一政治局会议。

△ 在八路军总部直属干部会议上作《八路军抗战的一周年》报告，报告对八路军为什么能坚持并发展敌后作战作了说明："第一期抗战中，虽参加不久，已尽了大力，如平型关、娘子关。第二期抗战中更起新的作用，即建立游击队和敌人后方作战。我们在晋北、晋东都在敌人后方打"。"别人无论如何不能把军队放在敌人后方，而我们以实际例子起了好的作用和影响。别人争相退去，而我们则反伸向敌人后方去"。"我们在敌人后方已立定脚跟了，建立了支点，我们在吕梁山、恒山、五台山等建立了根据地"，从而使"华北抗战由混战转为坚持局面"。在总结到抗战一年来的经验教训时，指出："共产党的真诚，在一年以来，推动大家走上真正团结的道路"。"有人说主义、阶级、党派的冲突不可避免，但在世界大潮流中，民族的冲突大于阶级的冲突"。"今后的中心工作还是统一战线"，"要用一切方法巩固统一战线，才能胜利。"

7月5日 离开沁县南底水村八路军总部，回延安参加中共中央六届六中全会。八月二十五日抵达延安。

△ 收到毛泽东、滕代远、谭政致朱德、彭德怀和各师、聂荣臻军区并周恩来、叶剑英电：（一）抗大本月底约有千人

以上学生毕业，拟将其中大部分派往新发展区域，一部补充主力部队，请各就自己所需要量及需何种人材即电告。（二）随营学校亦快毕业，拟全部补充八路军，请朱德、彭德怀定出分配计划。九日，与彭德怀、傅钟致电毛泽东等，告以：在河北新发展与收编部队共约三万人，内部虽有少数党员，但作用甚微；在八路军基本队伍中，干部、战士一般水准仍未提高，战术进步极慢，加强文化、战术教育，仍极重要。此次抗大毕业生，请以适当部分分往河北收编部队中去任政治工作，加强党的发展；另以一部，分到八路军其他各部任政治、文化教育。另请挑选军事较强，可任副团长、团参谋长、副营长及教育之人员三四十人，分任部队教育工作。随营学校毕业生应以一百至一百五十名分给聂荣臻军区，其余平均分配到三个师及总直。随营学校应来前方，以后即在前方办理。十一日，收到毛泽东、滕代远、谭政、罗瑞卿致朱德、彭德怀电，告以：抗大本月底可毕业学生五百人，主要分派在冀鲁豫三省，次为主力部队，但团、营两级干部此间实难选出。随营学校学生不足百人，分派给陈光旅、聂荣臻军区及一二〇师，由此直送。随营学校下期仍在后方举办为宜，因统一于抗大领导，可互相影响，交换经验，且环境比较前方固定，可安心训练。

7月6日 致电彭德怀、徐海东等，令徐旅义城村战斗结束后，仍须与沁水之友军配合夹击西进之敌，并动员群众破坏晋城、沁阳公路，断敌后续部队接济，以便消灭西进敌先头部队；晋冀豫军区第二支队应以有力一部配合徐旅破坏晋城、沁阳公路，并袭扰敌辎重车辆等，另一部破坏由阳城通垣曲之大道并袭扰之。并告以"我到张店，明向徐旅前进。"

△ 苏联《真理报》开辟"中国人民英勇斗争一周年"栏目，介绍中国人民抗战的英雄事迹，并刊登有毛泽东、朱德的

合影照片。

7月8日　收到毛泽东、滕代远致陈光、罗荣桓并告朱德、彭德怀电：为看清整个敌之动向再定行动起见，朱、彭应暂缓调动李天佑旅。目前李旅仍以对同蒲、太（原）军（渡）两路大肆破坏，妨碍敌渡河为主要任务，协助地方发展游击队为辅助任务。

7月9日　致电彭德怀、左权等，告以：我已抵安泽县马壁村。在途经沁河流域时，感觉此河两岸地形复杂，粮食亦多，可为晋东南最好的抗日根据地，望迅速创建。

7月10日　致电张闻天、毛泽东并告彭德怀，告以：我五日出发，本日已抵沁水东北五十里之郎壁村，真日（十一日）可与黄克诚会面；晋南战局已转变为运动游击战。我们希望稼祥同志来前方代弼时工作，应付华北正在发展的广大局面。彭德怀原拟做巡视工作顺回延安一次。我已到晋南，彭即不能来，我拟在战事就绪拟来延安一次，是否能成行，尚待战事顺利与交通能否为定。二十三日，收到张闻天、毛泽东复电：同意兄来延安一行。何时来与如何取得阎锡山、卫立煌同意，望酌定。并告："延安已划为第二战区范围，后方部队属阎锡山指挥，不属蒋鼎文指挥了。"

7月11日　与彭德怀、傅钟致电各兵团首长并报毛泽东、滕代远：一年来，入晋部队在人员方面已有大批扩大，各地游击队亦为数不少，但却存在人枪极不相称的现象。这一现象不仅不能提高部队战斗力，反而分散干部，增重地方筹粮负担，影响持久作战，浪费金融，妨碍部队生活之改善，削弱部队之领导与工作效能。要求各部队首长按照兵员条件、人枪比例等，对所有新扩大的部队重新点验和检查，严格执行部队编制。

7月12日　抵沁水县端氏镇。在八路军第一一五师第三四四旅连以上干部会议上结合晋东南粉碎日军九路围攻后的形势和该旅情况，讲解毛泽东著作《论持久战》的基本精神。

7月13日 与彭德怀致电周恩来、叶剑英转蒋介石：热冀挺进纵队司令宋时轮、副司令邓华率进抵热冀边后，即积极破坏承德、北平段和大沽、山海关段铁道，袭击古北口、昌平、密云，攻占玉田、遵化、兴隆，大小二十余战，均获胜利。民众抗日情绪益见高涨，主动帮助我军筹集粮食，救护伤兵。日军调动相当大的兵力，采取稳扎稳打，步步推进战术，向遵化、玉田、兴隆地区实施大包围，企图将该纵队聚歼于遵化地域。宋、邓等正率部努力打破敌伪包围圈。

7月15日 致电彭德怀并转刘伯承：（一）我已与国民党军骑四师副师长张东凯及杨觉天旅长会面，以后该部由我直接指挥。（二）现拟定击敌部署如下：徐海东旅位于沁水、阳城公路以北地带，打击驻松恩之敌。友军杨觉天旅与我唐天际支队[1]位于晋城、阳城、济源、邵源之间，南北袭击西进之敌的后方交通线。友军骑四师位于沁河以东晋城、博爱、修武、高平线之广大地区，袭击敌之深远交通线。一二九师补充团位于修武，进击博爱铁道以北地区敌军。以上布置是就已取得确实联络者为限，其余友军正在进行联络配合中。

7月17日 收到毛泽东致朱德、彭德怀并周恩来、叶剑英电，指出：国民党军陈长捷部、王靖国部毫无战斗力，要这些军队巩固吕梁山脉各县，完全无望。"请你们立即考虑徐（海东）旅西移归还建制，并朱、彭以一个人西移指挥该师问题。我以为应向蒋（介石）、白（崇禧）、阎（锡山）、卫（立煌）建议，要巩固吕梁山脉于我手中、保障某些渡口，非徐旅

---

〔1〕 唐天际支队，即晋冀豫军区第二支队。

西移及朱、彭以一人去指挥，好好打几个胜仗，不能解决问题，否则将贻误大局。"

7月18日 与彭德怀致电聂荣臻，贺龙、萧克、关向应：为巩固与发展华北抗日根据地，配合保卫武汉作战，拟于八月底九月初抽集一一五师、一二九师主力，在正太路作一次大规模行动，其主要目的是彻底破坏正太路。一二〇师应准备适当力量同时破坏同蒲路北段，望立即准备下列各事：（一）聂荣臻加紧对正太路侦察，贺龙、萧克、关向应注意平绥路同蒲路北段，特别是朔县以北同蒲路及大同至归绥之侦察。（二）各准备五千至八千斤炸药备炸路之用。（三）考虑其他各地方武装等配合行动计划。

△ 收到毛泽东电，告以："徐海东可来后方休养学习"；"兄前来电待与中央商后再电复。""后方只能调冯达飞当参谋长。""兄之大儿子已抵延安拟进抗大学习。"

7月26日 收到周恩来致毛泽东、朱德、彭德怀电：鉴于蒋介石在扩大八路军问题上借口二百师已满额，不愿给师的番号，准备向蒋提出两个方案：（一）仍请编三军六个师或九个旅二十七团；（二）请委五台聂荣臻，冀热宋时轮、邓华，津浦线徐向前、陈再道，河防萧劲光以司令名义。是日，毛泽东复电："加编三个师如不可能，以第二方案发表四五个司令部并规定适合现况之部队数目与经费数目为适宜。"朱德复电：三军六师计二十四个团，如蒋介石、何应钦拒绝，则以报三师二十七个团为好。聂荣臻，宋时轮、邓华，徐向前三部另给纵队名义，萧劲光为河防司令。刘伯承、贺龙两师已各有九个团，林彪师已七个团，也拟编为九个团。聂荣臻区的赵尔陆、刘道生、杨成武、陈漫远四部共编九个团，太行山地方武装共有四个团。

7月27日 收到毛泽东、滕代远致朱德、彭德怀、左权电：前方抽出十五六岁至四十五岁人员中可能择一千人，惟体过弱有病或残废者，请就在前方处理，勿后送。能否在从各师抽出新战士一千六百名充实各留守兵团外，另抽调一批中下级干部进抗大学习，以供给各地需要。本日前后，毛泽东、滕代远致电朱德、彭德怀、左权、傅钟：兵站、抗大、军委直属队合计要人三千二百四十名，在边区无法补充，能否从前方各师裁员中分调或派送一二个补充团补充或由后方派人随前方扩大。

7月30日 与彭德怀致电贺龙、吕正操、刘伯承及冀中、冀南两主任公署，指示：两区形式上归鹿钟麟[1]指挥，可向鹿报告工作、战况和敌情等；刘伯承往见鹿一次；加紧各方面统战工作；对顽固反共势力，采取人不犯我，我不犯人的方针；磨擦须适可而止。

7月31日 八路军总部由南底水村移襄垣县苏村。

7月底 抵阳城。会见中共晋豫特委书记聂真、组织部长薛迅，听取汇报，指示他们迅速壮大党的力量，放手发动群众，组织开展游击战争。

8月3日 与彭德怀致电聂荣臻、彭真[2]，告以：据调查，热河境内粮多，地形甚好，且将来日苏战争爆发后，我军最易取得补充和与远方配合作战，有重要意义，拟以杨成武部原有部队抽一个团，配足干部，到赤城、延庆、沽源、丰宁即热察冀边发展工作，创造根据地，西与张北王震部，东与宋时轮、邓华部相配合。

△ 致电彭德怀、左权、傅钟，指出：萧华到河北成立新

―――――――――

[1] 鹿钟麟，时任蒋介石所委派的河北省政府主席、国民党河北省党部主任委员、河北民军总指挥。

[2] 彭真，时任中共中央晋察冀分局书记。

的旅，应从第三四三旅调一批军政老干部随往，以利新的发展。

△ 收到毛泽东关于攻击正太路的兵力部署问题复朱德、彭德怀电：冀中南面兵力攻正太路有"不能必胜"和"敌有由道清攻洛阳，由临汾攻潼关之势，我军向北不便策应南边"的缺点。指示"仍以现时部署不大变动为宜。"另告：王稼祥已从苏联回国，担任军委工作及总政治部主任兼代八路军政治部主任，机关设延安，在前方者改为野战政治部。中央已同意林彪去苏联休养并学习，不能来前方。

8月6日 与彭德怀致电聂荣臻转宋时轮、邓华：你们以艰苦卓绝的精神战胜了许多困难，甚慰。第四纵队主力应即以平谷、密云、蓟县、遵化、兴隆地域为中心，用一切努力建立根据地，避免攻坚与不必要的疲劳。白河以西、以北之沽源、丰宁、张家口、怀柔四城之间地域广阔，交通不发达，除赤城外无县城，应注意发展居民工作，在不得已的情况下，主力可转至该区回旋及休避。在聂荣臻未派队接替白河以西骑兵任务时，万不宜放弃。

8月7日 与彭德怀致电蒋介石，抗议国民党军暂编第五十九师、第十五师、预备第三师等部队袭击驻陕西省淳、代县之陕甘宁边区保安部队，侵占淳化县爷台山、野猪嘴等八路军防地及村庄四十余处。

△ 收到毛泽东、滕代远致朱德、彭德怀、左权电：在抗大学习的前曾任东北军一一二师师长、八路军第一游击纵队司令张蔚久现已毕业，不日来前方，并携他存在宝鸡的步枪百余支、机枪三十余挺及一无线电台。据张说，前总曾答应拨五百新兵作为他起家的本钱，留在一二九师的干部也可还他。你们能拨多少新兵及安排他到何处工作为宜，望考虑电复。八日，与彭德怀致电聂荣臻：介绍张蔚久情况，并指示设法"帮助其

徒手五百人"，即令其由延安经晋西北到你处训练一段时间，即去热冀边归宋时轮、邓华指挥，对瓦解东北伪军和号召东北人均有重要意义。同日，毛泽东在收到聂荣臻关于张蔚久工作安排的意见电后，同王稼祥复电聂荣臻并告朱德、彭德怀：同意拨给张蔚久两千人之一旅，给予支队名义，但必须做到部队之指挥与一切制度概与八路军一样。同时要注意对张之争取。

8月8日 收到毛泽东、林彪、罗瑞卿致朱德、彭德怀、傅钟、陈光、罗荣桓、贺龙、萧克、关向应、刘伯承、徐向前、邓小平、聂荣臻、彭真电："抗大"五期需招大批学生，请即转令八路军各驻军地区广为号召，代出广告，使学生之来者多多益善。

△ 抵绛县，住下柏村。听取中共绛县县委书记杨蔚屏汇报工作后指出：绛县工作做得很好，比较全面，形势喜人；要坚决抓到底，为民族大业作出成绩。还指示：要壮大党的队伍，这是我们的核心力量。不要满足现状，要再接再厉，讲求质量，真正把广大群众团结在党的周围，这样，我们的腰杆子就硬了；要做好党的统战工作，团结一切可以团结的人，把他们组织到抗日战线上来，这是抗战不可缺少的一支力量，离开这项工作，我们就成了光杆跳舞；没有社会各阶层的力量，是不可能取得胜利的；要依靠群众，加强武装建设。武装是胜利的保障，有了武装就有了一切。对现有武装要进行整顿，确实把枪杆子掌握在自己人手里。群众工作没有个止境，要时刻发动和教育群众，认真地把他们组织起来。

8月10日 收到毛泽东、王稼祥、刘少奇致朱德、周恩来、叶剑英电，告以：彭雪枫率新四军四支队游击队到鹿邑后，部队已扩大到三千多人，民众热烈欢迎。我们提议：即派八路军一部到陇海路以南、新黄河以北、津浦路以东地区活动。

8月11日 与彭德怀复电徐向前、宋任穷〔1〕等：同意在冀南划分区，公布各县县长及专员，经过民选造成既成事实。并望在十四日前将各县县长、行政专员及分区首长、政治主任名单汇报。

△ 致函王缵绪〔2〕："抗战军兴，吾川对国家民族，殊多贡献。省中健儿在南北各战场上与全国友军携手并进，以头颅捍卫国土，以鲜血换取民族的独立和自由，为川人增加许多光辉。西望故土，殊令人兴奋鼓舞不置。华北沦于敌手，寇焰到处，庐舍为墟。然敌人之空前残暴，适足以更加强我军民抗战之勇气与决心，更巩固我团结之精神。一年以来，华北抗战已有不少进步。机动而灵活之运动战，与游击战之运用，广大群众之群起参战，政府军队民众的打成一片，使敌人在华北各地节节受挫，不得不局限其活动于交通要道及少数重要城市，并且在华北已能建立许多重要根据地。展望前途，殊觉无限光明。然敌寇虽消耗巨量实力，内外困难日增，而其冒险之野心，恐将愈加疯狂。在坚持抗战到底、争取最后胜利的任务中，今后四川将肩负更重大之责任。"勉励其为巩固并扩大统一战线，组织人民，动员物资，为抗战建国大业奋斗到底。

8月12日 抵达垣曲，住同善北垛十兵站。晚，听取中共垣曲县委书记王唐文汇报工作后指示：垣曲县是个山区，南临黄河，北倚太行，战略地位很重要，毛主席指示要在垣曲开展游击战争。你们要注意在黄河渡口附近和山区发展党员，建立党组织，以便发动群众开展游击战争。

△ 接见垣曲县开明绅士王玉书，征求他对各方面的意见。

---

〔1〕宋任穷，时任冀南行政公署副主任。
〔2〕王缵绪，时任国民党四川省政府主席。

根据王玉书提出"百姓运粮走山路，规定担一百二十斤，太重，是否可减为一百斤？"的意见，特地叫兵站工作人员准备了一百斤的东西，挑起来走了几圈，说："这一百斤，爬山路也太重，我看六十斤比较轻松。"当场告诉兵站，要把一百二十斤减少到六十斤。后到莘庄又与卫立煌商量，统统减为六十斤。

8月13日 与卫立煌在垣曲辛庄会谈。这次会晤受到卫立煌热烈欢迎。两人长谈两整天。朱德说，八路军比以前已有很大地发展，拟向蒋介石提出增编三个师。卫立煌表示同情，并答应接济枪支、弹药和炮弹。事后，卫立煌曾对他人说："朱玉阶对我很好，真心愿意我们抗日有成绩。这个人的气量大、诚恳，是个忠厚长者。"在朱德帮助下，卫立煌在政治上不断进步，抗日积极，对共产党、八路军友好。

8月中旬 致电中央书记处、张闻天、毛泽东、王稼祥并告彭德怀：（一）我已见卫立煌，他对我们极表同情。我们提出增三个师，他意可以，但由于上级现时对我们实行紧缩政策，如以周恩来直接交涉稍见效时提出，而可促成，否则，反而无效。（二）委任司令部名义问题，卫立煌表示他可负责下令委任或呈报上级加委，均可；在河北地区由程潜委任或由他委任，均可。但在经济方面他无法为力。（三）程潜在洛阳。我拟去见他一次。（四）卫立煌接济弹药及炮弹，将口径查明可大量接济。（五）我见卫、程后，即以见阎锡山名义经西安来延安。

8月15日 抵河南渑池。后乘火车抵洛阳，与程潜[1]会晤，详细介绍了第十八集团军和其他国民革命军在山西与日军作战的情况。并建议第一战区国民党部队与在河南的第十八集团军部队靠拢，两个拳头合起来一齐打击日军。同时程潜也介

---

[1] 程潜，时任国民党军第一战区司令长官。

绍了第一战区设防情况。

8月16日 与彭德怀致电赵林[1]、贺龙、关向应等，指出：（一）李（井泉）支队应以井坪（平鲁）、左云、右玉为游击基地，并使之深入建立较巩固的根据地，向北逐渐推进，开展凉城、和林格尔以至集宁、归绥之线活动。（二）注意联络、吸收东北部青少年进步分子，培养干部，尤其（是对）蒙古民族干部的培养。（三）加紧反对维持会，派小部队附属干部深入集、绥铁道以北活动，建立根据地，对绥远原有之游击队及党的工作，除注意以各种实际帮助，特别是培养干部，使之能当地产生新的力量和将来开展绥远的条件。

8月18日 收到毛泽东、张闻天、王稼祥、刘少奇致聂荣臻、彭真等并告朱德、彭德怀电：晋冀察边区政府不能拆散；冀中地方政府我们应切实把握，不可放松；由聂军区及八路军总部委任吕正操为晋冀察军区冀中军区司令；要求冀察战区总司令鹿钟麟维持原来聂军区与八路军指挥系统，鹿可经过聂区或总部指挥吕正操部；"与鹿谈判原则为要求鹿对一切维持现状，承认既成事实，不妨碍华北抗战，军事行政照既定方针进展。"

8月中旬—22日 在西安多次应邀给学校、抗日团体和八路军驻西安办事处工作人员作报告，出席座谈会，介绍华北战局和八路军在山西前线胜利作战的情况；到泾阳县安吴堡看望冯文彬、胡乔木在那里主持的陕西青年训练班，并作报告。还两次前往探望在西安养病的原云南陆军讲武堂老师李根源，知道李不日将取道成都返昆明，托他捎信给龙云[2]、王缵

---

[1] 赵林，时任中共晋西区委书记。
[2] 龙云，国民党云南省政府主席。

绪、邓锡侯[1]。

　　△　在西安接见《西北》杂志记者，回答有关华北抗战的一些问题。指出：一年来华北的抗战，获得了不少宝贵的经验和教训，使每个士兵，每支军队都懂得在怎样的条件下袭击、伏击、侧击，利用敌的弱点来消灭它。并说：河北平原游击战发展很快，力量隐藏在群众之中，战略战术要异常灵活，敌人想肃清游击队不可能。争取华北的胜利，最主要最中心的任务是组织广大民众，开展统一战线工作。只要有团结，胜利就有保障。二十五日，在《西北》杂志发表题词："精诚团结，巩固后方。"

8月21日　致函龙云："在将来抗战中，在争取最后胜利的搏斗中，云南将肩负更大责任，成为抗战的一个重要根据地。"希望他"坚持长期抗战精神，发动民众，巩固其爱国热忱，发挥其救亡伟力，同心协力，缔造独立自由幸福之新中国，以符合著名革命发祥地——云南之光荣传统。""抗战以来，虽敌寇内部危机加剧，国际地位愈陷孤立，但其在华冒险图逞之野心，将有加无已。更艰苦而光荣之历史任务，落在吾人之肩上。吾民族之解放，全世界之和平，皆有赖于此一战。抗战无论如何，必须坚持到底；团结无论如何，必须巩固扩大；全国同胞抛却过去旧嫌宿怨，合亿万人之心为一心，本抗日高于一切之原则，努力去做，则胜利自然在危难险阻中获得。"

　　△　致函邓锡侯："一年抗战，已使敌人内部危机加剧，国际困难日增，其人力亦渐趋枯竭。故今后坚持持久抗战，争取最后胜利，虽其条件更艰苦，其责任更重大，而距离胜利则更迅速。争取抗战胜利之首着，在于持久战；进行持久战之必要条件，则为巩固扩大统一战线。年来日寇侵略，虽予吾人以

―――――――――

[1] 邓锡侯，时任国民党四川省绥靖公署主任。

不小损失，但吾人仍拥有广大之领土，众多之人民，充足之富藏与无限潜在抗战力量，诚能发挥此种力量，实行军民一体，上下一致，各党各派弃旧嫌，抛宿怨，结四万万之心为一心，凝四万万人之力为一力，变敌人后方为前线，加强各战场之战略配合，则驱逐敌虏，收复失地，建设独立自由幸福之新中国，当指日可期。目前四川已成抗战的重要根据地，其丰厚之富源，英俊之人才，正大显身手之时。"最后，鼓励他发扬民气，组织民力，在民族解放斗争中起模范作用。

8月22日 离开西安赴延安。途经洛川时转道晋西吉县古贤村同阎锡山会谈。为便于双方加强联系，与阎锡山协商成立"第十八集团军驻第二战区司令长官部办事处"。出席阎锡山召开的孙中山总理纪念周会，并在会上讲话，指出：只要坚持抗日民族统一战线，团结一致，就一定能打胜仗，日本侵略者是注定要失败的。

8月25日 抵延安，受到延安各界召开的万人大会的欢迎。在会上发表讲话，介绍华北抗战的形势，揭露日军对我国采取亡国灭种的政策，并要求后方把书报刊物大批地输到前方去，后方的干部与学生大批地奔赴到前线去。以后，应许多单位邀请，前去作报告。在这些报告中，除总结抗战一年来的经验、分析日军战略战术外，着重讲华北抗战的情况和取得的胜利，说："我八路军可使敌后方变前方"；"游击战的应用，牵制了敌人，且巩固了自己"；"游击队约有十余万人，要给养、伤兵等等，所以建立根据地是重要问题，五台山根据地现已发展到五十余县。"还勉励大家为争取抗战最后胜利做出更大贡献。

△ 《新华日报》（重庆版）发表朱德与该报记者何云的谈话《朱德谈三年期抗战与争取华北抗战的胜利》。

△ 为纪念八路军建立一周年，发表《告国民书》，以抗

战一年来八路军与日军交战六百余次,毙伤日军三万四千人,俘日军二千人的事实,驳斥所谓八路军"游而不击"、"领饷不作战"等诬蔑之词。

8月28日 在中共中央党校作《关于一年来华北抗战情况》报告。

8月29日 在延安抗日军政大学作《一年余以来的华北抗战》报告。在畅谈了一年多来在华北敌后开展游击战争、建立抗日根据地的情况后,指出:"华北抗战能够获得这些胜利,主要是忠实执行了党的民族统一战线政策的结果。抗日民族统一战线的扩大和巩固,是争取抗战胜利的主要条件。"今后我们还要动员更多的力量参加抗战。

9月7日 与毛泽东、王稼祥、刘少奇致电聂荣臻:据称张荫梧[1]企图开展平山、行唐、阜平地区工作,与冀中打通。请速转吕正操部预筹对策。我们意见:"在维持边区军事行政统一的原则下,请即通知正太路以北各县党部,发动当地军事行政机关及民众团体,拥护边区政府与军区司令部。""各县军政机关,如无边区政府与司令部的介绍,拒绝服从任何人的命令,并得禁止任何人在其区域内进行边区的军事政治活动,干涉军事行政";"如河北省政府和张正式向边区政府交涉派人到正太北活动时,须给以礼遇,并与之正式谈判。"

△ 在延安干部会议上作《华北一年来抗战的战略与战术的变迁》报告,指出:日本侵略者根据他们的条件,订出速战速决的战略和采取中间突破的战术。中国根据自己的条件,战略上应是持久战,战术上应是运动战、游击战,并辅之以阵地战。华北抗战开始时,国民党军队没有采用正确的战略战术,

---

[1] 张荫梧,时任国民党政府冀察战区河北民团总指挥。

而是在日军进攻面前节节抵抗,结果防线很快就被日军突破了。直到八路军奔赴敌后,消灭了大量敌人,解放了大片国土,日军的战略战术才开始有了变化,采用"以华制华"办法,注意运用伪政权,在军事上也不得不用迂回和包围的战术。但不管敌人的战略战术怎样变化,由于它得不到人民群众的支持,是不会有什么效果的。我们广泛地发动群众,建立抗日根据地,又灵活地运用我们的战略战术,必能最后战胜敌人。

9月8日 与彭德怀致电陈光等,指出:"长江下游战事正在激烈地进行中,华北之敌又进逼黄河左岸,威胁陇海西段及陕北边区。为策应保卫武汉作战及威胁进逼黄河左岸之敌,各兵团抓紧目前紧要时期,积极向各方向当前敌之交通要道不断袭扰,作有计划的一次总的破路,中断敌之交通。在有利条件下,相机袭取几个车站或城镇,消灭敌人小的部队,以增敌之困难、恐慌,以调动敌人。"

9月10日 为巩固冀东二十一县和唐山矿区二十余万人民抗日武装起义〔1〕后组织的游击队,毛泽东、朱德、王稼祥、刘少奇致电聂荣臻并宋时轮、邓华:为使冀东游击队迅速正规化,并转变为八路军作风,宋、邓部队似应以团营为单位分散到各区与各游击队合编作为骨干,各分区正、副司令也应以八路军干部及当地干部共同担任为好。冀东收复各县,应即由司令部委任或由当地推选临时县长,各区即任命临时专员创立政府,不要等待,至冀热察边区政府则以再待一二月正式成立为好。

---

〔1〕在共产党领导下,由八路军第四纵队配合,冀东昌黎、乐亭、遵化、丰润、平谷等21县于7月4日爆发武装起义;7月19日,唐山三万余矿工也举行大罢工,并发动了七千余人的武装暴动。到8月份,人民武装已发展到七万余人。

9月10日前后 与毛泽东等中央领导人、部队战士、延安各界群众到延安城南门欢迎王明、周恩来、博古、徐特立等从武汉回到延安。

9月11日 毛泽东、朱德致电陈光、罗荣桓、程子华、周士第、甘泗淇并陈奇涵：据悉离石现有日军步、骑、炮兵混编数千人，有进扰绥德，威胁延安的可能。望程子华即率有力支队进击柳林西北地区，扰击敌之侧背，并破坏其后方交通。同时，陈光、罗荣桓、周士第亦应派就近部队兼程向该敌侧后相机予以打击，并积极破坏和截断其后方联络线，以配合我河西守备部队阻敌西渡。

△ 与彭德怀致电一二〇师：同意三五八旅派五个营到方山灵活完成国民党晋军军长赵承绶给予的任务，但必须有人统一指挥。

△ 与彭德怀致电国民政府和各战区，指出：河北省国民党军张荫梧部自深县肇祸后，近来又在冀西袭击、捕杀、扣压八路军及抗日民主政府人员，扣压、抢劫八路军的物资和纺织机器，公开进行反共反八路军的宣传。请其严加制裁，以利抗战。

△ 与彭德怀致电聂荣臻，指出：当前的作战方针，基本上同意你以前的意见。惟敌兵力过大时，应采取拖疲敌人，坚壁清野，利用山地以小部队作正面阻击外，主要的从敌侧后寻求机会，尾击敌人，逐渐削弱敌人，集中自己的主力，在有利条件下，求得消灭敌之一部。切忌过早疲惫自己的主力。邓华支队目前应积极向宛平、卢沟桥之线有力活动。赵侗支队宜迅速进至良乡、涿州地域活动，破坏铁道，使敌烦于应付。

9月14日—27日 出席中共中央政治局会议。会议决定了六届六中全会的主要议程。王稼祥在会上传达了共产国际指示和季米特洛夫的意见：中共一年来建立了抗日民族统一战线，尤其是朱德、毛泽东等领导八路军执行了党的新政策，政治路线是正确的；在中共中央领导机关中要以毛泽东为首的领导下解决统一问题，要有亲密团结的空气。十四日，朱德在会上作八路军工作报告，谈了八路军抗战的经过、敌人战略战术的变迁、抗日根据地的建立、八路军本身的问题、一年来抗战的经验教训五个问题，并指出：华北抗战经验证明，八路军虽然最初数量较少，但真正要抗战非靠八路军不可，八路军在统一战线中起了模范作用。二十六日，又在会上发言说：共产党要以天下为己任；为了掌握革命的领导权，干部必须要很好地学习马列主义，掌握革命理论。党内团结要实行正确的自我批评，党员要维持对党的领袖的信仰，因此，领导同志要有能接受批评的精神。领袖要听人家说自己的好话，同时还要听说自己不好的话。

9月15日 毛泽东、朱德、王稼祥、刘少奇致电中共冀热区委并告宋时轮、邓华，再次要求他们：应坚持冀热察边的艰苦斗争，创建根据地，培养基干部队，准备持久斗争，以最大决心克服发展中所遇到的一切困难，并为完成上述任务奋斗到底。

9月16日 致函孔祥熙〔1〕，指出：敌自占领华北后，除政治上利用汉奸组织伪政权外，更在经济上进行破坏，尤其着重破坏我国的法币。至于军事上，敌伪军在华北敌后只能固守沿各铁路线之各大城市与重要据点。还介绍了八路军在敌后进行战斗，收复失地，发动群众，恢复政权等情况。二十一日，又与彭德怀致电孔祥熙，告以：在冀南，八路军收复的各地区，已于八月初召开各县军政人民代表会议，成立冀南行政主

---

〔1〕孔祥熙，时任国民政府行政院院长。

任公署，在行政公署下，除大名以南六县为丁树本任专员外，另划五个专员区，各区之划分及人选，"均经过各级代表会之讨论与选举，（朱）德等亦认为适当，除已向鹿（钟麟）主任详细报告外，特此呈报，恳请我公鼎力维持"。

9月18日 与彭德怀、王稼祥、刘少奇致电徐向前、宋任穷、杨成武[1]、陈再道并左权、朱瑞、刘伯承：从尧山县县长被扣和委任他人为代理县长等情况来看，鹿钟麟似已开始向我们进攻。请你们向鹿提出严重质问，并要求尧山县原县长复职。鹿在河北如能诚意进步，与我们合作建立根据地，我们应与之合作。但鹿采取打击与破坏我们的办法，我们不能向他让步，必须坚决防御。因目前冀南军政系统如被鹿破坏，即不能建立根据地。各县保安队、游击队极不巩固，部分的有被鹿拿去的可能。应即迅速改造并集中到各分区，由八路军分派部队驻各分区作为基干，如能将保安队改编为八路军，应尽可能改编。

9月21日 与彭德怀致电孔祥熙，报告：冀南各县县长已由当地人民选举。八月初召开各县军政人民代表会议成立了冀南行政主任公署，杨秀峰任主任，宋任穷任副主任，下辖六个专员区，除大名以南六县由丁树本任专员外，对其他五个专员区的辖区与专员情况作了呈报。

9月23日 与彭德怀致电刘伯承、周士第、甘泗淇，告以：正定、保定、蔚县、广灵、浑源、阳原、阳高、大同、盂县各处之敌似有向晋察冀边区进攻模样。希望刘伯承即令沿正太路部队向正太路，周士第、甘泗淇令沿同蒲路北段部队向忻县、代县线积极活动，策应晋察冀军区作战。

9月26日 毛泽东、朱德、彭德怀、刘少奇致电聂荣臻

---

[1] 杨成武，时任晋察冀军区第一军分区司令员兼政治委员。

转宋时轮和中共冀东特委，指出：根据全国抗战的有利形势、八路军远近距离配合、群众的拥护以及有雾灵山、燕山、五龙山千余里大山脉之回旋余地等条件，"创造冀热察边区根据地，创造相当大的军队，是有可能的。"目前应以主要力量在白河以东的密云、平谷、蓟县、兴隆、遵化，以部分的力量在白河以西创造根据地。"在整顿军队方面，目前应注意培养基干兵团与基干革命游击队，使之成为战斗的纪律的模范，成为领导斗争的核心。"

9月28日 鉴于约三万日军采取逐渐跃进，分进合击，不断轰炸，大肆烧杀和施放毒气等手段向晋察冀根据地大举围攻，与彭德怀致电聂荣臻：令其广为动员民众，集结主力予敌坚决打击，并部署各兵团配合聂荣臻区作战。

△ 与彭德怀致电叶剑英转蒋介石、何应钦，报告日军向晋察冀边区大举进攻的情况并告：为粉碎敌人这一进攻，于二十一日起，我聂荣臻司令所部连日均在与敌激战。除令聂司令广为动员，帮助作战，彻底进行清野空舍，开展敌后游击战争，适时集结主力，予敌以坚决打击，彻底粉碎敌之围攻外，并饬该区周围职路各兵团配合作战。

△ 与彭德怀致电周士第、刘伯承等，指出：进攻晋察冀边区之敌，似对我在作逐步稳进围攻，每占一地立即铺设交通，企图逐渐缩小围攻线，求得分进合击。望各部对同蒲、正太路以积极动作，配合晋察冀边区作战。

9月29日—10月21日 出席中国共产党扩大的六届六中全会。十月二日、三日，在会上作关于华北八路军的报告。报告中总结了八路军一年来在华北广泛开展游击战争、开辟敌后抗日根据地的经验教训；分析了抗日战争进行到现阶段的政治、军事形势和敌我战略战术的变迁；指出了八路军今后的主要任务是"继续坚持统一战线,坚持抗战,坚持根据地,争取友军,巩固本身","眼前的任务就是发展华中,也要八路军担负一部分的作用。"并提出了为实现这个任务所应采取的措施。十九日,在会上发言强调:抗日战争是持久战,全党全军要进一步加强团结,以渡过目前的困难时期。

9月30日 与王稼祥、刘少奇致电聂荣臻转宋时轮、邓华:据鹿钟麟来电,河北省府已派二人到冀东任第一行政专区专员等职。为迅速恢复冀东的抗日秩序,须立即成立冀热边区政府,望即召集代表会议,选举边区行政委员会,并选举三至四名专员。如鹿委之二人已到冀东,即以冀东已有各级行政人员为由与之交涉。

9月下旬 日军五万余人在数十架飞机的配合下,开始围攻晋察冀边区。

△ 中共中央军委致电一二〇师:命令第三五九旅由晋察冀军区指挥,直接参加反围攻作战;晋西北部队和大青山支队积极向同蒲路北段和平绥铁路西段大举破击;第三五八旅应相机进入定襄、五台地区。

10月2日 毛泽东、朱德、彭德怀、王稼祥、刘少奇、彭真致电聂荣臻并中共晋察冀省委、左权、刘伯承、周士第、甘泗淇,指出:敌军这一次对晋察冀边区的围攻,较前任何一次来得较有计划与持久性。应动员各方起来争取战胜敌之围攻。要"在党政军民中进行深入的政治动员,建立起持久抗战胜利信心";鉴于敌人构筑据点步步推进紧缩边区而又兵力不足的特点,应根据如下作战意见相机灵活地执行:(一)相当地集中主力于我有利的各种条件(敌人弱地形有利)方面准备待机。(二)以小部队与敌人进行极不规则的小战,迟阻和疲惫敌人;以相当有力部队转入敌之后方交通线,打击敌之运输。(三)如敌无弱可乘,不便我主力集中打击或消灭敌时,待敌人进至利害循环变换线即将主力转至敌后,仍以小部队分途逐渐引敌深入,使敌疲惫疏忽扑空,待敌转移方向或退却时,给敌以突然袭击或追击。(四)刘伯承须令正太道兵团对正太路进行有计划的破坏,并相机以适当兵力越路北进,分途尾击敌人。周士第即令雁门关、太原线各兵团积极吸引原平、忻口、关城之敌,并相机越路东,尾击东进之敌。

△ 毛泽东、朱德、彭德怀、王稼祥、刘少奇、杨尚昆致电聂荣臻、宋时轮、邓华及中共冀热边区委,指出:"在冀热边创造抗日根据地有极重要的战略意义,宋、邓纵队与冀热边区全体同志应为达成这个任务而坚决斗争。"强调在冀热边区"全党与八路军的团结一致特别重要,如果党内八路军内发生任何磨擦有任何不团结的现象,均将被日寇汉奸敌探所利用,给予我们以最大的损害。"为此,宋时轮、邓华二同志必须亲密合作;八路军干部与地方党及游击队中的同志要亲密团结;军事行动须统一由邓华、宋时轮指挥;地方党所领导的批评须极端慎重;提高部队党及地方党内纪律,号召全党团结进行艰苦斗争。

10月5日 与彭德怀致电周恩来、叶剑英,通报鹿钟麟、张荫梧等部进攻八路军,屠杀游击队的罪恶行径,请报蒋介石制止之。

10月8日 毛泽东、朱德、彭德怀致电徐向前转沈鸿烈[1]:现值武汉吃紧,日军亦正开始进攻肃清华北计划,此时"如能各方亲密合作,巩固团结,共同努力,创造鲁省抗日根据地,与鲁晋呼应,不仅能争取华北持久抗战,且为配合华中支持武汉所必须。"并告:已令八路军冀鲁各部与其密切配

―――――――
[1] 沈鸿烈,时任国民党山东省政府主席。

合，积极行动，期能巩固鲁省抗日根据地。

△ 与彭德怀、刘少奇致电聂荣臻、宋时轮、邓华，指出：（一）目前即将冀东游击支队大部拉到白河以西，将要发生"部队不巩固，远离家乡困难，在行军中即受到很大损失"和"白河以西地区不大，如集结大批纪律不好的军队，亦不能创造根据地"等许多困难。（二）邓华应尽可能争取在遵化、玉田、迁安地区持久进行整理部队、建立根据地的工作。只有到万不得已时，才可率主力向白河以西转移。（三）在主力西移时，应配备必要的基干部队及干部与地方工作人员在原地区活动，坚持当地游击战争。（四）宋时轮部应积极配合邓华部及游击队的行动，同时在夹白河两岸创造根据地，派必要的小部队到延庆、沽源地区活动。

△ 与彭德怀致电阎锡山、卫立煌、程潜、鹿钟麟，呈报截至十月六日晚日军围攻晋察冀军区的情况和熊伯涛、陈漫远两个支队的战绩。

10月12日 与彭德怀、王稼祥、刘少奇致电各兵团首长和政治部主任，指出：敌人对晋察冀边区的进攻，不过是"扫荡"华北的开始，晋东南、晋西北、河北平原及冀东的严重局势必然会到来。华北将转向严重与艰苦之战斗环境。为坚持华北持久抗战，应努力巩固与改造新军、游击队、保安及其他一切抗日武装；继续发动群众，肃清汉奸，在我们力量占优势的地区，使之成为统一战线的抗日民主政权；减租减息，征集抗日公粮，收集物资，保护秋收。

△ 与彭德怀、王稼祥、刘少奇、杨尚昆致电朱瑞、徐向前、宋任穷、杨秀峰、陈再道：你们应公开表示维护主任公署的坚决态度，并不能以任何交换条件取消；协助鹿钟麟整理扩大部队并在经济上帮助目前还早，应等一时期看鹿的态度转变

如何再说；河北省府我们提出由徐向前、宋任穷、南汉宸三人参加，菁玉、黄敬应专作党的工作。此外，请你们经过其他方面提出李锡九、杨秀林、吕正操、于树德等左翼名人参加；冀南军政委员会再待一二星期整个布置华北工作决定。

10月15日 毛泽东、朱德、彭德怀、王稼祥、刘少奇致电中共冀热区委并告宋时轮、邓华：你们应以最大决心克服发展中所遇到的困难，培养基本部队，准备持久的艰苦斗争，为完成创造冀热察边根据地而奋斗到底。

△ 与彭德怀致电徐向前、宋任穷并告左权、刘伯承，告之：津浦挺进纵队以萧华为司令员兼政委。

10月18日 与彭德怀致电徐向前、宋任穷转鹿钟麟：（一）冀南、冀中两主任公署系根据战略要求而设立的，为支持艰苦抗战局面而所必须。特别在敌人大举进攻晋东北后，有转移兵力向冀中、冀南之可能。此时改变两主任公署组织，似颇妨碍动员之准备与积极配合晋东北粉碎敌人进攻之工作。（二）已通令所部积极配合贵部及友军向平汉线积极行动之计划。

△ 与彭德怀、王稼祥、刘少奇致电宋时轮、邓华，指出：你们既西进，望灵活执行我们十五日的电示，在冀热察边广大地区灵活转动游击，必要时转移一部分队伍到平绥以南来。干部及手榴弹、子弹在不久以后可送一部分给你们。

10月19日 与彭德怀、王稼祥、刘少奇致电凯丰[1]等，告以：鹿钟麟已开始向我们进攻，借口整理河北军政机构，企图大批撤换原来民选及八路军所委派的县长及游击队干部。对于鹿的无理进攻已采取坚决防卫办法。希望你们相机向冯玉祥及其他方面进行解释，揭破各种挑拨谣言。

---

〔1〕 凯丰，时任中共中央长江局委员。

10月21日 日军侵占广州。

10月22日 因日军大举进攻，武汉危急，根据中共中央决定，乘飞机赴汉口，了解情况并鼓励蒋介石继续坚持抗战。晚，在周恩来陪同下面见蒋介石，详细报告八路军一年多来的战绩、建立抗日根据地的情况以及取得这些胜利的原因。着重指出：只要发动群众、武装群众，即使退到重庆也不要紧，日寇是一定能够打败的！并向蒋介石报告了八路军人数已达十二万及其分布情况，要求准予改师为军。还要求成立八路军总部直辖炮兵营，增发八路军经费及弹药。二十三日，致函蒋介石，重述上述要求。"现拟请按照核准之编制予以增加，在未核定前请先增加每月经常费至一百万元。游击经费及河防费目前需要尤急，请另行批发。"另"请准予一次发给步枪子弹六百万万〔发〕，半年用的三个军卫生、通讯及炸药材料，以便坚留敌后持久抗战。"

△ 夜宿郭沫若[1]家（鄱阳街一号）。次日晨，郭沫若作白话诗相赠，朱德和以白话诗《重逢》：

别后十有一年。
大革命失败，
东江握别。
抗日战酣，
又在汉皋重见。
你自敌国归来，

---

〔1〕郭沫若，时任国民政府军事委员会政治部第三厅厅长。1927年南昌起义后，曾随起义军南下广东。起义失败后，被迫流亡日本，1937年8月归国参加抗日战争。

敌情详细贡献。
我自敌后归来,
胜利也说不完。
寇深入我腹地,
我还须坚持华北抗战,
并须收复中原,
你去支持南天。
重逢又别,
再见必期鸭绿江边。

10月23日 乘飞机返回延安。继续出席中共扩大的六届六中全会。二十五日,在会上汇报在武汉了解到的国民党政界、军界各方面人士对继续抗战的不同想法和动向,认为军队中对局势悲观失望的人比较少,而在政界比较多,特别是国民党副总裁汪精卫一再放出"和平"空气,但国共关系还不至于破裂。十一月六日,六中全会闭幕。

10月27日 毛泽东、王稼祥、刘少奇、朱德、彭德怀致电朱瑞、徐向前、宋任穷并告刘伯承,指出:对鹿钟麟应注意以下几点:坚持冀南行政主任公署不能取消。极力向鹿说明目前形势严重,各方只有依靠已得的成绩加紧工作,才能支持难局。冀南行政主任公署及冀南军区应与鹿建立密切关系。武汉失守后,我有更大可能促鹿觉悟,求得亲密合作,届时当可对鹿作某种让步,须候朱德、彭德怀来后与鹿面谈。

△ 日军侵占武汉。

10月28日 与彭德怀致电蒋介石,报告:在晋察冀军区军民一致努力作战下,日军对晋察冀军区的围攻以伤亡五六千人的代价而告失败,除少数残敌固守据点遭到围困和袭击外,大部敌人从二十一日起相继向平汉、平绥、正太、同蒲等线撤退。我追击部队东西已达阜平以东党城，南面抵正太线阳寿段，北面抵广灵以东地区。

10月30日 与彭德怀致电叶剑英转蒋介石：要求对连日在各线激烈苦战的八路军给以弹药补充。

10月 利用回延安参加党的六届六中全会的时机，看望抗大四大队第十队。得知这个队有六个国民党县长、一个国民党团长，还有华侨青年，就到窑洞里与他们谈心，问他们到延安来生活习惯不习惯，有什么困难需要解决；又对从马来亚回国的华侨青年李泗美说："你们远涉重洋回祖国参加民族解放战争，很不容易呀！我们的华侨都是热爱祖国的，这种精神很可贵！"

11月2日 国民政府军委会军令部以八路军"迭予敌重创"致电朱德、彭德怀予以嘉奖。

11月3日 与彭德怀致电陈赓[1]、王新亭[2]、陈锡联[3]、黄克诚[4]：指示：（一）豫北、鲁西北的顽固分子在鹿钟麟、沈鸿烈策动下，形成对八路军孤立，企图夺取八路军收复区之全部政权，排斥和摧毁抗日力量。豫北方面，对程潜等采取必要让步，取得我们在河北合法的地位，与朱怀冰共同建立根据地。鲁西北问题，由陈赓率两个团，进至聊城西北适当地区，动员群众，用一切办法和公正态度调解纷争，揭破日军以华制华之阴谋。（二）我们为坚持华北抗战，发展新旧黄河间之抗日根据地，必须坚持保持冀南、冀中我收复区，并采

---

[1] 陈赓，时任八路军第一二九师三八六旅旅长。
[2] 王新亭，时任八路军第一二九师三八六旅政治委员。
[3] 陈锡联，时任八路军第一二九师三八五旅旅长。
[4] 黄克诚，时任八路军第一一五师三四四旅政治委员。

取动员群众、动员华北一切报纸采取公正行动以及一二九师派有力部队进入南宫城及近郊等办法巩固政权。（三）要采取"防御斗争原则"破坏鹿钟麟以及其他顽固分子联合进攻孤立八路军之阴谋，孤立顽固分子，揭发汉奸的一切阴谋。

11月9日 中共中央政治局决定：以朱德、彭德怀、杨尚昆、聂荣臻、关向应、邓小平、彭真、程子华、郭洪涛为中共中央北方局委员，朱德、彭德怀、杨尚昆为北方局常委，杨尚昆兼北方局书记。

11月24日 范筑先于十一月十五日在聊城县率军抗击日军时牺牲后，本日收到毛泽东、王稼祥、杨尚昆、滕代远致朱德、彭德怀、左权，刘伯承、徐向前、朱瑞电：应用一切办法团结与巩固范筑先领导的抗日部队，并实际帮助鲁西北地区抗战。

11月25日 收到毛泽东、王稼祥、杨尚昆致朱德、彭德怀、聂荣臻并转宋时轮、邓华电，指出：宋、邓支队配合和促成地方党所领导的冀东抗日起义，虽然建立了冀东游击区，扩大了我党在敌深远后方的政治影响，给敌人以打击。但是这一胜利没有尽可能的保持并发展，以致退出原地区，军队及群众武装均受到相当大的损失。为了在冀热察地区坚持游击战争和创造根据地，决定成立八路军冀热察挺进军，派萧克前往工作，并成立军政委员会，统一领导军队和地方党政工作。

11月26日 收到毛泽东、王稼祥、杨尚昆、滕代远致朱德、彭德怀电：对于发展山东与准备转入河南之计划，我们的意见：先以陈光、罗荣桓率三四三旅的两个团进入鲁冀豫区活动，求得发展，徐海东旅暂留现地不动；留三四三旅补充团于吕梁山脉并将现属省委之三个游击大队合编为一团，统归陈士榘指挥，在必要时再由一二九师西调一个支队以增厚力量；在可能转入河南时，即先以三四三旅去开展工作，徐旅亦可南移。

11月30日 与彭德怀就冀南反磨擦斗争发出指示：在敌大举进攻西北时，华北形势将更严重。彼时华北友党、友军除汉奸外，将更依靠我以图存，即使顽固分子亦有逐渐好转，对我减少磨擦之可能。在取消主任公署问题上要拖延时日，并坚持硬不破裂统一战线，软不伤政治立场的原则。具体办法：（一）冀南为我兵员、资材来源及连贯鲁省之要道，我已取得的政权，即使一县、一区亦不可轻易放手。故杨秀峰同志绝不应辞去省府委员，更不应离主任职；（二）主任公署立即布告群众，以公正态度申诉自公署成立以来之抗战措施，争取群众同情与拥护。对鹿钟麟取消主任公署之布告、训令，置之不理；（三）继续向省府作工作报告，各专员在报告工作时，亦可以除迳报主任公署外，同时报鹿钟麟；（四）避免与鹿武力冲突。如他先向我开枪，则不放过机会，给以有力之打击，随即宣传我系不得不自卫，在其同意合作后再发还人枪；（五）认真搜集鹿违反民意，违反抗战利益，破坏统一团结的证据。

11月下旬 抵吉县与阎锡山会晤。做阎锡山及其部属以及各阶层人士的工作。在谈话中，多次指出悲观的亡国论是不对的，盲目乐观的速胜论也没有根据。只要全国人民团结起来，有钱出钱，有力出力，有人出人，打败日本侵略者是一定能办到的。期间，在晋绥军校尉级军官训练团作《抗日的战略战术与建立新军问题》的讲话，在阐述持久战、全面抗战和争取主动等战略问题时指出：从中日两国人口、经济、政治、武器、交通五个方面对比，可知"持久抗战之成为我们的胜利之途，当无疑义。""只要我们全国人民打仗的打仗，种地的种地，生产的生产，敌来就打，打回来就休息。这样坚持下去，建立许多抗日的根据地，不用说，我们的国家将会在持久抗战中，一步步地健壮起来。""我们有广大的土地和人民，到处都可以建立我们的根据地，使游击战、运动战配合起来，则侧面、背面固可主动，而正面亦可依山势或别的有利形势，成为主动。"在阐述战术问题时指出：我们的战术要"有指挥的机动性"，即"指挥官下达命令，以具有命令的机动性为原则，对下级不下死命令，处处给下级指挥军留活动余地。然后，各级指挥官依据指挥的机动性，详察上级指挥官的意旨与企图，随机应变，因时制宜。"并强调"秘密是保持机动的要着"，"迅速为游击制胜之要诀"，"坚决为各级干部必须具有的条件"。"实行突然袭击，是战胜敌人的第一要诀"，要"实行运动防御"，"不要有形地进击"，要"把退却变为进击敌人，打敌人的后尾"。在阐述怎样建立新军问题时，指出："新军是打仗练出来的，就是营盘里的训练也必须与实际战争相联系，尤其处在民族革命战争的现阶段，建立新军，必须广泛发动群众，组织自动为抗日而来的先进分子，造成真正抗日的武装部队。"强调"纪律为游击队的精髓，也是游击队中必须要严谨地建立起来的非常重要的工作。"要"用党员来领导队伍，党员在队伍里起模范作用。"

△ 出席在吉县城隍庙召开的党政军民大会并讲话，介绍了八路军的抗战及其发展情况，并强调：孙中山的新三民主义为我国抗敌反帝反封建之必需，所以为我党之最低纲领，愿为其彻底实现而奋斗；只要在统一战线的基础上，一切政党、军队、团体都可以团结起来。还讲了要坚持抗战，反对妥协；坚持团结，反对分裂；坚持进步，反对倒退等问题。

△ 出席在吉县政府大会堂原定以纪念十月革命节名义召开的座谈会并讲话，介绍了苏联在武汉支持我国抗战、主动放弃沙俄在中国的一些特权以及列宁怎样领导工农取得十月革命胜利的情况。强调：我们中国有四万万人，只要团结起来，打

败日本，建立新中国是完全可能的。并指出：只要文官不贪财，武将不怕死，就可以取得胜利。

12月1日 收到毛泽东、王稼祥致朱德、彭德怀，聂荣臻电：中央决定在晋东南和晋察冀设立抗大两个分校，由抗大本校分出干部和学员开赴上述两地。延安抗大本校改为培养八路军比较高级干部的学校。二日，与彭德怀、左权复电毛泽东、王稼祥、滕代远等：估计今后形势将更加严重，前后方交通困难，往返需时更多。延安物质条件更难解决，同意抗日军政大学分一部分在晋东南成立分校。

12月2日 与彭德怀、左权致电叶剑英、周恩来并致毛泽东等：前方经费目前处于极困难阶段，冬衣尚未完全解决，山西、河南筹粮磨擦特别多，兵工厂经费只能从本月份及明年一月份各拨五万元，共十万元，再无法多拨。

△ 中共中央书记处致电朱德、彭德怀等，提出与鹿钟麟斗争的方针与策略。指出：与鹿合作须经过一段激烈斗争，否则鹿恐难觉悟。我们的基本方针是促其改变态度与我合作，但目前当其无理进攻时，应给以有力反抗。武装冲突应尽力避免，但当其过分无理时，采取自卫并做到使群众、地方名流及中立者觉得鹿太无理，而八路军是不得已。应广为宣传中共六中全会宣言、决议，使群众了解我党目前对时局、对友党的基本立场。请朱德、彭德怀约鹿钟麟作一次强硬谈判或去强硬电报，并向蒋介石、孔祥熙报告。

△ 与彭德怀致电贺龙、关向应：令率一二〇师主力开赴冀中，执行巩固、帮助第三纵队和发展部队的任务。

△ 与彭德怀致电陈光、罗荣桓并报毛泽东等：（一）陈光、罗荣桓率领一一五师师直及三四三旅六八五、六八六两团开赴新、老黄河间苏鲁皖地区开展工作。六八五团拟于本月十

日以内先行出动，陈、罗率师直及六八六团应即先开晋东南部队附近。（二）补充团及晋西游击队第一、第二、第三大队，合编为一一五师独立第一支队，由陈士榘任支队长，统一指挥，暂留吕梁山脉活动。（三）晋西游击第一、第二、第三大队即合编为一个团，并任杨尚儒为团长。（四）由陈光、罗荣桓负责配一名适当干部，任独一支队政治委员，并配备干部，组织该支队司、政、供、卫等机关。十六日，与彭德怀、傅钟致电陈光、罗荣桓，任命：陈士榘为独立支队长，黄骅为副支队长，林枫为政委，杨尚儒为第二团团长，马佩勋为政委，刘德明为补充团团长。

12月2日 在山西屯留县故县镇八路军总部与彭德怀、左权复电毛泽东、王稼祥、滕代远等：估计今后形势将更严重，前后方交通困难，往返需要时间更多，以及延安物质条件更难解决，同意抗日军政大学一部分来晋东南成立分校。

12月3日 与彭德怀致电蒋介石，通报：日前八路军在晋西所获敌机一架，昨已整修完毕，飞往西安。

12月4日 收到毛泽东致博古、叶剑英、朱德、杨尚昆、林伯渠、伍云甫、南汉宸、彭德怀电，告以：高桂滋派其秘书韩俊杰持信来此见我，探听我们对高部调至陕北之态度。我看高又想来又怕打，在动摇中。我们决不让高桂滋部来，来则必打。请重庆办事处迅即设法，打消蒋介石调高企图；请伯渠、汉宸迅即设法打消西安行营及蒋鼎文调高企图；请朱、杨、左即派人至垣曲见高表示此意见。重庆、西安两处都应表明如政府调高桂滋，我们须加调一旅至两旅来陕保卫边区。亦请德怀向阎锡山表示我之态度。

12月9日 收到毛泽东、王稼祥致朱德、彭德怀电：河南杞县一带土匪称雄，蹂躏地方，很多土匪头子，被委为行政官及自卫团总，群众恨之入骨，我们必须剿匪。为避免引起与友军磨擦，请去电程潜请示办法，最好能由他给彭雪枫[1]以剿匪之权。

12月10日 收到毛泽东、王稼祥、刘少奇致朱德、周恩来、叶剑英电，告以：据彭雪枫电告，他从竹沟率一小游击队（即新四军游击支队）到西华，渡过新黄河，进至鹿邑后，部队已扩大到三千多人，民众热烈欢迎，到处要求新四军前去驻扎。当地专员、县长及新起之抗日部队，都要求派干部帮助，关系极好。地方党的组织也相当强。为此，"提议即派八路军之一部并多带干部到陇海路以南、新黄河以北、津浦路以东活动。"

12月中旬 在长治听取山西青年抗敌决死第三纵队关于建党工作情况汇报。当负责党的组织工人的郝廷锐和负责该队军政干部学校党的工作的燕登甲报告到党员共有一百多人时，指出：党员发展太少，今后要大胆加快发展，"就像母鸡下蛋一样，走到哪里下到哪里，一个下几个、几百个"。

12月12日 在长治和华北各界人士座谈国际形势、国共合作、游击战争、青年与妇女等问题。谈到共产党对三民主义和蒋介石的态度时说：我们信仰共产主义，现在实行三民主义，只要蒋介石坚决抗战，我们坚决拥护，现在如果还反对我们共产党，就太没有道理了。谈到抗日战争的发展时说：我们估量敌人会由相持到退却。同时，我们的游击队在相持阶段要大大发展，变为正规军。

△ 与彭德怀、傅钟致电张闻天、毛泽东等，报告：九日晚，我军克复望都、定县、新乐三个县城及清风店、方顺桥等重要车站。这是自平型关战斗以来的第一个大胜仗，它不但缴

―――――――

[1] 彭雪枫，时任新四军游击支队司令员。

获了许多军用品,而且牵制了正沿平汉线南进之敌,直接援助了津浦线上的作战,兴奋了友军。证明我军长于运动战、游击战,粉碎了亲日派、汉奸诬蔑"八路军游而不击",群众无组织、无力量的亡国论。

12月13日 收到毛泽东、王稼祥致朱德、彭德怀、杨尚昆、刘伯承、邓小平、宋任穷、徐向前电:石友三〔1〕、高树勋〔2〕等部队正在向河北省南宫县开进中,挽留无效。我们应准备欢迎他们,以真诚态度帮助其发展,并对统战工作作可能让步,使其能与我亲密合作,以打破鹿钟麟勾结石、高排挤八路军之企图,而使鹿陷于孤立,迫使其进步。提议你们去电欢迎石、高。

△ 毛泽东、王稼祥致电八路军总部、晋察冀军区、一二〇师、一一五师,告以:在晋东南、晋察冀设立两个抗大分校的具体计划;八路军以前送来抗大之学生现已毕业,决随两分校去前方分配工作,在路上可以帮助分校工作。

12月14日 与杨尚昆、朱瑞致电萧华并告刘伯承等:"你与高树勋见面很好,但应注意:(一)高设立军政委员会邀请你参加,似有取消军分会之企图,我们应坚持保障军分区之存在。(二)对河北问题〔3〕之解决,不必对高作肯定的答复,一切待彭总回后,协同程(潜)、阎(锡山)、卫(立煌)司令长官派大员解决。(三)对自己队伍应加紧政治上的巩固工作,提高部队警觉性,注意对李文成部〔4〕的教育与巩固。(四)

---

〔1〕 石友三,时任国民党军第十军团司令、第三十九集团军总司令。
〔2〕 高树勋,时任国民党军第十一战区副司令长官兼新八军军长。
〔3〕 河北问题,指鹿钟麟在河北省各地制造反共磨擦问题。
〔4〕 李文成部,原为河北省东光县民团,于1938年夏改编为冀中军区津南自卫军独立第二旅,李文成任旅长。后因李部与日伪勾结,1939年7月部队整编时该部解散。

多与高谈华北各党派、各军应精诚团结,一致打日本,不宜互生磨擦,免为敌寇所乘。"

12月15日 毛泽东、王稼祥、谭政致电八路军总部、各师、晋察冀军区、新四军,通告:抗日战争研究会决定在延安出版《八路军军政》杂志,以供八路军、新四军及游击队作为工作上之指导刊物,并用以影响友军。毛泽东、王稼祥、萧劲光、郭化若、萧向荣组成编委会,萧向荣担任编辑。暂时半月出一期,八路军政治部出版。

△ 与彭德怀、杨尚昆致电陈光、罗荣桓:一一五师师直及三四三旅六八六团由陈光率领,待抗大分校到后,同时东进。罗荣桓率少数人员及延安来人即来总部,准备先赴山东传达六届六中全会决议。

12月16日 收到毛泽东、王稼祥致朱德、彭德怀电:我们意见彭去西安开会为好,因朱在汉口已见过蒋介石、关于抗大分校之开拔路费,希从一二九师提一部分款子帮助后方,此间财政万分困难,聂荣臻已允助三万元,希你处能助五万元;贺龙、关向应率一二〇师一部去冀中如何部署,盼告。

12月17日 与彭德怀致电林伯渠、伍云甫抄转蒋锡奎[1]:咸阳检查所前后共扣留由延安赴前线人员百余,甚至尚有失踪多日至今尚无下落者,即向第二所领发护照、车证,亦不发给。此举对抗战只有害而无利,请即令咸阳检查所将此扣留人员全部释放,西安为八路军前后必经之道,以后凡我军护照、车辆,勿加留难,均予放行,以利戎机。

△ 与彭德怀、左权致电毛泽东、王稼祥、滕代远:八路军总司令部的工作日益增多与复杂,必须加强,请调派得力的

―――――

〔1〕蒋锡奎,时任国民党管辖咸阳检查所负责人。

业务干部来前方。

12月18日 中共中央军委总政治部发出通知：经中共中央书记处通过，中央军委总政治部党务委员会由朱德、彭德怀、项英、谭政、方强、陈毅、傅钟、滕代远、袁国平、聂荣臻、舒同、罗瑞卿、张际春、莫文骅、萧劲光、罗荣桓、关向应、邓小平、彭雪峰、程子华、黎玉、林彪、贺龙、刘伯承、张鼎丞、王稼祥等二十六人组成。以王稼祥为主席，谭政、方强为副主席，暂以在延安者为常委。

△ 汪精卫[1]由重庆潜飞昆明，次日转飞越南河内。二十九日，汪精卫发表通电，主张停止抗战，对日求和。

12月21日 与左权致电毛泽东、张闻天、王稼祥、周恩来等：（一）鹿钟麟坚持取消我冀南主任公署直至各县政府，我们则坚持此公署之存在。鹿钟麟正用全力排挤八路军，扩大自己力量，最好请周向蒋介石、孔祥熙要求该公署之合法存在，以利于进行群众工作，否则，不断磨擦之结果，会走向武装冲突之可能。现国民党军石友三部和高树勋部正在北开，闻其已过胶济路向惠民前进中。我刘伯承师主力东开南宫附近，陈赓率六八八团已到鲁西，巩固该区各县政权。目前对于河北问题必须具体解决才好。（二）豫北磨擦亦大，国民党的西西（CC）[2]、复兴社[3]分子，大肆活动，不断捕杀共产党员及

---

[1] 汪精卫，抗日战争爆发后，任国民党国防最高会议副主席，主张对日妥协，是国民党内亲日派首领。1938年任国民党副总裁，公开投降日本帝国主义后，任日本帝国主义扶植的南京傀儡政府主席。

[2] 西西（CC），陈立夫、陈果夫组织的中央俱乐部（即CC），控制国民党中央执行委员会调查统计局（即中统）。

[3] 复兴社，又叫蓝衣社。十年内战时期国民党内极端秘密的政治团体"三民主义力行社"的外围组织。

我地方工作人员。我一一五师陈光旅拟于明年一月初开始东进，转豫东工作。已派六八五团先进苏鲁边单县、沛县、丰县发展工作，该团明日可渡黄河到达东明附近。彭雪枫部应先在苏皖边发展，待陈光旅到后再转回鲁东。现豫北问题已采取让步，部队已大部离开，改向东发展，以免多方树敌，以便集中力量对鹿钟麟。（三）山东方面，敌人侵占莱芜后，分七路向鲁南进犯。山东国民党地方顽固派对我们采取分化、经济封锁，逼我们到敌路线以南作战，缩小我军活动范围。对小游击队则采用武装威胁。现邹平、长山第三支队五大队被迫无法立足，已令向南转移，靠近四、八支队。（四）阎锡山对我关系稍为好转，磨擦较少。

△ 与彭德怀、左权致电各兵团首长，通告部队干部、战士津贴费标准的规定：师、旅级五元，团、营级四元，连级三元，排级二元。连上士一元伍角，战士一元。以上规定自明年一月起实施。

△ 与彭德怀致电贺龙，聂荣臻，陈光，刘伯承等：为增加兵工厂生产，节省制造原料，请各部立即收集弹壳及铁轨、废汽车，除一一五师、一二○师及晋察冀军区直送陕交留守处外，余各部即送总部转延安。如各部有小军需工业，应收集铁轨供自己原料用。

△ 致电刘伯承，令率一二九师三八六旅主力及先遣支队三大队下太行山，进入冀南平原，直接领导该地区斗争，以巩固冀南，坚持鲁西北，保障一一五师向豫鲁冀及山东发展。

△ 致电林伯渠等：我本日抵垣曲，明日回总部。乘此机会，延安来的人员及物质、资材、书籍、文件等，应即刻送来，不宜停留。朱理治[1]到时，请告他现洛阳空气不好，办

---

[1] 朱理治，时任中共河南省委书记。

事处缓建立，现可不必派人去程潜处，你们仍旧照过去形式工作。已拨一万元给杨立三，余三十万零一千元我已带回前总。

12月25日　为纪念云南护国军起义二十三周年，在八路军干部会议上作《回忆云南起义》报告，他说：蔡锷对于军事具有远大的眼光，他曾著了一本书，叫做《孙吴治兵语略》，他主张将来与外国侵略者作战时，应当用运动战、游击战，应当诱敌深入而消灭之。这种伟大的战略的先见，在今天特别值得指出。

12月26日　与左权复电唐天际[1]：同意你处修械所扩大，总部先拨款三千元作工厂建设之用；望大批收集枪工并选些造枪工人送总部来。

12月27日　率八路军总部抵潞城县北村。

12月30日　与彭德怀致电各兵团首长，通告：现成立晋冀豫边区游击司令部，倪志亮任司令员，王树声任副司令，王新亭任政治委员。许世友任抗日挺进纵队副司令员，王宏坤任一二九师东进纵队政治委员，曾传六任三八六旅政治委员。

是年　为美联社撰写《对目前战局的观察》一文，文章指出：具体说来，我军努力的方向是在敌人占领地区的远近后方去活动，在政治上加强民族的团结与统一，在军事上努力灵活部队，加强抗日教育以保证战斗力和积极性的发扬，战略战术方面保证在运动中大量消灭敌人，群众工作方面广泛发展抗日游击战，在晋南则加紧军民的团结，发动民众起来拥护和帮助抗战的政府与军队，国际方面联合英美苏，联合一切同情中国抗战的国家和民族，日本方面我们也努力与其人民联合起来，从而打倒日本法西斯强盗，求得真正的东西和平。

---

[1] 唐天际，时任晋冀豫军区所属晋豫边支队司令员。

1939年　五十三岁

1月1日　在《新华日报》（华北版）创刊号上发表《迎接一九三九年》，号召处在敌后的华北军民，一致动员起来，巩固与扩大抗日民族统一战线；发扬一切抗战部队的勇敢精神，广泛开展游击战争；动员广大群众，组织群众武装，在敌人后方坚持长期抗战。

△　与傅钟、薄一波等出席山西省第三、第五行政专员公署在沁县联合召开的晋东南各界"反汪拥蒋"大会并发表讲话，严厉斥责汪精卫的卖国投降活动，表示支持蒋介石继续抗日，强调巩固和发展抗日民族统一战线，团结一致，共同对敌。

1月2日　在沁县民族中学向全体学生发表讲话：说"青年是新中国年轻的一代，必然与时代前进。历史决不会重演，也不会循环。但过去五千年遗留下来的优良文化传统，我们都应该批判地加以接受。同时要吸收世界上一切宝贵的经验，特别是我们朋友苏联的革命经验，溶化起来，武装我们的头脑，应用到每一个实际的场合里，这样抗日才会胜利，建国才能成功。这样，才算是一个很好的理论家和学问家。"

1月3日　出席山西青年抗敌决死第三纵队在沁县召开的干部会议并发表讲话，指出：要坚持华北抗战，粉碎日军的新进攻，在战略上应是持久战，在战役战术上则是速决战。这就要发动群众，取得群众的配合。中国要真正想把日本侵略者打出去，建立一个新中国，没有强大的崭新的军队是不行的。

△ 与彭德怀、林彪、刘伯承、贺龙、聂荣臻、徐向前、萧克致电蒋介石，表示：为抗敌大计，应明令停止防止异党活动办法，清洗暗藏之汪派分子，以巩固团结，加强抗战力量。

1月4日 在沁县南沟村举行的晋东南各剧团代表座谈会上讲话，指出：戏剧是宣传群众的有力武器，每个戏剧工作者应善于利用群众所爱好的形式来教育群众，动员群众参战；戏剧应多表现抗战中各地悲壮斗争的事迹。

1月7日 致电鹿钟麟，关于最近河北各地发生的磨擦事件，"弟已令敝军一二九师师长刘伯承、徐向前、政治主任邓小平就近与兄相商，共同解决"。另外，蒋介石已电令程潜、卫立煌派大员，"协同彭德怀同志到兄处共同商决办理一切"。

1月9日 关于河北问题及其对策，与杨尚昆、朱瑞致电中共中央书记处，报告：鹿钟麟在冀南大肆活动，武装接收政权，企图先取冀南，再取冀中，分割晋察冀边区。提出击破鹿钟麟阴谋的办法。强调冀南各县对鹿钟麟的挑衅必要时应采取正当的自卫手段。

1月上旬 在八路军总部接见率第一一五师直属队和第三四三旅第六八六团从晋西灵石双池镇出发向山东挺进的第一一五师代师长陈光、政委罗荣桓，并到部队驻地看望大家、作报告。

1月11日 八路军总部发布关于政治工作任务训令，指出：目前华北已进入严重的战斗状况，我们的任务是战胜困难，坚持华北抗战。必须立即在部队和群众中广泛、深入坚持华北抗战教育，一方面要指出有胜利的可能，要提高信心，反对悲观失望；另一方面要反对骄傲自大，充分估计到敌之进攻的严重性、战斗的长期性、残酷性。提出了具体的政治工作任务。

1月13日 收到毛泽东、王稼祥致周恩来、博古、凯丰并告朱德、彭德怀电,指出:我们必须坚持与争取向鲁、皖及华中发展,但在目前磨擦很多,国民政府军事委员会严令禁止八路军入中原的时候,我正规部队可暂缓去华中。

1月17日 与左权致电张经武、黎玉[1]:"所获飞机师应妥为看管教育,不能与日寇进行交换,这将使我在政治上受莫大损失,并严防日寇之挑拨手段。"

△ 与左权等致电毛泽东等,建议:"拟规定每月每人发医药费一角,由各该部自行购药。"

△ 与杨尚昆致电刘伯承、邓小平、徐向前,指出:在冀南地区,应以积极作战求得胜利,粉碎敌人的围攻为主要目的,作战方针是动员民众积极帮助军队作战,做到军政民一致对敌。亦应争取国民党军队与我军共同杀敌。军队各集团应以主力采取主动积极的灵活的运动游击战术,求得部分地逐次地消灭敌人。

1月19日 与杨尚昆、左权、傅钟致电中共中央书记处:国民党对我党采取限制政策。华北各地如冀中、冀南、津南、山东的磨擦日渐增加。我们在华北应做下列部署:我正规军及各游击队应积极向敌占区活动,粉碎敌人对冀中、冀南的进攻;一一五师直属队及六八六团拟进入冀鲁边地区,由罗荣桓率干部去山东传达党的六中全会精神,帮助整理山东纵队,六八五团仍留现地区与彭雪枫部配合工作;加紧对整个部队的统一战线及军政教育,调整各新编部队,以增强战斗力;深入与巩固各地党的工作及群众工作;加强各友军的联络工作;纠正统一战线工作中的缺点,反对关门主义。在河北对鹿钟麟准备作某些无害大局的让步,以求得减少磨擦。

---

[1] 黎玉,时任中共山东分局副书记。

1月20日 关于建立情报工作和划分各部队侦察区域问题,以第十八集团军总部名义致电聂荣臻、倪志亮[1]、王震[2]等:平绥铁路北平到张家口段由四纵队负责,张家口到大同段由三五九旅负责,大同至包头段由大青山支队负责;同蒲铁路阳曲至大同段由三五八旅负责;正太铁路由一二九师、晋察冀军区留守部队共同负责;平汉铁路石家庄以北由三纵队及晋察边区部队负责,石家庄以南由一二九师位于平汉铁路东、西之部队负责;平津铁路及津浦铁路沧州以北由三纵队负责,沧州段由东进抗日挺进队负责;胶济铁路由山东纵队负责。并指出:今后情报,务必随时电告。

1月21日 与彭德怀致电八路军各兵团首长,规定自本月起,特种兵如骑炮工各级干部每月津贴如下:班长一元五角,排长二元五角,连长三元五角,营长四元。政治工作人员与步兵的士兵一元,不另增加。三十一日,八路军前方总部致电各兵团首长:查前规定之津贴费中,对各部处之股长、参谋、科员、干事改为一律三元一项,应作如下修改:对上列人员之津贴费应分为二元、二元五角、三元、三元五角、四元等。四月十三日,八路军总部致电滕代远等,告以:各兵团新规津贴、鞋袜费与前方对正,应改正如下:班长与战士同为一元五角;排长、连长及政治指导员三元至三元五角;分站长、教导员四元;其他均照兵站新规定。还指出:前方津贴虽有规定,但因经济困难,总直、抗大和医院及各师三月份均停发津贴,仅每人发鞋袜费五角。一二○师一二三月均未发津贴,共只发鞋袜费一元,路东部队从去年十二月起至今未发分文。总部已有令

―――――――

[1] 倪志亮,时任八路军第一二九师参谋长。
[2] 王震,时任八路军第一二○师三五九旅旅长兼政治委员。

从三月份起停发津贴，每月只发五角鞋袜费，月底依经济情况决定。兵站经费必须遵照总部规定，办公杂支应重新规定，特别招待费应取消，开展节约运动，学习前方部队的艰苦精神。

1月21日—30日 国民党五届五中全会在重庆举行。会议确定对共产党采取"溶共"、"防共"、"限共"的方针，原则通过《限制异党活动办法》，决定设置"防共委员会"，严密限制共产党和一切进步力量的言论和行动。

1月23日 为《新华日报》（华北版）题词："坚持华北抗战，保卫大西北。"

1月24日 与左权向八路军第一二〇师、一二九师、晋察冀军区以及山东纵队等首长通报蒋介石颁布的第二期作战指导方案。

1月26日 与左权致电毛泽东、周恩来等：和顺之敌二千余，今日和昨日由平定、昔阳增来之敌千余，本日分两路，一路二千余进犯辽县，已进占寒王镇，桂干生支队与敌对战中；另一路千余向东南进犯，已进占松烟，与我张支队一个营对战中。估计敌明日有进占辽县之可能。已令三八五旅五个营转至松烟附近，三八六旅七七二团明日可赶到辽县以东拐儿镇，配合三八五旅夹击松烟南犯之敌，陈光率六八六团主力预计三十日可赶到辽县附近，驻榆社决死队一个团本日已赴辽县。

1月27日 与彭德怀、左权致电陈光、罗荣桓：三八五旅今晚到拐儿镇附近，三八六旅七七二团到中寨以东二十里之杨家庄，决定明日拂晓突击由和顺南犯进至中寨等地之敌。并告以决死队之一团已到辽县西，明日转移于辽县东南地区，策应左路作战。

1月28日 与彭德怀致电八路军各部首长，规定卫生人员津贴：军医每月六元至十五元；见习医生（见习期为三个月）每月四元，升为医生每月六元；国外留学或国内专门大学毕业之卫生人员，初参加工作者每月二十元至三十元；医助四元，司药长六元，司药主任四元，司药三元，调剂员二元；看护长二元；看护员、卫生员与战士同。

1月29日 与彭德怀致电陈光、刘伯承、聂荣臻、贺龙等，告以：和顺之敌已增至一个旅团，辽县今日有失守可能，估计进犯和顺、辽县之敌目的是配合冀中、冀南作战，扩大平汉线两侧占领地区，以保卫平汉线安全和逐渐实施其"扫荡"计划。指出：陈光、罗荣桓应统一指挥辽县各部队，积极阻止正面之敌继续扩大占领地区的企图，力求逼退进犯之敌，相机消灭其一部。一二九师应以有力部队转入由平汉线东犯之敌的后方，积极破路袭扰。晋察冀军区以有力一部进出正太线破路袭扰，力求伸出正太线以南，尾击由平定、昔阳南犯之敌。一二○师独立第二旅应注意同蒲路北段特别是太原敌人之活动。晋西支队注意对介休、霍县段敌之活动，以配合晋东南作战。

△ 与彭德怀致电周恩来转蒋介石等，告以：陕西邠州专员召集保安队约五百余人，将八路军在土桥的伤兵驻地重重包围，禁止出入，并开枪示威，称奉令驱逐出境。"我前线将士正在奋勇杀敌中，战地闻讯之余，全军愤慨"。"谨电呈钧座饬令制止"，"并明令批准职路伤兵在枸邑、土桥等地休养，责令该地驻军加以保护"。

△ 与彭德怀、左权致电刘伯承、陈光等，告以：总部开办爆破技术训练班，规定一二九师及一一五师调学生共四十名。二月五日前送总部。学生条件是：党员，政治坚定，不泄露机密；有相当文化程度，最好能普通科学；可任排连级干部者，最好有点战斗经验。

△ 与彭德怀、左权致电叶季壮等，告以：今后穷苦学生

到抗大分校来学习，每人应发足十五元伙食费（每日以三角计算）。

1月31日 与彭德怀、左权致电陈光、罗荣桓，告以：总部修械所在辽县西南之韩庄，望即派兵一连位于辽县姜家庄之间适当地点荫蔽配置，以掩护修械所并与修械所秘密取得联络。

2月2日 与彭德怀致电卫立煌，通报八路军在晋东南已克复辽县，正在分途追歼进犯晋东之敌。还告以：同蒲路的日军在不断增加，有东犯模样，实堪注意。请饬晋南各友军严加防范。

△ 与彭德怀、左权致电各兵团首长：规定自二月起，连（队）长、科员、股长到战士，每人发鞋袜费五角（凡津贴费满四元者，不发此费）；马干费自二月一日起，骡马每匹每天发大洋二角五分，驴子发大洋两角，洋马发大洋三角（只限在晋东南部队，各兵团应按驻地粮价斟酌增减之）；因公出差人员，每天每人发伙食大洋三角（到达部队有饭吃时应停止发给）。

△ 收到毛泽东、王稼祥、滕代远致朱德、彭德怀、杨尚昆、聂荣臻、彭真、贺龙、关向应、萧克电：中央与军委曾决定贺龙师到冀中帮助巩固吕正操[1]纵队工作，并扩大自己，吕纵队应归贺、关指挥，但建制仍归聂军区。请朱、彭下达命令，由聂军区、晋察冀省委和一二〇师负责同志组织军政委员会，建立集体领导。由他们提出名单交前总和北方局批准。

2月3日 与彭德怀、左权致电周恩来等，告以：八路军在与从和顺南犯之敌作战中，毙、伤敌五六百。在这次战斗中敌施放了毒气，八路军中毒者有百人以上。现已将敌击退，敌已全部退集和顺附近。八路军已收复辽县，准备恢复和顺。

---

[1] 吕正操，时任八路军第三纵队司令员兼冀中军区司令员。

△ 毛泽东等以朱德、彭德怀名义致电周恩来转蒋介石，针对蒋介石发布的关于八路军所有兵站分监部及各站从一月份起撤销的电令，指出："窃职部为正规国军，现担任游击任务，战线甚广，因而军需接济更赖于兵站补给。""如将兵站撤销，则接济困难，影响战争甚巨，拟恳钧座俯准职部十八（集团军）兵站分监部及各站不予撤销"，并请每月增加兵站费一万元，以利作战。

△ 与彭德怀、杨尚昆、朱瑞致电中共中央书记处，提出拟定与鹿钟麟谈判的共同纲领，征求意见。该纲领内容主要是：（一）坚持河北抗战，巩固收复之失地，继续扩大占领区，缩小敌占区，配合华北及全国抗战，以争取抗战最后胜利为最高行动准则。（二）必须充分发动与组织民众，武装民众，开展游击战争。（三）国共两党以亲密合作，坚持团结，严厉取缔挑拨离间、诋毁两党威信、破坏抗日民族统一战线之一切阴谋分子。（四）促成建立县、专区、省的民意机关。应完全允许人民直接选举产生民意机关。（五）实行减租减息，政府奖励生产与救济事业，并切实优待抗日军人家庭。（六）统一行政。（七）建设财政经济之巩固基础。（八）合理的统一军事指挥。划定军区，以大的部队指挥较小部队为原则，八路军在冀察部队除自动配合作战外，于必要时经过八路军总部同意，可归冀察战区司令部指挥。（九）加强与统一群众领导。二月十日，中共中央书记处发出《关于河北等地磨擦问题的指示》，针对冀中、冀南、冀察晋、晋东南等地区鹿钟麟、沈鸿烈制造磨擦与纠纷问题，提出中国共产党及八路军领导的主张：（一）要求军政党民之一致，应由当地高级指挥官兼地方行政官。应坚决要求撤换鹿钟麟，以朱德为冀察战区总司令兼河北省主席，石友三副之。（二）为发展冀、察、鲁之游击战争，巩固

三省之抗日根据地，应将山西八路军部队，多开一部分赴三省，而三省八路军部队不能减少。（三）冀察晋边区、冀中、冀南现行政权，不但决不应取消，相反，应在山东及其他地区，依照战略形势划分新的行政区域。（四）要求国民党纠正一切使敌后军政党民不一致、指挥间不统一和限制排挤八路军之政策；八路军必须反击非理进攻，决不能轻言让步。（五）决不能取消冀中、冀南行政公署，冀察晋政委会。（六）因政府发饷甚少，而人民拥戴，踊跃输财，八路军及游击队不能枵腹作战，不得不就地筹粮。（七）八路军名称，为敌人所畏，为国人所爱，决不能轻易更改。

2月4日　与彭德怀致电刘伯承、徐向前、邓小平：（一）国民党的"限共"政策导致目前华北各地磨擦日益加紧。（二）为减少磨擦，更便于打击顽固分子，应扩大我之外围力量，培养可靠之同情武装力量。（三）对田玉民、张锡衍一类地方武装，不宜编入我主力部队，不挂八路军名义，而是加强我之工作，使其更扩大与巩固，成为保卫冀西的一支重要力量；对在我党领导下的杨秀峰[1]游击队，应加强其工作，设法帮助扩大，使之成为保卫冀西的主要力量。这对巩固太行山抗日根据地有极大的意义。（四）辽县已收复。等晋东战况较稳定后，拟以陈光、罗荣桓率师直及六八六团去冀南、鲁西北交界地区集结，萧华和李聚奎部、豫北及苏鲁边之六八五团为一集团，而统一指挥之。并拟补充六八六团，使之成为坚强之旅。（五）六八六团拟于三月间调回晋东整理。

　　△　与彭德怀将八路军战功特著之军政人员名单报阎锡山，他们是：一一五师师长林彪，一一五师三四三旅旅长陈光

---

〔1〕杨秀峰，时任冀西游击队司令员。

（代师长），一一五师三四四旅旅长徐海东；一二〇师师长贺龙、副师长萧克，一二〇师三五九旅旅长王震；一二九师师长刘伯承，一二九师三八五旅旅长陈锡联，一二九师三八六旅旅长陈赓；东进纵队司令陈再道，晋察冀军区司令员聂荣臻，游击第一支队长杨成武，游击第三支队长陈漫远，晋察热辽纵队司令宋时轮；一一五师政治部主任罗荣桓，一二〇师政治部主任关向应，三五八旅政治部主任李井泉，一二九师政治部主任邓小平，东进纵队政治部主任宋任穷，晋察冀军区政治部主任舒同，挺进纵队政治部主任邓华。

2月6日 与彭德怀致电周恩来转蒋介石、何应钦、陈诚等：自去年十一月底起，日军开始向河北平原地区"扫荡"，企图进而转向山地，巩固地占领华北，两月来，增来华北之兵力已发现有七、十、十一、十四、二十五、一一〇等师团。为坚持河北平原游击战争，巩固抗日根据地，我冀中吕（正操）部（第三纵队）、冀南刘（伯承）部无日不在与敌苦战中。为彻底粉碎敌军"扫荡"，除以最大决心坚持平原游击战外，并采取如下对策：（一）冀中、冀南各区部队分三、四个集团，分别阻击当面之敌，以一切方法增加敌之困难与消耗，并准备于适当地区内集结最优势兵力各个击破敌人。（二）开展敌侧后及纵深中之游击战争，切断敌军后方联络，分散敌之兵力。（三）我平汉铁路以西之部队，向平汉铁路作宽正面的袭扰，破坏铁路，并尾击东进之敌，配合平汉铁路以东之部队夹击东进之敌。（四）派贺龙率一二〇师一部，加强冀中作战与指挥。（五）继续动员广大群众和团结一切抗战力量，坚持抗战。另告以：刘伯承师一部正在晋县与敌相持之中，该敌将进至深县，请现集结于冀县南北安全地带之鹿钟麟所属张荫梧、赵云祥等部，抗击和引诱该敌，以便八路军各部集中主力击破敌之围攻。

△　与彭德怀、左权致电周恩来、叶剑英、邓颖超[1]：华北战事日紧，每次战斗敌均大肆放毒。现前方防毒实成问题，估计将来战争进入残酷阶段，敌放毒则更厉害，因此防毒工作必须有充分准备。彭德怀在重庆时与浦安修之姐夫杜君商办制造防毒面具，请邓颖超即找杜君面谈解决具体问题。

△　与彭德怀、左权致电周恩来、叶剑英，通报一二〇师七一六团在冀中河间地区与敌战斗情况和宋时轮、邓华部在平西战斗情况。

△　与彭德怀、左权致电周恩来、叶剑英并报毛泽东等：由辽县北退之敌于二日全部集中和顺附近，后退入牛川。和顺仍有敌二千余，榆次、太仓、祁县集敌四千余，扬言要分三路东犯；冀南的广宗、威县已为敌攻陷。

△　与彭德怀、杨尚昆致电萧克等：同意晋察冀组织军政委员会，以萧克为书记。基本同意萧克关于暂在宛平县斋堂地域整理部队，待机深入冀热察边区的意见。但在整理部队时期，必须着重注意昌平、宣化段铁道南北的工作布置。在不妨害整理及可能条件下，应派干部及小游击队深入滦河以西、清水河以东之白河两翼地区发展，造成你们于四月间深入该地区建立根据地之基础，然后向冀东、热南发展。

2月7日　与彭德怀、左权致电各兵团首长并刘伯承、徐向前、邓小平，发布整军计划训令：因华北战局必然更加严重及艰苦，为着求得战胜将来的严重困难，保障与巩固根据地，以争取持久抗战之胜利，拟分期整训部队，第一期三个月，从三月一日起，整理三十个团，共约十万人。训令强调：各兵团要用一切努力加强部队党与政治工作，巩固党的领导，提高自

─────────

[1] 邓颖超，时任中共中央南方局委员兼妇委书记。

觉纪律，提高战斗力与技术教育，切实建立军队中的一切制度，克服游击主义，使之正规化，特别注意提高各级军事干部军事、政治与文化水平。训令要求：各整理兵团均按云阳改编时的编制表充实编制，惟团属步兵炮连逐渐补充，后方已修好三十门，拟增工兵连一，增侦察连一，全团武器应配足；在战术上应保持我军优良作风，要以步兵战斗条令为基准，其他一般基本教练（除纪律、内务条令外）概以国民党一九三五年颁发之典范为基准；在未整理之前，各兵团应积极打击敌人，并利用一切时间进行教育；各地方武装应按总部以前规定，严格整理，严肃纪律。

2月11日　与彭德怀致电蒋介石等，告以：敌进攻冀中兵力在三万以上（另伪军六千余）；我冀中军民与敌大小战斗一百五十余次，毙伤敌四千余人，我亦伤亡四千余人，中毒二千余。敌还以二万兵力进攻冀南，我冀南军民伤亡一千余。现冀中、冀南城镇已多落敌手，我坚决坚持到底。请饬各部配合，如消极躲避逃跑，只能使河北沦陷。当日，还与彭德怀致电卫立煌等，通报八路军在冀中、冀南与日军战斗情况，希望他们命令河北各友军部队给以配合。并指出：消极躲避或逃跑只能助长敌人气焰。

△　与彭德怀致电各部队，指出：判断敌军在青纱帐前企图"扫荡"河北及山东平原地带，巩固交通线，沿铁道筑垒，扩张其占领区，然后相机以主力进攻山岳地带，摧毁我根据地。我们必须以最大毅力克服困难，坚持华北持久抗战，不断粉碎敌人之围攻。基本指导原则是：坚持河北、山东平原地带游击战，巩固山岳地带之根据地，以围攻与反围攻配合起来粉碎敌之围攻合击；在抗日民族统一战线下，做到军民亲密结合，以游击战为主，削弱疲惫敌人，争取收复平原已失城市。

还指出：要立即健全冀中、冀南各军分区和政府机关之领导，在组织上必须短小精干，适合游击战争环境，健全与加强各军分区之各若干游击队；必须以一二九师军政首长以各种方式建立与健全鲁西北的军分区，待陈光、罗荣桓到后移交。整训之部队应移到平汉铁路以西，均靠山地进行整训。为统一冀中指挥，任命贺龙为冀中总指挥，关向应为政治委员，吕正操为副总指挥，但仍各兼原职。平汉线铁路以东的重要资材，尤其是冀中兵工厂及器材，应设法搬运到路西山地，晋察冀军区须储备大量粮食、医药、交通器材及其他军用品，准备供给第一二〇师和第三纵队。平汉路以东之贺龙部、吕正操部及一二九师主力，在不得已时转移至路西，其指挥机关在某种情况下，亦应转移至路西指挥。

△ 与彭德怀、左权致电八路军各兵团首长，告以：蒋介石已发我们制弹机，急需大批子弹壳及铜，以便制弹。请严令各部每次战斗后均应负责收集弹壳，同时发动群众收集铜，可付价收买。

2月12日 与彭德怀致电毛泽东等：因我军无重武器，常无法克复敌之据点，请令炮兵团留一个营（六门炮）于陕甘宁边区，余部由团长武亭、政委邱创成率领并多带弹药立即开前方。

△ 与彭德怀致电刘伯承、徐向前、邓小平："香城固镇大捷，挫敌凶焰，嘉慰良深，特电嘉奖。惟冀南环境已转入艰难严重阶段，尚能努力坚持，克服困难，争取大小胜利，以挽冀南危局。"

△ 与彭德怀致电程潜：冀中、冀南战况日益严重，估计各县城均已难保。八路军一二〇师、一二九师及第三纵队各部仍在该地坚持游击战争，积极打击敌人。鹿钟麟已多日不能取得联络，请转令他与八路军河北部队取得联络，并配合作战。

2月14日 与彭德怀致电各兵团首长,发布取消勤务员的训令:为节约人力、财力,严密部队编制,培养青年干部,规定:凡有特务员的各级首长,一律取消勤务员;连队中逐渐取消勤务员制度,其勤务工作,改为全连战士轮流派三人值星;各级机关之勤务员应严守编制规定,不许滥行增加;以后补进之勤务员,严格禁止使用十七岁以下之青年;抽减的勤务员,应以师、纵队或旅为单位,组织青年教导队或附于地方组织中设立青年学校,给以较完善的教育,作儿童工作或培养成卫生员。

△ 与杨尚昆、左权致电周恩来并报中共中央书记处:河北冀中、冀南战况均紧急,全部县城均失守,我军在各村进行游击打圈。鹿钟麟与我们失去联络,行踪不明。估计敌此次进攻冀中、冀南系采取稳进战术,我军不易恢复多数县城,财政已达困难境地,但在敌之进攻中,磨擦无形中减少了,请你们帮助解决十分困难的财政问题。同时请输送大批擅于理财的同志到前方。

△ 与彭德怀致电卫立煌,报告八路军破路计划,请示是否适当:贺龙师三五八旅破坏阳曲至大同段,三五九旅破坏大同到张家口段;聂荣臻部破坏正太线寿阳至石家庄段及石家庄至定兴段;邓华、宋时轮纵队破坏平绥线宣化至北平段;吕正操部破坏北宁线及津浦线之天津至沧州段;萧华纵队破坏沧州至德州段。

2月15日 与彭德怀致电蒋介石:转述刘伯承关于石友三[1]部勾结日军进攻八路军第一二九师的种种事实,并请蒋

---

〔1〕 石友三,时任国民党军第十军团司令、第三十九集团军总司令,在河北省南部和山东省西南部专门联合日本军队进攻八路军,摧残抗日民主政权,屠杀共产党员和进步分子。

介石"飞电制止石（友三）军行动，并予以国法制裁，以惩凶顽，而利抗战"。

2月17日 与彭德怀、左权致电毛泽东等：前方军事工业发展颇快，枪厂每月可出枪十支，刺刀已有大批产品，炸弹厂正在组织，子弹厂及第二个枪厂亦在筹建中。惟工程师、工业管理人员及熟练工人尚缺，请设法抽调几个来前方。请从叶季壮、杨立三[1]两人中无论如何抽一人来前方管理后方勤务工作。

△ 与彭德怀致电聂荣臻：据情报，大批日军由平汉线转正太线开赴晋南，图犯西安。你们应指定专门部队对平汉、正太线不断破坏，以阻敌之转运。

△ 致函张从吾[2]："近来华北抗战较去年更为艰苦，日寇以占领全中国，近以进攻西北必先'扫荡'我华北抗日根据地，近二三月来苦战于河北、山西。虽说自己有些损失，但给敌人的打击、消耗、杀伤亦特为大，因此日寇恨我们刺骨，我们也（以）得日敌之深恶毒恨为无上光荣。坚持华北抗战，当能持久。德虽才薄能鲜，爱国当不敢后人，以慰故人之希望。德自滇出国后，即以国事为重，实无私生活可言。"又告："浚明[3]亡后，其全家均能继续革命，孙泱即宁世现在我处工作，有父风，颇过之而无不及，济世在河南，亦是干材。维世亦聪明绝顶，后生可畏，革命必期成功在此。浚明夫人任同志亦到延安工作。"

2月20日 与彭德怀、左权致电杨立三，指出：你们发

---

[1] 杨立三，时任八路军总后勤部部长。
[2] 张从吾，朱德的旧交，早年朱德任滇军旅长时曾在所部任编修。
[3] 浚明，即孙炳文。

动群众力量推动卫立煌前进并反对顽固分子的意见，须极慎重行之。拟介绍来总部兵工厂的工人，必须是熟练工人并须是大兵工厂的工人，不要手工业者及学徒。

2月23日 与左权致电彭德怀并报毛泽东等：敌军"扫荡"华北作战，目前将转向晋东南。敌可能首先采取局部的逐渐分割、逐渐缩小围攻圈等方法。和顺、翼城、浮山已失，安泽危险，沁县、沁水、辽县、晋城、林县可能成为敌之最近攻夺目标。因此，反对日军对晋东南地域之进攻，已成为今日的最具体的任务与工作。为确保山岳地带，为利用晋东南各种有利条件，求得适时的给予进犯之敌以打击，就必须立即有确实的准备。除晋东南我军及高平、武乡决死队等仍以现有姿势，一方面整理，一方面抗日进犯之敌，并呈报蒋介石、程潜、阎锡山、卫立煌，联络晋军和卫立煌部各军有力增援外，我一二九师应整理之各部队迅速西移整理，以便不失时机打击敌人；冀中、冀南继续坚持作战拖住敌人外，并拟各以有力部队向平汉线活动威胁，以有力部队向正太路及其以南行动，同蒲路以西部队及时策应作战。

2月24日 与彭德怀、左权致电伍云甫：接程潜电，准由宝鸡第三军械库发给我们六五步枪弹八十万发及俄国造机枪弹十五万发，请速领取，送前方。

△ 与彭德怀致电程潜、阎锡山等，通报日军向晋东南"扫荡"情况，请示八路军的"扫荡"对策是否有当：（一）立即协同政府、各抗日民众团体，进行广泛深入的战斗动员，以求一切工作适合于战争与集中一切力量争取战争之胜利。（二）职路在晋东南部队，目前暂以现姿势分别抗击进犯之敌，并准备适时集中主力突击敌人。（三）我在河北部队积极反攻，以策应东南之作战。（四）组织职路晋察边区、晋西北部队切

实配合作战。(五)拟请钧座即饬晋南各友军部队,抗击临汾、翼城一线东犯之敌,配合作战。

2月28日 与彭德怀致电各兵团首长,通报日军在晋东南军事活动情况,并指出:日军可能采取持久作战方针,慎重和有计划地行动,并采取分割和逐步推进,在已占要点筑碉、修路,逐次缩小围攻圈,并迫使我在不利地区与其决战。请加紧对正太路、同蒲路敌情的侦察,并随时电告。

3月1日 得知会泽县五区四乡中寨人计光汉因一九三八年七月十日由昆明发往昭通的邮件在会泽县遭土匪抢劫案受牵连被捕入狱,计光汉在狱中多次申诉"冤遭陷害"、"愿往前方抗日"、"以身报效国家",致函云南省会泽县县长甘德沌,信中说:"旧日相识计光汉先生在贵县身系狱中,倘因违犯国家法纪,自当秉公处理,以儆效尤。设彼仅以过去思想关系,致陷缧绁,则请顾念今日抗日,予彼以抗敌救亡之机会。今寇入日深,国家困难愈多,救亡图存之理,惟在精诚团结,动员一切力量,使人尽其才,物尽其用,不计小节,不信浮言。一切均以利否抗敌为依归。计光汉先生若无危害国家,触犯国法情事,不若释之,使为抗战努力,以增多一份抗日力量也。"

3月2日 与彭德怀、傅钟、陆定一[1]发布第十八集团军通令,指出:为了保障春耕,提高生产,各部队应注意以下各项:(一)在春耕期间要尽量节用民夫、牲口,一般不许要差。如遇特殊情形或战斗情况,需有组织的由团以上政治机关派员向地方政府交涉。(二)不许走居民已经蔬耕之地中间的小路,并帮助民众插立拦路牌。(三)禁止行人或牲口从耕地内通过。(四)以前因河水山水冲溃之土地石塄或土塄,要动员我们部队

---

[1] 陆定一,时任八路军总政部宣传教育部部长。

帮助居民修好。(五)禁折居民一树枝、一柳条或损坏其他农作物。(六)操场不准占用耕地,已占用者应由部队负责刨耕修沿。(七)骡马及猪畜严格禁止踏入麦田。各政治机关接到这一通令应在部队中进行深入教育,并随时检查执行程度。

△ 与彭德怀、左权致电彭雪枫:二十四日来电悉。经费万分困难,尤以敌进占冀省各城市后更感无着落。你处须以一切方法求得自给,经商、收税、缉私、募捐及其他方法均是出路。现华北各部亦进行上述工作,山东方面经费较丰裕时,当饬其供给一部。以后你处即直属八路军总部,但公开仍以新四军名义为要。

3月6日 收到毛泽东、王稼祥、滕代远、罗瑞卿致朱德、彭德怀、左权、傅钟并告何长工、周纯全[1]电:原则上同意"抗大"第一分校教育计划中"应加强军事教育,强化军事生活,以培养初级军事干部为目的,以及重新配备教学方法,训练教育干部,使之更适合于新的教育对象"的意见,提出具体意见:"虽以培养军事干部为目的,但政治教育仍占重要地位,至少亦应与军事教育列于同等地位";"必须坚持教育方法上少而精的传统";"加强党的教育","党支部应当公开,并实行党日制";"在八个月的学习期间,最好能给学生到部队中去实习的机会,时间约一个月。"

3月7日 鉴于日军一面集中兵力"扫荡",一面派遣大批特务打入八路军内部,与彭德怀、傅钟向全军发出《关于保守军事秘密之训令》。要求各部队深入进行保密教育;规定各个部队的代号;行军、作战、移防时,不得将任务、路线及目的告诉群众;注意对重要文件之保管与递送;严格执行保密纪律。

---

[1] 何长工、周纯全,分别任抗大第一分校校长、副校长。

3月8日 与彭德怀复电蒋介石：自去年九月间敌开始"扫荡"华北以来，职路在晋、冀、察、绥各地，各部队几月来无不在与敌紧张作战与转移环境中，耗消损失日增，补充无着。现刻进犯华北各区之敌，迄未减松，部队补充整训尚有待于战况稍好转后方可着手。

3月9日 与彭德怀、左权致电林伯渠等，告以：前方经费已困难到无法支配的程度，三月份应送前方的经费全部及银行的三十万元，统交杨立三带来。

3月10日 为聂荣臻的著作《抗日模范根据地晋察冀边区》一书作序，指出：此书之作，以忠实的报道，以亲自的经历，来阐明晋察冀边区的创造、发展与巩固，其目的在于向全国军民与全世界人士宣告：我们要胜利，我们一定能胜利。

△ 致电周恩来等转蒋介石等，简报日军"扫荡"冀中、冀南的情况和反"扫荡"斗争中的十条经验教训。

3月12日 与彭德怀、傅钟致电各兵团首长并告毛泽东、王稼祥："为了使目前整军工作求得更深入动员，并保证整军计划彻底完成，使部队迅速走向正规化，克服游击习气，提高战斗力，特决三一八纪念日我各指定之整理部队举行宣誓；非整理之部队，在不妨碍战斗任务下，亦可分别举行宣誓。现将誓词电告如下：我们是黄帝子孙，我们是民族革命战士，我们要坚持持久抗战，坚持统一战线，克服困难，渡过战争难关，停止敌人进攻，准备反攻力量，驱逐日寇，收复失地。我们要拥护领袖，拥护政府，团结友军，铲除汉奸，誓为中华民族独立自主而奋斗。我们要服从命令，严守纪律，保护群众利益，保护武器公物，提高军事技术战术，提高政治文化水平，发扬我们优良传统，养成模范军人。倘违誓言，愿受纪律制裁、同志指责。谨此宣誓。"

3月13日 致电蒋介石、程潜、阎锡山、卫立煌、孙连仲[1]等,转告十二日彭德怀关于日军"扫荡"冀中、冀南情况及八路军的作战部署:为坚持冀中、冀南平原游击战,以保卫西北和策应山西、山东作战,决定以一部兵力继续在冀南、冀中坚持平原游击战。并协同当地游击队、自卫队,袭扰敌人、拆城破路、摧毁伪组织,以巩固抗日根据地;另以一部兵力转入津浦、平汉两铁路线,袭击敌人之进攻基地,破坏铁路,以夹击冀中之敌。

3月14日 与左权致电林伯渠、伍云甫等,告以:济源已失,估计敌有先占垣曲,断我后方交通可能。请即向国民党军联勤总部预支四月、五月、六月经费,应送前方的,统交杨立三带来。十五日,又与左权致电林伯渠、伍云甫,请他们设法在西安收买一批硝酸、硫酸、水银、氯酸钾等化学物品,交杨立三带来。

3月15日 八路军总部致电各政治机关等,要求各部队"须发动热烈的生产运动","军政民应协同一致提高生产,提早完成春耕","准备到更困难时以自己劳动所得解决必需给养",并提出相应的具体措施。

3月17日 致电蒋介石、程潜、阎锡山、卫立煌,指出:在河北,鹿钟麟所部不以民族为念,屡向八路军制造磨擦,并利用反动会道门屠杀我来往人员,使我军作战极感掣肘,请转令鹿钟麟严厉制止,以利抗战。

3月19日 接毛泽东致彭德怀并告朱、杨电:尽一切可能扩军是很对的,巩固着重于华北,你们的计划都看过,很对。发展则着重于鲁苏皖豫鄂五省,目前请特别注意鲁省。该

---

[1] 孙连仲,时任国民党军第一战区副司令长官。

省我们已有基础，但缺一个领导骨干，当敌人新进攻到来时，请考虑解决这个领导骨干问题。苏北亦应责成鲁南派部队去发展。至于发展皖豫鄂三省，特别河南是我们全国长期抗战的枢纽地带，目前虽无大发展可能，但应极力准备之。

3月20日 国民政府军事委员会任命朱德为第二战区副司令长官。二十六日，在就任第二战区副司令长官大会上讲话，强调共产党、国民党、牺牲救国同盟会及其他抗日党派、中央军、晋绥军、八路军以及华北地方各界同胞，必须加强团结，担负起坚持华北抗战的使命。并发表就职通电。

3月23日—4月22日 阎锡山在陕西省宜川县秋林镇召开晋绥军政民高级干部会议，提出取消山西新军中的政治委员、缩小进步专员的职权、以"同志会"代替牺盟会、限制群众运动等议案，为投降妥协、反共磨擦制造舆论。

3月24日 与彭德怀、杨尚昆、朱瑞致电中央书记处并报毛泽东：十九日电奉悉。关于山东问题及苏、皖、豫（新黄河以北）问题，我们意见：（一）陈、罗虽已去山东，但陈在军事上、罗在政治上均难形成中心。（二）山东（缺）一个骨干，我们拟派徐向前同志去。一年来，徐在各方面均有进步，但须配以坚强的政治委员，才能坚持扩大的局面。（三）拟以朱瑞同志去山东任政治委员。朱各方面均很坚强，可形成中心领导。（四）上述意见同意，则四月初政治局会议，北局及前总另决定人出席，届时再告。（五）如朱瑞去山东，北局组织部长无人，拟请中央派员继任，如何望示。

3月27日 与杨尚昆、傅钟等致电陈锡联，指出：在冀西虽然有国共两党双重政权出现，但我们在政权问题上不能退让，仍应坚持工作，组织与团结群众。地方党的组织，应力求精干、秘密，切实深入下层，打下牢固的基础。要采取联欢，开座谈会、联席会等方式，团结一切可能争取之势力。在必要时可供给鹿钟麟部队一部分粮食，以争取其同情，但对其种种为非作恶行为，应随时公布于众。

3月29日 与彭德怀出席晋东南各界救国联合会成立大会并发表讲话，号召各界抗日人士团结一致，保卫根据地，建设根据地。同日，为晋东南各界救国联合会作"坚持华北抗战，坚持持久战"题词。四月十四日，该题词在《新华日报》上发表。

3月31日 与彭德怀任命曾传六为八路军总部军法处处长。

△ 与左权致电各兵团首长，指出：抗战将进入新阶段，物质将遇到更大困难。现值夏季，各部之棉衣、大衣、棉被等应有计划的收集和保存，以备今冬之用。还规定了具体的收集办法。

3月 与彭德怀、杨尚昆、李雪峰[1]、傅钟、陆定一等在襄垣南丰沟召开会议，讨论建立太行山区抗日根据地的问题，决定在半年内调查长治、潞城、襄垣、屯留、武乡等县的情况，以便制定具体政策。

△ 与彭德怀、叶挺、项英发出《八路军、新四军讨汪救国通电》，号召全国军民，坚持抗战、驱逐敌伪，争取抗战最后胜利。

4月1日 与彭德怀致电蒋介石，告以：八路军在华北浴血奋战，解放了大片国土及几千万人民，部队扩充，但政府只给极少经费，故官兵皆无薪饷，每人每月只领二至五元，每人每月菜钱五分，生活极端艰苦。要求按部队实有人数给以编制补充。

---

[1] 李雪峰，时任中共晋冀豫区委书记。

△　为《新华日报》（华北版）题词："以抓住敌人在华北来保卫西北。"

△　与左权致电滕代远、叶季壮、伍云甫：你们目前仍照前电即送子弹四十万发给晋察冀军区，总部已给贺龙师发给子弹十五万发，后方不再给他送。一一五师晋西陈士榘支队、萧克、李井泉等部的子弹暂不发。彭雪枫部子弹另电西安发送洛阳。在交通未断前所领得弹药应全部送前方，尔后交通断后所领到之子弹可送延安储存。

4月2日　与左权致电刘伯承、邓小平、聂荣臻，指出：晋南、豫北友军部队本月十日开始向当面之敌行攻势转移，我军为配合他们作战，聂荣臻应以一部对平汉线石家庄北段进行积极破袭；刘伯承、邓小平应对正太线石家庄以南铁道进行破袭。

△　与彭德怀致电中共中央，请示：八路军拟按国民革命军编制，干部实行三级九等制。四月八日，毛泽东、王稼祥复电："同意规定我部队中干部等级，后方已设委员会研究此问题，惟规定每个干部之等级必须慎重估计其斗争历史及职务，否则会引起不满与纠纷。"

△　与彭德怀致电卫立煌，告以八路军准备对正太、平汉两路进行破袭的部署：桂干生支队破坏正太线榆次至阳泉段，另一部破坏阳泉至井陉段；聂荣臻军区破坏平汉线石家庄以北至新乐间，另以有力一部配合对正太线之破袭；一二〇师陈锡联旅破坏石家庄以南至临城段；先遣支队破坏临城至磁县段。以上各部均于上月二十七日开始出动。

4月3日　与彭德怀、杨尚昆致电中共中央书记处：庞炳勋[1]率部抵达晋城，鹿钟麟有拉拢庞的意图。庞主张防共较

―――――――
〔1〕　庞炳勋，时任国民党军第四十七军军长。

鹿为尤，其方法较多，且有军事实力。鹿惧庞代他主冀。若庞代鹿则于我更不利，鹿、庞联合亦于我不利。我们准备目前静待战局变动，以后适当时机仍与鹿谈判，内容根据过去所拟八大纲领及维持冀中、冀南主任公署与专区、县政权为原则，如鹿同意我则适可而止。你们意见如何，请速电复。

△ 与刘伯承、邓小平、陆定一等在河北省黎城县上赵栈村检阅一二九师直属队、三八六旅、独立支队和随营学校。

4月7日 与彭德怀、左权等致电倪志亮[1]等：晋察冀军区决于十日晚向正太、平汉线总破路，你们应抽出一部配合动作。前电由你处拨一个营给安子文处，是否已准备好，望即电复。

△ 致电薄一波等：四日来电悉。日军大举犯王和、王陶，赖贵军英勇抗击，阻敌南犯，予敌重创，甚表钦佩。

△ 与左权、杨立三致电伍云甫并告毛泽东等，告以：晋东南出产硫磺、硝煤，望即与陈康白[2]商量是否能开三酸厂或硫酸、硝酸厂，工具能否找到。如能开，请调陈康白来负责。如我们有把握开硫酸厂生产时，则西安之德国硫酸可不买；如不能开厂，则请代买五吨，速送垣曲。

△ 与左权致电林伯渠、伍云甫：刻晋东南情况紧急，敌已开始进攻。四月份应送前方经费全部计三十三万一千元及预借三十万元和三、四月份运输费四万元，望于十九日送到垣曲兵站。八十万发六五弹及迫击炮弹两千发、手枪弹两万发、炸药等，均请速赶运渑池转垣曲。

4月9日 在八路军总部研究后勤工作的会议上讲话：现

---

[1] 倪志亮，化工专家，时任晋冀豫军区司令员。
[2] 陈康白，化工专家，时任延安大学自然科学院院长。

在有多少粮食，藏在何处。军需品要想法埋藏，只限于部队知道。后方勤务人员本身要做好打游击准备，携带东西要轻便一些；工厂应加紧造枪杆，准备将来随时能造枪；今后要到处挖防空洞；每个后方勤务单位都应有几支枪，没有带枪的要带手榴弹，并要练习如何使用；牲口应尽量驮东西，行李物品来一次清除，愈轻巧愈好；要补充好米袋；要发动后勤人员打草鞋，每人打二双；伤病员中残废的应走的即走，医院的布置应空出二三个随总部走；夏衣准备好，候命发穿。

4月10日 致电何应钦：所发医药费不敷甚巨，请予增发医药费每月五元及担架、裹伤布、救护带等救护器材，以应战争急需。现已时进夏令，疫病发生堪忧，请发给防疫疫苗若干，俾得先事预防。

4月11日 为粉碎日军从晋察冀、晋西、冀南、鲁西北分五路向晋东南抗日根据地发动的进攻，主持召开八路军总部会议，研究对策。继彭德怀、左权等人发言后作总结：阐述与友军配合、内部配合、基干队配合、游击小组配合等问题，强调这次粉碎敌人的进攻，对推迟和破坏敌军进攻西北，提高八路军和共产党在全国乃至全世界的威信，增加敌军的恐惧，都具有重要意义；应向群众指出我们有许多争取胜利的办法和条件，同时应争取地主，至少使其中立，坚决打击汉奸；要向全党指出我们的困难特别是财政经济的困难，应做到不浪费一文钱，要节省粮食；要知道敌人的进攻是比较长期的，但我们有胜利的把握；要加强与友军的联络；政府应召开动员大会；各负责部门的工作应自己去讨论，自己想办法，经济部门要搞好生产，又要保障不损失。

4月12日 在八路军总部干部会议上作《紧急动员起来，粉碎敌人对晋东南的新进攻》报告。指出：在全国，敌人的兵力配备，除了一部分集中在长江流域和珠江流域的武汉、九江、南京、广州这几个中心城市外，其余全都集中在华北。全国敌人的兵力不过四十个师团左右，但在华北已有十五个到十七个师团。我们八路军在山西、河北、山东等地牵制了敌人约一半的兵力。根据敌人"扫荡"的情况来看，目前敌人已由进攻晋察冀、晋西、冀中、冀南、鲁西北，而转到晋东南了，有四个到五个师团正在分五路向晋东南进攻。敌人除采取他们的战略战术外，还加上政治欺骗，企图收买人心。我们则要采取我们的战略战术，粉碎敌人的政治欺骗，要紧急动员起来，克服困难，打破敌人新的进攻。

△ 收到毛泽东、王稼祥、滕代远致朱德、彭德怀电：为健全无线电行政机构，应按照各地域划分大队与中队，现特颁布三局所决定的中队以上负责人的具体名单。望用集总名义分令各区，并限于五月一日前整理完毕。

4月13日 与彭德怀、杨尚昆致电中共中央书记处：朱瑞[1]准于四月二十二日前后动身与徐向前会合去山东，书记处对山东工作有指示请电告；徐向前、朱瑞以八路军第一纵队司令员、政治委员名义，统一指挥张经武、黎玉、陈光、罗荣桓、萧华及彭雪枫各部队。惟司令部、政治部干部，一时难以解决，建议以后方机关、学校中原籍为新、老黄河中间的干部，尽可能抽调一部给山东。

△ 为了给友军培训青年军官，八路军总部举办了东路军政治工作干部训练队。在训练队开学典礼上发表讲话，论述了目前战争的形势和坚持抗日民族统一战线的重要性以及成立这个训练队的意义和任务。

----

〔1〕朱瑞，时任中共北方局军委书记、山东分局书记。

△ 与彭德怀、杨尚昆致电聂荣臻、贺龙等,指出:为保证军队供给,克服财政经济困难,各部队应依据各地具体情况严格执行:确立预算、决算制度;严格限制预算外开支;厉行节约,节省办公费、杂支费与粮食,反对浪费;加强贸易、生产等开源工作,开荒种菜、种瓜,力求节省菜金;举办各种合作社、手工业工厂,织造布匹、鞋袜,以供给部队需要;慎重发行边区银行的票币,以免影响信用,增加困难。

△ 与彭德怀致电陈光、罗荣桓,张经武、黎玉,指出:创立鲁西抗日根据地,"须确立在较长时期地坚持斗争中去获得,应估计到你们初入鲁西地区,虽已给民众最大兴奋,但该地民众的发动、组织以及我党的力量尚属薄弱,军队与民众的结合仍然不够,而敌人对你们的行动,已引起很大注意,并正向鲁西地区作'扫荡'战中。"目前你们必须把握下列方针:"(一)广泛开展游击战争。在敌进攻之下,不应束缚于狭小地区以内,应向四周发展,寻求优良机动,进行有胜利把握的战斗。注意不损害原有基本部队之原(元)气,注意保存干部,壮大本身,繁殖新游击队,从战斗中去锻炼新游击队,扩大我之影响,求得在坚持游击战中击退敌人。(二)正确开展统一战线的工作。与附近友党、友军、政府及社会各阶层抗日民众团体等取得密切联系,帮助其进步、团结,取得开展民众工作及解决本身物质供给之方便。"

△ 致电何应钦,转告八路军山东纵队司令张经武来电:该纵队在长山县周村破获敌特机关,俘获主持人久米弘,该犯供称,他们企图利诱沈鸿烈归顺,以与之建立共同防共协定。该特务机关阴谋活动情形如下:(一)利用汉奸,伪装商人,秘派各地以结拜兄弟形式进行活动。(二)利用结盟兄弟之女,打入我抗日军中,调查国民党员与共产党员,企图挑拨破坏。

（三）久米弘以反战面目潜伏我抗敌军中，利用优待俘虏之口号，进行收买士兵、刺探军情活动。现久米弘仍羁押在山东纵队司令部内，听候指示。

4月14日　在《新华日报》上发表《坚持华北抗战——与〈新华日报〉记者的谈话》。

4月17日　与彭德怀、左权致电毛泽东等：沿白晋公路南犯之敌近日未前进，原石盘镇敌已退集故城镇，现该镇共有敌三千余，已在筑工事中。此次，武士敏师损失甚重。我陈赓旅明日可集榆社、武乡附近待机，总部特务团已开沁县阻敌，陈锡联旅仍集辽县附近，李聚奎率两团已转回路西整理，徐海东旅仍在高平、长子、屯留。最近中央军行攻势转移，八十一师攻占翼城城关，十师及新八师攻浮山、安泽，赵寿山、李兴中两军正围攻张店、二十里岭，因敌工事坚固迄至十五日尚无进展，庞炳勋军出击道清线。

4月19日　与彭德怀致电刘伯承、陈赓等，告以：沿白晋公路南犯之敌已退集分水岭及其以北地区，似有不再后撤模样；我特务团一个营已由沁县向分水岭袭扰，决死队一个团到达南关以西，由西向白晋路活动。指示：三八六旅（缺一个营）应即在武乡、榆社大道东侧地区集结训练，保持机动，以一个营进至南关、子洪线以东地区，配合特务团、决死队袭扰白晋公路沿线之敌，打击其运输和修路部队，并继续破路与侦察敌情。

△　致电程潜、阎锡山等，报告四月十日晚八路军桂干生支队、张贤约支队破袭平汉路、正太路部分路段结果。二十一日，再电程潜、阎锡山等，报告八路军张贤约支队等部在行唐、赞皇、邢台等地击敌情况。

4月21日　与彭德怀、杨尚昆致电中共中央书记处，建议：扩大北方局山东分局为苏鲁皖分局，由郭洪涛[1]、朱瑞、徐向前负责。彭雪枫、陈光、黎玉、张经武任委员。由郭洪涛、朱瑞、徐向前、黎玉组成常委会。在徐向前、朱瑞确立对全区的组织领导后，再组织军政委员会，由朱瑞负责。

△ 与彭德怀致电萧克告聂荣臻，彭真，贺龙、关向应并毛泽东、王稼祥：敌军积极准备进攻西北和湖北襄阳、樊城、宜昌、沙市，在其占领区正积极不断地进行"扫荡"计划，华北（包含山东及陇海东端）已逐渐增至十八个师团，伪军在外。据阎锡山电，敌军正由东北抽兵入关。根据上述敌情，我军暂时不宜深入冀东、热河。你们的行动方针是：以北平西山及矾山堡、东西斋堂地区为根据地，巩固地向北发展，逐步推进，求得创造赤城、龙关、丰宁、昌平地区游击根据地；在冀热察三省边区山岳地带游击根据地建立后，再相机向冀东、热南及察哈尔沽源县三方面发展；财政经济及干部总部无法供给，均须自给。

△ 与彭德怀致电彭雪枫并告刘少奇：部队番号暂仍旧，待战局变动及本身的发展后再决定。经费困难，生活的艰苦，各部都一样，甚至你处艰苦还只是两月未发零用，还有许多部队从未发过零用和津贴。艰苦奋斗精神是我党及其领导的军队独有的特点，应尽力发挥这一特点。来电称各部都有固定经费，惟你处例外，这不是事实，这种想法不妥当。过去对你处无法帮助，估计今后仍难帮助，所以你们必须自力更生来求得发展与巩固。并在电文中介绍了几种在其他地区行之有效的开辟财政经济来源的办法。

△ 与彭德怀致电陈士榘、林枫等，指出：由于军队在数

---

[1] 郭洪涛，时任中共山东省委书记。

量上的发展、敌人的进攻和顽固分子的限制，使我财政经济走到极严重的困难。我们如不能克服这一困难，就不能发展，也就不能使统一战线更进一步的强调与发展。因为为着战争的胜利，必须克服财政经济困难。因此，华北所有军队依靠着现在统战工作与基本群众工作，逐渐做到完全自给，节省一批经费发展华中是有重要的战略意义。总部对你们的财政帮助从五月份起应逐渐减少，陈、林处只能发一万元（减少五千元），彭、罗二万五千元（减少五千元），以后还须按月减少，望以布尔什维克的计划性早做准备。我们建议以下办法：（一）不妨害群众利益与取得各方同情，垦荒多种瓜菜粮食。（二）开办各种手工厂。（三）开办营业合作社，将敌后比较便宜的必需品有计划的贩运至陕北转销西北。（四）争取各级政府中同情分子秘密帮助。（五）开展伪组织的统战工作，争取捐助。（六）在占平原地带积极的灵活打击敌人，争取地主、商人及其富有者乐捐。（七）要十分节省，一文钱不浪费。

4月22日 与彭德怀致电八路军第一一五师苏鲁豫支队支队长彭明治等，指示其在部队迅速发展中要注意加强教育整训；令其归还一一五师，直属陈光、罗荣桓指挥。

4月24日 收到中共中央军委、中央青委致朱德、彭德怀等来电：我们完全同意你们关于建立青年武装的决定，请考虑可否采取三级形式组织之：一是普遍的青年群众性军事组织（似少年抗日先锋队）；二是半脱离生产的基干少先队性的组织（类似模范少年抗日先锋队及青年抗日先锋队）；三是完全脱离生产的青年游击队（类似独立团）。

4月25日 致电程潜，报告八路军优待俘虏政策："本军作战以来，赖全体指战员英勇用命，政治上实施正确瓦解敌军之政策，教育军民不杀俘虏之重要政治意义，故迭有俘获。俘来时当即予以安慰并予阅读优待俘虏之命令及日文宣传品，以去其恐怖心，绝对不加侮辱以尊重其自尊心。如系伤兵，则亲切替其裹伤抬至后方医治。此等俘虏悉交瓦解敌军工作部处理，予以朋友、弟兄之待遇，务使其精神愉快生活舒适，物质上亦给以相当之优待。而经常以个别谈话、开会、上课、使阅读书报等方法进行政治教育。发动民众慰劳，召开军民欢迎大会及首长与之谈话等。以求揭破其过去所受之欺骗，知我抗战本意，侵略战争之无益于彼等及其国家，争取其同情我抗战或积极反对其侵略战争。俘虏时仅解除武装之敌兵，至是乃完全消失其军国主义之麻醉，对我之讯问能尽答其所知，或自愿向我作口头或书面之报告，甚至常有助我进行日语教授，宣传敌军等工作者。过去由此等俘虏提供之情报，得以明了敌人内部情况、兵力、装备、作战企图及政治欺骗等。对我屡次击破敌人及制发切合实际之宣传品，颇有裨益。现留本军各师政治机关工作者尚有不少，其中初来时异常顽强，只字不露者，稍假时日亦能化其顽冥，现有数名自动请求正式参加本军。"

△ 鉴于蒋介石几次电令催"各师将公积金具报"，与彭德怀致电蒋介石：因过去历史关系，八路军改编情形与一般部队略有不同，实有人数多而按编制所给的经费少，现在人数增加更多，而编制仍不变，加以战争剧烈，伤残病废者亦多，所发经费实不敷应用。因此根本没有什么公积金。希望按八路军实有人数补充编制，以便于作战指挥发挥更大效能。

4月26日 致电陈光、罗荣桓，指出："坚持平原游击战争，是我坚持华北抗战与争取政治影响的重要方针之一。估计此次敌对华北各地区之'扫荡'气势逐渐发展，平原各城镇驻敌较前减弱，但敌可以城镇为据点，继续四周'扫荡'，以图根本肃清我军或根本危害我之存在与活动。估计此种毒计实现不可能。我以较多兵力继续在平原坚持游击战,仍有可能亦为必须。萧华处似亦同此情况,因此,非万不得已时我各区部队不应轻易离开根据地。""在平原游击战争中,特应注意秘密机动。依靠地方党、救亡团体、政权、部队,政治工作与民众密切结合,加强平原游击战术,加强侦察警戒,不受敌袭。加强团以下部队单位之领导,以便时分时合,并尽量利用一切间隙时间进行部队整理,不得因专为整理部队而调离根据地。"

△ 与彭德怀、左权、杨立三致电林伯渠、伍云甫:六月份经费全部暂存西安,待电送前方,张宗逊旅、陈士榘支队均不在此款内拨送,因叶季壮处还有款可拨;以后张宗逊旅、陈士榘支队的经费均需得我们的电,规定数目后才拨送;请速代买八尺龙门刨床一台、一丈长的车床一台,万能铣床一台(此床孤儿院十六号阎春和有),买好即送渑池并望告。

4月27日 为中国人民抗日军政大学一分校第五期毕业学员题词,勉励他们毕业后应该"从工作中继续学习锻炼自己"。

4月28日 致电卫立煌[1],告以:冀南、冀中军民将原有的大路挖成纵横交错的交通沟,以便隐蔽活动和开展游击战。其办法是:挖成缓弯的深约五尺的交通沟,沟内有六寸宽的踏垛以便游击队员立射,另有排水渠或排水井,在村落周围多挖出路。在山路挖交通沟则在悬崖处削岩,使之仅能为人通过,必要时只在一切险处破毁之。

△ 致电蒋介石、程潜、阎锡山、卫立煌:据吕正操[2]二十五日来电,张荫梧部千余人已渡过滹沱河向我驻军地安国、博野、蠡县等地开进,采取向我进攻之战斗准备,并已在

---
[1] 卫立煌,时任国民党第一战区司令官兼第二战区副司令长官。
[2] 吕正操,时任冀中军区司令员。

深泽县境内捕去游击队员四名，还到处搜索我部队及政府、民众团体机关驻地。以致八路军对外既须御敌，对内又须自卫，进退两难。"据此电呈委座钧座转饬制止，集中力量共同对敌，毋自相煎"。

△　致电蒋介石：（一）接彭德怀二十七日电，此次河间战斗中，一二〇师师长贺龙亲赴前线奋勇督战，至中毒昏迷，此刻尚不能说话，以致八路军在冀中、冀南部队无人指挥，彭德怀必须暂留冀南主持工作。（二）贺龙师长在此次河间战斗中"奋勇指挥，身中毒伤"，"七一六团团长英勇抗战，歼敌至果"，请"明令嘉奖，以励士气"。

4月30日　致电蒋介石，报告：贺龙率三五八旅主力及第三纵队一部在齐会（河间东北）与敌军苦战两昼夜，毙、伤敌七百余，缴获军用品甚多；因敌军使用毒气，贺龙师长及以下官兵五百余人中毒，伤亡七百余人。

4月　为西青战工团作《青年要学会打仗》讲演，说："现在是战争的时代。你们到前线来的工作就是练习打仗。在今天，革命的青年，如果不学会打仗，决不会把中国弄好，革命决不能成功。日本法西斯蒂，要我们青年做他们的奴隶；封建的恶势力顽固分子，要我们青年做他们的工具。这许多都靠我们在打仗中求得胜利，才能把这些敌人打退，建立我们幸福的社会。"

△　八路军总部成立后方勤务部，下辖供给部、卫生部、兵站部。杨立三任后方勤务部部长兼政治委员和兵站部部长。六月，总部军事工业科扩编为军事工业部，隶属后方勤务部领导。

4月—6月　每星期六到抗大一分校讲授《游击战争的战略战术》、《苏军步兵战斗条例》。在讲课中，他经常回答大家提出的各种问题；并且多次强调一定要办好抗大，说：我们坚持全面抗战，要打败日本侵略者，建设新中国，就要办好抗大。

抗大是宣传机,训练机,播种机。中华民族的优秀儿女,经过抗大的熏陶冶炼,就会成为坚强的抗日干部。把这些干部送到敌后,就能宣传、组织、武装起千百万群众,就能开辟、建设、巩固和发展抗日根据地,就能坚持持久战,打败日本帝国主义,夺取抗日战争的胜利,建设新中国。你们学校就肩负着这样光荣而艰巨的任务。现在我们只在延安、晋东南、晋察冀办抗大,以后还要到其他抗日根据地办抗大。还说:你们抗大已经名扬天下,希望你们加倍努力,把培养干部的工作做得好上加好。四月二十七日,为即将毕业的第一期学员题词:"从工作中继续学习锻炼自己。"这个题词刊印在第一期学员的毕业证上。

5月6日 与彭德怀致电毛泽东、王稼祥等,报告:为加强对抗大一分校的领导,决定由傅钟、陆定一、杨尚昆、何长工、周纯全、黄欧东、左权等组成教育委员会,傅钟任该委员会主任。

5月7日 与彭德怀、杨尚昆、傅钟、左权致电各兵团首长并贺龙、关向应转吕正操、程子华[1],告以:因部队日益发展,日军对我经济封锁与军事破坏,尤其平原富源地带城市之失掉,顽固分子从中多方阻碍,加以中央政府对我军之限制,呈请改师为军,增加经费至现在无着落。致造成困难,尤其经费困难异常严重。指示:"一切必须建筑在自力更生,不依赖国民党政府的接济上。坚决与敌人经济封锁作斗争,打破国民党物质限制我军发展的阴谋。"要在"坚持统一战线的原则下克服物质困难",具体办法:(一)努力发展生产运动。(二)在改善贫苦人民生活原则下,整理一切必要的地方税收及田赋制度。(三)加强敌占领区(交通线城市)伪组织中的工作,争取物质

---

[1] 程子华,时任冀中军区政治委员。

帮助来源。(四）运用经过政权与群众团体，在自愿的原则下，进行献金、献粮运动。（五）晋东南、五台山、山东有计划地建设军事工业，收集弹壳，自造子弹、手榴弹及注意收集购买上述机器、铜铁及其他原料，求得仿造轻机关枪。（六）严格建立预算、决算制度，克服相当严重存在的贪污浪费、吃空缺、以少报多的犯法现象。（七）以军事战略意义划分区域，建立专门委员会，研究、指导、监督执行上述任务。

5月9日 与彭德怀致电王稼祥、聂荣臻等：子弹工厂设置地点，一般以晋东南为宜，因此地区广大，多数城市棉花等原料容易获得，向晋察冀、冀中、冀南运送弹药亦甚方便，即将来情况较严重时，估计亦可能保持较大回旋地区。在晋察冀边区此条件均不及。如在晋察冀边区设置造子弹厂，在目前及将来敌人继续进攻情况下是否合适，有无适当安稳地点，能否解决原料供给？请立即电复，以便分配机件。十日，与彭德怀致电林伯渠、伍云甫并告王稼祥等：敌又在向晋察冀边区进攻中，造子弹机器请全部送晋东南，必要时由此转送一部到晋察冀。十七日，与彭德怀致电毛泽东等：据聂荣臻十六日电称：此间后方机关过多，又值敌人不断围攻中，回旋区不大，造弹厂似不宜设立，故仍设于晋东南为妥。请即将所有造弹机等迅速运来晋东南。

5月11日 与彭德怀、杨尚昆致电贺龙、关向应等并告萧克：基本上同意你们五月四日来电对冀中形势的估计和对准备工作的布置，但请着重注意地方武装尤其要加强专区编组的基干游击队之培养，并要继续深入贯彻中共六届六中全会的精神。一二〇师的部署应注意以下各点：（一）涿州、宛平以西，涞源、易县以北之地区，为一二〇师主力指挥之长久之地。要抓好该区的经济建设，要有储粮和必需品，要加紧对北平、天津的活动，做好涿州、宛平的伪组织工作，争取物质来源。（二）萧克部照我们四月二十一日指示，以平西为依据向北巩固发展。积极发展昌平、延庆、赤城、密云地区之游击战，争取游击根据地之创造，然后相机向冀东、热河边区发展，并注意冀东存在的小游击队之领导。萧克不要有先去冀东抓一把，然后回至白河山地创造根据地的想法。这种企图很难实现，望打破之。邓华、宋时轮去年忽略在冀、察、热三省边区穷苦地带创造游击根据地，然后向东发展的教训望勿重复。（三）留晋西北之纵队任务，基本上巩固深入各方面的工作，维持与五台、雁北、大青山各方面与陕北交通，要有具体指示。（四）请注意雁北工作之发展巩固，并积极发展张家口、大同线以北兴和山岳地带之游击战，要培植地方游击队。（五）要巩固大青山以北地区，并须注意培植骑兵和游击队。

△ 给八路军总司令部工作人员讲课。在就苏联步兵战斗条例一书中关于"迂回和歼灭"问题进行讨论时，肯定了正确意见，也指出错误意见以及研究方法问题，并讲述应当怎样用唯物主义的方法，联系中国的实际来学习苏联的步兵战斗条例。

5月13日 中共中央书记处致电朱德、彭德怀、傅钟、左权、聂荣臻、舒同[1]、彭绍辉[2]、罗贵波[3]、刘道生[4]转晋西北区党委，指出阎锡山在宜川会议后比较向右转，山西环境将比过去更复杂，更困难，磨擦与斗争亦可能更多。指示目前山西我党的方针与工作，应在全国团结、坚持抗

---

[1] 舒同，时任晋察冀边区独立游击队政治部主任、晋察冀军区政治部主任。
[2] 彭绍辉，时任晋西北军区第二军分区司令员兼独立第二旅长。
[3] 罗贵波，时任中共晋西北区委常委。
[4] 刘道生，时任晋察冀军区第十一军分区政治委员。

日的总口号下，提出巩固山西内部统一，巩固阎锡山的晋绥军与八路军的合作，巩固民族革命统一战线；对国民党党部应采取抵制的方针，对复兴及山西等顽固分子应坚决与之斗争；对山西旧军旧派应当采取争取的方针，但对其中之某些顽固分子必须进行具体的适当的斗争；对山西新派应帮助巩固其已得阵地与力量，应向他们解释我党的方针，要使他们善于拥阎，尊重阎的领导与阎的形式，取得阎的信任；要在反日寇进攻的战争中及顽固分子的山西内部斗争中，把党的组织锻炼得更坚强更有战斗力。

5月14日 致电林伯渠、伍云甫等，告以：在西安可设立副司令长官部及办事处；副司令长官部应有一定办公经费，林伯渠以私人名义向程潜要一次，如有答复，请即领取。

5月15日 与彭德怀致电唐天际[1]，指出：敌向华北大举增兵，沿平汉、同蒲线南下，已达新乡地区者约一万五千余人，估计敌有急犯郑州、洛阳可能。为策应郑州、洛阳作战，开展豫北工作，第三四四旅，赵基梅、谭甫仁支队及晋豫支队均应准备，于敌进犯郑、洛时进出豫北地区。目前应即作切实准备，尤应与该地方党及各救亡团体取得联系，帮助其工作，以便必要时工作之开展。

5月16日 致电程潜、阎锡山等，根据彭德怀十四日来电，报告十一、十二日张贤约支队、桂干生支队、李聚奎纵队一部、陈赓旅一部等八路军部队破坏平汉、正太路的情况。

5月18日 致电蒋介石、程潜等，转报八路军一一五师代师长陈光十六日电：一一五师自本月二日起，在恩县、茌平间及汶河南、北两岸与敌军万余人激战，敌军伤亡不少，在十

---

[1] 唐天际，时任晋豫边抗日游击支队司令员。

一日作战中，毙、伤敌在八百以上。十三日，敌大部分别向泰安、大汶口、肥城等地撤退，一一五师正在进行战后整理，准备继续进击。

5月19日 与彭德怀致电陈光、罗荣桓，指出：战争是长期的。你们在鲁西应灵活运用游击战术，力求自主的去袭扰敌人，避免被动的应付敌人；军队应灵活地、适当地集中与分散，目前以营为单位分散，但注意加强政治与党的领导，经济有计划地检查工作；要加强侦察队的活动，遇到敌人围攻合击，待敌进至利害变换线时，应坚决转入敌之侧后活动，力争主动；轮流派遣得力干部去领导地方游击队袭扰敌人，从战斗中去锻炼地方武装，要加强地方武装中党的工作。

5月21日 与彭德怀致电程潜、阎锡山等，根据聂荣臻二十日电报告八路军三五九旅在大营以南地区与敌作战中我军伤亡和弹药消耗情况。

5月23日 与彭德怀致电周恩来，详述晋察冀、鲁西、晋西、冀中各地半月来与敌作战情况。请周恩来向蒋介石、何应钦交涉补充弹药六五、七九步枪和机枪五百万发，手榴弹三万颗。同日，与彭德怀致电程潜、阎锡山等，详告半月来八路军各部在不断战斗中，消耗弹药甚巨，现存弹药无几，苦难持久支持。请"迅速以飞机运补六五、七九步枪和机枪弹各五十万发，手榴弹一万颗，以济眉急"。

5月27日 与彭德怀、杨尚昆致电贺龙、关向应，刘伯承、徐向前、宋任穷、李菁玉，南方局并报中共中央书记处，提出处理河北问题的意见：（一）处理河北省府问题的三个方案；（二）保持冀中、冀南两主任公署，对坚持河北抗战有重大意义，不能改变，在保证现有地区不受损害及各级行政人员不更换的条件下，可以改变适当的名称。（三）仲裁委员会应由九人组织之。由河北省国共两党各出三人,河北民众团体选举三人,在完全民主基础之上,轮流主席。如不成,则宁肯不要,免再添麻烦。(四)必须坚持八路军三军九师和骑兵师、总部直属特务团、炮兵团的编制,并按此编制发给经费。(五)同意以八路军一人为冀察战区副司令。以上意见,最后由中央书记处决定。

5月29日 与彭德怀、左权致电林伯渠、伍云甫:请立即买好一丈车床及八尺龙门刨床,并用汽车运送垣曲河边兵站;另请买一部能刨十八寸的插床或十八寸的牛头刨送来。六月八日,与彭德怀、左权致电林伯渠、伍云甫:六尺的车床及铣床能用即可买;一丈二尺长的车床只要买一部,要完好的;请找阎春和买万能铣床一部,无论如何要设法买到;纺纱机何日可起运,定要找一二个能使用的工人来;定制的各种机器,务要起早交货,日期不过七月中旬为好。六月八日,再与彭德怀致电林伯渠、伍云甫:战况日益紧张,前送晋东南路线很快有被断截可能,一切前送物品,尤其是机器、印钞票纸、弹药等,请以各种方法迅速运送,免遭隔绝。

5月30日 彭德怀在晋东南"五卅"纪念大会上讲话,讲到坚持敌后抗战的困难时说:"在八路军本月只发给津贴费一元,我们的总司令,今年五十多岁了,也只领得一元,有人说八路军特殊……这就是我们的特殊!"听众无不感动。

5月31日 与彭德怀、左权等致电罗瑞卿[1]转抗大教职学员,指出:抗大诞生三年来,为各个区域和各条战线培养并输送了大批为民族解放事业而奋斗的优秀青年干部。强调:在抗大三周年纪念时,正是抗战进入更艰苦的时期,希望继续努

---

[1] 罗瑞卿,时任八路军抗日军政大学教育长。

力前进。每个抗大的同学,更应发挥无上光荣传统,争取成为国防教育的模范,为抗战建国事业而奋斗到底。

春 赋诗《太行春感》:

远望春光镇日阴,太行高耸气森森。
忠肝不洒中原泪,壮志坚持北伐心。
百战新师惊贼胆,三年苦斗献吾身。
从来燕赵多豪杰,驱逐倭儿共一樽。

这首诗于一九四〇年十一月在《八路军军政杂志》第二卷第十一期发表。

6月2日 与彭德怀、左权等致电林伯渠、伍云甫等:前方拟制救急包,却办不到吗啡做镇痛剂,请将港反侵略会送的吗啡全部送来,如已送延安请滕代远等送返。

6月4日 与彭德怀、傅钟、左权发出关于纪念中国共产党成立十八周年及抗战两周年的训令,要求各部队军政机关准备举行盛大纪念活动,宣传共产党、八路军在华北抗战两年来的光荣成绩,加强党的领导、党的教育、政治工作和整军等工作,要在"七七"前有计划地召开各种专门会议,按级检查总结和布置工作。

6月5日 致电程潜、阎锡山、卫立煌,呈报八路军五月份战斗统计。总计八路军进行大小战斗二百五十七次,共毙伤敌、伪军三千九百七十五名;俘日军四十七名;一千七百余名伪军反正;缴获步、马枪七百九十九支和轻、重机枪六十五挺以及迫击炮、山炮、小钢炮共十门等其他军用品;破坏铁路十九次,长二十余公里,搬回铁轨三百二十余条,炸毁火车头三个、桥六座;破坏公路二十七次,长一百四十五公里,毁汽车六十二辆，收电线九千六百五十余斤。八路军伤亡官兵三千五百五十七名，中毒者七百三十余名，中毒牺牲二百三十二名；消耗步枪弹一百万零八千三百余发、炮弹二千三百九十五发、手榴弹五千二百三十余颗。

6月6日 与彭德怀、左权致电林伯渠、伍云甫：接天水行营电，加发我军七九弹共五十万发、手榴弹五千枚。望即洽领，全部送前方；请即查明在西安订购大圆锹、大十字镐、小圆锹、小十字镐每把价格若干，于三日内电复。

6月9日 就国民政府八日明令通缉汪精卫一事发表谈话：拥护国民政府此项严正措施；希望彻底肃清抗日阵营内部的汪逆党羽，对专门从事挑拨离间，拨弄是非，破坏国共合作，破坏民族团结，摧残抗日军队，压迫民众运动，违背抗战国策，以"反共"代替反汪，为汪逆汉奸张目的顽固分子，应予惩处；对诬蔑和主张取消共产党、八路军、陕甘宁边区等毒害抗战的言论，应予批评和斗争。

6月上旬 与彭德怀致电鹿钟麟，提出解决河北问题的八大纲领：坚持河北抗战，发动游击战争；两党派代表，组织共同委员会；武装民众，共赴国难；开放民主，改善民生；查办破坏抗战分子，奖励抗战有功人员；统一行政，发展经济事业；合理统一军事指挥；承认各群众团体。会谈由彭德怀与鹿钟麟在辽县下庄八路军驻地举行。

6月12日 与彭德怀、杨尚昆致电各兵团首长，指出：在国民党限共、溶共甚至灭共错误政策之下，各地顽固分子从各方面限制我军或用武装力量压迫与打击我军。各部应加强统一战线工作，揭穿汉奸及反共分子破坏团结之阴谋，坚持和巩固已得阵地，积极打击敌伪，正确执行筹粮、筹款政策，部队不应过于分散和过于与友军靠拢，注意保密等各项工作。

6月21日 接毛泽东、王稼祥电：在日军"扫荡"后，鲁南局面混乱，应将第一一五师师部、第六八六团及东进抗日纵队一部开鲁南，以巩固鲁南抗日根据地，并争取建立区、县以及专署的抗日民主政权。

6月23日 与彭德怀、杨尚昆致电中共中央政治局并叶剑英、贺龙、关向应、聂荣臻等，报告彭德怀与鹿钟麟会谈情况：此次彭德怀与鹿钟麟谈判，根据目前紧张的政治形势，采取孤立顽固分子、打击汉奸，争取多数同情的方针，除根据解决河北问题的八大纲领原则外，并对鹿采取了必要的让步：（一）在冀中、冀南之八路军指挥办法我们提出三个方案：一是以八路军一人任冀察战区副司令；二是冀南归刘伯承指挥，冀中归贺龙、吕正操指挥，鹿可指挥贺、吕及刘伯承；三是经过八路军总部指挥冀中、冀南的八路军。结果鹿同意第二个办法。（二）在政权方面我们坚决保持两个主任公署，省府可给冀南派副主任；冀中路东归省府，路西归边区；撤销双县长专员，坚持民选原有县长专员。在这三点上，鹿钟麟与我们争执未决。他根据蒋介石的命令必须取消两个主任公署，专员、县长可由八路军出任，但须绝对服从省府。在改组省府问题上，我们提出要以杨秀峰、吕正操为当然省府委员外，另提出刘伯承、邓小平、宋任穷等为省府委员。鹿钟麟同意刘伯承、邓小平任省府委员外，其余须照我们所提八大纲领通过，还要另呈报国民党中央及政府军委批准才能有效。在谈判中，争论中心点在两个主任公署问题上，没有结果。但亦有成绩，主要是在政治上争取了多数人的同情。我们准备以彭德怀的名义向蒋介石、孔祥熙、冯玉祥、程潜、卫立煌等作报告，并公布这次谈判经过。

△ 与彭德怀、杨尚昆致电徐向前等并告中共中央及军委，指出：这次敌军"扫荡"鲁南，国民党军于学忠、沈鸿烈

两部损失与溃散,行政官吏多逃跑。你们要努力迅速开展鲁南工作,巩固扩大抗日根据地;一一五师六八六团并附其他适当部队迅速转入鲁南,放手大大开展工作;对逃跑了的专员、县长、区、乡、村长要重新放手委任,但最好是本地有威望的同志充任,要经过群众大会选举等方式;要尽量收集散兵、散枪武装自己;要帮助可靠的同情者,彻底瓦解秦启荣等破坏抗战之腐败顽固势力。

6月24日 与彭德怀致电伍云甫等,告以:垣曲已被敌切断,一时不易恢复,我大量机器、资料留西安不送,误事极大。此项东西仍应立即设法前送,此间已令唐天际派兵一大队进至王屋镇以南地区接运。希即将机器、资材等运往新安,选适当路线和渡口北运,并派得力人主持,万勿再误。

△ 在八路军总部举行的欢迎冀东抗日联军领导人杨裕民、连以农、冯于九大会上致词。

6月25日 为抗战二周年应苏联各报征文而作的文章《我们一定要胜利》在《八路军军政杂志》第一卷第六期上发表,指出:日本法西斯原来打算用二三十万军队在三个月内灭亡中国,但这个计划完全失败了。他们失败的原因,是中华民族的团结,是我们的抗日民族统一战线,是国民党、共产党的亲密合作。两年来,中华民族愈战愈强,特别是表现在华北的抗战中,当日本法西斯侵入长城以后,以为再无第二道长城可以阻挡他囊括华北的企图了。但是,在华北又出现了一座用广大的游击战争建筑起来不可逾越的新长城。伟大的中华民族是能够而且敢于胜利的。同时,中华民族两年抗战的英勇事迹,已经鼓舞了全世界为和平、为正义而斗争的友人们,推动了全世界反法西斯的伟大潮流。

6月27日 八路军总部发布第二期整军计划,强调:"继续进行整理部队,用一切努力加强部队党与政治工作,巩固党的领导,严禁打骂,提高自觉纪律,提高战术与技术,克服游击主义,建立与健全军队正规制度和着重工业提高各级干部之军事、政治、文化程度,以加强与提高部队战斗力,是全军严重的战斗任务之一。"

△ 八路军总部发布关于加强时事教育的训令,要求在部队中严格建立读报工作,以加强对官兵的时事教育。并提出具体的办法。

6月28日 与彭德怀致电蒋介石、程潜、卫立煌等,详细报告张荫梧于六月十一日夜率三千余人包围八路军驻河北深县刘家庄部队,杀害干部和战士四百余人的经过。要求彻查真情,制止张的行动,以免事态扩大。

6月30日 与彭德怀致电贺龙、吕正操、聂荣臻等并刘伯承等,指示:(一)冀中、冀南之八路军,形式上归鹿钟麟指挥,你们应即向鹿报告战况敌情,刘伯承须往见鹿一次,贺龙应尽可能派人与鹿联络,两个主任公署亦可向之报告工作及目前艰苦情形。(二)加紧各方统一战线工作,团结抗日力量,克服目前困难。对一切顽固势力必须采取人不犯我、我不犯人的对策。反磨擦亦须适可而止。

6月 中共中央军委、总政治部发布关于整理与巩固部队新部队的训令,建议主力兵团帮助整理地方武装,规定在三个月内整理完毕。

7月1日 在《前线》半月刊杂志第十一、十二期合刊上发表《八路军抗战二周年》一文,文章就党政军民团结一致,民众运动和战略战术三个方面总结了八路军两年来所取得的伟大胜利及其经验教训。文章概括抗日根据地的机动战的原则,就是:"小股进退,分支袭扰,集中主力,乘弱伏尾,昼伏夜动，声东击西，有意暴露，及时隐蔽，利害变换，毫不犹豫，拿定火色，转入外线。""在全国的范围的机动战的原则，应当是在敌寇外线包围中寻求机动，在不利情况之下毫不恋战，由单纯防御转到攻势防御，由被动转到主动，由散漫的队伍转到正规化和机械化的队伍。而这种机动战的运用，必须有民众的有力的配合才能发挥它的伟大的作用。"这篇文章的第二部分以《八路军抗战两年来的经验教训》为题编入《朱德选集》。

△ 与彭德怀致电伍云甫等，告以：七月份经费领到后，望拨四万元交叶季壮作一二〇师三五八旅经费。八部机器已买到否？其中刨床一部、钻床一部是几尺的？滕代远、叶季壮来电，共由西安拨车床十部来前方，你们已送出多少部？六、七两月份经费均交邓小平带来。

7月3日 本日起，同蒲、正太、平汉、道清[1]等铁路线之日军五万余人，相继出动，向晋冀豫边抗日根据地太行山区进行大"扫荡"。五日，日军占领沁县城、武乡县城，控制白晋路，晋东西根据地被分割为太行、太岳两个战略区。

△ 与彭德怀致电毛泽东等：日军增兵向晋东南进犯，沁县、沁源、辽县、涉县均有于日内失守可能；敌此次进攻，在作战指导上，大体采用在中央苏区五次"围剿"时蒋介石对付我们之办法；抗校应暂缓东移。

7月4日 与彭德怀致电程潜等，报告八路军一二九师青年抗日纵队于上月十九日击毙敌第十师团第十联队长毛利乔米广大佐。

7月6日 与彭德怀致电刘伯承等，指出：为巩固晋东南抗日根据地，达到持久地逐渐地消耗敌人并粉碎敌人进攻之目

---

〔1〕道清，道口（今滑县）至清化（今藩爱）的铁路线。

的，规定作战指导原则是：基本上采用分区游击战；目前暂以旅为单位作战，力求消灭敌之单独大队兵力；战术上灵活机动侧击、截尾、截断交通、破坏道路是基本原则。还规定了各部的作战区分。

△ 与彭德怀致电陈赓、陈锡联：辽县附近被我三八五旅击溃之敌七八百人，正由石匣向榆社方向逃跑，三八五旅主力正在尾击中。三八六旅应选捷径，向榆社及其以东地区前进，迎击该敌，配合三八五旅消灭该敌。

△ 率八路军总部从潞城北村出发，向武乡县砖壁村转移。

7月7日 中共中央发布《为抗战两周年纪念对时局宣言》，向全党全国人民提出"坚持抗战，反对投降；坚持团结，反对分裂；坚持进步，反对倒退"的号召。

△ 为纪念抗战两周年，与彭德怀率林彪、贺龙、刘伯承、聂荣臻、萧克、徐向前、陈光、萧劲光、高岗暨八路军全体将士向重庆国民政府林森、蒋介石、各院部会长、各战区司令长官及全国各军将士、各党各界发出通电，指出：两年中，八路军配合友军转战华北大小数千战，全国军民浴血奋战，多次重创敌人，夺回广大国土。两年抗战经验证明伟大的中华民族非武力所能征服，举国人民已抱有抗战必胜、建国必成之信念。不幸民族败类汪精卫等受日寇诱降政策之鼓惑，或则公开投降，或则隐蔽活动，散布失败情绪，制造内部磨擦，以"和平"相号召，以反共、反八路军为借口，其目的无非欲削弱抗战军民之意志，分裂统一团结之力量，以实现其帮助日寇亡我国家之目的。全军将士恳请严惩投降妥协分子，取缔反共反八路军的活动，实施抗战法令。还表示："吾人之素志，在于驱逐日寇出国境，吾人之祝捷地，在于鸭绿江边。"

△ 率八路军总部抵达襄垣县普头村。

7月9日 为反"扫荡"作战,与彭德怀致电刘伯承、蔡树藩[1],杨得志、黄克诚[2]并聂荣臻,倪志亮、黄镇[3],唐天际:"(一)敌占当地四周山隘后,以主力迅速贯通白晋公路及修复武(安)、涉(县)、黎(城)、潞(城)公路以及长(治)屯(留)公路,然后分区围攻,'扫荡'之企图侵占辽县[4]。""(二)我以巩固太行山脉根据地为基本作战方针,目前以削弱敌主力,阻拦与破坏敌人之修路和筑碉计划,坚决打击与歼灭深入山地之小部队(一个营)。隐蔽主力于机动位置:甲、第三四四旅主力两个团进至响堂铺以南、东阳关东南之末家庄与响堂铺以北之西庄,与一二九师部队联络,相机夹击由涉县西进之敌。该旅留六八七团暂在高平,准备博爱之敌北犯时背靠陵川,相机侧击之。乙、一二九师之三八五旅、三八六两旅,应以有力部队在分水岭、沁县之线,不断袭扰敌人交通并破路。其余主力集中襄垣以东及马厂以北适当地区,然后随时以两旅主力协同打击榆社、武乡移动之敌及出扰'扫荡'部队。丙、特团尹团长[5]所率之营应布置于虒亭、沁县线公路附近,不断袭扰沿公路之敌。(三)桂支队应加紧在辽县和昔阳沿线积极活动,加紧破坏该路。(四)盂县、平山一带之军分区[6]部队,应向正太路沿线袭扰,冀南[7]应乘敌

---

[1] 蔡树藩,时任八路军第一二九师政治部副主任。
[2] 杨得志、黄克诚,分别任八路军第一一五师二四四旅副旅长、政治委员。
[3] 黄镇,时任晋冀豫军区政治委员。
[4] 辽县,旧县名,今山西左权县。
[5] 尹团长即尹先炳,当时任八路军总部特务团团长。
[6] 军分区,指八路军晋察冀军区第二、第三军分区。
[7] 冀南,指八路军冀南军区。

进攻太行山时，选择弱点，夺取可能收复的城市。（五）冀西[1]应加紧向邢台、沙河、武安、涉县之线的铁道、公路积极活动。（六）下大雨时，应利用堵塞山水冲路、冲桥。"

7月11日 与彭德怀致电各兵团首长，告以进犯晋东南之敌在作战中的各种手法，希望各部妥为防范。

△ 与彭德怀致电薄一波，在通报敌进犯晋东南情况及八路军的作战方针和任务后，指出：贵纵队主力应隐蔽集结于太岳山北段适当地点，准备坚决消灭深入山地敌之小部（一个大队）兵力，以有力部队分途不断袭破敌之各连络线，特别对白晋公路侧击、截击运动之敌，倾覆敌之车辆后埋地雷，利用天水堵塞山水冲路、冲桥，准备在三五个月之坚持斗争中，肃清白晋路沿线之敌。

△ 率八路军总部抵下庄。

7月14日 关于国民党军张荫梧部扣留杀害八路军工作人员问题，与彭德怀致电徐永昌[2]，指出：张荫梧部在冀中一带制造磨擦，破坏抗战，破坏团结，张荫梧在冀中组织别动队、民军与富绅暗杀团，杀害八路军九名工作人员，抓去十六人。并且分六路向我第一军分区进攻，请严电予以制止。

7月15日 与彭德怀率八路军总部突破漳河，摆脱日军的包围，抵达武乡县砖壁村。总政治部和中共中央北方局驻烟里村。

△ 与彭德怀、左权致电各兵团首长并报毛泽东等，通报八路军在晋东南反"扫荡"作战中收复辽县、榆社、武乡战斗

---

[1] 冀西，指活动于冀西地区的八路军第一二九师先遣支队兼晋冀豫军区第三军分区。

[2] 徐永昌，时任国民政府军事委员会军令部部长。

经过。

7月17日 与彭德怀、傅钟向各部队发出对敌斗争的训令，针对日军在"扫荡"中采取奔袭、急袭、夜袭、汉奸破坏等手段，提出打击敌人办法：提高部队警觉性，严密警戒、侦察与保密；武装民众，组织游击小组及县基干队等，帮助部队保卫民众，镇压汉奸，打击敌之小股兵力；坚决打击与消灭敌人便衣队及小股出击部队；加强对日伪军的政治瓦解；提高民众的敌情观念；帮助民众加强戒备，空舍清野；立即抽选英勇坚定之指战员组织侦察连，连里应有一个短枪排；乘雨破路，堵塞山口，以水冲路。

△ 与彭德怀致电刘伯承、黄克诚等，指出：为解决目前粮食充分准备战时给养，要求各部队除发动节省、严禁浪费外，应有计划地在就近地区内与地方政府及党，商同将救国公粮全部购取，由团以上司令机关给以正式印具（收条上要盖关防），首先应将平原地区粮食迅速动员向山地内尽量搬藏，至低限度要搬足今年食粮。还分配了各部队分工收集粮食的地区。

7月下旬 根据朱德、彭德怀、左权的指示，八路军总部军工部将位于榆社县的韩庄的总部修械所搬迁到武乡县黄崖洞，并扩建规模，正式建设八路军兵工厂。建厂初期，朱德对兵工厂的领导说："现在大敌当前，作战紧急，枪弹是我们的命根子，这唯一的大型兵工厂可以说是我们八路军的掌上明珠。厂子建得越快，部队的战士越能早日得到杀敌武器。"

7月21日 关于巩固抗日根据地的问题，与彭德怀、杨尚昆致电贺龙等并报中央书记处、军委会：目前战争形势处在新时期。敌后战争益见严重与艰苦，必须准备长期的与不断的粉碎敌之围攻"扫荡"，且一次比一次严重。敌我消耗也就一次比一次大。敌经无数次地"扫荡"而失败，将被迫而停止全国战略进攻，相持阶段才能确切的到来。战争重心转入敌之后方，在长期艰苦的血战中成为考验华北抗日军的优劣与鉴定政策与政党的尺度。我们必须克服困难，以一切努力巩固各个抗日根据地。我们提出以下意见，请考虑执行：（一）用一切努力确切深入群众工作；（二）建立群众武装（村乡游击小组、区县基干队），由群众游击队发展为正规军。同时繁殖游击队，这些武装党须确切掌握；（三）五台、盂县、代县、醇县、繁峙、灵丘、广灵等县原无地方群众武装（山东均无地方武装），必须深切注意建立地方游击队，如无枪支，应在河北平原设法抽调适当数目枪支发给群众。要认识巩固山岳地带的根据地与坚持平原游击战是不可分离的任务；（四）估计在青纱帐时，敌人正在大规模进攻晋东南及山东时，冀中形势不会有特殊严重，目前应将一二〇师主力移至路西适当地区加紧训练。第三纵队主力暂留路东，到十月中青纱帐过去后，敌"扫荡"平原更可能严重，那时一二〇师换出第三纵队训练。

7月24日 与彭德怀、左权、罗瑞卿、陆定一致信萧华、杨勇并晋西军区军政委员会，信中肯定开创鲁西北根据地的成绩，同时指出：（一）目前鲁西北军队工作的方向，一般的是巩固而不是发展。巩固军队的第一等重要问题是加强军队中党的建设。要吸收优秀的觉悟分子入党，清洗不良分子；保持党员人数占部队人数的三分之一；把支部建立在连上，小组建立在排上，党员分配在班；强调党员的模范作用，确立政治委员制度。（二）大胆吸收革命的知识分子，以提高军队的文化政治水平；培养地方干部，使军队更易生根；提高在职干部的文化政治水平，严防在少数干部中发生的贪污腐化行为。（三）不仅要会创造根据地，还要以长期支持战争为着眼点，使根据地成为抗战和抗战以后建立三民主义新中国、将来建立社会主义的永久托足之地。要很好执行中央政策，加强纪律，加强军队与地方党、政、民的团结，建立好军区。信中特别强调："应该知道，没有军队就没有根据地，但如果没有根据地，军队就不能生存，二万五千里长征中没有根据地的痛苦经验应该深刻记住。""应当在干部中提出创造大批模范指挥员的运动。要求每一个干部都为着模范指挥员的方向而进行极大的努力，大批模范指挥员的养成，这是铁的党军的一个重要条件。"而要做到这一点，就必须提倡学习，"勤学者奖，懒学者罚"。信中还就如何发展游击队，建立民众制度，收编并改造新部队问题，提出方针性意见。

7月31日 在八路军总部的会议上作怎样纪念"八一"的报告，指出：法西斯正在发动世界大战，我们反对世界大战，进行正义战争，要以正义战争消灭侵略战争。我们要坚持抗战到底。

8月2日 与彭德怀发布命令：晋察冀军区参谋长孙毅改任第三纵队参谋长，聂鹤亭任晋察冀军区参谋长。

8月3日 与彭德怀致电蒋介石、程潜、卫立煌，报告：当日军分六路向八路军进攻时，秦启荣[1]部不但不协同作战，反而袭击八路军侧后，使八路军受到重大损失。请蒋介石"电饬制止"。

8月4日 与彭德怀致电一二九师等部队：为加强与健全各级司令部工作，总部将开办参谋人员训练班，学习期为两个月。由一二九师、一一五师三四四旅、唐天际部、总部、抗日军政大学共选送学员六十人，于十五日到武乡县砖壁村八路军总部报到。

---

〔1〕 秦启荣，时任国民党军别动总队第五纵队司令。

△　与彭德怀、左权致电聂荣臻：望节省弹药并收集弹壳，以后领子弹必须以弹壳兑换。

8月5日　与彭德怀致电伍云甫：抗大继续招生，西安学生可陆续送来，但必须是思想纯洁，无其他政治背景，并首先填写参加八路军工作之志愿书。不愿参加者不收。

8月7日　与彭德怀、左权致电八路军各兵团首长：据蒋介石电称，敌大本营上月十八日训令驻华日军，今后作战尽量使用毒气。查敌为抽调部队节约兵力，今后极有可能大量施毒，请即转饬所属加强防毒教育和准备工作。

8月8日　与彭德怀、杨尚昆致电中共中央：为停止阎锡山之动摇，巩固山西统一战线，提议中央加强宜川（阎之驻地）方面的联络工作，可能时希中央派负责人去宜川与阎见面，最好周恩来能去一次。

　　△　与彭德怀致电伍云甫，询问西安能否买到用药制过的白纱布，每磅价格如何；请设法迅速购买拖车床和拖发动机用的皮带各数十丈。并告：学生路费实在困难者，由你酌给，向前方总部报销；已令兵站负责转送学生；长治、屯留均陷敌手。

　　△　与彭德怀致电蒋介石："扫荡"鲁西之敌被陈（光）师粉碎后，本月二日又将日军山口、长田两部歼灭。各地敌恼羞成怒，东平、汶上之敌亦于四日西开，有装甲车九十余辆、步骑炮兵一千余人，在七八架飞机掩护下，五日进至梁山附近，寻找作战，企图报复。与我杨团一部接触，我因寡不敌众，略事后撤。敌于午后分三路进占寿张集，该敌现仍向我前进中，估计该敌有寻找我主力作战与逼我脱离鲁西北之企图。为巩固鲁西根据地，令该师积极动员军民灵活机动给予报复之敌以重大打击。

8月9日 与彭德怀致电各兵团首长：法币[1]价格将日益降低，整个财政困难将日益严重，特别在华北战场上将更要尖锐起来，今后我军必将遭受更多的经济困难。为挽救这一危机，各兵团应将现存之现金（银元、金子等）全部保存，并以多种适当方法协同地方党办理大批收集现金、金子、珍贵宝物，俾作将来各地发行地方流通券之基金。

8月10日 与彭德怀致电赵尔陆[2]、彭明治等：要坚决处置续范亭部内部挑拨叛变的反共分子祸首，巩固续部。

△ 与彭德怀、杨尚昆致电赵林，彭绍辉、罗贵波[3]，指出：顽固分子挑动续范亭部叛变，必须坚决处治祸首，设法将其拘回师部，以叛国投敌罪处决。并抓住这一时机，坚决改造部队，排除不良分子。应多方帮助续范亭主动地对付这类磨擦事件。

8月11日 与彭德怀向八路军各部发出训令：部队新编制表于本年五月三十日颁发，各部队应按编制表规定各节开始实行。

△ 与彭德怀致电刘伯承、蔡树藩等：阎锡山对共产党的态度日益逆转，加强我在太岳区的工作更为迫切。拟以一二九师特务团之一个营调过（白晋）路西，以松交为中心开展工作；三八六旅应以一个团移沁县以东之适当地点，向树店、沁县线活动，由该团派出一个营以史北镇附近为中心，向沁县、虒亭、夏店线活动，并在该地开展民运工作。

---

[1] 法币，指1925年以后国民党官僚资产阶级四大银行（即中央、中国、交通、中国农民）依靠英美帝国主义支持所发行的纸币。
[2] 赵尔陆，时任晋察冀军区第二军分区司令员兼政治委员。
[3] 彭绍辉、罗贵波，分别任八路军第一二〇师三五八旅旅长、政委。

8月12日 收到毛泽东、王稼祥、滕代远致朱德、彭德怀等电：国民党反共益见积极，现马禄师[1]已抵县附近。绥德反动派则要求高桂滋师调陕北，均以增援河防为名，实为反共部署。为破坏国民党上述计划，巩固边区与河防并准备将来万一起见，我兵力应有一部调动。望速准备从一二〇师抽调有战斗力的一个旅（如王震旅）到绥德、米脂、葭县、吴堡县之线。一二〇师师部及冀中所属部队移至现在王旅位置，并准备师部再移至晋西北原地，以利指挥。二十一日，毛泽东、王稼祥又致电朱德、彭德怀、杨尚昆，指出：王震旅以调两个充实团到陕北为宜，其余可后调。经费可由中央开支。一二〇师师部暂在平西，准备将来必时转移到晋西北。

8月13日 在晋东南各界纪念"八一三"暨追悼平江惨案殉难烈士大会上发表讲话，揭露国民党顽固分子制造平江惨案，无缘无故地杀害新四军通讯处负责人、八路军军官和共产党员，"这样杀人是破坏国家法纪的"、"是违反中国人的道德的"、"是反动的，是会破坏团结的，是会破坏抗战的，不利于抗战的！""我们希望全国上下一致奋起，反对投降妥协，反对破坏团结，反对一切开倒车的反动办法。严厉的制裁投降派反动派，惩处暗杀共产党八路军新四军以及一切抗日的投降派反动派。"是年八月十九日，《新华日报》（华北版）发表了讲话全文。

8月14日 致电滕代远[2]：（一）请告杨立三来垣曲设总兵站，垣曲、阳城间设两部分站，阳城北由前总负责联运。（二）卫立煌拨给八路军子弹五十五万发，迫击炮弹二千发，炸药二百公斤，手榴弹一万枚，驳壳枪子弹二万发。（三）拨

―――――――――

〔1〕 指以马禄为师长的国民党军第三十四集团军暂编第二骑兵师。
〔2〕 滕代远，时任中共中央军委参谋长。

一二九师弹药不必送来。

8月15日 关于对河北省国民党顽固派斗争的方针，与彭德怀致电刘伯承、蔡树藩、聂荣臻、彭真、杨成武、宋任穷、杨秀峰并报毛泽东、王稼祥，提出对张荫梧、王子耀等顽固分子采取继续打击并以全部歼灭的方针及具体部署。

△ 与彭德怀致电蒋介石，控告张荫梧[1]部自制造"深县事件"后，又在冀西制造磨擦，袭击、扣留、杀害八路军人员，大肆宣传"曲线救国"，扬言要先打完共产党、八路军然后打日本等，要求蒋介石严令予以制止。

△ 与彭德怀致电程潜、阎锡山、卫立煌：报告一月至七月领到与消耗弹药情况，说明职部半年来十万余队伍虽天天在激烈战斗，但所消耗弹药异常节省。同时指出：因日军在华北平原"扫荡"，职部随时随地都在战斗，常因弹药困难，火力不足，往往不能结束战斗，实为莫大损失。目前职部弹药已万分困难，且各方战况更为剧烈，需用弹药更为急迫，特电恳钧座俯察，职部弹药急迫，请转军政部实补。

△ 与彭德怀致电刘伯承、聂荣臻等并报毛泽东、王稼祥：程潜电告暂划宁晋、隆丰、尧山、平乡、任县、内丘、临城等七县为张荫梧部之工作范围，在此七县中所有八路军工作人员全部调往他处等语，显系程潜、鹿钟麟、张荫梧等已有商定，是得寸进尺之阴谋，我们拟极力拒绝；对张荫梧、王子耀等顽固分子，应予以坚持继续打击。并指示与之进行斗争的方针及其具体部署。

---

[1] 张荫梧，时任国民党河北民军总指挥。

8月17日 与彭德怀致电徐向前、朱瑞[1]：因萧华区（鲁西）日军进攻严重，同意宋任穷、王宏坤[2]建议，以一部进至津浦路以西之恩城、夏律、高唐、清平地域活动，配合青年纵队发展鲁西。

8月19日 中共中央发出关于对待局部武装冲突的原则的指示。指出：在日军挑拨与国民党反共政策下，局部武装冲突不仅可能，而且在许多地方已经屡见不鲜，应当估计到这种冲突还有加多的趋势。强调：我党我军对于局部武装冲突的立场是明确的自卫原则，人不犯我，我不犯人，人若犯我，我必犯人。这样才可以一方面不给分裂者以借口影响统战，另一方面在自卫的立场上，给武装磨擦者向我进攻的行动以应有的坚决的打击与教训。还"必须收集对方的各种材料、人证、物证，以便在必要时把反共分子及分裂者的阴谋向全国公布"。

8月22日 致电林森[3]、孔祥熙、何应钦等，指出：张荫梧部屡次肇祸于冀中、冀南，迭次暗杀、扣留八路军人员。今值日寇大举西犯时，又杀害八路军人员，制造磨擦。要求迅速制止，加以惩办。

△ 与彭德怀、杨尚昆致电朱瑞等，指出：因张荫梧部近日来向我挑衅，活埋与拘捕我工作人员，甚至向我驻军包围攻击，目前我们正集中力量对付张荫梧部。为求得在政治上的优势与集中注意力于主要方面，山东境内的统战工作目前宜多着重政治动员与政治争取，努力培植同情者的力量，以造成进一

---

[1] 徐向前，时任八路军第一二九师副师长兼第一纵队司令员；朱瑞，时任第一纵队政治委员。
[2] 宋任穷、王宏坤，时任冀南军区司令员、副司令员。
[3] 林森，时任国民政府主席。

步开展工作的条件。

8月23日 与彭德怀、杨尚昆致电刘伯承、蔡树藩：白晋公路南段之敌全部北撤，似有集中力量首先"扫荡"长治、涉县以北和白晋公路以东地区之企图，为确保我太行山根据地，给敌以有力的打击，一二九师应以一部分别向当前之敌积极活动，应力求不断袭扰与打击敌人，争取大的和小的胜利；主力应选择适当地点集结，保持机动；要加强对敌侦察与作战之必要准备；要加速储藏粮食工作，特别是要在辽县、和顺、昔阳大道以东及辽县、榆社、和顺中间地区多存粮。

8月24日 与彭德怀致电蒋介石，以确凿的证据，揭露反共顽固分子石友三[1]投敌叛国，破坏抗日的罪行。之后，蒋介石不得不逮捕石友三，交付审判后枪决正法。

8月27日 与彭德怀、杨尚昆致电安子文[2]等：（一）同意专署及山西青年抗敌决死队第二、三纵队和保安团即来路西休整。（二）估计敌"扫荡"沁源后，有向路东"扫荡"之可能。同时友军已分途向长子、壶关、临汾、屯留公路进击。八路军晋东部队亦将配合友军作战，以主力分向潞城、黎城，武（安）、涉（县）公路，白晋公路北段及向辽县、和顺之敌大举进击，敌又有被我吸引于长治及白晋公路沿线之可能。（三）为目前路东作战需要，八路军暂不能派出一二个团加强路西，待后必要时再派。在目前情况下，以山西青年抗敌决死队第一、四纵队足能坚持路西战局。四、应在山西青年抗敌决死纵队中普遍地提高作战积极性，只有在不断地、主动地去打击敌人中，在不断取得胜利中，才能锻炼决死队本身，提高其

---

〔1〕 石友三，时任国民党军第六军军长。
〔2〕 安子文，时任中共太岳区特委书记。

作战热情与战斗力；也只有在不断给敌人以打击中，才能使敌人不敢轻易向我进攻。

△ 与彭德怀致电蒋介石等，根据聂荣臻二十二日来电，陈述晋察冀军区开展瓦解敌军工作的战绩：大龙华（易县西）战役俘日军十四人，内半数以上是经我瓦解工作后自动投降过来的，八路军优待俘虏政策在日军中影响颇好。团山（满城北）战斗中敌粟烃大队被我一击即溃，几全失去战斗力，有数名向我举手道"缴枪"，并感谢八路军释放俘虏的道义，痛斥日军军官的欺骗宣传。党城战斗我释放日伤兵，敌营表示谢意。利用破路、作战散发传单亦见收效。总之，瓦解敌军工作正在开展中，反战运动在敌军营下层中已酝酿着，这已引起日军的严重注意。

△ 第一二九师东进纵队于赵县唐家寨全歼张荫梧残部一千二百余人。

8月28日 与彭德怀致电三四四旅：主力及一二九师特务团进至长治东北之敌；以赵承金、谭冠三支队，张贤约支队各一部阻击东阳关以东可能来援之敌；一二九师以有力一部监视辽县，破击公路，相机规复辽县；以陈赓旅及总部特务团向白晋路敌作宽正面之进袭，以阻敌南移。

△ 与彭德怀致电程潜、阎锡山、卫立煌，陈述第一二〇师在鲁西民众配合下在红船口（郓城西）等地反"扫荡"战绩及损失情况。

8月29日 与彭德怀致电徐永昌，指出：张荫梧部在冀中、冀南不但未停止军事进攻，反而变本加厉屠杀八路军工作人员，打伤赞皇八路军办事处工作人员十余人，将文件、马匹、财物抢劫一空；在摩天岭、岗底捕去八路军九人，杀害四人；张部第二团第二大队在野孤泉捕去八路军卫生员十六人，八人被严刑拷打；八路军东昌工作团遭张部袭击，死伤十余人；八路军冀西游击队购买纺织机四十一架，途中经黄北坪被张部抢劫；张部本月七日在赞皇大谢村召开民众大会，公开进行反共反八路军宣传，声言取消八路军冀西县政府，并派部队包围县政府。目前张部还到处捕杀八路军工作人员，封锁粮食，断绝交通，扬言"先打完共产党、八路军，然后再打日本"。请徐部长速予制止。

9月1日 为《新华日报》（华北版）题词："打破敌人围攻。"

△ 收到毛泽东、王稼祥、滕代远致朱德、彭德怀电：王震旅已接近河边，即日过黄河，请向阎锡山发一电，告一二〇师一部为巩固河防与休整部队，开至陕北河防区域，向其备案。

△ 致电武士敏，告以：长治敌仍向东向北撤退，其在长治、壶关、长子、屯留一带之敌约六千人，沁县有约二千人，虒亭、夏店、漳源各有敌四五百至七八百不等，新店有敌二百余。夏店、虒亭段连日运输频繁，似在换防。我陈赓旅率特务团一部已越过公路。

△ 德国军队分三路攻入波兰，占领但泽。三日，英国、法国对德国宣战，第二次世界大战全面爆发。

9月3日 与彭德怀致电刘伯承、田守尧[1]、陈赓等，指出：晋东南、冀中、冀南、五台山区均受灾，陕北受顽固分子封锁，抗大、陕北公学均须移迁来此，来年春夏粮食必成大问题。在不妨碍战斗情况下尤其是非战斗部队，应注意开荒种冬麦。提出：从榆社到武乡之滩河，如以人工塞堤，引导清漳河水，能垦荒数万田；早麦必在白露前下种，迟则不生芽。

9月4日 与彭德怀致电聂荣臻、贺龙、关向应：接军委

----

〔1〕 田守尧，时任八路军第一一五师三四四旅副旅长。

毛泽东、王稼祥电，日军三十六师团进攻柳林，有进攻陕北模样，为防止敌军西渡黄河及国民党顽固分子扰乱，即令一二〇师三五九旅两个充实团直开陕西吴堡、绥德、米脂地域。

△ 与彭德怀致电徐向前、朱瑞、陈光、罗荣桓并报中共中央书记处：（一）敌目前拼命争夺肥城南北山地，该地区甚小，我们的意见是：在敌军分区围攻该地区时，留数股健全的游击队与敌周旋，主力应转到敌之外翼，如泗水、滕县、费县、峄县、临沂间地区，争取主动，使敌人扑空；在敌薄弱方面打击敌人。（二）萧华部驻地粮食困难，敌之封锁亦严密，应以一部转入鲁西之恩县、夏津、高唐地区活动，打通与南宫联系。（三）建立正确的税收制度和部队经常的供给制度。军队到处筹粮筹款的办法，影响军队的统一、正规化及群众发生反感。（四）一一五师及萧华部的冬衣均应由徐向前、朱瑞统筹。（五）建立兵工厂，造手榴弹及造子弹，并须用各种方法买装填药、西药、交通器材。顽固分子对我的限制，争取物质资材异常困难。自脱离卫立煌直接指挥，自今年一月到现在仅领到子弹一百九十万发，各部子弹已感严重缺乏。（六）据说徐州四周地区友军遗弃弹药、军械不少，须十分注意收买。（七）拟以抗大第一分校开山东办。因晋东南今年遭水灾、旱灾，友军收集，敌军大肆糟蹋，粮食已感困难，同时学生来源亦不多。

△ 与彭德怀致电叶剑英：敌后战争局势益见紧张与艰苦，敌我消耗也益见严重，目前子弹已感严重缺乏。彭德怀在重庆时向蒋介石领之装备（抛射药），请以一切办法转前方以便翻造子弹，请设法找造子弹工人。

9月7日 与彭德怀致电刘伯承、黄克诚、田守尧等并告毛泽东、王稼祥：（一）应确定第一二九师赵、谭支队[1]的基本任务，是以河南林县、辉县、安阳、汤阴和河北邯郸、磁县等地为长期活动地区，创建根据地，背靠太行山，巩固地向东发展至滑县、内黄、清丰、濮阳、临漳等地，与第一一五师杨得志[2]部三四四旅联成一片。（二）为发展豫北之有力外围力量，拟将张荫梧部之朱程部（第四团）约五百人以抗日救国军冀晋豫边支队名义出现，九月底到林县、辉县、淇县地区活动，巩固地向长垣、滑县、延津发展。要对该部积极帮助。其内部组织与八路军不同，能保证党的政治上与组织上的领导。

9月11日 出席中国共产党晋冀豫区委在山东省武乡县东堡村召开的第一次党代表大会，并发表讲话。

9月12日 与彭德怀、左权致电伍云甫等，告以：请按总部规定发给彭雪枫部[3]及李先念部[4]子弹共六万发，手榴弹二万枚。

9月13日 与彭德怀、左权致电杨得志、崔田民等，告以：已令赵（基梅）、谭（甫仁）支队负责发展林县、辉县、淇县、汤阴、安阳、磁县，巩固地向东发展，与你们联接。你们应注意向河南长垣、滑县相对发展，使之联系。你们的冬衣费，由总部补助费两万元。

9月17日 与彭德怀、傅钟发布第十八集团军司令部、政治部布告，指出：敌寇以在华兵力之半数，大举进犯华北，华北各抗日根据地已进入严重战事状态。为争取长期苦战之胜

---

[1] 赵、谭支队，指以赵基梅为司令员、谭甫仁为政治委员的八路军独立游击队支队。
[2] 杨得志，时任八路军冀鲁豫支队支队长。
[3] 彭雪枫部，即新四军豫皖苏边区游击支队。
[4] 李先念部，即新四军豫鄂独立游击支队。

利，希华北全体同胞：实行改善民生，减少阶级对立；实现民主，改善政治机构；发动群众游击战争；发展生产合作事业；加强抗战教育与文化事业；厉行除奸运动；加强抗战部队，动员民众自愿加入军队。

9月18日 九一八纪念日。八路军总部在砖壁附近的土河村召开了榆（社）武（乡）士绅大会，会议贯彻中共中央《为抗战两周年对时局宣言》，同时追悼来晋东南八路军总部访问于屯留病故的冀东抗日联军第三军区政治部主任杨裕民先生，并写挽诗：

> 渤海毓雄，民族之杰。
> 霭霭风仪，异质挺时。
> 冀东义起，倭奴气慑。
> 瞻彼真容，彪炳日月。

9月19日 八路军总部继续开榆、武两县士绅座谈会。朱德出席会议，对爱国士绅热心抗战工作予以慰勉，并回答了士绅们提出的有关国际国内问题。有人问：有人说共产党发展太快，力量太大了，威胁别人，所以应当"限共"，你们认为这个意见对吗？答：我认为共产党的力量还是太小了。抗战两年来，共产党的确有相当的发展，但是，受到威胁的只是日本军队。如果以为共产党力量太大了，要想"限共"，那就是限制抗日力量，帮助日本帝国主义。

9月20日 与彭德怀致电程潜等，报告张荫梧部在冀西围攻八路军桂干生支队的罪行。

9月21日 与彭德怀致电朱瑞、徐向前、陈光、罗荣桓、彭雪枫，告以：徐州至开封陇海路东段、徐州至蚌埠津浦路以西我军各部队，均归彭雪枫统一负责整理训练。

△ 中共中央致电八路军总部，强调：自阎锡山在秋林召开会议以后，山西形势起了很大变化，逆流继续发展而反逆流的斗争收效不大。为巩固山西抗战，反对投降、反对分裂，我们必须：（一）在山西开展反对投降、妥协的斗争。（二）八路军在山西之各部队将领，应当对山西抗战问题发表公开意见，但以限于与八路军有关的问题，如军区问题、粮食问题等，不涉及新军、牺盟会等问题为好。（三）朱德、彭德怀似不宜立即出面，而以聂荣臻、彭绍辉、罗贵波、陈士榘、黄骅、刘伯承、邓小平出面为好。（四）共产党在山西的组织，尤其是新军、牺盟会及政权中的党的组织必须严密紧缩。

9月23日 与彭德怀致电滕代远转伍云甫：询问天水行营批发的子弹、手榴弹、炮弹等是否全数领到，重庆运来的弹药及衣物是否运到。并嘱以后领取及运送弹药须将日期及数目随时电告。

9月26日 与彭德怀、左权致电毛泽东、王稼祥、滕代远，报告：蒋介石二十五日来电，要朱德以第二战区副司令长官身份，统一指挥冯钦哉（第九十八军）、范汉杰（第二十七军）、庞炳勋（第四十军）及十八集团军主力，"确实截断以长治为中心之交通，围攻长治相机攻略之，并肃清白晋公路北段之敌"。

9月27日 毛泽东、朱德、王稼祥致电朱瑞、黎玉、罗炳辉、陈光、罗荣桓并告彭德怀、左权，就东北军内部反投降事件指出：我们应在实际上赞助之，但不要公开露面，不要把反缪澄流的东北军收编为八路军。如遇敌伪攻击东北军时，八路军就公开援助之。

9月29日 与彭德怀、左权致电各兵团首长，通报敌人以高官厚禄利用汉奸的情况,并介绍晋西独立支队预防及治疗受敌军催泪瓦斯毒害的经验与方法。

9月30日 致电庞炳勋、冯钦哉、范汉杰等,通报长治、长子等地敌情和相机攻击长治,并肃清白晋公路北段之敌的作战部署,要求各兵团应发挥最大之机动能力消灭当前之敌,尤以向长子、壶关中进击之各兵团,应分别组成若干精干游击队,积极打击当前敌之运动部队,孤立当前之敌或诱守城之敌于野战中消灭之,以创造攻略各该城市之良机;各兵团主力应在距各城半天行程之适当地点隐蔽,不失时机打击敌人,执行情况随时具报。

9月 在太行山区接见抗大第一分校第一期毕业学员。得知这些学员来自全国大多数省份,高兴地说:"全国革命青年都汇集到抗大来了,你们代表着全国人民。"

10月10日 在庆祝"双十节"大会上作《纪念"双十节"二十八周年》讲演,说:在参加辛亥革命时,曾希望革命以后出现的是一个崭新的中国。但结果失望了。我们之所以没有完成辛亥革命赋予我们的任务,首先是由于革命势力与反革命的妥协;其次,是由于帝国主义力量之强大和一部分革命势力在帝国主义面前的软化;最后,是由于没有使革命运动成为广大的群众运动。并指出:中国的抗战发动了全中国人民为完成辛亥革命未竟任务而奋斗的浪潮。只要全民族能坚持抗战,准备反攻,我们就必能胜利。

10月11日 率八路军总部移驻武乡县王家峪村。

△ 与彭德怀致电徐向前、朱瑞、陈光等,指出:根据鲁西地区党及军队指挥系统混乱、影响工作的情况,决定范筑先支队归一二九师建制,由其直接指挥;在邓小平未到冀南召开会议以前,任何部队不准收编鲁西地方武装,津浦支队暂留鲁

西整训，并扩大为一个充实的团。

10月12日 与彭德怀致电聂荣臻、贺龙、刘伯承、陈光等，指出：弹药困难情形已极端严重，一年来不断向蒋介石、程潜、阎锡山、卫立煌用各种方法索取弹药，结果只获得二百万发。除分发外，现总部存不及百万发。在反共限共、投降妥协危机严重发展下，对我军弹药补充将愈益减少，我之弹药困难愈将增加，这必须引起全军人员以最大之警觉，加紧爱惜弹药，并注意收集弹壳，准备自造或送来总部。还根据各兵团纷纷要求补充弹药之要求，将现存弹药作了具体分配。

10月17日 收到毛泽东、王稼祥复朱德、彭德怀并贺龙、关向应电。电文指出："一二〇师如何部署，由你们依情况决定。两个月前我们谓该师师部将来准备移晋西北，系指国民党反共之时，现未到此时候，故不应来晋西北。"并告王震旅旅部率两团一营已到绥德。

10月19日 与彭德怀向各兵团首长发布关于保存物资的训令，指出：由于敌人封锁破坏，物质困难将日益增加，我们不仅注意物质使用之节约，更要特别注意物资之收集与保存。今后对物资之保存，应特加慎重与保持秘密，主要是：要靠地方党的掩护与帮助；藏存地区要有深入的民运工作；应分散保存；要避开交通大路，在一般人不注意之处；要力求秘密。

10月30日 鉴于近日根据地之间物品运送中因敌人截击遭受损失，与彭德怀向各兵团、各兵站发出关于护送人员与物资安全通过封锁线之规定的训令，强调：（一）今后护送部队护送人员和物品，必须通过封锁线后到达安全地区方准交替和折回。（二）护送部队要对护送人员、物资负完全责任。做到事先应详细计划；遭受敌袭时要尽力掩护求得完全脱险；每次护送人员、物资必须派足够武装掩护；掩护部队对被掩护人员，应通告封锁线一般情况和各种注意事项。(三)行动要保持严格秘密。(四)过封锁线的道路,不要经常通过一地,要时时变更。(五)通过封锁线的每次运输人员、物资之多少,要按敌人戒备程度决定,越少越好。按目前情况,人员不超过一百,骡马以不超过五十头为妥。多的人员、物资应分批输送。

△ 与彭德怀致电叶剑英转蒋介石:青纱帐落之际,敌有再向华北各根据地进行新的"扫荡"模样。并报告各根据地附近敌人的活动以及八路军各部战斗情况。

10月 自本月开始,每周一、三、五,从总部驻地王家峪骑马到近百里路远的沁县西林村,为山西青年抗敌决死第一纵队训练班讲授游击战术。

△ 关于黄崖洞兵工厂建厂问题,对厂领导说:大敌当前,作战紧急,枪弹是我们的命根子。这唯一的大型兵工厂可以说是我们八路军的掌上明珠。厂子建得越快,部队的战士就越能早日得到杀敌武器。

11月1日 鉴于经常外出人员(供给人员、兵站人员、通讯人员、民运工作人员、锄奸工作人员、侦察工作人员等)长期脱离上级领导,在恶劣环境的包围下容易堕落甚至蜕化,与彭德怀、傅钟、陆定一发布训令,规定对经常外出人员必须采用分批轮番教育的制度,并提出执行的具体办法。

11月2日 在武乡县王家峪八路军总部干部会议上作《关于学习问题》的报告,号召同志们在"前线上",在"全国抗日大学中去学习"。要"一面工作,一面学习",坚持每日两小时学习的制度,注重理论与实际相结合,成为学习模范干部。

△ 致电庞炳勋、冯钦哉、范汉杰等,告以八路军陈赓、陈锡联等部在东阳关、武安、沁县、昔阳等地与日军作战情况。

11月6日 与彭德怀(赴延安途经垣曲)、杨尚昆致电毛泽东等，建议将抗日军政大学第一分校由晋东南迁往山东，本校学生调一部分给第二分校，罗瑞卿率抗日军政大学总校全体干部及部分学员在到达晋察冀军区后，选适当时机转往晋东南。九日，毛泽东、王稼祥、滕代远复电：军委完全同意朱、彭、杨六日电意见。

△ 收到赴延安途经垣曲的彭德怀致朱德、杨尚昆并报中央电，告以：在三区、五区党内外干部会议上作报告，揭露投降危险，谈如何防止和打退国民党反共活动等问题。当日，与杨尚昆、左权致电彭德怀，提议：对阎锡山所派事实证明为特务的人员，应抓住其具体破坏事实在群众中暴露其真面目，限制其活动，以孤立他们直至驱逐其出境；发动群众在厉行锄奸的口号下，对其所谓暗杀团实行捕捉并枪决，要公布其汉奸罪状；为巩固阵地，防止后患，应抓着机会消灭顽固派在太南各地组织的土匪武装。同时对豫北工作提出了具体意见。

11月7日 在总部纪念庆祝俄国十月革命二十二周年大会上讲话，说：在纪念十月革命的时候，正是中国抗战进入相持阶段的时候。目前时局最大的危机，就是日本帝国主义者的诱降，就是国际投降派的对日本帝国主义者的让步来牺牲中国，就是我们国内投降叛国和顽固分子的破坏团结与倒退。这些都是欺骗群众，亡我国家、灭我种族的办法。我们每个中国人必须认识清楚，坚决起来反对汪派、托派的卖国，反对任何一种和平妥协的企图，反对破坏团结与开倒车。

11月10日 与彭德怀致电博古、叶剑英转蒋介石：前方正在激战，弹药消耗殆尽，恳即赐予补充各种弹药，以解燃眉之急。

11月12日—20日 国民党五届六中全会在重庆举行。会议决定宣布于一九四〇年十一月十二日召开国民大会，同时秘密制定对共产党的政策由政治限共为主、军事限共为辅，改为以军事限共为主，政治限共为辅的方针。

11月19日 与左权致电彭雪枫并林伯渠、伍云甫：投降妥协危机日重，顽方不发我军弹药，以后我军弹药将成极大困难，希多方设法就地收集与节约；请林、伍即发步枪弹三万发，手榴弹五千颗给雪枫。

11月23日 与彭德怀致电加拿大共产党员、著名外科大夫诺尔曼·白求恩家属和加（拿大）、美（国）援华委员会，对白求恩大夫逝世表示哀悼和慰问。电文中说：白求恩在为八路军伤员施行手术时，割破手指，感染破伤风，不幸于十一月十二日逝世。白求恩在八路军服务两年，功绩卓著，深得全军爱慕，他的逝世"是我国抗战之一大损失，亦世界人类解放事业之大损失"。

11月24日 与彭德怀、杨尚昆致电刘少奇，对华中各项工作提出建议：（一）在华中，党应大量发展武装力量，组织游击队以树立可靠力量，培植彭雪枫部成为一个基干。（二）各小游击队应经常积极活动，以打击敌伪军队，扩大我党影响，取得群众拥护。但应随时注意顽固分子之磨擦及袭击。（三）努力从财政经济上准备。平时必须办兵工建设，收集资材、粮秣、现金的准备，在困难的环境下自力更生地坚持下去。（四）你同中原局机关不宜再回竹沟，必须紧靠武装，目前以随彭雪枫部队为宜。

△ 八路军总部向第一二九师发出指示，指出国民党军第九十七军军长朱怀冰和第四十军军长庞炳勋率部不日北开，要向八路军"收复河北失地"，要求该师立即做好各方面工作，准备应付磨擦，巩固与坚持河北已得阵地，确实掌握冀西工作。

11月25日 与左权致电毛泽东、王稼祥，告以：鹿钟麟、石友三[1]，在冀南调兵遣将，制造磨擦，大有蛮干一场之势。

11月26日 与彭德怀发布通令，指出：了解敌情是作战指导、战胜敌人的重要基本条件之一。各级司令部应把情报工作看成同战略战术一样重要，有系统地进行。现本军对于这一工作一般地说做得还很不够，兹特摘要规定办法数项，望各高级司令部确实研究，努力具体实行，以推进加强这一工作为要。（一）高级司令部应经常注意于战略的侦察。（二）各战斗部队应经常注意对当面敌情的侦察。（三）侦察在一般手段无效时，必须派遣有力之侦察部队进行武力侦察，或派潜伏侦察，专事捕获敌人及敌文件，以求得了解敌情。（四）如利用汉奸、维持会谍报时，必须经常指示我们所要事项，使其执行。（五）对于敌情要了解的第一是部队番号，第二是兵力、兵种、企图，第三是在地方上一切军事、政治的活动。（六）对敌情的报告，要详细有系统；要敌情稍有变化即报告；要敌情无变化数日亦须报告；要迅速报告。

△ 与左权致电滕代远、彭德怀等，通报山西抗日民族统一战线工作中的有关情况。

11月27日 与左权致电八路军各师、各军区首长，通报河北省国民党反共顽固分子向抗日根据地进行磨擦的情况。

11月28日 出席在武乡县下北漳村举行的中华全国文艺界抗敌协会晋东南分会成立大会并发表讲话，号召文艺工作者拿起笔杆子作战，抨击投降妥协的言论，揭露日寇汉奸的阴谋，为保卫中国文化而战。

12月初 阎锡山发动"十二月事变"。他集中重兵围攻晋

---

[1] 石友三，时任国民党军冀察战区副司令兼第九军军长。

西隰县、孝义一带的山西青年抗敌决死第二纵队及八路军晋西独立支队；还令赵承受部在晋西北向决死第四纵队和暂一师进攻。同时，阎所属孙楚部联合蒋介石嫡系部队进攻晋东南的决死第一、第三纵队和八路军，摧毁阳城、晋城、浮山、高平、沁水、长治等地的抗日民主政权和抗日救亡团体，屠杀共产党员和进步分子。

12月3日 与彭德怀致电蒋介石、程潜、阎锡山等，报告八路军为执行其冬季作战计划所作的部署，并转告各部队同时报中共中央军委，要求各部队在不妨碍我军基本任务的情况下实施：以一二九师三八六旅、一一五师三四四旅等部队，分别夹击白晋公路北段和长治、武乡公路，并打击和顺、辽县一带之敌，配合友军相机收复上党；以冀热察挺进军、第三纵队、一二九师各一部，分别截断或破坏平汉铁路琢县至宛平、保定至望都、临城至沙河各线及邯郸附近铁路段；以晋冀豫边纵队第一支队截断正太铁路娘子关至井陉段，并对正定附近的正太铁路、平汉铁路两线进行宽正面破袭；以一一五师、一二〇师各一部，分别破袭同蒲铁路灵石至太谷、忻县至大同两线；以冀热察挺进军所部破袭平绥铁路东段和北平至古北口段以及北宁铁路天津至山海关一线；以大青山支队袭击归绥附近之敌；以第三纵队和一二九师各一部、一一五师东进抗日挺进纵队、三四三旅主力及山东纵队分段夹击津浦铁路的河北静海至江苏铜山一线之敌，并对胶济铁路进行宽正面之破袭；以一一五师冀鲁豫支队破袭陇海铁路的河南民权至安徽砀山一线；晋察冀军区及一二〇师一部，目前应以粉碎敌军"扫荡"为基本任务。二十八日，与彭德怀致电程潜、阎锡山、卫立煌、叶剑英转蒋介石等，呈报八路军执行其冬季作战计划情况：我一二九师及三四四旅连克黎城、东阳关、涉县后，现武安以西、潞城以东已无敌踪，对收复上党作战已开一新局面。除饬令范汉杰军照现在部署集中主力向长子之敌进击，乘胜收复长子与屯留，庞炳勋军应即以主力强攻壶关，然后向长治攻击外，已令一二九师以有力一部立即转移至潞城、襄垣地区，配合白晋路北段原有部队确实切断白晋路，消灭沿线据点之敌，以配合南面部队聚歼上党之敌而收复上党。

△ 致电吕正操、贺龙、刘伯承、陈光等，告以：蒋介石已颁发冬季攻势作战命令，程潜、阎锡山、卫立煌、鹿钟麟等亦已发布冬季各战区命令，鹿钟麟企图以策应各方作战为名，乘机抢夺地盘。程还派联络参谋到总部督促监视我军作战。总部已将向蒋介石、程潜、阎锡山、卫立煌报告的我军部署转告你们，希你们依据各自的实际情况，在不妨碍我军的基本任务下，向指定地域作战，积极活动，破坏敌之交通，打击消灭小股敌人，多打电报报告战况和敌情，对附近友军多取联络，给以好的影响。并对八路军各部在上党、平汉线、正太线、同蒲线、平绥线、津浦线、陇海线各方面的作战部署给予了具体指示。

12月4日 与杨尚昆致电彭德怀并中共中央书记处：国民党在华北重新调动力量与布置主力，企图限制我党我军发展，估计今后磨擦会更加剧。冀鲁豫境内的石友三等部企图截断我与山东的联系，朱怀冰部北上冀西，企图与中条山的国民党军相连接，与我争夺太行山山脉。国民党还从政治上、经济上对我进行破坏与限制。为争取主动地应付这个局面，我们的意见：（一）在军、政、地方党内进行大量组织动员，以坚定信心，防止惊慌。（二）已从平汉路东调两个团到冀西确保山地。（三）以冀中一部南移冀南一分区，冀南一部分部队必要时准备南移，以加强鲁西北，向南开展工作。（四）各区根据中央指示深入群众工作，巩固党组织，加强保卫工作。（五）大量蓄集物资、现金和粮食。（六）整理新部队，严防袭击。（七）加强冀西建设。还告以：拟即召开太北军政会议，检查工作，尤其检查经济建设与屯粮。在这一时期，一切石印机准备在二月内能出冀南票五十万到一万万，前月印出二十万元，以大量收集棉花、布、盐。

12月5日 在八路军总部研究后勤工作的会议上讲话：由于财政愈困难导致纸币更跌，将来要以货易货；现在根据地的生产是小手工业加上一点机器。中共北方局委员会对我们的经济制度是了解的。我们要建立财政审计等制度。要做好收贷工作。在合作社问题上，消费合作社已办得差不多了，现在主要是办好生产合作社。

12月6日 收到中央军委毛泽东、王稼祥致朱德、左权、彭德怀、陈士榘、林枫、彭绍辉、罗贵波、赵林并告刘伯承、邓小平、聂荣臻等电：（一）晋西南阎锡山部新、旧两军已发生严重武装冲突，表现着山西旧派投降日军的表面化，其性质是对抗日的叛变。（二）我们的方针：认清这种冲突可能扩大，速即通知进步分子立刻警惕，准备坚决应付事变。对叛军进攻绝不让步，坚决给予有力还击，并立即由新派提出反对叛军口号，但不要反对阎锡山。在新军内迅速巩固党的领导，不可靠者断然撤换，一切新军都应准备与叛军打游击战。八路军要严加警戒，以防意外，并应给新军以鼓励、掩护和支持，以调解方式阻止山西旧军对新军的进攻。如叛军进攻八路军时，应联合新军将其消灭。晋西南、晋西北战略地位十分重要，我们绝对不能放弃。

12月7日 在中共中央北方局、八路军总部于武乡县北庄召开的干部会议上作关于经济问题的报告。

12月8日 与彭德怀致电博古、叶剑英转蒋介石，根据贺龙、聂荣臻十二月五日电报告八路军在河北涞源县黄土岭战斗中击毙日军旅团长阿部规秀中将并毙、伤其他日军千余人的经过，"祁予照章颁奖和抚恤，俾资鼓励"。

△ 《新中华报》刊登朱德致叶旭瀛的信。叶旭瀛的年仅十二岁的女儿叶珉在一九三九年五月四日的日军轰炸重庆时，因与同学在街头宣传抗战，不幸受伤，随家人逃难避处山乡。叶珉在听了爸爸讲述八路军抗战的故事后，要求爸爸将自己放在存钱罐里的全部奖学金六十五元六角（银币）汇寄给八路军总司令朱德，以表示她对八路军全军将士的敬仰之情。在山村里无医无药的情况下，叶珉的伤口不断恶化，染上破伤风，于八月二十四日离开人世。叶旭瀛按照女儿的遗愿将钱汇寄给朱德，并寄信表达女儿的心愿。朱德收到汇款和信后，当即回信，高度赞扬叶珉的爱国之情。信中说："旭瀛先生：两蒙惠书及汇款收到，令媛青年爱国，关切本军，积金纾难，柔肠侠骨，真情逾恒，领悉之余，无限感动！令媛英慧，庭训实深，不徒天不假年，遽尔云亡，先生因有失明珠之情，我辈亦不禁不民族损失所痛惜也！""本军坚持敌后抗战，艰苦异常，纯赖我全民族优秀女儿英勇奋斗，冒锋镝于疆场者有之，奔走呼号者有之，然如令媛远道关切，弥留殷念，实难多得，除登报表扬外，用特敬复，藉表谢忱，并颂道绥！"

12月9日 毛泽东、王稼祥致电八路军总部、一一五师、一二〇师、晋西独立支队等，指出：阎锡山对实行投降与公开反共，似尚未下最后决心。晋西南、晋西北两区为华北与西北间之枢纽，必须掌握在抗战派手里。我们的方针是坚持反击阎之进攻，力争抗战派的胜利。应利用阎尚未下最后投降决心时机和旧派内部矛盾。新军中、政权中、牺盟会中的统一与决心第一要紧。一切真正不稳分子，必须开除出去。为巩固晋西南阵地，总部除调还一一五师独立一支队一个团队，还应准备调一个团去；为巩固晋西北阵地，一二〇师应准备在适当时机，调一个团增强新三五八旅的力量。

12月11日 与彭德怀致电程潜，呈报一二九师师长刘伯承最近获得的证明前河北民军总指挥张荫梧蓄谋向八路军进攻和捏造中国共产党文件及通敌证据九种，请予查究。

12月12日 在中共中央北方局、八路军总部于武乡县北漳村召开的干部会议上作《世界问题与中国问题》的报告，指出：由于日本对国民党的诱降，英、法企图保持其在华的部分利益，打算和日本妥协，加上蒋介石集团的投降妥协心理，中国出现了东方慕尼黑危机。我们必须孤立投降妥协分子，团结广大群众，争取一切抗日力量来克服这个危机。十八日，在会上作《如何做一个布尔什维克》报告。

12月15日 发表《中国军人心目中的斯大林》一文，指出："在抗战中的中国军人，首先觉得斯大林是中华民族的好朋友，他们亲眼看到斯大林领导的苏联给了中国很多精神上与物质上的帮助。他们眼看天空上盘旋着的飞机有许多是苏联人民的产品，他们手里所使用的枪炮与武器有许多即是苏联帮助中国的礼物。""抗战中的中国军人，更觉得斯大林是世界上伟大的好人。他只帮助中国，他只希望中国独立统一与进步。他从没有想侵略中国，他从没有要求过中国给他们什么报酬，大家都喜欢像斯大林这样的好人，大家都欢喜谈到斯大林的著作和言论，知道斯大林的生活。大家以为像这样的好人应该长寿百岁。"

12月17日 八路军总部在武乡县王家峪举行纪念朱德五十三周岁小型庆祝会。作家访问团成员杨朔在会上写了《寿朱

德将军》诗:"立马太行旗飐红,雪云漠漠飒天风。将军自有臂如铁,力挽狂澜万古雄。"朱德赋诗《和杨朔作学原韵》:

> 北华收复赖群雄,猛士如云唱大风。
> 自信挥戈能退日,河山换尽血流红。

这首诗在一九四一年公开发表时,将末句改为"河山依旧战旗红",题目改为《赠友人》。

12月19日 《新华日报》(华北版)发表题为《庆祝朱德副司令长官五十晋四诞辰》的社论,指出:"朱副司令长官及其统率下的第八路军,在华北敌后两年来的奋斗,已经获得了一万万民众的拥戴,也引起了日寇、汉奸及一切民族危害分子的惧怕和仇恨。每一个爱国人民都在热烈拥护朱副司令长官及其统率下的八路军,而日寇、汉奸及一切民族危害分子,则以危害朱副司令长官及其统率下的八路军为快。""华北军民在今日热烈庆祝朱副司令长官的五十晋四诞辰,其真正的意义,不仅仅在于表示华北军民对朱副司令长官的衷心爱戴,而且在于,这一次的庆祝表示了华北军民对于中国共产党'坚持抗战、团结、进步,反对投降、分裂、倒退'的政治路线的热情拥护,表示了华北军民对于八路军的兄弟的友爱,表示了华北军民在新的艰苦环境中衷心接受朱副司令长官的领导,赞助八路军与中国共产党。"

12月20日 与左权致电彭德怀,聂荣臻,吕正操等并报中共中央:国民党顽固派近日集结重兵配合空军向我陇东进攻,边区吃紧;晋西南山西旧军企图消灭山西新军,战事仍在发展中;晋东南孙楚部与国民党中央军夺取我阳城、晋城、高平、陵川等县的抗日民主政权;朱怀冰部移到冀南武安、沙河地区；庞炳勋部将继续北上；估计顽军目的在于夺取整个太行山。冀南磨擦将继续发展，投降妥协危机将更加严重。为确保太行山，拟由第三纵队抽派两三个团兵力的一个支队，移驻正太铁路以南，元氏、赞皇、临城以西地区，以便换取第一二九师部队向南集结，同时保持冀中区与太行山区的联络。

12月21日 会见印度援华医疗队爱德华、巴苏华、柯棣华三位大夫，感谢他们的援助，并向他们介绍敌后战场的概况和八路军游击战争的经验。随后，医疗队随一二九师到前线开展战地医疗救护工作。

12月23日 收到毛泽东、王稼祥致朱德、彭德怀、杨尚昆、贺龙、关向应电，指出：晋西北阎锡山已发动十个团包围新军，战争不可避免。速将陈士榘支队在河东之一个团令其飞速返回，并再从他部调一个团过河为预备队。"为保证胜利计，望贺（龙）、关（向应）立即开动一个团过路西作预备队，但师部不要来。"

12月24日 在八路军总部追悼白求恩大夫的大会上致词，号召八路军全体指战员更加英勇作战，夺取中华民族解放事业的胜利，以此来纪念白求恩大夫。

12月25日 与彭德怀、林彪、贺龙、刘伯承、萧劲光、林伯渠、高岗等八路军将领向蒋介石、林森等国民党党、政、军领导人和全国各界发出通电，反对国民党顽固派枪口对内，制造磨擦。指出：国民党颁布《防止异党活动办法》以来，湖南、河北、山东、河南连续发生惨杀共产党人和八路军的事件；西北方面，则陕甘宁边区的栒邑、宁县、镇原等地，并准备进攻延安。呼吁蒋介石、国民政府维持法纪，全国各界人士主持公道，严惩肇事祸首，取缔反共邪说，明令取消《防止异党活动办法》及《处理共产党实施方案》，制止军事行动，勿使局部事件日益扩大。

12月26日 收到毛泽东、王稼祥致朱德、杨尚昆并彭德怀电：晋西斗争我们如失败，则影响整个华北，请注意。陈士榘[1]支队路东一个团已到何处？我们曾电再从晋东南抽一得力团到晋西，你们意见如何？望即告。

12月27日 与左权、杨尚昆致电陈士榘、林枫[2]并报中共中央书记处。指出：晋西南战况愈趋严重，新军几次作战均未能取得较好胜利，致使转入被动地位。坚持晋西南阵地，必须沉着坚忍，把握正确的指导战争的原则，巩固内部团结，坚持反对叛军，争取战况好转。为此必须：（一）把握游击战、运动战原则，要主动、灵活、适时地进攻敌人。（二）不要进攻已占阵地或立稳的敌人，寻求在运动中逐渐地消灭敌人。（三）应乘隙转移兵力于敌人的侧翼及改变我之不利局势。（四）准备立即分散游击，分袭敌之薄弱部分，来打击敌人电台，隔断敌之联系。（五）保证各个分散部队能独立行动与作战，准备相当长时期的支持。（六）后方机关如必要时可妥送来，对行政、区委，我们的部队在任何设备下均应以积极态度掩护、保护新的力量，但应设法避免暴露自己的面目。（七）如连级干部缺额，应大胆地提拔新干部。

12月28日 收到毛泽东、王稼祥致朱德、彭德怀、杨尚昆、左权电，指出："晋西斗争之胜利，依靠于正确政治方针，正确战略、战术，强兵强将缺一不可。"关于指挥问题将来可以调李井泉到晋西，但远水不能救近火，请考虑能否派左权或邓小平到晋西工作一时期。陈士榘支队在路东之一团已过路否？

---

[1] 陈士榘，时任八路军第一一五师晋西独立第一支队支队长。
[2] 林枫，时任八路军第一一五师晋西独立第一支队政治委员。

由晋东加调八路军一个团你们意见如何？请即告。新军分散行动值得严重注意，在情况许可时力求集结一面战斗，一面肃清内部坏分子；在情况不许可时，亦宜求得以团为单位行动。

△ 收到毛泽东、王稼祥致朱德、彭德怀、贺龙、关向应，彭绍辉、罗贵波等电，指出：决死三纵队八团、九团、十二团已叛变，这是一个严重教训。要"加紧肃清与撤换新军中之反动分子及坏分子，北方局及三个区党委应尽量设法抽调自己的委员及干部去新军中临时帮助政治巩固工作"。"在拥蒋讨逆口号之下，完全独立自主自筹给养，遇敌进攻则消灭之，这是整个山西的总方针。"

12月29日 与彭德怀致电阎锡山，报告孙楚在晋东南以武装手段策动阳城等六县政变，大肆杀害抗日进步分子和共产党员，并扬言先解决牺牲救国同盟会后驱逐八路军。希望阎锡山加以制止，以免酿成大的不幸。

12月31日 接见《新华日报》（华北版）记者并发表谈话。指出：孙楚身为省府行署主任，对阳城等数县所发生之同室操戈的反进步事件，难辞其责。在被害的进步分子中，亦有共产党及八路军工作人员。八路军对此不能漠不关心。八路军对少数阴谋反动分子危害中国共产党及八路军的言论，正在密切注意中。

△ 毛泽东、王稼祥致电八路军总部、一二〇师，告以：阎锡山以全力进攻晋西南，准备得手之后，转攻晋西北，隔断华北与边区以及华北各个区域的联系，为此目的，中央军正在晋东南发动并准备随时增加晋西南战争。保持山西抗战根据地在我手中，保持华北与西北的联系，这是目前中心问题。并对此作出具体军事部署。

年底 关于太行山根据地等问题和卫立煌谈判方针问题，

与彭德怀致电袁晓轩[1]，指出：卫立煌要你去洛阳再见面，估计有两个问题与我谈判：（一）要我军退出太南及太岳北段以便进剿决死队。（二）要我交还武、涉政权。请据下列方针谈判：1. 说明我军粮食无着和巩固太行山整块根据地之重要；2. 武涉政权必须由十八集团军支撑；3. 阳、晋、沁、陵、淳、垣等县请卫委派进步行政官吏；4. 由十八集团军负责劝解决死队勿同中央（军）磨擦；5. 说明山西投降妥协危险之严重存在；6. 我兵站线已受多方阻难，运输中断，来往人员被扣失踪；7. 说明投降妥协之严重性，团结抗战力求进步之重要。

是年 赋诗《寄语蜀中父老》：

伫马太行侧，十月雪飞白。
战士仍衣单，夜夜杀倭贼。

这首诗由重庆战区妇女儿童考察团陈波儿带回重庆，一九四〇年十二月五日在《新华日报》（重庆版）发表。收入《朱德诗选集》时，作者将"驻"改为"伫"，"怯"改为"仍"。

年底前后 丁玲带着西北战地服务团在前方工作，时常请朱德和任弼时来战地服务团驻地，给团员们讲课，主要讲抗战形势和马列主义。

---

[1] 袁晓轩，时任八路军驻洛阳办事处主任。

1940年　五十四岁

1月1日　出席八路军总部召开的欢迎爱德华、巴苏华、柯棣华晚会并致词，热烈欢迎他们的到来。

△　在《新华日报》（华北版）上发展《迎接一九四○年》文章，指出：在这一年中，日寇将会加紧诱降政策和对华北敌后的军事"扫荡"。在这严重关头，国内一部分大地主大资本家对抗战失去信心，他们希望迅速与日寇言和，以图多少维持一部分旧的统治。摆在我们面前的任务，是要反投降派，制止一切投降的言论和行动，公开击破反共力量的投降本质，坚持抗战到底，要在大后方加紧反攻的准备，在敌后广泛开展游击战争。

1月2日　八路军总部作出讨伐顽固派石友三部的作战计划，决定整个战役由程子华、宋任穷统一指挥。随后，在冀南的八路军向进犯之顽军石友三部发起攻击。石友三率部在日军的掩护下，逃到卫河以东地区。

△　与彭德怀致电贺龙、关向应等，命令：一二○师（缺二团）、陈士榘支队、赵尔陆支队配合决死第二、四纵队，统一归贺龙、关向应指挥，以坚决、秘密、迅速、彻底各个消灭旧军赵承绶（骑一军）、陈长捷（六十一军）、王靖国（十九军）等部。于本月二十日前完成一切准备。

1月3日　与彭德怀复电徐向前、朱瑞并报中共中央军委：鲁苏皖区在目前仍属一个战区，该区军队行动、地方工作等统应领导。因此，一一五师仍隶属第一纵队指挥为宜；唯该师在陇海铁路以南之部队不宜划归新四军指挥，仍归陈光、罗荣桓直接指挥为妥。

△ 与左权致电陈光、罗荣桓，告以：山西省赵承绶[1]因为处于劣势，不得不用谈判来作缓兵之计，其目的在于以此来争取时间，缓和新军对他的进攻，从而调动和集中他的力量。

△ 与左权等提出组编八路军总部特务第二团的意见：为了加强与提高太岳地区八路军战斗力，应付目前严重局势，决定组编特务第二团；在组编中要进行充分的政治工作，并争取可能的时间进行整训。

1月5日 与杨尚昆、左权致电黄克诚并告彭德怀：同意八路军冀鲁豫支队司令员杨得志率一个大队回到太行山南部地区；白晋公路以东则由刘震、崔田民负责；任命刘震为冀鲁豫支队队长；对长治、壶关顽固派反动政府捕捉、屠杀我地方干部应以严厉手段对付，但因其在第四十军掩护之下，须以多种方法行之，应避免与第四十军冲突。

△ 与彭德怀致电聂荣臻、吕正操、程子华[2]等，指出：侯如墉[3]、乔明礼[4]一贯反共反八路军，摧残进步力量，摧毁抗日政府，行动如汉奸，已无争取可能，应立即抽调兵力歼灭之。

△ 收到毛泽东、王稼祥致朱德、彭德怀、杨尚昆等电，

―――――――

〔1〕 赵承绶：时任国民党军第七集团军总司令。
〔2〕 程子华，时任冀中军区政治委员。
〔3〕 侯如墉，时任国民党军华北游击挺进第四纵队司令。
〔4〕 乔明礼，时任国民党军冀察战区河北民军总指挥。

指示：即日着手以牺盟会负责人的名义，写一本晋东南七县惨杀[1]记，内容记载晋城、阳城等七县惨杀经过，广发本地区及西安、重庆，并送一本来延安。

1月6日 与彭德怀、陆定一致电各兵团首长。指出：加强统一战线工作是我军政治工作中一个严重的战斗任务。要执行中央关于克服投降妥协的严重危险、争取时局好转的重要指示，必须以最大努力加强统一战线工作，把小资产阶级与中等资产阶级、中下层军官与友军士兵、国民党与其他党派中的进步人士团结在我党周围，孤立企图妥协投降的大地主、大资产阶级分子。必须建立和加强政治机关的统战工作部门，对外名义为司令部之参议室或秘书处。同级军政首长必须亲自领导统战工作，并与民政部建立工作联系。要征调大批能做统战工作的同志和聘请能做统战工作的同情者。"统战工作的目标放在组织中间力量，拆散现在那种投降妥协派组织"。电报还规定了参议室的具体工作任务和统战工作人员要遵守的具体规则。

1月15日 与彭德怀、王稼祥，林彪、陈光、罗荣桓，贺龙、萧克、关向应，刘伯承、徐向前、邓小平，聂荣臻，吕正操、程子华，张经武，黎玉，萧劲光致电国民政府主席林森、军事委员长蒋介石等国民党党、政、军领导人，以八路军艰苦抗战的事实，驳斥陈诚等九日在广东省韶关发表的诬蔑"八路军游而不击"的言论。指出：八路军抗敌所及，东至于海，北至于沙漠，处在国防之最前线。侵华日军的四十个师团

---

[1] 1939年12月8日至26日，国民党军第八集团军总司令孙楚奉阎锡山之命率独立第八旅进攻决死队第一、三纵队，并破坏晋东南地区沁水、阳城、高平、陵川、壶关、长治等七县抗日民主政权，杀害共产党员及其他进步分子五百余人。

中，与八路军、新四军作战者达十七个师团，占侵华日军总数五分之二以上。"两年半中，八路军、新四军所有防线，未尝后退一步"。"我八路军伤亡达十万，而敌伪伤亡则达二十余万，我军俘虏敌伪达二万，缴获敌伪枪支达四万。"所谓"八路军游而不击"等言论"绝不利于抗战，绝不利于团结。"请蒋介石派遣请陈诚"亲临前线，实地考查，究竟伤亡几人，俘获几事，复地几里，攻战几回"，"俱可一览了然"。三十一日，与彭德怀致电陈诚，请到华北视察八路军抗战真相。

1月16日 收到毛泽东、王稼祥致朱德、彭德怀、杨尚昆电，指出：晋西北新旧两军斗争我们已大体胜利了。估计阎军与中央军会结合更紧以夺取晋东南。我应严阵以等待。如其来攻我之阵地，则坚决迎击之；晋西北必须全部控制在我手。新军决死第四纵队无法调动，第二纵队及陈士榘支队仍应准备回吕梁山，维持晋东南与此间之交通。

1月17日 与刘伯承出席一二九师召开的辽县、涉县、黎城三县士绅座谈会并讲话。与会绅士表示一致反对国民党顽固派的妥协投降，主张坚持团结，一致抗日。会议于十九日结束。

△ 与彭德怀、傅钟、陆定一致电各兵团首长并报毛泽东、王稼祥、谭政：（一）河北水灾及河南等地的灾荒造成不少灾民在华北各地流浪，敌军可能乘机利用此生活无着的灾民对我进行各种破坏活动。（二）对此多量灾民必须予以收容。建议将灾民组织起来，进行政治教育，壮丁集中训练后可补充部队，老弱、妇女安排其参加生产与建设，要求各部队都要收容，并发动"一个铜板"的救济活动。（三）收容难民对我党我军关心改善民生有极大的政治意义，须在部队中进行阶级教育，发动全体人员注意此项任务，反对毫不关心的现象。

1月18日 与彭德怀、杨尚昆等分别向各部队发出关于扩大八路军力量的指示,指出,克服妥协投降危险,保障坚持抗战、团结、进步政治路线胜利的中心环节,便是力量问题。因此,巩固和扩大八路军成为目前华北全党全军的中心任务之一。决定在一九四○年中八路军再扩大二十万人,并规定了各部扩军的具体任务。十九日,朱德将扩大八路军力量问题电告中共中央、中央军委。三十日,毛泽东、王稼祥电复朱德等,指出今年扩军二十万原则很对,但具体分配主要部分应放在有枪区域,在老黄河以北,扩军不宜过多;在老黄河以南、新黄河以北包括苏北在内,应大加扩充。

△ 与彭德怀、左权致电徐向前、朱瑞等:"我在山东之工作尚属薄弱,基本根据地仍未巩固地建立起来,我之武装力量战斗力尚弱,组织与工作尚不健全,仍处在向正规军转化之阶段。"要求:根据中央北方局和八路军总部的扩军计划,扩大与巩固第一纵队,使之加速向正规军迈进;总结抗战以来的经验教训,制定军队教育计划与制度;建立与健全各级指挥机关,确定参谋工作的总方向与目前急需进行的具体工作,加强对参谋人员的训练并纠正对参谋工作的错误认识。发扬八路军的优良传统,建立军队的各种制度,制订军队的教育计划,提高部队的战斗力。

1月19日 鉴于蒋介石为夺取太岳区、太南区[1],于一月中旬命令八路军撤至白晋中以东,邯长路以北,并调动部队向临屯公路推进,企图逼八路军和山西青年抗敌决死队退出太岳区,与彭德怀致电刘伯承、邓小平,命令平汉抗日纵队应立

---

[1] 太岳区、太南区,太岳区以太岳山脉为中心的抗日根据地,1940年,其范围包括同蒲路以东,白(圭)晋(城)公路以西,临(汾)屯(留)公路以北十余个县;太南区即太行山的南部,以邯(郸)长(治)公路线为界,路北称太北,路南称太南。

即开往榆社、武乡地区，靠近总部训练；第三八六旅七七一团应移驻武乡、襄垣间；第三八五旅移至辽县以东及以南休整，并监视和围困辽县之敌。对顽固派石友三部应尽力争取，但倘若其敢进犯，则应以严厉手段坚决打击之。

1月20日 与彭德怀、左权致电徐向前、朱瑞等，指出：山东召开参谋会议有重要意义。敌寇对山东地域是志在必得的，山东可能与太行山隔绝而成为独立支持的局面。并对参谋会议的内容作了具体的指示。

1月23日 与彭德怀、杨尚昆致电聂荣臻等并毛泽东、王稼祥：阎锡山每月发晋军五百万元以维持统治并以巨资组织敌工团、突击队、反共团等反动组织，以反共反八路军和反山西的进步力量。现五元、十元的山西票子到处倾销，物价飞涨，对民生影响甚大，而直接影响到根据地的巩固。若不早设法解决，将来边区钞票及人民生活受其损失是必然的。我们在晋南已开始实行的办法是：（一）经过党政军民动员（发出布告）。停用山西钞票时，原有的老山西票（限于一元的）削跌价收买，迅速到太原去买东西。（二）收集现存于军政各方新晋钞，大量使用于晋南及准备使用到晋西北、晋西南去。（三）努力提高冀南票的信用，提倡多出一毛票及一元票，少出五元的甚至不印。（四）努力生产。由冀南大量运输棉花、土布、食盐到路西拍卖，以巩固冀南的信用。还指出：冀察晋亦应根据具体情况压倒晋钞，并设法及早提防晋钞向边区自然倾销。此间提出已迟了，所以吃亏不小。望布置后电告。

1月24日 与彭德怀发布命令成立韦杰旅、杨得志旅与三四四旅、赵谭支队、决死二纵队等部编为八路军第三纵队，以黄克诚为司令员兼政委，杨得志为副司令员，仍驻路东指挥。

1月25日 中共中央书记处致电朱德、彭德怀、贺龙、关向应、聂荣臻、彭真，对山西工作提出布置意见。指出阎锡山的方针已确定，继续反共反八路军反新派，巩固晋西南，夺取晋东南。因此山西工作应巩固晋西北，建立新政权，扩大和整理八路军、新军。晋西北、晋西南两区党委，合并为一个区党委，以林枫为书记，赵林为副书记，另由贺龙、关向应组织一个军政委员会，统一党政军领导。在武装磨擦中，对于我们有利的是战争的局部性和防卫性，而不是战争的全面性及进攻性。"在晋东南方面同意朱（德）、彭（德怀）、杨（尚昆）的布置，巩固现有阵地，严阵以待，来者必拒。"

1月27日 与彭德怀致电徐向前、朱瑞、陈光、罗荣桓、刘伯承、邓小平等，指出：对盘据在山东对我军搞磨擦的沈鸿烈顽固力量，需在有理有利的原则下在军事上打击之，在政治上孤立之，并推翻其危害抗日的反动政权。要力求掌握鲁南之蒙阴、日照、诸城、安丘、莱芜、新汶、泗水等十一县以及胶东半岛八县地区。要帮助进步分子，争取中间动摇分子。对搞磨擦者，也要利用矛盾，区别对待，中立一部分，孤立一部分，只打击某一部分。在冀南，要口头揭露石友三通敌，争取其士兵及进步军官，在有理有利原则下，消灭其一部。并指出：我们的主要敌人是日寇，不要放过一切有利时机予日军和伪军以沉重打击。

1月29日 与彭德怀、杨尚昆致电黄克诚，指出：太行山南部的壶关、长治、潞城、黎城、平顺是我基本地区，我们的方针是必须巩固，并尽可能争取巩固陵川以及高平至晋城大道以西土地。对高平、阳城、晋城、陵川地区的叛军和反动政权，应寻求机会打击消灭之。对中央军应避免冲突，在其进犯我军时，则给予坚决打击，消灭其一部。

△ 与彭德怀、左权发出一九四〇年整军补充指示，详细

规定了部队教育和各级干部教育的内容、方法和要求。并指出：军事教育的总方针是"提高部队战术基础；提高部队技术技能；发扬我军优良传统的战斗方法；学习对抗敌寇特种兵（骑炮、防毒、防机械化部队、防空）的战斗方法，特别是提高干部的指挥与管理教育能力。"

1月30日 中共中央书记处致电朱德、彭德怀、杨尚昆，刘伯承、邓小平并告徐向前、朱瑞、陈光、罗荣桓，指出：对河北与山西境内的任何军队，不论是中央军、晋绥军及石友三部，如果他进攻八路军地区，"我应在自卫原则下，在有理有利条件下，坚决反抗并彻底消灭之。"此方针同样适用于山东。

△ 与彭德怀、杨尚昆等致电八路军各兵团首长、政治机关、中共中央北方局各地方党部，指出：由于国民党的"限共"、"防共"政策，对发给我军的弹药加以限制，估计今后将更严厉限制我军弹药或全不发弹药。子弹缺乏已成为我军抗战中十分严重的困难，各级政治机关、地方党组织应以各种方法进行收买子弹，并在部队中深入进行节省弹药的教育。

△ 与彭德怀致电刘伯承、邓小平：鹿钟麟有东进濮阳与丁树本会合可能，我对其磨擦采取自卫立场，可先消灭反共的齐子修部。

1月31日 与彭德怀、林彪、贺龙、刘伯承、聂荣臻、徐向前、萧克致电蒋介石，对汪精卫一九三九年十二月三十日在上海和日本签订卖国密约《日支新关系调整要纲》表示愤慨，希望"对暗藏之汪派，作彻底之清洗"，同时要求"明令禁止《限制异党活动办法》之流行"，再次呼吁加强团结，力求进步，争取抗战胜利。

△ 收到毛泽东、王稼祥致朱德、彭德怀、杨尚昆，贺龙、关向应电：山西及新派斗争可能一时期内处于麻痹状态

中。我们应利用这种状态进行下列工作:"巩固晋西北,把它五台区化。"新军领袖应发起一个和平攻势,向阎等通电,痛切陈词,拥阎(锡山)抗战。八路军可向阎表示愿为和平解决而效力。此间已用萧劲光名义致电表示此意。"我们意见,朱、彭、贺、关亦可致电阎先生。""这样做的目的,是准备在和平无望,武装冲突又起时,我们取得政治上的有利地位。"

1月 到黄崖洞兵工厂视察,看到工人生产出一支新步枪,十分高兴,在全厂职工大会上讲话,号召职工加倍努力,多造枪弹,支援前线。

2月1日 在《前线》复刊第十二期上发表《追悼白求恩大夫同志》一文,文章高度评价了诺尔曼·白求恩同志在晋察冀边区的工作和为人:他以勇敢积极艰苦负责的工作与模范,来领导了全边区的卫生、医生工作。他亲手培养和训练了大批外科医生,使我们战士折骨残废的比率大大减少。他创造了八路军卫生工作的新纪录,能在战斗的最前线,施行手术救护,使伤者速愈,减轻医院的担负。他提高了医院工作全部同志在技术上理论上的水平,他临死之前,还完成了一部游击战争医务治疗的名著。他的确表现了美洲民族伟大的实际工作精神,他的确执行了兄弟党帮助中国革命忠诚的责任。"白求恩同志为世界人类解放而奋斗的事业,为中华民族解放而牺牲的事业是永远不会磨灭的!"

2月3日 与彭德怀致电黄克诚,指出:必须加强保卫白晋公路以东地区和阳城、晋城、高平地区的阵地,要根据有理、有利的原则,动员军队和群众,坚决打击前来进行破坏之军队。

2月5日 收到毛泽东、王稼祥致朱德、彭德怀并告贺龙、关向应、聂荣臻、彭真等电:现请于十天内在晋西北、晋察冀抽中等以下战斗力部队五千人组成三个团,另一旅部约二百人左右，以休整部队与增援河防两项目的，即向葭县、吴堡一带开进。今后每五至六个月为一期，以新换旧，更番休整。如此于前线与后方，于对付外敌与对付反共部队之作战与休整均能兼顾。

2月6日 八路军总部决定在太（行山）成立八路军第二纵队。

2月7日 与彭德怀致电八路军各兵团首长，指出：日军自展开"扫荡"华北以来，到处积极修路，不仅修复中国旧有交通，且增修了不少新路。各部队除破坏敌人的交通、使其不能完成修路计划外，还应确实了解各地区敌之交通，以便研究对策。还提出侦察敌人交通状况时应注意事项。

2月8日 出席八路军野战政治部于武乡县召开的文艺座谈会并讲话，勉励文艺工作者更好地利用文艺的武器进行对敌斗争。

2月9日 与彭德怀命令：晋冀豫边游击纵队的独立游击大队归属太南，解除太北对该支队的指挥关系。

2月10日 中共中央、中央军委发出《关于目前形势和任务的指示》，指出：自新军在晋西北完全胜利和在晋东南部分胜利后，阎锡山的投降倒退受到打击，可能稳定于一时。八路军、新四军当前的战略任务，是在粉碎敌人"扫荡"、坚持游击战争的总任务之下，扫除一切投降派、顽固派的进攻，将整个华北直至皖南、江南打成一片，化为民主的抗日根据地，置于共产党进步势力管理之下，同时极大发展鄂中与鄂东。

△ 与彭德怀致电毛泽东、王稼祥：山东各方面的工作还非常弱，尤其军队一般的还未走上正规道路，本身的巩固是当前很严重的问题；一一五师整个位置在磨擦线上，干部抽调很多，现在比任何一个师都要弱；造枪成绩还不错，自二月份起

每月可造步枪二百支，质量一般不坏，到五月份可出九百支到一千支。

2月上旬 贺龙、关向应率第一二〇师主力由晋察冀边区返抵晋西北。

2月11日 收到毛泽东、王稼祥致朱德、彭德怀，贺龙、关向应等电：阎在国民党分化政策下，可能与新军达成协议，而新军亦在有利条件下仍属阎指挥，恢复合法地位为宜。我们与阎谈判应由萧劲光以居间调停形式出面进行。新军应当独立自主求生存、求发展，八路军应多给以帮助。

2月12日 与彭德怀致电阎锡山，希望迅速和平解决山西新军与旧军的冲突事件。

△ 毛泽东、王稼祥、滕代远以中央军委名义致电朱德、彭德怀、贺龙、关向应等，指出：国民党反共益见积极，我河防空虚。为破坏国民党反共计划，巩固边区与河防并准备将来万一起见，我兵力应有一部调动，望速准备从一二〇师抽调一个有战斗力的旅（如王震旅）到绥德、米脂、葭县、吴堡之线。一二〇师师部及在冀中所属部队移至现五旅位置，并准备师部再移至晋西北原地，以利指挥。

2月14日 收到毛泽东、王稼祥复朱德、彭德怀电：你们对阎斗争的决心与部署是对的，望坚决实行。在实行时仍取自卫立场。同时要到处发布我们提出的"人不犯我，我不犯人，人若犯我，我必犯人"；"枪口对外消灭磨擦"；"中央军、八路军团结起来一致对敌"等五个基本口号，广为宣传。

2月15日 与彭德怀致电左权、黄克诚、杨得志等，任命左权兼任八路军第二纵队司令员，黄克诚任政治委员，杨得志任副司令员兼冀鲁豫支队司令员，韩振纪任参谋长；一一五师三四四旅、一二九师三八五旅、晋冀豫边区游击纵队第二、四支队等统归第二纵队指挥，第二纵队及冀鲁豫支队统归总部直接指挥。

△ 与彭德怀、杨尚昆致电贺龙、关向应并报毛泽东等，对晋绥地区财政经济困难问题，提出了若干解决办法。

△ 与彭德怀致电重庆转蒋介石，告以：石友三勾结日军在河北威县东北贺剑镇地区攻击八路军一二九师东进纵队，我军忍痛退至丘县地区。要求蒋飞电勒令石友三停止攻击并给以国法制裁。

2月16日 与彭德怀致电贺龙、聂荣臻、萧克等：为便于指挥，太原、忻县、雁门关、大同、集宁铁路线以西地区，统归贺龙、关向应指挥（包括山西青年抗敌决死队和一一五师陈士榘支队），以东地区统归晋察冀军区聂荣臻指挥（包括冀热察挺进军萧克部在内）。

2月18日 与彭德怀致电八路军重庆办事处转呈蒋介石并报延安：据一二九师刘伯承报告，石友三部于十六日晨公开邀请日军一千余人、炮三门，并与该军配合夹击我东纵部队于北口邓村，烧毁该地村、乡、县政府及民房，屠杀为状甚惨，我东纵部伤亡连长以下二百四十余名。恳请明令讨伐，以正国法，而利抗战。

2月19日 与彭德怀复电贺龙、关向应：同意将大青山支队改为一二〇师骑兵支队，姚喆任支队长。

2月20日 与彭德怀致电蒋介石，通报日军对晋冀豫、晋察冀及晋西北等抗日根据地采取烧光、杀光、抢光等灭绝战手段进行残酷"扫荡"的罪恶行径。呼吁将日军的残暴兽行广为揭露，以励国人而坚敌忾。

2月21日 与彭德怀、左权、傅钟、陆定一发布一九四〇年整军训令，指出：当此抗战进入新阶段，国内妥协投降危机严重存在。以一切力量努力巩固与扩大加强我军抗战力量，是目前全军最严重的战斗任务。兹颁布一九四〇年整军计划。要求在本年内再整理五十个团，分两期完成，每期四个月。规定整军的具体要求为：（一）加强与巩固党在部队中之绝对领导。（二）保守军事秘密，巩固部队、扩大部队，相机会合起来。（三）建立与健全军队制度，特别是建立与健全各级支队参谋机关的工作。（四）巩固自觉纪律、制度，肃清游击习气。（五）提高战术素养（目前须解决的是游击战争）。（六）提高技术能力（主要是射击、打手榴弹）。（七）提高文化程度。工农分子知识化，消灭文盲。（八）巩固新、老干部之团结，信用新干部，吸引新干部参加各部门、各种职务的工作。（九）提高战斗力，提高各级干部机动能力。训令还总结了一九三九年分两期共整军六十一个团的工作，指出了这一年来整军已获得的很大成绩和因时局关系尚未圆满完成的任务。

△ 与彭德怀致电左权、黄克诚、刘伯承等并告毛泽东、王稼祥：国民党顽固派第九十七军军长朱怀冰在彭城西向我部进兵，我三八六旅和赵基梅、谭甫仁支队及第三纵队警备旅、一二九师特务团、晋冀豫军区先遣支队等部，有警备并消灭朱怀冰部第九十四师的任务。各参战兵团应做好准备工作。

△ 与彭德怀、杨尚昆、左权致电杨得志、崔田民等，指出：时局严重，磨擦增多，敌后抗战更艰难，特别是财政经济愈形艰困。冀鲁豫区财政经济的筹划是一个严重的任务。这关系到军队的生存问题。提出解决困难的五项具体办法。强调要用极大的力量有计划地运送大批食盐、棉花、布匹、鱼到太行山南部地区支援部队。因太南磨擦严重，队伍集中平汉路东，如不给予帮助，经济上无法维持。

△ 中共中央书记处致电中共北方局，发出《中央关于选

举朱德为河北行政政务委员会主席问题给北方局的指示》，指出："石友三解决后，应即召集河北全省参议会，令全省各县用简便方法选举参议员，除保证我党领导外，应以吸收各界知名人士及比较进步的士绅为参议员，不右不左的中间派也可吸收一批，不可只是清一色的共产党，此全省参议会，由冀南主任公署召集开会，选举河北行政政务委员会，选举朱德为河北行政政务委员会主席，由河北行政政务委员会执行政府职权，发布施政纲领，并由河北省参议会陈请国民政府委任朱德为河北省政府主席及冀察战区司令长官。"

2月22日 与彭德怀致电阎锡山，对山西新军与旧军的冲突事件，提出和平解决的建议。

2月23日 与彭德怀致电程潜、卫立煌、鹿钟麟：进抵磁县、武安、涉县、林县地区的朱怀冰第九十七军，于二月十八日晚包围并攻击八路军第一二九师驻河北彭城县西贾壁村的部队，造成该部指导员以下二十余人伤亡。可朱怀冰来电反诬是八路军驻军首先发动攻击，并主张彻底调查。职等提议由国共两党派定专员，会同冀察战区总司令部代表，组成调查团彻底调查该案，以明是非。

2月24日 出席晋察冀南下支队干部于黎城骡马店院子里召开的干部会议并讲话，号召粉碎国民党反共顽固派发动的武装磨擦。正在开会时，国民党军三架飞机突然来袭击，投弹轰炸。

2月25日 与彭德怀致电蒋介石、徐永昌，报告八路军一二〇师在晋绥抗战情况。

△ 又致电徐永昌，报告八路军第一二〇师为配合绥西作战，向当前之敌积极袭击，造成敌之恐慌。

2月26日 与彭德怀、杨尚昆、傅钟、陆定一致电陈光、罗荣桓,对津南地区工作提出意见:(一)应克服困难,长期坚持游击战争。(二)在政治上必须坚持抗日民族统一战线,开展对伪军、伪政权(敌据点内)的工作;对资产者与地主分子上层的统战工作须加紧,同时不能忽视或稍微放松下层基本群众的工作。(三)建立正确的财政经济政策,如无限制的公平负担是不能持久的。(四)在战役战术上应注意以下几点:1.在敌"扫荡"时,我鲁西北及胶济铁路沿线之部队须切实配合。2.军队分散与集中要适当并要互相配合,目前为就粮与应敌,以营为单位似较适宜,着重注意培养地方性小游击队,大胆地引进地方干部为军事政治干部,建立与人民血肉不可分离的关系。3.为着长期的坚持该区,基本的就是游击战,而不是运动战。在敌严重"扫荡"时,并不反对转移邻近地区打击敌人转向打击进攻敌之后尾与交通线,这是为粉碎"扫荡"与围攻,而不是抛弃游击根据地与逃跑。4.建议你们设立辎重营,运送必需品到太行,运回总部供给的弹药、书报等。

2月29日 与彭德怀、左权等发布《关于一九四〇年整军的补充指示》,对军事教育、干部教育等问题分别提出具体规定与要求。

2月下旬 与彭德怀、左权等在王家峪八路军总部同国民党军第九十七军军长朱怀冰谈判。针对朱怀冰提出要八路军将河北部分抗日根据地让给他的部队的无理要求,朱德指出:抗日根据地是八路军从日寇手里夺回来的地方,你们要占领,人民不会同意。你们要地盘,有的是地方,你们去把日寇占领的广大沦陷区夺回来,不就行了嘛!我们改编为八路军以来,没有打过内战,如果你朱怀冰不明大义,胆敢进攻,我们一定坚决自卫。

△ 季米特洛夫为周恩来和中共驻共产国际代表任弼时举

行送别家宴。季米特洛夫委托周恩来和任弼时回国后，转达他和共产国际其他领导人向毛泽东、朱德和战斗在前线与后方的中国抗日战士的问候。

2月 八路军总部发出关于发动各部队进行武装自卫的指示，指出陕甘宁边区各地之新四军、八路军部队已屡次受到顽军军事进攻，遭到重大牺牲，在此情形下，我军被迫走向自卫实有发动的必要。在进攻我军的队伍中，对那些最反动的或已与日军确实勾结的部分，坚决予以消灭；对政治动摇者和观望的部分，则应努力争取团结抗日。在自卫行动被迫开始时，必须对部队进行政治动员；在民众中进行解释，发动民众助战，组织火线联欢，争取顽军中的下级军官及士兵。

△ 与彭德怀、杨尚昆等致电杨得志等，指出：时局严重，敌后财政经济愈形艰困，关系部队生存问题。财政经济之筹划是当前的严重任务之一。要求成立财经委员会，建立预、决算制度，统一军、政、党的收支；整理田赋，建立税收制度和税收机关；建立必需品的小型手工工厂发展合作事业；立即筹办各县辅币，发展辅币流通；有计划地屯集粮食，避免临时筹吃的办法。

△ 与彭德怀、杨尚昆致电中共山东分局，指出：山东是华北持久抗战的重要基地之一，是发展华中与新四军一片的枢纽，是八路军兵力、枪支、经济补充的重要地区。为巩固各抗日根据地，在财政经济政策方面要抓紧以下几方面的工作：（一）分局下设财政经济委员会，统一党政军财政政策，建立财政经济制度，开展节约办法；（二）北海银行应在胶东清河发行纸币，鲁南、鲁西应统一发行纸币，纠正不统一的各自为政的办法；（三）公布其政权的财政工作，实行累进的财政，建立对外贸易，拨粮收税、屯积公粮，求得解决财政的长远计

划；（四）实行节省运动，按照预算开支，惩办贪污浪费分子。

春 为了粉碎敌人的经济封锁，与彭德怀带领太行抗日根据地军民开展生产运动，并亲自到蛟龙坡开荒。

3月1日 与彭德怀致电毛泽东、王稼祥，告以：山西新军政卫第二一二旅已由运城、侯马、乡宁地区到达太岳以北，与决死队第一纵队汇合，并归该队指挥。

△ 与彭德怀致电左权、黄克诚等：（一）应即以和平方法劝阻庞炳勋〔1〕军东开，希他勿卷入豫东磨擦漩涡。（二）蒋介石逼阎锡山进攻山西新军甚急，我们应争取阎锡山回头，因此目前对晋东南各晋军旧军坚持人不犯我、我不犯人的原则。（三）对中央军仍应加紧统一战线工作，如采取共同召开反汪（精卫）拥蒋（介石）大会等办法。

3月3日 与彭德怀、聂荣臻、吕正操、傅钟等出席八路军总部在襄垣县北底村召开的晋东南各界"反汪拥蒋"大会并讲话，表示：八路军誓同全国人民抗战到底，反对汪精卫的卖国协定，反对分裂倒退，反对投降妥协，坚持团结与进步。大会通过了宣言和提案。

3月4日 鉴于朱怀冰根据蒋介石的密令，将所属部队和鹿钟麟的部队部署在河北省磁县、武安、涉县和河南林县地区，与退至卫河东的石友三部队一起，由南向北进逼太行山区和冀南抗日根据地。与彭德怀指挥八路军冀中、冀南、冀鲁豫等军区部队等十七个团，在平汉路东发起卫东战役，至十一日，共毙伤俘石部三千六百余人。

3月5日 与彭德怀指挥八路军第一二九师青年纵队、独立游击支队、先遣支队、特务团、第三八六旅新编第一团及晋

---

〔1〕庞炳勋，时任国民党军第四十军军长。

察冀军区挺进支队、冀中警备旅等部，在平汉路西发起磁（县）武（安）涉（县）林（县）战役，战役开始后，朱德致电正率部向林县开进的国民党军第四十军军长庞炳勋："贵部骑兵张旅开林县，当饬本军予以方便，惟林、武、涉地区朱怀冰军现正与本军磨擦甚烈，希贵部开抵该区，勿加磨擦，免生误会。"慑于八路军的威力和为保存实力，庞炳勋不敢继续东进。九日，朱怀冰部被打垮。为了争取和国民党继续合作抗战，朱德指示放走被俘的朱怀冰，还给鹿钟麟让开一条路，也让其逃走。

△ 中共中央、中央军委致电朱德、彭德怀等并转告新军各领袖，指出：晋西事变后我们派萧劲光、王若飞，赴秋林与阎锡山谈判，业已取得成功。我们的基本政策是：继续团结阎锡山，巩固旧军力量于阎指挥下，不使发生不利于我们的分化，保存阎在吕梁山脉的地盘，不使某方进驻。还提出为保证此种政策全部实现的各种具体办法。

3月7日 收到毛泽东、王稼祥致电朱德、彭德怀、杨尚昆电："我们觉得此时应对卫立煌有所让步，将（八路军）三四四旅略向北撤。""在此次反磨擦斗争中，我们能够巩固临汾、屯留、平顺、漳河、大名之线，已算很大胜利。在此线以南，应与国民党休战，维持卫之地位，在汾离公路以南与阎锡山休战，维持阎之地位。在何绍南驱逐后，我们也决定在边区境内与国民党暂时休战。这种休战是完全必要的。"根据电令精神，八日，与彭德怀致电左权、刘伯承、邓小平等，指出：反磨擦斗争已经基本胜利。应当按照目前环境形势争取国内和平，反磨擦的武装斗争应适可而止。

3月8日 鉴于晋察冀区去年多灾，军民粮食困难，与彭德怀致电贺龙、关向应：将该部在边区及冀中之后方机关及部队调回晋西北。二十三日，因晋西粮食亦成问题，根据毛泽东、王稼祥来电，令路东部队仍在原地，以相当数量向南移动，援助新四军与发展淮河南北。同时将磨擦中心移至华中，以巩固华北。

△ 为纪念三八国际妇女节题词："妇孺健康之保障。"

3月10日 收到毛泽东、王稼祥致朱德、彭德怀电，指出：尽量避免刺激中央军，求得山西、河北两省的安定局面，时局就有好转基础了。皖东正打胜仗，那里可以立稳脚，以待三四四旅增援。"七大快开，盼朱总乘见卫（立煌）机会，即来延安"。根据这一指示，十一日，与彭德怀令八路军撤至临汾、屯留至河北大名之线以北，求得巩固八路军与国民党军的团结。

3月11日 与彭德怀、杨尚昆等致电冀南区党委并报中央，指出：在晋冀境内反顽固分子对我进行军事进攻的斗争，我已取得胜利。目前应巩固这一胜利，开展各方面统一战线工作，争取一切可能争取的中心部队和分子继续抗战，以巩固我政治上的优势，注意防止单纯军事观点图快一时的盲目行动。

△ 与彭德怀致电左权、黄克诚、刘伯承、邓小平，命八路军撤至临汾、屯留至河北大名之线以北，并指出，八路军北撤，对外公开通知各友军，是奉朱、彭命令，服从卫（立煌）司令长官指示，求得八路军和国民党军的团结。

3月13日 与彭德怀致电左权、陈光、刘伯承等，指出：据悉，蒋介石已准备十个师向我晋东南地区作军事压迫，搞武装磨擦，我必须加强警戒，以免遭受突然袭击。同时要加强对友军友党的争取工作，利用各种机会和一切办法来表示我们愿意团结、痛恨磨擦的诚意。要将八路军的实际生活情况和持久抗战的经验介绍给他们，争取他们。要派出精干部队经常向长治、长子、壶关日军作有力袭击，消灭敌人一部，以提高他们的抗日情绪。

△　与彭德怀致电八路军诸将领，指出：今天中国人民的主要敌人是日本帝国主义，主要的斗争方式是对日寇的武装斗争，这是丝毫不能放弃的。在抗日民族统一战线中也是用武装斗争方式，这是统一战线的不幸。但为着争取坚持抗战、团结、进步政治路线的胜利，这是必要的，这是要由上层资产阶级负责的。倘若没有今天反磨擦的局部武装斗争，就必然会分裂，而发展为全部的武装斗争，那是我们不希望的。

3月14日　与彭德怀致电叶剑英转蒋介石等，呈报八路军部队反击朱怀冰、石友三部的原委。指出：朱怀冰部自今年一月到冀南后即不断围困、攻击八路军冀南部队，且步步进逼，摧残抗日政权，惨杀八路军工作人员，虐待抗日军人家属，职等屡电鹿（钟麟）总司令交涉，则搁置不理。在不得已情况下，稍一还击，朱军万余人即自相溃乱，因为士兵愿抗日不愿内战，愿团结不愿分裂；石友三到冀南后，即与敌寇勾结，专意与八路军驻冀南部队进行磨擦。近三个月来他曾逮捕与惨杀抗属、冀南工作人员在千人以上，虽曾迭电层峰予以制裁，但迄无有效制止办法。职部迫不得已，稍加反抗，石即率部逃窜。

△　中共中央书记处、中央军委致电朱德、彭德怀、杨尚昆，刘伯承、邓小平等，指出：反磨擦斗争必须注意自卫原则，不应超出自卫的范围。如果超出这个范围，则对全国的影响和统一战线是很不利的。尤其对中央军应注意此点，因国共合作主要就是同中央军的合作；目前山西、河北的反磨擦斗争即须告一段落，不应再行发展。二十五日，中共中央书记处、中央军委致电八路军总部、各师、各军区，新四军，再次指出：应使干部明白，所谓国共合作，主要就是同中央军合作，我全体干部在加强对一切军队的团结说服工作中，要特别着重对中央军的团结说服工作。各军事政治工作的同志应负指导计划之责。

3月15日 收到毛泽东、王稼祥致朱德、彭德怀等电,指出:自朱怀冰部被消灭后,蒋介石已下令庞炳勋、范汉杰[1]、刘戡、陈铁[2]各部主力集中于太南周围,并有加调六个师渡河的消息,目的在迫我军退出陵川、林县一线。"我们此时必须避免同中央军在该地域作大规模战斗,因此须准备让步,以便维持两党合作局面"。

△ 与彭德怀、杨尚昆致电左权、黄克诚、杨得志、程子华、宋任穷、刘伯承、邓小平等,指出:在反磨擦斗争中,我们已取得很大胜利,巩固了晋西北、冀中、冀南、冀西等抗日根据地,开展了直南[3]工作,打击了投降派和顽固分子,争取了中间分子。当前应以保障离汾、临屯两条公路和平顺及漳河以北地区的巩固为主,避免扩大磨擦及继续磨擦。根据国内外条件,可能争取时局好转。对国民党中央军,应加紧团结工作。太南军事布置,左、黄应根据本月五日朱彭电令执行,如新一旅在高平以东部署斗争,应立即向北撤至新城平顺线,陈刘支队及警备旅撤至林县东北地区。

△ 为声讨汪精卫投降卖国罪行,与彭德怀、叶挺、项英率全军将士发表《八路军新四军讨汪通电》,指出:"国内少数不明大义之徒,或策动投降,或实行反共,而以反共为投降之准备步骤";强调八路军、新四军"惟求全国继续团结,不中敌人奸计,消弭磨擦,反对内战","坚持抗战局面,争取最后胜利。"

---

[1] 范汉杰,时任国民党军第二十七军军长。
[2] 刘戡,时任国民党军第九十三军军长;陈铁,时任国民党军第十四军军长。
[3] 直南,指河北大名府以南南乐、清丰、濮阳、长垣、东明等县所属地区。

△ 《新华日报》（华北版）报道："朱彭总副司令号召全华北积极春耕，大力生产，战胜日寇。"

3月16日 与彭德怀、杨尚昆致电彭真、贺龙、关向应并报中共中央，指出：山西牺牲救国同盟会是我党领导下的一个民族革命的联盟。它对山西新军的建立，山西抗日民族统一战线的发展以及山西抗战的坚持，都起过光辉的作用。然而不可否认，在牺盟的工作中还存在着严重的缺陷。今后党对它的工作方针是：保存它，整顿它，帮助它进步，保证它在共产党的统一领导下进行工作。

3月18日 与彭德怀致电毛泽东、王稼祥，在报告现有武器装备及其弹药消耗情况的同时，提出武器弹药补充意见：（一）现有步兵轻武器百分之八十均使用过度，来复线已磨平，口径已松，射击已失效，应请调换（数目你们斟酌）。（二）自动火器（轻重机枪）平均每连不及一挺，应请补充（数目你们斟酌）。（三）步兵炮及山炮在敌后抗战，不论山地、平地，尤其对敌碉堡、装甲车之战斗效用极大，为不可缺少，应请补充平射炮、曲射炮、山炮（数目你们斟酌）。（四）在一、二两月份战斗中，将以前所有弹药大部均已耗完，近所用的多是由敌手夺来，现有平均每枪不到十粒。目前急需补充步枪弹四百万粒（七九的应多，六五的应少）、自来德手枪弹五万粒、八二迫击炮弹一千发、七五山炮弹五百发、手榴弹十万颗。（五）敌后部队弹药之补充，应请一次多发，因大后方联络运输的困难不当与一般部队同样补给，免误军机。

3月19日 收到毛泽东、王稼祥复朱德、彭德怀、杨尚昆电："你们十五日撤退电及十六日致袁晓轩电均阅悉，就照这样办。以后坚守平顺、漳河线，不再退让；据袁晓轩电称，卫（立煌）表示希望与朱、彭会谈，请你们考虑择地与卫会谈问题,如你们决定会谈时,请将边区、扩军、补充、军饷、新军、河北及皖东进攻新四军各问题全般提出托其转蒋。"

3月21日 中央军委致电朱德、彭德怀、杨尚昆并告八路军各师、新四军:李品仙[1],奉某(蒋)方之命,"实行全部反动政策,坚决进攻皖东、淮北新四军,欲将我张云逸、彭雪枫等部全部消灭,切断我四军、八路军联系,并使我江南新四军处于无退路境地。""在此种情况下,我八路军有坚决迅速援助新四军,打破李品仙的反动进攻,创立皖东、淮北、苏北抗日民主根据地,巩固新四军与八路军联系之紧急任务。"具体部署,请朱、彭速作决定。

3月23日 收到毛泽东、王稼祥致朱德、彭德怀电:(一)陈士榘支队目前即可准备向淮河开拔,增援新四军,不会影响晋西北的巩固。(二)新四军甚危急,如三四四旅不能马上增援,请朱、彭由一一五师在山东的部队中抽一部过陇海路去。(三)前贺龙、关向应电报朱、彭,令一二〇师在晋察冀军区部队全部集中晋西北;我们意见,晋西北物质和粮食成大问题,在路东者暂时仍在原地为宜。(四)华北粮食困难,物价飞涨。我们只有以相当数量的部队向南逐渐移动,可援助新四军与发展淮河南北,克服经济困难。

3月28日 与彭德怀、叶挺、项英致电蒋介石,要求:制止各路国民党军对我军的进攻;查办挑拨离间巧言惑众者;取消何应钦关于停发给我军经费的命令;保护我驻西安办事处机关人员的安全,以维护两党团结,利于共同抗战。

△ 中共中央书记处复电朱德、彭德怀、杨尚昆,指出:朱德同志应即赴晋城与卫立煌会见,着重提出如下各点:(一)

---

[1] 李品仙,时任国民党安徽省政府主席。

向卫申明中共及八路军愿与国民党及一切军队保持长期团结，不愿发生磨擦，唯望彼方停止对我方之对立破坏政策。（二）一切磨擦告一结束，今后双方人员部队采和平合作态度。（三）明令取消防制异党活动办法等磨擦法令。（四）保护《新华日报》。（五）重新划分作战区域，汾离、临屯、平顺之线以北及河北全省划归八路军总部负责指挥。（六）河北行政归八路军负责。（七）八路军扩编为三军九师又三个游击纵队，照二十二万人发饷。（八）每月补充弹药五百万发，其他补充照给。（九）陕甘宁边区二十三县林伯渠为主席，撤退包围部队。（十）保护吕梁山、中梁山两条兵站线。（十一）咸榆公路、陇海铁路及通彭雪枫、张云逸区之交通线上应停止阻拦行为。释放被捕人员。（十二）停止向皖东、淮北新四军进攻。（十三）停止称新军为叛军，新旧两军重新团结抗日。"以上各项，均请卫转蒋允予批准。并表示我始终拥蒋及国民党政府，过去反磨擦全为自卫。"

3月29日 收到毛泽东、王稼祥致朱德、彭德怀，刘少奇、项英电：华中之皖东、淮北、苏北成为顽方必争之地，目的在隔断八路军、新四军之联络，陷新四军于危境。完全同意朱、彭将三四四旅调陇海路南增援华中，陈士榘支队调胶东之决心。将来八路军到达华中后，则应坚决争取全部苏北在我手中。

△ 出席晋冀豫区新闻界召开的宪政座谈会并讲话，强调：宪政运动是一个艰苦的奋斗过程，需要努力争取。并指出：讲民主，首先要多多接近民众，听听老百姓的意见。

3月 与彭德怀在《新中华报》上发表讲话：抗战以来，我军作战五千余次，收复失地二百余县，毙伤敌二十余万，缴获之多冠全国。

4月1日 中共中央、中央军委致电朱德、彭德怀等，指出：某方现在黄河以北吕梁山脉集中大军，我之任务在于极力缓和之，避免一切刺激某方之言论、行动。我军则严守防线，深沟高垒，以备不虞。我八路军有抽调足够力量南下华中增援新四军，打退反动派进攻，消灭投降反共势力，建立新的伟大抗日根据地之任务。此根据地以淮河以北、淮南铁路以东、长江以北、大海以西为范围。其指挥人员与兵力配备由朱德、彭德怀统筹之。其到达时间分为三期，兵力总数共需四万至五万人，方能完成此紧急伟大任务。

△ 收到毛泽东、王稼祥致朱德、彭德怀并告刘少奇电："华中顽方进攻新四军形势非常严重。我八路军有迅速增援新四军之责任。请朱、彭考虑由一一五师在山东地区之部队中抽调一个主力团立即南下"，增援刘少奇、张云逸。"三四四旅应于十天内休息整理完毕，迅速开动"。

△ 与彭德怀致电一一五师、一二〇师、一二九师、晋察冀军区并报毛泽东、王稼祥、叶剑英、林伯渠，根据华北近期敌情指出：目前我军应尽量揭发敌之各种欺骗，切实保护春耕，破坏敌人各种阴谋毒计。要求各部队自四月十日起加紧向敌主要交通干线实行有计划的破坏，并作出具体部署：沧石线以北之津浦、平汉路及正太路由聂荣臻负责；沧石路以南沧（州）德（州）段，平汉路之石（家庄）磁（县）段及白晋公路北段，由刘伯承、邓小平负责；同蒲路北段尤其平地泉至朔县段，由贺龙、关向应负责；胶济、津浦路由徐向前、朱瑞、陈光、罗荣桓负责。

△ 与彭德怀致电叶剑英转何应钦，指出：八路军团结抗战，对磨擦事件纯系被动，所有磨擦完全造因于防制异党活动办法之流行与对立破坏政策之实施；八路军坚持敌后抗战有功不赏，反横遭残害，为抗战为生存计被迫自卫，实属万不得

已。"为今之计，惟有本真正团结精神，废除'防制异党活动办法'，取消对立破坏政策，对抗战部队公平待遇，明奖有功，则磨擦自息，而抗战胜利实利赖之"。

△ 收到毛泽东、王稼祥致朱德、彭德怀，贺龙、关向应并转王震电：确悉中央军"九十军李文部三个师已集中大宁"。估计该军"有偷渡黄河进占绥德"之可能，"企图隔断（我陕甘宁）边区与华北之联系和进攻边区"。"请贺、关统一我军之河防部署，无论如何不能准九十军越过黄河，这是关系我八路军整个生命的问题"。"王震旅应加强黄河西岸之阵地"，"萧劲光负责巩固两延段之河防"。"由贺、关调有力部队二至三个团集结于碛口附近"待机。"一二〇师平汉路东的部队是否需要调若干至路西，望速决定电告"。

4月2日 毛泽东致电彭德怀："七大决定快开，你大概难于出席"。"朱总能早来否？"四日，毛泽东又致电彭德怀：蒋介石召周恩来、朱德谈判，主要是华中问题。"周定十号前出发"，"朱先来延安，必要时去渝，或者不去"。

4月3日 萧克致电朱德、彭德怀等，报告发展平北与冀东游击战争的部署。

4月4日 关于石友三部与日军勾结进攻八路军一事，与彭德怀、杨尚昆致电叶剑英转呈蒋介石、徐永昌，呈报：石友三部公开与日军勾结，并与丁树本[1]部于二日进占东明后，在日军汽车、飞机配合下分左、右两翼向濮阳进攻。"究应如何处理，谨电请示。"

4月6日 与彭德怀致电蒋介石、程潜等，报告汪精卫伪

---

[1] 丁树本，时任国民党河北省濮阳地区专员兼第三十九集团军游击第一纵队司令。

政府成立后，华北敌占区各地的主要表现：已改换反共青天白日旗；新民会有将改组为国民党党部的可能；敌人宣传国共已分裂，声称"汪蒋合作共同反共"；强化伪军，扬言只反共打八路军、不打中央军等等，玩弄挑拨离间之诡计。

△ 与彭德怀致电蒋介石，要求严厉查办国民党石友三部及丁树本部公开投降日军、大肆进攻八路军一事。

4月9日 毛泽东、王稼祥以朱德、彭德怀名义致电蒋介石等，陈请"对抗战有功之山西新军及河防王（震）旅给予奖励，并登报广播，大为宣传。以击破某方污蔑新军与处罚王震之阴谋"。

4月10日 与彭德怀致电毛泽东、王稼祥，对卫立煌九日派高级参议申凌霄赴黎城一二九师师部，要求河北武安、涉县由卫立煌任命县长，并由庞炳勋军进驻武安和涉县、范汉杰[1]军进驻林县一事，提出意见：武、涉两县可换县长，但庞、范不能在该地驻军。十二日，毛泽东、王稼祥复电：同意武、涉两县由卫派县长，向卫再让一步，但坚决拒绝庞军进驻。还指示：目前力争八路军、中央军和好团结。"朱总能否与卫（立煌）一晤？"

4月12日 收到中共中央书记处来电：（一）七大快开，请你于见卫立煌后即经西安来延安。（二）见卫谈话中心，在于强调团结抗战，缓和中央军中一部分顽固派的反共空气。向他们声明，只要中央军不打八路军，八路军决不打中央军，决不越过汾（阳）离（石）、临（汾）屯（留）、漳河之线以南，要求他们也不越过该线以北。（三）"何时可去见卫？中央军内部情形如何？盼告。"

---

[1] 范汉杰，时任国民党军第二十七军军长。

4月13日 毛泽东、朱德、王稼祥、叶剑英致电贺龙、关向应并告彭德怀、左权："如果蒋介石冒险打延安，我们现时还只能决定内线作战，而不是打出去。一二〇师兵力须在保卫边区同时又相当兼顾晋西北之两点上，因此，一二〇师拟南下部队只决定调五至六个团配合王震旅"，"在延安以南作战，即大体够用。""贺、关昨电准备之八个团可留下两个团在晋西北配合决死队维持原根据地，师直万余人须大部留下，只能一部南下。部队集中整训地点须置于行止两用之处。""蒋介石是否决心打延安主要决定于蒋（其）对苏联态度，日苏条约订立后蒋之态度如何尚须数日才能看清，但我现应放在蒋决心打延安一点上来布置。"

4月15日 与彭德怀、叶剑英、叶挺、项英率八路军、新四军全体将士发表讨汪救国通电，指出：汪精卫叛国投敌，全国震愤。近日以来，敌伪所至各地，竟敢高揭青天白日旗，遍设伪军、伪党，号召和平反共。"所谓和平即投降也，反共即灭华也，固已昭然若揭。"然而"国内少数不明大义之徒，或策动投降，或实行反共，而以反共为投降之准备步骤"。当前"抗战之危机，实不在敌伪之猖狂，而在我抗战阵线内部投降反共分子之存在"。呼吁"合四万万五千万人之心为一心，坚持团结抗战局面，争取最后胜利。"并表示：德等"誓率全军为祖国流最后一滴血，驱除敌伪，还我河山，虽赴汤蹈火所不敢辞。"

△ 出席中国人民抗日军事政治大学在山西省武乡县蟠龙镇举行的第六期开学典礼并讲话。指出："抗大前几期的同学，在华北抗战中尽了他们伟大的力量，成为准备反攻，也将成为将来反攻的基本力量。我们抗大出去的同学，在中国抗战中，在八路军、新四军，在敌后坚持抗战，组织群众，武装群众，使群众的武装强大起来，和敌人拼命。""这是抗大的光荣"。

还指出:"抗大是共产党领导的学校,是八路军的干部学校,换句话说是工人农民的干部学校。尽管学校里有许多知识分子,有许多学生出身的人,参加到我们学校里来,但他们的思想行动都为共产主义为工农阶级而献身革命,为民族为国家为学校做事。这一点应当叫任何一个人都晓得"。我们抗大"要学的主要的东西,是马克思列宁主义,辩证唯物论的科学。关于这些我们一定要认识清楚。"并勉励抗大学员都要"努力学习科学,学习马列主义","加强军事学习,提高军事技术,更加把自己的思想意识锻炼好。"特别希望各地来工作的同志和知识青年,"毕业后到八路军去工作"。只要"知识分子能吃苦耐劳,旁的问题都解决了。"

4月17日 出席八路军总部直属队举行的欢迎申凌霄等人的大会并致词,希望他们把华北军民要求进一步加紧团结的愿望,带到后方去。

4月19日 中共中央军委致电朱德、彭德怀、刘伯承、邓小平,指示:用各种方法缓和与顽方进攻,极力避免冲突;我们决以长治、平顺、磁县之线为界,此线是蒋介石三月三日手令规定的,如顽方攻此线,我们应给以坚决的还击。

4月20日 与彭德怀、左权致电中央军委,报告:八路军全军现在共有人员三十五万九千二百七十四名,各种枪炮共计十七万六千九百九十二(门),各种弹共计八百四十八万二千三百六十一发,马匹二万四千八百九十九匹。

4月中旬 见到率抗日军政大学特科大队到达武乡县的刘鼎,任命刘鼎为八路军总部军工部部长。军工部当时辖七座兵工厂,分布在北起辽县、南至黎城的太行山区深山沟壑之中,有二千五百多职工。

4月23日 带一个警卫连队从武乡县王家峪八路军总部

出发。

4月25日 与国民政府军事委员会战地党政委员会副主任委员王葆真等从一二九师司令部驻地潞城北村出发，离开太行山前往河南洛阳与卫立煌会谈。

△ 与彭德怀致电各兵团首长，指出：日军现正在拼命修筑道路，察其企图，一在增强其军队之机动性，一在准备进一步向我国土进攻，此种阴谋若不积极求得阻止与粉碎，待其完成将会对我坚持敌后抗战造成极大困难。各兵团首长应就当前实际情况"谋有效之对策，予以破坏"，并于四月十五日前将过去阻敌修路及破路之成绩、经验详细汇报总部。

4月26日 抵达壶关龙溪镇宿营。参加该地驻军一二九师暂编新一旅旅长韦杰的婚礼。与韦杰谈话时说：范汉杰、孙殿英[1]等国民党军队就在你们周围，要加强统一战线工作，同他们交往中注意又联合、又斗争，决不能先打第一枪。并指示说：要深刻领会独立自主的游击战争的战略战术原则，要根据作战对象的变化和敌人的特点运用过去的作战经验。游击游击，不要只游不击，也不要只击不游。要善于针对不同条件，灵活运用战略战术，适时抓住有利战机消灭敌人。

4月27日 抵新一旅和国民党军范汉杰第二十七军第四十六师交接地，范汉杰派部队迎接。二十八日，在范汉杰驻地附近宿营。二十九日，在范汉杰驻地停留。与范商谈解决新一旅同范部冲突问题。三十日，由范派部队护送通过日军封锁线。

4月29日 与彭德怀复电贺龙、关向应，同意将一二〇师三五八旅改编为该师独立第二旅，下辖第七一四团、独一团（改为第五团）、警六团（改为第六团）。

―――――――

[1] 孙殿英，时任国民党新编第五军军长。

△ 与彭德怀任命孙超群为山西青年抗敌决死队第四纵队副司令员。

4月30日 与彭德怀、傅钟等致电黄克诚、杨得志并报毛泽东,指出:八路军第二纵队主力与平汉铁路以东部队会合后,第三四四旅争取在短期内继续南进增援新四军。第二纵队编组及干部配备拟作调整,望即执行:第三四四旅应即整补完毕,以刘震任旅长,唐亮任政治委员;田守尧任新编第二旅旅长,在田守尧未到职前仍由杨得志兼任;该旅暂不成立旅部,所部暂归第二纵队直接指挥;以晋冀豫边纵第四支队及平汉铁路以东之两个大队合编为新编第三旅,韩先楚任旅长,谭甫仁任政治委员,赵基梅任副旅长;由杨得志代理第二纵队司令员,崔田民仍任纵队政治部主任。

5月初 一日,抵国民党军第四十七军军部。二日,因天雨在此停留一天,向军长李家钰介绍晋东南敌情,宣传团结抗日的必要性。三日,李家钰派部队护送通过日军封锁线。四日,准备通过日军封锁线时,遭遇炮击,改为夜间走博(爱)晋(城)公路晋庙铺处封锁线。五日凌晨抵马街,国民党军第九军派部队迎接。随后抵达河南济源县。夜宿太行山尽头刘坪。在此期间,赋诗《出太行》[1]:

群峰壁立太行头,天险黄河一望收。
两岸烽烟红似火,此行当可慰同仇。

这首诗于一九四〇年十一月在《八路军军政杂志》第二卷

---

〔1〕 诗前题写:"1940年5月,经洛阳去重庆谈判,中途返延安。是时抗战紧急,内战又起,国人皆忧。"

第十一期发表。

5月1日 毛泽东、王稼祥、朱德致电刘少奇、彭雪枫、黄克诚并告彭明治、朱涤新[1]：对华中我兵力布置，军委已有原则电报指示，今后一切具体行动由刘少奇之命令实行之。各部均应服从刘少奇指挥。

5月3日 在《新华日报》（华北版）上发表《五四运动与青年》一文，阐述了五四运动的伟大意义，指出：五四运动中优秀的青年，是一贯站在正确的、坚定的政治立场上的，像我们的周恩来、邓颖超等同志，他们是今天中国青年的模范。在五四运动中还有一大部分，在二十年过程中，已经逐渐掉在时代后面，甚至转向反动营垒中去了，今天的中国必须引以为戒。"二十一年的经验告诉中国青年说，谁要想长久下去不落伍，谁要想永远站在时代的前面，谁就必须找寻自己的正确政治道路。五四运动以来二十一年中，这条道路已经被进步青年找到了：这就是共产主义的道路。共产主义的道路是中国青年的大路。"

5月4日 毛泽东、朱德、王稼祥致电刘少奇：彭德怀已令彭朱支队[2]（三个团）即日南下，又令三四四旅（三个团）克服困难迅速通过陇海路，我们已屡电催促。你仍在原地等候，以便指挥部队。

5月7日 渡过黄河。第一战区司令长官卫立煌派人到码头迎接。抵洛阳后即与卫立煌晤谈。

5月8日 晚，在卫立煌举行的欢迎大会上致词，指出：全国人民需要国共两党和全国军队的团结。国民党的大多数需

---

[1] 彭明治、朱涤新，分别任八路军一一五师苏鲁豫支队支队长、政治委员。

[2] 彭朱支队，指八路军第一一五师苏鲁豫支队。

要这种团结。共产党、八路军坚决要求这种团结。只有日寇、汪精卫、汉奸、投降分子和磨擦专家害怕这种团结。这种团结必须建立在进步的基础上。只有这样，才能克服困难，争取抗战的最后胜利。在洛阳停留十天，其间，同卫立煌商谈多次，并取得共识。有些重大问题，如八路军扩充编制、增加军饷等，卫立煌表示要请示蒋介石。卫立煌同意朱德提出的要求，将在去年晋西事变和河北磨擦事件中被抓后，或在国民党军队中当兵，或被关押在晋城和洛阳的决死队、八路军战士一百余人全部释放。这些人回到八路军总部，重新分配工作。

△ 与彭德怀、杨尚昆致电中央书记处并中央军委，提出：财政经济建设是支持长期战争的主要条件之一，总部为培养这种干部，将原冀南经济学校改为华北财经学校，分为财政行政科、银行粮食科和贸易生产科。现决定扩大招生。还确定了学生的选调地区和名额以及学生应具备的条件。规定学生一律限于六月二十日以前到达总部，训练期为八个月，毕业后保证原数归还原地区。

5月9日 与彭德怀致电刘伯承、邓小平、蔡树藩等，对取得白晋战役胜利之全体将士嘉勉。

5月10日 致电毛泽东、王稼祥等，报告：在与卫立煌谈判时，卫接到何应钦的来电，内容都是他们过去"已经提过的问题，是讨价还价，毫无诚意，难得结果。在华北他们利用中间力量来磨擦"。提出："我们只有同卫（立煌）弄好关系，注意实际配合，加强争取，同时忠告卫，我们决不与他争。"

△ 与彭德怀致电黄克诚并告毛泽东、王稼祥，指出：黄在打击石友三部之后，应即回濮阳，加紧各项建设工作。第三四四旅南进以刘震率领前往即可。如需加强可由杨得志率领前往。

5月12日 毛泽东、朱德、王稼祥致电周恩来、刘少奇、项英、陈毅、彭雪枫、黄克诚，指出：华中目前斗争策略，应以全力对付韩德勤及苏北其他顽军，切实发展苏北。对李品仙应取守势并力争和缓，以防蒋桂联合对我。苏南自陈毅、粟裕北上后，兵力较弱，指挥无人，请项英妥为布置，以维持我原有地区。并准备于适当时候，将新四军军部及皖南主力移至苏南。

5月13日 与彭德怀、傅钟致电彭雪枫、吴芝圃：命令该支队南进时要注意部队纪律和地方党、政、民之亲密关系，并帮助新四军，防止部队骄傲自大。

5月14日 与彭德怀、左权致电黄克诚，令三四四旅打击石友三部，使之与日、伪军沿陇海封锁隔断华中之阴谋失败；然后适时转入豫东，援助彭雪枫部及袭击陇海路河南开封至民权段一线，抓住南面敌人，并立即注意地形改造（将所有基干道路改为凹道）。

△ 毛泽东、朱德、王稼祥致电李先念、任质斌并告刘少奇，指出：你们应以灵活的游击战，准备在长时间中粉碎国民党反共军向你们的进攻。对国民党军其他各部应积极进行统战工作，同时应注意其可能被迫向我进攻。

5月15日 与彭德怀致电贺龙、关向应并报毛泽东、王稼祥：为使晋西北物质资材取得各方面帮助和供给，为使搬运容易，节约民力和经济，一二○师必须立即组织一个辎重营，首先成立两个连亦可以。辎重营必须选择较精干机动人员与较好的骡马（主要是骡子），并给以简单的骑兵式的教育及辎重兵的教育，以求善于搬运保管物件，有严格的纪律，能善于来往于敌人封锁线之中，应付各种不同情况下的战斗。

5月16日 与彭德怀、左权致电各师各军区，指出：敌人在各地区的行动与一定区域时间内，或取攻势或取守势是有计划有组织的。为了全面了解各地区的战争形势，各师及各军区在每个月底或每一战役后，都要作出简明扼要的战斗要报。指示还规定了战斗要报的要点。

△ 与彭德怀致电贺龙、聂荣臻、吕正操等，规定：一二〇师留晋察冀边区的部队，在平汉铁路以西由聂荣臻指挥；以东由吕正操、程子华指挥。要求：聂荣臻、彭真、吕正操、程子华应切实检查部队是否存在违反纪律、贪污浪费、不尊重地方政府法令的现象，除纠正错误外必要时给予纪律制裁，并对一二〇师留晋察冀边区部队的给养、津贴等财政一事提出要求。

△ 在洛阳接见国民政府军事委员会战地党政委员会冀察分会成员。在回答最近华北敌人的企图和我们应有的对策时，指出：华北敌军不包括伪军在内约有五十至六十万人，正在加紧修筑堡垒、公路和铁路，同时不断"扫荡"抗日根据地；但八路军、游击队也很活跃，力量相当强大，冀东、平西、门头沟、西山均为其活跃地区。现在敌人把利诱和威胁配合起来，除用武力外，还采取以华制华、以战养战的方针。我们的对策就是巩固和发展联合各党、各派、各阶层人民的抗日民族统一战线。在回答到国共两党如何才能亲密时，指出：我们共产党当前是为民族解放而奋斗，并没有自己的私利。凡是有共产党的地方，抗战就热烈；抗战热烈的地方，共产党的力量就大。可是，有的人对抗战的兴趣不大，却积极限共、防共、反共，限制八路军发展，不断制造磨擦，甚至利用汉奸队伍来反共。长此下去，国就要亡了。只有解决这些问题，取消妨碍抗战的东西，国共两党才能亲密合作，共同抗日，否则是没有出路的。还介绍了河北灾情并谈了八路军对放赈的意见，强调根据军民正在依靠自己克服灾荒造成的困难。

5月17日 离开洛阳，乘火车抵达西安。在西安八路军办事停留至二十三日。在此期间，亲自出面与国民党方面交涉，将被国民党特务秘密绑走的八路军办事处交通科的一名战士救出。

△ 与彭德怀致电蒋介石，告以：去年夏天因冀中情势万分严重，故曾命原驻晋西北的八路军一二〇师开赴冀中，现因山西新、旧军冲突，晋西北根据地"有被敌趁势摧毁危险，即令其仍回原地，现在平绥、雁北、阳曲、离石之线作战"。另告：外面谣传晋西国民党军第九十军李文部有进攻陕北企图，"恳请查明，严厉制止"。

5月18日 与蒋鼎文[1]会晤。二十三日，再次会晤。

5月19日 与彭德怀致电蒋介石，揭露石友三勾结日寇、残害忠良之事实，要求将其调离鲁西南地区，并给以处理。

5月20日 收到香港怡和洋行老板许厚钰馈赠的双筒望远镜一个[2]，致信表示感谢：承蒙赠 8×20 双筒望远镜一个，已由超北同志交到。帮助抗日，良深感谢，专函奉复。随赠小照一张，敬祈惠存。

5月20日、21日 接见八路军驻西安办事处工作人员。鉴于西安八路军办事处受国民党特务机关监视，环境险恶，教育办事处工作人员要提高革命警惕性，保持革命气节，准备对付一切可能出现的突然事变，鼓励大家学会有理、有利、有节的斗争艺术，还提出了一套对付特务监视、跟踪的办法。

5月21日 与国民党军第三十四集团军总司令胡宗南会晤。

5月22日 与国民政府军事委员会西安办公厅副主任兼政治部主任、军事委员会西北青年劳动营主任谷正鼎会晤。

---

[1] 蒋鼎文，时任国民党陕西省政府主席。
[2] 许厚钰托到香港采购并运输物资的八路军总司令部运输科长卫超北带给朱德。

5月23日 毛泽东、朱德、王稼祥致电刘少奇、陈毅、黄克诚、彭雪枫、张云逸,指出:我们认为刘少奇前电提出目前重心在苏北、其次才是淮北与皖东的意见是确当的。目前淮北与皖东须由云逸、雪枫所部独立支持之,无论敌人或顽军进攻,均须用游击战争与之周旋,不要希望任何增援,华北增援不可能,也不适当。你们一方面要认真准备对付共有蒋介石的进攻,决不可松懈自己的准备。但另一方面要利用时机积极准备一切,包括扩大整训军队,巩固与发展根据地。这是粉碎任何进攻的可靠资本。目前敌人正向涡阳以西进攻,正是雪枫区域扩大整训军队、发展巩固根据地的有利时机。要扩大与巩固根据地,就要发动基本群众,必须镇压反动分子。

5月24日 与茅盾(沈雁冰)、张仲实[1]等四十五人乘车离西安赴延安。途中夜宿铜川市。当晚,拜访茅盾,谈论的话题是杜甫和白居易。茅盾发现"这位名震中外的将军有很高的文学素养"。

5月25日 途经中部县,参观黄帝陵。请茅盾对同行的四十余人讲关于黄帝的故事。随后说:刚才沈先生讲了历史上的黄帝,现在我再讲一讲当代的黄帝——我们这些黄帝的裔胄。中华民族有五千年光辉的历史,然而近百年来我们这个民族却遭受了帝国主义的百般欺凌,被称作"东亚病夫"。现在,这个古老的民族觉醒了,我们这些黄帝的子孙点燃了民族解放的烽火,全国人民正进行着神圣的抗日战争。抗日战争是民族复兴的战争,我们一定要把这场战争进行到底,我们也一定能取得战争的最后胜利!现在有人想阻挠抗日战争的胜利进行,

---

[1] 茅盾,中国现代作家。张仲实,时政评论家、翻译家。他们不久前摆脱新疆军阀盛世才的控制迫害,转赴延安。

想要妥协投降，这种人是黄帝的不肖子孙！下午四时许，乘车进入陕甘宁边区。

5月26日 抵达延安，在延安南门外受到各界人士的热烈欢迎。在欢迎大会讲话，指出：华北广大的抗日根据地已经建立起来，这奠定了华北抗战胜利的基础。尽管敌人"扫荡"、破坏，顽固分子制造磨擦，可是华北广大人民已把自己组织成为伟大的独立的力量，他们不但不会消失，而且将日趋坚强。这时，八路军在朱德总司令和彭德怀副总司令指挥下，在华北敌后与日军作战近三年，光复了大片国土，建立起晋察冀、冀中、冀南、平西、晋冀豫、晋西北、冀鲁边、冀鲁豫、鲁西北、鲁南、大青山等抗日根据地，八路军自身也从原来的三个师发展到有正规部队二十二万人（游击队还未计算在内）。

5月27日 延安各界在中央大礼堂举行欢迎朱德从华北前线回到延安晚会。毛泽东出席晚会。朱德在晚会上讲话，指出：今天，整个华北到处都是咱们八路军健儿在显身手，北至苦寒的大青山，南接新四军达长江口，东抵海边，西接陕甘宁边区。八路军牵制了敌人十二个师团又九个旅团。两年多来打死、打伤敌人二十余万，争取伪军十余万人反正，其中还打死了敌酋阿部中将以下少将、大佐多人。八路军在华北唤起了民众，组织、武装了他们，建立了统一战线的抗日民主政权，维系了华北广大人民的人心。八路军在华北保护了人民和资源，严重打击了敌人"以华制华"和"以战养战"的阴谋；改善了人民生活，发展了生产运动。虽然敌人在华北的守备兵力增多，但它的兵力分散，战斗力减弱，反战、厌战情绪增高。八路军已成为坚持华北抗战主力，散在乡村，同时能掌握战略枢纽（山地）的交通要点，与民众联系加强，战斗力提高。还指出：在华北、华中敌后战场上出现"磨擦"，是少数人（大资产阶级与地主）对八路军、新四军、共产党采取破坏政策造成的。我们的态度则是一切为着团结，人不犯我，我不犯人，人若犯我，我必犯人。

△ 毛泽东、朱德、王稼祥致电王世英："请告阎（锡山），（我）陈（士榘）支队已过同蒲路东，以后双方军队移动，事前通知。请阎电令制止部下攻打八路军游击队，捕杀我地方党人员及群众，则误会可消除。朱总已于有日安抵延安。"

△ 毛泽东、朱德、王稼祥致电王震、郭鹏并告贺龙、关向应："近日顽固军正向关中边区进攻"，"速令第四支队接延水关、清水关防务，以便抽出（第）三团返临真，应付南面"。三八五旅第"七一四团如未过河，暂时停止过河，但须准备过河。"

△ 毛泽东、朱德、王稼祥致电彭雪枫、邱会作并告刘少奇：苏北为最富庶区域，部队亦最多。邱会作及其工作队必须即赴苏北工作，不得延误时间。

5月28日 毛泽东、朱德、王稼祥等致电八路军前方总部、第一二〇师，指出：（一）阎锡山保留晋西南对我们有利。（二）我们在晋西南不应增兵，若增兵则引起阎恐慌，同时，国民党可借口派中央军到晋西南去，陈士榘支队之行动已引起蒋介石、阎锡山之极大恐慌，正设法缓和。（三）晋西南党的方针是力求隐蔽、埋伏，已公开的党员干部集中到我游击队去，如我游击队在晋西南坚持不了，可转移到晋西北地区。（四）我们已电王世英转阎锡山，要他电令制止部属攻打我游击队，捕杀我党员及群众。（五）朱总已于有日（二十五日）抵延安。

5月29日 出席中共中央书记处会议。在会上报告国共磨擦问题时，强调争取中间力量的重要性说：对中央军，我们经常有人和他们来往。我们和卫立煌的关系很好，使他在国共两党的磨擦中保持中立。蒋介石曾严令卫立煌向我军进攻，后来我们退出白（圭）晋（城）公路，磨擦空气便和缓了。洛阳是国民党特务机关集中的地方，但因为有卫立煌这个中间力量在，情况比西安还要好些。卫立煌表示要坚持进步。我们得到一个大的教训，这就是争取中间力量是非常重要的。对顽固势力也要争取。毛泽东插话说：朱总司令的报告说得很对。我们还要争取中间势力。对顽固势力也要争取与分化，就是打了他们也还要争取他们。不要把顽固派当做汉奸打，不能把中间派当做顽固派打。

△　与彭德怀致电贺龙、关向应、刘伯承、邓小平并告聂荣臻、吕正操、聂鹤亭、唐延杰：忻县、定襄、盂县敌共四五千人，正分途向晋察冀边区西部进犯，似系逐渐向边区中心推进，构筑据点。为配合边区作战，一二〇师应以三个团左右之兵力迅即以有力部队向正太路之寿阳至榆次破击，威胁盂县，逼使该敌不能推进。

5月31日　毛泽东、朱德、王稼祥致电刘少奇、陈毅："应将彭雪枫部编入新四军，（全军）共编五个师"，但"不应将地方武装统编入正规师内。"应"利用敌攻河南，汤恩伯、李品仙大部被牵制机会，加速整理部队，消灭可能消灭的韩（德勤）、沈（鸿烈）反共军"。

5月　回延安后，住延安城西北二点五公里处的杨家岭窑洞，与毛泽东毗邻，中共中央办公厅、组织部、宣传部、统战部等单位都在附近。

6月1日　毛泽东、朱德、王稼祥致电贺龙、关向应并告彭德怀、杨尚昆、左权：发展华中，关系我党整个形势，除由一一五师抽调三个旅南下外，还须补充华中干部。一二〇师能否抽一个团兵力随带大批洪湖干部转入华中，以备将来发展洪湖根据地。能否由晋西抽新兵一千二百人开来陕甘宁边区补充留守兵团,以便从留守兵团中抽大批干部派往华中。

△ 毛泽东、朱德、王稼祥致电彭德怀、杨尚昆、左权并告陈光、罗荣桓、黄克诚,指出:敌确占华北为已定方针。国民党政策是把我们封锁在敌后方与敌拼消耗。防止我部队南移,隔断我可能进入后方之通道。在战略布置上我们有下列意见:(一)在北线即冀中、冀察晋、晋西北等区,主要方针是坚持斗争,而不是扩大部队。这些地区的主力部队之一部应向南移动。而地方武装则应大大加强,游击战争则应大大发展。在这些地区的主力军队,应确保六成枪支的限制,力戒人多枪少的现象。(二)在南线即晋东南、冀南、山东等地区,除山东外,很大的扩大亦是困难的,(黄)克诚纵队及彭朱支队应立即转往华中,其原防由一二九师及北线南移部队接替。

△ 在杨家岭与王明陪同毛泽东会见到延安参观访问的南洋华侨领袖陈嘉庚[1]、侯西反[2],并出席了欢迎宴会。毛泽东就中共党进行的反磨擦斗争和以斗争求团结的方针作了解释与说明。

6月3日 为魏一斋[3]题词:"救人救国救世"。

6月5日 毛泽东、朱德、王稼祥等致电朱瑞、陈光、罗荣桓等,指出:你们的战略部署须作长期打算,勿为临时消息所左右。中央已同意中原局的建议,陇海铁路以北的党和军队的领导,仍归还中央北方局和八路军总部;陇海路以南则归中央中原局和新四军军部。华中局仍称中原局。

6月6日 出席中共中央宣传部召开的延安在职干部学习

---

[1] 陈嘉庚,时任南洋华侨筹赈祖国难民总会主席、国民参政员。
[2] 侯西反,时任南洋华侨筹赈祖国难总会常委。
[3] 魏一斋,时任中共中央机关保健医生兼中央医院内、外科主任。

周年总结表彰大会并讲话,指出:学习马列主义,第一便要求能正确地认识客观现实、认识世界。一切反动阶级,如今天的顽固分子,天天在那里歪曲现实,对我们大肆攻击,但全国广大的人民群众并不为他们所欺骗;相反的,共产党人的主张得到了全国人民的拥护,正因为我们所讲的道理是最能反映客观现实的,是最真实的最正确的。学习马列主义的第二个要求,便是理论与实践的一致,把理论运用在实践中来改造实际,从改造实际中更加丰富了发展了理论的内容。"现在八路军,是过去的红军,红军是有革命理论为指导的军队,它各方面都很好。但是现在呢?在三年的抗日战争中,使它更加进步,许多地方超过了过去的红军时代,不论在战略战术上、政治工作上、文化娱乐工作上、群众运动上,都更提高了一步。这说明了正确的理论可以改造实际。""现在已不是摸索前进的时候了,只有正确地掌握着革命的理论,才能大踏步地前进。""学习马列主义一定要和实际联系起来,要能在实践中运用,要能改造实际,这才是真正的革命的马克思主义。"还指出:"前方后方很多同志都说我是一个模范学生,老实讲,怕算不上。因为我小的时候读了些'诗云'、'子曰'很多要不得的东西,要从新学起,一面学新的,一面还要丢旧的。我只知道一句俗话:'做到老,学到老,还有三分学不了。'我们要向前进,不然就要掉队。我过去没有读过辩证法,只晓得眼睛要向前看,不要向后看,原来这就是合乎辩证法的规律的。""同志们要时时刻刻前进,要努力学习,少学一点便少懂一点,少懂一点做事情便怕要有漏洞。为了把工作做得更好,便只有向前进步,只有努力学习马克思主义。"七月一日,中共中央理论性机关刊物《解放》发表了这个讲话。

△ 毛泽东、朱德、王稼祥致电贺龙、关向应:对高双成

驻河曲之一排兵力不应用武，否则会影响其对陕甘宁边区之态度，可由续范亭出面交涉，劝其退回。对大青山朱绍良部武装，可在有理条件下消灭之。

6月7日 出席延安各界举行的欢迎陈嘉庚等人的晚会并致词：我们过去已经为团结尽了最大的努力，取得了极大的成绩，现在更要求全国团结。希望你们回去以后，把这个精神传达给海外的数千万侨胞。

6月9日 与毛泽东等出席鲁迅艺术文学院成立二周年纪念大会时讲话，说："在前方，我们拿枪杆子的打得很热闹，你们拿笔杆子的打得虽然也热闹，但是还不够……希望前后方的枪杆子笔杆子能密切地联系起来。"

6月10日 出席中共中央书记处会议。会议决定为纪念抗战三周年，中共中央准备发表"纪念七七宣言"，中央政治局委员每人写一篇文章。

6月19日 与彭德怀、左权、罗瑞卿、陆定一致电朱瑞、陈光、罗荣桓，令陈士榘、黄骅支队月底可到堂邑、聊城，先配合一一五师教导第三旅旅长杨勇、萧华两部肃清鲁西伪军，然后开至鲁南，以一部至胶东，为山东纵队主力，归陈光、罗荣桓指挥，建议以萧华为一一五师政治部主任，以鲁西为一军区，杨勇为司令员，苏振华为政委。

6月20日 出席延安干部会议并作题为《华北抗战的总结》报告。报告分六个部分：（一）阐述坚持华北抗战的条件和意义。提出："坚持华北抗战是中日战争的枢纽的重要构成因素，我们不能抛开它去想像抗日战争的胜利。"（二）论述坚持华北抗战的行动方针。强调"八路军是坚持华北抗战的基本力量"。提出克服坚持华北抗战中存在的严重困难的六条具体办法："坚决执行三民主义、抗战建国纲领"、"坚持统一战线"、"创立敌后抗日根据地"、"改善人民生活"、"武装人民，开展广泛的游击战争"、"在战略上基本是游击战，不放弃有利条件下的运动战。"（三）介绍了日军统治华北和对付抗日力量的方针与办法。（四）总结了华北抗战近三年来取得的七个方面的成绩和十条胜利的原因。（五）介绍了华北反"磨擦"的经过并分析了产生磨擦的原因。（六）提出我们今后坚持华北抗战的行动方针。强调：要贯彻党中央的统一战线策略，坚持团结，坚持国共合作，坚持实行三民主义，坚持进步，坚持抗战到底。指出当前更应当做的工作是：要广泛开展反汪精卫、反投降运动；广泛开展宪政运动，认真实行民主政治。还希望全国各党各阶层、各民众团体和全国人民加紧帮助华北抗战。并表示相信：只要大家努力，我们一定能够坚持华北抗战到底，在长期的拉锯式的"扫荡"与反"扫荡"的严重斗争中，最后以反"扫荡"的姿态，参加全国的反攻，而一直打到鸭绿江边去，收复一切失地，建立新中国。该文分别在一九四〇年八月一日延安出版的《解放》第一百一十二期和《八路军军政杂志》第二卷第八期上发表。

△ 毛泽东、朱德、王稼祥致电贺龙、关向应并告彭德怀、杨尚昆，指出：关于一二〇师准备一个团率大批洪湖干部去华中一事：（一）"仍须准备，唯暂时因国民党关系还不能去，因此出发日期还不能定。"（二）"望在两个月内准备完毕，待命出发。应绝对守秘密。只说准备去山东，不说去洪湖。"

6月21日 出席延安新哲学会第一届年会首次会议并讲话，希望延安的哲学家多到前线去，帮助和推动研究新哲学，写出些通俗小丛书供前方需要。

6月22日 毛泽东、朱德、王稼祥致电贺龙、关向应等：据李先念电称，鄂南白鹭湖一带有黄学会四万余人，其中地方党领导下的有八百余人。洪湖西南有许多与党支部失掉关系的同志，均无人领导。你们能否物色二三个较强的洪湖老干部，派来延安，而后转湘鄂西任特委书记或支队长等职。

6月26日、27日　出席中共中央政治局会议。会议讨论时局问题。在二十七日会议上发言，说：目前我们要加强民族统一战线的工作。不要把民族利益和阶级利益对立起来。地主、资本家一般也还有民族思想，不要把他们看成汉奸。统一战线工作做得好，地主愿意把粮食供给我们；如果工作做得不好，他们会跑掉。国民党军队在抗战中受了我们的影响，只要我们工作做得好，也会有人转到我们方面来。

6月27日　毛泽东、朱德、王稼祥致电彭雪枫，刘少奇并告八路军总部，陈光、罗荣桓等：同意彭雪枫、黄克诚两部合编为八路军第四纵队，以彭雪枫为司令员，黄克诚为政治委员。"活动于津浦路以西、陇海路以南，以对日寇作战、巩固豫皖根据地、扩大与整训部队为中心任务。"彭雪枫部，对外仍旧保存新四军第六支队名义，黄克诚部不必改新四军。"请陈（光）、罗（荣桓）令彭（明治）、朱（涤新）支队到徐州以东南下，活动于津浦路东地区。彭（雪枫）、黄（克诚）应设法抽调一部兵力过津浦路东，帮助苏北发展，俟彭朱支队到达后，苏北部队再行合编，成（立）一八路军纵队。""华中确应成立统一的指挥部"，"现在华中部队统归刘少奇指挥，苏北、淮北之纵队可归彭雪枫、黄克诚指挥"。

6月29日　与彭德怀、罗瑞卿、陆定一致电八路军各兵团，指出：依照目前形势估计，今后华北抗战由于敌军"扫荡"加紧，投降危险加重，后方联络断绝，将遇到更大的困难。为战胜困难，坚持敌后抗战，必须：（一）提高部队的政治素质，首先是干部的政治素质。加强政治委员制度，提高政治工作的威信到最高度。(二)加强军队的纪律,深刻地教育全党爱护根据地,维护一切抗日阶层之一切抗日人民的利益。(三)军事上由于抗日根据地可能被更加隔断与分割,要准备每个区域能独立坚持作战。另一方面各抗日根据地应配合作战。(四)在敌"扫荡"频繁时,要抱胜利信心,积极作战,但要反对轻率地硬拼,同时反对放任和逃跑。(五)根据地工作要着眼于长期坚持,勿图快于一时。对于人力、物力、财力,都要作长期打算,勿使枯竭。华北部队除山东及冀南外,一般停止扩大。(六)粮食问题应照中央书记处指示办理。部队要注意向敌占区筹粮,由外面向里面吃,勿首先把里面粮食吃完。要开阔已有的生产,厉行节约。

7月2日 与彭德怀致电蒋介石、卫立煌,揭露石友三配合敌寇进攻冀鲁豫区,并请采取有效办法,予以制止。

△ 与彭德怀、左权等致电八路军各兵团首长,告以:石友三、孙良诚等部队共约二万五千人,在日军掩护下分三路向我进犯。我们决心集中力量打退其进犯,消灭其薄弱部分,并进行抗日宣传,争取其爱国官兵。

7月4日 毛泽东、朱德、王稼祥致电陈光、罗荣桓,告以:蒋介石命汤恩伯、李品仙向我新四军进攻,霍守义部南下,似有配合进攻之作用。望设法加以劝阻,如不可能时则用种种办法加以羁延,不使其迅速南下压迫黄克诚部。

7月5日 为纪念抗战三周年,在《新中华报》上发表《为争取抗战最后胜利而奋斗》和《巩固全国抗日军的团结,争取最后胜利》二文,前文指出:抗战三年来,在日军对华北各抗日根据地进行不间断的、轮番的、残酷的"扫荡"战中,我们实行了自卫队、游击队和正规军的配合作战,使这三种武装力量,都能充分地发挥它的作用。我们发动和组织了最广泛的游击战争，疲惫和迷惑敌人，造成正规军最后消灭敌人的机会，最后粉碎敌人的围攻。我们在正规军中，曾适时地调剂了游击战与运动战的分量；我们在游击队中，又曾融合了游击战向运动战发展的连贯性，这就不断地帮助了地方游击队的发展，同时又不断地壮大了正规军。还强调：华北在各方面取得的伟大成绩，"完全应当归功于民众，归功于民主。发动民众运动，实行民主政治，是我们克服投降妥协的危险和克服困难的最中心一环。""只要我们在全国发动广大群众运动，实行民主政治，我们就一定能够在全国范围内克服巨大的困难，而取得更伟大的胜利。"因为中国的人口、国土面积和资源都要优越于日本。后文指出："中华民族的军队，负担着伟大的历史的使命。"全国一切抗日军队，应当更加巩固自己的团结，克服空前的投降危险，克服空前的严重困难，取得最后胜利。并指出：某些友军对八路军和新四军的挑衅和进攻的行为必须停止，"我们希望国民政府和全国同胞极力援助坚持敌后抗战，艰苦卓绝的八路军、新四军和一切抗日游击队。"二十五日，《八路军军政杂志》第二卷第七期刊登了这两篇文章，还发表了朱德的题词："坚持华北抗战的三周年，应当归功于华北的广大民众。"

7月7日 关于对被俘日军的政策问题，与彭德怀发布命令：（一）日本士兵被俘或自动来降者，绝对不准伤害或侮辱。（二）对负伤或患病之日本士兵，须特别注意给以治疗。（三）愿意回国或归队之日本士兵，尽可能予以方便。（四）愿意在中国或中国军队工作之日本士兵，应予以适当工作，愿学习者应使其进适当学校。（五）愿意与家族或友人通信之日本士兵，应尽可能的予以方便。（六）对战死或病死之日本士兵，应在适当地点埋葬、建立墓标等。

△ 为纪念抗战三周年，与彭德怀致电林森、蒋介石，表

示：八路军、新四军全体将士拥护中央，拥护蒋介石坚持抗战。希望蒋介石坚持抗战建国既定方针，铲除奸邪，斥责谣言。

7月8日 为开展同蒲路、正太路沿线的工作，与彭德怀对八路军各部的工作区域划分如下：忻口以北沿滹沱河岸至代县经楼岱山沿同蒲线以西（铁路线含）归一二〇师；忻口以南至榆次沿同蒲线（铁路线含）归聂荣臻军区；榆次沿正太线经阳泉至平定（铁路线含）归一二九师；平定至娘子关以北（正太铁路线含）、井陉至石家庄沿线南北地区，均归聂荣臻军区。

7月9日 出席延安各界举行的纪念抗日战争三周年大会并发表演讲。指出：在抗战三年中，我们八路军、新四军建立了不少的功绩，我们从敌人手中夺回了广大的土地，建立了许多抗日民主根据地。在民众帮助下，我们与敌人打了一万多次仗，消灭了十几万敌人，缴获了各种新式武器。我们坚持华北抗战，不仅保卫了华北，屏障了西北，更牵制了敌人正面进攻的力量，使我国大后方能生存建设。这些都是值得告慰国人的。可是贪官污吏却恨我们，不断向我们进攻，制造磨擦。现在抗战已进入了最困难的阶段，妥协投降的危险增加，国际方面袭来的阴谋则有由德意的劝和政策代替英美法东方慕尼黑政策的可能。克服困难的办法，就是要求国民党实行三民主义，实行孙中山先生的联俄、联共、扶助农工的三大政策。并表示：我们一定可以克服困难，一定能够战胜日本帝国主义！

7月12日 鉴于七月八日周恩来、叶挺、叶剑英、袁国平来电，提出此时宜专打在华中制造"磨擦"的顾祝同部和李品仙部，以分散中央军和桂军联合逼我的阵势之建议，毛泽东、朱德、王稼祥、项英复电指出："华中目前斗争策略，以全力对付韩德勤及苏北其他顽军，切实发展苏北。对李品仙应取守势并力争和缓，以防蒋、桂联合对我。"并告：苏南自陈毅、粟裕〔1〕北上后，力量较弱，指挥无人。请项英同志妥为布置，以维持我军原有地区，并准备于适当时候，将（新四军）军部及皖南主力移至苏南。

7月14日 出席抗大第三分校第五期毕业典礼并讲话。在讲话中表示欢迎学员们到前方去带兵打仗，并提出四点希望：（一）上前线不要骄傲，要和一切干部团结一致。（二）要爱护老百姓，不要有军阀气息，不要妨害老百姓的利益。（三）要尽量团结各党各派各友军队伍一致抗日。（四）要继续学习，要从工作中学习，使理论和实际打成一片。

7月16日 毛泽东、朱德、王稼祥致电陈毅、刘少奇：对于李明扬、李长江两处反正过来的千余人，如果是原来军官带领过来的，必须考虑到如何能够扩大这次争取顽军的影响，使以后许多反对"剿共"、愿意抗日的友军，敢于整营、整团、整师地转到我们领导下面来。对于这些大批反正过来的军队，应该以八路军、新四军的外围方式去处理。只要他们不反对我们、服从我们的指挥调动，可以不改变他原有军官的领导，可以不立即实行八路军、新四军的一切制度，甚至可以不改用八路军、新四军的番号，仍用他原来的番号，但需要用一切力量去帮助他们巩固起来。我们的方针是要能争取更多的军队，团结在我党周围，用长期的、耐心的教育工作去改造反正过来的友军。而不是目光短浅，只看到面前的几支人枪，而使许多可以争取的力量畏我吞并，不敢过来。

△ 国民党提出一个"中央提示案"，提出：将陕甘宁边区改为"陕北行政区"，辖十八个县，八路军在陕甘宁留守部

---

〔1〕粟裕，时任新四军江南指挥部副指挥。

队一律撤至该区内。还强令黄河以南的八路军、新四军全部集中到旧黄河以北冀察地区。

7月19日 毛泽东、朱德、王稼祥致电刘少奇并告彭德怀："在韩德勤（部）向我皖东北进攻已被我击退的形势下，三四四旅与彭（明治）、朱（涤新）支队，应以袭击敌伪、发动民众、创立根据地为基本方针，不去追打韩德勤，待韩再向我进攻时，我站在自卫立场上消灭之。"

7月20日 毛泽东、朱德、王稼祥致电中共中原局并告陈毅：与李品仙力求和缓冲突，即使暂时局部的和缓亦好。苏北两李（李明扬、李长江）失败后，韩德勤部向南进攻我的可能性很大。苏北已成为双方必争之地。"故我华中部队仍须增援陈毅，以求压下韩之攻势，发展苏北。"我应"极力扩大统一战线工作，拉拢一切动摇分子。只打击当前直接向我进攻之某一部分，以暂时中立其余部分。"

△ 毛泽东、朱德、王稼祥致电彭德怀、杨尚昆、左权、罗瑞卿、滕代远：同意抗大办高级、上级班的计划，"惟觉在教材、教员及环境安定上，延安均较前方为好。故高级班以设在延安军政学院为好，上级班仍设在晋东南抗大总校。你们如同意，此间当以军委及前总名义，照你们规定人数，共同下命令，如何望复。"二十七日，毛泽东、朱德、王稼祥、彭德怀发布命令，决定在延安军政学院中设高级干部班，在总部设上级干部班，确定学员名额分配和选送条件及办法，并指出："旅级负责干部，要求学习时，须经过朱（德）、彭（德怀）批准，才能离开现职。"

△ 为纪念中国共产党诞生十九周年，在中共中央机关内部刊物《共产党人》第八期上发表《中国共产党与军队——为中共十九周年而作》一文，文章指出：十九年来，在中国革命

运动中，我们曾创造了光辉的历史和灿烂的成绩，已经成为有理论的、巩固的、广大群众性的政党。党在建军问题上，也曾从人民的武装斗争中，创造了光辉的历史和伟大的成绩。还总结中国共产党领导人民军队取得伟大成绩的经验是：有党的正确领导；有广大人民的拥护与爱戴；在军队中建立了各种优良的制度，首先是政治工作和政治委员制度；进行了阶级的、民族的教育，提高了全军的政治觉悟，加强了纪律和战斗力；锻炼和保存了许多出色的领导者和大批优秀干部；在军队党内进行了两条战线的斗争；建立和巩固了革命的根据地；有国际革命运动，有国际无产阶级的援助。

7月21日 鉴于国民党军石友三部纠合伪军万余人，在日军的掩护帮助下，猛攻驻冀鲁豫专区的八路军，与彭德怀致电蒋介石、卫立煌，要求撤其本兼各职，明令讨伐。

7月22日 与彭德怀、左权向一二〇师、一二九师、晋察冀军区发出破击正太路的预备命令，并报中央军委：为打击敌之"囚笼政策"，打破敌进犯西安之企图，争取华北战局更有利的发展，决定趁青纱帐与雨季时节，敌对晋察冀、晋西北及晋东南"扫荡"较为缓和、正太路沿线较为空虚的有利时机，大举击破正太路。还对战役组织和准备提出了具体要求。

7月23日 与彭德怀、左权致电聂荣臻，贺龙、关向应，刘伯承、邓小平，指出：正太路战役中的侦察工作是保证战役成功的首要工作。侦察重点应放在正太沿线，以井陉、寿阳段为中心，对石家庄南北之平汉铁路线、阳曲南北之同蒲线及白晋线、平昔和辽线，同时进行。要侦察敌伪兵力分布，据点分布，准备破坏之车站、水塔、隧道、桥梁、居民情况，汉奸伪军之组织等。

7月24日 由毛泽东、朱德等发起，延安各界举行纪念成吉思汗公祭大会及成吉思汗纪念堂、蒙古文化陈列馆落成典礼，出席典礼并讲话，说：蒙古弟兄很多人参加了八路军大青山游击支队。今天纪念成吉思汗，要学习他团结御侮的精神，实行民族平等，使国内各民族共同携手，为中华民族解放而斗争。

△ 在延安鲁迅艺术文学院作《三年来华北宣传战中的艺术工作》的讲演，说：敌人是重视利用艺术形式特别是中国的艺术形式来进行欺骗宣传的，我们也要把宣传工作和艺术工作更加紧密地结合起来。我们的艺术必须面向广大的群众和士兵。号召艺术家积极参加实际斗争。"不应当在群众之外，而应当在群众之中。不应当是旁观者，而应当是参加实际斗争的战士"。艺术工作者要加强团结，"善于表现集体的力量，因为我们不是个人的英雄主义者。在伟大的共产主义事业当中，无论是怎样的个人，都显得渺小了"。这篇文章编入《朱德选集》。

7月30日 毛泽东、朱德、王稼祥致电李先念并告刘少奇、陈毅："敌从敬日（二十四日）即大举进攻襄东襄西"，据悉，"战斗规模颇大，你们可以乘机整训部队，以待将来发展"。

△ 毛泽东、朱德、王稼祥致电刘少奇、陈毅、彭雪枫、黄克诚、叶挺、项英：指出，"苏北全部为我必争之地，韩德勤部南下攻我时，我应大举反攻，一举而驱逐或消灭该部，发展苏北。""如韩部不对我进攻，我则先步步发展，待其向我进攻时，才大举反击。以保持有利的原则。"同意陈毅对李明扬、李长江"应加强统一战线工作，争取其对我同情或中立"意见，"目前不应进攻两李部队。"

△ 毛泽东、朱德、王稼祥致电刘少奇、黄克诚、彭雪枫并告彭德怀：彭明治、朱涤新支队可开津浦路东、淮河以北地区活动，以发展苏北。华中之敌未过平汉路前，我们部队不应去新黄河以南及淮南路以西。我们去苏北应注意自卫原则，不

可先去进攻韩德勤部，在他来攻时，则在自卫立场上消灭之。

△ 出席中共中央政治局会议。会议听取周恩来作统一战线工作报告。八月一日会议续开，周继续报告。

夏 赋诗《余和李印泉[1]先生五首》：

一

败不馁兮胜不骄，荡平倭寇气犹高。
军民一致复华北，铁臂齐挥伏海鳌。

二

法军将帅妄称强，反共仇苏自取亡。
新史当为吾国鉴，运筹决胜在庙堂。

三

报国仇同志亦同，精诚团结伏强戎。
新师少壮身犹健，扫寇归来唱大风。

四

苦战三年春复秋，河山还我慰同仇。
他年痛饮龙江外，长戍边疆卫九州。

五

当年父老授旗旌，诲我谆谆将寇平。
前线后方齐努力，定驱暴日返东京。

---

[1] 李印泉，名根源。云南腾冲人。曾任云南讲武堂总办等职。

这五首诗于一九四〇年十月六日在延安《新华日报》上发表。

8月1日 出席延安干部会议并作报告,指出:抗战三年来,"我们发动了华北一切不愿做亡国奴的同胞参加了抗战。他们不但已组织起来,而且在近三年的斗争中已锻炼成为独立的伟大力量,成为华北一切抗战工作之基础"。"我们在广大群众参战的基础上大大的消耗了敌人,同时在战斗中发展了人民武装"。我们在群众运动的基础上,建立了华北广大的抗日根据地,它们是晋察冀、冀中、冀南、平西、晋冀豫、晋西北、鲁南、大青山等。

△ 毛泽东、朱德、王稼祥、彭德怀发布调训高上级干部的命令:为了八路军、新四军今后发展的需要,决定在延安军政学院中设高级干部班,在抗日军政大学总校设上级干部班。命令规定了干部班的培养目的和学员选送条件。还指出:旅级负责干部要求学习时须经过朱德、彭德怀批准才能离开现职。

8月4日 出席中共中央政治局会议。会议听取周恩来作南方党的工作报告。

8月5日 与彭德怀致电白崇禧、李品仙、卫立煌,抗议国民党民团制造的太和惨案。称:八路军一一五师副官部明征奉命从西安后方医院率伤愈干部六名,看护二名,路经豫东、皖北八路军防区回山东归队,行经安徽太和县原墙集时,被太和国民党民团扣押,秘密枪毙。严正要求"主持正义,制裁暴行,通知皖省当局严惩太和县政府肇事祸首,抚恤死伤家属,并保证今后不再有类似事件发生"。

8月7日 毛泽东、朱德、王稼祥致电滕代远:抗大各分校干部问题可由八路军总部和中共北方局下达任职命令。

△　出席中共中央政治局会议。会议继续听取周恩来作南方党的工作报告。

8月8日　出席讨论统战工作和财政问题的中共中央政治局会议并发言,说:华北党与部队有些干部骄傲,许多士绅和友军来找我们,但他们不注意做统战工作,今后要注意。对友军派来的人即使是特务人员,也只能采用礼送出境的办法。对向财主筹款的问题,根据华北的经验,通过政权和民众去做,比军队直接去做好。

△　与彭德怀、左权致电聂荣臻、贺龙、关向应,刘伯承、邓小平并报中共中央军委,对晋察冀军区、第一二〇、第一二九师在正太战役中的任务和作战地域作了具体规定,并限八月二十日开始进行战斗。

△　与彭德怀、左权致电聂荣臻、贺龙、关向应,刘伯承、邓小平,指出:正太战役成果之大小,主要是看破坏正太铁路之程度而定。因此破坏工作为此次战役的中心环节。破坏对象主要是桥梁(铁桥、石桥、木桥)、隧道、车站(水塔、机车厂、材料厂、火车、岔道)、铁路,应首先选择其要者破坏之。各部接上述二电后,即于二十日开始向敌发起进攻。后来因实际参加战斗的共一百零五个团,故称百团大战。百团大战第一阶段九月十日结束。

△　毛泽东、朱德、王稼祥致电彭德怀、杨尚昆,陈光等:一一五师师部与山东纵队指挥部各保持自己的番号,但彼此之间的关系必须更密切。中央山东分局、山东纵队一一五师师部应靠拢以便统一领导。一一五师有帮助山东纵队正规队正规化之责任。陈光、罗荣桓参加山东分局为委员,实际上统一军事领导;朱瑞多负山东分局责任,统一党政军工作的领导。

8月13日　毛泽东、朱德、王稼祥、谭政致电彭德怀、杨尚昆、罗瑞卿、陆定一，聂荣臻、彭真、朱良才[1]，提出对野战军政工会议和晋察冀军区干部会议的意见。指出：共产党领导的军队中的政治工作，在抗战中应有其独立性。军队各种干部，尤其是军政干部，必须了解掌握党的政策与策略，必须明确规定处理军队党与地方党、外地干部与本地干部、老干部与新干部、正规军与地方武装等几种关系的原则，应当注意政治工作的领导方式和工作方式。

8月15日 出席延安各界举行的追悼张自忠[2]等抗战阵亡将领大会并讲话，希望全国抗战军人，记取张自忠的遗言，抗战要真抗，不要假抗，大家要团结，共同为战胜敌人而奋斗。

8月16日 出席中共中央政治局会议。会议参考莫洛托夫报告、日本外相松冈洋右报告、蒋介石告沦陷区民众书等材料，讨论国际国内政治形势。在会上发言说：日美还不会立即打起来，日军将逐渐南进。中国有四万万五千万人口，国际上各方面都重视这个力量，苏联也不会放弃的。还说：抗战中的经济困难是可以解决的，中国将继续抗战下去，因为中国是个大的农业国家。至于经费问题，民众团体须实行经费自给。只要我们政策好，民众能帮助我们。

8月18日 出席中共中央政治局会议。会议听取中央财政经济部部长李富春关于中央和陕甘宁边区财政经济问题的报告。在会上发言说：总的经费的解决，不只是靠减人，主要靠边区增加生产，发展商业。延安机关生产是好的，但民众的生产发展还不够，要有计划地发展生产。还建议商业方面，延安

---

[1] 朱良才，时任八路军晋察冀军区政治部副主任。
[2] 张自忠，1940年5月16日，在湖北襄河东岸南瓜店与日军作战中牺牲。牺牲前任国民党军第三十三集团军总司令。

要办总的合作社，凡边区生产能解决的，不再从外面进。

8月19日 毛泽东、朱德、王稼祥致电贺龙、关向应、甘泗淇并告八路军总部，提出对一二〇师工作的意见：要从长期斗争和坚持抗日民族统一战线出发，努力巩固晋西北抗日根据地；为解决粮食经费的困难，部队应积极向敌占区扩张，同时停止扩大部队，提高现有质量；对新军应在物资、人力的补充上多给以方便；对干部要加紧策略教育，发扬党内民主与自我批评。

8月20日 毛泽东、王稼祥、朱德、彭德怀致电八路军各师、晋察冀军区：抗大拟成立一高级班，培养中级干部，并从八路军各部队中抽调班排干部一千六百人来抗大训练。其中高级生须为连以上干部、系抗战以前入伍、有一年半斗争历史者。三个师各抽四十名，军政各半。计一百二十名。学员均须组织成队，于十二月底前后来延。

△ 与彭德怀、罗瑞卿、陆定一致电贺龙、关向应、刘伯承、邓小平、聂荣臻、吕正操、程子华并报毛泽东等，强调：在正太战役中要坚持游击战争；在适当情况下转移主力作战时，沿正太路南北、同蒲路东西留置各团侦察连交各军分区指挥。

△ 八路军破袭正太路战役按预定计划开始，至十二月五日结束。战役初期出动兵力三十个团，后陆续增加至一百零五个团，史称"百团大战"。

△ 撰写论文《党是军队的绝对领导者》，指出："我们八路军和新四军，是在共产党的领导之下产生、成长和壮大起来的。没有我们党，就没有这支军队；有了这支军队，就必须要巩固我们党的领导。""党是军队的绝对领导者，是革命战斗任务完成的保证者。一切党的路线与政策，在部队中都要经过党的组织去执行。"强调：要"加强部队中党员和干部的教育，

注意和研究他们在学习中的问题；严格纠正部队支部工作中的弱点、缺点或错误，使支部工作做得更好，使支部真正在连队中起核心作用；严格纠正部队中党组织对行政、行政对党组织的不正确观点，正确地建立部队中党与行政、行政与党的关系，所有这些，必须认真地做到，才能提高我们八路军和新四军的质量，才能巩固党对八路军和新四军的领导，才能使党真正成为军队的绝对领导者。"

8月23日 与彭德怀、左权、罗瑞卿、陆定一致电聂荣臻，贺龙、关向应，刘伯承、邓小平，指出：百团大战是抗战以来华北战场上空前未有的自主积极的向敌进攻的大会战，"对于全国抗战形势与华北整个战局均有极大意义。""望我全体将士发挥最大之决心"，"以再接再厉之精神，在现有序战胜利之基础上，猛烈扩大战果，完成战役任务"。

△ 与彭德怀致电《新华日报》转重庆市全体同胞，斥责日军飞机在八月二十一日疯狂轰炸重庆，并向重庆同胞表示慰问。

8月24日 致电聂荣臻，指示：聂集团应以不少于四个团兵力进攻苌池镇以北各据点，力求收复上、下社以北各据点，并向太原、寿阳、盂县以北，定襄、忻县以南展开工作。另以约三个团的兵力坚持阳泉、石家庄段正太线南北游击战争。

8月26日 与彭德怀、左权致电聂荣臻，贺龙、关向应，刘伯承、邓小平并报军委：在正太路不能继续要求作战，或已彻底完成正太路战役任务之情况下，我之行动方针应是乘胜开展正太线两侧之战斗，力求收复深入我各该根据地内之某些据点，继续坚持沿正太线之游击战，缩小敌占区，扩大战果，同时以一部兵力进行休整。并对此作出具体部署。

△ 毛泽东、王稼祥、朱德、谭政致电萧克，指出：希望挺进军加强内部团结，注意改进军队党与地方党的关系，尤其

要特别注意解决有些干部不安心工作的问题。对于干部唯一正确的领导是政治的、原则的领导。部队工作不仅要注意数量的扩大，而现在特别重要的是要提高部队的质量。

8月28日 毛泽东、朱德、王稼祥致电朱瑞、陈光、罗荣桓并告彭德怀、杨尚昆、黎玉，肯定第一一五师、山东纵队及山东地区工作的成绩，并指出：山东是你们的基本根据地，华中则是你们的准备发展方向。因此，极力加强山东纵队，提拔山东本地干部，使山东纵队正规化是你们的共同任务。

8月30日 与彭德怀、左权致电中央军委，建议：整编山东纵队很好，但旅的编成必须按正规军编制，每旅三个团，每团二千五百人，武器配备适当，不应先编架子后扩充。

8月 与彭德怀致电蒋介石、白崇禧：据报，我一一五师郜明征奉命从西安后方医院率伤愈干部六名、看护二名，路经豫东、皖北职部防区赴鲁归队，突被驻当地太和国民兵团扣押，然后秘密杀害。指出：郜明征为现役抗战之官佐，且为荣誉伤愈之归队干部，太和县竟敢如此非法残杀，实属令人发指，不仅破坏国法手续，抑且分裂团结破坏抗战，将何以告慰前方浴血抗战之将士。我们沉痛呼吁主持正义，制裁暴行，抚恤死难者家属，并保证今后不得再有此类事件发生，以张公理，而利团结抗战。

9月2日 与彭德怀、左权致电聂荣臻、贺龙、关向应、刘伯承、邓小平并报军委：正太战役已取得伟大成绩，在上述情况下，特别是聂荣臻部已不可能继续扩大战果，决定从明日起基本上结束正太战役；各集团应按二十六日电令第二步行动方针转移兵力，完成第二步计划任务。

△ 邀集董必武、徐特立、张鼎丞、王首道等到延安西川一些地方视察。在视察高桥镇难民纺织厂时，提出利用边区资

源，开展纺毛运动的口号，织毛呢、毛衣等解决军民穿衣问题。随后到南泥湾、临镇等地视察。后撰写了《论发展边区的经济建设》、《参观边区工厂后对边区工人的希望》等文章。指出：发展边区经济建设，就是巩固八路军和新四军的后方，后方的建设愈发展，前方的战斗力也愈强。"发展边区的经济建设，也就是奠定未来的新民主主义的新中国的经济基础。"强调：要坚持独立自主、自力更生的方针，使边区财政经济由半自给达到完全自给；要提高技术，发展经济，巩固边区，供给战争和人民生活需要；要积极开发边区资源，发展以纺织业和盐业为中心的工业生产。十一月，中共陕甘宁边区中央局采纳朱德的意见，作出《关于开展边区经济建设的决定》和《关于财政经济政策的指示》。十二月三日，林伯渠在延安生产动员大会上说："朱总司令最近曾到我们边区各地各工厂参观过，贡献给我们很多宝贵意见，对我们明年的生产建设是有很大作用的。"

9月5日 毛泽东、朱德、王稼祥致电刘少奇、陈毅："在目前时局下，我军应完全处于防御地位，才有利于对外说话。因此你们应该集结兵力，整训鼓动，准备坚决击破韩德勤可能之进攻，但无论北面南面均不应由我发动进攻韩德勤。"

9月7日 与彭德怀、左权致电吕正操、程子华、宋任穷并告聂荣臻、刘伯承、邓小平并报军委，指出："我冀中、冀南部队必须最大努力在交通战上取得胜利，基本上粉碎敌修筑沧石、德石、邯济路之企图。"决定沧石路全线，德石路石家庄至束鹿段，全由吕正操、程子华负责；德石路衡水至德州段，邯济路邯郸至大名段，全由宋任穷负责。对上述各路段之敌必须予以彻底消灭。"必须知道没有交通上之胜利，坚持平原是不可能的。"

△ 与彭德怀、左权复电贺龙、关向应，表示"完全同意

你们十五日破击忻宁段同蒲路计划",并根据破袭正太路的经验指出需要注意的几个具体问题。

9月8日 设宴招待在绥远伊盟札萨克拍摄完《塞上风云》外景后,返渝途经延安的国民政府军事委员会政治部中国电影制片厂西北摄影队全体人员。席间,解答了该队队员提出的有关华北抗战的问题。

9月10日 中共中央发出关于时局趋向的指示,指出目前国际国内的政治处在剧烈变化的前夜,大势所趋,将是日益不利于顽固派,而日益有利于进步派与中间派。并指出:我五十万大军积极行动于敌后(尤其是此次华北百团战役),给了日寇以沉重的打击,给了全国人民以无穷的希望。

9月11日 出席中共中央政治局会议。会议听取毛泽东关于为中央起草的关于时局趋向的指示所作的说明,通过毛泽东关于组织陕甘宁边区中央局的提议。

△ 鉴于叶挺、项英九日来电提出目前苏北新四军各部及八路军一部在军事行动上暂时统一于新四军军部指挥问题,毛泽东、朱德、王稼祥复电叶挺、项英并告刘少奇、陈毅,指出:"在苏北防战条件(取防守态势)及地理远隔条件下,八路军、新四军只能作战略配合,不可能希望他们作战役配合。两军各部均应准备独立作战。各部均不向韩(德勤部)进攻,而于韩向我进攻时各个击破之。""八路军苏北各部,既分散,又复杂,不宜变动指挥关系,皖东亦归中原局指挥为宜,陈毅可改归你们直接指挥。"

△ 与彭德怀、罗瑞卿、陆定一致电杨得志、崔田民并告宋任穷、刘伯承、邓小平:冀鲁豫军区以杨得志任司令员,崔田民任政委,唐亮任政治部主任,卢绍武任参谋长。该区与冀南毗连,极应有军事上之统一指挥与配合行动,因此该军区改

直隶冀南军区统一指挥之，但因目前减员很大，一时补充困难，决将现有部队改为小团制，分编为三个旅。

9月13日 毛泽东、朱德、王稼祥致电叶挺、项英、刘少奇，陈毅：中原局对皖东、皖东北、鄂中、苏北的指导及部署是正确的。为对付日寇进攻，为巩固国内团结，华中磨擦在韩进攻失败后，应设法暂时缓和一下，采取完全自卫的方针。苏北韩失败后，我应加紧开展地方工作，建立抗日民主政权，扩大与整训自己的部队。对韩不应进攻，而应在韩再向我进攻时，各个反攻击破之。否则，会妨碍我在重庆之统一战线工作。但刘少奇建议控制旧黄河以南阜宁一带战略要地，是必要的，可执行。对李品仙部，应力求和解，这是有关桂系与我们的整个关系。

△ 百团大战给日军以重大杀伤，为嘉奖八路军全体将士，蒋介石致电朱德、彭德怀："贵部窥破好机，断然出击，予敌甚大打击，特电嘉勉。除电饬其他各战区积极出击，以策应贵军作战外，仍希速饬所部，积极行动，勿予敌喘息机会，彻底断绝其交通为要！"

9月16日 与在前方的彭德怀、左权发布百团大战第二阶段作战命令，指出：百团大战第一阶段已取得破击正太路的基本成功，敌损失极为严重，我们政治收获很大。无论在大后方、在友军中均有极大的影响。第二阶段作战的基本方针是继续破坏敌人交通，攻克敌深入我基本根据地的某些据点。并具体部署各部队的作战任务，要求各部队于九月二十日开始战斗。

9月19日 毛泽东、朱德、王稼祥致电彭德怀、左权等，指出：李仙洲[1]三个师准备东进援助韩德勤，桂军增加了进

---

〔1〕 李仙洲，时任国民党军第九十二军军长，辖第十三、第二十一、第十五师。

攻皖东的兵力,汤恩伯[1]部准备进入豫东、皖西,因此,蒋、桂军对华中的进攻是有决心的。我们的对策是:以打击李仙洲为目的,望彭德怀、左权令杨得志[2]率部南下,须于一个半月到达彭雪枫地区;望陈光、罗荣桓令第五旅[3]迅即南下,不可再推迟,应于半个月到达张爱萍地区;望叶挺、项英率部迅即渡江,两星期内渡毕,增援皖东。

△ 出席陕西省鄜(县)[4]甘(泉县)警备区各界庆祝百团大战、纪念"九一八"大会并讲话,赞扬百团大战所取得的胜利。

9月20日 出席延安各界举行的庆祝百团大战胜利暨纪念"九一八"九周年大会并讲话,指出:百团大战是我们对付敌人"囚笼政策"的办法,这个办法还能拖住敌人,延缓他们进攻我大后方的计划。大会推举毛泽东、朱德、王稼祥、张闻天、董必武、茅盾等为主席团成员。

9月22日 毛泽东、朱德、王稼祥致电叶挺、项英等,指出:估计蒋桂军"向我彭雪枫、张云逸攻击之时间约在下月中旬左右,那时我除令彭雪枫以游击战争暂时支持皖东与淮北两地外,我苏北主力即须动手解决韩德勤。""皖南部队及军部以在动手解决韩德勤之前移至苏南为有利。"

△ 与彭德怀致电蒋介石、何应钦、徐永昌,报告百团大战第二阶段的作战部署,同时指出:沈鸿烈、秦启荣[5]等不

---

[1] 汤恩伯,时任国民党军第三十一集团军总司令。
[2] 杨得志,时任八路军第二纵队司令员。
[3] 第五旅,即梁兴初任旅长,罗华生任政治委员的八路军第一一五师教导第五旅。
[4] 鄜县,今富县。
[5] 秦启荣,时任国民党军苏鲁战区山东游击第三纵队司令员。

顾国家民族存亡，专事向我——五师及山东纵队不断挑衅，大磨大擦，职等作战计划屡遭彼等破坏。要求明令沈、秦等立即停止磨擦行动。

9月25日 出席中共中央政治局会议。会议讨论陕甘宁边区工作问题，决定边区中央局组成人员的名单和由任弼时领导边区工作，高岗任中央局书记，谢觉哉任副书记，林伯渠、萧劲光、高自立、张邦英、王世泰、刘景范任常委。原边区党委名义仍然存在。朱德在会上发言，就发展边区经济问题提出五个建议：（一）边区地广人多，土地肥沃，物产丰富。可收公粮十一万石，现在收九万石不困难。农民要求一次收完，民众最怕经常零星的要粮。（二）抽毛羊税（不用累进办法）要快收，边区能发展到二千万头羊崽。（三）盐的运输方法要改良。盐池到平圈山由公家运输用大车，山路由民众的牲口驮，沿途设运动站，政府设骡马店、推栈，开设酱菜园，制蜜枣。（四）要发展林业和农业，要到外边请工人自制木器，能做木碗、木杓、木桶等。（五）提议中央决定到华北各地招收儿童一万人，开办职业学校及工厂，准备长期生产计划。

△ 在《八路军军政》杂志上发表《扩张百团大战的伟大胜利》一文，文章指出：百团大战虽然是胜利的游击战争的战役进攻，但它带有全国性的伟大战略意义。号召全体指挥员和政工人员，发扬艰苦奋斗精神，自力更生，做到部队给养部分自给，只有这样，敌后抗战武装才能继续坚持，才能扩大已得的胜利。九月二十六日，《新中华报》作为代论再次刊载了此文。

△ 与彭德怀致电蒋介石、何应钦、徐永昌，报告：百团大战取得胜利后，日军愤怒异常，大肆屠杀，企图报复，特别是正太线南北地区，民众遭屠杀者空前未有。敌并到处散发反

八路军的布告、传单、命令等宣传品。

9月26日 毛泽东、朱德、王稼祥致电八路军总部、晋察冀军区、一二〇师，指出："为了保障前线与后方的运输交通能经常不断，能更负责的有计划的想出各种方法通过敌人封锁线，能够使每次运输的人员、文件、书报、器材都安全和迅速的到达（各目的地）。因此特指定各战略区应抽出一定数量的部队成立交通大队，专门负责掩护与执行运输工作。""任命陈奇涵为第十八集团军交通司令，驻延安。"由晋西北、晋察冀、晋东南共抽四个营成立四个交通大队。这四个交通大队在建制上仍属原来部队，在行动上专负掩护过封锁线之责任。原管机关不得自由调动担任其他任务。"通至冀南、山东、苏皖的交通队由前总负责组织；通至冀中、冀东的交通队由晋察冀军区负责组织，（他们）都应与延安交通司令部的工作发生密切联系。"

9月27日 德国、日本、意大利在柏林签订《德日意军事同盟条约》。

9月30日 毛泽东、朱德、王稼祥致电刘少奇并告叶挺、项英、陈毅，指出：韩德勤受我打击后定必谨慎，目前虽然无证据说明韩与日勾结，但至少日军与韩德勤心心相印，均不愿八路军、新四军取而代之，"因此，一鼓而干脆消灭韩德勤已很困难或不可能。""苏北运河以东地区，应由陈毅部、黄克诚部发展广泛的游击战争"。"不仅扩大主力并且应努力与地方党共同建立无数小的游击队，建立新政权，把这些地区抗日民主化。如此，方能击破韩德勤。如韩德勤部确实大举进攻陈毅，而八路军及四、五支队又未遇敌之大举'扫荡'时，自应增援之。对韩德勤部中下层及苏北各顽军与地方人士，应广泛开展联络工作，分化其团结，争取同盟者，孤立韩德勤。"

9月 赋诗《和董必武同志〈三台[1]即景〉》：

秋初日暖看飞鸿，延水青山在眼中。
赤足渡河防骤雨，科头失帽遇狂风。
学生少有顽固派，教授多为中外通。
城郭成墟人杰在，同趋新厦话离衷。

10月1日 与彭德怀致电各兵团，指出：在与增援榆社东之敌激战中，一二九师疲劳过甚，伤亡大，立即结束战斗。令晋察冀军区积极破击正太路，配合一二九师反"扫荡"，一二〇师在太原西南钳制该方面之敌。

10月5日 出席中共中央政治局会议。会议听取毛泽东对德、意、日三国签订军事同盟条约一事所作的分析，并对中共陕甘宁边区中央局有关人事调整作出决定。

△ 与彭德怀、左权致电聂荣臻、贺龙、关向应、刘伯承等并报军委：百团大战第二阶段自上月二十日开始，已历旬日。一二〇师、晋察冀军区、一二九师的作战基本上都已取得胜利。决定第二阶段作战基本上结束。战役结束后，各兵团均应适当集结主力，进行战后整理，总结百团大战的经验教训。各部队接到指示后，即准备进行整理补充。

10月8日 毛泽东、朱德、王稼祥致电叶挺、项英，指出：蒋介石令顾祝同、韩德勤"扫荡"新四军，大江南北比较大的磨擦是可能的，主力战将在苏北与江南。最困难的是皖南的战争与军部。我们的意见是新四军军部应移动到第三支队地区，如顽军

---

[1] 三台，在延安城东北杨家岭上，有石碑在，称"三台胜景"。

来攻不易长期抵抗时则北渡长江，如移苏南尚有可能，也可移苏南。向南深入黄山山脉游击，无论在政治上、军事上都是最不利的。同时应注意日军有可能配合此磨擦，四处"扫荡"我华中地区。苏南新四军部队应以游击战争坚持原地区。

10月9日 毛泽东、朱德、王稼祥致电刘少奇、陈毅并告叶挺、项英：此次黄桥战役，"陈（毅）部大胜，振我士气，寒彼贼胆。""我须集结力量，沉着作战。黄克诚南下增援是完全正当的。"无论国民党何部向我进攻，必须坚决消灭之。只有消灭此等反共部队，才有进攻日军之可能。你们的部署与决心完全正确，国民党任何无理责难都不要理他。十日，毛泽东、朱德、王稼祥致电刘少奇，指出：韩德勤已取守势，我们不应提出公开反对韩的口号，对内斗争一切口号应带自卫性质。

10月11日 毛泽东、朱德、王稼祥致电彭德怀、朱瑞、陈光、罗荣桓，指出："目前方针是缓和磨擦，强调团结。山东方面亦应对沈鸿烈、秦启荣缓和一下。只要沈、秦各部没有向我进攻，我即不向彼等行动，双方维持现状，各守现有防地，仅在彼方进击时，我才反击之。

10月12日 毛泽东、朱德、王稼祥致电叶挺、项英、刘少奇、陈毅、黄克诚，指示新四军行动方针：（一）蒋介石在英美策动下可能加入英美战线，整个南方有变为黑暗世界的可能。但因蒋介石是站在反日立场上，我们不能在南方国民党统治区进行任何游击战争，曾生部队在东江失败[1]就是明证。

---

[1] 1940年3月，中共领导的第四战区游击挺进纵队新编大队（大队长曾生）和直属第二大队（大队长王作尧）近七百人，离开敌后抗日基地，在向海丰、陆丰转移途中，遭到国民党军的堵截，部队损失严重。4月，部队转移到海丰国民党统治的后方地区，由于不能公开活动，给养困难，医药缺乏，到七八月只剩下百余人。

"因此军部应乘此时迅速渡江，以皖东为根据地，绝对不要再迟延。皖南战斗部队，亦应以一部北移，留一部坚持游击战争。"（二）新四军皖东部队，应迅速部署向西防御，坚持皖东根据地。"皖东决不可失，如失皖东，则蒋介石必沿运河、淮河构筑封锁线，断我向西之前途。"

△ 毛泽东、朱德、王稼祥致电陈毅并告叶挺、项英、刘少奇、黄克诚，指出：对国民党"俘虏兵只释放少数坏分子，其余一概补充自己，加以训练，增强部队战斗力。下级俘虏军官亦应留一部分稍带革命精神者，其余官长一概优待释放，不杀一人（不论如何反动）"。还要"大批收容知识分子，只须稍有革命积极性者，不问其社会出身如何，来者不拒，一概收留，开办大规模抗大分校，开办财政经济人员训练班，开办党的训练班，为建设广大根据地之用"。还指出：始终不提反韩德勤口号，要始终表示愿意团结抗战、停止磨擦。当日，又致电陈毅：最重要俘虏官酌留数人不放，加以优待，以为他日韩德勤向我进攻之人证。此外，注意收集韩反共证据，特别是蒋介石的反共命令文件等。

△ 毛泽东、朱德、王稼祥致电周恩来：韩德勤一个师进攻陈毅，我反攻胜利，俘获千余。请你要求蒋介石、何应钦制止韩之进攻，否则八路军不能坐视；还要求蒋、何制止沈鸿烈在山东方面对我的进攻。

△ 与彭德怀致电贺龙、关向应，聂荣臻，刘伯承、邓小平等，指出："我各兵团在百团大战中均有若干减员，即待休整补充。石逆友三配合敌寇蔓延，正钳制我不少兵力。这一民族敌人与阶级敌人之结合，对我根据地危害极大，晋冀与山东及华中交通有断绝危险。拟于十二月初组织讨伐石逆之战役，并拟集中较大兵力，求得彻底消灭之。"并对战役作了具体部署。

10月13日 《新中华报》发表朱德撰写的代论《论发展边区的经济建设》。文章指出陕甘宁边区的经济建设应成为全国坚持自力更生的模范地区,把边区建设成为八路军、新四军巩固的后方。发展边区经济建设的基本环节在于积极开发边区的资源。

10月14日 毛泽东、朱德、王稼祥致电陈毅并告刘少奇、叶挺、项英、黄克诚:对韩德勤的政策,应继续与各方代表谈判,其条件应包括停止李品仙向皖东进攻及对整个新四军停止压迫。黄克诚、罗炳辉两部可以向南迫近兴化,陈毅部亦可向西推进一步,目的在迫韩放弃反共方针。因此,"建设苏北根据地是很大工作,同意陈毅统一苏北军事指挥和刘少奇去苏北与陈毅会合,布置一切。注意苏北与皖东打成一片,不要使中间有间断。尊重李明扬、韩国钧等中立态度及其利益,注意收集蒋、顾、韩的反共证据(人证物证),注意收集知识分子,注意调节各阶层利益,实行政权中的'三三制',预防'左'的危险,注意组织财政经济工作,从长期战争出发,勿使人力物力浪费。"当日,又致电陈毅并告刘少奇、叶挺、项英,指出:同韩德勤和谈条件,除当地各项外,应具体提出,请韩德勤及李明扬、陈泰运[1]转陈国民党中央及顾祝同下令停止向安徽皖东进攻,撤退皖南[2]对新四军之包围,撤退苏南[3]对新四军之包围。

10月15日 毛泽东、朱德、王稼祥致电彭德怀、左权:杨得志部十二月南下是可以的,能略提早则更好。黄桥战役我

---

[1] 陈泰运,时任国民党军鲁苏战区游击纵队司令。
[2] 皖南,意指包围驻皖南新四军的国民党军队。
[3] 苏南,意指包围驻苏南新四军的国民党军队。

陈毅部取胜。现黄（克诚）、陈（毅）两军已在东台会合，苏北根据地可以造成。另，对李品仙进攻皖东之师须加以阻止，坚持此战略枢纽，以待杨得志南下。

10月16日 毛泽东、朱德、王稼祥致电陈毅、黄克诚：被俘之国民党军官应加以优待，不要释放，以便在与国民党谈判时作为交换被捕干部之条件。

△ 毛泽东、朱德、王稼祥致电陈毅、刘少奇转黄克诚等：我方重心，应求得逼韩德勤让步，拉拢地方士绅，建立民主政权，筹饷、扩军和组织民众。目前黄克诚、罗炳辉、陈毅三部可以向前迫进一步，但究应进至什么地点停止，方于既可迫韩又可和韩之方针有利，由陈毅决定指挥之。与韩德勤谈判条件中，除刘少奇所提各项外，必须有停止安徽向皖东进攻及停止向整个新四军压迫一条。

△ 出席中共中央政治局会议。会议决定：今后对反共俘虏原则上一律不杀害，也不要他们自首，而应加以优待。

10月17日 毛泽东、朱德、王稼祥致电陈光、罗荣桓：刘少奇十六日转来邳县电称，该县遭顽军千余人进攻，邳南根据地及游击队势甚危急，要求你们派东进支队一部增援。如何处理请速复。

10月19日 何应钦、白崇禧以国民党军事委员会正、副参谋总长名义，给朱德、彭德怀、叶挺发出所谓"皓电（十九日代号）"，断然拒绝中国共产党对国民党"中央提示案"提出的调整作战区域和游击部队的三项办法，强令黄河以南的八路军、新四军于电到后一个月内，全部集中到黄河以北冀察地区。

10月20日 毛泽东、朱德、王稼祥致电黄克诚、陈毅并告刘少奇："我方已答应蒋介石停止军事进攻，如我占领兴化，蒋老羞成怒，有扣恩来、剑英二同志可能。我军应在距离兴化五十里一带停止，进行和平谈判，如已占兴化应即退出，以示诚意与服从上级命令。"当日，又致电刘少奇："罗炳辉久不过河已失时机，如在五日内能过河占领平桥安丰地区，则可过河，但不得超出宝应以南，否则不应过河。必须保留兴化及韩德勤方有文章可做，否则我重庆办事处有被攻击危险。我军应在大邹庄以东，射阳以北，蚌延河以南停止，进行谈判。"速告陈毅、黄克诚，"近日国民党对我十分险恶"。

10月21日 鉴于蒋介石十二日来电查询苏北事件，与彭德怀致电蒋介石，转呈陈光、叶挺报告，说明江苏国民党韩德勤部进攻新四军陈毅部的真相，并指出："查敌后抗战，日益处于艰难境地，惟有团结一致，相让为国，乃能图存。"二十二日，毛泽东、朱德、王稼祥又致电陈毅并告叶挺、项英：告以苏北事件我们已用朱、彭名义统一答复蒋介石。你们不要再去电报。

△ 出席中共中央政治局临时会议。会议讨论目前形势问题，认为：目前时局有由小风波转到大风波的可能，如美国进占新加坡，日军退出武汉造成国共分裂，而苏联对中国又没有援助，这将是中国的最黑暗的局面；党的工作布置应放在准备整个东方大黑暗的基点上。会议决定由毛泽东起草中央关于时局的指示。三十日，出席中共中央政治局会议。会议通过毛泽东提出的《关于目前时局的指示》。

△ 致信陈康白："你对陕北的计划书与调查的实况书，我们均看过，对陕北及晋北的经济建设有很大的贡献，望你努力促其实现。""我回延安已四个月，参观过许多工厂及一切建设，并讨论过财政经济及过去的财政经济建设，虽有某些成绩，实在入不敷出，以致几个月来未发一文零用，各机关、学校、军队几乎断炊，以致引起大家注意"，要努力去干。发展

经济，冲破困难。"定边、盐池为陕北经济策源地，以后经济中心当在定边，请你作长久计划，逐次发展附属工业、贸易、交通等营业。更要防着敌人吃醋，用兵夺取及封锁等等。""现在，自力更生是目前全党全军之极大任务，望你多多努力为党工作，发展极光荣之事业。绥德及晋西北亦应注意设法帮助建设起来。"

10月24日 毛泽东、朱德、王稼祥致电刘少奇：为巩固皖东，防御李品仙之进攻，请你考虑罗炳辉部是否先调回皖东，如待李品仙进攻时再调是否来得及，均请考虑见复。

10月29日 与彭德怀致电陈光、罗荣桓并报军委：原定十月初对津浦、胶济、陇海铁路之破击战役须有充分准备，拟推迟至十月底十一月初进行。同时，请准备有力之三团，于十一月间参加讨伐石友三之作战。

10月31日 毛泽东、朱德、王稼祥致电彭德怀："我们意见，华北即须抽调五万人南下，于四月内到达彭雪枫、黄克诚区域待命，以援助新四军（蒋已下令'扫荡'大江南北新四军），达到一定战略目的。此五万人的抽调拟从贺（龙）、关（向应）处，聂荣臻处，刘伯承处，吕正操处各调一万人。加上杨得志部。由刘伯承统率南下，以徐向前代替刘伯承现任职务。"

10月 毛泽东、朱德、王稼祥致电叶挺、项英、刘少奇、陈毅、彭雪枫：蒋介石令顾祝同、韩德勤"扫荡"大江南北新四军，比较大的武装磨擦是可能的。主力战将在苏北与江南。最困难的问题是在皖南的战争与新四军军部。我们意见，军部应移到三支队地区。如顽军来攻不易长期抵抗时则北渡长江。如移苏南，尚有不能，如向南深入黄山山脉游击，无论在政治上、军事上都是最不利的。如决心移皖北，则四支队应派一部到无为接应。苏北以全力击退韩之进攻，解决韩部。对李品仙部、何柱国部等力求和缓。同时应注意日寇之"扫荡"。苏南我新四军部队，应以游击战争坚持原地区。

11月1日 毛泽东、王稼祥、朱德致电八路军各师、新四军及所属各战区首长，通报蒋介石准备于十一月中旬开始"剿共"的情况。

△ 毛泽东、朱德、王稼祥致电叶挺、项英：在与顾祝同谈判中，要求其划郎溪、广德、溧阳、溧水、金坛、宜兴六县为我防地，并保证我军在移动时沿途的安全，你们可答应移苏南；如顾不同意，叶挺可去苏北一行。在皖南各友军中的联络工作应大发展，这对你们有特别重要的意义和作用。

△ 为加紧准备粉碎蒋介石的严重进攻，毛泽东、朱德、王稼祥致电刘少奇、叶挺、项英、张云逸、陈毅、黄克诚、彭雪枫、李先念：（一）"蒋介石已通知我们限在十一月二十日以前，将在华中与山东的新四军、八路军一律开至华北。近据确息，蒋已令汤恩伯率九个师、李品仙率三个师立开豫皖，准备期满后向你们进攻，皖南、鄂中两方面亦必有进攻布置。"（二）你们应立即开始加紧军事、政治及各方面的准备，加紧根据地的创造与巩固，加强友军中的统战工作，加强部队中的政治工作与民众宣传，并预计如何打破蒋介石的这一严重进攻，是为至要。

11月初 赴绥德考察。

11月2日 毛泽东、朱德、周恩来等致电被印度当局逮捕的印度国民大会主席尼赫鲁："闻先生入狱，我们深致慰问之意。中国人民深感先生奔走呼号，同情中国抗战之盛意。我们深信为印度人民解放事业奋斗之国民领袖，在全印人民及全世界进步人士之要求下，即能早日恢复自由，继续奋斗。"

11月3日 毛泽东、朱德、王稼祥致电叶挺、项英，告以中央决定用朱、彭、叶、项名义答复何应钦、白崇禧的"皓电":采取缓和态度,以期延缓反共战争爆发时间。对皖南方面,决定让步,答应北移。

△ 毛泽东致电王震转正在三五九旅视察工作的朱德:"因有要事待商,拟派汽车来接,请准备回延安。"

△ 毛泽东、朱德、王稼祥致电刘少奇并告彭德怀:"目前时局,处在转变关头,我们处理恰当与否,关系前途甚大。蒋介石准备投降,决心驱我军于黄河以北,然后沿河封锁,置我于日蒋夹击中而消灭之,此计至毒。我们当然不能听其处死,至时机成熟时决从左右翼打出去,转变局势争取好转。""唯华北调兵来不及","故我部署只能就现有力量加以配置,而我华中力量并不弱小,只要计划领导无大错误,是可以打破其进攻的。我计划中心,是组织一支二万人左右的挺进军,乘反共军封锁未成,从其间隙打到他后方去,然后以一小部(三千左右)配多数地方工作干部,在大别山地域创造游击根据地,以主力或集中、或分散、或有时集中、有时分散,纵横驰骋于皖西、豫南、鄂北、陕南广大区域","准备独立支持半年以上,以待华北主力之到达"。拟以黄克诚、罗炳辉组成并负总领导之责。以苏北为大后方,由陈毅负全责。华北主力南下时,至少有一路经苏北转皖东,另一路则走彭雪枫地区(淮河无阻时)。彭雪枫任务是巩固现地,准备迎接主力军通过。张云逸任务是巩固皖东,造成苏北、皖西间之通道。李先念任务是巩固现地,策应我军,将来或向鄂西或以一部以向大别山,创造根据地。皖南部队准备在国民党许可下移至皖东,但要过来了才算数。如叶挺过江,则你与叶总领华中军事。陈毅应与韩德勤继续谈判,达成协定。在此次反共高潮中,甚至以后相当长时期内,我们与蒋介石并不表示决裂,而只提出有关条

件。迫蒋恢复和平。目前制止投降危险和走向大决裂的可能性均是有的,故我们应积极认真准备上述军事计划。唯一切部署,应放在最黑暗局面上,丝毫不能动摇,以免上蒋的当。

11月4日 毛泽东、朱德、王稼祥致电刘少奇:彭德怀已令一一五师教导第一旅(三个团)即日南下,又令第三四四旅(三个团)迅速通过陇海路。你仍在原地等候,以便指挥部队。

△ 毛泽东、朱德、王稼祥致电叶挺、项英、刘少奇、张云逸、陈毅、黄克诚、彭雪枫、李先念,指出:根据华北、陕甘宁边区和苏北黄桥等反磨擦斗争的经验,"在反磨擦的武装斗争中,加紧争取友军对我同情或守中立的工作,不但有很大的意见,而且有很大的可能。""立即动员一切可能的党政军民力量去进行争取友军工作,成为你们今天最中心任务之一。"望"立即选派得力代表携带毛、朱、周、彭等各样恳切函件,加上你们自己的联络信件,向周围各友军进行交友工作"。

11月5日 毛泽东、朱德、王稼祥致电陈毅:关于与李明扬、陈泰运等谈判的电报收到,"你处理的办法很对,但请注意部队之作战准备与戒备。因桂军八十四军现已到皖西,应估计到当其与四、五支队发生战争时,韩德勤部可能报复。"

11月6日 毛泽东、朱德、王稼祥致电彭雪枫:李品仙准备向皖东进攻,汤恩伯以九个师准备向你处进攻,请即答复:"(一)如何打破其进攻,有可能性否;(二)如彼沿河筑碉,重重封锁,我军还有可能过河向大别山否?(三)你以两万兵力在现地打防御,以一万人(较好的)不待其封死即突出大别山,此计如何。"

△ 毛泽东、朱德、王稼祥致电叶挺、项英:"叶挺去上饶谈话应缓数天去,我们当于三四日内告你们以谈判条件。"八日再电叶挺、项英:叶挺即可去见顾祝同。

11月7日 毛泽东、朱德、王稼祥致电彭德怀、杨尚昆、罗瑞卿、陆定一、左权，指出：《军政委员会条例（草案）》已拟定，请你们讨论提出修改意见，以便最后宣布。条例大意是：游击战争的环境与部队的分散行动，要有一定限度的集体领导与一定限度的集体指挥。为此目的，在军、师、团及纵队、支队、分区等级成立军政委员会，作为各级集体领导机关。各级军政委员会由司令员、政委、政治主任、参谋长等及次一级的主要负责人组成之，凡关于本部的军、政、党、后勤等一切工作，均可讨论决定之。军政委员会在讨论问题时，如遇争论而不能解决，应呈报上级决定。急紧问题，司令员及政委仍有独断专行之权。但应将各种不同意见报告上级。

△ 毛泽东、朱德、王稼祥复电彭德怀："华北部队缓不济急，应另作通盘筹划。目前只能从一一五师抽调，有调四个团可能否，或令其调四个团而先调两个团（要好的）。如同意，请即下令，限电到两个星期准备完毕，待命出发。"

11月9日 毛泽东、朱德、王稼祥复电刘少奇、陈毅、黄克诚：打破顽军进攻，须完全靠华中自己部队，华北部队南调来不及，江南部队北调亦来不及。望你们在此基础上商得一全盘具体部署（军事、政治、财政各方面），电告我们。

△ 与彭德怀致电一一五师：以两个充实之团，于一星期内准备完毕，开赴苏北黄克诚处，配合新四军对付汤恩伯、李品仙部之进攻。

△ 由毛泽东起草以朱德、彭德怀、叶挺、项英名义复电（通常称为"佳电"）何应钦、白崇禧，驳斥其在皓电中的荒谬命令和对共产党、八路军、新四军的诬蔑，陈述八路军、新四军抗日之伟绩，揭露"国内一部分人士已在策动所谓新的反共高潮，企图为投降扫清道路"。"时局危机，诚未有如今日之

甚者。"严词拒绝其强令华中新四军全部北移的要求，但同时表示，为顾全大局，将新四军江南正规部队移至长江以北。

11月10日 毛泽东、朱德、王稼祥致电刘少奇、黄克诚、陈毅、陈光、罗荣桓：东北军五十七军霍守义师已由鲁南向苏北转移，这对苏北是一个麻烦问题，你们必须立即考虑应付策略。"我对东北军基本政策是争取，不是打击"。你们应考虑其南下时，我取欢迎态度（不管他如何顽固），告以韩德勤各种反动证据，劝其不要参加磨擦，于其向我进攻时，我应先取让步态度，只有至万不得已时才作自卫反击，但随即退还人枪，争取友好。

11月11日 毛泽东、朱德、王稼祥致电刘少奇、陈毅、黄克诚、彭雪枫：目前即刻动手打韩德勤、霍守义、何柱国等部，在政治上极端不利，尚须忍耐，"第一次攻击令须由延安下，你们不得命令，不应动手。你们现应积极准备一切。一方面我们仍在重庆谈判。"对霍守义、何柱国应取争取政策。已令一一五师调四个团南下增援，但你们不要依靠他们作战役配合。

11月13日 毛泽东、朱德、王稼祥致电刘少奇、陈毅、黄克诚：目前正从重庆设法缓和汤恩伯、李品仙的进攻。我们做到仁至义尽。"如彼最后决心进攻，毫无转圜余地，我方可动手打韩德勤，故目前只作打韩准备，不应马上动手，至必须动手时，我们当有命令。"从一一五师抽调两个团南援，限一星期准备完毕，向苏北开动，望黄克诚与陈光、罗荣桓速取联系，催其迅速出动。同日，又致电刘少奇、陈毅：转告周恩来提出"我们应拉拢韩德勤，拒止别人和汤、李之进攻"的意见。并指示："请考虑酌办。马上打韩是不适宜的。"

△ 毛泽东、朱德、王稼祥致电彭德怀：根据中央现取立场，对于国民党在华中举行的军事进攻，决采取自卫的防御战。

兵力上除陈（光）、罗（荣桓）调动一切外，华北各部暂不调动。另在重庆及各方进行统战活动，以求在政治上取得有理有利地位。同日，又致电陈光、罗荣桓：华中情况甚紧张，总部令你们南援之两个团，须速即开动，就近南下，以应急需。

△ 毛泽东、朱德、王稼祥致电彭雪枫并刘少奇：（一）目前在政治上、军事上均只能作防御的自卫战。（二）只能依靠现有兵力，不能希望华北增援。（三）目前在重庆与国民党方面办交涉，"须做到仁至义尽，不能马上动手打"。同日，再电刘少奇：同意九日电所述战略意见。中央已决定取自卫的防御战，故派小部出皖西应暂从缓。一切部队目前以休整补充为第一。

△ 与彭德怀、杨尚昆、罗瑞卿、陆定一致电贺龙、关向应，聂荣臻，刘伯承、邓小平等：为挽救目前时局危机，八路军、新四军应从各方面准备应付突然事变。八路军各师和晋察冀军区，应立即准备精锐兵力五万人往援华中，给进攻我华中部队之内战挑拨者以有力回击。为应付可能的突然事变和坚持华北抗战，决定十二月起至明年二月止，全华北扩军五万人。

11月14日 国民党政府军事委员会军令部制定"剿灭黄河以南匪军计划"和"解决江南新四军案"。接着，密令汤恩伯、李品仙、韩德勤等部，计二十万人，准备向华中八路军和新四军进攻；密令顾祝同部从浙赣前线抽调兵力，部署围歼皖南新四军军部及其所属部队。

11月16日 毛泽东、朱德、王稼祥、谭政以中央军委名义致电华北、山东各部队，指出华北各部队今冬的任务：（一）坚持抗战，与敌人的冬季"扫荡"作斗争。（二）进行一次冬季扩兵运动，补足现有编制的兵员。（三）尽量争取时间，进行休息与整军。（四）强化政治工作，深入传达中央关于形势的估计及各方面的政策。（五）加强干部团结和党的团结。

△ 毛泽东、朱德、王稼祥致电各部队首长，指示要利用一切机会与黄埔系军人进行统战工作，应以民族至上的观念来打动他们，使他们不肯投降日军，并对反共战争取中立或消极态度。

11月17日 毛泽东、朱德、王稼祥致电陈毅："你的统战方针与统战工作是正确的，以后盼将这类材料随时电告我们，同时告新四军各部，使他们都照这样办。"十八日，又批转陈毅十月二十八日关于苏北统战工作的报告，指出：中央及军委完全同意陈毅的统战方针及统战工作，为使各部队团以上干部深切研究统一战线的策略，破除其狭隘而不开展，顾小利而忘大利，逞英雄而少办法的观念，特将陈毅的报告转发全军学习。

11月18日 毛泽东、朱德、王稼祥致电刘少奇、黄克诚，查询：东北军是何时到达凤谷村和平桥地区的，何以无报告。并指出：听任东北军与韩德勤军打成一片是不利的。

11月19日 毛泽东、朱德、王稼祥复电刘少奇、陈毅、黄克诚，指出：大局有变动可能，我们正争取停止汤恩伯、李品仙进攻；你们目前一个短时间内的总方针是积极整军，沉机观变。只要军队能打是可以变被动为主动的，黄桥战役就是证明；五纵队主力须位置于韩德勤、霍守义两军之间，隔断其联络，万万不可听其打成一片，能办到这点，霍师态度就会好转，韩德勤也会就范；为达此目的，你们应立即准备一个局部战斗，即是用不着五纵队主力，从东沟、益林出发，突然攻占凤谷村、车桥两点，再行攻占平桥、阳念、黄浦、安丰地区，打通皖东、苏北联系。限电到五日内准备完毕，待命攻击；根本方针仍是拉汤、李，上述战斗胜利后，韩有就范可能；津浦路西应发动坚决的游击战争拒止莫德宏的扩展，应有得力人去指挥，罗炳辉速回皖东。

△ 毛泽东、朱德、王稼祥致电叶挺、项英：苏北即须进行一个局部战斗，攻占淮阴、宝应两县间地区，隔断韩德勤、霍守义两军，打通苏皖联系。你们须立即电蒋介石，略谓苏北正在和解，皖南正准备撤兵，不意霍守义师由鲁南下，韩德勤部由兴化北上，夹攻我彭明治部，一三八师莫德宏部连日进攻淮南路以东之张云逸部，请其速令各部撤退，以利团结。

△ 毛泽东、朱德、王稼祥致电董必武，指出："说贺师三千余人南下，完全是造谣。"据关中报告，"胡宗南各部纷纷向关中边区开进，即将大举进攻"。"请你速见熊（斌）、胡（宗南）、蒋（鼎文），要求他们停止进攻，否则引起大冲突双方都不利"。

11月20日 出席中共中央政治局会议。会议听取博古关于目前形势和南方局工作的报告。会议决定由陈云、任弼时、康生三人负责修改中央组织部提出的关于处理自首分子问题的文件。

△ 毛泽东、朱德、王稼祥复电彭雪枫并告刘少奇：你对敌进蒙城所取的态度是对的。汤恩伯军进攻困难甚多，主要是在蒋介石与日敌没有真正妥协前，汤恩伯军没有便利的战场。你应集中全力整训部队，准备好独立打击进攻者的条件，而整训部队是第一个条件。

△ 与彭德怀、左权致电徐向前、朱瑞、罗舜初[1]，对山东参谋工作会议提出意见：（一）"应根据总部及北方局最近扩军计划与巩固一纵队，使现有部队加速向正规军迈进，使广

---

[1] 罗舜初，时任八路军山东纵队参谋长。

大的民众武装转化到正规军中来。"（二）"总结抗战的经验教训，确立军队教育计划与制度，提高军队战斗技术的教育，加强干部的培养，提高军队的战斗力。"（三）"发扬八路军的优良传统，确立与建立军队各种制度与工作，尤其打下严肃的自觉的纪律基础。"（四）"建立与健全各级指挥机关，确立参谋工作之总方向与目前急需进行之具体工作，提高参谋人员之政治责任与工作能力，使技术参谋进到战术战略参谋，使各级指挥机关能负担起组织战争、领导战争的机关，成为军队中之首脑部。"（五）"加强参谋人员的训练，建立参谋人员的学习制度，提高参谋人员之积极性、创造性，巩固参谋人员安心工作，尽忠业务，严肃参谋工作的纪律，发扬参谋工作之高尚道德，提高参谋工作人员在部队中的信仰与地位。"（六）"必须反对参谋工作中各种错误认识和观点，反对轻视与忽视参谋工作的现象，肃清参谋人员中不愿做参谋工作的倾向，这是建立健全参谋工作之先决条件。"

11月22日　毛泽东、朱德、王稼祥致电叶挺、项英、刘少奇等：估计国民党各路大军全部开至新黄河、淮南路一带进攻出发地，约在下月中旬左右向彭雪枫、张云逸部发起进攻，"那时我除令彭雪枫、张云逸以游击战争暂时支持皖东与淮北两地外，我苏北主力即须动手解决韩德勤。"

11月23日　毛泽东、朱德致电袁晓轩转告卫立煌，告以："我们准备撤退江南的新四军以示让步"；"我江北部队北撤甚感困难，因华北地区日益缩小"。"请他注意何应钦的阴谋，反共只于敌人及亲日派有利。"

△　毛泽东、朱德、王稼祥致电冯白驹[1]："顽军有向你

────────
〔1〕冯白驹，时任海南岛琼崖民众抗日自卫团独立总队总队长兼政治委员。

们（琼崖）进攻可能，你们应从军事上、政治上加紧准备粉碎其进攻，其方法是待其进攻时集中主力，打其一部，各个击破之。"当日，毛泽东、朱德、王稼祥以军委名义另电冯白驹，请他答复：（一）你们军队人数、枪数、编制、驻地、团以上军政指挥人员、党员成分及战斗力；（二）军队的政治工作；（三）敌军分布及数量；（四）友军及顽固派军队的分布及数量。

△ 毛泽东、朱德、王稼祥致电彭德怀、左权、罗瑞卿、陆定一，告以对"石友三、沈鸿烈、陈长捷及他部通敌事件，在未公开打日本旗子以前，应取收集具体证据随时电告周（恩来）、叶（剑英），由周、叶口头告蒋的办法，不直接电蒋"。我取此办法"表示仁至义尽，要蒋注意"。

11月24日 毛泽东、朱德、王稼祥复电萧克："目前时局在转变关头，我党一面须坚持各抗日根据地，一面须准备对付蒋介石的剿共战争。平西、平北及冀东区域的坚持与发展，增加了对整个局势的意义，望从艰难中支持下去。"更好地加强团结，从各方面考虑与研究问题。军委历来对你处没有多少帮助，今后将更少帮助，一切望独立支持之。

△ 毛泽东、朱德、王稼祥致电叶挺、项英："你们必须准备于十二月底全部开动完毕。希夷率一部分须立即出发。一切问题须于二十天内处理完毕。"同日，又电："立即开始分批移动，否则一有战斗发生，非战斗人员及资材势必被打散。"

11月26日 毛泽东、朱德、王稼祥致电刘少奇、陈毅："攻击淮安、宝应间地域，望继续作充分准备，待命实行。我们正向蒋介石提出抗议汤（恩伯）、李（品仙）调动莫（德宏）、霍（守义）进攻等准备政治理由。你们则把实行攻击时间推到下月上旬。"

△ 与彭德怀、罗瑞卿、陆定一致电八路军各兵团首长、

各政治机关并报军委总政，指出："加强干部教育，提高干部能力，是提高我军战斗力，战胜目前艰难斗争环境，适应部队发展亟待解决的最重要问题。抗战以来，我军各级干部虽有不少进步，但缺陷仍多，尤以军事方面的进步极为低微。我们不应因一时干部缺乏，只顾目前需要，而忘记百年大计。更不要满足现况，忽略不断提高干部能力是建设我军成为铁军，完成巨大斗争任务之严重意义。"要求各兵团将应送抗大总校及军政学院受训的上级干部及高级干部而尚未送出者，即按规定数目迅速送出。

11月27日 出席中共中央政治局会议。会议批准中共晋绥分局书记关向应关于晋西北工作报告。

△ 中共中央、中央军委发出关于为应付突然事变必须准备七万精兵待命出去的指示，分别规定了从晋察冀军区、冀中军区、第一二〇师、第一二九师和后方留守兵团抽调的人数，限于一九四一年二月一日前完成一切准备工作。

11月28日 毛泽东、朱德、王稼祥致电陈光、罗荣桓等：东北军一一一师由陇海路南下，请即查告该师是否即常恩多师。如是常师则是同情者，去苏北是有益的。如不是，则须戒备，于其进攻时须反击之。二十九日，又致电刘少奇、陈毅：一一一师师长如是常恩多，则该师全部是我们领导的，望令张爱萍查告该师师长究是何人，并询陈光、罗荣桓。你们应与陈、罗电台密取联络，因鲁南与苏北休戚相关。据陈、罗称，一一五师南援之两个团因换防须十二月初开动南下，该两团应位置何地，望即布置。

△ 毛泽东、朱德、王稼祥二次致电刘少奇、陈毅、黄克诚，告以韩德勤十六日、十九日所知华中我军动态及其部署情况。

△ 毛泽东、朱德、王稼祥复电刘少奇、陈毅：同意你们

向沙沟、射阳、安丰、平桥地区攻击，但不打兴化，不打东北军，对东北军仅于其向我攻击时反击之。

△ 毛泽东、朱德致电王世英：国民党军六十一师已向胡宗南请示如何处置你们办事处及电台。你们应迁至克难坡附近，先征阎锡山同意。并"向阎（锡山）、杨（爱源）、赵（承绶）说明国民党反共是自杀政策，我们希望晋绥军取中立态度，双方维持友好"。"并申述我们二人向他们三人问候"。

△ 与彭德怀、左权致电八路军各兵团首长并报中央军委，指出：目前投降危险空前严重，内战有爆发可能，敌后抗战将更加严重。为制止投降和内战，从政治上、思想上、组织上、军事上加强八路军，提高八路军的战斗力，这是目前全军的中心任务之一。

△ 与彭德怀、左权致电八路军各兵团首长并报军委，要求各兵团详报一年整军结果；指出从政治上、思想上、组织上、军事上加强我军，强大与提高战斗力，是目前全军的最中心任务之一；发布自十二月起至明年三月底在全军进行冬季军事教育指示，要求在军事教育中克服目前战术上、技术上存在着的严重问题。

△ 与彭德怀致电何应钦，转十八集团军西安办事处报告，质问为何停发十八集团军经费。

△ 与彭德怀、叶挺、项英致电蒋介石：希望制止各路国民党军之军事行动，对于挑拨离间、巧言惑众之徒，则加以明察，予以屏斥，对于何应钦停发经费之命令，则予以取消，对于办事处机关与人员，则予以保护，以维团结，而利抗战。

11月29日 毛泽东、朱德、王稼祥复电叶挺、项英："同意直接移皖东，分批渡江，一部分资材经苏南；头几批可派得力干部率领，希夷可随中间几批渡江，项英行动中央另有电示。"当日，又复电刘少奇、陈毅："同意你们向沙沟、射阳、安丰、平桥地区攻击，但不打兴化，不打东北军。对东北军仅于其向我攻击时反击之。"鲁南与苏北休戚相关，你们应与陈光、罗荣桓取密切联络。

△ 汪精卫在南京正式就任伪国民政府主席。

11月30日 毛泽东、朱德致电彭德怀：（一）"华中问题蒋（介石）主力绝无办法，只能在皖豫两省交界取封锁政策，对苏北则调冷欣一个师从苏南北上，调于学忠一师至二师从徐、海南下，增援韩德勤。我陈（毅）、黄（克诚）两部及一一五师增援之两团足以对付之。"（二）蒋介石以石友三位于老黄河隔断我南北通路，日益滋蔓，甚为危险。我们认为宜照过去你之计划增强军力，并派左权或刘伯承去指挥，于明年一二月能消灭石友三主力，打通冀鲁，纠正过左政策，才能转换形势。又，杨得志不要南调了。

△ 与彭德怀致电宋时轮、萧华等部：以运动战及各个击破的方针寻机歼灭投敌之石友三部，对其社会团体坚持统一战线政策。

△ 毛泽东、朱德复电叶挺、项英并告周恩来、叶剑英、刘少奇、陈毅："你们布置很对。""日蒋决裂，日汪拉拢，大局从此有转机，蒋对我更加无办法，你们北移又让他一步。""现在开始分批移动，十二月底移完不算太迟。"

△ 毛泽东、朱德、王稼祥致电彭德怀、杨尚昆、左权等：敌军确占华北为已定方针，其"扫荡"会使我军困难增加。他们的政策是把我们封锁在敌后与敌拼消耗，防止我部队南移，隔断我部队可能进入我后方地区之道路。因此，在战略部署上，北线即冀中、晋察冀、晋西北等区主要方针是坚持斗争，而不是扩大部队。其主力一部应南移。要大大加强地方武

装,努力发展游击战争。在南线即晋东南、冀南、山东等区,除山东外,要很大地扩大亦是困难的。华中是国共两党必争之地,八路军第二纵队和一一五师教导第二旅应立即转往华中。在华北略有损失可以补充,而华中如失时机,将来困难很大。目前南移是最好时机。

11月 在中共中央职工运动委员会主办刊物《中国工人》上发表《参观边区工厂后对边区工人的希望》一文。文章说:边区的工人,正担负着"从经济上建立现在八路军和新四军巩固的后方,建立未来的新中国的模范区域的基础"这一光荣而伟大的任务。因此,希望边区工人:第一,"安心工作,不断提高自己的技术";第二,"爱护工厂,节省原料,尽一切努力来提高生产量和减低制成品的成本";第三,"应当和农民保持密切的联系,使每一个工厂的工人都成为团结周围农民的核心,要不断帮助他们以提高其政治觉悟";第四,"应当加强自己政治文化的学习,努力提高政治文化水平,学习理论,学习先进阶级掌握理论的斗争方法"。同时,希望把工厂工人的家属"吸收到生产建设的事业中来"。"我深信边区工人定能负担起自己的伟大的使命!"

12月1日 与彭德怀、罗瑞卿、陆定一致电各兵团首长、各级政治机关,指出:日军对我各根据地的"扫荡"一般的已开始结束(但不要忽视对敌之随时"扫荡"的准备),各个抗日根据地之党、政、军、民应妥当利用这一冬季间隙时间,协助健全军区工作;应利用冬季农闲时间,加紧地方武装的扩大与训练的突击工作;应大批培养地方武装干部,各抗大分校应附设二至三百人地方武装干部的训练队,三至四个月毕业,着重游击战术、抗日根据地各种政策及启发民族意识的教育;军区、军分区均开办地方武装干部教导队;县、区开办短期流动训练班等。

12月2日 毛泽东、朱德、王稼祥致电刘少奇、陈毅：据一一五师陈光、罗荣桓电称，教导五旅因部队需要整理，可否延至十二月半南下。盼告，并直复一一五师。

△ 与彭德怀、左权、罗瑞卿、陆定一致电八路军各兵团及政治机关并报军委总政治部，指出："百团大战自八月二十日开始，迄今已历三月有余。其中经过第一阶段之交通总破击战；第二阶段的消灭敌寇据点与破击交通战之继续；第三阶段之反'扫荡'战。各个阶段中我不仅取得军事上之巨大战果，在政治上我更获得巨大之成绩。现在日寇虽仍在晋察边区，但敌寇之冬季'扫荡'一般的已告结束，百团大战战绩即日公布。"同时，颁发了八路军冬季军事工作任务。

12月3日 关于击退汤恩伯、李品仙部的作战部署，毛泽东、朱德、王稼祥致电刘少奇、黄克诚、陈毅：此次汤恩伯、李品仙部进攻，我们必须坚决打破之："黄克诚部主力不少于一万二千人，待命开皖东；罗炳辉部（亦）待命开回皖东，受黄克诚指挥，准备协同黄部达成一定战略任务"；"陈毅部协同黄纵队留苏部分，巩固苏北根据地，为整个华中之战略后方"。

△ 出席中共陕甘宁边区中央局召开的经济自给动员大会并讲话，号召大家都来搞好生产，都来当家，不要把这个任务只放在做经济工作的同志身上。

12月4日 出席中共中央政治局会议。会议着重讨论抗日战争以来执行各项政策中的问题。毛泽东、王明、博古、朱德、康生、张闻天、陈云等先后发言。朱德说：国民党在战场上失败，对我军的发展也害怕，因此妥协投降的危险是严重的，我们反投降是对的。坚持华北要有正确的政策；过去中央苏区就是因为执行"左"的政策，最后中央红军不得不离开苏区。还说：总结历史经验要在七大前准备好，过去的错误主要来源于教条主义。会议决定组成中共七大的军事问题委员会，由朱德、徐向前、谭政、王若飞组成，朱德负责。

12月5日 毛泽东、朱德、王稼祥致电刘少奇、陈毅，指出："在目前时局下，我军应完全处于防御地位，才有利于对外说话。"因此，你们应该集结兵力整训，准备坚决击破韩德勤之可能进攻，"但无论北面、南面，均不应由我发动进攻韩德勤。"

△ 八路军各部队先后粉碎日军对太行、太岳、晋察冀、晋西北等各抗日根据地的报复"扫荡"。至此，历时三个半月的百团大战基本结束。十日，总部公布战绩：整个战役共进行大小战斗一千八百余次，毙伤俘日伪军四万五千余人，攻克据点二千九百九十三个，破坏铁路四百七十四公里（正太铁路基本摧毁）、公路一千五百余公里，桥梁、车站、隧道等铁路建筑物二百六十余处，破坏敌煤矿五处，缴获大量武器弹药等军用物质。

12月6日 毛泽东、朱德、王稼祥致电周恩来、叶剑英并告叶挺、项英、彭德怀、左权："为隔断韩（德勤）、霍（守义），打通苏皖，以便黄克诚增援皖东，粉碎桂军莫德宏之进攻起见，我苏北部队必须从淮安、宝应间打一缺口。""此缺口打通后，黄克诚主力即可向皖东增援。"

12月7日 毛泽东、朱德、王稼祥致电陈光、罗荣桓：华中情况紧张，总部令你们南援之两个团须速即开动，就近从江苏省徐州市至东海县之间南下，以应急需。

△ 蒋介石批准国民党军事委员会军令部十一月十四日拟定的"剿灭黄河以南匪军作战计划"。十二月十日，徐永昌致

蒋介石签呈中提出"有先行下达命令之必要",如十二月三十一日"尚未遵令北移,应即将江南新四军立予解决"。

12月8日 何应钦、白崇禧复电朱德、彭德怀、叶挺、项英,再次强令八路军、新四军"将黄河以南之部队,悉数调赴河北"。该电即"齐电"。

△ 与彭德怀复电卫立煌:"奸除通敌反共罪魁,军民同快,当携手对外。"

△ 与彭德怀、左权等致电八路军各兵团首长及各级司令、政治机关并报中央军委和总政治部,指出:司令机关是军队组织最重要的一个组成部分,平时掌管军队建设工作,战时是军队指挥机关。在军队组织建设工作与战斗长期同时进行的环境下,司令机关的工作就更加繁忙与重要。要加强参谋人员的党性教育,克服某些参谋人员对参谋工作的错误认识与不安心工作的心理;要提高参谋人员的政治的、军事的、文化的和自然科学的水平;要提高其工作的创造性、积极性与工作能力。还提出了选拔参谋人员的具体条件。

12月9日 蒋介石下达手令:"凡在长江以南之新四军,全部限本年十二月三十一日开到长江以北地区,明年一月三十日以前开到黄河以北地区作战。现在黄河以南之第十八集团军所有部队,限本年十二月三十一日止开到黄河以北地区。"次日,蒋介石秘令顾祝同"按照前定计划,妥为部署",将新四军在皖南的部队"立即解决"。

12月10日 毛泽东、朱德、王稼祥复电刘少奇、陈毅并告张云逸:"派挺进队到大别山、舒城、庐江一带活动,你们可作准备,待命行动,其时间应放在你们将淮安、宝应间打一缺口任务(之)完成,并对莫德宏师举行反攻之时。""挺进队去大别山之目的,在于与白崇禧、李品仙讲交换条件,彼方撤退莫德宏，我方撤退挺进队，而不是向大别山建立根据地。如果那时莫被我打跑，彼方不再进攻，则挺进队就不要派了。"

△ 毛泽东、朱德、王稼祥致电聂荣臻、彭真、朱瑞、彭雪枫等："为重视学校，保证学校的教育能力，使教育干部及学校工作干部不致任意调散，以后关于抗大各分校干部的调遣与改换工作（应）谨慎从事，以增强而不削弱学校教育能力为原则。总校对分校有调剂之权。"

12月12日 与彭德怀发布命令：为了进一步改进晋冀豫区域作战军之后方勤务工作和集中人力增加作战军之活动力，决定将一二九师供给、卫生、兵站机关与八路军总部供给、卫生、兵站机关合并。周玉成任野战供给部部长、周文龙任副部长，钱信忠任卫生部部长、孙仪之任政治委员，后方勤务部部长杨立三兼任野战兵站部部长。自明年一月一日起，各纵队、旅、军区、军分区所有上述各项任务，直接与该各部发生联系。

12月13日 出席中共中央政治局会议。会议根据毛泽东的提议，决定在经济部门设政治委员会，并暂以伍云甫任陕甘宁边区银行副行长。朱德在讨论国民党制造苏北磨擦问题时发言，说：关于苏北问题，国民党军队有限，不能有大战争，又因为中日军队的对抗，汤恩伯正规军九个师也放不下，不可能形成大战争。又说：统一战线工作要有本钱有力量才能发展。我们愈有力量，对方便愈不敢惹我们，此外在党的力量上，在经济力量上都要建立基础，才能开展统一战线，才能建立三三制政权的基础。

12月14日 毛泽东、朱德、王稼祥致电董必武、南汉宸、周恩来、叶剑英：据秋林来人报称，"十一月二十八日夜九时，由中央军六十一师一八一团二营萧连长率兵一排，将（我驻第二战区）联络处包围后，将王世英处长及处内人员全数逮捕，电台及枪支亦收去"。我"除电胡宗南及宜川中央军外，请周、叶向张冲、刘汉章交涉，汉宸向胡宗南交涉释放"。指出："八路军决不能容忍此种不友好之事件"发生。同日，由毛泽东起草以朱德名义分别致电李文和〔1〕、胡宗南，简述王世英被捕经过，"事出非常"，"请予释放"，"以全贵我两军友谊"。

12月16日　毛泽东、朱德、王稼祥致电彭雪枫并告刘少奇：汤恩伯两个师正向豫东前进。请即告豫东各县之敌军、友军、我军三方详细情形，并对汤军前进之顺利条件及困难加以估计。

△　毛泽东、朱德、王稼祥复电刘少奇、陈毅并告叶挺、项英，指出："依大局看，（国民党）大举'剿共'不可能，局部进攻是必然的。华中斗争是长期慢性斗争，我们要有决心与耐心。""苏北部队亟须整训扩大一短时期，然后以主力一部增援皖东。""皖南部队务须迅速渡江，作为坚持皖东之核心。其大批干部分配苏北、皖东两处建设根据地。一一五师之两个团催其从速南下。"

12月18日　关于新四军向北转移问题，毛泽东、朱德、王稼祥致电叶挺、项英："重庆形势严重，项、曾〔2〕二人暂勿离开军队；希夷及一部人员北上，望速作部署；秘密文件必须烧毁，严防袭击。"同日，再次电告："你们的机密文件、电报，须一律烧毁，切勿保留片纸只字，以免在通过封锁线时落入敌人手中，你们的密码须由负责人带在自己身上。"

△　与彭德怀、叶挺、项英致电周恩来、叶剑英转国民政

---

〔1〕　李文和，时任国民党军第九十军军长，驻军宜川。
〔2〕　曾，即曾山，时任中共中央东南局副书记兼组织部部长。

府军政部次长刘斐,说明新四军皖南部队遵令北移,其后方人员及医院、资材将立即开始移动,正规部队正积极作移动准备;但因敌伪封锁重重,加以补给的饷弹未全部领到,"故请转陈委座,暂缓移动时间至明年春二月半,在二月十五日以前德等保证全部离开皖南,现地不留一兵一卒"。

12月19日 毛泽东、朱德、王稼祥致电彭德怀、左权,陈光、罗荣桓,叶挺、项英并告刘少奇、陈毅:综合各方情况,"蒋、桂对华中进攻是有决心的。(我决)以打击李仙洲为目的,望彭、左令杨得志率部南下,须于一个半月内到达彭雪枫地区;望陈、罗令(教导第)五旅迅即南下,不可再推迟,应于半月内到达张爱萍地区;望叶、项率部迅即渡江,应于两星期内渡毕,增援皖东为要"。同日,再电:"希夷渡江以速为好,不应征蒋同意。如蒋反对,便不好过江了。江边须有周密布置,速与刘少奇、云逸联系在对岸作准备。"

△ 关于日汪条约签订后的形势问题,毛泽东、朱德、王稼祥致电彭德怀、左权,叶挺、项英,贺龙、关向应,聂荣臻、彭真,刘伯承、邓小平,刘少奇、陈毅等:"在日汪条约签订后,此次严重的投降危险已被制止,故不应如十月十一月那样的强调反投降了,否则不但国民党起反感,人民亦不了解。至日本诱降不会放弃,国内亲日派仍有乘机活动可能,那是必然的。国民党反共必然继续,进攻华中不会停止,但大规模内战与国共分裂目前是不会的。"

12月20日 关于布置叶挺过江等问题,毛泽东、朱德、王稼祥致电刘少奇、陈毅:"叶军长及干部一部准备渡江,你处需在江边作周密布置。""与韩谈判条件不可过苛。并须尊重李、陈各部利益。兴华、高邮地区应保留给韩,我军应停止于兴、高以外地区,苏北应全面休战,求得妥协巩固已得阵地。"

△ 毛泽东、朱德、王稼祥致电叶挺、项英，指出：叶挺过江不应征得蒋介石同意。

△ 毛泽东、朱德、王稼祥致电彭雪枫：要求整训部队，准备迎击敌人的进攻。

12月22日 延安《新中华报》发表朱德诗一首《和林（伯渠）老〈咸榆道[1]中〉原韵》：

抗战三年久，前锋过北平。
日骑频跳跃，我马任纵横。
封锁重重隔，往来踽踽行。
是谁知伟绩，后起忆当今。

12月23日 毛泽东、朱德、王稼祥致电彭德怀：百团大战对外不要宣告结束，蒋介石正发动反共高潮，我们尚须利用百团大战的声势去反对他。

△ 毛泽东、朱德、王稼祥致电刘少奇、陈毅、黄克诚、彭雪枫、张云逸：刘少奇来电提出，目前重心在苏北，其次才是淮北与皖东。故陈、黄两部及一一五师增加之两个团，目前均应集中于苏北，加紧整训扩大，努力巩固苏北根据地，并准备于蒋介石真正向我淮北皖东进攻时，首先解决韩德勤（最后由中央决定），第二步才向淮北皖东出动。我们认为是恰当的。"目前淮北与皖东须由雪枫与云逸所部独立支持之，无论敌人或顽军进攻，均用游击战争与之周旋，不要希望任何增援，华北增援不可能，也不适当。"你们一方面要准备对付蒋介石的进攻，决不可松懈自己的准备。另一方面积极准备一切，包括

---

[1] 咸榆道，从陕西省中部咸阳至北部榆林中经延安的一条公路。

扩大整训军队，巩固与发展根据地。目前敌人正向涡河以西进攻，正是雪枫区域扩大整训军队、发展巩固的有利时机。皖东区域除以有力一部对付莫德宏部的侵入并派得力人去指挥外，亦应照此方针布置。

△ 致电八路军驻重庆、西安办事处，说明上月二十七日国民党宜川驻军在秋林镇卓家庄袭击八路军驻第二战区办事处的经过情形，要他们即向有关方面交涉。

12月24日 毛泽东、朱德、王稼祥致电叶挺、项英："你们必须准备于十二月底全部开动完毕；希夷率一部分须立即出发；一切问题须于二十天内处理完毕。"同日，再电："立即开始分批移动，否则，一有战斗发生，非战斗人员及资材势必被打散。"

△ 毛泽东、朱德、王稼祥接李先念、任质斌等十二日关于豫皖地区作战部署电后，复电："你们的布置是正确的。"

△ 与彭德怀、左权致电八路军各兵团首长并报中央军委，指出：冬季干部军事教育的基本方针，是为了提高干部的指挥与管理部队的能力。其基本内容是：营以下干部学习班、排、连的战术，团以上干部则研究步兵营的战斗勤务。各兵团必须以一切可能的时间，利用敌人"扫荡"的间隙，建立干部军事教育制度，提高干部的军事能力。这是首要的任务，是提高军队战斗力的重要途径。一切轻视军事学习的观点，都是错误的。

12月25日 毛泽东、朱德、王稼祥致电刘少奇、陈毅，彭德怀、左权，陈光、罗荣桓，叶挺、项英：华北局面紧急，非组织机动突击兵团，不足以应付大规模战斗。因此，同意胡、陈二十一日电，将苏北各部统一编为两个纵队，一个纵队以陈毅为司令员、黄克诚为政委，一个纵队以粟裕为司令员，刘炎为政委。并划为四个军区，以张爱萍、常玉清、叶飞、韦国清分任军区司令员。部队编制后，即行加紧整训一个月至两个月，充分准备一切对付蒋桂两军之进攻。

△ 为皖南新四军渡江受阻事，毛泽东、朱德致电周恩来、叶剑英：据项英电称："顾祝同忽令新四军改道繁（昌）、铜（陵）渡江，而李品仙在江北布防堵截，皖南顽军复暗中包围，阻我交通"等语。请速向蒋介石交涉下列各点并电告结果："（一）须分苏南、繁铜两路北移；（二）须有两个月时间，若断续，分批偷渡；（三）皖南军队不得包围（我军），不得阻碍交通；（四）皖北军队由巢（县）、无（为）、和（县）、含（山）四县撤退，由张云逸派队接防，掩护渡江；（五）保证不受李品仙袭击；（六）弹药及开拔费从速发下。"

△ 出席中共中央政治局会议。会议通过《中央关于时局与政策的指示》，作为党内指示下发。

△ 毛泽东、朱德、王稼祥、谭政致电各兵团首长、各级政治机关并八路军总部，指出："加强干部教育，提高干部能力，是提高我军战斗力，战胜目前艰难斗争环境，适应部队发展亟待解决的重要问题。"我们不应只顾目前需要，而忘记百年大计，更不应满足现状，因此，不断提高干部能力，是建设我军成为铁军，完成巨大斗争任务之严重意义。现抗大总校，已改为专门培养上级干部机关，凡下级干部，分由各战略区抗大分校教育，高级干部由延安军政学院训练。其目的在使我军能大批培养干部，各级干部均有受教育之机会与造成之教育场所，使之不断提高各级干部之能力。

△ 在中共陕甘宁边区委员会机关刊物《团结》杂志第二卷第一期上发表《完成边区一九四一年度财政经济计划》一文。文章指出："一九四一年我们前面最大的一个困难，就是

财政经济方面的困难。""完成边区的财政经济计划，绝不是一件小事，而是一件有关抗战胜败有关党国命运的大事。""每一个做领导工作的同志，必须要特别关心经济工作，每一个干部和党员，必须努力完成自己的一部分经济工作，以自己的模范作用，推动广大人民到生产建设的热潮中来。"

12月26日 毛泽东、朱德致电项英："关于销毁机密文电是否执行，你应估计在移动中可能遇到特别困难，可能受袭击，可能遭损失，要把情况特别看严重些。在此基点上，除想尽一切办法克服困难外，必须把一切机密文件、电报通通销毁，片纸不留，每日收发电稿随看随毁，密码要带在最可靠的同志身上，并预先研究遇危险时如何处置。此事不仅军部，还要通令皖南全军一律实行，不留机密文件片纸只字，是为至要。"

12月27日 毛泽东、朱德致电叶挺、项英，周恩来、叶剑英，指出："新四军渡江仍须对桂军戒备，以防袭击，一面请周、叶向蒋交涉，下令李品仙不得在巢（县）、无（为）、和（县）、含（山）地区妨（碍）新四军北移。"

△ 与叶挺致电李宗仁、李品仙："新四军江南部队遵令北移，祈饬庐、巢、无、和、含、滁地区贵属勿予妨碍，并予以协助，以利抗战。"

△ 毛泽东、朱德、王稼祥致电朱瑞、黎玉、罗荣桓及陈光并告彭德怀、左权：关于东北军内部反投降事件，"我们应在实际上赞助之，但不要公开出面。不要把反缪征流的东北军收编为八路军。""如遇敌伪进攻东北军时，八路军应公开援助。"

12月28日 毛泽东、朱德、王稼祥致电彭德怀、左权，贺龙等：阎锡山保留晋西南地区对我们有利，我军在晋西南不应增兵，以免引起阎锡山恐慌。已电王世英转阎锡山，要他制止攻打我游击队、捕杀共产党员及群众的行动。我军在晋西南之游击队，如不能坚持，可转移到晋西北地区。

12月29日 毛泽东、朱德、王稼祥致电叶挺、项英：同意皖南新四军直移皖东，分批渡江，一部分资材经苏南。

△ 国民党三十二集团军颁布"进剿"新四军计划，决定"以主力逐步构筑碉堡，稳进稳打，摧毁皖南方面的新四军，务求彻底肃清之"。

12月30日 毛泽东、朱德致电叶挺、项英：据周恩来电称："江南部队分地渡江有危险，皖北让路蒋虽口头答应，但让出巢、无、和、含四县恐不易。李品仙已在布置袭击我的阴谋，仍以分批走苏南为好"等语。"我们同意恩来意见，分批走苏南为好。"

△ 出席中共中央政治局会议。为了进行自卫，以打击汤恩伯、李仙洲军队向华中、山东的新四军的进攻，会议根据毛泽东的提议，决定华中及山东的新四军要统一指挥，以陈毅为总指挥、刘少奇为政治委员，党支部的工作统一于中共中原局。并决定由毛泽东起草致中共中原局的电报。

12月 派八路军高级参议南汉宸赴西安和胡宗南谈判，要求撤销对陕甘宁边区的进攻部署，并停止修筑对陕甘宁边区的封锁线。

冬 为了打破日寇和国民党顽固派对陕甘宁边区的经济封锁，克服部队供应的困难，提出军垦屯田政策，指示部队在不影响战斗、训练的情况下，实行垦荒屯田。并对三五九旅旅长王震说：部队参加生产后，不仅可以休养民力，增进军民关系，还可以使指战员得到锻炼。延安南泥湾开垦起来困难较大，希望你们好好搞。要充分做好思想动员和组织准备工作，用大家劳动的双手，建立起革命的家务。

1941年　五十五岁

1月1日　与彭德怀、罗荣卿、陆定一致电慰问八路军全体伤病员，希望他们安心休养，早日痊愈，重返前线，继续杀敌，参加一九四一年更伟大更光荣的斗争。

△　与毛泽东出席八路军军政学院在延安举行的开学典礼晚会。

1月3日　毛泽东、朱德复电叶挺、项英："你们全部坚决开苏南，并立即行动，是完全正确的。"

1月4日　毛泽东、朱德、王稼祥致电陈光、罗荣桓，刘少奇、黄克诚：请陈、罗即令彭明治、朱涤新支队南下；请黄克诚即回布置三四四旅南下，并把开动和到达日期电告军委、八路军总部及刘少奇。

△　夜，新四军皖南部队九千余人奉命由安徽泾县云岭地区出发，六日，在安徽泾县茂林地区突遭预先埋伏的第三战区顾祝同和三十二集团军上官云相所部七个师八万余人的包围袭击。新四军被迫抗击，殊死奋战。至十四日，除二千余人突围外，一部被打散，大部壮烈牺牲和被俘。军长叶挺在同国民党谈判时被扣押；副军长项英在隐蔽转移时遇害。这就是震惊中外的"皖南事变"。

1月6日　毛泽东、朱德、王稼祥复电彭雪枫并告刘少奇、陈毅、赖传珠：二日电悉，部署是对的，唯须注意："不要进得太急，妨碍敌顽决战。""我只在敌顽作战地区以外之间隙部分乘机发展,(对)地方顽固派可消灭之。""不可攻击马彪(部),设法把他引退,但其来攻则消灭之。"

1月7日 毛泽东、朱德复电叶挺、项英:"你们在茂林不宜久留,只要宣威、宁国一带情况明了后,即宜东进。乘顽军布置未就,突过其包围线为有利。"九日,再电:询问"情况如何,望即告"。

△ 毛泽东、朱德致电彭德怀、左权,贺龙、关向应,刘伯承、邓小平,聂荣臻,吕正操、程子华:"中央十一月准备七万机动兵力的指示,仍然有效,唯把准备时间延长至六月底,望从兵力及经费两方面加紧准备为要。"

△ 毛泽东、朱德致电刘少奇、陈毅:"在游击战的总方针下,彭雪枫地区、谭希林〔1〕地区均不应放弃,只要蒋桂未与敌人妥协,反共军深入是很困难的,该两区有以游击战抵制反共军不让其深入的任务。"胡宗南表示很怕内战,汤恩伯、李品仙辈何独不然。"国民党此次发动的反共高潮,只能是攻势防御,大吹小打,以攻势之手段,达防御之目的"。"应把此次反共高潮看做我们奠定华中的机会,如同上次反共高潮奠定了华北基础那样,虽然华中的斗争是长时间斗争,不到蒋介石遇到了更多更大困难,他是决不放手的。但我们奠定基础的可能性是存在的。"

△ 与彭德怀致电聂荣臻,嘉奖晋察冀边区八路军于本月一日收复阜平城,粉碎敌"扫荡"。

1月9日 收到刘少奇致毛泽东、朱德、王稼祥电:"我江南遵令北移被阻,战况激烈,请向国民党严重交涉。"

△ 刘少奇致电中共中央,报告:项英、袁国平等"在紧

---

〔1〕 谭希林,时任新四军江北游击纵队司令员。

急关头已离开部队，提议中央明令撤项职，并令小姚[1]在政治上负责，叶在军事上负责，以挽危局"。同日，毛泽东、朱德复电刘少奇：你说项、袁等已离开部队，"我们尚未接到此消息，他们何时离开的，现到何处，希夷、小姚情形如何，军队情形如何，望即告我们。得叶、项微[2]辰电，他们支[3]夜开动，微晨到太平、泾县间，此后即不明了。"

1月10日 收到刘少奇致毛泽东、朱德、王稼祥电，电文首先转告了叶挺、饶漱石九日电内容：接希夷、小姚九日来电，说项、袁等率小部武装不告而别，行动方向不明。部队受敌包围展开激战，决九日晚分批向北突围。同日，项英致电刘少奇并转中共中央，报告离队经过，说"今日已归队"，并表示"我坚决与部队共存亡"。十一日，毛泽东、朱德、王稼祥复电刘少奇、陈毅："你们转来叶、姚电悉。叶、姚是完全正确的，望你们就近随时去电帮助他们，并加以鼓励。惟项英撤职一点暂不必提。"同日，再电刘少奇即转希夷、饶漱石并转全体同志，指出："希夷、小姚的领导是完全正确的，望全党全军服从叶、姚指挥，执行北移任务。你们的环境虽困难，但用游击（战）方式保存骨干，达到苏南是可能的。"

△ 毛泽东、朱德、王稼祥致电彭雪枫，张云逸、邓子恢，李先念并告刘少奇、陈毅、黄克诚、粟裕，强调要加强对反共军的宣传工作。指出：你们在宿县、怀远所作宣传甚为有效。"你们应根据中央十二月二十五日指示之十大理由[4]，

---

〔1〕 小姚，即饶漱石。
〔2〕 微，即5日。
〔3〕 支，即4日。
〔4〕 指1940年12月25日关于时局与政策的指示中所指出的反对国民党强令八路军、新四军限期移至黄河以北的十大理由。

公开宣传，并发反共军。""你们应公开写信给反共军首长如汤恩伯、李仙洲、李品仙等，将此类信件公开印刷分寄反共各军，争取他们共同抗日，劝告他们停止反共。""如你们宣传工作做得好，可以动摇反共军官心军心，迟延其进攻速度。""如你们的宣传对任何部队都取争取政策，不要伤其官长，对他们过去抗日成绩应加赞语。""宣传工作弱的部队，各首长应亲自动手，亲自检查，务使措辞恰当，宣传有力。击破反共军，十分之七靠宣传。"

△ 收到叶挺、项英在被围困中致毛泽东、朱德、王稼祥本日急电："支持四日夜之自卫战斗，今已濒绝境，干部全部均已准备牺牲。请即其斟酌实情，可否由中央或重庆向蒋交涉立即制止向皖南进攻，并按照原议保障新四军安全移江北及释放一切被捕军部工作人员。"

1月11日 毛泽东、朱德、王稼祥致电周恩来、叶剑英、彭德怀、左权：通报新四军突围中项英离队，由"叶挺、饶漱石负责领导全党全军坚决执行北移任务"的情况。

△ 与彭德怀致电聂荣臻：为应付国民党反共顽固派可能发动的对陕北的进攻，应将中央军委电令准备的机动部队，迅速准备妥善，并需立即准备五个步兵团、一个骑兵团，随时调往陕北。

1月12日 毛泽东、朱德、王稼祥致电刘少奇、陈毅、叶挺、饶漱石，指出："你们当前情况是否许可突围？如有可能，似以突围出去分批东进或北进（指定目标，分作几个支队分道前进，不限时间，以保存实力达到任务为原则）为有利，望考虑决定为盼。因在重庆交涉恐靠不住，同时应注意与包围部队首长谈判。"同日，再电刘少奇、陈毅并转叶挺、饶漱石、项英："你们率主力已突围出来甚慰，望鼓励士气，坚持到底，迅达苏南，军中一切由希夷做主，小姚辅之。全军应服从希夷命令。"重庆方面正在交涉，但不要靠，一切靠你们自己。

△ 出席中共中央政治局会议。会议通过中央书记处关于皖南新四军由叶挺、饶漱石负责领导的指示电。

1月13日 毛泽东、朱德、王稼祥致电叶挺、项英、饶漱石："闻你们率傅秋涛部两团突围，甚为喜慰，望速赴苏南；你们突围者人枪多少，现在何地，情况如何？现在茂林被围者人枪多少？何人指挥？望即告，以便交涉。"

△ 毛泽东、朱德、王稼祥致电刘少奇、陈毅：确悉淮南路敌军撤退全是谣传，蒋桂对日寇仍是敌对的。去春我打朱怀冰后，蒋调集大军向太行山我军进攻，在情况紧张之际被敌集中"扫荡"。同时，敌在皖南、鄂西采取攻势，反共高潮因而下降。此种经验，你们很可利用，但不要因此松懈自己准备。

△ 毛泽东、朱德、王稼祥通报刘少奇、陈毅，指出关于皖南事变中的三点对策，其中第二点谓"我全国政治上、军事上立即准备大举反攻"。

△ 毛泽东、朱德、王稼祥致电周恩来、叶剑英：希夷军部率六个团仍在泾县以南茂林地区围困中，并没有出来，现粮尽弹绝，处境极危，有全军覆没之可能。虽有傅秋涛两个团突出至宁国山地，亦未突出大包围线。请向国民党当局提出最严重交涉，如不立即解围，我们即刻出兵增助，破裂之责由彼方担负。我们今日发出之通电，望立即散发。

△ 毛泽东、朱德、王稼祥复电刘少奇、陈毅、彭德怀、左权、叶挺、项英、饶漱石、周恩来、叶剑英，指出：我为答复蒋介石对我皖南一万人之聚歼计划，"苏北准备包围韩德勤，山东准备包围沈鸿烈，限十天内准备完毕，待命攻击。"现"周、叶正在重庆抗议，我们正用朱、彭、叶名义发出抗议通电，望叶、项电达茂林被围部队，如无法突围应再坚持十天可

能有办法"。"如皖南部队被蒋介石消灭，我应坚决、彻底、干净、全部消灭韩德勤、沈鸿烈，彻底解决华中问题"。为应付严重事变，华北准备之机动部队应加紧，各办事处应准备对付蒋之袭击。对皖南事变应公开宣传。同日，再电："我们已向当局提出最严重抗议，申明如不撤围，破裂之责全在彼。"中央决定"政治上、军事上立即准备大举反攻"。"立告叶、项、饶诸同志，如能突围则设法突围，如不能突围，则坚持下去便有办法。"

△ 与彭德怀、叶挺、项英发表《抗议皖南包围通电》：我江南新四军军部及部队近万人由叶挺等人率领遵令北移，行至泾县以南之茂林地区，突被国民党军七万余人重重包围，自六日至十二日血战七昼夜，死伤惨重，弹尽粮绝。"德等远在华北，未悉命令移防底蕴，迄今始知聚歼计划。""似此滔天罪行，断不能不问责任。""我八路军、新四军前受日寇之'扫荡'，后受国军之攻击，奉命移防者则遇聚歼，努力抗战者，则被屠杀，是而可忍，孰不可忍？""敬恳中央立解皖南大军之包围，开放挺等北上之道路，撤退华中之剿共军，平毁西北之封锁线，停止全国之屠杀"，"以挽危局"。

△ 与彭德怀、罗瑞卿向各兵团、各政治机关发布收集军用资材的训令并报军委，指出：由于敌人对各根据地的残酷摧毁与抢夺，由于国民党既定的反共、限共政策，敌后抗战正在向艰难与紧张的方向发展，一九四一年将是空前困难的一年。切实地贯彻彻底的自力更生精神，是战胜民族与阶级敌人的基本条件。各兵团要以一切方法以最认真的努力的收集材料，保证战争的需要，克服资材的困难。如在这方面有丝毫的忽视，必将招致严重的恶果。如把补充资材的希望"寄托于国民党蒋介石的身上"，则"是极端错误的。""责成各兵团首长对实现彻底的自力更生的政策，在全体军人中首先是干部中进行深入

的教育，对于总部迭次关于收集资材爱护军用品的训令的执行，必须重新检查，并按规定方法与收集数量继续收集，政治机关应保证该训令的执行。还指出：总部现已无存弹，还须大量铜、钢与弹壳。规定凡领取子弹者，必须带子弹壳来，一颗换一颗。"

1月14日 毛泽东、朱德、王稼祥致电彭德怀、左权、贺龙、关向应、聂荣臻、彭真、刘伯承、邓小平、吕正操、程子华、朱瑞、陈光、罗荣桓、刘少奇、陈毅、周恩来、叶剑英，指出："叶、项率新四军万人遵令北移，被蒋介石派七万余人包围于泾县以南之茂林一带，自鱼至元（十三日）已血战八昼夜，他们决与全军存亡。文夜虽有傅秋涛一部突（出）小包围，但主力仍未突围，有全军覆灭危险。中央决定在政治上、军事上迅即准备作全面大反攻，救援新四军，粉碎反共高潮。除已令苏北、山东我军迅即准备一切，待命消灭韩德勤、沈鸿烈，同时发出最严重抗议通电，并向蒋介石直接谈判外，我华北各部须遵前令提前准备机动部队，准备对付最严重事变。"

△ 毛泽东、朱德、王稼祥致电叶挺、项英、饶漱石："蒋介石已令皖南停战撤围，究竟已否停战，望即告。"希将我军伤亡被俘数目查明速报，以便向蒋交涉。

△ 毛泽东、朱德、王稼祥致电李先念、任质斌并告刘少奇："王仲廉、陈大庆两部正向你们分路进攻，我们就以灵活游击战准备在长时间中粉碎反共军进攻，对国民党其他各部积极进行统战工作，但同时亦应注意他们可能被压迫向我进攻。"

1月15日 毛泽东、朱德、王稼祥复电八路军驻洛阳办事处主任袁晓轩：洛阳现在的环境，不能出版任何与我有关的报纸，你们所出的《前线日刊》望即停刊。立即停止送任何人去西安。否则有被捕危险。

△ 出席中共中央政治局会议。会议初步检讨皖南新四军

失败的原因。在会上发言说：我们要将三年来抗战的成绩，向全国说明，痛骂国民党。在政治上揭破蒋介石一方面命令要我军撤离，一方面又下命令进攻包围。要电告共产国际不要随便接济他军火。会议通过了由毛泽东起草的中央关于项英、袁国平错误的决定，决定发到各中央局高级干部。

1月17日 毛泽东、朱德、王稼祥致电刘少奇、陈毅，询问："皖南部队究竟有多少人、枪？""上官云相称俘我七千，尚有一部在外，是否属实，盼即告。"

△ 国民政府军事委员会发布通令，诬蔑新四军为"叛军"，宣布撤销国民革命军新编第四军番号，将叶挺军长革职，交军法审判，并通缉项英副军长。

1月18日 出席中共中央政治局紧急会议。会议讨论为驳斥国民党政府军事委员会发言人一月十七日谈话的文件，决定照原稿修改发表。

△ 中共中央发出《中央关于皖南事变的指示》，决定各抗日根据地要对国民党顽固派围歼皖南新四军的反共事变提出严重抗议，彻底揭露国民党消极抗日，积极反共的政策，指示部队充分提高警惕，做好战斗准备。同日，中共中央发言人发表谈话，指出："此次惨变，并非偶然，实系亲日派阴谋家及反共顽固派有计划之作品。"

△ 毛泽东、朱德、王稼祥致电周恩来、叶剑英，彭德怀、左权，刘少奇、陈毅，朱瑞、陈光、罗荣桓：据悉，蒋介石、何应钦分别提出要防止我军向大别山进攻和在陕西方面采取报复行动。蒋已令各战区向我进剿，李宗仁已任命汤恩伯为淮北区总司令，李品仙为淮南区总司令，王仲廉为鄂中区总司令，冯治安为襄西区总司令，开始进攻，限二月完成。

△ 毛泽东、朱德、王稼祥致电刘少奇、陈毅、朱瑞、陈

光、罗荣桓并告彭德怀、左权："前因援助皖南，（军委）同意胡（服）、陈（毅）建议包围韩德勤、沈鸿烈，现皖南（我）已失败，华中汤恩伯、李品仙、王仲廉、冯治安已开始向我进攻。因此，我华中、山东各部须为适应反共军进攻而分别作具体之部署，统由胡、陈规定指挥之。"

△ 毛泽东、朱德、王稼祥、叶剑英致电刘少奇、陈毅转徐海东："闻病沉重，非常惦念！当此紧张时局，我们无限关怀你早愈、健康。特电慰问，希安心休养。"

1月19日 毛泽东、朱德、王稼祥致电彭德怀并告刘少奇："蒋（介石）计划是各个击破我军，先打新四军后打八路军，但目前西北还不会进攻。"华北方面请照原计划按步骤去做，唯增加紧张性。华中准备打长期的游击战，以有利我军不利反共军为原则。蒋介石宣布新四军为叛逆，将叶挺交付审判，似有与我党破裂决心，其背景似以日德（法西斯在世界猖獗）为多。我们决定在政治上、军事上、组织上采取必要步骤。在政治上全面揭破蒋之阴谋，"唯仍取防御姿态"；"在军事上先取防御战，必要时打到甘泉、洛川去；在组织上拟准备撤销各办事处。"

△ 与彭德怀致电聂荣臻，嘉奖晋察冀军区冬季"扫荡"取得的辉煌战绩，说："指挥机关高度发挥了领导战争的艺术"，全体指战员显示了对敌斗争的毅力与决心，"都足称敌后抗战的优良模范"。

1月20日 出席中共中央政治局会议。会议决定中共中央革命军事委员会发布重建新四军军部的命令，确定陈毅任国民革命军新编第四军代理军长，张云逸任副军长，刘少奇任政治委员，赖传珠任参谋长，邓子恢任政治部主任。并决定用中共中央军委名义发表谈话。会议还决定：成立由毛泽东、朱德、王稼祥、周恩来、彭德怀组成的中共中央革命军事委员会主席团，军委实际工作由主席团办理；驻国民党统治区的各办事处停止同国民党的一切法律关系，实行撤退。并决定暂不调集大的兵力到陕甘宁边区。张闻天还提议由朱德、任弼时召集高岗、高自立、萧劲光等开会，研究军民防卫国民党军队可能进攻陕甘宁边区的各项准备工作。二十五日，新四军军部在苏北盐城重新建立。

△ 毛泽东、朱德、王稼祥致电彭德怀、刘少奇、陈毅、陈光、罗荣桓、黄克诚："为了巩固华北发展华中，使苏北与皖北的斗争能够成为一方面屏障山东，一方面给苏北以更加宽广的回旋，因此，决定以一一五师教一旅改为新四军三师七旅，以加强该师力量。"

1月23日 出席中共中央政治局会议。会议讨论目前时局问题，决定由王若飞担任中共中央秘书长，王首道任副秘书长。朱德在会上发言说，要准备蒋投降后我们在全国及南方发展游击战争，拖掉国民党的军队。我们可选一部分老部队及干部进行游击战争。

△ 致电彭德怀：鉴于陕甘宁留守兵团兵员不足，提议从华北抽调几个比较弱的团补充陕甘宁留守兵团。二十五日，彭德怀致电贺龙、聂荣臻、刘伯承等，确定从各部队中抽调三千六百人补充陕甘宁留守兵团。由各部将抽调部队组成补充营待命。

1月24日 毛泽东、朱德、王稼祥致电彭德怀、左权，贺龙、关向应，聂荣臻，刘伯承、邓小平，吕正操、程子华，指出："为对付蒋之进攻，必须增兵西北。"各兵团应增调几个团立即停止作战，位置于较安全地区，休整与补充，待命移动。各兵团之炮兵团，必须加紧休整、补充与训练，停止消耗炮弹，以求得将来转移后，能有足够弹药攻破碉堡线。"在休整之部队中应加紧政治工作"。

△ 日军发动豫南战役，分三路向河南省国民党军大举进攻。日军这个行动打乱了蒋介石的反共部署。

1月25日 毛泽东、朱德、王稼祥复电贺龙、关向应并告彭德怀、左权："同意苏进为三五九旅副旅长。"

1月26日 根据中共中央军委关于组织交通大队的命令，与彭德怀、罗瑞卿、陆定一致电八路军各部队，决定：各战略区共成立十四个交通大队，专门负担运输任务。陈奇涵任八路军交通司令。

1月28日 毛泽东、朱德、王稼祥致电刘少奇、陈毅，张云逸、邓子恢，彭雪枫，李先念，黄克诚并告彭德怀、左权等，指出："延安军委已公开发表新四军领导人员，发表抨击重庆谈话，并代你们发表就职通电，及声讨亲日派宣言。你们都收到否？望广为散发。在皖南事变及一月十七日蒋介石宣布新四军叛变后，我们对蒋介石为代表的大地主大资产阶级应有政策上的变动，即由一打一拉政策改变完全孤立他的政策"，但暂不公开提出反蒋口号。"对皖南失散力量，张（云逸）、邓（子恢）应设法派人过江，加以指导，目前除过江者外，尚应收集一部在芜湖一带抗日，以便将来向南发展。""对皖西、鄂东及河南方面，即应布置游击战争"。

1月29日 出席中共中央政治局会议，会议讨论通过《中央关于目前时局的决定》，指出：只有"尖锐对立"的政策"才是唯一正确的政策"，"才能团结全党全军，才能团结全国人民，才能争取中间派，才能孤立已经反动了的大地主大资产阶级，才能抵抗蒋介石发动反革命步骤，才能经过一个严重的斗争过程之后，克服蒋介石的反动，达到争取新形势下的时局好转之目的"。朱德在会上发言说：蒋介石投降日本或英美，要看哪一方面有利，不管投降谁，都要打我们的。问题是用什么方法来打我们。我们要看蒋做到什么程度，我们也采用对付的办法。又说：蒋不能完全接受我们要求，不能收回成命的。但部分的承认，领些薪饷是可能办到的。还说：八路军抗战是真打了的，我们真的抗战，但过去宣传不够。还说：要用各种方法去揭露国民党的黑暗，实行以组织对组织，以特务对特务，以宣传对宣传，从各方面去揭破其黑暗。军事上主要是防御。对于国民党军队的工作，主要是争取军官，好好地对待旧军官，准备必要时派人去联络。

△ 毛泽东、朱德复电重庆办事处全体工作同志："感电[1]悉，甚慰，望努力奋斗，光明就在前面，黑暗总会灭亡。全国全世界人民都是援助我们的。"

1月30日 毛泽东、朱德、王稼祥电示全军要加强机要保密工作。指出：各"机要部门必须切实实行严格分工制度，以免一人出事，涉及全部机密"。各战略区互相联络密码及使用，尤其专与军委、集总独用之密码，应指定专人负责。对"吸收机要人员，务望严格审查"，并应加强党性教育。

2月1日 毛泽东、朱德、王稼祥致电刘少奇、陈毅并告彭德怀：目前华中指导中心应着重三个基本战略地区。"第一基本战略地区是鄂豫陕边，其办法由彭雪枫、张云逸、李先念三地逐步向西推进，以在一年内达到在鄂西、豫西及陕南建立游击根据地。""第二个战略中心是江南根据地，又分为苏南皖南浙东及闽浙赣边四方面。苏南是江南聚集力量的中心，应用大

―――――――――――
[1] 八路军驻重庆办事处全体工作人员1月27日致电毛泽东、朱德等，表示："向你们保证无论在任何恶劣的情况之下，我们仍以不屈不挠的精神坚守我们的岗位，为党的任务奋斗到最后一口气。"

力经营之"；皖南应派人过江指导，"仍在芜湖一带抗日"，"准备将来向黄山及赣东北发展"；浙东"即沪杭甬三角地区，我们力量素来薄弱，应经过上海党在该区域创立游击根据地"；闽浙赣边"目前是加强地下工作，准备将来武装起义"。第三个基本战略区是苏鲁战略区。"这是目前华中的基本根据地。主力所在，用力最大，并应准备于一年内消灭反共军聚集大量武装力量的地方"，你们应把它看成是"向西向南发展的策源地"。

2月2日 关于日军进攻态势和中共在政治、军事上的方针政策问题，毛泽东、朱德、王稼祥致电彭德怀、左权、刘伯承、邓小平、刘少奇、陈毅、彭雪枫、黄克诚、张云逸、朱瑞、陈光、罗荣桓、李先念、周恩来、董必武等，指出："敌有占洛阳可能"，"反共高潮可能下降，中日矛盾仍属第一。"我对蒋之方针：在"政治方面，继续攻势，针锋相对，跟踪追击，坚持十二条[1]，对一月十三日皖南事变一月十七日反动命令咬住不放，在适当条件下不拒绝妥协，但目前绝不松口"；在"军事方面，八路（军）原地不动，仍不松懈准备，新四（军）力争河南，不惜全力以赴"。在统战方面应"大大发展交朋友，共同打退日寇的进攻"。苏鲁两省则"人不犯我，我不犯人，人若犯我，坚决歼灭之"。

---

[1] 十二条，即中共中央向蒋介石提出的解决时局的十二条办法：（一）悬崖勒马，停止挑衅；（二）取消一月十七日的反革命令，并宣布下令者自己是完全错了；（三）惩办皖南事变祸首何应钦、顾祝同、上官云相三人；（四）恢复叶挺自由，继续任军长；（五）交还皖南新四军全部人枪；（六）抚恤皖南新四军全部伤亡将士；（七）撤退华中的反共军；（八）平毁西北的封锁线；（九）释放全国一切被捕的爱国政治犯；（十）废止一党专政，实行民主政治；（十一）实行三民主义，服从总理遗嘱；（十二）逮捕各亲日派首领交付国法审判。

△ 毛泽东、朱德、王稼祥致电刘少奇、陈毅并告彭雪枫、黄克诚：彭雪枫部队应"立即恢复新四军番号"，黄克诚部队"须改为新四军番号"。刘、陈速将苏南、苏北、皖东、鄂中、淮北及克诚六部编为六个师。将各师师长、政委名单立即电告，以便军委立即发表委任令，广播全国。

2月3日 毛泽东、朱德、王稼祥致电彭雪枫、刘子久并告彭德怀、左权，刘少奇、陈毅：目前中央军与敌决战，我军暂不应挺进豫西、陕南。"但敌至何处我新四军即应至何处"。"你们即应向平汉路逐步推进"。"但均以打敌人为原则"。"发展河南是决定了的，但在未全面破裂前是去抗战，不是去打顽。"

2月4日 与王稼祥、叶剑英、叶季壮致电周恩来并伍云甫：决定加强郿县兵站办事处组织，拟将兵站第一科及外出人员处理委员会调往该处，以后送来的人员、物品俱可照叶剑英转示的办法，一律在郿县接收；重庆需用车，请先将西安的汽车调去，还有两辆汽车因没有汽油不能使用，速将重庆送延的二百加仑汽油送来，以便继续南开。

2月5日 毛泽东、朱德致电廖承志：同意用毛泽东、朱德、周恩来名义致电陈嘉庚、柳亚子、张一麐等，对他们"为全国团结抗战仗义执言"，"表示敬佩与鼓励"。

△ 致电彭德怀、贺龙、聂荣臻等，谓：拟在延安建立马场，请在前方搜集一些母马。

2月7日 毛泽东、朱德、王稼祥致电彭德怀、左权："为保存与训练我们的炮兵，总部之炮兵团，聂（荣臻）军区和贺（龙）师之山炮兵，应集中延安附近训练，设立炮兵司令部直属军委。"以便将来机动。

△ 毛泽东、朱德、王稼祥致电刘少奇、陈毅："目前中央军与日寇正在展开战斗，八路（军）不宜南下。新四（军）

西进亦不宜过猛。"

2月9日 毛泽东、朱德、王稼祥等致电彭德怀、左权、贺龙等：晋察冀军区准备向南调动之部队暂时停止调动；晋西北部队应恢复常态。

2月11日 出席中共中央政治局会议。会议鉴于蒋介石反共气焰略有降低，但又发动其控制的舆论工具鼓噪"要八路军、新四军退出老黄河以北"，时局未定，决定原来准备于十三日在延安举行抗议皖南事变及追悼新四军殉难烈士大会停开，并通知各根据地也停开。

2月12日 毛泽东、朱德、王稼祥致电刘少奇："望令黄克诚部向西推进，求得与雪枫区域连成一片，以巩固华中阵地。"同日，又致电刘少奇、陈毅，罗炳辉，黄克诚，彭雪枫等："此次敌寇发动华中攻势，其行动如山洪暴发，忽涨忽退，蒋此次反共计划一般的已被捣乱。目前整个形势在变化中。华中军事除李仙洲及王仲廉指挥之新二军仍继续执行原来反共任务外，汤军[1]主力正在进行休整"。"你们目前任务是求得巩固现地区，与李仙洲斗争。并应注意：独立作战不望增援；确守有理、有利、有节三原则，但应着重在有利；（我们将）令路北路东各部队向西向南推进，与你们联成一片，使华中阵地更加巩固"；望抓紧时机"广泛进行争取友军工作"。

2月13日 毛泽东、朱德、王稼祥、叶剑英致电彭雪枫并告陈毅、刘少奇："李（仙洲）部傅、马两师向你们进攻，你们主力先向北退却，然后相机反击消灭之，一切靠自己解决问题。"

2月15日 毛泽东、朱德、王稼祥、叶剑英致电刘少奇、陈毅、赖传珠：李长江有投敌讯，蒋令顾祝同兼江苏省主席，

---

[1] 汤军，指国民党军汤恩伯部。

令其化装潜往江北，并令上官云相率兵北渡援助韩德勤。王懋功不去以缓和韩。请你们考虑对付办法。

2月16日 与彭德怀、左权向八路军各兵团首长发出训令，指出：抗战三年以来，八路军、新四军的通信工具主要依赖无线电台。电台技术人员在复杂环境和艰苦战斗中很好地完成了任务，涌现了英勇模范的光辉例子。今后战争更加频繁残酷，电台的任务加重。要求各级首长善于发现电台中模范例子，多作鼓励教育，以提高电台技术人员的工作热情、积极性与责任心，发扬红军时代的英勇奋斗、艰苦负责的优良传统，做到进一步通信畅通，完成战斗任务。同时也不放弃同一切不良倾向作斗争。

2月17日 毛泽东、朱德、王稼祥、叶剑英致电彭德怀、左权并告刘伯承、邓小平，刘少奇、陈毅，指出：卫立煌"是可与合作人物，对他的政策应十分谨慎，应向着争取他与我们长期合作的方向去做"。"日蒋矛盾甚大，日寇仍有深入进攻可能。"这个矛盾很可利用。"日蒋没有妥协以前，蒋大举对我进攻是不可能的，第一他没有便利战场，第二政治上不好动员，第三英美都不赞成，第四蒋桂已有矛盾。这一估计已经证实，故华中我军应加紧对付他的小进攻，但不怕他的大进攻。""目前蒋桂何都陷于僵局，我再忍耐一下，时局于我有利。"

△ 毛泽东、朱德、王稼祥致电彭德怀、左权，刘伯承、邓小平，贺龙、关向应、聂荣臻、彭雪枫、吕正操、程子华，朱瑞、陈光、罗荣桓，陈毅、刘少奇，发出《中央军委关于皖南事变后我军军事方针的指示》，指出："目前党的政策中心出发点是利用日蒋矛盾。日蒋还有严重矛盾，故必须利用之。因此，我们采取了军事守势、政治攻势的政策，这个政策的时间愈长愈有利"。"我党领导的一切武装部队，包括新四军在内，

目前对反共军,基本上只应该打防御战,不应该打进攻战,不应该企图在大后方发动反蒋的游击战争,这些办法目前都是有害的。"战略的军事攻势,只在必要条件成熟时才是正确的。所谓必要条件,第一是蒋介石宣布全面破裂并且投降时,第二是国际最有利时机的到来。"只在这些条件具备时,我们才有主动权,否则我们将陷于政治上、军事上的被动地位,这种主动权我们必须拿在自己的手中"。

△ 致电卫立煌:据一二九师刘伯承师长报,贵军范汉杰部忽以大部兵力于十二日进占盘马池、晋庄(壶关以东)地区,捣毁地方抗日组织,抢劫民财,搜杀抗日民众,并声言将继续进攻平顺城。"查贵我两军太南〔1〕防地分界线早经确定,请即令范军严格遵守,所有进占盘马池、晋庄部队迅即退返原防,并勿再作越轨行动为荷"。

2月18日 毛泽东、朱德、王稼祥、叶剑英致电刘少奇、陈毅,彭雪枫:"顽军虽有重新进攻华中我军之可能,然经日军'扫荡'后整训须时,故雪枫部应在涡河南岸尽可能努力迅速建立根据地,不到不得已时不要全部退至涡河北岸与放弃涡(河)南(岸)。""现由华北增兵至华中不适宜。可由黄克诚酌派一部分部队进至原雪枫地区。"

△ 中共中央军委发布委任令,任命:粟裕任新四军第一师师长,刘炎任政治委员,钟期光任政治部主任;张云逸兼第二师师长,罗炳辉任副师长,郑位三任政治委员,郭述申任政治部主任;黄克诚任第三师师长并暂兼政治委员,吴文玉任政治部主任;彭雪枫任第四师师长并暂兼政治委员,萧望东任政治部主任;李先念任第五师师长并暂兼政治委员,任质斌任政

---

〔1〕 太南,当时指太行山南部的邯郸至长治以南地区。

治部主任；谭震林任第六师师长并暂兼政治委员；张鼎丞任第七师师长，曾希圣任政治委员。

2月19日 出席中共中央政治局会议。会议听取杨尚昆关于华北工作的汇报后，决定成立中共东南局，曾山、梁朴、刘晓任委员；傅钟为中央军委总政治部第二副主任；根据毛泽东提议，决定加强中央秘书处，把秘书处的工作分为政治、军事、党务、情报及联系延安各机关五个部分；调陶铸、胡乔木、杜理卿、张子衡到中央秘书处工作；凯丰任中央青委书记，杨尚昆帮助王稼祥管理中央华北委员会工作。

2月20日 毛泽东、朱德复电彭德怀："关于晋西北军区新建第五军分区及人选问题，由前总批准。"

△ 毛泽东、朱德、王稼祥等致电朱瑞、陈光、罗荣桓等：第一一五师和山东纵队分别成立军政委员会。全山东再成立统一的军政委员会，以统一山东军队的领导。人选由你们提出经中央军委批准。

△ 毛泽东、朱德、王稼祥、叶剑英致电彭德怀、刘少奇、陈毅等："为了巩固华北、发展华中，使苏北与皖北的斗争能够成为一方面屏障山东，一方面给苏北以更加宽广的回旋，因此决以一一五师一旅（即彭明治、朱涤新支队）改编为新四军三师七旅，以加强该师力量。"

2月22日 毛泽东、朱德、王稼祥致电贺龙、关向应：原则同意教导团移米脂，但时间暂缓，因目前需要时局暂时和缓一下为有利。以后待电行动。

2月23日 出席中共中央书记处会议。会议听取毛泽东为中央书记处起草的关于目前时局复周恩来的电文所作的说明。会议讨论通过了毛泽东起草的二月二十三日复周恩来电。朱德在会上发言说：在目前国际形势下，蒋介石不能再继续硬下去，我们必须采取硬的态度。

△ 毛泽东、朱德、王稼祥、叶剑英致电刘少奇、陈毅："联合李明扬、陈泰运攻击李长江的方针是正确的，尽可能占领泰县打通皖东。注意活捉韩德勤，但勿伤害他，注意对韩部的分化。""李仙洲、李品仙的进攻均无大举可能，你们可放手肃清苏北、巩固淮北与皖东。"

2月25日 在《国防卫生》第二卷第一期上发表《我对于"国防卫生"的意见》一文。文章要求《国防卫生》担负起积累和交流卫生行政医疗工作经验，向广大群众宣传预防疾病，普及基本卫生常识教育的任务。

△ 出席陕甘宁边区县委书记联席会议并讲话，说：在陕甘宁边区周围有国民党军队二三十个师，天天向里面蚕食，并企图消灭我们。为保卫边区，我们现在的兵力是非常不够的，还要增加部队。这里最重要的是解决军粮和军衣问题。因此，我们要下决心开展生产运动，发动群众多种粮食，多养牲畜和家禽等。还要发展工业，特别是纺织工业和盐业。机关、部队也要开展生产运动。

2月26日 毛泽东、朱德、王稼祥致电朱瑞、陈光、罗荣桓、黎玉并告刘少奇、陈毅："山东纵队攻击沈鸿烈，以能消灭沈之实力，又不大损我之实力为原则，因此，应避免攻坚，由你们依情具体指导之。"

△ 毛泽东、朱德、王稼祥致电彭德怀、左权，刘少奇、陈毅，彭雪枫，张云逸，李先念："日寇在信阳集中万余（兵力）北犯，汤恩伯仓卒部署作战，（国民党将）正向我（李）先念部进攻之新二军亦星夜北调。"

2月27日 出席中共中央政治局会议，会议听取毛泽东报告目前时局与中共的对策问题，同意中央书记处给周恩来的复电，复电指出：中国共产党所提解决皖南事变之十二条非有满意解决，绝不能出席国民参政会。

春 率领中共中央直属财经处处长邓洁、第三五九旅七一八团政委左齐以及技术干部多人，到南泥湾进行实地勘察，并访问当地老农，对南泥湾的开垦作了详细的调查研究。

3月4日 毛泽东、朱德、王稼祥、叶剑英致电彭德怀、左权，贺龙、关向应，彭真，刘伯承、邓小平，指出："关于机动部队准备事，须能适应走与不走两种情况，决不可一心一意只准备走，致放松坚持根据地的决心与注意力，及耗费太多之经费，因此，应该以准备兵力与现款二事为宜，其他如船只、粮食、草料等项不特别增加经费，凡须特增经费者，须从缓办。"

3月5日 出席中共中央政治局会议。会议听取毛泽东关于目前时局问题的发言和林伯渠关于边区财政问题的报告。朱德在讨论陕甘宁边区财政经济工作方针时发言说：实行自力更生的自给自足办法以后，各方面有了成绩，现在要加紧检查督促。关于纸币问题，增发二百万元是不多的，目前必须靠发纸币解决问题。现在有些地方缺纸币，生产方面更要增加资本。解决边区的财政问题，总的方针要从经济方面，从发展生产中来解决困难。发展生产途径很多，如毛纺织，过去由工业处垄断，不能发挥下面的积极性。如生产盐，三边地区盐池比四川自流井还好，能运出去可获利很多，要用大力抓，组织群众及部队挖盐运盐。会议决定黄松龄任陕甘宁边区财政厅顾问，朱理治任陕甘宁边区银行行长。

△ 与王稼祥、叶剑英致电彭德怀、左权，杨立三，告以后方兵工生产情形及扩大计划，"各项预算全年约需约一百二十万元，拟由前方存款酌拨应用"。

3月6日 毛泽东、朱德、王稼祥致电刘少奇、黄克诚，询问：在华北不调兵增援情况下，如何打破汤恩伯、李仙洲之进攻。第五纵队以开皖东为好还是开彭雪枫处为好，走哪一处便于打破汤、李和打到大别山？望将你们意见电告。

3月7日 毛泽东、朱德、王稼祥致电彭德怀、左权、罗瑞卿、聂荣臻、彭真、贺龙、关向应：对留守兵团兵员的补充，已令留守处组织五个营的干部分赴各处接收新兵，其中晋东南两个营（二千人）、晋察冀两个营（二千人）、晋西北一个营（六百人），均限四月底集中交接完毕。

3月12日 出席中共中央政治局会议。会议讨论目前时局和七大的筹备工作。关于时局问题，会议决定中共对此次国民参政会二届一次会议采取不理的态度。关于七大的筹备工作，会议决定：（一）按原定计划五一召开，一切准备工作在大会前完成。（二）会议议程：毛泽东作政治报告，朱德作军事报告，周恩来作组织报告，并作三个相应的决议，职工问题作专门演讲。（三）中央政策委员会将土地、劳工、财政、经济、政权、劳动、文化教育等七个政策条例提交中央政治局在本周讨论。同时把有关党的建设问题中的支部工作纲要、干部工作纲要、中央组织机构等及上述有关政策文件印成一册。并帮助周恩来准备报告材料。（四）各地选出的三百四十名代表已有三百零六名到达延安，确定补充黄火青、陈潭秋、蔡畅、李延禄为代表，并决定由任弼时、陈云、李富春商议出一个一百五十名旁听代表的名单，提交中央政治局批准。（五）大会以任弼时为秘书长，王若飞、李富春为副秘书长；王首道、陶铸为秘书处正副处长，叶季壮为总务处长，李克农为警卫处长，傅连暲为医务所长。

3月13日 中央军委召开第一次政务会议，决定由朱德、叶剑英、叶季壮、谭政、萧劲光组成财政委员会，以加强财政经济的领导。朱德任中央军委财政委员会主席，叶季壮为秘书长。还决定由朱德直接领导后方勤务工作。

3月19日 出席中共中央政治局会议。会议讨论通过了毛泽东起草的关于目前时局的通知，并决定缓发。

3月20日 毛泽东、朱德、王稼祥复电刘少奇、陈毅："同意你们用足够兵力在运动中消灭韩（德勤）、霍（守义）残部，把鲁苏根据地联成一片，使路东路西作战更易呼应。但须注意以一月时间进攻（敌人）据点，若急切南下，恐为敌寇所乘。"

3月26日 出席中共中央政治局会议。会议讨论关于增强党性反对独立主义问题。会议决定由王稼祥起草一个关于党性问题的决定。朱德在会上批评个人主义，说这种个人主义倾向，是由于英雄主义思想、封建皇帝思想作怪。会议决定以朱德、彭德怀、左权、罗瑞卿、陆定一五人组成中央军委直接指挥的华北军分会。

3月29日 毛泽东、朱德、王稼祥、叶剑英致电陈毅、刘少奇并告彭德怀、左权："韩（德勤）部在现地区难以持久。""其处境困难，军心动摇、纪律废弛、军民离□（间），给我军以政治进攻（争取和瓦解）的便利，如果没有政治进攻，纯用武力攻打，将迫使困兽犹斗，反使急切难下，为敌所乘。""对援军（李仙洲部）拦阻，如能善用日蒋矛盾，善用阴谋反间，善用游击阻挠，亦能求得时间上的效果。望依实际情形布置"。

3月 从杨家岭搬到延安城北一公里处的王家坪住，中共中央军委和八路军总部机关都在这里。

4月1日 关于破坏敌主要交通线问题，与彭德怀致电八路军各部，指出：敌人在各地大力增修道路和堡垒，妨碍我军行动及根据地经济流通，要求各部从十日起有计划地破坏敌之主要交通线。决定：沧石路以北之津浦路、平汉路及正太路由聂荣臻负责；沧石路以南由刘伯承、邓小平负责；同蒲路北段由贺龙、关向应负责；胶济路、津浦路由徐向前、朱瑞、陈光、罗荣桓负责。

4月2日 出席中共中央政治局会议。会议通过毛泽东准备在延安高级干部会议上作报告的提纲，内容是关于最近六个月来同国民党反共高潮作斗争中的经验总结。

4月3日 毛泽东、朱德等致电贺龙、关向应，指出：国民党反动派加紧了对陕甘宁的进攻，一二〇师在着眼保卫边区的同时要兼顾晋西北，可做好调五至六个团赴延安以南作战的准备。

△ 中共中央军委决定，第一二九师军政委员会以刘伯承、邓小平、蔡树藩、李达、黄镇、王树声六人组成。

4月5日 关于对山东、华中战略部署的意见，毛泽东、朱德、王稼祥、叶剑英致电朱瑞、陈光、罗荣桓并告彭德怀、左权、陈毅、刘少奇："在日蒋矛盾依然尖锐存在的条件下，反共军向我大举进攻是不可能的。这一点给我党在山东、华中巩固扩大根据地以有利条件。但山东、华中敌、顽、我的三角斗争是长期性的，三方中无论哪一方均不可能迅速解决问题。蒋介石虽派部队进至陇海路北策应鲁于（学忠）、苏韩（德勤）和入冀，但困难很多。""因此，你们战略部署须适应上述根本情况，作长期打算，勿为临时消息所左右。彭雪枫任务是阻止反共军北上，你们应令鲁西南部队努力削弱冯子固等反共力量，并整训扩大自己，建设比较巩固的根据地。""中央已同意中原局建议，陇海路以北的党与军队之领导，仍归还北方局与八路军总部，陇海（路）以南则归中原局与新四军（军）部，华中局仍称中原局。"

4月7日 出席陕甘宁边区政府第五十六次会议，会议讨论贸易政策及贸易局的工作任务与组织系统等问题。在会上发言说：新民主主义的经济，在贸易上，一面保护人民的贸易自由，一面加强对贸易的管理，以免发生囤积居奇、无谓竞争等现象。边区有丰富的物产，只要把食盐、皮毛、甘草等几样土产有计划地输出，边区对外贸易就有前途，贸易局的任务是有计划地领导公营和私营商业的发展，收集土货，便利输出，争取输出输入贸易平衡，进一步争取边区的出超。为此，贸易局的组织应当加强。

△ 与彭德怀、左权致电八路军各兵团首长，指出：根据三月份山西省岚县敌人采取远距离奔袭八路军的经验教训，各部队首先应特别注意加强侦察工作，要全面地昼夜不间断地对敌人实施侦察；要严密加强警戒，除直接警戒外，必要时应派潜伏哨；久住一地的部队，应按情况经常变更警戒位置；要随时随地作好战斗准备，主力部队整训时，应派出有力的游击部队接近敌人据点活动；要开展广泛的游击战争，有计划地破坏敌人的交通干线，打破敌人的军事封锁。

4月9日 对即将赴山东工作的干部作《现在局势与将来展望》报告，指出：国内形势对我们有利，世界反法西斯统一战线即将形成，蒋介石要依赖英美，不能不打着抗日的招牌，因而他的反共有一定的限度，碰着我们的小部队，他就"吃"掉，但不大打。现在我们最重要的是把工作做好，和一切抗日的人们团结起来，为工农群众谋利益。要巩固华北，发展华中，日军到哪里，我们就打到哪里。

△ 毛泽东、朱德、王稼祥、叶剑英致电贺龙、关向应、续范亭并告彭德怀、左权："蒋有加强北面兵力攻取盐池，并南攻绥德可能，你们应准备抽调有力部队准备于必要时西渡（黄河）增援，（现）暂在原地待命。"

4月10日 毛泽东、朱德、王稼祥、叶剑英致电贺龙、关向应并告王震："何应钦到西安布置剿共军事,宜川、洛川一带中央军有准备进攻讯"。"请贺关准备必要兵力随时待命调动";王震速返绥德。同日,又两次致电贺龙、关向应,一电指示:你们应准备抽调五个足团待胡宗南进攻延安时,为保卫延安之用";另一电告称:现查悉"北面暂时尚无紧急情况",惟何应钦到西安,李文部"似有准备进攻之意图,故我方须预为之备。如其进攻则可能是突然袭击延安、鄜县两点。"

△ 毛泽东、朱德、王稼祥致电彭德怀、左权、贺龙、关向应、刘伯承、邓小平、吕正操、程子华:(一)为对付蒋之"剿共"战争,我们必须作财政上之准备,否则我们队伍一旦进入国民党区域进行活动,便会发生给养困难,便会影响地主及商人对我之态度。(二)因此各部队各地区应立即作财政上之准备,收集金子、银子及法币,以备将来之用。(三)各地区筹款数目,以供给出动部队五个月之全部用费为度,前规定四个月,现须增加一个月,包括购粮费。(四)各地应筹之款项,应在二三个月内弄到手。此款项专作反对"剿共"战争之用,不作现在性常开支。

△ 与彭德怀、左权致电八路军各兵团首长并报中央军委,指出:过去在每月底报告一次人员、马匹、武器和弹药的统计,但是,经常因为部队分散而不能按期进行,又因为往返电文浩繁,对于保守军队机密不利。为慎重起见,改作季报,时间为三、六、九、十二月底,仍以旅或相当于旅的单位统计,报告总部。

△ 致电胡宗南:据报陈长捷被任为晋陕绥边区总司令,不日进驻榆林,指挥新二十六师何文鼎、新三十四师马志超、一〇一师董其武各部,首先进攻定边、盐池。第一步配合高双

成第二十二军进攻绥德,第二步与贵军关中、陇东各部配合进攻庆阳及关中突出地带,然后总攻延安。现何文鼎部已至榆林北,战事不日爆发。"敬祈转呈委座,加以制止"。

4月11日 毛泽东、朱德、王稼祥、叶剑英致电八路军各战略单位首长,告以何应钦于十日在陕西临潼召开西北"剿匪"会议,作进攻陕甘宁边区的军事部署。

△ 毛泽东、朱德、王稼祥、叶剑英致电廖承志:"何应钦此次来西安是主持西北剿匪军事会议,已于十日在临潼开会,参加者有卫立煌、朱绍良、胡宗南、熊斌、蒋鼎文、五战区参谋长等人。讨论中心问题为进攻边区之部署。"总指挥为胡宗南,并"在一个月后开始进攻"。

4月12日 毛泽东、朱德、王稼祥致电陈毅、刘少奇等:据国民党安徽省党部称:"皖南'匪军'被解决后,各处尚有少数残余(部队)和人员潜伏境内(活动)"。"望注意(与他们)联络为要。"

△ 毛泽东、朱德、王稼祥、叶剑英复电贺龙、关向应并告彭德怀、左权:"准备机动部队集结整训,布置甚妥。"唯集结位置须选在行止两用之处,应依情况须行则行,须止则止,可以活用。"请彭、左考虑抽调三个至五个团移驻晋西北,以备万一。先行准备,候命行动。"

4月13日 毛泽东、朱德、王稼祥、叶剑英致电贺龙、关向应并告彭德怀、左权:"如果蒋介石冒险打延安,我们现时还只能决定内线作战,不是打出去,一二〇师兵力须在保卫边区同时又兼顾晋西北之两点上。""蒋是否决心打延安主要取决于蒋对苏联态度,日苏条约订立后蒋之态度如何,尚须数日才能看清,但我们现应放在蒋决心打延安一点上来布置。"

4月16日 中共中央军委发布决定:由朱德、彭德怀、左权、罗瑞卿、滕代远、陆定一六人组成华北军分会，朱德任主席，彭德怀任副主席。

△ 出席中共中央政治局会议。会议讨论苏日中立条约，通过毛泽东起草的《中国共产党对苏日条约发表的意见》；还原则决定将中央西北工作委员会与陕甘宁边区中央局合并，成立中共西北中央局。由任弼时、陈云负责商定委员名单。并决定由叶子龙、刘英、潘开文、陈琮英分任毛泽东、张闻天、朱德、任弼时的机要秘书。

4月17日 毛泽东、朱德、王稼祥、叶剑英致电彭雪枫：为了政治上打击蒋介石反共，军事上迟阻李仙洲援助韩德勤，同意国民党第九十二军第四二五团团长陈锐霆在坚持团结、坚持抗战、反对中国人打中国人等口号下率部光荣起义，起义后照外围军待遇。二十日，再电彭雪枫并告陈毅、刘少奇："陈（锐霆）团起义后，不要改八路（军）或新四（军）番号，可称九十二军独立旅，陈任旅长，保存外围军形式，以便更好地影响九十二军及汤（恩伯）集团。该旅归彭雪枫指挥。（彭）雪枫派去之干部须谆嘱采取诚恳协助态度。"后因情况变化，该团附一个骑兵连、师属炮兵两个连于六月二十日才在皖北起义。

△ 毛泽东、朱德、王稼祥、叶剑英致电贺龙、关向应并告彭德怀、左权："你们部队主力择适当地点集中整训，不要妨碍生产建设，以便坚持根据地。"

4月20日 毛泽东、朱德、王稼祥、叶剑英致电彭德怀、左权，贺龙、关向应，聂荣臻："无论蒋介石是否马上进攻延安或增兵榆林，从聂处调两个旅至晋西北机动位置都是必要的。""两旅到后主要集结整训，并从事生产。""贺、关准备再开一个团至绥德以增强王震旅。"

4月27日 出席中共中央政治局会议。会议审查陕甘宁边区中央局拟在第二届参政会竞选时提出的施政纲领,决定照毛泽东的修改稿通过,于五一劳动节发布;会议还通过高岗为书记,王世泰、张邦英、林伯渠、谢觉哉、萧劲光、陈正人为正式委员,李卓然、贾拓夫为候补委员的中央西北局成员名单;中共陕西省委改为中共陕甘省委,隶属中共中央西北局。会议决定成立一个委员会,由任弼时召集,李富春、王首道、陈正人、康生、陈云参加,以解决边区党内的关系问题。

4月30日 关于发展从淞沪到福州广大地区的游击战争问题,毛泽东、朱德、王稼祥、叶剑英致电刘少奇、陈毅、饶漱石:"敌占宁波、奉化、温州、福州,如系久占,你们应注意组织各该地游击战争,有地方党者指导地方党组织之,你们派少数人帮助之,无地方党者由你们派人组织之。从吴淞经上海、杭州、宁波直至福州,可以发展广大的游击战争。"上海、杭州线"有单独成立战略单位之必要,可划为第八师区域,此区大有发展前途"。

4月 毛泽东、朱德、王稼祥、叶剑英致电陈毅、刘少奇:蒋介石令韩德勤部绕道转移,要李品仙派部接应,李以淮南路东及大别山附近敌匪势猖獗等言拒之。你们对此须有适当布置,不可令韩侵入皖东造成据点,配合李品仙部对我军进行夹击。

△ 在《共产党人》第十七期上发表《党员军事化》一文,文章阐述中国无产阶级及其政党掌握武装的重要意义说:"如果中国的无产阶级,特别是无产阶级的政党,不善于掌握武装,建设军队,不善于正确处理武装斗争的问题,则不但不能团结广大的同盟军在自己的周围,而且自己的生存都根本要受到威胁。"文章还指出:"我们党的发展、巩固,是和武装斗争密切地结合着,我们愈善于领导和掌握武装斗争,则我们党愈能发展、巩固,革命就愈接近胜利;反之,我们党就要受到

严重的损害，革命就要失败。"这是被中国共产党领导的十年土地革命战争和最近三年余的抗日战争所证明的真理。因此，党中央提出"党员军事化"的口号，号召"全党学习军事（理论）与军事技术，学习游击战争。"文章特别指出："希望全党同志都要读苏联工农红军的战斗条令和野外条令两本书。不仅在军事学校中要讲授此书，而且在我们党的学校，如中央党校、马列学院[1]，都应该教授这两本战术的基本经典。"我们党员不仅要学习军事理论，而且应当过军事生活，一切军事化。全党同志必须认识，军事不仅是集合当代一切最先进的科学而成的一种科学，而且，它是中国共产党的建设和中国革命胜利的法宝。

5月2日 毛泽东、朱德、王稼祥、叶剑英复电陈毅、刘少奇并告彭雪枫：目前时局正在变化，因此，彭雪枫主力仍在现地坚持一个月，一月后如无变化，再照陈、刘二十五日电办理为妥。

5月3日 毛泽东、朱德、王稼祥、叶剑英致电聂荣臻，彭德怀、左权，贺龙、关向应：晋察冀军区开西北之机动部队，望即集结于五台地区。以开动令一到能走即行。

5月4日 毛泽东、朱德、王稼祥、叶剑英致电彭德怀、左权，贺龙、关向应，聂荣臻、彭真，刘伯承、邓小平："关于机动部队准备事，须能适应走与不走两种情况，决不可一心一意只准备走，致放松坚持根据地的决心与注意力及耗费太多的经费。"

△ 为第三届中国青年节题词："全国青年团结起来，参

---

[1] 马列学院，是中国共产党培养理论干部的学校。1938年5月在延安创办。1941年部分并入中共中央党校，另一部分成立马列院，不久改称中央研究院。

加抗战。"

5月5日 为通报最近国民党军在华中的动态，毛泽东、朱德、王稼祥、叶剑英致电陈毅、刘少奇并告彭德怀、左权：蒋桂间的汤恩伯与李宗仁有重大矛盾，"各欲置对方于危险地带，置自己于有利地带"。查何柱国近日进攻新四军表面卖力，"实则窥知汤、李不欲急进，故示积极，免负剿匪不力之名。""汤、桂地盘之争，蒋还是取妥协政策"，但"蒋攻我之心未死，没有敌人大举扫荡，他是不会放手的"。通报要求，此情仅供参考，"不要松懈防蒋之心"。

5月8日 出席中共中央政治局会议。会议讨论时局问题。会议决定组织中央交通委员会，任弼时任主任，吴德峰、王鹤寿等任委员。

5月9日 关于八路军在日军进攻中的方针问题，毛泽东、朱德、王稼祥、叶剑英致电八路军、新四军各部负责人："敌正集中兵力，企图进攻河南、陕西、云南，打通平汉路，截断西南、西北交通线。对豫陕两方，闻（敌）调动兵力在四个师团以上，日来平汉、同蒲各路运输甚忙，战事有在近日发生可能。判断经此役国民党反共气焰当大减杀，时局有好转希望。""国民党要求我军配合作战，唯仍想用激将法。""我们方针决不被其激将法所动，仍按我军现在姿态，巩固各根据地，耐心发展敌、伪、奸三种工作（这是极重要的），按当地情况许可，拔取敌伪某些深入我区的据点，在接近豫陕地区，应有相当部队配合友军作战，并极力发展统战工作。但不要乘机向国民党地区扩展，使蒋桂各军放心对敌。"

△ 鉴于国内形势的变化，毛泽东、朱德、王稼祥、叶剑英致电彭德怀、左权，贺龙、关向应，聂荣臻等："五台区准备向西调动之部队，暂时停止调动；晋西北部队应恢复常态。"

十五日，再电聂荣臻并告彭德怀、左权，贺龙、关向应："待命部队决定不西调，可即分散执行原任务。"

△ 关于粉碎敌人"蚕食"政策和发展地方武装问题，毛泽东、朱德、王稼祥、叶剑英等发出指示：对敌寇实行"蚕食"最严重的冀南平原，采取隐蔽自己、保存实力、保护民众的方针。要求党组织和八路军各部帮助群众想出办法以对付敌人，使民众不吃亏。特别指出，在这些地区可以采取两面派（明维持，暗抗日）的政策，避免尖锐对立，痛快拼命，引起敌人对群众的残酷镇压。针对敌人大量发展伪军的情况，发布了对伪军反正者不缴枪、不编散，帮助其扩大的三原则。为适应根据地日益被分割的局面，大力发展地方武装和民兵，纠正过度编并地方武装的偏向；大量制造适合民间和民兵使用的地雷、手榴弹。

5月10日 毛泽东、朱德、王稼祥、叶剑英致电彭德怀、左权："关于卫立煌要求配合作战，请拟一部署计划电告。"此计划中在太南、太岳两线者于战事发生时须准备施行之。似应"先复卫（立煌）一电告以我军自当配合作战之意，以鼓励之。另以一电给卫（立煌），请其转陈重庆速发饷弹"。同日，毛泽东、朱德又电西安办事处转告袁晓轩："八路军自当与中央军配合作战。唯请转陈中央速解决新四军问题，速发饷弹并停止反共。"

5月12日 毛泽东、朱德、王稼祥、叶剑英致电陈毅、刘少奇："敌占郑州后意图不明，蒋令何柱国袭击陇海线，扰敌后路，兼有防我意。为减轻蒋对我恐惧起见，彭（雪枫）、邓（子恢）所部不应越过津浦线以西，仍在原地不动为要。张（云逸）、罗（炳辉）部亦不可扰击李品仙（部）。"

△ 毛泽东、朱德、王稼祥、叶剑英致电八路军总部、晋察冀军区、第一一五师等：华北敌后游击战争特别是平原游击

战争的方针，应是长期坚持熬时间的过程。

5月14日 毛泽东、朱德致电彭德怀：据悉：敌兵沿黄河增多，飞机亦有增加，敌似有在飞机掩护下抢渡可能，"我军于此时机有在敌侧背给以打击以振奋国民党之必要"。

5月15日 毛泽东、朱德、王稼祥、叶剑英致电彭德怀、左权：八路军"总部应与蒋介石、徐永昌、卫立煌、阎锡山通报，不断告以敌情、战况，特别是胜利消息，表示我军热心配合作战，并向他们请示，以影响其抗战决心，争取国共好转。"

△ 毛泽东、朱德、王稼祥、叶剑英致电彭德怀：原待命部队决定不西调，分散执行原任务。

5月18日 毛泽东、朱德、王稼祥、叶剑英复电彭德怀："目前方针是必须打日本"，可"在一部分地方打得大些，而在其他地区则打得小些"，"决不可打得太凶"，以免上国民党要日本将实力全转向我们报复、国民党坐收渔利并将进攻我陕甘宁边区的当。望按此总方针调节我们的（作战）行动"。

△ 与彭德怀致电贺龙、关向应，聂荣臻，刘伯承、邓小平等：为了大规模交通战之开展（准备在青纱帐起后开始），各兵团应即注意研究与准备多种多样灵巧的交通破击的有效方法，以达到不使用大兵力能使交通战斗广泛长期的开展起来。

5月20日 出席中共中央政治局会议。会议听取凯丰[1]关于青年工作的报告。

5月21日 与彭德怀致电八路军各兵团、各军区军政首长，新四军并中央军委：目前华北敌军在于维持现状，加紧巩固点线，并不断相机蚕食我各根据地。为了开展大规模交通战（准备在青纱帐起后开始），各兵团应注意研究与准备多种多样

---

[1] 凯丰，时任中共中央青年工作委员会书记。

灵活的交通破击的有效方法,以达到不使用大兵力而使交通战广泛长期地开展起来。

5月24日 出席八路军后方留守兵团作战教育参谋会议并讲话,指出:八路军的参谋工作与西欧一般帝国主义国家军队中的参谋工作不同,与中国其他军队的参谋工作也不同。他们把参谋工作看成幕僚性质,而我们把参谋工作当做军队的脑筋,历来重视参谋工作的健全与发展,所以我们一开始就把品质最优秀的、最有知识的人员来当参谋,因为参谋人员要帮助首长指挥军队,他是首长唯一的代理人。为了适应工作的需要,大家要抽时间学习。参谋人员更应有丰富的军事理论知识;其次要学习掌握马列主义与唯物辩证法,理论联系实际。现在是技术决定一切,而我们的技术比人家差得远,因此要从战术、技术、马列主义等方面来训练部队。训练的最好方法是指挥员、干部以身作则。由于我们是半殖民地半封建的国家,经济非常落后,特别是许多大城市不在我们手中,因此只好进行农业生产,自力更生,进行持久作战,参谋人员要领导生产,回去要号召各团努力开展生产运动。并强调指出:参谋工作第一要绝对的保守秘密,胜利才有保证;第二要迅速按时完成任务。

5月25日 关于目前形势和宣传方针问题,毛泽东、朱德、王稼祥、叶剑英致电八路军总部并各师、新四军、各战区首长:"日本为迫蒋投降之目的而发动此次小规模之战争","其目的仅在吓蒋"。"如此次吓不了,又有可能发动进攻","似已至结束期"。目前西方新慕尼黑危险虽因苏联的坚强政策暂时被打破,但东方新慕尼黑危险却日见增涨,日美华妥协反共反苏反德的阴谋正在东京与华盛顿交换意见,国民党两星期来对国际局势一言不发,而只宣传共产党如何不配合作战,可见其正在观变中。在此时局动荡之秋,我党宣传工作必须统一于中央的宣传政策之下，不得随便发表意见。

△ 毛泽东、朱德、王稼祥、叶剑英致电彭德怀、左权并告刘伯承、邓小平：蒋介石对晋南作战方针"是避免正规战，专作游击战"，"判断今后晋南蒋之各军将尽取滑头战法"。我军"在敌继续向中央军攻击期间"，"仍继续以游击战相配合"。

5月26日 毛泽东、朱德、王稼祥、叶剑英致电贺龙、关向应："为便于作战指挥起见，决定神府分区保安部队划归你们领导。"

△ 毛泽东、朱德致电卫立煌，指出："目前唯有国共团结并在蒋委员长领导之下实行亲苏外交，坚持抗战到底，方能挽救危亡，美国是靠不住的，日、美、华妥协阴谋必须拒绝。""我们所希望于国民党的只是（甲）坚持抗日；（乙）民主政治；（丙）改善国共关系这样三点而已。"关于改善国共关系又分三点，"即（甲）对新四军问题予以解决；（乙）对八路军饷弹予以发给；（丙）对反共言论与反共行动予以停止。除此以外，并无其他要求"。电文还说："赞同卫长官与胡宗南先生会见，时间约定后，我们即派南汉宸来洛，共商团结对敌大计。"

△ 出席中共中央政治局会议，听取毛泽东作关于时局问题的报告。会议决定中央对外宣传工作统由博古负责；中央各负责同志写论文，各报出特刊。还决定以马列学院为基础建立中央马列研究院。六月四日，中央决定由张闻天任院长，陈伯达、邓力群任正副秘书长；七月三十日，又决定由范文澜任副院长。

5月31日 与彭德怀致电袁晓轩转卫立煌：中央军刘戡第九十三军、范汉杰第二十七军、武士敏第九十八军向北回旋，我们已通知太岳北各部予以各军方便。查刘、武二军已安抵沁源附近，范军尚未见到，当令派队接引出险，唯粮食一项异常困难。该地前年水灾，去年旱灾，秋收时敌军又进行大"扫荡"，所有房屋片瓦无存，"民间食粮已烧毁过半。野草、树根为食已久，包谷、高粱即为上餐。职属各部虽处境艰苦，承嘱协助给粮，当尽力之所为，予以协助"。

5月 毛泽东、朱德、王稼祥、叶剑英以军委名义发出《关于陕甘宁边区部队生产工作的指示》，提出生产工作政治动员的口号和增加必需品产量、加强后勤所属各工厂生产的具体办法，并规定要彻底实行的贸易政策。

△ 视察南泥湾。听取干部、战士对建设南泥湾的意见。向团以上干部讲述了"屯田政策"的重大意义。勉励大家一定要做群众的模范，一定要把生产运动搞起来。敌人来了，就去打仗；敌人不来，就搞生产，用我们的双手，做到生产自给，丰衣足食。

6月4日 毛泽东、朱德、王稼祥、叶剑英致电贺龙："炮团过来甚慰，唯暂时不可过河西，（以免）引起国民党震动，着交兄指挥暂留晋西北。"询问：关向应病有起色否？"药物即寄"。六日，再电贺龙、关向应："国内政局正在动荡"，为争取国民党继续抗战，"炮团行动原则上准备西渡，但目前六、七、八、九（月）仍应在晋西北待命"。

△ 出席中共中央政治局会议。会议听取彭真《关于晋察冀边区党的工作和具体政策的报告》。同月十八日，七月十六日、二十三日、三十日，八月六日、二十一日，政治局会议继续听取彭真的报告。

△ 毛泽东、朱德、王稼祥、叶剑英以中共中央军事委员会名义任命新四军各师旅级领导干部。

6月7日 毛泽东、朱德、王稼祥、叶剑英复电陈毅、刘少奇：同意新四军"四师主力东开休整之部署，但对皖北原阵地仍有坚持的可能与必要",望注意如何坚持问题。并告"进犯晋南豫北之敌,其重兵仍在济源附近,豫南敌尚集中信阳。""估计敌在最近转移大军,扫荡敌后尚未不可能"。

△ 毛泽东、朱德、王稼祥、叶剑英致电彭德怀、左权、罗瑞卿并告刘伯承、邓小平:"关于太岳军区问题,事关重大,中央正在慎重考虑中,日内即有答复,部队暂勿行动。"

△ 出席中共中央政治局会议。会议讨论了纪念中国共产党成立二十周年等问题,决定由毛泽东起草纪念中国共产党成立二十周年的党内指示;朱德起草纪念中国共产党成立二十周年的军内指示。

6月9日 毛泽东、朱德、王稼祥、叶剑英致电刘伯承、邓小平并彭德怀等,指出:"敌在冀南之'蚕食'政策,其目的在于缩小我之活动地区,扩大其占领地,若不予以击破,则我在平原将立足困难。""击破这种政策的中心环节。在于有正确的政策,主要应从政治上着手。而不能只是军事进攻或以军事进攻为主""我党我军在此种三角地带工作的出发点,应该是善于隐蔽自己,保存实力,处处为民众着想,要保护民众,使民众不致吃亏(也就是保存自己)"。"在这些地区内应多采用两面政策,加强伪组织伪军工作,多交朋友,不要大吹大擂(隐蔽自己)。群众团体及政权只能采取隐蔽的方式,不能与根据地一样"。"单纯的军事斗争,表面上的尖锐对立政策,将引起敌人的残酷镇压,其结果恰恰是造成群众的恐惧,使敌得逞其阴谋"。还指出:"健全由当地干部率领与地方人民有血肉联系的地方武装,是坚持平原的基本条件。特别是这种三角地带,其作用更为重大。若无此种地方武装,单靠把主力分散去进行游击是困难的。"

△ 与彭德怀致电卫立煌:"目前大局,非国共两党、贵

我两军密切合作不足以图存。敌于晋南得手后，有进图郑（州）、洛（阳）、西安可能，八路军决在委座及吾兄领导下与友军配合作战，坚决破坏敌之进攻，为保卫郑、洛、西安而战。唯配合有直接、间接两种，直接配合则效速，间接配合则效迟。敝军担任平汉、平津、津浦、北宁、平绥、正太、白晋北段及同蒲北段中段之破袭，从远后方、近后方牵制敌人，此间接配合也。八路军以有力一部进入中条山及汾南三角地区，担任同蒲南段、白晋南段及道清路之破袭及黄河北岸之控制，从侧面打击与牵制敌人，以利贵军主力在黄河南岸之力堵，此直接配合也。""然此建议，在不谅解德等苦心之人，或以为出于乘机扩大地盘之目的，实则真欲保卫郑、洛、西安。德等愚见，认为非有此一方面之部署，则牵制敌人难期速效，盖敌之重兵已集济源、运城地域，仅作远道配合，究属远水难救近火，此次中条山战役其证明也。""今之建议，纯属进言性质，如以为可，则令行之，如以为不可，则弃置之。"如批准上述建议，"敝军到达中条山及三角地区时，须请求允准发动民众，组织抗日游击队，盖德等认为唯有此策为最有效。"如不蒙批准，敝军仍然担任远后方之配合，亦决不有所推诿。

6月10日 毛泽东、朱德、王稼祥致电周恩来并告彭德怀、左权，贺龙、关向应：八路军"总部炮兵团原驻洛川训练，因参加百团大战，调往山西"，现敌寇不断"扫荡"，"炮兵笨重，炮弹将尽，不适游击，已令该团仍回后方休整，现已到达绥德，请通知国民党不要误会，绝非对付他们的"。

6月12日 毛泽东、朱德、王稼祥、叶剑英致电朱瑞、陈光、罗荣桓、黎玉：据报：我一一五师及许世友[1]等部近

---

[1] 许世友，时任八路军山东纵队第三旅旅长。

日有向仁和庄、青河湖、陈庄等地进攻等情。是否有此等事情请查复。强调："目前我党方针在拉蒋抗战。"我军应坚持党中央制定的"人不犯我,我不犯人,人若犯我,我必自卫的原则。""如有此种进攻行动,希立即停止。"

6月13日 为征求对取消抗大总校的意见,毛泽东、朱德、王稼祥、叶剑英致电彭德怀、左权、罗瑞卿,指出:"抗大总校在目前各分校极端分散而又遥远的情况下,很难进行领导。事实(上)各分校在各地区兵团直接领导下,仍可进行教育。""因此,我们意见取消总校,将总校改为一个分校。你们意见如何?望告。"七月一日,再电彭德怀、左权:"我们拟将抗大总校移延安,将现总校改为分校。延安总校教育任务是培养特科干部,主办炮、工、机械、参谋、翻译(俄文)五科。步兵干部由分校负责。成为总校办特科、分校办步科的分工。你们意见如何?总校干部哪些留前方,哪些调回延安,望提出意见。望速复。"

6月17日 毛泽东、朱德、王稼祥、叶剑英致电彭雪枫:"为了政治上打击蒋介石反共,军事上迟阻李仙洲援助韩德勤,同意陈(锐霆)团在坚持团结、坚持抗战、反对中国人打中国人等口号下,光荣起义。你们要掩护陈团到安全地带。照外围军待遇,使其军心巩固,抗战情绪提高;用陈团反内战事实进行广泛宣传。付托雪枫代表党支部中央及中央军委,慰问陈锐霆同志及全团将士。"

6月18日 出席中共中央政治局会议。会议除继续听取彭真《关于晋察冀边区党的工作和具体政策的报告》外,还作出以下决定:(一)为着更能统一与集权地解决陕甘宁边区财政经济问题与批准党、政、军三方面的各种预算、决算,决定成立中央财政经济委员会,由林伯渠、朱德、任弼时、李富春、高岗组成，林伯渠任主席。（二）改变过去经济自给的办法，准备实行统一的实物供给制度，决定组织一个委员会，由任弼时负责主持。（三）抽调一部分学生参加陕甘宁边区的实际工作。

6月20日 致函陈宗尧、熊晃[1]并转陈外欧、晏福生[2]。信中表扬七一八团、七一七团的"生产有成绩，有了基础，望他们每天都向前推进，建立起模范的生产运动"。并告他们"要知道此一工作的重要性，它不但解决了目前自给自足的生活，并且也为边区建立了新民主主义的经济，将来即是国家一部分优良的产业。"要求他们在开荒将告结束时，抓紧时机，大力发展畜牧业、运输业和手工业，做好商业工作。"要时时刻刻想着为国家建立一个很大、很好的家务……不要忘了整个人民的利益……以共产主义的精神来发展生产事业"。同时要严格遵守纪律，不准贪污腐化。

6月22日 德国法西斯进攻苏联，苏德战争爆发。

6月23日 毛泽东、朱德、王稼祥、叶剑英、谭政复电彭德怀、左权、罗瑞卿："同意陈（赓）、薄（一波）统一太岳军队的指挥，同意组织太岳纵队及所提太岳纵队（领导干部）名单。"

△ 与彭德怀向八路军各兵团首长发出训令，指出：地雷在保卫根据地防御敌人进攻、阻止敌人到处烧杀、封锁敌人据点和破坏敌人交通等方面有极大作用。在平原水网地区，鱼雷具有同样功效。各军区、军分区工厂应迅速研究，按具体环境

---

[1] 陈宗尧、熊晃，分别任八路军第一二〇师三五九旅七一八团团长、代理政治委员。

[2] 陈外欧、晏福生，分别任八路军第一二〇师三五八旅七一七团团长、政治委员。

大批制造各式地雷、鱼雷，并普遍训练部队及游击队、民兵使用。望将研究结果和制造情形随时电告。

6月27日 毛泽东、朱德、王稼祥、叶剑英复电陈毅、刘少奇：同意新四军第四师"目前加紧整训"的意见。"过一时期再抽调部队过皖北路西地区活动"。

6月29日 毛泽东、朱德、王稼祥、叶剑英致电彭雪枫转陈锐霆，对其在二十日率部起义中身负重伤和殉难烈士致深切的慰问。"愿你善自珍摄早复健康，为党的事业继续奋斗"。

6月30日 毛泽东、朱德、王稼祥、叶剑英致电彭德怀："当日寇有举行反苏战争之危险时，情报与破路二事甚为重要。"关于情报，"望督饬各地认真侦察敌军动向，随时飞报。你处与北平英领事馆之电台通讯，望速建立。关于破路问题，望即准备一个计划，目的在拖住敌人"。

7月1日 为纪念中国共产党成立二十周年，在《解放日报》上发表《中国共产党与革命战争——纪念中国共产党诞生二十周年》一文，文章指出："共产党的整个历史，是与北伐战争以来中国革命战争的历史不可分离的"。"二十年的中国革命战争过程，证明了一个真理：只有中国共产党，才能最英明地掌握中国革命战争的发展规律；只有中国共产党，能在一切历史时期中，永远为当时最革命的政治目标而坚决地进行革命战争，反对当时中华民族和人民的主要敌人；只有中国共产党，能定出和坚持当时最革命的战略方针。""中国共产党在最艰苦困难的环境中，创造了自己的战略战术，这种革命的战略战术之特点就是：在敌人显然强大于革命势力的时候，采取游击战争的战略战术；在革命势力日益发展，革命军队日益强大的时候，逐渐转到正规的战略战术。这种革命的战略战术，乃是中华民族取得胜利、取得解放所必需的，乃是战争史上巨大的发现和创造。"并指出:"我国神圣的抗战,已经足足进行了四个整年。我国神圣的抗战,不但是为了中华民族,而且是为了世界人类,抗战的结局,毫无疑义地要决定中华民族的命运,而对于世界人类的命运也将起着极其重大的影响。"因此,"学习军事、掌握军队,乃是每一个共产党员在这烽火连天的环境中第一等的任务。"

△ 出席中共中央政治局会议。会议通过《关于增强党性的决定》。《决定》阐明进一步巩固党、增强党员党性锻炼的重要性,分析党内存在的各种违反党性的倾向及其危害,列举这些倾向在政治上、组织上、思想上的表现,提出纠正的六条办法。

△ 毛泽东、朱德、王稼祥等复电陈光、罗荣桓等:"同意罗华生为(教导)第五旅政治委员。"

△ 与彭德怀、左权致电聂荣臻、吕正操、程子华、贺龙、关向应、刘伯承、邓小平等并报中央军委,指出:"苏德战争爆发后,日本国际地位降低,处境益见困难,南进与北进或西进成为日本政府内严重争论。""如敌配合德国进攻苏联,我军应以一切手段钳制华北敌伪北调,大举破坏华北主要交通线。"还规定了各部队的破坏任务。

7月2日 毛泽东、朱德、王稼祥、叶剑英致电彭德怀:"日苏战争有极大可能爆发",如日本攻苏,为肃清其后方计,必将在华北加强镇压。我军须配合苏军作战,目前作此种准备,以待时机成熟即可行动。"但此种配合是战略的配合,是长期的配合,不是战役的一时的配合,请在此点上考虑一切问题"。

7月3日 为纪念七七抗战四周年,在《新华日报》(华北版)上发表《致各地八路军中日本同志书》,指出:四年来日本军阀财阀所进行的侵华战争不仅残酷地屠杀与劫掠了中国人民,给了中国人民无限的痛苦与灾难,而且给予日本人民的危害，亦日益加紧与显著。日本统治阶级为了镇压人民日益增涨的不满情绪与反战斗争，为了更残酷地榨取人民，强迫人民去做继续侵华和南进扩大战争的牺牲品，于是实行了法西斯的独裁——即所谓"近卫新体制"。在"新体制"下的日本人民，被剥夺了一切自由和权利，使日本人民的生活更加黑暗、痛苦。四年来在反对日本帝国主义侵略战争的阵线上，日本兄弟已日益增加，事实上中日人民已开始建立反侵略统一战线。不论日本军阀如何竭尽力量挑拨中日人民互相仇恨，然而中日人民的团结，尤其是八路军中日本同志与中国同志的并肩战斗，已给予了最有力的回答。

7月6日 致电熊斌[1]、蒋鼎文、胡宗南，揭露国民党第一〇九师在陕甘宁边区关中地区向我军攻击，请其加以约束，以利于团结对敌。

7月7日 毛泽东、朱德、王稼祥、叶剑英致电彭德怀、左权、罗瑞卿：滕代远仍率抗大回延安。"军事教员及知识分子，文化干部请提出分配数目及主要人员名单，以便适当分配。因总校本身要保留必需之干部。"同意将上、高级学生带回延安，准备学习两年。

△ 出席延安各界举行的七七抗战四周年纪念大会并讲话，指出：中国抗战在世界反法西斯战争中，占有重要地位。我们应该与欧洲、东亚以及一切反法西斯之民族亲密联合，努力拯救世界人类，免遭德国、意大利、日本法西斯强盗蛮横的奴役。

△ 在《解放日报》"七七抗战四周年纪念特辑"上发表《八路军新四军抗战第四周年》一文，文章指出："八路军、新

---

[1] 熊斌，时任国民政府军事委员会西安办公厅代主任。

四军之所以能在华北、华中敌后坚持抗战，所以能够造成愈战愈强的奇迹，唯一的秘密，就在实行了新民主主义的政治、经济、文化等各种政策，发动和组织了全体抗日人民与敌寇做各方面的毫不疲倦的斗争。这种新的力量的涌现，是抗战胜利的坚实基础。""我伟大中华民族神圣的抗日自卫战争，其本身就是反法西斯战争。""中华民族唯一的出路，只有加入反法西斯的一边，与德、意、日法西斯作决死的斗争。"

7月11日 与彭德怀、左权致电聂荣臻、吕正操、程子华并致萧克、陈再道、宋任穷、刘伯承、邓小平并报中央军委，指出：苏德战争爆发后，日本对苏联远东威胁及加入反苏战争危险大为增加。解决中国问题仍是日本的基本国策，严重镇压华北我党我军又成为日军北进反苏或解决中国事件的必要手段。根据敌情，日军有大规模"扫荡"晋察冀边区特别是有首先"扫荡"冀中区之极大可能。冀中区之党政军民应迅速地进行广泛的反"扫荡"的动员准备：（一）应立即整备地方武装，健全政治组织，根据冀中区敌情与平原游击战争环境，各地方兵团似应采用大连小团制（每团四五个连约七百人左右）之编制，使之适合平原游击战争之坚持。加强地方大小游击队之政治领导与工作，密切地方兵团、游击队等与民众之联系，准备在任何情况下，独立坚持冀中区游击战争之基本力量。（二）党政军机关、军队后方机关应十分紧缩，力求短小精干，适合严重紧张之"扫荡"局面。（三）冀中区之野战正规军在敌严重"扫荡"下，应避免被迫作战，准备适时向平汉路西（基本的）或冀南转移。（四）加强对敌斗争之一切群众准备，适时之空室清野。（五）路西及平西主力部队，主力应向东侧隐蔽集结，准备及时策应冀中区之反"扫荡"，与配合苏联作战。（六）冀南区应准备必要兵力，及时策应冀中区作战。

7月12日 中共中央军委召开第十二次工作会议作出决定：军委（直属机关、学校）及留守兵团（包括保安部队）之财政经费，一方面积极改进盐务，争取盐款收入，另方面各单位要向自力更生努力，除粮食、医药、部队装备外，其他一切努力自给。并根据各大生产单位之原来预算，作出比例，同时按盐款收入数目，由萧劲光、叶季壮等在朱德领导下，分配其款。各部不够之经费，由各该部提高生产，自供自给。

7月13日 出席中共中央政治局会议。会议讨论七月九日共产国际关于苏德战争与各国共产党任务的指示，表示完全同意。

7月16日 与彭德怀、左权致电八路军各兵力首长，通报某部最近由于警惕性不够，对敌警戒疏忽，造成多次遭敌袭击和蒙受重大损失的恶果。希望各部队对严防敌袭击作深刻教育，干部尤其要注意研究敌人的惯用伎俩，吸取以往的经验教训，想出有效对策。在环境日益变化，特别是平原地区反复"扫荡"中更应注意。

7月18日 致电熊斌、胡宗南，要求释放被其部下扣留的八路军高级参谋李涛。

7月21日 出席中共中央政治局会议。会议讨论如何对付国民党反共磨擦和揭穿其最近制造的第十八集团军"近复擅自行动"的反共谣言。会议决定采取如下应付办法：用事实揭穿这一谣言，并指出国民党准备在苏联西线战争吃紧的时候压迫我军撤到黄河以北，美国企图拉拢日本退出轴心国，酝酿东方慕尼黑阴谋；由解放社发新闻或社论进行驳斥。会议还讨论通过了《中共中央关于调查研究的决定》。

7月23日 与彭德怀致电袁晓轩转卫立煌："顷获得以国民党执行委员会名义于七月一日颁布之所谓'反共工作计划'

一份。该计划中称抗日根据地为叛逆区。"还规定了工作原则、方针和方式,"并明白规定其工作中心地区为太行、五台、吕梁、中条山等地"。"该项文件引起此间各方极大惊异。察其语气似为汪伪组织所发布,然细考来源恐又是出自他方"。请转呈蒋介石,对该项文件之真伪作用予以辩证,以息群疑,以利团结。

7月25日 毛泽东、朱德、王稼祥、叶剑英、谭政、傅钟复电贺龙、关向应、甘泗淇并致彭德怀、罗瑞卿:同意原一二○师后勤部副部长刘忠兼神府区河防司令员,李硕任参谋长,武开章任政治委员,王立中任政治处主任。

7月30日 毛泽东、朱德、王稼祥、叶剑英致电各兵团首长,指出:我军医务建设在技术上进步不大,今后应尽可能地吸收大后方与广大沦陷区技术水平高深的医务人才,不惜其津贴予以任用,政治上作非党干部看待,生活上给专家待遇。

△ 出席中共中央政治局会议。会议决定中央机关的任务和由任弼时主持"改革中央组织机构委员会"。会议还决定任弼时任中央秘书长,王明管理西北中央局和边区工作;八路军驻各地办事处工作由叶剑英管理,新疆八路军办事处仍由任弼时管理。

7月31日 毛泽东、朱德、王稼祥、叶剑英复电彭德怀并聂荣臻、萧克:同意杨勇兼教导三旅旅长,批准谭国翰任平北分区副司令员。

7月 毛泽东、朱德、王稼祥、叶剑英致电陈光、罗荣桓并彭德怀、左权:"军委决定将山(东)纵队归你们指挥,望你们经常注意对山纵的帮助和团结,不使山纵多吃亏,使山东我军逐渐团结成为一个战略单位。"

△ 视察南泥湾,夜宿八路军总部炮兵团(驻地陶宝峪)。对指战员说:蒋介石把胡宗南的兵力部署在陕甘宁边区周围,

枪口对着我们。不仅不发给我们经费，还对我们实行经济封锁，企图把我们困死、饿死在边区。我们红军、八路军从来没有向困难低过头。去年我们一面防守，一面生产，一面训练。今年更要大开荒，大规模搞农业生产。你们的任务是屯垦。要求你们今年粮食自给自足，明年耕二余一，向边区政府交公粮。我们自己动手，丰衣足食。

8月3日 毛泽东、朱德、王稼祥、叶剑英致电陈毅、刘少奇、赖传珠：顽军霍守义师奉蒋介石令北窜鲁南并乘机扩占其活动地区。

△ 毛泽东、朱德、王稼祥、叶剑英致电贺龙、周士第并告彭德怀、左权："据报，军渡、碛口线集结敌四千余（人）准备渡河。查王（震）旅主力北调应付何文鼎[1]。河防空虚，日寇极有可能乘虚渡犯。""望贺周迅速布置，加强河防兵力，准备打击渡犯之敌。另以一部从侧面威胁，务使敌不得逞。"

△ 为庆祝陕甘宁边区自然科学研究会第一届年会的召开，在《解放日报》上发表《把科学与抗战结合起来》一文，文章指出："马列主义是反对黑暗与落后，尊重科学与文明的。""自然科学，这是一个伟大的力量。自然科学的进步，工农各业的发达，生产能力的提高，富源的开发与正确利用，实业的正确管理，只有做到了这些，才能充实我们的力量，充实军队的战斗力，使人民获得富裕的生活，提高人民的文化程度与政治觉悟，来取得抗战的胜利，建国的成功。另一方面，也只有抗战胜利，民主成功，中国的科学才能得到繁荣滋长的园地。"希望科学工作者要看到自己的前程远大、任务重大，看到前途还有无数障碍与困难必须克服，"绝不可以自满"，"还要努力前进，

---

[1] 何文鼎，时任国民党军第八战区新编第二十六师师长。

把科学与抗战建国的大业密切结合起来,以科学方面的胜利来争取抗战建国的胜利"。这篇文章编入《朱德选集》。

8月5日 与彭德怀向全军发出通令,号召指战员向河北省安国县郑章战斗中英勇牺牲的晋察冀军区第八军分区营长刘鸿琴学习。

8月6日 出席中共中央政治局会议。会议除继续听取彭真《关于晋察冀边区党的工作和具体政策的报告》外,主要讨论陕甘宁边区财政经济工作的几个争论问题。关于增发边币问题,原决定发三百五十万元,因经费困难至今年六月已发一千五百万元,一种意见认为,边币贬值都是由于发行多了。关于盐的产、运、销问题,一种意见,主张由边区政府管理,盐的运销实行自由贸易政策,认为官督民运会引起民变;另一种意见,主张由留守兵团管理,由政府组织民众运输。会议决定委托毛泽东召集林伯渠、谢觉哉、高岗、陈正人、王明、任弼时、朱德商谈,统一思想,解决问题。会议还决定调南汉宸担任陕甘宁边区政府财政厅厅长。

8月7日 与彭德怀、左权致电八路军各兵团首长,指出:为着进一步了解敌情,除了要了解敌军番号、主官姓名、驻地等情况外,以后还应注意侦察敌人的装备编制、兵员补充、军官简历、战斗力及特长、士气等。这对今后战略反攻,决定作战任务和根据敌人不同特点采取对策,是非常必要的。

8月8日 毛泽东、朱德、王稼祥致电彭德怀、杨尚昆、陈光、罗荣桓、朱瑞、黎玉:"关于一一五师与山东纵队的关系,我们认为因徐向前同志尚在途中,俟其到达延安面谈清楚后才能决定如何改变。现在一一五师师部与山东纵队指挥部各保持自己的名称番号,向前的职务亦仍如旧,但彼此的关系必须更密切。""一一五师有帮助山纵正规化之责任,陈、罗参加分局为委员,实际上统一军事领导,朱瑞多负分局责任,统一党政军工作的领导。"

8月13日 出席中共中央政治局会议。会议继续讨论陕甘宁边区财政经济工作的方针。毛泽东发言指出:边区财政经济的主要矛盾有两个,一是一百四十万人口供给八万干部和军队,百分之八十靠人民负担,"鱼大水小";二是出入口不平衡,贸易逆差八百万元。解决矛盾的方针:(一)发展经济;(二)使出入口平衡。朱德在发言中说,要把三边的盐运出去要解决运输办法,沿途组织盐栈或骡马店,或分段运输,政府要组织、奖励出口,增加自由贸易。军队要实行屯田办法。会议决定增发屯盐资金一百万元;对经济工作实行详细的检查,得出经验教训。

8月14日 毛泽东、朱德、王稼祥、叶剑英致电王世英,指出:"王靖国即将东进中条山,显然是制造晋绥军与八路军磨擦的阴谋。"望你见阎锡山一面,"请阎保证王靖国东进后,不反对八路军,保持八路军与晋绥军良好关系,以免引起意外冲突"。

8月18日 出席中共中央政治局会议。会议讨论最近国际事件问题。

8月20日 撰写《党是军队的绝对领导者》一文。文章指出:我们的军队是在党的领导之下产生、成长和壮大起来的。没有我们党,就没有这支军队;为着保证党在军队中的绝对领导,就得使党与行政的关系正确地建立起来。行政系统对党组织的关系,应当是:行政系统必须遵守与执行党的路线,服从党的决议,完成党所给它的任务。党组织对行政的关系,应当是:党的路线,党的决议,必须经过行政系统来执行,来体现;党组织必须尊重行政系统。

△ 发布八路军关于重新规定各项费用的命令。

8月21日 毛泽东、朱德、王稼祥、叶剑英致电彭德怀：敌有攻苏可能，蒋介石、何应钦必利用时机先造舆论，以便迫我北上。国民党"军令部阳（七日）电所指各项（陈赓旅雷震团向阳城，薄一波部进浮山、翼城打孙定国），望即驳复，（并）由延安转。"

△ 毛泽东、朱德、王稼祥、叶剑英致电华北各战略区：为坚持敌后抗日根据地及准备主力军新的机动，加之平原与山地军区建设条件的种种不同；现提出加强军区建设的下列问题，望各战略单位认真研究并电复。内容包括：正规军与地方军区别的主要标志；无可能进行运动战的若干平原地区是否需要正规军；军区与正规军的指挥关系；军区武装的建制与指挥关系；平原地区的军分区有无必要指挥正规军与地方部队；平原地区的部队大团、小团如何编制；地方部队的政治工作制度及政工机关的编制以及实行征兵制的意见等。

8月27日 出席中共中央政治局会议。会议讨论中央机关组织与编制问题。会议决定在七大前不改变中央书记处的组织，但为增强中央工作效能起见，除每周一次政治局会议外，以住在杨家岭的政治局委员毛泽东、王稼祥、任弼时、张闻天、王明、陈云、凯丰七人组成中央书记处工作会议，暂定每周开会两次。会议还决定任弼时任中共中央秘书长，李富春任副秘书长。会议在讨论"延安在职干部教育问题"时，决定由张闻天等组成委员会，研究改造学习的办法，并起草有关的决定。决定由朱德领导林哲、罗迈、贾拓夫等七人组成东方民族反侵略会筹备会，筹备经费一万元。

8月31日 毛泽东、朱德、王稼祥致电彭德怀："依目前情况，我们与阎（锡山）裂痕不宜继续扩大，并须立即设法弥缝，免中何应钦诡计。"应"依先打后拉，有理有利有节原则，调整我军与阎军关系，做到画地自守，和平共居"。

△ 毛泽东、朱德、王稼祥、叶剑英致电朱瑞、陈光、罗荣桓并告彭德怀："一一五师及山纵各分别成立军政委员会。全山东再成立统一的军政委员会（不称军委）统一山东军队之领导。人选由你们提出经军委批准。"

△ 与彭德怀复电国民党军令部：赵世铃在浮山与决死队孙定国部冲突，系因赵部将孙派去之联络参谋张子盛枪杀，并割心挖眼，后又进攻孙部。

9月1日 毛泽东、朱德、王稼祥、叶剑英致电彭雪枫、张云逸、李先念并告陈毅、刘少奇："敌南从信阳，东从涡阳向汤（恩伯）李（品仙）何（柱国）桂各军作战役的包围攻击，望密切注视该方情况之发展。"

9月6日 毛泽东、朱德复电周恩来：国民政府军委会召开的"第三次全国参谋长会议，叶（剑英）不能参加，新四军（因）未取得合法地位，亦不能派人来。届时请你指定人作广泛的联系，求得了解会议情形。"

△ 毛泽东、朱德、王稼祥、叶剑英致电彭德怀、左权、罗瑞卿、聂荣臻、贺龙、关向应："留守兵团在战斗、生产诸繁重辛勤任务之下，部队甚感疲劳，人员日见减少。为维持该兵团基础计，前规定各地区补充该兵团的兵员，望即督促并迅速完成。现动员情形如何，何时可集中出发，均望电告。"

9月7日 日军进犯湖南长沙。

9月9日 毛泽东、朱德、王稼祥、叶剑英致电彭德怀、左权、罗瑞卿、陈毅、刘少奇、陈光、罗荣桓，指出：敌攻湘北，又犯郑（州）洛（阳），国民党正集中力量抗敌。我八路军、新四军各部应向各重要交通线予以可能的袭击，配合国民党军作战。对国民党军敌后各部应停止任何攻击性行动，仅在彼方举行攻击时取防卫手段；同时并向国民党军各部发出通知，要求配合对敌。所有上述方针，其目的都为争取时局好转。

9月10日—10月22日　出席中共中央政治局扩大会议。会议检讨党在十年内战后期的领导路线问题。十一日，朱德在谈到第二次国内革命战争时期主观主义在红军作战中的种种表现时指出：到一九三三年以后，李德不经过军委，直接指挥部队乱打。随便组织新部队，这种新部队不能打仗，过去所谓扩大百万红军，到长征时大多数在路上散掉了。长征是一种搬家式的长征，在李德领导下，只是沿途逃跑，不敢打湖南军队。在分析主观主义的来源时指出：党的领导机关中，许多青年学生同志，对中国社会不满，要求什么都要干得彻底，而对于实际工作，什么也不懂。一些有教条主义思想的人拿着马列主义做招牌，随便批评人家，常常用革命的词句来打击人家。在谈到与张国焘的斗争时说：长征中，我与张国焘争论时，他说党的委员会的委员要服从书记，就是说中央西北局委员要服从张国焘，我便说明书记要服从委员会的决议，否则书记便要取消资格。在谈到抗日战争时期宗派主义在军队中的表现时指出：军队干部对什么人都看不起，不敢用新干部，对于知识分子最多只让他们做文书、教员一类工作，不打破宗派主义，部队是得不到发展的，对党的统一战线政策、三三制政权都无法实行。

9月12日　与彭德怀发布关于对外贸易统制问题的训令，指出：对外贸易统制，为我与敌作经济斗争基本政策之一。本部曾于本年四月间有军队与贸易局共同组织采购员委员会之规定，数月以来收效颇大，现因贸易机关较前更加健全，须有进一步的规定，才能使对外贸易统一化，以与敌寇作经济战线上的有力斗争。特规定：（一）一切货物之出口入口，均归工商管理局（各地为贸易分局）统一办理，军队不直接办理出入口事宜。(二) 军队所需一切日常用品及各种器材（兵工材料、医药材料、被服材料，电讯材料等均包括在内），完全由工商管理局承办，军队只派人协助，不得自行采购。(三) 军队所设之采购机关一律撤销，本训令后立即结束，停止工作。(四) 军队各部门所需之器材，应将种类、数量、交货时期作出具体计划，交给工商管理局采购，并须与该局议订采购合同。

9月21日　邀请在延安的日本、朝鲜等东方民族友人座谈。在会上发言：日本法西斯威胁着东方各弱小民族，东方各民族要联合起来反对日本法西斯，这不是理论问题，而是怎样行动的问题。提议在延安的各东方民族友人首先团结起来，组织一个东方民族反法西斯同盟。这一建议得到与会的二十个国际国内团体代表及其他中外人士计五十余人的一致赞同，并同意作为同盟的发起人。

9月26日　中共中央书记处决定朱德任中共中央党务研究室海外研究组组长兼中央华侨工作委员会书记等决议。

△ 中共中央发出《中央关于高级学习组的决定》，决定指出：成立高级学习组的目的是"为提高党内高级干部的理论水平与政治水平"。高级学习组"以理论与实践统一为方法，第一期为半年，研究马、恩、列、斯的思想方法与我党二十年历史两个题目，然后再研究马、恩、列、斯与中国革命的其他问题，以达克服错误思想（主观主义及形式主义），发展革命理论的目的"。决定还指出：延安及各地高级学习组统归中央学习组管理指导。中央学习组以中央委员为范围，毛泽东任组长，王稼祥任副组长。

10月1日　毛泽东、朱德、王稼祥、叶剑英复电陈毅、刘少奇："同意你们作打击反共军之准备，但暂时还不要执行。因蒋（介石）给汤（恩伯）、何（柱国）、李品仙等任务是先向津浦、陇海两路日寇举行游击破坏。至（于）向津浦路以东，则要看将来日寇的行动情况再决（定）。""因此，你们现以待机为好。军部暂不要移动。"

△　与彭德怀致电阎锡山、卫立煌，告以：日军集中六七万兵力大举"扫荡"晋察冀边区已历月余。我为抑留日军于华北战场，减少其对华中、华南压迫，除严令聂荣臻部坚持斗争外，于上月二十一日起又复调贺龙师、刘伯承师及吕正操部共二十余团，分由东西南三面大举向"扫荡"晋察冀边区之敌后进攻，使敌无法抽集兵力运往长沙，借取得直接配合保卫长沙之作战。旬日来，敌在我内外夹击下，困难增多，已陷入华北。"为保长沙配合长江流域各战区友军之作战，除饬我边区部队及各配合边区作战之兵团积极反攻当前之敌、抑留敌人外，谨电奉闻"。

10月2日　毛泽东、朱德、王稼祥、叶剑英致电周恩来："请你向重庆军委会提出质问，可说新四军来电传闻李品仙、何柱国有两军（不说汤）东进消息，如何此时又要反共？"

10月4日　与徐向前、叶剑英、郭化若等出席延安黄埔军校同学会成立大会并讲话：黄埔军校曾经是国共两党团结合作的学校，在革命军队的建设上，做过贡献，有光荣的历史。现在国家民族正处在生死存亡的关头，黄埔军校同学要加强团结，抗战到底。

10月5日　日军侵占郑州。

10月8日　毛泽东、朱德、王稼祥、叶剑英致电彭真、聂荣臻、贺龙、关向应：军委开办摩托机械学校，决定从晋东南、晋察冀、一二〇师调学生五百人来延安训练。学员必须体格强健，十八至二十八岁，有中学文化程度和自然科学知识，政治纯洁可靠。均于四月底前出发。

10月10日 致电彭德怀、左权转袁晓轩：敌寇攻湘，已遭失败，现已向郑州方面进犯。我们已令八路军、新四军各部即与敌后友军取得联络，并向敌各重要交通线进行有效的破击，以配合友军作战。要袁晓轩呈卫立煌转饬前线有关部队与本集团军部队多取联系。

△ 与叶剑英致电王世英：我军为策应郑州作战，已令各部与敌后友军取得密切联系，向敌各重要交通线进行有效的破击，以配合友军作战。望将此意转呈阎锡山。转饬敌后有关部队，与本军进击部队多取联系，共同对敌。

△ 与彭德怀、罗瑞卿、陆定一写信，号召全军指战员、政工人员，迎击日寇即将进行的对晋冀鲁豫根据地的战略"扫荡"，指出：敌寇的"三光"（烧光、杀光、抢光）政策将重现于我区，局势是严重的，全根据地已进入决定生死存亡的时期。要求大家紧急动员，迅速作战斗准备；掩护和协助群众秋收；加强自己的力量，消灭奸细，在统一的坚强意志下开展对敌斗争，战斗到最后一滴血，粉碎敌之"扫荡"。

△ 在《解放日报》上发表《辛亥回忆》一文，概述云南起义和自己参加起义的情况，指出：要革命胜利，就要珍重革命的统一战线。现在在抗日民族自卫战争中，全国同胞，各党各派的人士，无党无派的人士，都要接受过去的经验，深深地爱护国共合作，爱护全党团结。

10月13日 中共中央书记处会议决定：组织清算党的过去历史委员会，毛泽东、王稼祥、任弼时、康生、彭真参加，以毛泽东为首，由王稼祥起草文件；组织审查过去被打击干部委员会，陈云、高岗、谭政、陈正人、彭真参加，以陈云为首。

10月14日 与彭德怀电贺冯玉祥六十寿辰。

10月15日 与彭德怀致电蒋介石、阎锡山、卫立煌：为配合郑州作战，已令各部向当面敌人的交通据点进行攻击。

10月18日 毛泽东、朱德、王稼祥、叶剑英致电刘少奇、陈毅："因西安交通被国民党严密封锁，知识分子来源已断，不但抗大三分校教育行将停顿，即军委及留守兵团亦得不到知识分子的补充。提议由苏北以至安徽各根据地内招收政治纯洁、体格强健，有中学文化程度之知识分子六百至一千人来延，不分男女，经你们初步审查之后，即可组织成队，经华北分批送达此间。如有熟练工人及技术人才更好。"

△ 毛泽东、朱德、王稼祥致电一一五师、朱瑞：你们须与苏北黄克诚部切实联系，关心他们的部队及抗日根据地的建设，你们现在的根据地是山东，发展方向是华中，任务坚持山东抗日根据地，同时不要忘记向华中发展。

10月20日 出席中共中央政治局会议。会议讨论时局问题。

△ 为阻击何文鼎师南下，毛泽东、朱德、王稼祥、叶剑英致电贺龙、周士第并告彭德怀、左权：蒋鼎文"承认何文鼎师南下接收邓宝珊部新十一旅防务。这一着对边区威胁极大，决抽调王震旅及留守兵团部队（步三个团骑一个团）归王震、贺晋年指挥，统一阻击何师南下。"请令一二〇师驻葭县之第五团配合行动。

10月23日 毛泽东、朱德、王稼祥、叶剑英致电彭德怀、左权，陈光、罗荣桓，贺龙、关向应，聂荣臻等："军委拟号召敌后各根据地，普遍设立炸弹制造厂，以为武装敌后民众的主要武器，请将你处关于创办炸弹厂的经验及其意义作用，电告我们参考。""请于日内将你手榴弹最近制造情形，每月平均产量，按何比例分配给正规军、游击队和民兵使用及现有工具、工人数目等一并详细电告军委。"

△ 毛泽东、朱德、王稼祥致电贺龙、关向应、甘泗淇、周士第并告彭德怀、罗瑞卿："关（向应）离部后，一二〇师军政委员会书记由贺龙同志代理。"

10月26日 出席在延安举行的东方各民族反法西斯代表大会开幕式。会上三十五名日本工农学校学生向朱德致敬，并宣誓参加八路军。朱德致答词，表示热烈欢迎。

10月27日 出席东方各民族反法西斯代表大会并作《建立东方各民族的反法西斯统一战线》报告。报告论述国际和远东形势，分析日本法西斯的侵略意图和侵略方法，指出：东方各民族的情况虽然不完全相同，但都受到日本法西斯的侵略和威胁，统一一切反对日本帝国主义的势力，组成反法西斯的统一战线，这是打倒法西斯主义或是阻止它发展的最大力量和武器。战争的最后胜利，无疑地将属于反法西斯营垒这一面。十一月二十三日、二十四日，《解放日报》发表该报告。

10月29日 出席中共中央政治局会议。会议讨论并通过中共中央宣传部、中共中央组织部的业务和半年工作计划和中央青委机关组织及工作计划、中央情报部的组织纲要。

△ 毛泽东、朱德、王稼祥、康生、叶剑英致电八路军总部、新四军及有关各战略区，指出：为着保证情报联络的及时而不影响指挥起见，建立健全的情报联络网实不容缓。特决定在八路军总部、山东、晋察冀、晋西北、冀豫晋、冀中、大青山、新四军军部、新四军第二、六师等十处，首先建立情报网的联络基点。望于十一月底前将准备工作就绪。

△ 为《解放日报》的《军事副刊》撰写发刊词，指出：现在全人类正处在一个大战争中。我们中华民族所进行的抗日战争乃是这个大战争的一部分。在这样的时代，军事知识不但是军人所必需，而且是人人所必需的常识了。军事是我们自卫

的武器，解放的工具，同时，军事又是一门科学。现在《军事副刊》出版了，要自卫要解放的人，人人可以学到军事，学了来打日本侵略者。

10月30日 毛泽东、朱德、王稼祥、叶剑英致电周恩来，彭德怀、左权、陈毅、刘少奇、贺龙、周士第、刘伯承、邓小平：阎锡山似有投降举动。据报，军渡一线集敌甚多，有欲渡河样，其目的似为掩护阎或为西侵。如阎投敌，各部不必急于发表意见，届时中央当有指示。同时电告王震已率两团兵力去安边对付何文鼎部南下，因河防空虚，要求贺龙、关向应加强兵力，并注意河防指挥。

△ 毛泽东、朱德、王稼祥致电刘少奇、黄克诚，彭德怀：新四军彭明治、朱涤新支队可开津浦路东、淮河以北地区活动，以发展苏北。去苏北，要注意自卫原则。

10月31日 出席东方各民族反法西斯代表大会闭幕式。大会决议成立东方各民族反法西斯大同盟，当选为东方各民族反法西斯大同盟执行委员。

秋 赋诗《和董必武同志七绝五首》，此录四首：

一

敌后常撑亦壮图，三师能解国家忧。
神州尚有英雄在，堪笑法西意气浮。

二

黄河东岸太行陬，封锁层层不自由。
愿与人民同患难，誓拼热血固神州。

三

朋辈志同意自投,团成砥柱止中流。
肃清日寇吾侪事,鹬蚌相争笑列侯。

四

抗战连年秋复秋,今秋且喜稻如油。
迷漫烽火黄河岸,父老齐声话御仇。

11月1日 出席中共西北局高级干部会议并作报告。报告强调要搞好生产,一切为了战争,一切服从战争。要搞好军民关系,军队要爱护老百姓,帮助老百姓;同时也要教育群众爱护和帮助自己的军队。陕甘宁边区的军事任务很重,国民党军队包围着我们,人家早就想消灭边区。保卫边区,还要调队伍来,但队伍来多了没有饭吃,怎么办?在南泥湾看出了办法,这就是屯田。屯田的办法以后还要用。要把南泥湾建设好。

11月5日 出席中共中央政治局会议。会议讨论即将召开的陕甘宁边区第二届参议会问题,决定提议由高岗任陕甘宁边区参议会议长,李鼎铭、谢觉哉(或刘景范)任副议长,林伯渠任边区政府主席;边区政府委员人选为十七人,其中共产党员七人,非党人士十人。会议还讨论了周恩来电询是否出席国民参政会问题,决定复电周恩来:国民党在放叶挺或发饷二者中做一件,我们即派一参政员出席;如一件不做,则以请假方式不出席,而不公开提出条件表示不出席。

△ 毛泽东、朱德、王稼祥、叶剑英致电贺龙、关向应、周士第:"据留守兵团报告,敌占碛口、孟门等渡口后,不断向(我)河西炮击,似有渡河模样。唯汾、离公路之敌后续兵

力不明，望着派队侦察。若敌确实西渡时，你们应准备有力的部队侧击汾、离公路之敌，配合西岸我军之作战。"

11月10日 毛泽东、朱德、王稼祥、叶剑英致电贺龙、关向应并告彭德怀、左权："河防敌情已缓，（周）士第不必来葭县"。"胡（宗南）军（似以）河防为主，无攻边区意。唯北面何文鼎问题未定，仍有南下危险。王震（所）率七一五、七一七两团及贺龙部专力对何（文鼎）。"

11月11日 毛泽东、朱德、王稼祥致电王世英：苏德战争爆发后，中苏、英美都一致反对法西斯侵略。时局有好转可能，望再见阎锡山一次，征求其对时局的主张和建议，即回延安报告。

11月12日 出席中共中央政治局会议。会议讨论陕甘宁边区财政经济问题，决定组织由李富春负责的起草委员会，限三天写出一九四二年度财政经济计划，交政治局通过。

11月14日 出席中共中央政治局会议。会议决定：以七参政员名义致函参政会秘书长王世杰，说明因事不能出席本次参政会，特此请假；并电告周恩来、董必武、邓颖超，准备应付各方面可能的压力。会议基本同意李富春代表计划起草委员会提出的边区一九四二年财政经济计划，并补充要缩减边区政府机关人员至三分之一等意见。

11月15日 在《八路军军政》杂志第三卷第十一期上发表《敌后形势和民兵建设问题》一文，文章指出："广泛的群众的半武装的民兵，是坚持敌后抗战中配合与补充正规军、保卫与巩固根据地的重要基础，是支持敌后长期浩大战争的最雄伟的后备军。""今天敌后形势，已进入敌我双方依托相当巩固的阵地，进行持久争取战的局面，在这个持久的争夺战中"，"在当前的具体环境下，发展民兵，乃是加强我军事地位的重要步骤之一"。"民兵的基本军事任务，是配合主力作战，进行群众性的游击战争和维持后方治安担任抗战勤务。""建立数量广大而质量提高的民兵，是我们坚持敌后抗战的重大军事任务。"这篇文章以《敌后形势和建设民兵问题》为题编入《朱德选集》。

11月17日 出席中共中央政治局会议。会议讨论了李富春提出的陕甘宁边区财政经济计划草案；会议确定了精兵简政的方针。

△ 毛泽东、朱德、王稼祥、叶剑英复电刘少奇："完全同意你关于对付反共军东进的估计及战略部署。"

11月21日 中共中央、中央军委发布《关于成立军事教育委员会和军事学院的决定》，决定朱德、叶剑英、萧劲光、谭政、许光达、郭化若、叶季壮、王斌、王铮组成军事教育委员会，由朱德负责领导。同时，为了加强高级军事干部的学习，决定由军政学院和抗大三分校合并成立军事学院，朱德任院长，叶剑英任副院长。

11月22日 出席中共中央政治局会议。会议讨论通过关于根据地内国民党党员加入共产党的决定和关于军队与民兵的武装问题的指示等。

11月24日 出席陕甘宁边区贸易局各分局局长及光华商店分店经理联席会议并讲话。指出：贸易工作虽较前有了进步，但还没有完全做到保证物质的供给。今后应搞好运输，奖励边区的盐、药材、毛织品等的出口。要更有计划地管理进出口贸易。要设法调整和平抑边区内部市场上各种日常必需品的价格。公营商店要加强联系，团结一致，才能稳定物价。

11月29日 中共中央军委发布《关于高级军事干部学习的决定》，决定在中央高级学习组之下，特设军事高级学习组，朱德任组长，叶剑英任副组长，陈奇涵任秘书。这以后，朱德一直领导着军事高级干部的整风学习。

12月1日 出席中共中央政治局会议。会议讨论对付何文鼎师进攻边区的对策。还讨论了供给学校改为经济学院问题，指定由朱德、叶剑英、凯丰三人组织委员会，在两星期内提出计划。朱德在会上发言：过去把马列主义提得很高，干部要进马列学院。马列主义高于一切，而各种具体学问没有注意来学习。只有马列主义理论不够，今后教育还要注重科学，例如军事知识。会议决定抗日军政大学改为军事学院，以朱德为院长，叶剑英为副院长，郭化若为教育长。

12月8日 日本偷袭美国海军基地珍珠港。同时进攻关岛、泰国、菲律宾、马来西亚、香港等地。英、美等国随之对日本宣战，太平洋战争爆发。美国与德、意之间也相互宣战。

△ 出席中共中央政治局会议。会议讨论太平洋战争爆发后的时局。朱德在会上发言，主张争取向英、美两国要一些物资援助，并向会议提出组织海外工作委员会。会议决定以朱德、林哲、李初梨、武亭、萧林、林仲、王大才七同志组织海外工作委员会，以朱德为主任，黄华为秘书，并决定将侨务委员会及党务研究室之海外研究组并入海外工作委员会。还决定由中央发一个公开声明，一个对党内的指示和一个对华侨工作的指示。

12月9日 出席中共中央政治局会议。会议继续讨论太平洋战爆发后的国际形势。会议通过《中国共产党为太平洋战争的宣言》和《中央关于太平洋反日统一战线的指示》。《宣言》指出："太平洋战争是日本法西斯为了侵略美国、英国及其他各国而发动的非正义的掠夺的战争，而在美国、英国及其他各国起而抵抗的一方面，则是为了保卫独立自主与民主的正义的解放的战争。""全世界一切国家一切民族划分为举行侵略战争的法西斯阵线与举行解放战争的反法西斯阵线,已经最后地明朗化了。""中国共产党应该在各种场合与英、美人士作诚恳坦白的通力合作,以增加英、美抗战力量,并改进中国抗战状况"。"中国政府和中国人民应该继续过去五年的光荣战争,坚决站在反法西斯国家方面,动员自己一切力量,为最后打倒日本法西斯而斗争。"

△ 国民政府发表《对日宣战的通告》和《对德意宣战的通告》。

12月10日 出席中共中央政治局会议,讨论在陕西国民党区域里党的组织工作问题。

12月12日 毛泽东、朱德、王稼祥、叶剑英、谭政、傅钟致电彭德怀、罗瑞卿:估计到敌后各根据地间,交通已经很困难,今后更加难于通过,来往费时间,因此,要求我们改进对各根据地的领导方法。"领导方法之最重要的一个问题,就是利用一切可能进行调查收集资料,对敌后抗战的各个具体问题加以深入研究,得出具体结论。"

△ 出席东方各民族反法西斯大同盟执委会第一次会议并致词。指出:太平洋战争爆发,改变了整个远东形势,这有利于反法西斯战争。

12月13日 与毛泽东致电贺龙:据关向应说,"你愿意来延安一行,如敌情不严重,欢迎你来。"

12月15日 收到周恩来关于适当改善与国民政府军委会关系的建议电后,毛泽东、朱德复电周恩来:"同意(你)办事处与(国民党)军委会作必要的来往。""已通知(八路军)总部继续(向国民党军委会)发战报,以利宣传。"

△ 出席延安生产动员大会并讲话,指出:一九四二年抗日战争将更趋激烈,一切都要以军事为第一。在后方工作的同

志要努力解决军队的给养问题。军队要拥护政府法令，对于一切犯罪行为，一定要执行军事纪律。

12月17日 出席中共中央政治局会议。会议通过《中共中央关于在太平洋战争爆发后敌后抗日根据地工作的指示》；基本通过《中共中央关于延安在职干部学习的决定》、《对目前党校的整理办法》及《中共关于延安干部学校的决定》；同意中央军委总政治部《关于太平洋战争爆发后对敌伪及敌占区人民的宣传与工作的指示》；决定将军政学院合并于中央党校，将现在在延安的七大代表编入中央党校，从中央机关选调一些高级干部入中央党校学习，次年一月开学。

12月20日 出席中共中央政治局会议。会议讨论陕西省国民党区域党的组织问题及陕西省党的工作决定草案。

12月23日 与彭德怀发布大量生产地雷的训令。

12月29日 出席中共中央政治局会议。会议讨论毛泽东为中共中央和中央军委起草的关于太平洋战争爆发后的战略方针的指示等文件。

12月 赋诗《我为陈毅同志而作》：

江南转战又江东，大将年年建大功。
家国危亡看子弟，河山欲碎见英雄。
尽收勇士归麾下，压倒倭儿入笼中。
救世奇勋谁与识，鸿沟再划古今同。

1942年　五十六岁

1月1日　与彭德怀、罗瑞卿、陆定一致信八路军全体指战员，祝贺新年，指出：一九四二年的中心任务是用最大的努力加紧整训，随时准备粉碎日军的"扫荡"，并准备战略反攻；进一步提倡节约，发扬艰苦奋斗的光荣传统；依靠群众，严格纪律，模范地执行政策，积极参加抗日根据地的建设；积极开展对日伪军、伪组织以及敌占区的群众工作。

△　以中、美、英、苏为首的二十六国参加对德、意、日轴心国作战的国家（通称同盟国），在美国华盛顿开会，签署《联合国宣言》，郑重表示：签字各国保证使用全部军事和经济资源，共同对抗德、意、日法西斯的侵略；保证不同敌国单独缔结停战协定或和约。这次会议更加巩固和扩大了国际反法西斯统一战线。

1月4日　出席在延安召开的中国青年反法西斯代表大会开幕式并讲话。指出：（一）要有组织的武装力量才能消灭法西斯，因此希望全国青年积极参加抗日军队；（二）青年应该努力参加生产，储蓄经济势力，支持长期抗战；（三）加紧军事知识与技术的学习，提高青年的战斗力量。号召全国青年亲密团结，建立青年反法西斯民主战线。

1月7日　与彭德怀、罗瑞卿、陆定一通令颁发《医院院规》及《医院四大工作纪律》，要求住院伤病员和医院工作人员遵守。

1月10日 关于征调各根据地营级以上干部到延安学习问题，毛泽东、朱德、王稼祥致电聂荣臻、萧克，指出：延安精简以后办中央党校，内设军事班只收营级以上干部。原军事学院及在职干部送延安，连以下学员编为抗大六分校，归太行军区领导。抗大二分校亦可按此办法，将营级及其以上学员送到延安学习。

1月11日 毛泽东、朱德、王稼祥、叶剑英复电贺龙、周士第并告彭德怀、左权："同意四日电有关对付绥西顽军的意见。""我们估计武川顽军可能西调，（但）在敌未进攻五临及宁夏顽军未西调（进）以前，应先向傅作义提出正面交涉。"

1月12日 毛泽东、朱德、王稼祥、谭政、傅钟致电彭德怀、罗瑞卿：估计到敌后各根据地间交通已经很困难，今后将更加困难，使通信来往费时，因此，要求我们对各根据地的领导方法必须注意研究和改进。强调："领导方法之最主要的一个问题，就是利用一切可能进行调查，收集材料，对敌后抗战的各个具体问题加以深入研究，得出具体结论。"

1月14日 与彭德怀、王稼祥发布第十八集团军《关于邮务问题通令》：邮政系统是有关抗战、并带有国际性质的国家企业，各地军政当局应尊重邮务规章及其行政与工作系统，并给以充分之业务便利与实际保护。并规定敌后邮务办法。

1月17日 出席中共中央政治局会议，会议通过《中央关于处理邮务问题的指示》和中央党校的教育计划等。

1月20日 关于正确对待日军官兵逃到我军防地避战的问题，与彭德怀、罗瑞卿、陆定一以第十八集团军总司令部、野战政治部名义发布命令，指出：太平洋战争爆发后，华北日本士兵反战情绪比前高涨，悲观自杀或逃入我军者，日益增加。命令部队务必发扬国际主义精神，予彼等以避战的方便。

特规定：凡从敌军中逃来我军防地的日本官兵、军属及侨民，应以国际友人看待，尊重其民族生活习惯，给予生活上的保障；愿意参加我军工作者，与我抗日军享受同等的荣誉与权利；对敌军中之随军记者、知识分子、艺术家、技术人员等，更应格外优待礼遇，予彼等以自由发展其才能之便利。

△ 出席中共中央军委后勤部经济建设部干部会议并讲话，要求部队生产要重视农业和经营副业；纺织业要注意纺羊毛，不要依靠外来棉纱；要扩大运输能力，加强运盐工作，使运输和商业更好地结合起来。

1月21日 毛泽东、朱德致电彭德怀，聂荣臻，贺龙、关向应：据悉，满洲敌军在张家口等地增加四个师，黄河沿岸尤其晋西敌有渡河进攻模样。日本在满洲放出北进空气。敌如不守新加坡，其与希特勒配合攻苏危险是存在的，望切实侦察敌军动向并将情况速报。

1月22日 出席留守兵团在八路军大礼堂召开的欢迎第三五九旅七一七团晚会并讲话。指出：现在全世界都在打仗，目前第一个任务是打倒法西斯。我们八路军、新四军是一支坚强的队伍，在反法西斯战争中，决不能落在人家后面。战争是长期的、艰苦的，没有充分的物资就不能取得胜利。你们去年在临镇生产，搞得不错，今后还要开荒种地，养猪、养牛、养羊，做到丰衣足食。

1月24日 出席中共中央政治局会议。会议通过了朱德提出的海外工作委员会业务以及半年工作计划，还通过了关于中央宣传部的工作的决议；并决定在职干部中每三个月进行一次时事政策、理论总考，各部委每月进行一次分考；在中央书记处办公厅下设秘密印刷厂。

1月25日 任延安新体育会会长，并在学会成立会上讲话，指出：今后各机关、部队都要有组织、有计划地开展体育运动，并要把体育与卫生密切联系起来。

1月28日 出席中共中央政治局会议。会议通过《中共中央关于抗日根据地土地政策的决定》和这一决定的三个附件（关于地租及佃权问题，关于债务问题，关于若干特殊土地的处理问题）。

2月1日 与彭德怀、罗瑞卿等致电刘伯承、邓小平、蔡树藩等：抗日军政大学总校今后的基本任务是为一二九师及决死第一纵队培养干部。总校即归一二九师首长统率。总校与其他各分校的关系仍照中央军委规定不变，各分校受各战略区最高指挥机关直接领导。总校应注意向各分校介绍教学经验及可能解决的教材和干部。

△ 毛泽东在中共中央党校开学典礼上作《整顿党的作风》报告，整风运动在全党范围内开始。

2月3日 毛泽东、朱德致电彭德怀：告陕甘宁边区的财政经济在去年已打下基础，"今年更有计划地组织了人民的、部队的及机关学校的劳动"，大生产运动"可能向上发展，在不受灾的条件下勿需外援"。

2月4日 出席中共中央政治局会议。会议原则通过《中央关于如何执行土地政策决定的指示》，经过修改于二月六日发出。

2月11日 出席中共中央政治局会议。会议讨论《解放日报》的办报方针问题和《中央关于在职干部教育的决定》。朱德发言说：报纸内容的革命，光靠报馆困难，要各部委负责，如军事消息要叶剑英负责。各部委有些指示要改变文字，利用报纸向党外宣传。

2月13日 毛泽东、朱德、王稼祥、叶剑英致电彭德怀、左权、罗瑞卿：朱瑞、黎玉、罗荣桓二月三日电同意将山东纵队番号撤销，改为山东军区。唯从胶东抽兵补充一一五师似可从缓。究应如何？请你们考虑答复。

2月14日 指示八路军总卫生部：对直属各医院，疗养院，卫生科、所、门诊部所有医生及司药举行技术甄别考试。考试后将按成绩优劣分别等级，发给证书，执行业务。

2月18日 为纪念苏联红军建军节，撰写《纪念红军二十四周年》一文。文章代表八路军、新四军向苏联红军全体将士致最热烈的祝贺。并表示：红军已经从防御转入进攻，希特勒军队的败局已定。我国军民誓与你们并肩奋斗，争取反法西斯的共同胜利。

2月21日 毛泽东、朱德、王稼祥、叶剑英复电彭德怀、左权、滕代远："抗大总校大部分员生可照你们意见，拨给一二九师成立分校。""从员生中选择可任高级军政教育之教员及可资深造之学生共约二百名左右"，由滕代远率领回延安到军事学院任教和学习。

△ 毛泽东、朱德、王稼祥致电贺龙、关向应、甘泗淇等：望注意改善同国民党军第二十二军军长高双成部的关系。

2月27日 与彭德怀致电苏联红军，祝贺红军建军二十四周年。

2月28日 出席中共中央政治局会议。会议讨论通过《中共中央关于在职干部教育的决定》和《中央政治局关于党校组织及教育方针的新决定》。

3月4日 毛泽东、朱德、王稼祥致信慰问八路军留守兵团、陕甘宁边区保安部队。信中赞扬留守兵团四年以来"曾经胜利的保卫了我全军后方，巩固了边区治安，屏障了整个西北"，"是有很大成绩的"。这首先应归功于大家的团结努力。

还指出：在新的一年里，为配合全世界反对法西斯的战争，准备反攻，要在今后两三年内打倒日本帝国主义。我们双肩上的担子是很重的。因此，首先，应加强团结，密切与群众的联系，使边区更加巩固；其次，我们的军事技术和文化水平还须大大提高；此外，还须加倍努力生产运动，大家动手，解决吃穿问题。"预祝你们今年在战斗、学习、生产和全部工作中，将得到新的巨大的胜利和进步。"

3月5日 毛泽东、朱德、王稼祥、叶剑英复电贺龙、周士第："二十五日电悉，所报武川傅（作义）部向我进攻，判断系奉蒋（介石）令，有隔断我向北联系之目的。必须坚决打击之。"

3月9日 在中央党校门前参加张浩[1]葬礼并护灵、执绋。在灵车到达墓地山下后，与毛泽东、任弼时等一起抬棺至墓穴，举行奠土礼。

3月11日 出席中共中央政治局会议。会议再次讨论博古提出的改造《解放日报》草案。会议决定由王稼祥、博古、凯丰、胡乔木、余光生组成党报委员会。

3月12日 毛泽东、朱德致电彭德怀：阎锡山所部六十一军横行，势必还击。但目前不宜组织大规模战事，导致决裂。而应组织若干突击队坚决打击其个别出犯部队。以警戒其行动，再观其态度，决定对策。

3月13日 毛泽东、朱德致电王世英：阎锡山梁培璜部六十一军"配合敌寇'扫荡'我太岳区，将我翼城、沁水两县干部杀很多，游击部队遭围攻歼"，并"摧毁我根据地"。"请向阎交涉，要求阎令其退原防（地），制止杀人掠地行动，以

---

[1] 张浩，原名林育英，前中共驻共产国际代表团成员，八路军第一二九师政治委员，于1942年3月6日病逝。

固团结"。

3月19日 出席中共中央政治局会议。会议讨论《中共中央关于共产党员与党外人员关系的决定（草案）》。朱德在会上发言说：交朋友要讲究道德。李鼎铭对我说，如果我们讲道德，天下是我们的。我们要注意道德与待人接物。我们要取得天下，必须接受过去的民族的优良传统。

3月23日 与叶剑英出席在延安召开的高级技术干部季会并讲话，赞扬了专家们敢做敢讲的精神，强调了技术建设的重要性，并要求立即纠正不统一、不合理的现象。

3月24日 毛泽东、朱德、王稼祥、叶剑英致电彭德怀、左权、刘伯承、邓小平、贺龙、关向应、聂荣臻："敌攻乡宁、吉县甚急，阎（锡山）正坚决抵抗，要求我们援助。望令我军及时予以必要援助。以争取晋绥军之抗战。"

3月29日 与彭德怀、罗瑞卿致电八路军各师长、各军区司令、各政治委员、政治部主任，指出：目前正值春耕时节，日军又在占领区宣传与强迫种植鸦片，并企图侵入我各个抗日根据地，企图腐蚀我根据地抗日军民。我八路军全体将士应即在自己所属区域内彻底揭发与打击日军之毒化政策，并协同当地抗日民主政权号召与组织民众一致与其毒化政策作斗争。并强调：在我各抗日根据地一概不许种植鸦片，违者严究。

4月初 当看到三月三十一日《解放日报》刊载有关兵站、敌军工作干部学校、军事学院的工作人员强种民地的报导后，即下达命令，要求这三个单位负责人彻查，如情况属实，除将原地归还外，对违纪人员须严加惩处，并对所属进行深刻教育，保证以后不再发生类似行为。

4月1日 以八路军总司令名义发布关于春季防疫工作训令：春季已届，使人致病的细菌将繁殖活跃，各种可怕的传病如伤寒、霍乱、天花、白喉等,特别应当指出的是剧烈的传染病——鼠疫大有可能发生。为了使全体人员身体健康,不遭受上述传染病的侵害,特责成军医处制订详细计划,随令颁发。深望各机关、学校、部队首长,于接到是项计划之后,深入传达,并认真执行,执行的程度由卫生部派专人检查。

4月2日 出席中共中央政治局会议。会议研究关于在延安学习中央决定(指一九四一年七月一日《中共中央关于增强党性的决定》和八月一日《中共中央关于调查研究的决定》等)及毛泽东整顿三风报告的办法。会议决定:在《解放日报》上设批评与建议栏,用严正态度开展正确的批评,纠正无的放矢与无原则的攻击毁谤的态度;《中共中央关于共产党员与党外人员关系的决定(草案)》,由于涉及方面甚广,暂不发表。朱德就整顿三风问题发言:现在反三风不正的斗争已经发动,现在不能收场,我们要善于领导。现在许多学生文不对题地反主观主义是不对的。要引导反三风斗争到实际工作中去。

4月4日 出席军政学院第一队学员毕业典礼并讲话。强调了政治工作在军队中的重要性,并号召政治工作人员以身作则,不仅简单地从政治上来动员保证,而且能够照顾到军队中的物质生活。还谈到目前在党内整顿三风中发生的极端民主化等不良倾向,要求毕业同学在工作中加以注意。

4月5日 为中共中央军委总政治部宣传部编印的《八路军抗战烈士纪念册》作序,毛泽东、王稼祥为该书题词。

4月10日 中共中央书记处工作会议批准成立中央直属系统、军委直属系统、边区系统等几个委员会,以利于系统地领导研究整顿三风的十八个文件及检查工作。军委直属系统委员会由王稼祥、陈云、朱德等十一人组成,军事系统(留守兵团在内)的检查工作,可采用毛泽东、朱德的名义进行。同意毛泽东的提议，准备以毛泽东、博古、凯丰的名义召集延安文艺界座谈会。

为号召沦陷区同胞抵制为日寇种棉花，与彭德怀通电沦陷区同胞，指出：日寇天天鼓吹多种棉花，因为棉花不仅可以做衣服，还可造火药，为战争所必需，但日寇从来就缺乏棉花。望我沦陷区同胞，同心努力，不给敌人种棉花，以增加敌人之困难，争取早日反攻的胜利。

4月11日 出席中共中央政治局会议。会议讨论中央党校政治教育计划、国内局势和精兵简政问题，听取毛泽东作关于目前时局问题的发言。

4月13日 出席中共中央政治局会议。听取毛泽东在中央学习组作关于时局的报告。

4月17日 出席中共中央政治局会议。会议通过毛泽东为中共中央书记处起草的《中央关于准备应付第三次反共高潮的指示》。

4月18日 毛泽东、朱德、王稼祥、叶剑英致电彭德怀、左权，聂荣臻，刘伯承、邓小平："如日苏开战，国民党有发动第三次反共高潮可能，并有进攻（陕甘宁）边区可能。""为应付可能的事变起见，准备于必要时从聂（荣臻）军区及一二九师抽调若干部队到晋西北填防，以便一二〇师在事变后能抽调大部渡过河西进应付时局。"望对有关问题预作考虑。

4月中旬 与贺龙等在王震陪同下视察南泥湾农场、工厂和从事生产的第三五九旅等部队，称赞南泥湾建设搞得好，是"陕北的江南"。

4月25日 与彭德怀发布命令，对各部队、机关在精简整编后的各项用费重新作出规定，自五月一日起实行。

5月1日 出席延安各界纪念五一国际劳动节大会并讲

话，勉励工人们多做工，多造炮弹，亦即多消灭敌人。还盛赞兵工制度，说：他们的生活待遇和普通士兵一样，但对于生产的贡献颇大，是工人中的模范。

△ 在《解放日报》上发表《克服困难，向前迈进》一文。文章指出：为了迎接更加艰难的局面，我们的工厂的各种工作，须在四个方面大大向前迈进一步。第一，要教育工人们认清自己的事业和责任，用新的态度来参加劳动。使他们懂得自己不是简单的因为生活驱迫而做工谋生的普通工人，而是我们民族的先锋队，应当最积极地为了实现中国人民的伟大理想——建设新民主主义的新中国而努力。第二，一切改善工人生活和提高工资的要求，要以不妨碍工厂的维持与发展为前提。工资的标准，一般以维持生活、保证温饱为限度。在这个原则下面，按技术高低，生产多少，和出品的好坏来规定工资的等级。不分高低，一律平等的平均主义是一种有害的思想。要反对不顾革命利益和实际可能，一味追求高额工资的落后意识。同时，工厂必须尽一切可能关心工人的物质生活，关心提高工人的文化和技术水平。第三，发挥工人的生产热忱，从而提倡劳动生产率和改善生产质量。第四，减轻生产成本，改善工厂和管理与领导，大家爱惜工具，节省资材，严厉反对浪费现象。

5月3日 出席中共中央政治局会议。会议讨论国民党可能掀起第三次反共高潮，向延安地区发动军事进攻问题。朱德发言，指出：蒋介石有可能与日本拉拉扯扯，进行妥协。还说：胡宗南部有两年来没有打过，收编了很多土匪部队，十几个师是老部队。他们的进攻可能是闪击战。因此，我们的布置，应有准备，抽调一些人到部队及群众中工作。现在延安共有四万人，民众四千，商人二千。工作人员疏散以后有好处。多余的资材拖到保安去。还指出：须从华北调来二十个团，并边区现有二十团共四十团，是够对付胡宗南的。我们要积极准备。会议同意毛泽东的提议，为准备应付突然事变，加强陕甘宁边区与晋西北的防务，统一军事指挥，决定组织陕甘宁晋绥联防军司令部，贺龙任司令员、徐向前任副司令员，关向应任政治委员。并决定晋西北成立中央分局，关向应任书记，林枫任副书记，直属中央领导。会议还决定成立后方工作委员会，叶剑英任主任，叶季壮等为委员。十三日，中央军委发出成立陕甘宁晋绥联防军司令部的指示，规定联防军司令部直辖下列各部队：一二〇师、留守兵团、晋西北新军、三五九旅、陕甘宁边区保安部队、炮兵团。并规定：从五月二十一日起，凡直属联防司令部指挥的各兵团，即与联防司令部直接发生关系并接受其命令；华中华北各战略区，望与联防司令部相互通报，确保联络。

5月4日 毛泽东、朱德、王稼祥致电彭德怀、左权、罗瑞卿："王树声以来延安受训为宜。"

5月12日 出席在延安举行的护士节纪念会并讲话，勉励大家努力学习八路军的传统精神，即在极困难的条件下面，仍能设法医好病人。并说：护士和战士同样特别重要，对于革命工作均有同等的贡献，过去受伤的八路军将士，在医护同志细心认真护理之下，已有很多人重上战场。

△ 为护士节题词："救护抗日伤病战士，完成抗战胜利。"

5月16日 出席延安日本工农学校举行的周年纪念大会并致词："日寇在华北怕两样东西：一为日本反战联盟，一为朝鲜青年抗日义勇队。因此想尽办法，来破坏这两个团体。"希望同学们除了从书本上学习革命理论外，更须学习革命工作的实际经验，尤其是八路军多年来的宝贵历史。最后指出：反法西斯力量逐渐增长,全世界爱好和平的人民一定能得到解放。

5月17日 与彭德怀致电冀中军区全体指战员、政工人员,就冀中抗日根据地全体军民顽强抗击日军残酷"扫荡",坚持平原游击战争,给以勉励和嘉奖,并号召继续坚持斗争,渡过难关,争取反"扫荡"的胜利。

5月19日 由毛泽东起草以朱德名义致电胡宗南:贵部正在积极动员集中五个军进攻我边区,"采取袭击办法,一举夺取延安"。此种军事行动实"属骇人听闻,大敌当前,岂堪有此,敢电奉询,即祈示复"。

5月21日 出席中共中央政治局会议。会议讨论目前时局、整风学习、文艺座谈会等问题。会议决定:(一)整风学习延长时间,机关从四月二十日起延长到九月二十日共五个月,学校由四月二十日起延长到八月二十日共四个月。(二)根据毛泽东提议,为领导整风学习,由毛泽东、凯丰、康生、李富春、陈云五人组成中央总学习委员会,由毛泽东负总责,康生副之。

5月23日 出席延安文艺座谈会最后一次会议并讲话,对延安文艺界中的一些错误思想予以批评,指出:作家不要眼睛长得太高,要看得起工农兵。当谈到一位作家引用李白"生不用封万户侯,但愿一识韩荆州[1]"的诗来表示自己怀才不遇时说:"你到哪里找韩荆州?在我们这个时代,工农兵里就有韩荆州!只有到工农兵群众中去,你才能结识许许多多的韩荆州。"针对有的作家不愿歌颂八路军、新四军的情况,说:"八路军和新四军为了国家民族流血牺牲,有功

---

[1] 韩荆州,即韩朝宗,唐玄宗开元年间任荆州刺史,好举贤任能,荐拔有识之士,故为当时读书人所仰慕,纷纷归附在他的门下。

又有德，为什么不应该歌？为什么不应该颂？"又针对会上关于革命作家要不要经过思想转变问题的争论，说："哪里不要转变啊，岂但转变，我说就是投降！我原来不是无产阶级，因为无产阶级代表的是真理，我就投降了无产阶级。我投降了无产阶级，并不是想来当总司令，我只是替无产阶级打仗，拼命做事。"还针对一些作家认为延安生活太苦，说："有的同志觉得延安生活不好，太苦了，其实比起我们从前过雪山草地的时候，这已经是天堂啊！有的同志说，外面大城市吃的、住的、穿的东西比延安好。但是那再好，是人家的啊。延安的东西再不好，是我们自己的啊。"

5月24日 毛泽东、朱德、王稼祥、叶剑英、谭政、傅钟致电刘伯承、邓小平、蔡树藩、李达：王树声同志来延安后所谈一二九师有关集体领导、干部政策、地方武装建设等方面的意见，望在有暇时加以考虑，并将意见电告我们。

5月27日 毛泽东、朱德复电刘伯承、邓小平并转彭德怀："总部被袭，左权[1]阵亡，殊深哀悼。（罗）瑞卿、（杨）立三已否脱险，甚念。目前总部电台已全部损坏，建议总部暂随一二九师行动。"六月十日，朱德与彭德怀致电周恩来转蒋介石等，呈报：自五月十九日起，日军三万余人分路向太行区大举"扫荡"，八路军与敌展开激烈的反"扫荡"战。本月二日[2]，我八路军副参谋长左权指挥三五八旅主力在麻田以南上下清泉地区与敌作战中不幸牺牲。

5月30日 出席中共中央政治局会议。会议决定向六届

---

[1] 左权，1942年5月25日在山西辽县麻田镇附近指挥反"扫荡"战斗中牺牲。牺牲前任八路军副参谋长。

[2] 应为1942年5月25日。

七中全会提议，七大应增加城市工作的议程，该项议程的报告和决议应从抗战的需要和我党的任务出发，提出目前在敌占区城市工作的重要性，并联系到对过去城市工作的批评。

5月 中共中央决定在延安设立陕甘宁晋绥联防司令部后受中央委托，与联防司令部副司令兼参谋长徐向前谈话，介绍了毛泽东对形势的分析，说明了组成联防司令部的意义，并交代了今后的工作任务。强调：中央的这个决定是为了统一晋西北和陕甘宁边区的军事行动，充分做好应变的准备。同时指出：我们的面前困难很多，克服困难靠不上别人，只能靠自力更生。一九四二年的任务主要有三项：整风，精兵简政，发展生产。目的是为了巩固自己，渡过困难阶段。联防司令部成立后，要结合备战，抓好这三项任务。

6月2日 赋诗《悼左权同志》：

　　　　名将以身殉国家，愿拼热血卫吾华。
　　　　太行浩气传千古，留得清漳吐血花。

△ 中共中央总学习委员会举行第一次会议。会上总学委正式成立。委员有毛泽东、康生、陈云、高岗、彭真、李富春，主任毛泽东，副主任康生。

6月3日 在《解放日报》上发表《祝维舟同志五十六寿辰》一文。文章高度赞扬了八路军三八五旅旅长王维舟同志。

6月4日 出席中共中央政治局会议。会议听取林枫关于晋西北工作报告的第一部分（一九四〇年晋西事变到现在两年来的工作概况）。会议根据毛泽东的提议，给予联防军司令部三项职权：统一晋西北与陕甘宁两个区域的军事指挥及军事建设；统一两个区域的财政经济建设；统一两个区域的党政军民关系〔1〕。六月八日，中共中央书记处发出《中央关于成立陕甘宁与晋西北联防司令部的决定》，确定联防军司令部上述三项职权，并决定成立以林伯渠为主任、贺龙为副主任的西北财经委员会，下设由贺龙主持的西北财经办事处。

6月7日 中共中央总学委举行第二次会议，决定参加中央学习组的全体同志编组研究某些重要文件，先行讨论《联共党史》结束语及《论布尔什维克化十二条》两个文件，并准备测验与调阅笔记。参加中央学习组的党、政、军、民各方面工作的同志混合编为十个组，朱德任第二组组长，彭真、吴玉章任副组长。

6月15日 在《解放日报》上发表《悼左权同志》一文，文章高度评价左权同志是"我八路军最优秀的将领之一"；他一生辛勤劳苦、出生入死，为民族与人民的解放事业，贡献了毕生精力；他曾长期担任高级兵团参谋长的工作，参与了我军许多重要战役和建军工作的规划与领导，特别是抗战以来，他在极残酷艰难的敌后环境下，忠心赤胆，为国为民，劳瘁的工作着；他在军事理论、战略战术、军事建设、参谋工作、后勤工作等方面，有极其丰富与辉煌的建树，是中国军事界不可多得的人才。这篇文章编入《朱德选集》。

6月19日 出席中共中央政治局会议。会议听取林枫关于晋西北工作报告的第二部分（政权工作）；讨论抗战五周年纪念问题；讨论整风学习问题。会议同意毛泽东提出的在此次整风运动中，各机关学校主要负责同志要善于把真正犯错误的

---

〔1〕 1942年8月29日，中共中央政治局会议决定：原给予联防军司令部的统一晋西北与陕甘宁两个区域党政军民关系的这一职权，改由中共中央西北局执行。

同志与破坏革命的坏人加以区别的意见。

6月21日 与凯丰、李富春、邓发、贺龙等十九人建议九月在延安举行扩大的运动会,号召边区各界人士积极参加。指出:要支持反法西斯的残酷的战争与繁重的革命工作,不但要武装我们的头脑,还需要武装我们的身手。

6月23日 出席在延安举行的在华日本共产主义者同盟成立大会,并代表中国共产党及八路军致贺词:同志们来延时间尚短,而进步极速。现在这个同盟组织不大,但将来必有惊人的发展。同志们必须利用今日有利之环境,加紧学习马列主义,准备将来在日本具体应用。希望同志们不屈不挠,奋斗到底。

6月29日 与毛泽东会见晋西北士绅参观团,并在青年食堂设宴招待。参观团结束访问时,分别向毛泽东、朱德献旗、致颂词。

7月1日 在《解放日报》上发表《纪念党的二十一周年》一文,文章指出:在过去的二十一年中,我们经历了中国革命的许多伟大斗争,经历了革命的胜利与失败,"我们党已经是一个有八十万党员的全国性的大政党,也已经是一个思想上、政治上、组织上都巩固的布尔什维克的党。""今天我们党已经积累下了丰富的斗争经验,正确的掌握了马列主义的理论,并且在中国革命的实践中创造了指导中国革命的中国化的马列主义的理论"。"经过长期革命斗争的锻炼,我们党已经有了自己的最英明的领袖毛泽东同志。他真正精通马列主义的理论,并且善于把这种理论用来指导中国革命步步走向胜利。"但我们党也还存在着很严重的缺点,"这就是党中央毛泽东同志所指出的主观主义、宗派主义和党八股三种不大正派的作风,还在党内残存着。要完成打胜敌人的任务,我们全党就必须深入目前党所号召的整顿三风的工作,扫除这些残余的恶劣作风，建设党的新的风格，改造干部和党员（的）思想和工作作风，使全党走上完全布尔什维克的道路。这就是我全党今天的重要任务"。

7月2日 出席中共中央政治局会议。会议讨论并通过《中共中央为纪念抗战五周年宣言》（草案）和《中共中央告抗日根据地全体党员和八路军新四军将士书》（草案）；还讨论在目前敌人残酷"扫荡"的严重情况下暂将八路军总部移到晋西北指挥作战的问题和中共中央关于对待原四方面军干部态度问题的指示草案。毛泽东在会上提议朱德、高岗、林伯渠在七七纪念大会上讲话。朱德在会上发言，指出：中国长期革命的传统，是为了民主共和国，我们要接受过去的传统。中国现在和将来都要实行用马列主义解释三民主义。国民党中有人说实行三民主义民众起来了，天下还是共产党的，不实行三民主义民众又反对国民党，天下也是共产党的。将来即使发生内战，即使我们打胜了，也还是实行三民主义和三三制。还指出：现在国民党大后方经济极困难，军官二千元一月不能维持生活，人民天怒人怨，千疮百孔无法医治。我们边区好好实行三三制和努力生产，还能养活几万军队。

7月3日 中共中央书记处致电八路军总部，建议总部移晋西北；总部移晋西北后，北方局机构改为太行分局，归中央直接领导，请考虑电复。

7月6日 向延安鲁迅艺术文学院举行的抗战五周年殉难校友追悼大会送挽联："从军杀敌，以笔当枪，正义宣传参与正义战。为国牺牲，血花齐洒，英勇楷模是为艺术光。"

7月7日 在《解放日报》发表《胜利在望，团结向前——为纪念抗战第五周年而作》一文，概述一年来八路军、新四军坚持敌后抗战的情况和战绩，以及奋斗牺牲、坚持抗战的意义和经验。向全国及全世界宣告：我们愿本一贯团结抗敌之精神，历千辛，排万难，继续坚持敌后抗战，巩固国内团结，与各党各派共同建设一个民主共和国；并与一切反侵略国家的盟军携手并进，与全世界反侵略国家共同建设一个和平的新世界。

△　与彭德怀发布《七七纪念五周年告华北同胞书》，揭露日军所谓"中日战争是出于误会"，"共存共荣"，"大东亚战争是大东亚民族解放战争"等欺骗宣传。号召各抗日根据地人民更广泛地开展群众性的游击战争，巩固根据地，以待反攻。

△　出席延安各界举行的纪念七七抗战五周年和追悼抗日阵亡将士大会并讲话。大会通过致蒋介石及全国将士电，致八路军、新四军全体将士电。

△　在《解放日报》发表《抗战五周年挽八路军阵亡将士》诗一首：

吾华好男儿，正好抗日死。
民族赖以立，国亦得所恃。
捍国不惜身，伟哉诸同志。
寰宇播英名，千古传青史。
羞彼汪陈辈，甘作敌犬豕。
靦颜认贼父，臭遗不知耻。
倭焰益以张，侵凌无底止。
毒计施"三光"，屠戮及赤子。
狼烟飞满目，腥膻遍城市。
"扫荡"复"扫荡"，争夺在尺咫。
正谊激同仇，血肉冒锋矢。
相持已五年，战斗难数计。
杀敌逾十万，捷报盈筐纸。

外侮不足危，所惧在内毁。
阅墙安可再，徒为敌者喜。
耿耿我心忧，国人其共弈。
幸者赵燕地，豪侠能继起。
忠勇建奇勋，首推诸烈士。
后死者何盟，还我河山是。
热血洗乾坤，建国从此始。
民主真共和，世界皆仁里。
持此慰英灵，光明新世纪。

7月10日 致电周恩来：为了培养党的海外工作干部，已在海外工作委员会领导下，设立海外工作研究班。请在重庆经常注意了解和收集有关海外和华侨团体的活动情况，并把有关这方面的书报、刊物和文件及时送来延安。

△ 与徐特立[1]、谢觉哉、吴玉章[2]、续范亭[3]四位老人同游南泥湾。赋诗《游南泥湾》，其中有：

去年初到此，遍地皆荒草。
夜无宿营地，破窑亦难找。
今辟新市场，洞房满山腰。
平川种嘉禾，水田栽新稻。
屯田仅告成，战士粗温饱。
农场牛羊肥，马兰造纸俏。

---

[1] 徐特立，时任延安自然科学院院长。
[2] 吴玉章，时任延安大学校长。
[3] 续范亭，时任晋西北行政公署主任。

小憩陶宝峪，青流在怀抱。
诸老各尽欢，养生亦养脑。
薰风拂面来，有似江南好。

这首诗于一九四二年八月二十六日在延安《解放日报》发表。

7月15日 毛泽东、朱德、王稼祥致电彭德怀：中央三日电"主张（八路军）总部迁晋西北，北局机构改为太行分局，以（邓）小平为书记，华北各分局归中央直接指导。你的意见如何？盼复。"并告："叶（剑英）不能离开军委，（八路军）总部参谋长以滕（代远）为宜。"七月十六日，彭德怀复电认为，总部仍在晋东南适宜，如移晋西北对于工作有损失。总部、野政、北局共约五百人，较前减少三分之二，今后行动轻便小心，想可避免损失。八月一日，中央书记处会议同意总部和北方局留在原地，但须注意安全。

7月16日 毛泽东、朱德、王稼祥、叶剑英致电李先念等，对新四军第五师的工作发出指示：（一）用广泛的游击战争支持敌后地区，组织几个分区的办法是对的。（二）向鄂南发展是合理的。（三）大部深入顽军后方是有危险的。（四）要少树敌人，多开展统一战线工作。（五）抽出一些干部，对湘鄂西及湘鄂赣老苏区地带建立秘密工作。（六）最重要的是五师及地方党政领导同志中的团结一致，巩固部队，巩固与群众的联系。

7月21日 中共中央决定新四军第五师由中央军委直接指挥。

7月24日 毛泽东、朱德、王稼祥、叶剑英复电王世英：我们"已令前方（八路军）积极援助晋绥军之英勇抗战，请告阎（锡山）长官"。

7月25日 出席中共中央政治局会议。会议继续听取林枫关于晋西北工作的报告，决定由林枫起草今后晋西北工作方针的草案。会议还讨论了精兵简政问题和出版工作问题。

7月28日 出席中共中央军委召开的检查后方留守兵团工作会议，听取萧劲光等作工作报告后讲话。

7月30日 出席中共中央政治局会议。会议讨论晋西北工作决定草案。

8月1日 出席南泥湾的中心南阳府市场开幕会并讲话，指出：边区和敌后军民正在实行毛主席的号召，努力生产，克服困难，一定能积蓄反攻力量，打败日本帝国主义。

8月8日 出席中共中央政治局会议。会议同意八月三日中央书记处关于改变中央学习组学习计划的决定，并按工作关系重新决定由四十八人编成九个组，继续研究《联共党史》结束语六条和斯大林《论布尔什维克化十二条》。王稼祥、朱德、陶铸、谭政、叶剑英、傅钟、叶季壮编为第二组。会议讨论并基本通过《中共中央关于统一抗日根据地党的领导及调整各组织间关系的决定》草案。会议还批准组织中共太行分局，以邓小平为书记。

8月9日 毛泽东、朱德、王稼祥、叶剑英复电朱瑞、陈光、罗荣桓、黎玉并告彭德怀：中央"军委同意以许世友任胶东军区司令员，你们仍须注意多予他以帮助。"

△ 与凯丰、李富春、邓发、贺龙、吴玉章、徐特立、林伯渠、李鼎铭、谭政、叶剑英、胡耀邦等十九人发起国民体育运动。

8月15日 出席华北日本士兵代表大会暨华北日本反战团体大会开幕式并讲话。指出：日本士兵代表今天在此开会，是五年历史造成的。日本的劳苦大众和日本士兵们，为谁而战，为谁牺牲呢？是为了日本的军阀、财阀！我代表八路军声明："反法西斯的日本大众士兵是我们真正的好朋友，是建立将来东亚和平幸福的好朋友。"号召他们"把在华几百万日本士兵，都团结在你们的旗帜底下，枪口对着你们和我们的共同敌人日本军部"。

8月18日 出席中共中央政治局会议。会议讨论国际国内形势问题。会议认为，丘吉尔和斯大林在八月十二日至十五日会谈中讨论了关于建立第二条战线问题，在这种国际形势下，中国局势有好转可能，即亲苏、和共、政治改良。

8月22日 出席中共中央政治局会议。会议讨论毛泽东与蒋介石会谈问题，决定先派林彪去，看情况再定。会议还讨论了加强陕甘宁边区工作和召开西北局高级干部会议问题。

8月25日 毛泽东、朱德、王稼祥致电彭德怀："同意魏巍来延（安）学习。""以滕代远为参谋长"，中央军委"已发通令"。

8月28日 出席陕甘宁边区县委书记会议并讲话，指出：必须把陕北的生产运动搞好，否则，政府连军队也供应不起，这是非常危险的。今后应做到自给自足，党的机关、政府机关主要是领导生产，军队也应帮助搞好生产。

△ 出席中共中央政治局会议。会议讨论《抗日根据地党政军民关系问题的决定（草案）》。

8月29日 出席中共中央政治局会议。会议正式通过《中共中央关于统一抗日根据地党的领导及调整各组织间关系的决定》，规定作为整风文件，九月一日发出。决定针对在某些地区党政军民关系中还存在着统一精神不足、各自为政等不协调的现象，强调党的领导的一元化。会议决定：十月五日召集西北中央局高干会，地方县委书记以上、军队团以上干部参加；会议议程为：精兵简政、财政及整风学习、党政军民关系等。会议还决定：《解放日报》为中共中央机关报，又是西北中央局的机关报；批准杨尚昆、彭德怀、刘锡武、邓小平、李大章为中共北方中央局委员，彭德怀代理北方局书记。朱德在会上发言，提出要成立军需局，将现在供给机关干部调军需局工作。建立军需局对人力财力都很节省，并可以统一军需工作。现在一切军事工业都归军需局统一管理。许多残废人员只有组织生产来保养，不然就没有办法养活他们。只有组织生产实行精兵简政才有出路，否则搬来搬去毫无意义。还说：军需局设在政府之下，归联防司令部指挥工作，以财政厅、银行组织之。毛泽东发言表示同意成立军需局，由南汉宸兼军需局长，直接管理各旅供给机关，只管军队。总的后勤部供给部不要，只设直属的供给处。会议决定在联防司令属下，成立军需局，统筹边区军队的军需工作，以南汉宸兼局长。

△ 与彭德怀报告中共中央：滕代远任八路军参谋长兼情报处处长，已到职视事。

9月1日 出席延安九月运动会开幕式并讲话，指出：举行这次运动会的目的在于广泛地开展体育运动，健全体格。"我打了三四十年的仗，从来没有掉过一次队，没有坐过一次担架，这都是我年轻时就注意体育的原故"。二日，为《解放日报》撰写的代论《祝九月运动大会》发表，说："从华北我们军民与敌人的作战中，使我深深感觉我们在体力上是逊于日本很多的。回到后方，看见机关、学校办事人员文弱多病，动作迟缓，精神不振的样子，这种感觉更为强烈。用这种体力去和敌人竞争，不论在战场上，在工作中，或在学习中，我们都要吃亏一着的。""改进我们军民的体力，应从两方面着手：一即改善军民生活，丰富军民的给养，一即普及体育运动和卫生保健知识。"我们"只有变文弱为雄武，军强文壮，才好打仗办事，力任艰巨"。号召中国青年"不但要以近代科学的丰富知识来充实自己，而且要培养成健全强盛的体魄，把自己锻炼成坚强结实的一代，来担负抗战建国的艰巨事业。"六日，出席运动会闭幕式上并再次讲话，希望大家继续努力，把体育运动进一步普遍地开展起来。

△ 为"九一"扩大运动会题词："运动要经常"。

9月9日 与彭德怀、罗瑞卿、陆定一电贺国际反法西斯东方民族觉醒联盟冀南支部成立一周年。指出：一年来你们在冀南前线协助八路军进行争取日本兵士工作，成绩优良。当此反法西斯胜利前夜，希望你们百倍努力。你们要号召前线日本士兵反战，反对法西斯战争政府，与中国人民反法西斯力量联合起来，为打垮希特勒、打垮日本军阀而斗争。

9月15日 毛泽东、朱德、王稼祥以中共中央军事委员会主席、副主席名义发布命令："为贯彻精兵简政，为统一军事指挥，着令将联防司令部与留守兵团司令部合并，除指挥晋西北部队外，直接指挥陕甘宁边区各部队，但留守处及留守兵团司令部名义保留，联防司令部名义对外一律免用。"任命贺龙为司令员，徐向前、萧劲光为副司令员，关向应为政治委员，高岗为副政治委员，张经武为参谋长。方强为留守兵团政治部主任，曹里怀为参谋处处长。

9月18日 毛泽东、朱德、王稼祥复电陈光、罗荣桓、黎玉并告彭德怀、滕代远："同意王建安同志回任山（东）纵队指挥并兼参谋长职。"

9月20日 在《解放日报》《追悼朝鲜义勇军牺牲同志特刊》上发表《为自由而死 生命永存》一文，文章指出："黎明已经不远了，我们希望朝鲜的革命同志与华北我抗日军民更紧密地站在一起，与华北的二十万朝鲜人民更广泛地团结起来，携手前进，奋勇杀敌，以便在不久的将来，划破此漫漫长夜，迎接破晓的曙光到来。"

10月初 为纪念辛亥革命三十一周年，邀请林伯渠、吴玉章、周健民、萧泽苍等当年参加过同盟会及辛亥革命的老人畅谈辛亥革命在南方和北方的情况。

△ 出席华北朝鲜青年联合会陕甘宁边区支会举行的追悼在华朝鲜死难烈士大会闭幕式并讲话。

10月6日 收到李先念九月二十三日关于顽军一部向我鄂豫皖区进犯的来电后，毛泽东、朱德、王稼祥、叶剑英复电李先念、任质斌、陈毅："在顽军继续进攻时，应坚决打击之，以求生存。（但）在获得胜利后，应表示愿与他们恢复和平，以求好转。望本此原则实施。"

10月7日 出席陕甘宁边区科长、仓库主任联席会闭幕典礼并讲话。

10月10日 在《解放日报》上发表《辛亥回忆》一文。文章对辛亥革命时期云南起义的情况和所起的作用作了论述，指出：云南在民国初年能够大放异彩的原因，一是坚持统一战线，二是依靠民众。民国以来每次革命运动成功与否，都是要看能不能实行这两条原则。坚持上述两条原则，以求抗战胜利，建国成功。是我们与全国贤达应当共勉的。

10月12日 为延安平剧研究院成立题词："宣扬中华民族四千余年的历史光荣传统。"

10月16日 收到李先念等十月十二日致中共华中局并中共中央关于对待土匪问题的意见电后，毛泽东、朱德、王稼祥、叶剑英复电李先念、任质斌并告陈毅、饶漱石：对豫东南潢（川）息（县）边土匪向我靠拢，除你们估计是灾荒与政治黑暗外，可能与日寇有关，望注意。同意先派员了解其真情与实力，但此种队伍不宜开入我区编入我军，也不应给以任何名义。

10月19日 出席中共中央西北局在延安召开陕甘宁边区地方县级以上、部队团级以上高级干部会议开幕式并讲话，指出：陕甘宁边区劳动力缺乏，过去我们组织生产运动，首先从军队着手，军队有五六万人，大部分是壮劳力，他们开办工厂、办农场，直接参加生产，成绩相当大，这叫屯田制度。现在这种环境逼得我们做屯田运动的工作，并且已经发生了效力，我们还要继续做下去。还指出：陕甘宁边区一九四三年初的主要任务有两个，一是对日抗战，除了保卫边区外，还要帮助其他抗日根据地；一是把边区建设好，这是建设新中国基础的工作。

10月24日 毛泽东、朱德、王稼祥、叶剑英致电李先念、任质斌、陈少敏并告陈毅、饶漱石、赖传珠：据悉，李宗仁于十六日电令该战区于有（二十五）日起，限期两个月彻底肃清我军。"在此情况下，你们可本自卫图存原则，进行武装反磨擦，但总方针仍应接六日电示（以斗争求团结）执行。"

10月下旬 苏联红军粉碎德军对斯大林格勒（今伏尔加格勒）的攻势。

11月3日 毛泽东、朱德、王稼祥复电黎玉、彭德怀等：山东纵队改编后的干部配备问题，大部同意；提议王建安任山东纵队副指挥，廖容标为第一旅旅长，许世友任第二旅副旅长，杨国夫为第三旅旅长，刘海涛任第三旅副旅长。

11月7日 在中共中央西北局高级干部会议上作形势报告。报告回顾一年来苏德战争的情况，估计今后战争的发展趋势，指出：德国由于战略上的失败，已由进攻转为防御。英、美应开辟第二战场对德作战。中国战场消耗日本很大力量，应很好地配合盟军作战。八路军、新四军的任务是在敌后坚持抗日根据地，消灭敌人，自力更生，准备反攻力量。

△ 为庆祝苏联十月革命二十五周年，在《解放日报》上发表《祝苏联十月革命节》，文章指出：斯大林格勒战役的伟大胜利，奠下苏联红军和同盟国胜利的基础，开始了反攻胜利和希特勒走向死亡的新阶段。今天正是开辟第二条战线，在希特勒后门上打响的最好时机。迁延开辟第二战场，只能坐失良机，养虎遗患，使希特勒获得喘息恢复的机会。并表示：我们将继续发挥我们民族团结、刻苦、英勇、坚忍的良好传统，坚持抗日战争，用全力打击日本，争取中国抗战和世界抗战的最后胜利。

11月11日 毛泽东、朱德、林伯渠发出由周子健[1]转郑延卓电，欢迎郑延卓到延安。

11月13日 在《解放日报》上发表《纪念白求恩同志》一文，文章指出："白求恩同志是加拿大的共产党员，是有国际声誉的医生，是北美洲的四大名医之一。他是用他的高明的技术服务于世界人民反法西斯事业的坚强战士。""白求恩同志是真正充满着共产主义国际精神的优秀党员，从他身上，表现了共产党人的高尚纯朴的品质。""白求恩同志是富于国际主义精神的模范"，"白求恩同志的高尚的共产主义品质，还表现在他对工作的无限责任心，他的实际主义作风和对同志对人民的无限热忱。""他的技术高明，在我军中为第一位，但仍精益求精，研究在游击战争环境下如何进行医疗工作。他不但以这种极端负责的精神来执行自己的业务，并且教育了他周围一切人。"

11月14日 出席中共中央政治局会议，听取关于边区历史问题的发言并参加讨论。

11月16日 毛泽东、朱德、王稼祥、叶剑英致电朱瑞、

─────────
〔1〕 周子健，时任八路军驻西安办事处处长。

陈光、罗荣桓并告彭德怀、滕代远：蒋介石因日寇有犯豫皖可能，已令汤恩伯部停止向苏鲁行动。"你们可抓紧时机加强统战工作，以求改善关系"。对国民党军第"一一一师叛部如继续向我进犯，在有理有利的情况下可予以反击"。

△ 出席延安军事学院第一期学员毕业典礼并讲话："同学们出去是要干事的。要想做成几件事，只有老老实实、实事求是，这是八路军的传统方法。一切最好的战略战术，都是实事求是，合乎辩证法的。有什么样的武装，有什么样的敌人和地理条件，就必须打什么样的仗，调皮是不行的。"指出：革命是群众干的，没有群众什么也干不成。因此，必须深入到群众中间，才能团结和领导群众前进。并说：目前革命胜利的希望比以前更大了，我们政治上要更坚定，永远做一个革命者，使革命成功。十一月十八日，讲话在《解放日报》上发表。

11月21日 与彭德怀发表《为反对日寇第五次"治安强化运动"告沦陷区同胞书》，揭露日军发动第五次"治安强化运动"的目的，是要把华北完全变做客观存在的殖民地。号召沦陷区同胞不要让敌人抢走一粒粮食、一两棉花、一个壮丁，把敌人的"治安强化运动"拖垮，保存中国元气，准备反攻，拥护抗日政府和军队，争取抗战的最后胜利。

△ 出席中共中央西北局高级干部会议。

11月23日 出席中共中央西北局高级干部会议。

11月29日 出席中共中央政治局会议。会议通过毛泽东起草的《中共中央关于国民党十中全会[1]问题的指示》，并

---

[1] 国民党十中全会，即国民党五届十中全会，1942年11月12日开幕，27日闭幕。全会通过了"特种委员会"的报告，提出对共产党仍本"宽大政策"。

决定在报上发表国民党十中全会的文件,同时发表中国共产党的意见。

12月4日 在中共中央西北局高级干部会议上讲话。指出:我们党过去所犯错误主要是"左"的幼稚病,其原因就是大多数同志学习马列主义不够,分不清真假马列主义。同时,中国又非常需要马列主义,因此,当错误路线打着马列主义旗号时,大家就相信了。所以,今后必须很好地学习马列主义,使那些冒充的马列主义、假招牌的马列主义非收起来不可。又进一步指出:过去"左"倾机会主义是一种幼稚病,但又不简单是一个幼稚病的问题,还因为有些人为了争当领袖而要推翻已有的领袖,都想当中国的列宁。但是,我们党在二十多年奋斗中已经产生了自己的领袖,这就是毛泽东同志,这是在历史过程中锻炼出来的,不但在中国,而且世界上都承认他是中国共产党的领袖。所以,我看有些人不要争了,还是坦坦白白、诚诚恳恳地做一点工作,能做什么就做什么,叫做什么就做什么。还就党的一元化领导问题指出:过去我们党也是一元化的,不过因为领袖犯错误,一元化就化到另一个地方去了。现在路线正确了,以后我们党要在毛主席领导下实行一元化。指出:"服从组织有两个方面,一个是机械的,一个是自觉的。""如果自觉的话,对的要服从,不对的要讨论执行,再向上申诉抗议,提出问题来,但组织原则一定要服从。"并批评有人看不起政府,这是不正确的,强调军队以后一定要尊重政府。

12月9日 晋察冀军区白求恩国际和平医院院长、印度援华医疗队柯棣华大夫因病于九日在河北省唐县逝世。

12月10日 与彭德怀代表八路军全体将士致电印度援华医疗队柯棣华大夫家属,对柯棣华大夫的不幸病逝,表示深切的哀悼。

12月11日 毛泽东、朱德致电周恩来、林彪：据陈毅、张云逸、饶漱石电称，"徐海东同志卧病皖东三年未愈，现敌'扫荡'，形势恶劣，不便休养，拟经大别山送大后方调治。请与蒋（介石）交涉可否？速告。"

12月12日 《解放日报》发表社论《积极推进"南泥湾政策"》，指出："朱总司令从前方回延（安）后，竭力提倡（陕甘宁）边区军队进行工业、农业、运输各方面的生产工作，以丰富的劳动，投入有用的活动，以减轻人民的生产工作，改善部队生活，密切军民关系，帮助边区建设。朱总司令这种克服物质困难、支持长期抗战的远大打算，在三年以前，有些人曾是不了解的。为了实现这一正确主张，朱总司令不但苦口婆心，作了许多解释，并且亲自踏看南泥湾，亲自组织南泥湾的开辟工作。当时，南泥湾是空无人烟的地方，那里鸟兽纵横，蒿蓬塞路，当朱总司令去踏看的时候，晚上只能找到一个茅棚住宿。但是，经过披荆斩棘，耕耘种植，今天的南泥湾，已成了'陕北江南'。于是，'南泥湾政策'成了屯田政策的嘉名，而这个嘉名永远与朱总司令的名字联在一起。"

12月15日 毛泽东、朱德、王稼祥、叶剑英致电李先念、任质斌、刘少卿并告陈毅、张云逸、饶漱石：桂军第"一二八师和国方（军）嫡系间的矛盾不易消除，我们应采宽宏诚恳态度，乘机争取，不应乘其危而攻之"。

12月16日 在《解放日报》上发表《祝刘师长五十寿辰》一文，赞扬刘伯承具有革命军人的良好作风和布尔什维克的优秀品质，是我党的模范干部。他"尽瘁于解放中华民族的革命事业。他今天虽已弹痕遍体，须发斑白，但仍不知疲倦，刻苦奋发，任重致远"。他"律己严，待人宽，谦恭和蔼，身为群众表率"。他在军事上"不但骁勇善战、足智多谋，而且在军事理论上造诣很深，创造很多。他具有仁、信、智、勇、严的军人品质，有古名将风，为国内不可多得的将才。"这篇文章编入《朱德选集》。

△ 赋诗《祝刘师长五十寿》：

戎马生涯五十年，痛歼日寇镇幽燕。
将军猿臂依然健，还我山河任仔肩。

12月21日 贺龙在陕甘宁边区党的高干会议上传达毛泽东的《经济问题与财政问题》前六部分时，说：三五九旅坚决地执行了我们总司令的生产思想、建设根据地的思想、南泥湾政策，部队除粮食外，百分之八十二是自己弄来的。

12月26日 为改善八路军全体指战员的生活，与彭德怀发布命令：自一九四三年一月一日起，每人每天增发食油二钱，每月增发津贴费五角，每年发洗脸毛巾二条。

12月28日 与彭德怀、罗瑞卿、陆定一发表《新年致八路军全体指战员、政工人员书》，指出：一九四二年敌后斗争空前艰苦而残酷，一九四三年要更加咬紧牙关，冲破黎明前的黑暗，战斗到最后胜利。

12月30日 参加延安各界举行的柯棣华大夫追悼大会并致悼词，号召大家学习柯棣华大夫和白求恩同志，努力学习，积极工作。同日，在《解放日报》上发表《纪念柯棣华大夫》文章，指出："柯棣华大夫不避艰险，坚持在中国抗战最剧烈、最残酷的敌后，执行印度人民的委托，这是崇高的国际主义和献身精神，是印度民族精神的伟大表现，值得一切反法西斯人民，一切殖民地、半殖民地人民珍贵与发扬"。"他的精神将永远活于中国人民的心中"。并为柯棣华题词："生长在恒河之滨,斗争在晋察冀,国际主义医士之光辉,耀着中印两大民族。"

△ 与彭德怀、罗瑞卿、陆定一发出《给荣誉军人、退伍军人、伤病员的新年慰问信》。

12月 为改善部队生活,与彭德怀发布命令:后方勤务部自一九四三年一月一日起,给每人每日增发食油二钱,每年增发洗脸手巾二条,津贴费二角。

△ 晋西北行政公署主任、老同盟会员续范亭作诗一首赠朱德:

> 敌后撑持不世功,金钢百炼一英雄;
> 时人未识将军面,亲切和蔼田舍翁。

1943年　五十七岁

1月1日　出席中共中央办公厅在中央大礼堂为庆祝新年并欢迎刘少奇从华中回到延安而举行的干部晚会并讲话，指出：一九四三年胜利在望，前方抗日根据地的任务是战斗、生产、学习；后方陕甘宁边区的主要任务是生产、学习。

△　与彭德怀、罗瑞卿、陆定一致信慰问各根据地的伤病员同志，向他们遥致无限慰问之意，祝新年快乐。希望他们安心休养，早日痊愈，以便重上战场，杀敌立功，以酬壮志。

△　与彭德怀、罗瑞卿、陆定一致电在华日人反战同盟各支部，向他们祝贺新年，指出："过去一年由于你们努力，华北日本士兵反战力量统一地结成了一支坚强的战斗的队伍。反战同盟在日本士兵中获得了广泛的同情与响应。"还指出："最后胜利之取得，尚有赖于国际反对日本法西斯统一战线之更益扩大与巩固，其中日本人民士兵反战反法西斯运动之兴起实有重大意义。"最后，祝反战同盟队伍愈益壮大，成为发动千百万日本士兵投入反战运动的杠杆。

1月6日　毛泽东、朱德、王稼祥、叶剑英致电彭德怀并转张际春[1]：同意北方局决定及际春十二月二十一日电意见，"抗大总校应即结束，除连、排级以下学员及陆中[2]编

---

[1] 张际春，时任抗日军政大学政治委员兼政治部主任。
[2] 陆中，即抗大总校附设陆军中学，1942年5月在河北省邢台县成立。

为抗大六分校，由徐吉深任校长，袁子钦任政治委员，归刘、邓领导外，其余营级以上学员，总校在职干部及图书（带重要的）材料，一部基金，应统由际春负责带来延安。"后张际春调任北方局宣传部部长。总校一千多名教职员改由副校长何长工率领，于一九四三年一月二十四日出发，在三月上旬到达陕北绥德县。

1月12日 出席中共中央政治局会议。会议讨论国共谈判问题。会议决定：为准备培训从华北、华中征调一批干部来延安学习，在中央党校设中级班，由任弼时任主任负责筹划；延大、鲁艺与自然科学院由西北中央局直接管理。

1月14日 出席中共中央西北局高级干部会议闭幕式并讲话，指出：这次会议解决了党政军民一元化的问题，我希望我们军队的同志特别要搞通。各级军队干部，不仅是简单地做一个指挥员，而且要做一个很好的共产党员。要服从党的纪律，服从政府法令，倾听群众的一切呼声，向群众学习，爱护群众，帮助群众。

1月16日 接李先念、任质斌一九四二年十二月三十日关于日军对大别山根据地"扫荡"情况的报告电后，毛泽东、朱德、王稼祥复电："敌对大别山发动'扫荡'是暂时的，现已向后撤退，我们不可乘机取利，只应收回被侵占地方，协助友军击敌，以利两党谈判。"

1月18日 毛泽东、朱德、王稼祥致电彭德怀、滕代远，朱瑞、陈光、罗荣桓，转去原东北军将领于学忠的一份反映与八路军冲突的电报，要他们一定制止八路军与原东北军的冲突。

△ 毛泽东、朱德、王稼祥、叶剑英致电李先念，告以：据重庆周恩来七日电称，当日同林彪会见国民政府军令部次长刘斐时，刘称：敌军此次进犯大别山，在中央军集结罗田以北

抵抗敌人时,我新四军第五师将其由广济并黄陂两方面撤退之防地跟迹占领。究竟情形如何？望查明电告。

1月28日 出席中共中央政治局会议。会议讨论庆祝废除中美、中英不平等条约等问题。会议通过《中共中央关于庆祝中英中美间废除不平等条约的决定》,并决定举行庆祝活动;会议决定调艾思奇任《解放日报》第四版编辑主任,并增印一千份《解放日报》。会议还讨论了整风和审干问题。

1月 在陕甘宁边区部队军政干部会议上讲话,指出:八路军不可能完全不受旧军队的影响,军阀主义思想在各级干部中或多或少地是存在的。克服的办法是提高干部的理论水平,反对个人英雄主义,决心改正错误,并认真改善部队的生活。

△ 在中共中央军委召开检查后方留守兵团工作的会议上讲话,肯定留守兵团的成绩,批评了领导方面的缺点,提出了改正缺点的意见。

2月3日 关于一月十一日中美、中英新约分别签字一事,向《解放日报》记者发表谈话,说:"最近中美、中英签订的新约,我认为这是中国在国际间获得独立平等的开始。""我希望全国军民深切认识前途困难尚多,革命还未成功",须"继续奋斗,来实现中国彻底的独立解放"。

2月4日 出席延安各界两万多人举行的废除不平等条约庆祝大会,与毛泽东、贺龙、林伯渠等当选大会主席团成员。并在会上讲话,指出:"不平等条约束缚了中国一百年,这一百年的历史是中国人民为民族解放斗争的历史。到今天不平等条约废除了,这是五年半以来全国军民团结一致英勇抗战的结果。""可是现在法西斯蒂还(在)作最后的挣扎,还没有最后死亡。我们只有打倒全世界的法西斯,完全击溃日寇,才能达到废约的目的。"

△ 出席中央军委总政治部电影团举行的记录八路军第三五九旅指战员开垦南泥湾的影片《生产与战斗结合起来》试映式。

2月5日 在《解放日报》上发表《庆祝中美、中英新平等条约》一文，文章指出："目前我国的主要任务，是加强国共合作，实行民主政治，以便发动和团结各阶层人民和各党派的力量，共同努力抗战，打倒日本帝国主义。"

2月7日 毛泽东、朱德、王稼祥、叶剑英致电各战略区首长，指出：国际国内的政治形势日趋好转，国民党方面上层虽仍采取拖的办法，而其局部与下层已发现迫切需要与我党我军调整关系的现象；我们应不放松每一机会和每一小的事件，主动地加强局部统战工作，改善关系，以求更加促进国内整个形势的好转。各区应本此方针，按具体情况执行，并报告我们。"如有磨擦事件，必须先经报告批准，不许自由行动"。

△ 收聂荣臻、萧克一月二十九日关于连、排干部教育问题的请示电后，毛泽东、朱德、王稼祥、叶剑英复电聂荣臻、萧克并告彭德怀、滕代远："依前方需要、后方环境及教育要求来看，连、排级干部以留在各根据地教育为宜。理由是：连、排级干部伤亡率较大，补充调动较（频）繁，而前后方（又）交通困难，输送不便。"同时，"连、排级干部教育宜更接近战斗实际环境"。

2月15日 毛泽东、朱德、王稼祥、叶剑英复电李先念、任质斌："桂军及四纵队向你们进攻，同意你们采取坚决防御的方针，但决不要采取进攻姿态，并须多向对方提警告、劝告等。"

2月23日 在《解放日报》上发表《庆祝苏联红军节与

红军大胜利,向苏联红军学习》一文,文章指出:苏联红军获胜[1]并转入反攻,是因为它有高尚的政治品质;有灵活的战略战术和积极的进攻精神;有密切联系抗德战争实际的教育训练;有坚强而富有生产能力和拥军参军热忱的后方;有盟国的团结一致与援助。苏联红军的这些经验恰是我国军民最需要研究与学习的。

2月26日 出席中共中央、中央军委直属机关召开的生产动员大会并讲话,号召建立共产主义的革命家务。

2月 为警卫员白昊题词:"努力学习,完成革命任务。"

3月1日 电令陕甘宁边区各部队,积极响应延安劳动英雄开展生产大竞赛运动的倡议,指出,要认真发现部队中的劳动英雄,以作为竞赛运动的中心环节,并由此而广泛地开展群众性的劳动竞赛。要求各部队要自行筹划,广泛发动个人同个人、单位同单位间的相互竞赛,其成绩核算方法,将以劳动力和生产粮食之多少作为评判标准。

3月2日 出席陕甘宁边区工厂厂长会议并讲话,指出:工厂必须发展生产,提高产品质量,厉行节约;而要做到这些,中心环节在于加强教育,使人人都有主人翁的感觉。

3月4日 出席延安各机关、部队、学校召开的生产总动员大会并讲话,强调要建立和保持革命的家务。与贺龙、李富春、林伯渠、徐向前、南汉宸、高自立等被选为主席团成员。

3月10日 蒋介石署名的《中国之命运》一书出版,鼓吹封建法西斯理论,为分裂抗日民族统一战线,发动新的反共高潮作舆论准备。

---

[1] 指苏联红军于1943年2月2日取得斯大林格勒战役的胜利。从此,苏军从战略防御转入战略反攻。

3月12日 毛泽东、朱德、王稼祥复电罗荣桓："中央已决定你任山东军区司令员兼政委并代（一一五师）师长，陈光回延（安）学习。你的病如果不是很严重，暂时很难休息。你和分局的意见如何？望告。"

3月16日 出席中共中央政治局会议。会议听取毛泽东作关于时局与方针问题的报告和任弼时代表中央书记处作中央机构调整与精简方案的报告以及整风学习总结计划。任弼时的报告提出：在中共中央政治局下设组织与宣传两委员会，"真正成为中央的助手"；政治局委员"按地区分管各地工作"；书记处是政治局的办事机构，服从于政治局，在政治局决议方针下，可决定日常工作；书记处主席"有最后决定权"，"实际上是中央政治局和书记处主席"，书记处主席由中央政治局会议决定。

3月19日 毛泽东、朱德致电周恩来，通报新四军最近与韩德勤军之关系。指出：韩德勤部在二月十三日遭敌"扫荡"后，其保三旅及一一七师一个旅违背二月六日韩德勤派代表与我之约定，没有返回原防，竟抵达泗阳、沭阳并突出淮阴以北地区，并向我中心区伸展，强抽壮丁百余，捕杀我农救会十余人，摧毁我地方政权等。现其大部虽已过津浦路西，但仍有一部盘据在我淮、涟（水）地区。二十二日，再次致电周恩来、林彪：查韩德勤之保三旅王光夏部进入我淮海区，事先毫无通知，其到达盛圩、张庄一带即杀我区长，掠夺群众粮食、衣物等，我一再请其执行前约，各还原防，共撑敌后，勿作杀害行为致伤友谊，但王竟置之度外，强抽壮丁，捕杀农救会员十余人，捣毁我地方行政组织，并在里仁集构筑工事，因之引起了我第四师部队于十八日与之冲突。冲突结束后，才知韩德勤在被俘人员内，军部得报，即令四师给予优待，交还被俘人枪,并与韩德勤谈判。求得解释嫌怨,共同支撑苏北。但据悉该部西进是奉蒋介石令策应王仲廉东进,企图在洪泽湖以北会合,建立根据地,伺机消灭苏北我军。

3月20日 出席中共中央政治局会议。会议讨论通过《中共中央关于中央机构调整及精简的决定》,推定毛泽东任中央政治局主席,并决定他任中央书记处主席。书记处书记由毛泽东、刘少奇、任弼时组成。在政治局和书记处之下设立宣传委员会、组织委员会;刘少奇参加军委并为军委副主席之一;华北、华中、陕甘宁晋西北党政军民工作分别归王稼祥、刘少奇、任弼时负责管理,大后方和敌占区工作分别归陈云、杨尚昆负责管理。

3月22日 毛泽东、朱德、王稼祥、叶剑英致电彭德怀、罗瑞卿并告刘伯承、邓小平:戴季英西行回延,"以安全为第一,不可急躁,以免危险"。"前方各种材料,尤其是缴获敌人的(文字)材料,务必交他们带来,因此间已组织专人研究"。

3月27日 鉴于彭德怀昨日来电报告蒋鼎文令庞炳勋军等共三十四个团挑衅,八路军拟在自卫原则下给以一部分打击,毛泽东、朱德复电彭德怀,指出:对"蒋、庞(部的)挑衅,以事先设法消弭,不致引起冲突为上策,因坏人故意寻衅,此时引起较大冲突,对我极为不利。仅在万不得已时,才可在严格自卫原则下,给向我进攻之部队以部分打击"。同日,再电周恩来、林彪:蒋鼎文令二十四集团军等共三十四个团准备向北进攻我山西平顺和河北武安、涉县,向西收复中条山。根据国内国际情况,目前是不应有如此较大磨擦。"已令彭德怀设法消弭,以不引起冲突为上策,仅在万不得已时方在自卫原则下,给向我进攻之部队以部分打击"。

3月29日 出席延安各界青年举行的黄花岗七十二烈士殉

国纪念会并讲话，号召青年们下决心干革命，就不要怕死，要有坚强的意志，不受敌人的任何利诱威胁，要能分辨是非，永远不掉队、不落伍。中国青年的任务就是要打倒日本帝国主义。

3月 延安、安塞两位劳动英雄向第三五九旅提出开展生产竞赛。朱德闻讯后，电令第三五九旅和边区部队积极应战，并说：八路健儿都是劳动人民子弟，部队中劳动英雄一定很多。王震遵照指示领导部队开展生产竞赛。这年，第三五九旅开荒种地十万亩，产粮一万二千石，实现了粮食、被服、经费、肉菜全部自给。

4月1日 为《解放日报·军事副刊》撰写复刊词，指出：这一年是我党我军热烈进行整风学习的一年，也是世界反法西斯战争更加激烈残酷、更加接近胜利的一年，《军事副刊》必须复刊，并须贯穿整风精神来检讨过去和进行工作。

4月2日 毛泽东、朱德致电周恩来：巴苏华医生定于五日去西安转渝返印度，请转告在渝印度方专员及国民政府军委会，沿途予以保护放行。"巴苏华在我军工作表现尚好，并已加入我党"。他回印度路费需法币一万五千元，如印度专员不能解决，请办事处支给。

4月3日 中共中央发布《关于继续开展整风运动的决定》。决定在整顿党的作风的同时，进一步普遍审查干部。

4月5日 印度援华医疗队巴苏华大夫离开延安，动身回印度。行前，毛泽东、朱德等分别向他介绍了中国抗日战争和抗日民族统一战线的经验；并托他带去中共中央致印共中央的信和毛泽东、朱德致印度国民大会的信，信中对印共积极致力于全民族反法西斯统一战线和谋求民族独立的工作表示关切和支持，对印度国民大会派遣医疗队来华参加中国抗战，致以谢意。"当此全世界反法西斯战争正在努力争取最后胜利之际，我们希望印华两大民族团结得更加坚固，以便与其他一切反法西斯国家配合作战，借以达到打倒法西斯，解放一切被法西斯压迫的人民，同时即借以解放印华两大民族，获得两大民族的独立。"

△ 出席中共中央书记处会议。会议决定：为着指导的便利，今后驻重庆办事处的工作归毛泽东直接管理，驻西安办事处的工作归任弼时管理；中央军委直属单位和陕甘宁边区各机关，分别召集全体人员会议，号召特务奸细分子自首。

4月13日 出席中共中央政治局会议。会议讨论《中共中央关于继续开展整风运动的指示》草案第一号、《关于领导方法》草案第二号、《关于克服自由主义》草案第三号。

△ 毛泽东、朱德致电周恩来："伊盟蒙兵发生事变，我们未得详细材料"。"据我三边方面报告，此次事变后激起七旗蒙民之公愤，鄂托下令每户一人一马，自带口粮一月，四月九日齐集阿拉庙开三望会，九日已全部到齐，西安方面国民党诬我策动兵变，其实我方绝未预闻。"二十七日，再次复电周恩来、林彪："陇志、伊盟两处事件，事前我们毫不知情，事后未有任何一人参与。刘为章所称一切，全是诬词。"

4月16日 在《解放日报》上发表《革命军队管理的原则》一文，文章指出：我们的军队是革命的军队，是在中国共产党领导下的军队，"对这种革命军队的管理，应该用革命的原则，这就是在对事对人上用'大公无私'的原则。在革命军队中不应有亲、疏、厚、薄之分，不应有爱、恶、生、熟之别，不应有小团体观念和本位主义。"对部下的关心，首先应在政治上注意。其次，工作上关心，最后，是在物质生活上关心。还指出："我们革命的目的既然在于建设新中国，因此，我们革命的军队就应该学会建设。"文章还指出，革命军队组织力量之巩固，是建立在自觉的革命纪律上，这种纪律的基础在于：全体军人对于革命抱有无限的忠诚与自我牺牲精神，一切以革命利益为前提；在军内上下一致，相互爱护、服从命令，万众一心，在军外，军民一心，绝对服从党的领导，遵守政府法令；在于指挥员指挥正确，关心部下，甘苦共尝，以身作则，因而获得部下爱戴。这篇文章的部分内容以《革命军队的纪律》为题编入《朱德选集》。

4月23日 出席延安各界一万五千多人举行的公祭刘志丹[1]大会，并代表中共中央、八路军致词，赞扬刘志丹是陕甘宁边区红军的创造者，是一个模范共产党员，自大革命起直至为党牺牲，虽屡遭失败，但百折不回。号召全党全军向刘志丹同志学习。

4月27日 毛泽东、朱德致电周恩来、林彪："太行山战事，我一二九师亦是被'扫荡'者，蒋（鼎文）、庞（炳勋）事前一意对我，现被敌攻，我军决不记前仇，乘机图利。至所谓横山事件乃是国民党特务机关派遣所谓反共同盟军二百余人装作土匪分股侵入边区，我军只在境内剿匪，绝无一兵一卒跨越边境。"

4月28日 出席中共中央政治局会议。会议听取刘少奇关于华中工作的报告和任弼时代表中央书记处报告本月十五日至二十八日书记处会议的各项决定；讨论中央关于目前各抗日根据地职工运动决定草案；还讨论了中国共产党党旗样式，决定长阔为三与二之比，左角上有斧头镰刀，无五角星。

5月1日 为纪念五一国际劳动节，在《解放日报》上发

---

[1] 刘志丹，原陕北红军领导人，红军第二十八军军长，1936年4月在山西中阳县三交镇指挥红军作战中牺牲。

表《建设革命家务》一文。指出：随着抗日战争的扩大和延长，我们抗战经济的困难也日益增加，财政供给问题尤为严重。但是，在困难面前，我们依靠自己、依靠群众，大家动手，掀起了生产运动的热潮，不但发展了农业生产，而且创立了自己的工业，解除了挨冻受饥的威胁。虽然这些工厂大都还只是手工业的，然而它们在克服困难、供给需要、支持抗战上却起了很大的作用。是我们今后继续向前发展的良好基础，是"革命人民的共同家务"。"担负这一部分工作的人，要把工厂看成自己的事业一样来加意经营爱护，用革命的态度来对待这个工作"，"把这份革命的家务搞好"。文章还批评"有些职工同志对自己的工作不安心，总想改行"，号召大家向边区的工人模范赵占魁等学习，克服任何困难，取得生产战线上更辉煌的胜利。

5月6日 在《解放日报》上发表为刘志丹陵的题词："志丹同志是优秀的共产党员，忠实英勇的红军领袖，陕甘宁边区的创造者。"

5月13日 致电傅作义："伊盟扎旗事变波及乌旗，陈总司令长捷、何师长文鼎率部南下，近日迫近敝军防区，三边方面纷传有乘机进攻边区企图，弟虽不予置信，但两军相距甚近，若不事先防止，难免引起不幸事端，实于团结抗战大相妨碍。特此电达，请予制止。"

5月20日 季米特洛夫致电毛泽东，通告共产国际执委会主席团将于五月二十二日公布关于解散共产国际的提议，请中共中央急速讨论这一提议，并把意见电告共产国际。此前，五月十五日共产国际执委会主席团为适应世界反法西战争的发展，并考虑到各国斗争情况的差异和复杂，需要各国共产党根据本国的情况独立地解决面临的问题，作出《关于提议解散共产国际的决定》。

5月21日 出席中共中央政治局会议。会议讨论季米特洛夫致毛泽东的电报。会议决定：（一）先由毛泽东复电表示赞成共产国际主席团的提议。（二）待共产国际公开宣布解散共产国际组织的提议后，中央再作决定。（二）将季米特洛夫来电内容转告周恩来并告中央的处理意见，同时将此电发给北方局、华中局和晋察冀、山东、晋绥、太行四个中央分局。会议还决定今后防奸工作应遵照的六项原则：首长负责；自己动手；调查研究；分清是非轻重；争取失足者；教育干部。

5月26日 出席中共中央政治局会议。会议是在中央于本日收到莫斯科《真理报》发表的共产国际执行委员会主席团《关于提议解散共产国际的决定》后召开的。会议一致通过《中国共产党中央委员会关于共产国际执委主席团提议解散共产国际的决定》，并决定即日召开延安干部会议，由毛泽东传达共产国际主席团的提议和中共中央的决定。六月十日，共产国际执行委员会决定共产国际正式宣告解散。

5月 由贺龙陪同看望到陕西鄌县屯田的七一五团指战员。

6月1日 出席中共中央政治局会议。会议通过毛泽东起草的《中共中央关于领导方法的决定》（编入《毛泽东选集》时，题为《关于领导方法的若干问题》）。

6月5日 出席中共中央军委直属队召开的欢迎日本共产党中央代表冈野进（野坂参三）晚会并致词：我们今天欢迎冈野进同志有特殊意义。因为我们是军队，天天要和日本帝国主义作武装斗争。兵法云：知己知彼，百战百胜，冈野进同志来到这里,将使我们对日本军阀内部情况能有更深入的了解。

6月16日 出席中共中央政治局会议。会议听取毛泽东作关于形势问题的发言和继续听取刘少奇关于华中工作的报告。

6月18日 胡宗南到洛川召开反共军事会议,部署进攻陕甘宁边区和"闪击延安"的计划。决定调六十万军队,分兵九路进攻延安,掀起第三次反共高潮。

6月19日 毛泽东、朱德致电刘伯承、邓小平,指出:我应绝对避免与国民党军队的任何冲突,避免给国民党任何借口。陵川、林县敌、我、友三方情况如何,庞炳勋[1]集团各部现退何处?速告。

6月25日 与彭德怀致电国民政府军事委员会参谋总长何应钦、军令部部长徐永昌,以八路军第一一五师五月中旬配合苏鲁战区总司令于学忠部击溃"扫荡"之日军,以及于学忠一部曾转入一一五师防区,八路军供给粮食、日用品,掩护和协助其休整、收容治疗伤员等事实,驳斥国民政府军委会军令部次长刘斐所谓八路军山东部队在敌"扫荡"时困逼国民党军的谎言。

6月28日 致函任弼时,指出:"边区财经问题成为我党目前最中心工作。各抗日根据地黄金时代已过,财经破产日有增加,前方干部及家属必然大批转入边区,费用日大,前方困难到了极端时,势必要帮助他们。与过去相反的日子快就到来,大后方各样接济亦已断绝,将来也靠延安帮助。"因此,延安的生产运动不能满足于本身的丰衣足食,还必须支援各方。目前陕甘宁边区党的中心工作是搞好边区的财政经济。根据边区的条件,应大力发展盐业的生产和运输,盐业公司不应取消,相反地应大力从各方面加强。这是公私两利的事业。还

---

[1] 庞炳勋,原任国民党军第二十四集团军总司令,1943年5月投敌后任伪军晋冀鲁豫剿匪总司令。

提出边区的资本必须有计划地集中，不能分散，这样才能在对内对外竞争中立于不败之地。并强调指出：虽然我们今年的经济已得到丰衣足食，但切不要以此为满足，不要因胜利而冲昏了头脑，"不去建立大家务，只顾目前的消耗，那是不对的。我们一切经济事业，都应破除一切障碍向前进。"

6月29日 出席中共中央政治局会议。会议讨论《中共中央为抗战六周年纪念宣言》草案，决定照毛泽东起草的草案略加修改通过，并同意刘少奇的提议，在宣言末段增加"全体共产党员必能巩固地团结在以毛泽东同志为首的中央的周围"一语。会议决定七月一日由中央办公厅召集干部会议，纪念中国共产党成立二十二周年，请毛泽东作报告。

△ 毛泽东、朱德复电彭德怀：同意你六月二十八日二十四时电的决心，"给予李仙洲以坚决的、彻底的打击"。

6月 出席陕甘宁边区晋绥联防军司令部召开的参谋长会议并讲话，指出：陕甘宁边区处在国民党顽固军的包围、威胁之中，为保卫边区，我们必须把部队训练好，提高战士的技术素养。目前部队有老兵、新兵，程度不齐，要发动老兵教新兵，互相帮助，使每一个战士都能成为熟练掌握自己武器的精兵。

7月1日 出席延安各界召开的纪念七一建党二十二周年大会并讲话，指出：中国共产党自成立以来，经历了第一次国内革命战争、第二次国内革命战争，现在正经历着抗日战争。三个阶段有一个共同的特点，就是共产党是从挨打挨杀中锻炼出来的。世界上任何一个共产党都没有经历过这样激烈的斗争，拿着武器一干就是二十年。我们党已经锻炼出自己的领袖毛泽东，已经造就了大批德才兼备的干部。有些人说，共产国际取消了，中国共产党也要取消。我说中国革命只有中国共产党才搞得好，取消了共产党，中国革命就不可能取得胜利。

7月2日 与彭德怀向顾祝同等转送新四军代军长陈毅所报新四军六年战绩统计表。

7月4日 为纪念中国共产党成立二十二周年，在《解放日报》上发表《七一志感》一文，文章从军事、政治、经济、文化四个方面阐述了抗战以来中国共产党创造出的"许多中国历史上从未见过的奇迹"。指出："中国共产党是马列主义的普遍真理与中国革命的具体实践相结合的党，它吸收了世界各国工人运动的综合归纳起来的宝贵经验，它继承了中国几千年历史积累下来的优秀遗产，它在大革命、土地革命、抗日战争三个阶段中锻炼了自己，丰富了自己。在激烈无比的锻炼中，它把马列主义中国化了，把历史遗产进化为适合于现实社会的需要了。这种光辉的成就，体现在我们党有了伟大的领袖毛泽东同志以及毛泽东同志为首的党中央；体现在我们党拥有几十万优秀的干部，他们在党中央领导下，各竭其力，各尽其责地做成无数福国利民的事业。这些党员，都是千人为俊、万人为杰极可宝贵的人才，每一个党员，应该自尊自爱，力求精进，去完成中国革命的历史任务。"

△ 鉴于国民党乘共产国际解散之机，进一步实行反共，胡宗南在洛川召开军事会议后，从黄河调来六七个师，包围陕甘宁边区，并声言将大举进攻的态势，致电胡宗南："自驾抵洛川，边境忽呈战争景象。道路纷传，中央将乘国际解散机会，实行剿共。我兄已将河防大军向西调动，弹粮运输，络绎于途，内战危机，有一触即发之势。当此抗战艰虞之际，力谋团结，犹恐不及，若遂发动内战，必至兵连祸结，破坏抗战团结之大业，而使日寇坐收渔利，陷国家民族于危亡之境，并极大妨碍英、美、苏各盟邦之作战任务。"六日，又致电蒋介石、何应钦、徐永昌，呼吁团结，要求制止内战。

△　中共中央军委致电八路军总部、一二九师、一二〇师、聂荣臻军区、一一五师、新四军，通报蒋介石进攻陕甘宁边区军事部署的情况。

7月5日　在《解放日报》上发表《我们有办法坚持到胜利——为抗战六周年纪念而作》一文，文章指出："敌后残酷斗争已进入第七个年度。胜利更加接近，则困难亦将更加增多。"但是，我们有办法能够克服困难，坚持到抗战胜利。这是因为："第一，我们下定了决心。我们为了民族，为了国家，也为了自己的生存，下定决心，宁死不屈，坚持到底。""第二，我们坚持了进步。我们坚决执行抗日民族统一战线，坚持与各界各军的团结，彻底实行'三三制'政权与兼顾各阶层利益的政策；我们彻底实施民主政治，使一切抗日人民都有言论、出版、集会、结社及武装等自由，都有人权、政权、财权、地权等保障，因此，我们能够得到各阶层人士的同情与协力。""第三，我们自己动手。我们素来主张以自力更生为主，辅之以争取外援。""第四，我们实行精简。我们看清抗战的局面，看清敌后的环境，所以，我们彻底实行精简政策。""第五，我们依靠群众。我们一切力量都出于群众身上，一切办法也都由群众创造出来。""我们的本事就只有同群众密切结合在一起。"这篇文章编入《朱德选集》。

7月6日　致电蒋介石、何应钦、徐永昌，指出："陕甘宁边区为职军唯一之后方，少数留守部队，亦安分守己，保境息民，从事生产与教育。"自五月以来，陕甘宁边区周围友军，不断向职部进迫，职部均一再退避。自六月十八日胡宗南到洛川召开军事会议后，边境突呈战争景象。河防大军，纷纷西调，粮弹运输，络绎于途，道路纷传中央[1]将乘共产国际解散机会，实行大举剿共。近日形势突变，南线友军已作发动内战之积极准备。沿固原、平凉、长武、邠县、枸邑、淳化、三原、耀县、宜君、洛川、宜川之线，除原有封锁部队十余师外，近复由河防阵地调动增加之兵力不下六七个师，声言大举进攻，消灭边区，打倒共产党。"窃思当此抗战艰虞之际，力谋团结，犹恐不及，若遂发动内战，兵连祸结，则抗战团结之大业势将破坏，而使日寇坐收渔利，并使英美苏各友邦之作战任务亦将受到影响，心所谓危，不敢不告"，还"敬乞明示方针，不胜屏营待命之至"。

7月7日 出席中共中央政治局会议。会议讨论关于对付国民党发动的反共宣传与准备进攻陕甘宁边区问题。会议决定用政治宣传对付其反共宣传，以军事自卫对付其军事进攻：（一）在坚持统一战线，实行三民主义，拥护国民党政府和蒋介石的原则下，集中力量痛斥国民党反共分子的反动政策与挑起内战、破坏抗日团结的"第五纵队"的行为。立即公布朱德总司令致胡、蒋的电报（即四日、六日致胡宗南、蒋介石等电）及反对西安特务张涤非制造反共宣传的新闻。延安各机关、学校、部队应配合学习"七七"宣言举行热烈的讨论。（二）七月九日召开延安各界群众大会，纪念抗战六周年，在群众大会上表示坚持抗战，反对内战，坚持团结，反对分裂，并用大会名义发表通电。（三）进行军事上的作战准备，但后方机关不到必要时不要移动。（四）由中央书记处对各地发出一个内部通知，陕甘宁边区各地由西北局发出。

△ 与彭德怀发表《告沦陷区同胞书》，在抗战六周年之

---

[1] 中央，指国民党中央。

际对沦陷区同胞表示亲切关怀和慰问,并指出反法西斯战争和抗战前途光明,日寇崩溃为期不远。希望沦陷区同胞团结起来,反对日寇抢粮;青年要秘密武装起来,联络抗日游击队,去打击日寇的抢粮队及征粮人员。

7月9日 出席延安三万军民召开的纪念抗战六周年大会并讲话,强烈谴责制造分裂、挑动内战的势力,郑重宣布:"我们是主张抗战到底、反对内战的","我们要求西安当局撤退包围边区的大军","要求国民政府讨伐那三十三个投敌的叛将,接济忠于国家民族、对抗战有功的八路军、新四军",大会发布了呼吁团结反对内战通电。

△ 由毛泽东起草以朱德名义致电蒋介石、何应钦、胡宗南等,抗议国民党军队炮击陕甘宁边区关中分区警戒阵地,要求制止进攻。

7月10日 致电胡宗南:陈家洼子既蒙撤退,已饬敝部仍在原地,勿进陈家洼子。唯关中方面战机甚紧,敝属情感愤激,若被攻击,势将自卫,事态演变,恐于大局不利。深愿善处此种关节。

7月12日 出席中共中央政治局会议。会议讨论国内局势问题。朱德提出:军事上要进行训练的突击运动,在群众中进行自卫军的军事技术教育。毛泽东表示赞同这一意见。

△ 毛泽东、朱德致电聂荣臻、萧克并转吕正操、程子华、刘伯承、邓小平并告彭德怀:"胡宗南调兵遣将,积极准备进攻边区。(因我)已调张宗逊旅南下,晋西北只留七个小团,防务空虚。邓宝珊赴渝,蒋胡有以董钊[1]驻榆林从北面压我之势。(现)决(定)从五台区调六个团由(吕)正操率

―――――――
[1] 董钊,时任国民党军第三十四集团军副总司令。

领西进，至晋西北待命。"

7月13日 出席中共中央政治局会议。会议讨论关于国民党准备进攻陕甘宁边区和中央的对策问题。决定：除继续在全党贯彻整顿三风、精兵简政、一元化领导、拥政爱民、发展生产、审查干部外，迅速进行下列工作：（一）实行政治攻势，打击国民党的反共气焰；（二）在军事上进行必要的准备，调若干兵力来陕甘宁边区和晋西北根据地；（三）加紧进行清查特务奸细的普遍突击运动及反特务的宣传教育；（四）加强党内外的阶级教育；（五）加强对国民党罪恶行为、反动思想、反动政策的揭露。朱德在会上发言，指出：在军事上要进行各个教练的突击运动。干部也要学好各个教练。主要是射击、刺杀、掷手榴弹等技术教练运动。操练时只要头尾五分钟的讲话，主要是实地练习，不要夸夸其谈的教条式的多讲。还指出：要在群众中进行自卫军的军事技术教育。毛泽东发言说："同意总司令意见，组织全军的军事技术教育，各机关学校组织自卫军。"

△ 毛泽东、朱德致电彭德怀，指出：为击破蒋、胡（宗南）内战阴谋，应克服困难，保持国内一年和平。

7月15日 致电蒋介石、何应钦、胡宗南等，呼吁制止国民党军第一九一师自七月十二日至十四日向陕甘宁边区庆阳分区警戒阵地的射击以及修筑工事等行动。

7月16日 毛泽东、朱德、刘少奇、任弼时、叶剑英、张闻天等欢迎周恩来、林彪一行百余人返抵延安。

7月25日 毛泽东、朱德、王稼祥、叶剑英致电彭德怀、罗瑞卿、滕代远："时局正在变化，抗大总校暂缓（迁）回延（安）。"

8月2日 出席中共中央政治局会议。会议决定委托中央总学委对延安各机关、学校、部队全体人员进行对国民党（包括三民主义与蒋介石）的正确认识及对国民党的正确政策（又团结又斗争的政策）的教育工作；同意中央书记处提议准备于次年二三月间召开中国共产党第七次全国代表大会。还决定当天晚上举行欢迎周恩来等的干部大会。

8月11日 毛泽东、朱德、叶剑英致电吕正操："望选择时机、地点，保障安全通过同蒲路"；"望与一二〇师电台直接联络。"

8月18日 在《解放日报》上发表《军事教育必须从实际出发》一文。文章指出：加强教育，提高战斗力，训练自己成为国家民族的劲旅，成为党无战不胜无坚不摧的铁军，乃是我们部队目前重要的任务。军事教育和其他的事情一样，必须从实际出发，采取实事求是的态度，不然不仅于事无补，有时反而有害。旺盛的士气，在我们革命的军队中，是经常保持着的，但技术上则缺乏基础。假定我们能进一步地掌握技术，把旺盛的士气同掌握技术结合起来，那末，我军士气必然会更加高涨，作战能力与信心必然会更加提高，给敌人的杀伤必然会更大，自己的损失则会更少。学习技术，也和学习其他的东西一样，必须老老实实、按部就班地来，应由低级到高级，由浅而深。一切的事实证明，只有从实际出发才能正确地解决问题。这篇文章编入《朱德选集》。

8月24日 致电国民政府当局，揭露国民党军第二十七军预备第八师陈孝强投敌实情及其勾结日军夹击八路军的罪行。

8月30日、9月1日 出席中共中央政治局会议。会议听取周恩来关于三年来大后方工作的报告。在三十日会议上，毛泽东讲了抗日时期党的路线问题。会议根据毛泽东提议，决定继续举行政治局会议，展开讨论抗日时期党的路线问题。

8月 先后在中共西北局干部会、西北公学作《三十年来中国的革命与反革命》的报告,在中共中央党校作《三十年来中国的革命军队与反革命军队的历史》报告。

9月2日 与叶剑英致电彭德怀、滕代远:"陕甘宁边区正加强兵工建设,但缺乏各种技师和工人,请从晋东南抽调各种兵工工人和技师,只要政治上比较可靠,数量愈多愈好。调齐后,何时赴延,请先电告。"

9月3日 毛泽东、朱德、刘少奇致电陈毅、张云逸、饶漱石、赖传珠:鉴于"于学忠退出山东后,我山东工作大开展,鲁中南主要山地均为我控制。这对华中及山东今后斗争极关重要。但山东目前兵力不够分配,新发展地区不能迅速巩固。望速从华中一、二、三、四师每师抽调一个小团到山东,归山东分局及山东军区指挥,协助山东开辟工作","山东根据地为华中战略后方,望切实注意"。

9月7日—10月6日 出席中共中央政治局会议。会议主要批判王明在十年内战时期的"左"倾教条主义错误和抗战初期的右倾错误。九月九日,朱德在会上发言。讲到自己在党领导下革命二十年的经历时,说:自己与毛泽东在一起虽然也有争论,但最后还是顺从了毛泽东的领导。在长征路上,张国焘屡次逼我表示态度,我一面虚与委蛇,一面坚持中央立场,这是我离开毛泽东后利用自己一生的经验来对付张国焘,最后与中央会合了。讲到抗战以来王明的右倾错误时,指出:抗战以后的王明路线的实质,是在统一战线中不要领导权,投降大地主大资产阶级,忽视游击战争,不了解中国革命的特色就是靠游击战争来发展自己的力量;对党内,是站在共产国际立场来指挥中央,党内关系也采取统一战线一打一拉手段,因此,形成对外一切服从,对内"独立自主"的特点。发言把王明路线与陈独秀路线作比较，指出：第一，都不要革命领导权，甘愿让给资产阶级；第二，不要武装力量，又幻想革命成功，这完全是空想；第三，看不起无产阶级自己的力量，而把资产阶级的力量看得很强大；第四，忽视游击战争，陈独秀也骂红军是土匪；第五，怕统一战线破裂，打烂家当，怕打烂就会产生投降心理。其不同点是：王明有共产国际招牌，穿上马列主义的外衣，把人吓住了。发言还讲述了几年来八路军在华北抗战中的得失和经验教训。十月六日，朱德在会上发言，主要谈自己的学习体会，说：通过学习，客观地看那些文件，有些问题也容易搞通。王明的教条主义现在看来很明显，他们只知道外国，不知道中央。我们也要外国，也要中国，从实际出发都对，从教条出发都错。经验主义者懂理论少，自然要做教条主义的俘虏。毛泽东办事脚踏实地，有魄力、有能力，遇到困难总能想出办法，在人家反对他时还能坚持按实际情况办事；同时他读的书也不比别人少，但他读得通，能使理论与实际合一。实践证明，有毛泽东领导，各方面都有发展；照毛泽东的方法办事，中国革命一定有把握胜利。我们这次学习，就要每人学一套本事，主要学好毛泽东办事的本事。

9月10日 彭德怀奉中共中央之命，从麻田八路军总部启程返延安，准备参加中共第七次全国代表大会。滕代远留总部主持工作，北方局书记由邓小平代理。十月上旬，彭德怀到达延安。

9月18日 出席延安各界举行的纪念"九一八"事变十二周年大会并讲话，指出：东北是怎样失掉的？原因是国民党反动派的"安内攘外"的祸国政策。这种祸国政策受到全国人民的坚决反对。中国人民一定要把失地收回来。我们的力量是靠广大群众，只有依靠广大人民才能收复一切失地。

9月 毛泽东、朱德、任弼时视察南泥湾，参观了解部队大生产情况，高度赞扬三五九旅指战员自力更生、艰苦创业的革命精神。

△ 毛泽东、朱德、周恩来致电在重庆参加国民参政会三届二次会议的中共参政员董必武：九月十二日重庆国民党报纸发表伪造所谓八路军袭击山东友军事件，企图蒙混视听，兹将山东方面查复秦启荣事件转告如下。请依此实情答复军令部。抗战以来，国民党在山东不下十七万人，由于国民党在敌后采取降敌反共政策，从一九四一年六月，六十九军军长毕戴宇投敌后相继投敌者，有孙良诚、吴化文、荣子恒、宁春霖、厉文礼、齐子修、刘景良、韩子乾、张步云等逆。最近在山东境内仅有秦启荣、刘桂堂、赵保元等部约万余人。但并非抗日，均与敌伪勾结，积极反共。查秦启荣为国民党山东省党部委员及山东三青团、复兴社的特务头子，前任国民政府军事委员会山东别动队纵队司令，后改为苏鲁战区第三游击纵队司令。乃国民党派在山东主要反共健将。自一九三九年一月底起，在山东几年中，完全执行由重庆委托勾结敌寇，进攻八路军之任务。"最近事件，发生于本年七月二十三日，秦启荣亲率特务大队及其所属各支队，配合伪军张步云部向八路军鲁中部队大举进攻。激战十余日，始将该部击退，战后传闻秦启荣于此役阵亡。中央社所谓八路军袭击山东友军云云，乃颠倒是非，恶意污蔑，应予驳斥。"

10月6日 出席中共中央政治局会议。会议听取毛泽东作关于学习与目前时局的报告。

10月7日—10日 与刘少奇、周恩来、张闻天、王稼祥、杨尚昆、邓颖超、康克清[1]等视察南泥湾,参观了解大生产情况。先后到第三五九旅旅部、第七一八团、第七一九团、补充团等处听取汇报和观看秋收,参观酒厂、榨油厂、水磨坊、毛纺厂,并看望休养员。

10月10日 与彭德怀发表《双十节告沦陷区同胞书》,揭露日寇的所谓"对华新政策"和"华北新建设运动"的阴谋。鼓励沦陷区同胞们,"无论日寇用了怎样毒辣的镇压、阴险的欺骗、疯狂的掠夺来进攻你们,我第十八集团军和抗日根据地的全体人民都是坚决反对而且用一切办法来援助你们的。第十八集团军是你们的军队,抗日根据地是你们的家乡,抗日根据地的人民是你们的亲兄弟亲骨肉,是为了你们的解放而战斗着的,将永远和你们同生死共患难,永远和你们在北中国的领土上并肩作战,保卫祖国和驱逐侵略者。"号召沦陷区同胞们"反对敌寇的'对华新政策'和'新国民运动'的阴谋";"反对敌寇的'华北新建设运动'";"反对敌人对抗日根据地的疯狂'扫荡'和'三光''清剿'和'蚕食'";"用一切办法发展抗日的力量,保存(持)民族的元气","准备在反攻时机到来时,配合反攻,夹击敌人,驱逐日寇出中国"。

10月16日 出席陕甘宁晋绥联防军高级干部会议并作《论军队的管理问题》报告,指出:为了准备打退国民党顽固派对边区的进攻,每个指挥员必须学会练兵、带兵和用兵,把军队搞好。"练兵必先练心","练兵主要是提高战士们的阶级觉悟。带兵也主要是提高战士的阶级觉悟。"这篇报告以《关于练兵与带兵问题》为题编入《朱德选集》。

10月21日 毛泽东、朱德、彭德怀致电邓小平、滕代远

---

[1] 康克清,时任中共中央妇女运动委员会委员。

转黄敬、杨勇、苏振华：蒋介石对陕甘宁边区的军事布置仍在积极准备中，决定由冀鲁豫边区调三个大团至陕北，保证每团二千五百人，今年底补充准备完毕，明年二月底到达绥德待命。无论情况如何变化，此计划决不改变。

10月22日 出席由毛泽东主持的中共中央学习小组会。

△ 致电八路军驻兰州办事处负责人赵芝瑞：决定将驻兰州办事处与驻西安办事处合并，希得电后自行酌量结束兰办一切事务，并向战区领取护照，率同其余三人前赴西安听候处理。当日，又致电国民党军第八战区司令长官朱绍良，说明八路军驻兰州办事处拟与驻西安办事处合并，请发给赵芝瑞等四人赴西安护照。

10月24日 毛泽东、朱德、彭德怀致电邓小平、滕代远、杨立三：请在冀南、冀鲁豫及太南各战区，准备三千至四千徒手新兵，随冀鲁豫抽出之三个大团调来陕北。

△ 与到延安访问的英国物理学家威廉·班德及其夫人克兰尔谈话。指出："中国必须更民主化，方始可能全民动员起来。"然而，自十月一日以后，蒋介石担任中国战区最高统帅之职，同时又得到了五亿美元的美国借款。这一切应使国民政府离开亲日和从事内战的政策。但是蒋介石仍然封锁我们，甚至将军火运到这区域里来。他对盟军方面屡次要求"在国内实行民主，以便获得全国的运输线"，"至今犹充耳不闻"。国民党压制民主，镇压人民，"像坐在活火山上一样，越压制得长久，他们的地位越危险"。还指出："至于打败日本以后，中国的问题很容易解决：我们可以自己来解决它，用不到外来的帮助。"

10月27日 毛泽东、朱德致电贺龙、林枫转复陶铸："同意你再把三纵新军工作考察一下。"

10月28日 与康克清致信女儿朱敏[1]："你在战争中，应当一面服务，一面读书，脑力同体力都要同时并练为好。中日战争要比苏德战争更迟些结束。望你好好学习，将来回来作些建国事业为是。"

11月5日 毛泽东、朱德、彭德怀致电邓小平、滕代远转黄敬、杨得志："前决定由冀鲁豫速调三个大团（七千五百人）组成旅，由杨得志同志亲率回延安，至迟明年二月底前到达，以便利生产。并决定杨勇同志于年底由延起程返前方。"同日，再电邓小平、滕代远："（一）冀南骑兵团拟抽调来延安。（二）边区南北西三面皆堡垒，仅有少数炮兵，作用不大，拟从太行山抽工兵两个连回延安，并均望于明年二月底到延安，愈早到愈好。"

11月7日 出席延安各界为纪念十月革命节、庆祝苏联红军伟大胜利的集会并讲话，希望"今后中国更应该向着团结抗战、实行民主的方向努力"。

△ 在《解放日报》上发表《庆祝苏联十月革命节》一文，文章在叙述了苏联反法西斯战争取得的伟大胜利和取得胜利的原因后，指出："我们的抗战不但没有胜利，而且还陷于极严重的困难境地。这虽然有许多原因，但是最重要的一个原因，却在于当局的政治、军事、经济政策不能适应抗战的需要，不能发动人民的积极性"。"必须坚持积极不动摇的抗战，必须实行团结全民族的民主，只有这样，民族解放才能胜利，中国在民主世界中的国际地位才能够确立"。

11月8日 到中共中央党校讲话。

---

[1] 朱敏1941年初赴苏联国际儿童院学习，是年6月苏德战争爆发即在疗养地明斯克被德军所俘，关进集中营。朱德此时不知朱敏的情况。

11月11日 毛泽东、朱德、彭德怀致电邓小平、滕代远转黄敬、杨得志、苏振华：敌正在加紧对华诱降，蒋介石仍未放松对陕甘宁边区的军事进攻准备，我为推迟内战，坚持敌后抗战，尽可能屯兵陕北，是十分必要的。望照二日来电，以六团单位补足七千五百人，由杨得志率领主力五千人，年底或明年正月初出动来延。总之，到达延安时以不误春季开荒生产为好。另一部系补足新兵来延，推迟两月可也。

11月12日 与毛泽东参观延安市为促进陕甘宁边区经济繁荣、便利商品交易举行的为期一月的骡马大会。毛泽东、朱德细心观看，关心和询问商家的营业情况，在交易会上受到热烈欢迎。

11月13日 中直机关、军直机关第二届生产展览开幕。为展览会题词："今年做到了丰衣足食，明年要做到建立丰衣足食的家务。"

11月13日—27日 出席中共中央政治局会议。会议继续批评王明在十年内战时期的"左"倾错误和抗日战争初期的右倾错误。

11月22日—26日 罗斯福、丘吉尔、蒋介石在开罗举行美、英、中三国首脑会议，讨论联合对日作战计划，并签订开罗宣言。宣言表示：剥夺日本从一九一四年以来在太平洋上所夺得或占领的一切岛屿，把日本侵占的领土如满洲、台湾、澎湖群岛等归还中国，等等。宣言坚持日本必须无条件投降。

11月26日—12月16日 陕甘宁边区召开劳动英雄大会及模范生产工作者大会、举办边区生产展览会。十一月二十六日，朱德在大会开幕式上讲话，号召大家努力生产，厉行节约，并强调生产不单是为了吃穿，而是为了援助前方，为了抗战建国。要求大家要把发展生产和保卫边区结合起来。十一月二十九日，出席中共中央举行的招待陕甘宁边区劳动英雄大会。十二月十六日，在陕甘宁边区劳动英雄大会、边区生产展览会闭幕式上讲话，指出：军队是武装的工农。可是很久以来，这些工农一参加军队后就不从事生产了。"我们八路军打破了这个传统。八路军是工农自己的军队，他们过去是工农，到军队后还是工农，他们指挥员和战士一样参加生产，这是惊人的创造。"

11月28日—12月1日 斯大林、罗斯福、丘吉尔在德黑兰举行苏、美、英三国首脑会议，讨论对德作战中的一致行动和战后平等问题，签订了德黑兰总协定和德黑兰宣言。总协定规定美、英等国应于一九四四年五月发动诺曼底登陆战役，开辟欧洲第二战场。

11月下旬 与周恩来陪同毛泽东接见邓宝珊、续范亭。

12月1日 出席中共中央政治局会议。

12月5日 致电胡宗南，要求释放被秘密逮捕的八路军驻西安办事处四名工作人员并对办事处妥予保护。

12月12日 毛泽东、朱德、彭德怀、刘少奇致电邓小平、滕代远等："决定调太岳陆军中学全部（教职员、学员均在内）开延安整训。来时因天气太冷，必须补足棉衣、棉被（每人打一身毛衣服亦可）。何时动身，由你们决定。但最好在明年三月底以前到延，以便生产。"

12月14日 出席中共中央书记处会议。会议主要讨论高级干部学习党的路线问题，决定：学习时间为半年，从当年十一月起至次年四月底；学习的课本为六种，即《共产党宣言》、《社会主义从空想到科学的发展》、《共产主义运动中的"左派"幼稚病》、《社会民主党在民主革命中的两种策略》、《联共（布）党史简明教程》、《两条路线》上、下册；会议同意毛泽东的提议,组成以任弼时为主任,陶铸为秘书,刘少奇、朱德、彭德怀等参加的政治工作委员会。

12月19日 为准备对付国民党的磨擦,毛泽东、朱德、周恩来致电董必武:"自今秋对国民党发动政治攻势以后,我军对蒋(介石)、何(应钦)、徐(永昌)的战报已停发。现拟将敌后我战况每周发一次呈文式的战报,由渝办抄转备案,以便必要时(作为)反驳根据。至(于)国民党找磨擦的事件,则随时电告,向蒋、何(提出)抗议。"

12月22日 毛泽东、朱德、彭德怀致电邓小平、滕代远、杨立三,告以:中央已在注意调节开支。此间不需要太行日用物品帮助;希望太行贸易局从天津购之破毛机送一架至延安翻造;在不妨碍你们造地雷、手榴弹的情况下,尽量生产一批步枪(越多越好)及三十节式机关枪预备筒(以一百个为限)送延安;太行最主要入口是盐,出口是核桃、花椒,必须用一切办法组织出口与入口,"并请注意克服政府中某些同志手工业生产上的垄断思想"。

△ 出席中央书记处会议。会议主要讨论反特务斗争问题,决定将拟定的关于反特务斗争的过程和方法等方面的意见分别转达到各系统的高级干部,加以研究后再交书记处决定。会议根据毛泽东提议,任弼时、朱德、彭德怀、林伯渠、高岗、贺龙、李富春等同志组成财经问题座谈会,任弼时负责主持。会议决定,延安审干转入甄别是非轻重阶段。

12月26日 致电蒋介石、何应钦、徐永昌、胡宗南,要求释放被秘密逮捕的四名八路军西安办事处工作人员,"并严究此种非法行为,以维法纪"。

是年 为八路军一二〇师某团邢庆云题词:"要造成模范团"。

1944年　五十八岁

1月1日　出席中共中央办公厅召开的延安干部新年晚会。在会上作关于开展拥政爱民运动的讲话，指出：一九四三年西方反法西斯战争由防御转入了进攻。除了红军攻势的伟大胜利、英美军在北非胜利进攻意大利以外，最重要的是莫斯科会议及德黑兰会议，这两个会议决定了迅速结束战争的计划，一九四四年将成为实现这个东西双方共同进攻计划，最后战败希特勒的一年。一九四四年的国际形势对于中国抗战，比起往年是更加有利了。但在达到最后打倒日本帝国主义之前，我们中国和东方各民族，还要经过一段困难的过程。因此中国人民必须更加团结战斗，来克服困难，争取胜利。"六年半来八路军、新四军进行了英勇的抗日战争，打了百分之五十八的在华敌军及全部伪军，这种战绩是大家看见的。六年半来，华北、华中敌后人民，在敌人频繁的'扫荡'、'蚕食'等三光政策的长期破坏下，不仅节衣缩食，保证了军队的供给，而且组织广大民兵，学会打仗的本领，英勇不屈的配合了八路军、新四军，共同坚持了敌后抗战。"没有广大人民与各地政府对我们部队的爱护，我们的抗战是无法坚持到今天的。我们的军队已学好了打仗，现在又学会了生产，敌后部队也正在学会生产。如果再把做群众工作的本事学得更好，与群众打成一片，我们的部队便真正"无敌于天下"，便一定能够最后战胜日寇。

1月7日　晋绥边区第三届劳动英雄大会开幕，毛泽东、朱德、贺龙、关向应、高岗、林伯渠、续范亭等被大会选为名誉主席。

1月10日、11日 出席中共中央书记处会议。会议听取聂荣臻关于晋察冀边区工作报告,通过了《中央书记处关于晋察冀分局干部扩大会议应讨论的几个问题的指示》。十一日,朱德在会上发言,指出:晋察冀分局的同志要了解抗战愈持久对我愈有利,分局要作长期的打算。现在主要把民兵工作搞好。

1月中旬 应邀出席在延安召开的在华日本人反战同盟华北联合会扩大会议并讲话,称赞反战同盟华北联合会以及其前身觉醒联盟的成立,是中日两国历史上的一件大事,这个组织做了很多有益的工作,使许多日本士兵都明了他们在中国战场的侵略行为,知道了日本军部是中日两国人民的共同敌人。最后指出:"反战联盟又是中日两国人民互相帮助的起点,将来日本建立人民政府……中日两国人民再也不像今天这样打仗,这样大家才能成为真正亲密、互助的好朋友。我希望这个胜利赶快到来,我庆祝这个事业的成功。"会上被选为会议名誉主席团成员。会议一致通过成立《日本人民解放同盟》筹备委员会,以团结日本国内人士,加速日本军部的崩溃,为建立自由民主的新日本而斗争。

1月13日—2月11日 连续出席经济座谈会,讨论陕甘宁边区的经济建设、金融贸易及平抑物价等问题。

2月1日 致电蒋介石、何应钦、徐永昌、胡宗南,指出:驻甘肃镇原、西峰镇等地的国民党新编第二师、暂编第五十九师及当地的保安队,近日不断向陕甘宁边区进犯,并声言于二日大举进攻,请转令各该部队,各返原防,勿开衅端。

2月5日 中共中央军委、八路军总政治部致电罗荣桓、黎玉、萧华并八路军总部、新四军、一二九师、五台军区、一二〇师，发出《军委、总政对一一五师政工会议的指示》。

2月7日 在王家坪住地接见前来献旗的延安市各民众团体及秧歌队，并在献旗仪式上讲话。

2月8日 致电阎锡山：据第一二九师刘师长报告，贵部第六十一军的三个团一月三十一日东渡，经塔儿山与薄一波部队小有接触，薄部后退。二月三日晨，第六十一军进至张家坡以东，节节迫近，难免引起冲突。目前抗战阵营亟须团结，请制止六十一军行动。

△ 毛泽东、朱德、彭德怀致电滕代远、邓小平，指出：（一）目前须争取时局平静，不生波澜。六十一军东进，可能是蒋介石、阎锡山设置的挑衅计划，迫我冲突，造成口实。（二）应付方针：除此间电阎请加制止外，你处应令太岳部队先行忍让，不和他冲突；去信六十一军交涉撤回，顾全大局；同时集中兵力于适当地点修筑防御工事，彼若坚决来攻，然后以反攻姿态打击之，但非至最后不得已时，不要发生冲突。（三）一切交涉及军事行动，均以决死队面目出之，不用八路军出面。（四）该地情况，随时电告。九日，再电邓小平、滕代远、杨立三并转聂荣臻、毕占云，指出："日寇有进攻西北企图，阎部东进目的在挑起国内冲突缓和日寇进攻，我们万万不可中计。阎部东进无论多少，我军应让出一块地方，坚持不打政策，至少六个月内不得发生冲突。"

2月12日 在中共中央、中央军委直属单位劳动英雄暨模范生产工作者代表座谈会上，黄立德、佟玉新、姬仲飞、高福有、高明武、罗贵等三十四名劳模致信毛泽东、朱德暨全体中央领导同志，表示愿为他们承担代耕任务，信中说：到会的劳动英雄、模范生产者一致恳求您们珍重身体……志愿替您们生产细菜二万二千斤、细粮三十三石九斗五升、猪肉五十斤、鸡蛋二十个。表示：这点任务在我们身上是不算什么的。

2月15日 毛泽东、朱德、彭德怀复电邓小平、滕代远、杨立三："(一)(部队)退至现在位置为止，如敌顽联合进攻，应坚决击退之；(二)对内进行动员，报纸暂勿揭露。"

△ 与彭德怀致电阎锡山，要求严厉制止六十一军之进犯行为以维护团结。

2月18日 毛泽东、朱德、彭德怀致电邓小平、滕代远，询问："杨得志率所部现到何处？新兵及战斗部队共有若干人？盼告。"

2月21日 毛泽东、朱德、彭德怀致电邓小平、滕代远、程子华、刘仁等：程子华电称："山海关、锦州等地集敌三十万人，准备进攻西北，极应注意继续侦察，并须严重注意'扫荡'华北，精神上、物质上均必要预作准备。"

2月22日 毛泽东、朱德、彭德怀复电邓小平、滕代远、杨立三："杨得志部既到太行，休息数日后，即率部及新兵经晋西北来边区，赶上春耕生产。"

2月24日 出席中共中央书记处会议。会议讨论七大的准备工作和党的历史问题等。关于七大的准备工作，决定：由毛泽东作政治报告，朱德作军事报告，刘少奇作组织问题（包括党章）报告，彭德怀等各自准备发言；周恩来参加军队政治工作委员会，负责主持日常工作。关于党的历史问题，决定：(一)王明、博古的错误应视为党内问题。(二)临时中央与五中全会因有国际承认，应承认是合法的，但必须指出合法手续不完备。(三)学习路线时，对于历史上的思想问题要弄清楚，对结论必须力求宽大，目前是应该强调团结，以便团结一切同志共同工作。(四)在学习路线时，须指出六大基本方针是正确的，六大是起了进步作用的。(五)对四中全会到遵义会议时期，也不采取一切否定的态度，凡做得对的，也应承认它。关于宪政问题，会议决定在延安举行宪政问题座谈会，中央对各根据地发一关于宪政运动的指示。

2月28日 出席延安各界人士宪政座谈会并讲话，指出：八路军、新四军靠民主，靠了老百姓，才能坚持七八年的敌后抗战。军队和人民血肉相连，武力和人民结合，这是孙中山先生的主张，我们找到了实现孙先生这个主张的具体办法，这就是军队要为抗日和民主而战，还要拥政爱民。全国如果实现了真正的民主，抗战必然会胜利，内战也就保证不会发生。

3月1日 致电八路军驻重庆办事处处长钱之光转呈蒋介石、何应钦、徐永昌等，指出：在胡宗南所属部队第一六五、一六七师等进扰八路军防区，抢掠民众财物、牲畜时，八路军除万不得已偶有还击外，均尽量退避，更绝无主动袭击友军情事，恳转饬当事长官，严束所部，维护大局，不胜祈祷。

3月5日 出席中共中央政治局会议。会议听取毛泽东作关于路线学习、工作作风、时局问题的长篇讲话和周恩来关于宪政运动的说明。会议决定陈云为西北中央局委员，任西北财经办事处政治部主任，其中央组织部部长职务由彭真代理。

3月6日 毛泽东、朱德、彭德怀复电邓小平、滕代远、杨立三："如阎（锡山）部继续进攻，应坚决击退之。"

△ 出席在杨家岭中央大礼堂举行的纪念三八国际妇女节大会并讲话，指出：由于这次战争，妇女地位已提高了一步，苏联有百分之五十以上的妇女参加了战时工作。我们今年的生产运动大部分是建立家务，不仅要为公家建立家务，且要为个人建立家庭。以为共产党人不要家庭这个观念，应该改变。

3月9日 中共中央、毛泽东、朱德委托周恩来致电董必武转外国记者团，热烈欢迎他们到延安参观。

3月10日 毛泽东、朱德、彭德怀致电滕代远、邓小平转太岳聂荣臻、毕占云、王新亭、王敬林，指出："岳北系我基本根据地，是延安与冀鲁及华中交通孔道，不能让阎（锡山）部深入，因此，必须准备给阎东侵部队以严重打击，歼其一部；对岳南已深入之阎部，在目前时局与地形尚不利于给以大打击，但其如继续向东侵犯，有腰斩太岳之虞，亦须给予必要打击，阻止其东伸及四处扰乱春耕；对阎部内及占领岳南（之）中条区内，应采取一切有效办法，开展政治攻势与组织工作"；"组织武工队及游击小组，深入我们原有工作基础较好地区进行游击活动"；"揭发顽军头子通敌事实，特别掌握人民与士兵下级军官所了解到的事实，重复宣传"；"改善对俘虏兵方式"，"真心诚意关心其家庭生活与个人处境，在可能条件下，替其解决困难，利用他们自己的经验去教育他们自己"；利用在"武工队，游击小组（的）掩护下，恢复建立地下支部"；"利用阎部经济困难，在连、排、班长及兵士中进行收买工作，以便必要配合军事行动"。

3月16日 关于山东工作和对顽敌的斗争方针，毛泽东、朱德、彭德怀致电罗荣桓、黎玉、萧华并滕代远、邓小平："争取国内和平，团结抗战，坚持敌后斗争是我党一贯方针。""因此，对顽斗争应坚持自卫原则，决不衅自我开。保持我党经常的政治主动地位。""鲁南、鲁中、滨海三区，从去年夏秋后，地区扩大一倍以上，极应利用时机努力发动群众，深入减租减息，加强游击队与组织民兵，并须在今年内做出一定成绩，在老区域注重生产，继续深入群众工作，准备坚持今后更艰苦局势。"对顽军方针，凡中立者，"应彼此维持原界"，争取进一步合作；凡向我进扰者，应"给以严重打击，歼其一部"；凡顽军内部矛盾，我应扩大而利用之，以免其团结依附敌人而制我；

对狡猾异常者,应在给其打击后争取对我中立,并视情退还少数人枪,讲和抗战。只有灵活运用,才于我有理有利。

3月17日 参加延安回族同胞及各界代表悼念著名抗日民族英雄马本斋[1]大会,并送挽联:"壮志难移,汉回各族模范。大节不死,母子两代英雄。"

3月20日 出席中共中央西北局常委会议,会议讨论贺龙二月二十一日在中共中央西北局常委会议上作的关于去年陕甘宁边区财经问题的总结报告。

3月21日 毛泽东、朱德、彭德怀、刘少奇致电八路军总部、山东军区、晋西北军区,指出:"查我军战报,多年沿用加倍数目发表的办法,用以扩大影响,但此种办法,对群众为不忠实,对党内造成虚假作风,对敌人则引起轻视,对外界则引起怀疑。以后,我军公布战绩的数字一律不准扩大,均发表实数。望转令所属严格执行。"

3月27日 关于反顽斗争必须坚持自卫原则问题,毛泽东、朱德、彭德怀致电黎玉、萧华并告滕代远、邓小平,指出:华北敌军有三师以上兵力,向黄河北岸集中,长江敌一部向信阳集中,有打通平汉路模样;英美记者团将于近日来延安。因此,反顽斗争,更须严格坚持自卫原则,不应见小忘大,衅自我开,对山东顽军应"灵活执行一打一拉。在自卫原则下,有理有利的(地)打,能造成更多拉的条件,能和缓磨擦,达到争取与中立多数,孤立少数顽固分子"。

4月5日 毛泽东、朱德、彭德怀复电罗荣桓、黎玉、萧华等并告滕代远,邓小平:"近日,日将库页岛权益还苏,北

---

[1] 马本斋,原任冀鲁豫军区第三分区司令员兼回民支队司令员。1944年2月7日在山东莘县因病逝世。

和苏联,南抗美英,进攻中国(打通平汉路甚至粤汉路),'扫荡'敌后,东条〔1〕此项政策,更加明显,因此日蒋冲突今年必更剧,故争取国内平静,准备拉蒋抗日,是目前政策中心。""目前时局不宜对顽取攻势。""除非顽部进攻,我可在自卫立场上打之。其具体作战,亦须取得中央同意。"

　　△　在《解放日报》上发表《母亲的回忆》一文,对于二月十五日在四川仪陇故乡逝世的母亲,表示深切的哀悼和怀念。文章说:"得到母亲去世的消息,我很悲痛。""母亲同情贫苦的人……虽然自己不富裕,还能周济和照顾比自己更穷的亲戚。""母亲那种勤劳俭朴的习惯,母亲那种宽厚仁慈的态度,至今还在我心中留有深刻的印象。""母亲知道我所做的事业,她期望着中国民族解放的成功。她知道我们党的困难,依然在家里过着勤劳的农妇生活。""我应该感谢母亲,她教给我生产的知识和革命的意志,鼓励我以后走上革命的道路。在这条路上,我一天比一天更加认识:只有这种认识,这种意志,才是世界上最可宝贵的财产。""我将继续尽忠于我们的民族和人民,尽忠于我们的民族和人民的希望——中国共产党,使和母亲同样生活着的人能够过快乐的生活。这是我能做到的,一定能做到的。"这篇文章以《回忆我的母亲》为题编入《朱德选集》。

　　4月7日　出席中共中央西北局常委临时会议,会议决定延安大学和行政学院合并,仍称延安大学。

　　4月8日　出席在陕甘宁边区召开的高级干部会议并作《生产运动与财经问题》讲话,论述边区的工业、农业、商业、交通运输、财政、金融等问题,指出:我们要建立新民主主义的生产关系,我们是公私兼顾,大公家发展了,小公家也发展

---

〔1〕东条,即东条英机,时为日本内阁首相。

了，私人也发展了，那我们新民主主义的经济就上了轨道。

4月10日 延安各界一千余人在杨家岭中央大礼堂举行追悼朱德母亲逝世大会，毛泽东、刘少奇、任弼时、周恩来、陈云等参加悼念大会，毛泽东献挽词："为母当学民族英雄贤母，斯人无愧劳动阶级完人。"最后，朱德在大会上致答词说："承各界代表各位同志来慰问我，我只有更加努力于团结抗战事业，迅速把日本打出去，求得民族的彻底解放。只有更加努力于生产运动，使我各根据地以至全中国的每一个家庭，都有希望成为像边区一样丰衣足食的家庭。"

4月15日 出席中共中央书记处会议。会议讨论国共关系问题和林伯渠代表中共去重庆谈判问题。在林伯渠启程前，请他将一床延安生产运动中生产的蓝色方格呢毯带给在重庆的张澜，并奉上一信说："你的事业，我坚决支持。"

4月18日 致电蒋介石、何应钦、胡宗南，请制止国民党军第五十三师等部队对陕甘宁边区鄜县、洛川等地进行扰乱。

△ 出席中共中央西北局运盐座谈会。会议认为：对盐的生产、运输、销售和外贸要统一，盐业公司要多投些资本，开办商店，整顿骡马大店（指陕甘宁边区政府为解决运盐人畜在途中的住宿而设立的旅店）；合作社要与盐业公司定贸易合同，采取集股和分红的合作方式。

4月29日 致电第八战区副司令长官胡宗南：陕甘宁边区政府主席林伯渠一行二十三人乘两辆卡车离延安赴重庆，抵鄜县，得知洛川贵军连日在边境时有骚扰，抢去人、牛，并断绝来往交通多日，不胜惊异。为团结计，敢请迅电洛川及沿途驻军，速行恢复边界交通，负责保护旅途安全，并停止骚扰，俾林主席等得早日南下。同时致电国民党军驻洛川的袁杰三师长，请其迅即恢复交通。

4月30日 八路军总部发布备战和保卫麦收命令。

△ 与毛泽东宴请在延安休养治病的晋绥军区副司令员续范亭等。交谈中说：我当初做军官就充当司务长，旧日司务长正是管连队生活，并负责训练与作战的责任。现在我们的大将们都研究粮食问题，全体指战员都亲自动手，建立各单位的大小家务。各部队首长、干部不但都能管理军队生活，而且都能直接参加生产，这是全世界军队没有的奇迹，同时也是中国军队的大改革，这对革命是一件很大的事。

5月4日 与陈云、贾拓夫、黄亚光等人谈金融问题。

5月8日 毛泽东、朱德、彭德怀复电滕代远、邓小平并转告中共中央冀鲁豫分局：敌与汤恩伯部正在中原激战，且有打通粤汉企图。对顽军坚持自卫原则，彼来攻则消灭之，不可主动进攻。

△ 八路军总部发出命令，令太行军区、太岳军区开展豫北游击战争。

5月10日 出席中共中央书记处会议。会议讨论党的第七次全国代表大会问题。会议决定组织下列准备报告委员会：军事问题报告委员会，由朱德、彭德怀、林彪、刘伯承、陈毅、叶剑英、谭政、徐向前、贺龙、聂荣臻组成，朱德负责召集；组织问题报告委员会，由刘少奇、周恩来、彭真、高岗、谭政、王若飞组成，刘少奇负责召集；党内历史问题决议准备委员会，由任弼时、刘少奇、康生、周恩来、张闻天、彭真、高岗组成，任弼时负责召集；周恩来准备在大会作关于统战工作的报告，统战工作报告准备委员会由周恩来负责召集。会议还决定在七大前召开七中全会，五月二十日左右召开首次会议，通过关于大会的准备问题。会议还讨论对林伯渠五月四日请示同国民党谈判的条件来电的答复问题。

△ 出席陕甘宁边区工厂职工代表大会并讲话，号召在生产中要改进技术，提高质量，不要粗制滥造地追求数量。要反对两种不良倾向：一、不从先公后私的原则出发，不从政治上去教育工人，而是只用工资来刺激生产，迁就少数工人的落后意识，这是经济主义的倾向；二、不好好做工作，不管技术高低，要拿同样的工资，这是平均主义的倾向。工人应参加工厂管理工作，但不要极端民主化；工厂管理要靠厂长领导，但厂长不能有官僚主义，不能脱离群众，要时刻注意改善工人的生活。各厂要互相配合，互相帮助发展。互相交流技术经验。要学习社会主义精神，不要学习封建社会里的保守思想。

5月13日 出席中共中央书记处会议。会议讨论毛泽东所拟关于国共谈判条件复电在西安的林伯渠，决定先向林伯渠说明中共中央正在讨论，要他飞渝继续谈判。

5月19日 出席中共中央书记处会议。会议决定五月二十一日召开六届七中全会，确定参加会议的名单和议程，并决定向七中全会提议由毛泽东、刘少奇、任弼时、朱德、周恩来组成七中全会主席团；撤销中共中央革命军事委员会华北分会。

5月21日 下午一时，出席中共中央政治局会议。会议通过中央书记处十九日确定的关于召开七大的各项议案，提交六届七中全会决定。

△ 下午二时，出席在延安杨家岭召开的中共六届七中全会。在六届七中全会第一次会议上，通过由毛泽东、朱德、刘少奇、任弼时、周恩来组成七中全会主席团，毛泽东为中共中央委员会主席及七中全会主席团主席。会议决定，在全会期间由主席团处理日常工作，中央书记处及政治局停止行使职权。会议同意毛泽东代表中央政治局向全会提出的关于党内历史问

题的六项意见[1],并形成决议。会议通过七大的议程及报告负责人,政治报告——毛泽东,组织及修改党章报告——刘少奇,军事报告——朱德,党的历史问题报告——任弼时,统一战线报告及公开讲演——周恩来。除政治报告不设准备委员会外,会议同意中央书记处提议的其他四个报告的准备委员会的名单。中共六届七中全会从即日起,于一九四五年四月二十日结束,历时十一个月,先后召开八次全体会议。全会讨论并通过党的《关于若干历史问题决议》,七大的准备工作和城市工作问题等。《决议》认为,党在奋斗过程中,毛泽东把马克思列宁主义的科学理论创造性地运用于半封建半殖民地的中国,为中国革命制定了一条正确的马克思列宁主义路线。他不但运用马克思列宁主义规定了中国革命正确的政治路线,同时运用马克思列宁主义规定了服从于这一政治路线的正确的军事路线。"毛泽东同志的军事路线从两个基本观点出发:第一,我们的军队不是也不能是其他样式的军队,它必须是服从于无产阶级思想领导的、服务人民斗争和根据地建设的工具;第二,

---

[1] 六项意见,即:(一)中央某些个别同志曾被其他一些同志怀疑为有党外问题。根据所有材料研究,认为他们不是党外问题,而是党内错误问题。(二)六届四中全会后,1931年上海临时中央及其后它所召集的六届五中全会是合法的,因为当时得到共产国际的批准,但选举手续不完备,应作为历史教训。(三)对过去历史上的错误,应该在思想上弄清楚,但对其结论应力求宽大,以便团结全党共同奋斗。(四)自六届四中全会至遵义会议期间,党中央的领导路线是错误的,但当中有其正确的部分,应该进行适当的分析,不要否认一切。(五)党的六大虽有其缺点与错误,但其路线基本是正确的。(六)在党的历史上曾经存在过教条宗派与经验宗派,但自遵义会议以来,经过各种变化,作为有政治纲领与组织形态的这两个宗派,现在已经不存在了。现在党内严重存在的是带着盲目性的山头主义倾向,应当进行切实的教育,克服此种倾向。

我们的战争不是也不能是其他样式的战争，它必须在承认敌强我弱、敌大我小的条件下，充分地利用敌之劣点与我之优点，充分地依靠人民群众的力量，以求得生存、胜利和发展。"

5月28日 为中直个人生产展览会题词："一齐动手真正是抗战建国的好方法。"

5月30日 出席中共六届七中全会主席团会议。会议决定向七中全会提议，七大应增加关于城市工作的议程，该项议程的报告和决议，应从抗战的需要和党的任务出发，提出目前敌占区域城市工作的重要性，联系到对过去城市工作的批判。

6月5日 主持中共六届七中全会第二次会议。会议讨论城市工作问题。会议同意朱德的提议：七大增加讨论城市工作的议程，由刘少奇、彭真等十四人组成城市工作委员会。会上还通过《中共中央关于城市工作的指示》，指出：不占领大城市与交通要道，不能驱逐日寇出中国。必须把城市工作与根据地工作作为同等重要的两大任务，必须把争取敌占一切大中小城市与交通要道及准备群众武装起义这种工作提到极重要的地位，以期在今年下半年及明年上半年，就能收获显著成绩，在时机成熟时，夺取有我强大军队与强大根据地附近的一切敌占城市与交通要道。朱德在会上发言，指出：城市工作要注意用本地人。经济工作方面要花一笔钱可以做很多事。国民党里都是败家子。从前国民党是继承中国的大家务，现在家务越搞越小。英美在太平洋登陆作战困难很多，至多能帮助蒋介石取得华南一部分，华北、华中的主人翁是八路军、新四军，而且将来华南也可发展根据地，现在闽西还有我们党和游击队作基础。

6月6日 盟军在法国诺曼底登陆，开辟欧洲第二战场。

6月10日 以第二战区副司令长官行署名义接见于昨日到达延安的中外记者西北参观团一行二十一人，祝贺盟军开辟欧洲第二战场,并举行音乐晚会。周恩来、贺龙、徐向前、邓颖超、聂荣臻、高岗、萧劲光、林彪、博古等应邀作陪。

6月14日 出席延安各界民众庆祝联合国日和保卫西北动员大会并讲话,指出:欧洲第二战场的开辟和各路盟军的伟大胜利,是联合国人民坚持团结、民主,长期牺牲奋斗的结果,是反法西斯战争在全世界胜利的新阶段,希特勒德国的垮台日子不远了。在这种形势下,日寇为了取得对中国战争的胜利,巩固其在大陆上的地位,正在向河南、湖南两省大举进攻,且已逼近了西北的大门潼关,中国战场出现了严重的局面。希望国民党为了民族解放和全世界反法西斯战争的胜利,迅速结束反共反人民的政策,采取团结抗战与民主的方针,开放党禁,改善国共关系,停止进攻八路军、新四军,集中一切力量保卫西北,保卫西南。中国共产党及八路军、新四军将士,坚决相信目前局面是有办法改善的,中国抗战必然会胜利。大会号召全边区军民为保卫西北而战,打退敌人的进攻。毛泽东、朱德、周恩来、贺龙等为大会主席团成员。

6月16日 出席中共六届七中全会主席团会议。会议决定欢迎国民参政会派考察团到延安参观。

△ 中共中央西北局、陕甘宁边区政府、八路军、留守兵团司令部联合发布《保卫西北训令》。

6月25日 与叶剑英接见中外记者团中的英国记者斯坦因,说:我们和盟国都是为着打倒法西斯,都要争取民主。如果国民党不改变现在的政策,继续专制独裁,那末,他们就和人民对立,就不可能对日本打胜仗,还要打败仗。抗战是要全国人民大家努力的,光军队努力是不够的。民主是反攻的先决条件,不实行民主,就不能组织有力的反攻。同盟国间有一些悲观主义者,把中国好像看得没有希望,这一点还须向他们解释。只要中国内部政策改变，把广大人民组织起来，力量就大了。中国是有希望的。

6月27日 出席陕甘宁边区合作社联席会议并讲话，指出：合作社要向生产方面发展，不仅要注重资金的集结，并且特别要重视把劳动力组织起来发展生产。合作社是生产运动、群众运动最好的组织形式。我们不但能够支持整个的抗日战争，而且要学会保证战争以后经济上不发生困难。强调：合作社要为发展生产服务，要组织农产品和工业品进行合理的交换，起到桥梁作用，给人民谋取利益。

6月29日 出席中共六届七中全会主席团会议。会议讨论接待中缅印战区美军司令部派来的军事观察团和有关国共谈判问题。决定：对美军事观察团表明我们现在需要合作抗战，抗战胜利后需要和平建国，民主统一；在交涉中以老实为原则，我们能办到的就说能办到，办不到的就说办不到；观察团到后由毛泽东、朱德、周恩来、彭德怀、林彪、叶剑英出面接待和谈判。关于国共谈判，决定由周恩来、林伯渠分别在延安、重庆发表谈话。表示尽管国民党"提示案"[1]与我党书面意见相距甚远，但只要有利于团结抗战及促进民主，中共无不乐与商讨。

7月初 《解放日报》社印行出版朱德像，这是由新华书店总销售的第二种领导人挂像。

7月1日 中共中央发出由毛泽东、朱德等审定的《关于整训军队的指示》：为适应我军发展、准备反攻及对付国民党可能发动突然事变的需要，确定在现有的物质基础上与战争生产间隙中，整训现有军队，把我军的军事训练与政治工作极大地提高一步，为军队将来发展一倍至数倍准备条件。整训内容

---

〔1〕 国民党"提示案"，即《中国国民党对中国共产党问题政治解决提示案》。

分军事、政治两个方面。军事整训就是练兵，应以技术为主，战术为辅，实行群众运动的练兵方法，并总结带兵、用兵与养兵的经验。政治整训须对军队政治工作做一次普遍的、彻底的、有计划的改造，应贯彻古田会议精神，用检讨错误和缺点、发扬成绩、总结模范连队的经验，奖励战斗英雄模范人物等方法，改进政治工作，并注重培训干部和民兵。

7月7日 为纪念抗战七周年，在《解放日报》上发表《八路军新四军的英雄主义》一文，文章指出："七年以来，我八路军、新四军大小作战九万二千次，毙伤俘敌伪军一百一十万，收复沦陷敌手的广大失地，解放遭敌奴役的八千万同胞，建立了华北、华中和华南大小十五个抗日根据地，组织了几千万民众和两百万手执武器的民兵，使全世界人士深知中国人民是不可征服的伟大力量。我们之所以能够创造出如许的史无前例的伟大功业，不但是由于八路军、新四军有正确的政治路线和战略战术，而且是由于我全体将士的坚苦卓绝、奋不顾身的英雄主义气概。""八路军、新四军的英雄主义，不是为个人利益打算、为反动势力服务的旧英雄主义，而是新英雄主义，革命的英雄主义，群众的英雄主义。革命的英雄主义，是视革命的利益高于一切，对革命事业有高度的责任心和积极性，以革命之忧为忧，以革命之乐为乐，赤胆忠心，终身为革命事业奋斗，而不是斤斤于作个人打算；为了革命的利益和需要，不仅可以牺牲自己的某些利益，而且可以毫不犹豫地贡献出自己的生命。""新的英雄产生于广大群众的共同行动、共同斗争中，为群众所赏识，为群众所称颂，而不是自封的，高高站在群众头上的。新的英雄也知道自己是群众中的一员，是群众力量中的一点滴，不轻视较自己稍为落后的人，不嫉妒较自己更为前进的人，互相学习，互相帮助，真正体现'大家为一人，一人为大家'的集体主义精神。""新英雄主义是新时代新社会的产物，是和共产党的领导分不开的。只有具备共产主义的高尚品质和伟大气魄，才能具有彻底的革命观点和群众观点，才能开展新英雄主义运动。"文章号召全军将士要更加奋勉，"创造出更多的部队英雄和英雄事迹，以进一步提高我们的工作，加强我们的斗争，担负起目前战争形势所赋予我们的战斗任务，最后战胜与消灭日本侵略者！"这篇文章编入《朱德选集》。

△ 与叶剑英再次接见英国记者斯坦因，说：中国抗日战争需要盟国帮助，同时盟国也需要中国抗战，这是相互帮助。蒋介石最害怕八路军、新四军发展。他想的都是怎么消灭异己，培植自己的实力。中国问题仅仅从军事上去找，是不能得出正确结论的。我们与同盟国是反对法西斯的，而蒋介石则是两重政策，一面反对法西斯，另一面则是要消灭反法西斯的力量，削弱反法西斯的力量。这种政策上的错误，把中国军队的力量抵消了。斯坦因在延安逗留近半年时间，曾与朱德多次谈话。朱德谈了敌后根据地在战略上的重要性和中共军队的御敌实力，说：我们的四十五万正规军，还有大约二十三万民兵和那些建立在敌后每个地方的稳固的根据地，可以起重大作用。这些根据地的战略价值是不能低估的。还着重谈了与盟国军事合作的实际可能性，说："我们的军队和我们的敌后抗日根据地将毫无保留地为盟国提供一切可能的支援"，"我们能够切实帮助盟国完成轰炸任务，因为我们的敌后抗日根据地几乎包围着华北和华中每个想达到的目标，包括日军占领的大城市、工厂和运输线"；"我们也能帮助盟国在中国和陆地登陆。我们控制着相当长的海岸线，特别是在华北的河北省和山东省以及华中的江苏省和浙江省"；"还有更重要的是，我们能够帮助盟国远征军进军时在任何地方穿过中国领土。我们能够有效地保护盟军的侧

翼，并且对所有这些工作准备得特别好。"朱德还强调说："为了向你们说明，哪些方面我们能帮忙，哪些方面我们不能"，"我要把一件事说明白。在中国最后将进行的战役中，盟国在战略上需要三类部队：第一，特殊化和机械化部队，诸如大炮、坦克、飞机等等；第二，正规的地面部队、步兵和一些在各主要战线上需要的骑兵；第三，大量组织良好而有经验的游击队。在我国现有条件下，游击队必须起重要的战略作用。""对于后一类部队，我们一定能组织得很好。"还谈了盟国对中共军队给予武器弹药支援的重要性，说：中共军队"能有一些比我们现在所有的更好的轻武器，以及更多的子弹和现代爆破材料的供应，这对于增强我们的打击力量是大有用处的。此外，如果盟国给我们步枪和火箭筒之类的特殊武器，也将会对盟国有好处。这些特殊武器便于携带，其威力足以应付敌人千千万万砖砌的碉堡和防卫他们一切主要交通线的堡垒，以及被占领的大城市周围的敌方内线防御工事。"

7月10日 毛泽东、朱德等复电李先念等：中央赞成你们半年内以巩固原有的地区为主，以发展河南及湘鄂赣工作为辅的方针。

△ 致电钱之光转蒋介石等，指出：为了破坏敌人对河南的进攻，八路军在毫无补给、非常困难的情况下，仍主动在整个华北敌后发动全面对敌攻势。如要八路军发挥更大效能，则请予以最低限度必需之补给。至于包围陕甘宁边区之第一线友军兵力，虽在战局如此严重之日，犹未丝毫减少，此情更应适当解决。

7月19日 出席中共六届七中全会主席团会议。会议决定将俄文学校改为外国语学校，增设英文班，聘请林迈可、马海德为英文高级班和研究班教员，卜化文为英文班班主任。

7月21日 接受美国记者爱泼斯坦采访，就他提出的当前中国军事形势及其发展，同盟国对中国帮助的最佳形式，八路军、新四军如何和同盟军合作，八路军、新四军对同盟军有何要求等问题一一作了回答。

7月23日 接见延安劳动模范杨步浩。杨步浩送来一石代为朱德耕种的新麦子[1]。朱德详细地询问了杨步浩的家庭情况，并邀请参观自己耕种的菜园。还请其在家里吃饭。次日杨步浩回去时，朱德送他一袋自己种的西红柿。

8月7日 与毛泽东在延安设宴招待美军观察组。七月二十二日、八月七日，美国驻中缅印军总司令兼中国战区统帅（蒋介石）参谋长的史迪威派遣包瑞德上校率领的美军观察组一行十八人进驻延安。

8月14日 致函美国女作家艾格妮丝·史沫特莱：我切盼在可能的情况下，你能来中国住一段时间，以便了解我们的人民和军队在你离华期间所取得的成就和发生的许多变化。还说：虽然胜利在望，但是中国的反动势力仍在负隅顽抗，有时甚至比过去更为顽固，更为残暴。他们的政策不但造成了人民的深重的灾难，而且最终将造成他们自身的毁灭。而这里，正像世界各地一样，潮流已朝着人民胜利的方向前进。

8月29日 毛泽东、朱德复电张云逸、饶漱石、赖传珠并告罗荣桓、黎玉："同意你们的建议，在自卫原则下，由八路（军）部队南下，打击耿继勋、冯子固等部，保障（新四军第）四师侧翼安全，以便四师能击退韩德勤、陈大庆大队顽军由南之

---

[1] 根据边区政府的有关规定，一年中，朱德要生产出三石细公粮。此前，杨步浩得悉后，为使朱德有更多的时间忙公务，表示愿为其代耕一石。

进攻。""望立即将顽军历次向我进攻，勾结敌伪的罪恶包括顽军高级司令部之命令等，电告中央，并在华中、山东立即发表。"

9月1日 出席中共六届七中全会主席团会议。会议讨论关于提议召开各党派代表会议成立联合政府、关于王震等是否率部南下、关于开展满洲工作、关于建立城市工作部等问题。朱德在会上就时局发表意见说：美国希望早点打胜日本，又希望自己少死点人。但是，蒋介石无能，尽打败仗；美帮他装备的部队又都藏起来，不打日本，准备将来打内战。现在美国派了观察组来，如果他们要求我们配合，可以与他们合作，从小到大。会议决定组织南下支队，由王震、王首道率领八路军第一二〇师第三五九旅主力，从陕甘宁边区南下湘粤边，配合华南抗日武装，开辟以五岭山脉为中心的敌后抗日根据地。

9月2日 出席中共六届七中全会主席团会议，在会上发言指出：过去我们先要搞好政治再搞军事的办法，是有些不正确的。

9月7日 毛泽东、朱德致电郑位三、李先念、任质斌并告张云逸、饶漱石、赖传珠："我们准备派干部及一部军队（约十个连）至你处，请你们考虑走何路线。"并望军部和五师两方对郑州、开封间，郑州、信阳间，鄂东、皖中间之桐城、舒城地区及芜湖、九江间是否能过等情况迅速查告。

9月10日 致电于九月六日到达重庆的美国总统罗斯福的私人代表赫尔利少将，邀请他访问延安。当时美国政府认为，没有一个统一的中国，就无法战胜日本。赫尔利来华的一个重要任务，是调解国共两党的关系。

9月15日 《群众》第九卷第十六、第十七期合刊出版，载文报导朱德与身边工作人员组成一生产小组，在已开垦出的大约三亩菜地上种菜，种有菠菜、葫芦、南瓜、水萝卜、芦笋、葱、莴笋、白菜、芥菜等。

9月18日 与毛泽东、刘少奇、周恩来、彭德怀、聂荣臻出席中共中央办公厅在杨家岭中央大礼堂举行的留守兵团模范学习代表招待会，从敌后战场赴延安参加整训的各部队的战斗英雄代表也参加了招待会。朱德在讲话中号召部队积极准备反攻，说：在目前新形势之下，八路军、新四军对于反攻日寇要负更大的责任，因此要努力练兵，要使边区部队成为我们的模范兵团，把经验普及到所有的八路军、新四军中去。

9月22日 出席中共六届七中全会主席团会议。会议讨论形势、国共关系、审查干部等问题。会议认为，不管蒋介石是否改组政府，我们可以先成立中国解放区联合委员会。

9月27日 与刘少奇主持召开原红七军在延安的一些同志（雷经天、叶季壮、李天佑、袁任远、黄一平、莫文骅等）的座谈会，座谈关于红七军的历史。

10月3日 出席中共六届七中全会主席团会议。会议讨论河南工作大发展与调部队和干部去河南、湘赣问题。

10月5日 与毛泽东等出席在延安举行的美国陆军中印缅战区统帅部对包瑞德的授勋仪式。统帅部为嘉奖包瑞德在华工作成绩卓著而授予他勋章。

10月6日 出席陕甘宁晋绥联防军司令部召开的高级干部会议并讲话，要求加强部队的冬季训练，着重学习战术，发扬战斗员独立作战、人自为战的作风。

10月7日 出席中共六届七中全会主席团会议。会议根据毛泽东的提议，决定任命杨尚昆为中央军委外事组组长、陕甘宁边区政府交际处处长，王世英、金城为副处长。朱德在会议讨论形势时发言，指出：对蒋介石的估计要充足一些，改组政府他不干，我们组织行政区他不答应，这种局面僵下去，外国人不答应。这对我们有利。我们也只有拖，只有发展。要使浙江、湖南都发展起来。我们在豫、湘、浙发展，不会受到多少阻碍，比较容易。

10月10日 与毛泽东、周恩来等出席陕甘宁边区政府在参议会大礼堂为庆祝双十节举行的招待会。朱德在会上讲话，论述辛亥革命以来的经验教训和当前西南战事的紧急情况，并指出：在共产党领导的敌后广大解放区内，实行了真正的民主，所以七年来愈战愈强，而国民党统治区域内，因为没有民主，所以有今天正面战场的溃败。最后谈了西南战事的危急情形，还劝告新专制主义者，不要走西太后、袁世凯、曹锟、吴佩孚的道路，亦不要采取无补于事的伪装宪政的愚民办法，而要老老实实接受人民的公意和友邦的诤言，实行民主，只有这样才能挽救目前危机。应邀出席的有美军观察组成员、外国记者和延安各界代表。

10月11日 出席陕甘宁边区文教代表大会并讲话，说：文教工作对于争取抗战胜利，将起极重大的作用。希望大家好好地总结经验，整理出一套新的工作方法。

10月14日 为做好反攻的准备工作，毛泽东、朱德致电邓小平、滕代远等，指出：华北有纵横六条大铁路，有连云港、青岛、塘沽三个军、商港，有公路如网，有冀鲁大平原（利于大兵团战场），有东北依靠，有日本本土屏障，交通便利，空、海易与陆军配合。在苏联不出兵满洲条件下，是日本陆军在大陆决战的最理想战场。"华北可能成为主要的决战战场"。由于共产党、八路军和许多民兵游击队不仅直接危害日军作战，而且是英、美在华北登陆最好帮手。因此，日军在决战开始前，可能在华北还有一时期最严重的"扫荡"与摧毁，我们应有此准备。在可能条件下，应乘虚尽量消减伸入根据地内之伪军、顽军及敌军小据点,扩大根据地,但一般地暂时不打交通要道及较大城市(敌人"扫荡"时破袭交通要道与袭击较大城市在外)要充实现有小团,健全游击队,加强民兵组织,利用冬寒认真练兵。要在新发展区域及减租减息未深入地区,继续深入减租减息。在减租减息已深入地区,要注重各种生产,改善军民生活,巩固军民团结与社会团结。要在太行、北岳山区努力增加弹药生产。对伪军上、下层工作均须加紧。"这些工作做好,就是预见困难,克服困难,争取胜利的条件"。

10月16日—19日 联防军司令部召开军事高干会议,会议讨论冬训计划问题。与叶剑英、林彪等出席会议并讲话。

10月18日 毛泽东、朱德、刘少奇致电张云逸、饶漱石等:新四军第四师西进部队已获极大战果,目前应以巩固已占地区为主要任务,应即建立与加强地方武装,以便主力能迅速进行新的任务。

△ 毛泽东、朱德、刘少奇致电张云逸、饶漱石等:同意粟裕率两个团南下发展苏浙。新四军(除第五师外)最近的任务是向南(苏、浙)向西(豫东、皖北)发展。发展河南是已经确定的方针,但现在只能逐步发展,首先建立巩固阵地,然后向前推进。要十分注意发展宁波、杭州、上海三角区工作,以便配合美军可能在杭州湾的登陆作战,时间可能很快。

10月19日 中印缅战区美军司令兼中国战区统帅(蒋介石)参谋长的史迪威,因与蒋介石发生矛盾被美国总统罗斯福下令召回。他离中国前,给朱德写信说:"由于我已被解除中国战区的职务,我谨向您,共产党武装部队首脑,为我们今后不能在对日作战中同您合作深表遗憾。您在对我们共同的敌人作战中发展了卓越的部队,我曾期望与您联合作战,但现在此事已成泡影。祝您战斗顺利并取得胜利。我谨向您致意。"十月二十三日,朱德在史迪威离华前送他一个印有毛泽东、朱德照片的相册,首页上亲笔题写:"敬赠史迪威将军。"

10月31日 出席中共六届七中全会主席团会议。会议讨论八路军第一二〇师三五九旅主力南征的区域和组织机构等以及其他问题。决定:由王震、王首道率领的干部和部队在湖南湘水和资水之间以衡山为中心建立根据地;由王震、王首道、贺炳炎、廖汉生、王恩茂等八人组成军政委员会,以王首道为书记;部队用"湖南人民抗日救国军"名义[1],以王震为司令员、王首道为政治委员;增派三五九旅第七一八团随同出发。会议还决定,取消过去夏曦[2]关于解散洪湖地区党组织的决定。会议同意毛泽东关于大后方党员绝大多数是可靠的、有问题的只是少数的这一估计。

11月1日 毛泽东、朱德、刘少奇、周恩来、任弼时等出席八路军南下支队在延安举行的誓师大会并在东关机场检阅该部。部队于九日从延安出发,向湘粤边挺进。

△ 毛泽东、朱德、刘少奇致电张云逸、饶漱石:应利用目前时期迅速巩固涡河以北阵地并迅速打通与山东的联系。军部与淮北区党委,应迅速派大批干部去路西建立地方武装与政权及进行群众工作,以巩固路西地区。

11月6日 出席中共六届七中全会主席团会议。会议讨论美国总统罗斯福私人代表赫尔利少将到延安谈判问题。

11月7日 为庆祝苏联十月革命胜利二十七周年,在延安

---

〔1〕第三五九旅主力组成的南征部队出征前,命名为八路军独立第一游击支队,通称南下支队。进入湖南攻占平江后改称湖南人民抗日救国军。

〔2〕夏曦,1931年至1934年任中共中央湘鄂西分局书记。

以八路军延安总部、第二战区副司令长官部名义举行庆祝宴会。毛泽东等中共领导人、苏联、美国、英国来宾，在延安的国际友人和延安各界代表一百余人出席宴会。共同庆祝同盟国反法西斯战争的胜利和苏联红军近期对德作战中取得的辉煌战绩。

11月8日 上午十时半至十一时二十分，毛泽东、朱德、周恩来与美国总统罗斯福私人代表赫尔利少将举行第一次谈话。赫尔利首先说明自己是受罗斯福的委托作为他的私人代表，来谈判关于中国的事情。这次来延安，还得到蒋介石的同意和批准。然后，赫尔利提交了一份他和蒋介石共同草拟的题为《为着协定的基础》的文件，内容有五点，主要是要中国共产党的军队遵守并执行国民党政府及其军事委员会的命令，要共产党军队的一切军官和士兵接受政府的改组，然后国民党政府才承认共产党的合法地位。会上宣读了这一文件，赫尔利并作了一些说明。下午三时，与赫尔利举行第二次会谈。九日，下午三时，与赫尔利举行第三次会谈。十日，上午十时，与赫尔利举行第四次会谈。赫尔利表示赞同中共关于成立民主联合政府的主张，接受了中共提出的五项协议。双方达成《中国国民政府、中国国民党与中国共产党协定》，毛泽东、赫尔利均签了字，但后来遭到蒋介石的拒绝。年底，赫尔利任美国驻中国大使，改变他在延安时的看法，支持蒋介石的反共政策。

11月9日 出席中共六届七中全会全体会议。会议听取毛泽东向全会报告同赫尔利会谈的情况，并讨论在"五点协定草案"上签字问题。

11月17日 出席中共中央西北局常委会议，会议讨论特别经费和商品统销等问题。

11月19日 出席中共六届七中全会主席团会议，会议讨论河南工作问题，听取戴季英、王树声的汇报。朱德在会上发言，指出：河南的行动将来是做攻势防御，把河南变成民主地方，将来两广、贵阳、昆明等地的反攻靠我们。蒋介石始终要打我们，河南将来可决定中国的形势，将来是防御蒋介石的。在谈到河南的军事政策问题时指出：要争取红枪会。我们要利用敌伪之间的矛盾，要靠我们政策好，我们要争取顽伪军，打之目的是为的争取，不能靠打，争取得要多。反对会道门的方法是通过加入去争取。对地主武装的争取，是争取其抗战，保卫家乡，不反对我们。对旧军官土匪亦应争取。在谈到经费与补充时，提出：现在我们家务大，但不能整个提供你们的补充，只补充需要的，你们出去的生活必须不能超延安，是恢复打游击战的生活。

11月22日 出席延安各界追悼邹韬奋[1]大会并讲话，指出：邹韬奋的著作是为中国民族民主革命的胜利而写的。目前中国民主与反民主势力正在进行剧烈的斗争，我们要更加努力于民主运动，团结全国人民、争取抗战建国的胜利。当日，为邹韬奋题词："邹韬奋同志：爱国志士，民主先锋。"

11月23日 出席中共六届七中全会主席团会议。会议讨论国共两党谈判、国内形势等问题。

11月25日 出席中共中央西北局座谈会，会议讨论边区经济形势。朱德在会上发言，指出：为避免明年一二月份发生金融波动，要提倡厉行节约，生活中要节衣缩食。

12月4日 出席陕甘宁边区参议会第二届第二次大会并讲话，指出："我们在敌后建立抗日根据地，天天壮大，就是因为实行了民主，依靠各阶层人民亲密团结，共患难、同甘苦。"

---

[1] 邹韬奋于1944年7月24日在上海病逝。

12月7日 出席中共六届七中全会全体会议。会议听取周恩来报告此次同国民党谈判情况（是日，周恩来、董必武从重庆飞抵延安）。会议认为：国民党所提三条明显地不同意成立联合政府和联合统帅部，因此无法求得双方提案的基本共同点。为了答复各方询问，准备早日公布五条协定，以引起舆论注意和督促国民党政府改变态度。会议决定周恩来、董必武不再去重庆谈判，并致函赫尔利说明原因。还决定筹建解放区联合委员会，由陕甘宁边区参议会发起。成立准备委员会，由党内周恩来、林伯渠、高岗、陈毅、薄一波、丁玲等十四人和党外李鼎铭、续范亭等二十一人共同组成。

12月9日 出席中共六届七中全会全体会议。会议讨论关于成立解放区联合委员会问题。会议决定准备委员会名额为三十人，并通过《陕甘宁边区参议会发起解放区联合委员会书》、通电及党内指示三个文件。毛泽东在发言中指出，在目前情况下成立解放区联合委员会，也要从反面考虑一下。虽然不叫政府而叫解放区联合委员会，但是要想到美国不帮助，蒋介石取消八路军，中间派不赞成，我们是否会孤立。他主张现在只成立准备委员会，中央主要负责人不要发表公开讲话，也不写社论，看看情况再讨论决定。朱德发言指出：事情还是不忙好。

12月12日 出席中共六届七中全会主席团会议。会议听取任弼时通报陕甘宁边区二届二次参政会及党外人士对边区政府执政及民主作风的意见。毛泽东在会上明确指出：解放区联合委员会暂缓成立，报上也不宣传，可放口头空气。现在全国总的任务是建立统一中国一切力量的民主联合政府，其他的不提，七大也要采取这种态度。朱德在会上发言指出：暂缓一下好，我们可以自由发展。

12月15日—17日 毛泽东、朱德、周恩来、叶剑英同美国战略情报局伯德上校（包瑞德也在场）就美军拟在山东半岛登陆后的军事合作问题进行探讨和磋商。月底，朱德与周恩来、叶剑英等对此问题商拟了一个基本方案，提供中共中央、毛泽东参考。方案强调提高警惕和有条件的合作条件。即美军必须服从中共的政策法令，不准带国民党军队入境建立政权，军队开出之前要给中共二十一个旅的武器装备等。

12月20日 出席中共六届七中全会主席团会议。会议听取董必武作关于大后方工作的报告。

12月22日 出席陕甘宁边区英雄和模范工作者大会并讲话，要求边区各种生产建设更加提高一步，同时要提倡节约，建立长远的革命家务，积蓄力量，完成抗战建国大业。

12月26日 毛泽东、朱德复电郑位三、李先念等：关于豫南国民党军程耀德部，"你处处理原则一般同意"。"程部所处地位，关系于衔接我军在豫省的南北发展，作用甚为重大。目前王震、戴季英两部分批南进，戴部要明年二月可到豫中目的地，王震部要明春二月可经程部地区南下，程部行动是否能延迟到明春二三月的有利时机，以便我军南北接应，并帮助王震顺利过境，请你们就实况决定。"

12月27日 毛泽东、朱德、周恩来、叶剑英同包瑞德举行会谈，就美方所提在欧战结束后美军一个空降师在山东沿海登陆时要求我方暂时提供后勤供应问题，进行磋商。

冬 鉴于日军入侵黔桂的形势，赋诗《和郭沫若同志〈登尔雅台[1]怀人〉》：

---

[1] 尔雅台，在四川省乐山市乌尤山正觉寺外。据考为汉武帝时建，为文学家郭舍人注《尔雅》之处。《尔雅》，是我国最早解释词义的专著。

　　　　回顾西南满战云，台高尔雅旧情殷。
　　　　千村沦落悲三楚[1]，四位英雄丧廿军[2]。
　　　　北国翻新看后劲，东邻陨越可先闻。
　　　　内忧外患澄清日，痛饮黄龙定约君。

　　是年　出席在延安召开的编写红军一军团史座谈会并讲话。讲话回顾了红一军团的光荣历史及其经验教训，说："一军团是红军的一个重要的组成部分，在过去的斗争中，对革命起了作用。牺牲的同志也很多，又训练与培养了大批干部。我们红一军团的历史是光荣的。""红一军团干部，有良好的传统：英勇善战，善于管理部队，又会做群众工作。"但"切不可自高自大"，"不管到什么地方工作，随时都要虚心，要看到人家的长处，并善于向人家学习。"还批评山头主义说："我们是从井冈山下来的，客观上是个山头，但主观上不可有山头主义。我们切不可居功。群众风起云涌，烈士牺牲性命，如果有功，功是他们的。离开了群众，我们什么事也做不出来。比如说，我个人，中外人士都知道，好像我是三头六臂，实际上，我只是广大群众事业与功绩的代表中的一个而已。一定要记住，如果有功，功是党的，是群众的。"这篇讲话以《在编写红军一军团史座谈会上的讲话》为题编入《朱德选集》。

─────────

〔1〕三楚，古地名，泛指湖北、湖南一带。
〔2〕四位英雄，讽指国民党将领汤恩伯、胡宗南、方先觉、白崇禧。1944年4月，日军进攻豫西，国民党军汤恩伯、胡宗南等部大溃。8月，日军攻陷衡阳，国民党军方先觉部投降。11月，日军攻陷桂林，国民党军白崇禧部溃散。汤、胡、方、白四位共丧师20个军。

1945年　五十九岁

1月1日　出席中共中央举行的新年干部晚会。

1月9日　撰写《祝〈新华日报〉七周年》一文，文中说：《新华日报》是中国大后方抗战与民主的温度表，象征了大后方人民的命运。中国的胜利与民主，其前提系于联合政府与联合统帅部的实现，《新华日报》要用各种可能的方法努力促进它们的实现。

1月17日、18日　出席中共六届七中全会主席团座谈会。

1月30日　与毛泽东、任弼时听取林伯渠、李维汉汇报陕甘宁边区政府检查工作中党外人士提出的意见，一些党外人士认为他们有职无权，非党人员受歧视。

△　英国《新闻时事报》发表了斯坦因撰写的《毛泽东朱德会见记》一文，该文介绍了毛泽东、朱德同斯坦因几次会见和长谈中的一些情况。

2月3日　出席中共六届七中全会主席团会议。会议讨论周恩来一月三十一日、二月二日关于同国民党谈判情况及党派会议的来电。会议认为，去年我党提出建立联合政府，结束国民党一党专政，是原则性的转变。当前要反对右倾危险，要注意到前途是流血斗争。

2月7日　出席中共中央和八路军总部在杨家岭中央大礼

堂举行的追悼彭雪枫[1]大会，任主祭并讲话。指出：彭雪枫是久经锻炼的军事指挥员和优秀的共产党员，他为国光荣牺牲了，全党全军要学习他的革命精神和优良品质。现在我们的力量一天天发展，我们已有了七十多万军队，我们要更加努力地工作，以便击败日寇，建立独立民主的新中国。八日，在《解放日报》上发表哀悼彭雪枫的挽词："雪枫同志在中国人民抗日救国的前线上，身先士卒，英勇牺牲，这是雪枫同志个人的无上光荣，也是中国共产党、八路军、新四军和中国人民的无上光荣。我全军指战员将永远纪念他的牺牲，坚决为他复仇，打倒日本帝国主义，消灭法西斯，解放中国。"

2月14日（农历正月初二） 延安市西区群众、警备团、枣园机关的代表和劳动英雄、模范工作者二百余人，齐集在俱乐部，给毛泽东、朱德、刘少奇、林伯渠等拜年。朱德讲话，对延安老百姓给予八路军很多的帮助表示感谢，同时欢迎大家给八路军提意见，强调八路军要保护老百姓。

2月18日 出席中共六届七中全会主席团扩大会议。会议听取周恩来关于同国民党谈判情况及美国对华政策的报告。会上，朱德提议：七大要早点开，开完会好出去工作。并说：苏联参战可能比我们原来预计的要早一点。要早点出去，赶上苏联参战，要有这个精神准备。

2月22日 为苏联红军建军二十七周年，毛泽东、朱德向斯大林元帅致贺电："红军在你的领导下所获得的伟大胜利，鼓舞了中国的解放战争。欣逢红军二十七周年纪念日，谨致祝贺之忱！"

---

[1] 彭雪枫，1941年起任新四军第四师师长，1944年9月11日在收复河南省夏邑县八里庄同日伪军的战斗中牺牲。

3月3日 新华社全文发表斯大林给毛泽东、朱德的复电。复电感谢对苏联红军二十七周年纪念节的致电祝贺。

3月16日 出席中共六届七中全会主席团会议。会议讨论七大准备工作,决定拟向七中全会提出:毛泽东、朱德、刘少奇、周恩来、彭德怀、康生、高岗、陈毅、陈云、林伯渠、任弼时、董必武、彭真、张闻天、徐向前、贺龙十六人为七大主席团;毛泽东、朱德、刘少奇、周恩来、任弼时五人为主席团常委,处理中央日常事务。七大正式议程为:(一)毛泽东作政治报告。(二)朱德作军事问题报告。政治报告与军事报告合并讨论,重要发言有周恩来讲统战问题、彭德怀讲华北情况、陈毅讲华中情况、高岗讲陕甘宁情况等。(三)党章问题报告及讨论,报告人刘少奇。(四)历史问题报告及讨论,报告人任弼时。(五)通过各种问题决议及通电。(六)选举中央委员会。

3月17日 与彭德怀、陈毅同在延安的原红七军指战员会见并合影。

3月24日 接读任锐(孙炳文烈士的妻子)来信和所附的《孙炳文同志的简史》后,复函任锐:"来信悉。炳文同志传,你写得很好,最亲切,我给以补充,请速寄烈士追悼会陈列。七大会中有一议事日程,是向死难同志悼念(开追悼会),请你预备。另外,在烈士传中,我必从侧面再写,以光其楷模。"并附以下的话:"炳文同志革命意志坚强,以民族民主革命的锐志而走到无产阶级的战士,是一贯的革命精神。一生学而不厌,诲人不倦,深通历史及文学、哲学,最后在留学德国时,研究马列主义最有成果,并影响一批前进青年加入革命。平日生活最能刻苦自励,凡接近者均受其模范激励而有所振作。对敌人是疾恶如仇,有灭此朝食之慨,对同志是爱护备至，情同手足之感。"

3月25日 出席中共六届七中全会主席团会议。会议决定：关于历史问题决议改在七中全会上讨论通过，先召集四五十人的座谈会征求意见；为求得七大能集中注意力去讨论当前问题（即政治、军事、组织报告），原先拟定许多同志发言的办法取消，到会代表可根据这几项报告所提出的问题，正面地联系当地实际情况发表意见，希望在七大上不涉及历史问题，以免妨碍集中注意当前的全国问题。

3月28日 与毛泽东等出席中共中央办公厅为庆贺林伯渠六十寿辰而举行的祝寿会，并与周恩来、张闻天等共送贺联："鹤发童颜，老当益壮。"

3月31日 出席中共六届七中全会会议。会议讨论为七大准备的政治报告草案和党章草案。全会一致通过政治报告草案和党章草案。为了使七大集中力量讨论当前的政治、军事、组织问题，会议还决定在取得各代表团同意之后，准备将《关于历史问题的决议》（草案）提交中共六届七中全会下次会议讨论通过。朱德在会上发言，指出：代表中对过去算旧账的兴趣很高，对政治报告可能都说好，而不深入钻研，这需要提请代表们注意。要想个办法使代表们集中注意力于这个政治报告上。否则，如果仍继续纠缠过去，恐怕旧的弄不清新的又忽略了，这是必须防止的。

春 题词："准备反攻，努力学习。"

4月1日 出席中共六届七中全会主席团会议。会议决定：董必武带随员二人参加中国出席旧金山联合国制宪会议代表团，并争取在国外活动。

△ 下午，与毛泽东、周恩来、董必武等，同即将回国的美国驻延安观察组成员、中缅战区司令部顾问谢伟思话别。

4月4日 出席中共六届七中全会主席团会议。会议决定召集一次七大代表团联席会议,解释历史问题决议草案中若干问题,由毛泽东出席讲话。

4月5日 出席中共六届七中全会主席团会议。会议决定:成立解放区青年和妇女联合会,并通过关于召集解放区青年、妇女代表会的通知。

4月6日 与林伯渠、贺龙、陈毅等到延安机场为董必武赴美国旧金山出席联合国制宪会议送行。

4月12日 美国总统罗斯福逝世,由副总统杜鲁门继任。四月十三日,毛泽东、朱德致电美国新任总统哈里·杜鲁门:"罗斯福总统不幸逝世,我们谨向美国人民及总统遗属表示吾人之深切吊唁。同时,向延安美军观察组致函吊唁,并派叶剑英、杨尚昆到美军观察组表示哀悼。"

4月13日 与刘少奇、周恩来、任弼时到王明住处,听取他对党的若干历史问题决议草案的意见。

4月20日 出席中共六届七中全会最后一次会议。在会上介绍军事报告的起草情况。会议讨论和基本通过军事报告和中共中央《关于若干历史问题的决议》。会议通过七中全会主席团提出的七大的议程、七大主席团及主席团常委、秘书长、代表资格审查委员会、大会议事规则等。

4月21日 出席中国共产党第七次全国代表大会预备会议,听取毛泽东作《七大工作方针》的报告。会议通过六届七中全会提出的七大议程:(一)政治报告(毛泽东);(二)军事报告(朱德);(三)修改党章报告(刘少奇);(四)选举中央委员会。还通过七中全会提出的七大的主席团名单及主席团常委(毛泽东、朱德、刘少奇、周恩来、任弼时)、正副秘书长(任弼时、李富春)、代表资格审查委员会(彭真为主任)、议事规则等。

4月23日—6月11日 中国共产党第七次代表大会在延安举行。二十三日，出席在杨家岭中央大礼堂举行的大会开幕式并讲话，指出：武装斗争是我们党的一个特点，共产党是在敌人的镇压下发展壮大起来的。斗争锻炼了我们的同志，同时在斗争中间，创造了我们的领袖毛泽东同志。前面还有许多障碍。要打破它，就要靠我们武装同志及全体同志的工作。

4月24日 出席中共七大第二次全体会议，任执行主席。会议听取毛泽东作《论联合政府》的政治报告。报告分析了国际国内形势，总结了抗战中两条不同指导路线的斗争和人民战争的基本经验，阐述了中国共产党在民族民主革命阶段的一般纲领和具体纲领，指出中国人民应当争取打败日本侵略者、建设新中国的前途。毛泽东就《论联合政府》书面报告中的一些问题以及其他问题（即路线问题、几个政策问题、关于党内的几个问题）作口头报告。

4月25日 出席中共七大第三次全体会议。在会上作军事报告《论解放区战场》。报告分"抗战八年"、"论解放区战场"、"中国人民抗战的军事路线"、"今后的军事任务"和"结束语"五个部分。报告总结了中国共产党领导武装斗争特别是抗日战争的经验，并阐述了"从人民出发，为人民服务"的建军总原则；分析了抗日战争中国民党的反人民的单纯防御的军事路线和共产党的人民战争的军事路线，并从建军原则、兵役制度、养兵、带兵、练兵、用兵、政治工作、军队指挥等方面，对人民战争的军事路线作了详细的阐述，指出：中国共产党领导的军队，是人民的子弟兵，它来自人民，紧紧地和中国人民站在一起，全心全意为中国人民服务。它具有一往无前的精神，有很好的内部和外部团结，有政治工作的制度，有正确的争取敌军官兵和对待俘虏的政策。在用兵问题上，提出"有什么枪打什么仗，对什么敌人打什么仗，在什么时间地点打什么时间地点的仗"，即根据武器装备、敌情和时间地点条件来进行战争。还提出今后的军事任务是：八路军、新四军与一切抗日友军团结起来，打败日本侵略者。八路军、新四军要准备在抗战后期实行从游击战到正规战争的战略转变，以迎接大反攻的战斗。并提出解放区今后的八项军事任务是："扩大解放区，缩小敌占区"；"扩大人民武装，消灭与瓦解敌伪军"；"要在现有的基础上，加强正规兵团、地方兵团与民兵自卫军的训练"；"提高军事技术"；"加强指挥机关"；"准备大反攻的物质基础"；"加强优待抗属、抚恤伤亡、安置残废军人及退伍军人的工作"；"八路军、新四军及其他人民武装内部必须有很好的团结，并在这个基础上去团结广大的友军"。而其中心战略任务是准备"实行从抗日游击战争到抗日正规战争的战略转变。现在已临到在实际工作上逐渐地去准备实现的时机了。我们全军干部必须善于在思想上、工作上准备实行这种转变，以迎接这抗日大反攻的战斗"。这篇报告编入《朱德选集》。

  4月27日 出席在枣园召开的中共七大主席团和各代表团主任会议，听取各代表团讨论毛泽东所作的《论联合政府》政治报告和朱德所作的《论解放区战场》军事报告的情况汇报。

  4月30日 出席中共七大第四次全体会议。听取周恩来作关于抗日民族统一战线及经验教训的发言、彭德怀作关于华北八年抗日游击战争的发言。

  5月1日 出席中共七大主席团会议。会议决定对各代表团讨论的内容不加限制，历史检讨可以联系，但以讨论毛泽东的《论联合政府》政治报告和朱德的《论解放区战场》军事报告为中心。

5月3日 为庆祝苏联红军五月二日解放柏林,毛泽东、朱德致电斯大林:"欣悉红军解放柏林,特致热烈的贺忱!"

5月8日 出席在枣园召开的中共七大主席团会议和各代表团主任会议,听取各代表团讨论毛泽东的政治报告和朱德的军事报告情况的汇报。

△ 德国宣布无条件投降。第二次世界大战欧洲战场反法西斯战争结束。

5月11日 与毛泽东、林伯渠等出席陕甘边区政府举行的欢宴苏、美、英等国在延安的朋友,庆贺盟军在欧洲反法西斯战争的胜利。朱德在席间致词说:欧洲战场的胜利不仅是苏、美、英三盟国的胜利,也是整个世界同盟国反法西斯战争的胜利,是全世界人民的民主的胜利。德国无条件投降以后,在东方只剩下一个法西斯日本,我们有足够的信心和力量,配合同盟国最后击败日军。

5月14日、15日 出席中共七大第十一、十二次全体会议。会议听取刘少奇作关于修改党章的报告。

5月16日 出席中共七大主席团常委会议。会议决定:陕甘宁晋绥联防军警备第一旅和第一二〇师第三五九旅第二梯队从延安南下,经湘鄂赣待机去湘粤桂边(小北江一带五岭山脉中)开辟新的根据地,并准备为东江纵队的退路。

△ 写信给孙泱。信中说:现在政治报告、军事报告、党章报告均完,月底大会可开完,必向各级干部传达,深入讨论。此机会不可错过。此次三个报告,集中了几十年革命运动的经验,是以马列主义的分析做出的,内容实在丰富。你若自以为是,飘皮地看过,自以为懂,不求深刻的认识,那么你在整风学习中,就一点也没有学进去,仍是小资产阶级的空空洞洞、与实际隔离到千万里的认识。望你钻进这三个报告中去,

努力学习，与中国实际结合起来，你的思想就会弄通了。

5月17日　出席在枣园召开的中共七大主席团和各代表团主任会议。会议讨论选举问题，决定由任弼时、刘少奇、周恩来、彭真、李富春组成一非正式的委员会，与各代表团主任商定一个中等人数的候选名单，并拟定选举条例。

5月19日　出席在枣园召开的中共七大主席团和各代表团主任会议。会议通过选举中央委员会条例草案，准备在二十三日提交大会通过。会议决定大会发言方针，着重正面，多讲形势与任务，不可能在大会讨论及结论中解决一切问题，须向代表们说清楚。

5月23日　出席在杨家岭中央大礼堂召开的中共七大主席团和各代表团主任会议。会议听取对选举问题讨论情况的汇报。各代表团讨论中，提出中央委员会要少而精，有同志提出不要照顾山头、王明是否要列入中央委员会候选名单等意见。

5月24日　出席中共七大第十六次全体会议，听取毛泽东代表主席团所作关于中央委员会选举方针的报告。

5月27日　出席在枣园召开的中共七大主席团和各代表团主任会议。会议讨论中央委员会选举问题，决定中央委员会由正式中央委员四十五名、候补中央委员二十五名组成。朱德在会上发言，指出：毛主席的军事思想的基础，当然是从马克思主义、辩证法、苏联红军来的。关于战略转变问题，每团里搞个训练班，军事教导队轮流训练。搞二三十个旅，人数要配置齐。关于老干部与新干部问题，培养新干部是老干部的责任，要随时培养代理人。也要批评一下如四中全会时把老干部一律看不起的现象。现在军队中有十二万干部，老干部占十分之一，工农干部六万，知识分子干部二万五千。新干部应学习老干部的模范作用。

5月30日 出席中共七大第十七次全体会议,作关于军事问题的结论,解答代表们在讨论军事报告时提出的关于毛泽东的军事思想、百团大战、反攻的军事转变,对敌、伪、友、顽军队工作以及军事干部等问题。关于毛泽东的军事思想,指出:毛泽东军事思想"经过内战、抗战两个阶段,这种思想是完成了,成熟了"。"毛泽东的军事思想,也就是马克思主义的中国化"。"中国人民需要武装斗争,中国农民多,武装就是农民武装。关于土地革命的思想也可以说大部分是毛泽东的思想产生出来的。"还指出,因为军队要"全心全意为人民服务,这个军队同以往的军队不同,它来自人民,取自人民,依靠人民打仗","所以,我们大家要学习毛泽东的军事思想,透透彻彻站在人民方面,为人民服务,把军队变成为人民服务的军队"。

5月31日 出席中共七大第十八次全体会议,听取毛泽东作关于政治报告讨论的结论。

6月2日 出席在枣园召开的中共七大主席团和各代表团主任会议。会议听取叶剑英介绍关于美国在八路军、新四军敌后战场进行军事布置的计划;决定六月五日开大会进行预选。

6月9日 出席中共七大第十九次全体会议,无记名投票选举中央委员。

6月10日 出席中共七大第二十次全体会议,公布九日正式中央委员选举结果,共选出正式中央委员四十四人。朱德以全票当选为中央委员。接着,听取毛泽东作关于选举候补中央委员问题的报告。然后,大会进行选举候补中央委员的投票。

6月11日 出席中共第七次全国代表大会闭幕式。大会公布候补中央委员选举结果,选出候补中央委员三十三人。大会基本通过《关于军事问题的决议(草案)》和《中国共产党党章》,决定以七大名义召开中国革命死难烈士追悼大会。毛泽东致闭幕词后，朱德讲话，指出：抗战八年来，我们军队是执行了毛主席的路线的；军事干部在各方面一定要无条件地服从党。我初加入共产党的时候，宣誓服从党。因为我是军人，应无条件地服从党，直到现在还是这样。现在这些军事干部都是党培养的，我们每一个军事干部都一定要服从党。我们的军事干部离开了党，那他就一样也做不成，一样也做不了，一切问题要靠党。另一方面，因为现在这个时候是军事斗争时代，我们党的领导机关，一定要把军事放在第一位。

6月12日 出席在枣园召开的七大主席团常委会议并讲话。会议讨论决定张启龙、文年生率部南下的任务、战略方针等。朱德在讲话中指出：南下部队的吃饭主要靠国民党。他们现在修了许多仓库，我们要去开仓。要建立根据地，要打几仗。对云南军队力争中立。如内战爆发，华中、华南也有华北的前途，逼得美蒋没有办法。并告诫说：能得人心者为英雄。一个光棍，十个帮衬。不能懒，也不能忙乱，按照环境切实做。到各处去训练干部，"山山有美玉，处处出贤人"。

6月13日 出席中共七大主席团常委会议。会议讨论召开七届一中全会问题，决定六月十八日召开七届一中全会及其会议的议程。

6月15日 出席在枣园召开的中共七大主席团会议（各代表团主任列席）。会议讨论通过中共七届一中全会的议程和新的中央政治局委员、中央书记处成员及中央委员会主席兼政治局、书记处主席等候选人名单。

6月17日 毛泽东、朱德、刘少奇、周恩来等出席中共七大代表和延安各界代表在杨家岭中央大礼堂举行的中国革命死难烈士追悼大会。毛泽东任主祭。毛泽东致词后，朱德与林伯渠、吴玉章等分别讲话。朱德说：那些代表受压迫、受剥削广大人民为争取人民的自由和幸福起来斗争而牺牲的烈士,人民将永远悼念他们,他们将流芳百世。并献挽词:"浩气长存。"

6月19日 下午,出席中共七届一中全会第一次会议。全会一致推举毛泽东为中央委员会主席兼中央政治局、书记处主席;毛泽东、朱德、刘少奇、周恩来、任弼时、陈云、康生、高岗、彭真、董必武、林伯渠、张闻天、彭德怀等十三人为中央政治局委员;毛泽东、朱德、刘少奇、周恩来、任弼时五人为中央书记处书记。

6月26日—8月2日 与任弼时、陈云等指导中共中央西北局举行高干历史座谈会。

7月1日 毛泽东、朱德、周恩来、林伯渠等到机场欢迎由王若飞陪同从重庆飞抵延安的国民参政会参政员褚辅成、黄炎培、冷遹、傅斯年、左舜生、章伯钧。二日下午,毛泽东、朱德、刘少奇、周恩来、任弼时等在杨家岭会见褚辅成等六位参政员,听取他们说明到延安之意和对国内问题的意见。毛泽东说:双方的门没有关,但门外有一块绊脚的大石挡住了,这块石就是国民大会。双方商定:蒋介石提出召开的国民大会应停止进行,从速召开各党派参加的政治会议。晚上,出席中共中央在杨家岭中央大礼堂为欢迎褚辅成等举行的宴会,并陪同他们观看文艺演出。三日晚,毛泽东、朱德、周恩来、林伯渠到褚辅成等六位参政员下榻的陕甘宁边区政府交际处同他们继续举行会谈。五日,毛泽东、朱德、周恩来、林伯渠等到机场欢送六位参政员飞返重庆。

7月4日 出席中共中央书记处会议。会议通过《中共代表与褚辅成、黄炎培等六参政员延安会谈纪录》。会谈纪录包括两部分内容:(一)褚辅成等与中共方面同意下列两点:停止国民大会进行;从速召开政治会议。(二)中共方面之建议,

"在国民政府停止进行不能代表全国民意的国民大会之条件下，中国共产党同意由国民政府召开民主的政治会议"，并提议在政治会议召开前，应对这一会议的组织、性质、议程以及释放政治犯等作出确定。

7月5日 出席中共中央书记处会议。会议通过为纪念七七抗战八周年发布的口号和解放区人民代表会议筹备会主任、副主任和正副秘书长人选名单。

7月7日 褚辅成、黄炎培等六参政员面见蒋介石，报告延安商谈结果，并将从延安带回的"会谈纪录"交王世杰。同日至二十日，国民参政会四届一次会议在重庆召开。中共参政员拒绝出席此次会议，其他方面也有很多人未出席。

7月12日 出席中共中央书记处会议。会议拟定准备提交政治局会议通过的中央和中央各部委负责人名单：中共中央军事委员会主席毛泽东，副主席朱德、刘少奇、周恩来、彭德怀，总政治部主任刘少奇，总参谋长叶剑英（后改为总参谋长彭德怀、副总参谋长叶剑英）；中央组织部部长彭真（兼中央党校校长）；中央宣传部部长陆定一，副部长陈伯达；中央社会部（含中央情报部）部长康生；解放区人民代表会议筹备会主任周恩来；中央政治研究室主任张闻天，副主任凯丰；中央职工委员会主任邓发；中央妇女委员会主任蔡畅；中央青年委员会主任冯文彬。

7月15日 出席中共中央书记处扩大会议。会议决定：林枫等十六人为晋绥分局委员，林枫任书记；组织吕梁区党委，以张宗逊等九人为吕梁区党委委员，张宗逊任书记；成立吕梁军区，张宗逊任吕梁军区司令员兼政治委员，罗贵波兼政治部主任，解学恭任参谋长。

7月19日 出席中共中央书记处会议。会议决定鄂豫区拟成立中央局，领导新四军第五师及王树声、戴季英领导区域的工作，徐向前病愈后去任中央局书记，傅钟任该战略区政治部主任。

7月23日 出席中共中央书记处会议。会议讨论如何打退胡宗南对陕甘宁边区淳化县爷台山的进攻。决定：集结八个团的兵力，由张宗逊、王世泰指挥，打击进入关中的国民党顽军；将胡宗南部进攻边区事通知美军观察组和国民党联络参谋；由朱德致电胡宗南、蒋介石提出抗议。

△ 与彭德怀致电蒋介石、胡宗南，揭露国民党调动九个师准备进攻解放区，其第五十九师于二十一日袭击陕甘宁边区防地爷台山一带。指出："大敌当前，国脉民命，系于国共两党之团结"，要求制止国民党军之进攻。

7月26日 中、英、美三国政府发表促令日本无条件投降的波茨坦公告。

7月 赋诗《和黄炎培先生〈咏延安〉》：

抚躬愧对此江山，残破如斯敢自闲。
复土尚能坚我信，挥戈讵许放戎还。
云何割据基民主，冀共匡扶活国瘝。
渝岭延川星野接，未应长阻鸿沟间。

8月1日 出席延安炮兵学校开学典礼并讲话。阐述中央军委决定在八路军炮兵团基础上组建第一所炮兵学校的重大意义，要求全校同志继承和发扬红军大学和抗日军政大学的光荣传统，把学校办好。号召"模范战士上炮来"，努力学习，干一辈子炮兵，为人民炮兵建设贡献自己的力量。随后，观看了学员们进行的迫击炮实弹射击表演。炮校原计划还要进行山炮实弹射击，朱德看了计划后，把山炮实弹射击项目取消了，说："一发山炮弹就是一个中农，节约下来消灭敌人。"

8月6日 致函中共中央、毛泽东，就建立迫击炮分队及兵工生产提出意见。指出：当前我军与敌、伪、顽战斗时，遇到碉堡及运动战中的临时工事，经常不能取得胜利，这是因为炮兵不强的缘故。为了要改变这种情况，在近一年时间内，"应做到在每团配属一个迫击炮连、小团一迫击炮排之建制，以便应付当前之敌。""各级首长，应组织炮队，作为组织现阶级的军队的初步条件。将来以迫击炮作基础，转到各种炮的组成。""目前兵工厂其实是修械厂、子弹厂，应修理各种炮及机步枪等并多造迫炮弹为宜。如能多造，可解决打碉堡问题"。十二日，毛泽东阅信后批示："照总司令意见办。"朱德的这封信以《关于建设迫击炮分队及兵工生产的意见》为题编入《朱德选集》。

△ 美国在日本广岛投下第一颗原子弹。九日，又在日本长崎投下第二颗原子弹。

8月7日 出席中共中央书记处会议。会议讨论解放区人民代表会议筹备工作。

△ 与彭德怀致电蒋介石及胡宗南，指斥国民党军大举进攻解放区，侵占八路军防区村庄四十余处，杀人抢掠，人民损失甚巨。要求将进犯陕甘宁边区的国民党军暂编第十五师、第五十九师、预备第三师等部撤返原防，并对受害地区的居民损失予以赔偿，以利团结抗日。

8月8日 苏联对日宣战。九日，在苏联远东最高统帅华西列夫斯基元帅指挥下，苏联百万红军在中国东北的东、北、西各部边境和朝鲜北部以及库页岛南部地区总长四千公里的战线上，同时发起对日军的攻击。

8月9日 出席在杨家岭召开的中共七届一中全会第二次

会议。会议重点讨论时局问题。朱德发言说：准备反攻现在已成为实际。要准备九十个团，每个团要有一个炮兵连，以便解决敌人的堡垒。要配备好老干部，还要在部队里配备三分之一的老兵，对民兵要多发些枪。要多造炸药。要多动员点人参军，打仗主要靠兵士和粮食，吃饭问题要解决好。山东、河南等地人多，要多扩兵。我们是"韩信将兵，多多益善"。如果有两百万兵，就能得到胜利。现在我们的气很盛，困难尽管多，胜利一定能得到的。毛泽东阐述了苏联参战后的形势和党的方针、任务。会议分别通过根据六届七中全会和七大的讨论意见修改的《关于若干历史问题的决议》和《中国共产党章程》。

△ 毛泽东、朱德致电斯大林："我们代表中国人民，对苏联政府的对日宣战，表示热烈的欢迎。中国解放区的一万万人民及其军队，将以全力配合红军及其同盟国军队消灭万恶的日本侵略者。"

8月10日 中共中央发布关于苏联参战后准备进占城市及交通要道的指示。

△ 日本外务省向美国、中国、英国、苏联四国发出乞降照会，称：只要不废黜天皇，日本准备接受波茨坦公告。

△ 蒙古人民共和国宣布对日作战，与苏军联合进攻日军。

△ 二十四时，以延安总部总司令名义发布第一号命令：（一）各解放区任何抗日武装部队均得依据波茨坦宣言规定，向其附近各城镇交通要道之敌人军队及其指挥机关送出通牒，限其于一定时间向我作战部队缴出全部武装，在缴械后，我军当依优待俘虏条例给以生命安全之保护。（二）各解放区任何抗日武装部队均得向其附近之一切伪军、伪政权送出通牒，限其于敌寇投降签字前，率队反正，听候编遣。过期即须全部缴出武装。（三）各解放区所有抗日武装部队，如遇敌伪武装部

队拒绝投降缴械，即应予以坚决消灭。（四）我军对任何敌伪所占城镇交通要道，都有全权派兵接受，进入占领，实行军事管制，维持秩序，并委任专员负责管理该地区之一切行政事宜。如有任何破坏或反抗事件发生，均须以汉奸论罪。

8月11日 八时，发布第二号命令：为配合苏联红军进入中国境内作战[1]，并准备接受日"满"[2]敌伪军投降，我命令：（一）原东北军吕正操[3]所部由山西、绥远[4]现地，向察哈尔[5]、热河[6]进发。（二）原东北军张学诗[7]所部由河北、察哈尔现地，向热河、辽宁进发。（三）原东北军万毅[8]所部由山东、河北现地，向辽宁进发。（四）现驻河北、热河、辽宁边境之李运昌[9]所部，即日向辽宁、吉林进发。

---

[1] 1945年8月8日，苏联对日本宣战，8月9日百万苏军从东、西、北三个方向进入中国东北及察哈尔境内，向日本关东军等部发起攻击，至9月2日，全部歼灭了关东军、伪满洲国军和伪蒙古军等部。

[2] 日"满"，指1931年日本侵占中国东北后制造的伪满洲国。

[3] 吕正操，曾任国民党军第五十三军（属东北军）第六九一团团长，中共党员。1938年10月率部脱离南撤的国民党军队，坚持冀中抗战，任冀中人民自卫军司令。1945年时任八路军晋绥军区司令员。

[4] 绥远，旧省名，辖今内蒙古自治区中部地区，1954年撤销。

[5] 察哈尔，旧省名，原辖今河北省西北部地区和内蒙古自治区锡林郭勒盟，1949年改辖今河北省西北部及山西省北部地区，1952年撤销。

[6] 热河，旧省名，辖今河北省东北部、辽宁省西南部和内蒙古自治区东南部地区，1955年撤销。

[7] 张学诗，即张学思，又名张昶，张学良之弟，曾任国民党军第五十三军（属东北军）军部参谋，中共党员。1939年加入八路军。1944年9月至1945年11月任八路军晋察冀军区第十一（平西）军分区副司令员兼参谋长。

[8] 万毅，曾任国民党军新编第一一一师（属东北军）师长，中共党员。1944年率部改编为八路军。时任滨海军区副司令员兼滨海支队支队长。

[9] 李运昌，时任冀热辽军区司令员兼政治委员。

△ 九时，发布第三号命令：为配合蒙古人民共和国军队进入内蒙古及绥、察、热等地作战[1]，并准备接受日、"蒙"敌伪军投降，我命令：（一）贺龙所部由绥远现地向北行动。（二）聂荣臻所部由察哈尔、热河现地向北行动。

△ 十时半，发布第四号命令：为实现肃清同蒲路沿线及汾河流域之敌伪军，并准备接受敌伪军投降与进入太原，我命令：（一）所有山西解放军[2]统归贺龙指挥，统一行动。（二）在达成任务时，应克服一切困难，击破前进路上一切敌伪之阻碍，如遇抗拒，应坚决消灭之。

△ 十一时，发布第五号命令：为肃清中国境内交通要道之敌伪军队，并准备接受敌伪军投降，所有沿北宁路、平绥路、平汉路、同蒲路、沧石路、正太路、白晋路、道清路、津浦路、陇海路、粤汉路、沪宁路、京燕路、沪杭路、广九路、潮汕路等铁路线及其他解放区一切敌占交通要道两侧之中国解放区抗日军队，统应积极举行进攻，迫致敌伪无条件投降。在执行上项任务时，应克服一切困难，击破前进路上一切敌伪之阻碍。如遇抗拒，应坚决消灭之。

△ 十二时，发布第六号命令：为配合苏联红军进入中国及朝鲜境内作战，现在华北对日作战之朝鲜义勇队[3]司令武

---

[1] 1945年8月8日苏联对日宣战后，蒙古军队曾与苏联联合组成机械化集群，参加了对察哈尔、热河等地日军的战斗。

[2] 山西解放军，这里指在山西境内的八路军及根据地的抗日武装。

[3] 朝鲜义勇队是在华朝鲜人组建的一支抗日力量。1938年10月成立于武汉，后总部迁至重庆。1940年5月大部编入了韩国光复军。其另一部进入华北抗日根据地，加入该地由朝鲜革命者组织的华北朝鲜青年联合会，改称朝鲜义勇队华北支队，1942年7月又改称朝鲜义勇军华北支队，脱离了与重庆总部的关系。

亭、副司令朴孝三、朴一禹立即统率所部,随同八路军及原东北军各部向东北进兵,消灭敌伪,并组织在东北之朝鲜族人民,以便达成解放朝鲜之任务。

△ 十八时,发布第七号命令:当我解放区抗日部队进入敌伪侵占之城镇要塞后,各部队司令员负责实施下列紧急军事管制:(一)规定管制区域,指定警戒部队,委任卫戍司令,负责实施军事戒严。(二)划出安置俘虏及日本居留民区域,实施军事管制。(三)登记及逮捕战争罪犯及卖国奸贼。(四)控制一切军事性质的机关、仓库、工厂、学校、兵营及要塞,严禁自由出入。(五)控制一切轮船、火车、军用汽车、水陆码头及邮政、电话、电报、无线电机关,实施严格军事检查。(六)控制一切军用和商用的飞机场及仓库,派兵驻守,严行保护。(七)维持秩序,保护居民,严防反动破坏分子及残留敌探汉奸进行破坏活动,如有发现,应行军事制裁。(八)居民中如有抗日武装组织,应令其报告人数、武器,归该地区卫戍司令指挥。(九)通告居民不得藏匿敌伪分子及散枪武器,一经发现,应予严惩。(十)管制粮食、煤炭及水电,严禁奸商囤积操纵。

△ 蒋介石连续发出三道命令:命令国民党军队"加紧作战,积极推进,勿稍松懈";命令沦陷区伪军"负责维持治安","趁机赎罪";命令解放区抗日部队"就原地驻防待命",不得向敌伪"擅自行动"。

8月12日 出席中共中央书记处会议。会议通过《中央关于日本投降后我党任务的决定》,并通过由中组部集中在延安的东北干部及确定赴东北工作的干部组成训练班前往东北工作等决定。

△ 国民党中宣部发言人发表谈话,说:第十八集团军朱

德总司令于八月十日在延安总部所发表的限令日伪军投降的命令是一种"唐突和非法之行为"。同日,美国驻国民党政府大使赫尔利在给美国国务院的电报中说:"我已建议依照投降条件,日本须将所有在中国的武器……交给中国国民政府。"

△ 麦克阿瑟以远东盟军总司令的名义,对日本政府和中国战区的日军下令,只能向蒋介石政府及其军队投降,不得向中国人民的武装力量缴械。

8月13日 为坚决拒绝蒋介石十一日发出的不准解放区抗日部队接受日伪投降的错误命令,与彭德怀致电蒋介石,指出:这个命令"不但不公道,而且违背中华民族的民族利益,仅仅有利于日本侵略者及背叛祖国的汉奸们","这个命令你是下错了,并且错得很厉害,使我们不得不向你表示:坚决的拒绝这个命令"。

△ 毛泽东为新华社写的评国民党中宣部发言人谈话和蒋介石命令的评论在《解放日报》发表。评论指出:"国民党中央宣传部发言人发表谈话说,第十八集团军朱德总司令于八月十日在延安总部所发表的限令敌伪投降的命令,是一种'唐突和非法之行动'。这种评论,荒谬绝伦。"并指出:"我们要向全国同胞和全世界人民宣布:重庆统帅部,不能代表中国人民和中国真正抗日的军队;中国人民要求,中国解放区抗日军队有在朱德总司令指挥之下,直接派遣他的代表参加四大盟国接受日本投降和军事管制日本的权利,并且有参加将来和会的权利。要不是这样做,中国人民将认为是很不恰当的。"

8月14日 日本政府照会美、英、苏、中四国政府,表示接受波茨坦公告。十五日,日本天皇以广播《终战诏书》的形式,宣布无条件投降。日本宣布投降后,日军并没有立即停止作战。中国解放区军民的反攻仍在继续。九月二日,日本天皇、日本政府和日本帝国大本营在投降书上签字。至此，中国抗日战争和第二次世界大战胜利结束。

8月15日 针对蒋介石十一日的三道命令以中国解放区抗日军总司令名义电令日本侵华军总司令冈村宁次投降。指出：你应下令所指挥的一切部队，停止一切军事行动，听候中国解放区八路军、新四军及华南抗日纵队的命令，向我方投降。除被国民党政府的军队所包围的部分外。在华北的日军，应由你命令下村将军派出代表至八路军阜平地区，接受聂荣臻将军的命令；在华东的日军，应由你直接派代表至新四军军部所在地天长地区接受陈毅将军的命令；在鄂豫两省的日军，应由你命令在武汉的代表，至新四军五师大悟山地区，接受李先念将军的命令；在广东的日军，应由你指定在广州的代表，至华南抗日纵队东莞地区，接受曾生将军的命令。并命令日军暂时保存一切武器、资料，静候我军受降；所有华北、华东之飞机、舰船，应停留原地，沿黄海、渤海之中国海岸的舰船，应分别集中于连云港、青岛、威海卫、天津。一切物质设备，不得破坏。这个命令以《命令冈村宁次投降》为题编入《朱德选集》。

△ 中共中央致电各中央局、各分局、各区党委：立即印发朱总司令命令，向敌伪方面散发。

△ 二十四时，以中国解放区抗日军总司令名义，以说帖一件分送美、英、苏三国驻华大使，请其转送各自政府。说帖指出：在抗日战争胜利结束的时候，你们应注意目前中国战场这样的事实，即在敌伪侵略而为国民党政府所弃的广大沦陷地区中，经过我们八年的苦战，夺回了近百万平方公里的土地，解放了一万万以上的人民，组织了一百万以上的正规部队和二百二十多万的民兵，在辽宁、热河、察哈尔、绥远、河北、山

西、陕西、甘肃、宁夏、河南、山东、江苏、安徽、湖北、湖南、江西、浙江、福建、广东十九省建立了十九个大块的解放区，除少数地区外，大部包围了自一九三七年卢沟桥事变以来敌伪所侵占的中国城镇、交通要道及沿海口岸。此外，我们还在中国沦陷区（在这里有一万万六千万人口）组织了广大的地下军，打击敌人。在作战中，我们至今犹抗击和包围着侵华日军百分之六十九（东北四省不在内）和伪军的百分之九十五。据此，说帖提出下列声明和要求：中国国民党政府及其统帅部，在接受日伪投降与缔结受降后的一切协定和条约时，不能代表中国解放区、中国沦陷区广大人民和一切真正抗日的人民武装力量；中国解放区、中国沦陷区一切抗日的人民武装力量，在延安总部指挥之下，有权根据波茨坦公告条款及同盟国规定之受降办法，接受被我军包围之日伪军投降；中国解放区、中国沦陷区的广大人民及一切抗日人民武装力量，有权派遣自己的代表参加同盟国接受敌国的投降和处理敌国投降后的工作；中国解放区及其一切抗日武装力量应有权选出自己的代表，参加将来关于处理日本的和平会议及联合国会议；请美国政府立即停止对于国民党政府之租借法案的继续执行。如果国民党政府发动反对中国人民的全国规模的内战，请勿予国民党政府以援助。

△ 在延安总部宴请留在延安的盟国友人，庆祝反对日本法西斯战争的胜利结束。

8月16日 再电蒋介石，进一步揭露他准备内战，要他收回八月十一日的命令，公开承认错误，并提出六项要求：（一）你们在接受日伪投降与缔结受降后的一切协定和条约时，要事先和我们商量，取得一致意见。（二）我们有权根据波茨坦宣言及同盟国规定之受降办法，接受我们所包围之日伪军的投降。(三)我们有权派遣自己的代表参加同盟国接受敌人的投降和处理敌国投降后的工作。(四)我们有权选出自己的代表,参加将来关于处理日本的和平会议及联合国会议。(五)制止内战,其办法是:凡被解放区军队所包围的敌伪军由解放区军队接受其投降,你的军队则接受被你的军队所包围的敌伪军的投降;(六)立即废止一党专政,召开各党派会议,成立民主的联合政府,承认各党派的合法地位;实行经济改革及其他各项民主改革。

8月18日 出席中共中央书记处会议。会议决定组织晋察冀中央局,聂荣臻、程子华、罗瑞卿、刘澜涛、萧克等十四人为中共晋察冀中央局委员;聂荣臻为书记兼晋察冀军区司令员和政委;程子华、罗瑞卿、刘澜涛为副书记兼军区副政委;萧克为军区副司令员;罗瑞卿为政治部主任。

△ 致电张北苏联红军司令员并全体将士:我代表中国解放区的八路军、新四军及华南游击纵队,向你们庆贺我们两方面的会师,并庆贺红军胜利地解放了它所到达的地区的中蒙人民。现敌人尚未真正投降,希望你们仍然继续前进。我已命令我所指挥的部队,加紧地和你们配合作战,消灭共同敌人。

8月20日 出席中共中央书记处会议。会议决定取消北方局,组织晋冀鲁豫中央局及晋冀鲁豫军区。晋冀鲁豫中央局以刘伯承、邓小平、薄一波、滕代远等八人为常委,邓小平为书记,薄一波为副书记,下辖太岳、太行、冀南、冀鲁豫区委。晋冀鲁豫军区由刘伯承任司令员,邓小平任政治委员,滕代远任第一副司令员,薄一波任第一副政治委员,下辖太岳、太行、冀南、冀鲁豫军区。

△ 出席中共中央书记处会议。会议决定:(一)同意陈毅的意见,以饶漱石为中共华东局书记。(二)以彭德怀为中

共中央军委总参谋长，叶剑英为副总参谋长。

8月22日 出席中共中央书记处会议。会议决定：（一）复蒋介石邀毛泽东赴重庆谈判来电，由周恩来先行到重庆见蒋介石。（二）通过给各中央局的指示电，指出目前我军的方针是：以相当兵力威胁大城市及要道，使敌伪向大城市及要道集中，而以必要兵力着重于夺取小城市及广大乡村。（三）通过给中共晋察冀分局电。指示：为争取热、察两省起见，应抽调大批干部，到苏联红军占领区去建立党的组织、地方政权和武装。（四）通过给中共山东分局指示电，要求派一部分人迅速进入满洲，肃清残敌、汉奸，发展和建立党的组织及地方政权。（五）决定本月二十三日召开政治局会议，讨论时局、机构分工和与国民党谈判问题。

8月23日 出席中共中央政治局扩大会议，讨论去重庆谈判问题。会上，朱德就蒋介石电邀毛泽东赴渝谈判一事发表意见，说：和平对中国人民是有利的，这次去谈判是必要的，蒋介石可能做些让步。毛主席去谈判是有利的。有无危险？看来比过去保险得多了。我们要保持军队，要保住人民已得到的胜利果实。东三省我们一定要去，要派大批干部去开展工作。也要派干部到国民党的大后方去工作，还要把准备打仗作为重要的任务。会议决定，毛泽东任中共中央军委主席，朱德、刘少奇、周恩来、彭德怀任副主席；决定朱德继续兼任中共中央海外工作委员会主任，周恩来兼任副主任。

8月25日 刘伯承、邓小平、陈毅、林彪等二十多位高级军事将领乘美军视察组飞机从延安飞太行，再分赴解放区各战场。行前，中央领导人分别同他们进行谈话。朱德同陕甘宁晋绥联防司令部教导一旅旅长杨得志谈话，通知他到冀鲁豫去，任务很急，要快走。冀鲁豫的地理位置很重要，蒋介石已经行动了，决心夺取人民的胜利果实，我们自然不能答应。

8月26日 出席中共中央政治局会议。会议决定毛泽东、周恩来、王若飞赴重庆谈判，同意在谈判中作出一定让步：第一步让出广东至河南地区，第二步让出江南地区，第三步让出江北地区。但从陇海路到东北地区一定要占优势。会议同意毛泽东对当前形势的分析：由于共产党的力量、全国的人心、蒋介石的困难、外国的干涉四个条件，通过谈判是"可以解决一些问题的"。会议还决定派五个团的部队及干部团到东北。

8月27日 与毛泽东、周恩来等到延安机场迎接专程来接毛泽东赴重庆谈判的美国驻华大使赫尔利和蒋介石的代表、国民党政府军事委员会政治部部长张治中。

8月28日 上午，与刘少奇、任弼时等及各机关团体代表数百人到机场为毛泽东、周恩来、王若飞赴重庆谈判送行。

△ 下午，在中央党校大礼堂为即将出发去东北工作的干部作报告，在谈到对形势的看法时说：整个世界要和平，中国人民也要和平，国民党虽然不要和平，要消灭我们，但事实上行不通。这次毛主席去重庆谈判，安全回来的可能性大。谈判会有结果，但不会那么顺利。我们是要民主、团结、和平，建设新中国。如果他要打，那就消灭他一部分，再来谈和平。无论时局如何变化，我们都要准备好，使抗日战争的胜利果实不致被人家抢去。并强调：要积极向东北发展，"这次去有大文章做，"蒋介石的部队"大部分在南方，到东北要走半年，""即使走到了，他有百把万人，我们也有百把万人，顶多还是他占城市，我占乡村，像日本占领东北那样。打日本我们有办法，对他我们就没有办法吗？不怕！"我们现在要派五万军队、万把干部插进去，将来还要派更多的人去。同时告诫大家"我们到东北去是做事，不是去做官"，是去争取三千万群众和我

们在一起，把东北变为民主的东北，我们大有希望。

8月29日 中共中央就迅速进入东北控制广大乡村电示晋察冀、山东、晋冀鲁豫分局、华中局：晋察冀和山东准备派到东三省的干部和部队，应迅速出发，部队可用东北军及义勇军等名义，只要苏联红军不坚决反对，我们即可非正式的进入东三省。不要声张，不要在报纸上发表消息，进入东三省后开始亦不必坐火车进占大城市，建立我之地方政权及地方部队，大大地放手发展。在我军不能进入的大城市，亦须尽可能派干部去工作。热河、察哈尔两省，不在中苏条约范围之内，我必须完全控制，迅速派干部和部队到一切重要地区去工作，建立政权与地方武装。

8月30日 与刘少奇、任弼时致电陕甘宁晋绥联防军司令贺龙，说明毛泽东赴渝谈判是完全必要的，安全保证也是有的。在当前的形势下，蒋介石不敢不保障毛泽东的安全。"目前在前线上最能配合与帮助谈判的事情，就是能在顽军向我解放区进攻时，在自卫原则下打几个胜利的歼灭战。晋绥方面对于阎锡山与傅作义的进攻望能组织一二次胜利的战斗，以配合毛主席的谈判"。

8月31日 中央军委致电刘伯承、邓小平，指出："阎部一万六千兵占我长治周围六城，乃心腹之患，必须坚决彻底全部消灭之。唯诸城堡坚垒密，须有充分准备，切不可草率，进攻时宜选择一两个城，各个击破，不宜同时攻击，如攻而不克，可围城打援，究竟如何打法，请你们详加考虑，我们意见仅供参考。"

△ 与刘少奇、任弼时、彭德怀就绥远、张家口情况和派

部队去东北等问题电告毛泽东、周恩来：（一）"平地泉、丰镇[1]二十二日为我军占领后，复于二十四日被敌占领，现闻傅作义部已到平地泉。（二）张家口发现敌人仓库六十余处，有汽油三万小桶，步枪万余支，弹药库十余处，尚可继续发现"。"已令晋察冀用一切可能办法巩固对张家口的占领，并搬运与分配弹药资材。"（三）关于派部队去东北事，你们有何新的情报和指示，望告。

8月 从王家坪搬到延安城西七公里处的枣园。中共中央书记处一九四三年十月由杨家岭迁此。

△ 依毛泽东《沁园春·雪》韵赋词《沁园春·受降》：

红军入满，日寇溃逃，降旗尽飘。我八路健儿，收城屡屡；四军将士，平复滔滔。全为人民，解放自己，从不向人言功高。笑他人，向帝国主义，出卖妖娆。

人民面前撒娇，依靠日寇伪军撑腰。骗进入名城，行同强盗；招摇过市，臭甚狐骚。坚持独裁，伪装民主，竟把人民当虫雕。事急矣，须鸣鼓而攻，难待终朝。

9月1日 毛泽东致信朱德，就在徐州地区发生美军人员伤亡事件和在阜平地区美军人员未经通知进入解放区遇检查之事，以及美军中国战区总司令魏德迈于八月三十一日致中共备忘录一事，要求"以最迅速的办法调查此事真相"。

9月2日 日本政府签字投降，抗日战争胜利结束。

---

[1] 平地泉、丰镇，在绥远境内，今属内蒙古自治区。

9月5日 在延安各界庆祝抗日战争胜利大会上讲话：抗日战争胜利以后，要建立一个独立、自由、富强的中国。"这就首先要全国民主，只有民主，才能使全国各界人士很好的团结。""解放区的人民要团结得更紧，更加努力生产，做全国民主和生产的榜样。"

9月6日 刘少奇、朱德就南下部队行动问题致电毛泽东、周恩来："首道[1]电在湘粤边行动非常困难，创造广东五岭根据地已不可能，他们已被迫北返。他们集中意见，一致建议北上，靠拢李先念，并就根据他们的经验，广东部队不能北上，以在南方基础地区保存力量或转入秘密为有利。关于首道及广东部队行动方向，望速告你们的决心。"七日，毛泽东、周恩来回电表示同意。九月初，南下部队陆续从广东北撤，于十月三日在湖北省黄安与新四军第五师会合。

9月9日 致魏德迈备忘录，回答他给毛泽东备忘录中所提问题。说明徐州事件美军人员系与戴笠特务合作，向解放区进攻，为自卫计，不得不加以抵抗。阜平事件，美军人员未经事先通知进入我区，我军检查后予以保护。我们"素无伤害盟国人员之意"，"为对日军作战，盟国人员确有权利在中国战场取得合法地位，并得到我们最充分的合作，但我们——解放区的军民亦有权利要求你们不与戴特合作，并为其掩护人以进攻我们"。

9月10日 国民党阎锡山所部于八月下旬开始抢占太原和同蒲路沿线城镇后，又攻占襄垣、潞城、长治、长子、壶关、屯留等城（这一带古称上党郡），企图侵占整个晋东南。是日，刘伯承、邓小平集中太行、太岳、冀南三区主力和地方

---

[1] 首道，即王首道。时任湘鄂赣军区政治委员。

部队一共三万一千余人，发起上党战役。至十月十二日，战斗胜利结束，共歼灭阎锡山部三万五千余人。朱德在延安参与指挥了这次战役。

9月12日 刘少奇、朱德致电毛泽东、周恩来："我们已令各地去东北干部即日起程，冀察晋准备二千五百干部去，已有三百五十人起程，""延安即抽八百人到一千人去。"并请示："在热河及察哈尔是否可成立省政府（但不宣传）又请你们考虑是否派一个有名的军事指挥员去东北。"

9月14日 与刘少奇、任弼时会见由沈阳飞抵延安的苏联后贝加尔湖前线总司令马林诺夫斯基元帅的代表贝鲁罗索夫中校。贝鲁罗索夫转达了马林诺夫斯基的正式口头通知：蒋介石军队与八路军之进入东北，应按照特别规定之时间；苏联红军退出东北之前，蒋军及八路军均不得进入东北；八路军之个别部队已到辽宁省沈阳市、大连市、吉林省长春市、热河省平泉县（今属河北省）等地，请朱总司令命令各该部队"退出苏联红军占领之地区"；"红军不久即行撤退，届时中国军队如何进入满洲应由中国自行解决"，苏联不干涉中国内政。

△ 十五时，刘少奇、朱德致电毛泽东、周恩来，报告贝鲁罗索夫中校会见情况和苏联方面的正式口头通知。

△ 下午至次日凌晨，出席中共中央政治局会议。会议听取了陪同贝鲁罗索夫到延安的沈阳卫戍司令员曾克林汇报关于东北工作的情况，并讨论答复马林诺夫斯基的代表提出的口头意见和成立东北局问题。会议决定：（一）致信马林诺夫斯基：进入沈阳、长春、大连、平泉及满洲其他地点之八路军个别部队，迅速退出苏军占领地区；在热河、辽宁的各一部八路军，自一九三七年中日战争爆发和即在那里活动，并创有根据地，故不撤兵。（二）成立以彭真、陈云、程子华、林枫、伍修权

为委员，彭真为书记的东北局，立即赴东北，代表中共中央全权指导东北党组织和党的一切活动，并处理一切问题。朱德在会议发言中强调："中央要迅速派人到东北。要准备组织四十万至六十万军队和国民党军队对抗。"会前，同曾克林谈话时说：东北人民受了日本侵略者十几年压迫，生活非常艰苦，我们要关心他们，一定要他们感到我们党的温暖，感到我们党和人民军队是他们的靠山，使党的影响深入人心。你们是第一批进入东北的部队，责任更是重大。

△ 致函马林诺夫斯基：现命令进入沈阳、长春、大连、平泉及满洲其他地点之八路军个别部队，迅速退出红军占领地区。"在热河、辽宁之各一部，自一九三七年中日战争爆发时即有八路军活动，并创有根据地，请允许该地区八路军仍留原地。"

9月17日 刘少奇、朱德、任弼时致电毛泽东、周恩来，提出："我们全国战略必须确定向北推进、向南防御的方针。"电文说："东北为我势所必争，热察两省必须完全控制。""为了完全控制与巩固热河和冀东，对付平津唐山一带将来顽军对于热河的威胁，我们必须在冀东热河控制重兵，除现在派去东北部队外并须屯集至少五万军民在冀东，以备红军撤退时能抢先进入东北，因此现在立即调集十万至十五万军队到冀东（冀东富足可屯兵并开辟热河工作）热河一带，否则将会来不及。""为了实现这一计划，我们全国战略必须确定向北推进、向南防御的方针。否则我之主力分散，地区太大，处处陷于被动。因此，我们意见，新四军江南主力部队立即转移到江北，并调华东新四军主力十万人到冀东，或调新四军主力到山东，再从山东、冀鲁豫抽调十万至十五万人到冀东、热河一带，而华东根据地则以剩余力量为基础加以扩大去坚持。"十九日，毛泽东、周恩来复电表示同意刘、朱、任的意见。

9月18日 中共中央书记处致电贺龙[1]、林枫[2]、吕正操、李井泉[3]、彭绍辉[4]，指出：（一）开辟东北工作，争取先组织武装，发动群众，以便能掌握东北，是当前党的最大任务。望林枫从已到晋西北及能从晋西北派往东北的干部中挑选一二百精壮而重要的中上级军政干部，经古北口或山海关坐火车赶赴东北。（二）吕正操率一个营兵力取捷径往古北口或山海关，坐火车往沈阳；但部队只能停在锦州，决不能开入沈阳。此间派彭绍辉即来绥远，平绥路战役后原应随吕正操去东北的部队，即由彭绍辉率领开赴东北与吕会合。

9月19日 出席中共中央政治局会议，讨论战略方针和部署等问题。这次会议将战略方针的提法确定为"向北发展，向南防御"。在会上朱德发言说：蒋介石对我们的办法是能打就打，不能打就暂时避免打，他们设法把各地联系起来，甚至伙同日本人来打我们，三个月打不起来，要打至少得六个月，我们要争取主动，争取时间。"南面定天下"，古来如此，我们将来也会如此，但我们现在要争取北方。只要北方行，南方不巩固甚至丢一些地方也是需要的。苏北、皖中、长江流域，准备做交换条件，我们要来个主动的行动，形成北面归我们的形势。会议根据"向北发展，向南防御"的方针，认为当务之急是屯兵冀东，以便苏联红军退出后进入东北；并力求控制热河、察哈尔两省；派兵占领张家口、山海关、渤海湾等进入东北的陆、海要地。这样谈判就有希望，和平也有希望。会议决

---

[1] 贺龙，时任晋绥野战军司令员。
[2] 林枫，时任中共晋绥分局副书记。
[3] 李井泉，时任晋绥野战军政治委员。
[4] 彭绍辉，时任吕梁军区司令员。

定成立中共冀热辽中央局，由李富春、林彪、萧劲光、李运昌、程子华为委员，李富春为书记；林彪为冀热辽军区司令员（后因形势变化未到任）。并决定罗荣桓到东北工作，陈毅、饶漱石到山东工作，中共山东局改为华东局；原华中局改为分局，由邓子恢、谭震林领导，受华东局领导。由于中央已决定陈云、彭真去东北工作，留在延安的政治局委员不足开会人数，故会议通过毛泽东、周恩来本日来电的提议："在此工作紧张时期内，全权委托书记处及中央主席及代主席，行使政治局职权。"

△ 刘少奇、朱德致电毛泽东、周恩来。报告华中局筱（十七日）电提议将江南主力迅速北调，留一部主力及地方兵团（约一万三四千人），再加县区武装坚持江南，并说浙东主力转移应在半个月左右完成，苏南主力向江北转移不能迟至一个月以上，否则安全无保障，且可影响留者情绪。他们主张转移得越快越好。认为华中应"注意保障浙东苏南皖南三地部队北上通道"，"浙东与皖南部队及党政应全部转移"，并提议"请你们考虑是否可以此作为一个对国民党让步姿态出现"。

△ 中共中央向各中央局发出《关于目前任务和向南防御向北发展的战略方针和部署的指示》电，指出："目前全党全军的主要任务是：继续打击敌伪，完全控制热、察两省，发展东北我之力量并争取控制东北，以便依靠东北和热、察两省加强全国各解放区及国民党地区人民的斗争，争取和平民主及国共谈判的有利地位。"指出："全国战略方针是向北发展，向南防御。只要我能控制东北及热、察两省，并有全国各解放区及全国人民配合斗争，即能保障中国人民的胜利。"部署第一步由山东调三万兵力到冀东，以便完全控制冀东、锦州、热河；另由山东调三万兵力进入东北发展并加装备。华东新四军调八

万兵力到山东和冀东，保障山东根据地及冀热辽地区；晋冀鲁豫军区准备三万兵力在十一月内进入东北。从这时起，中共中央陆续派遣十名中央委员（其中政治局委员四名）、十名候补中央委员，两万名干部进入东北。

9月21日 中共中央致电各中央局各区党委，发布关于扩兵与编组野战军的指示：为着肃清敌伪力量，制止内战危机，保障战后真能实现和平民主。八路军、新四军急需补充扩大。"中央特决定在十、十一、十二三个月内八路军、新四军应争取补充与扩大数十万人"，为适应今后斗争的需要，"各个战略区域都应编整能够机动的突击力量，其数量应占本区脱离生产兵力的五分之三到三分之二，把他们编组为旅和纵队，准备他们能够实行极大机动，即是说能调离本战略区域到其他区域作战的"。"目前整编与扩大军队，是各根据地最重要的工作，各根据地必须抓紧并有计划地去完成之"。

9月22日 刘少奇、朱德就阻敌北进问题致电毛泽东、周恩来，电报说：（一）顽军由同蒲、平汉、津浦三路北进平津，我为阻止其进入平津或至少迟滞其在两个月内不能进入平津，以便我能控制古北口、山海关一线，并在冀东准备好战场，已向各局提出下列战法：即在上述三路，每路组织一支三万人至五万人的野战军，在顽军前后左右跟随顽军北进，和顽军北进，和顽军纠缠扭打，并有利条件下则猛烈出击，消灭其有生力量，一直跟随顽军到平津，再配合冀东部队在冀东进行决战，以保障东北及热察两省之安全。（二）彭（真）陈（云）报告云：八路军已离开沈阳十八公里处剿匪，一部改为保安队留城市政府与奉天省政府，我日内接收已获之武器不多，资材弹药稍多，但尚有获得大批武器之可能。我军所到之处，群众即掀起参军热潮，现已扩大到三万七千人。

9月25日 致信孙泱:"你两次信均未复,但注意了你的工作。政治研究室现可以去,但有并入解放社的可能。你如能去察热,身体能行动的话,同李富春同志去最好,将来对于你的前途为好。如身体不许可,就在延安做研究工作也好。"

9月26日 出席中共中央政治局会议,讨论毛泽东关于国共谈判情况的电文。会议认为:国共谈判已进行八次,国民党方面对中共让步方案仍不满意,致使谈判陷入僵局,形势可能逆转。为配合重庆谈判,要大力开展东北工作。朱德在会上发言说:国民党幻想消灭我们,他们要动手,我们也得动手。三个月我们只要组织好,东北就是我们的。只要我们占有优势,他们就不得不同我们谈。

△ 刘少奇、朱德致电毛泽东、周恩来:接到你们谈判总结以后,政治局的同志举行了座谈,"认为加紧执行我之原订计划,即使形势逆转,我在政治上及军事上都不会陷于被动,并可能争取大的胜利。你们此次到重庆去谈判的任务(我们真想和平)已经完成,再留重庆似无必要,因此希望你们争取回来"。

9月27日 就美国海军陆战队先后在天津、烟台、青岛、秦皇岛等地登陆事件,以总司令名义命令第十八集团军参谋长叶剑英向延安美军观察组伊万·叶敦上校致口头声明并转告美军总部:山东省烟台市、威海卫市和河北省秦皇岛市都已在第十八集团军的控制之下,附近并无日军。"如果美军事前未经与十八集团军总部作任何协商和决定,突在上述地点登陆,将引起中外人士怀疑美军干涉中国内战";"因此,朱总司令希望美军不要在上述地点登陆"。

9月30日 新华社记者为美军将在天津登陆事发表评论。指出:美军在天津登陆,"不论其主观用意如何,实际上必然干涉到中国的内政,必然会帮助国民党反对共产党及一万万解放区的人民。这种干涉，显然不但不能帮助中国走向民主的和平，却反而会加深中国内部的分裂，这种分裂，不但对中国人民不利，而且对美国人民也是不利的"。

10月6日 在接到美军无视不得在烟台登陆的警告，于十月初出现在烟台海面上，并无理要求第十八集团军部队及烟台市政府将烟台移交美方接管的报告后，朱德命令叶剑英致函美军参观组伊万·叶敦上校转达美军总部，郑重声明：（一）烟台市早于一九四五年八月二十四日为本军部队收复，烟台市之日伪军队，早经完全解除武装，市区秩序早复常态，今美军突然要求在该处登陆，我方认为毫无必要，至要求本军部队与当地政府撤离该市，尤属无法理解，因此，请美军报贵方有关司令部转烟台市海面美海军陆战队勿在烟台登陆。（二）美军如未经与本军商妥，竟然实行在该地强行登陆，因而发生任何严重事件，应由美军方面负其全责。

△ 中共中央军委致电刘伯承、邓小平、滕代远、薄一波等："中央从山东新四军及其他地区抽调共约十三万兵力和干部，正向东北、冀东前进中，为掩护这些兵力和干部进入东北、冀东并准备好战场，晋冀鲁豫必须阻止胡宗南、孙连仲北进。否则，顽军大举进入平津必将影响我之整个部署，并可隔断华北、华中与东北、热河之联系。现因冀鲁豫我军业已控制平汉路一大段，创造了平汉中段之良好战场（这战场比冀东对我更有利），我军应即准备在平汉中段与顽军进行一二个重要战役。"

10月10日 中国共产党代表周恩来、王若飞与国民党政府代表王世杰、张治中、邵力子签署《国共双方会谈纪要》（即《双十协定》）。

10月11日 与刘少奇、任弼时等以及中共中央各部委负责同志、边区政府正副主席、各机关团体万余人齐集延安机场，迎接从重庆归来的毛泽东、王若飞。周恩来留在重庆继续与国民党谈判。晚，出席中共中央在中央大礼堂举行的盛大晚会，并在会上致欢迎词。

△ 出席中共中央政治局会议，听取毛泽东、王若飞报告重庆谈判情况。会议通过追认国共会谈纪要的决定。

10月13日 蒋介石颁布进攻解放区的密令，内称："务本以往作战之精神，遵照中正所订的《剿匪手本》，督励所属，努力进剿，迅速达成任务，其功于国家者必得膺赐，其迟滞延误者，当必执法以罪。希转饬所属剿匪部队官兵一体悉遵为要。"

10月19日 中共中央致电东北局："国民党已知我党在东北建立武装，因此它急于派军队及党、政人员到东北和我斗争。"目前我在东北工作的部署，应该是全力加强辽宁（主要的）、安东二省（国民党的省）的工作，守住东北的大门，争取时间，以便开始东北的工作。

10月20日 中共中央关于目前时局及任务给各中央局、各区党委、各兵团的指示：目前开始的六个月左右时间，是为抗日阶段转变至和平建设阶段的过渡时间。我党在解放区的中心任务，是集中一切力量反对顽军的进攻及尽量扩大解放区。为此目的，除移动大量军队与干部去东北及热河等地，并在那里组织人民，扩大军队，阻止与粉碎顽军侵入外，在一切解放区，是组织强大的野战军，有计划地消灭向我进攻的顽军，歼灭得愈多愈干净愈彻底愈好。解放区的一切工作，都应为这一中心任务而服务。

10月中旬 自朱德在八月中旬发布向敌伪展开攻击、迫使日伪缴械投降的命令以来，解放区的人民军队经过两个月的英勇作战，共毙、伤、俘日伪军二十三万余人，收复了一百九十六座中小城市（东北未计）。除中原等少数地区外，大部分解放区的大块乡村和许多城市相互连接起来，打破根据地被长期四面包围的局面。

10月26日 以十八集团军总司令名义致函美军观察组伊万·叶敦上校并转中国战区美军总司令魏德迈，就美军人员于十月十五日进入我鄂豫皖解放区一事，表明我方立场。指出："中国解放区军队政府及人民，对于一切正当事务前来解放区之美国人员一向持友好态度，对彼等之生命财产，均曾不顾牺牲，尽量予以保护。"为保证贵我双方之友好关系，特重申："由于各地日军伪军及部分国民党军队现仍不断向中国解放区侵扰（而据报某些向我进攻之国民党队伍，为汉口区别动队（又名正义军）内并有美军官兵在内），愿请贵总司令通令所属，避开敌伪军队及国民党军队向中国解放区进攻之战斗场合，至于美军人员因正当事务前来解放区时，必须先行通知我方，以便联络保护，至希贵总司令了解我方维持友好关系之诚意与努力。"

△ 叶剑英奉朱德总司令之命，致函叶敦上校就美军强行修筑由秦皇岛至山海关铁路一事，提出严重抗议。要求美方立即采取有效步骤，停止秦皇岛一带美军向冀热辽解放区我军阵地推进。如果不加制止，则对今后事态发展之一切严重后果，须负其全盘责任。

11月2日 毛泽东、朱德致电高树勋："闻吾兄率部起义，反对内战，主张和平，凡属血气之伦，莫不同声拥护。特电驰贺。"国民党军队于九月间向晋冀鲁豫解放区中心城市邯郸进犯，企图迅速打通平汉路，配合海运、空运的部队进入平津，抢战东北。晋冀鲁豫军区集中三个纵队和一部分地方武装共六万余人，于十月二十四日发起邯郸（平汉）战役，至今日，歼敌四万余人。阻止和迟滞了国民党军沿平汉路北进，为人民解放军调整部署和在东北的展开争取了时间。在这次战役中，国民党军第十一战区副司令长官兼新八军军长高树勋率部一万余人起义。

11月3日 中共中央书记处电告八路军驻西安办事处处长周子健：平汉线进攻解放区的国民党第十一战区副司令兼新八军军长高树勋率部万余人起义后，"高部军官眷属在西安者共三百余，亟须拨款接济"。中央已电八路军重庆办事处汇款一千五百万元至西安，"高树勋将派人持申伯纯函到西安处接洽"。

11月4日 就美军十月十八日搜查冀中军区驻天津办事处以及美机于十月二十一日在河北固安县、安次县上空寻衅等事，致函中国战区美军总司令魏德迈提出抗议，指出：美军在中国领土上包围搜查及占据中国军事机关，解除及没收中国军人之武器，逮捕及讯问中国军人，"此种行为，毫无疑问乃系直接干涉中国内政及破坏中国人民之主权"；至于华北美军飞机扫射中国解放区之安次县城军民，及投函威吓固安我军撤退，"除破坏中国人民之主权外，更系公开的直接参加中国国民党军队对中国解放区之军事进攻"。郑重要求美方"立即采取妥善步骤，保证今后不再发生同类破坏中国主权、干涉中国内政及参加国民党军队进攻中国解放区之行为"。

11月6日 出席边区政府特设的鸡尾酒会，庆祝俄国十月革命二十八周年。

△ 中共中央军委致电张云逸、饶漱石、黄克诚：顽军两万已在秦皇岛登陆，并在少数美军掩护下向山海关我军进攻。我山东部队杨国夫师万人已到山海关，正准备作战。葫芦岛美军登陆未成，该岛仍为我军控制。李运昌在锦州指挥山海关、

葫芦岛、冀东一线作战,程子华在承德指挥作战,林彪已到沈阳东北局。

11月7日 与毛泽东参加延安两万群众集会,庆祝俄国十月革命节,被选为大会主席团成员。大会一致通过了致斯大林元帅的贺电。

11月12日 出席中共中央政治局扩大会议。会议讨论发展和巩固在东北的力量问题,同时提出抓好生产和减租两件大事。

11月22日 中共中央军委致电聂荣臻、耿飚、贺龙、李井泉等:苏联由于条约限制,必须保证蒋介石接收满洲各大城市,我争取东北大城市暂时无望。因此热河、察哈尔、绥远对我之全国战略意义更增加其重要性,必须求得控制绥远全省,才能有较巩固的后方,保障张家口侧翼,并建立将来必要时进入新疆的道路。"因此,绥远战役,实关系我在目前以及将来整个时期的全国大局"。并就平绥战役提出意见。

11月25日 与中共中央诸负责人到机场迎接从重庆回到延安的周恩来。

11月27日 接受美国《纽约时报》记者窦丁、芝加哥《每日新闻》记者惠勒、美联社记者罗约翰和法国通讯社记者柔尔生的采访,就中国共产党对于东北问题的态度等发表声明:"国民党当局不经过与中共的正式协议,而经过美军的援助,硬把他们的军队开入自一九三八年初以来即由八路军与人民起义所创立的冀热辽解放区,这就是今天在北宁路上发生内战的原因。假使这种情况仍继续发生,自卫的抵抗亦将被迫继续下去。""解决这些纷争的根本原则,是彻底实现国民党与中共双十公告中的协议,并由此成立全国统一的民主联合政府,而在这个全国的联合政府成立以前,并为了促进它的成立,地方性的民主联合政府应该得到合法地位。"在阐述中国共产党对美军在华行动的态度时说："中国人民过去、现在和将来都承认美国在中国现代化、民主化事业上的伟大重要性，并努力促进中美两大民族的互不可少的合作。八路军、新四军无论在抗战中与抗战后，都是在这个原则的指导下与美国军民相处的。但是，中国的反民主分子竭力煽动美国在中国发动第三次世界大战，来为他们'火中取栗'。不幸美国政府官员与海陆军官员中，正有一部分人听信他们的见解，他们想从不公平的干涉中寻找中国的友谊与美国的威信，从参加中国的大规模的因此必然是长期的内战中，寻找中国的统一安定与美国在华的经济利益和生命财产的安全。事实上这样做法不仅伤害了中美的传统友谊，而且损害了美国人民与世界和平的利益。""在华美军，现在虚伪地借口协助中国受降，而实则破坏中国受降，正是犯了上述的错误。围绕受降的争论，是中国今天最重大最迫切的内政问题。美国在再三宣称不干涉中国内政的时候，用飞机军舰大炮来剥夺那些忠实于同盟国共同事业——抗日战争与民主政治——的中国军队的受降权，不惜与中国一切最坏的封建军阀汉奸伪军甚至日军站在一起，来进攻中国人民，是任何主张中美友好合作的中国人民所不能谅解的，而且必然会受到中国人民的反对与坚强抵抗的。"

12月12日 中共中央、中央军委向各中央局、中央分局、区党委、各军区、各野战军等发出《关于粉碎国民党大规模的军事进攻的指示》，指出：国民党正以强大兵力布置进攻解放区，"这一反民主、反人民、反和平的大规模军事进攻，即将爆发。不粉碎国民党军这一严重的反革命军事进攻，中国的和平、民主即很难实现。为了和平、民主，为了人民利益，我们必须紧急动员起来，做一切有效的准备，粉碎国民党空前大规模的军事进攻，为保卫解放区、保卫民主、保卫人民既得利益而奋战，为争取和平、民主新中国而奋战"。

12月15日 出席中共中央会议。会议听取周恩来关于当前形势的报告，确定中共代表团参加政治协商会议的任务和方针，即配合军事自卫，开展政治攻势，同时准备寻求可以接受的妥协方案。会谈中将向国民党提出：全面停止内战；制定共同纲领；召开国民大会，提出宪法草案原则，充实以新民主主义的内容；实现双十公告，在政协召开前释放叶挺、廖承志；解决东北问题。全会确定参加政治协商会议的中共七人代表团名单；并通过周恩来的提议成立南方局（目前称作重庆局），以董必武为书记，王若飞为副书记；决定成立宪法研究委员会，参加研究宪法和民主施政纲领即《共同纲领》，纲领即由代表团到重庆征求各方面意见后全权决定。

是年 就贺龙关于生产与财经运动的总结报告，提出意见：（一）发展工业加工及家庭手工业与城市镇小手工业；（二）今年发展交通运输业应仅次于农业工业手工业的发展；（三）领导上应集中人力财力去做，集中加强各经济部门的人员干部；（四）边区商业制造没有建立起来，如银行、股份公司、合作社等。不仅今年要建立家务，而且要创造一个新民主主义的全套制度。

1946年 六十岁

1月1日 与毛泽东、刘少奇等出席中共中央机关在杨家岭中央大礼堂举行的元旦团拜晚会，并发表讲话，对一九四六年的工作任务作了指示，号召大家继续努力奋斗，放手发动群众，特别是要使今年的生产运动比以前做得更好，保卫和建设解放区，力争实现全国的和平、民主、团结和统一。晚会上，观看了评剧《武松》的演出。

1月4日 中共中央军委决定，东北人民自治军改称东北民主联军，总司令林彪，政治委员彭真，副司令员吕正操、李运昌、周保中，副政治委员罗荣桓、程子华，副司令员兼参谋长萧劲光。

1月5日 中共中央就停战前仍应坚守阵地歼灭进攻之敌，给各中央局、中央分局的指示："国共谈判由于马歇尔的参加，双方在全国范围内停止军事冲突，并双方恢复交通，可能于最近成立协议，停战命令可能于最近十天内下达（但还有可能再拖延若干时日）。但国民党在停战前可能向我作突然袭击，如在热河，国民党军即正进行积极的进攻，企图在停战前控制更多的要点，造成对彼有利之形势，然后施行停战。望各地提高警惕，坚守阵地，勿作轻易的退却，对于来攻击之敌，仍须坚决彻底消灭之。在最近十数日内，我军对于深入我区之据点，如能拔除者，应迅速拔除，对于某些交通线能控制者应迅速控制，一切行动须有在十天后作一结束之准备，但不应该对国民党发动战略性质进攻战役，在国共停战谈判中，我方申明对未解除武装之日军及伪军的战斗行动此外，满洲问题亦除外。"

1月7日 中共中央军委决定将山东新四军军部与山东军区合并，调进山东的新四军部队与山东军区部分主力军组成山东野战军，司令员陈毅，政治委员黎玉，参谋长宋时轮，政治部主任唐亮。

1月10日 中国共产党代表和国民党政府代表正式签订停战协定，双方发布于一月十三日午夜生效的停战令。国共双方同时公布《关于停止国内军事冲突的协议》和《关于停止国内军事冲突、恢复交通的命令和声明》。双方规定，除东北外，一月十三日二十四时停战，"所有中国境内军事调动，一律停止"。"为实行停战协定，应即在北平设一军事调停处执行部，该执行部由委员三人组成之。一人代表中国国民政府，一人代表中国共产党，一人代表美国。所有必要训令及命令，应由三委员一致同意，以中华民国国民政府主席名义经军事调停处执行部发布之。"十三日，组成军事调停处执行部。

1月10日—31日 有国民党、共产党、民主同盟、青年党、社会贤达的代表参加的政治协商会议在重庆开幕，周恩来率领中共代表团出席。会议于三十一日闭幕。通过了关于政府组织、施政纲领、军事问题、国民大会和宪法草案五项协议。

1月11日 出席中共中央会议，会议讨论停战与政治协商会议。会议通过重庆谈判协议，周恩来参加三人军事小组，叶剑英[1]参加北平军事调停处执行部。朱德在会上发言，指出：山海关外我们吃了一些亏，主要因为没有群众。现在战争不打了，保存了承德、张家口，但热察号称两省，只几百万人

---

〔1〕 叶剑英，时任中共中央军委副总参谋长。

口，重要的还是晋冀鲁豫四省。我们除了二十个师以外的军队，即使不解散也不会发饷，一部分要回家，当民兵，一部分要实行南泥湾政策，二十个师也要调动，和平以后不能发票子，要想办法。

1月27日 与毛泽东、刘少奇、彭德怀等到机场迎接周恩来等从重庆归来。

△ 出席中共中央书记处会议，会议听取周恩来关于停战、政协等问题谈判情况的汇报。

1月28日 出席中共中央政治局会议，周恩来在会上报告关于停战、政协会议以及东北问题谈判的情况。会议同意中共代表团在重庆商定的各项文件，委托代表团正式签字。

△ 出席中共中央书记处会议。会议初步商定中共参加国民政府委员的名单为：毛泽东、朱德、林伯渠、董必武、吴玉章、刘少奇、张闻天、周恩来。

2月2日 出席中共中央书记处会议。会议认为："政协成功很大，整个和平民主趋势是确定的。但民主化的具体过程与结果还没有看到"。民主化过程必然很慢，"还须寸土必争，针锋相对"。在全国各地应发动广泛的和平攻势，力求各地自行解决停战交通等问题。决定：一月十四日以后被国民党军队占领区一定要恢复，但基本上应以政治方式解决，只在彼方甚为非理时，才"慎重地以军事解决"。还决定：北平军事调处执行部由叶剑英、饶漱石、罗瑞卿、李克农、滕代远、徐冰等组成一小委员会，以饶漱石为书记，对外称顾问，由叶剑英对外负责。中原军区的王震部、王（树声）戴（季英）部北调，其余继续留在中原地区。会议认为，在国共谈判中对整军问题要慎重，目前国家民主化的前途还不明朗，如果把军队交给国民党，失去对军队的控制权，"我们的发言权即降低，即成为民主同盟","民主化就反而没有希望"。

2月3日 出席延安各界两万余人举行的庆祝和平、民主大会,并发表演说,祝贺政协会议的成功。指出:"我们的任务就是要和国民党、各党派的民主分子,和国内外一切拥护和平民主的人们,亲密团结,长期合作,来实行停战协定和政治协商会议的决议,保护和平,促进民主,不让任何人加以破坏","我们解放区的人民与军队,在这个伟大的事业中要做极重要的工作"。他号召解放区全体军民团结一致,坚持和平、民主的方针,战胜一切困难。

2月4日(农历正月初三) 与毛泽东、刘少奇、任弼时等在枣园宴请延安市西区居民代表。朱德讲话说:现在胜利了,国内也和平了,要加紧生产,不要满足,要天天向上。以过去两年的生产为底子,大大地发展,多喂养一些牛、马、猪、羊,另外还要注意节约。他举例说:"比如民间娶亲,要很多的钱,而且一吃好几天,这样使辛苦挣下的积蓄一下花光了,常常使许多人破产。这是旧社会有钱人的花钱法,我们不效法,一定要改革才对。假如大家能节省,又能生产,那么不上十年,我们就有飞机了,也可以出去玩玩,送肥料送粮食也可以用汽车了。"接着又教导大家要学会给人民办事的本领,给全国人民做个好榜样。

2月6日 出席中共中央政治局会议,讨论周恩来关于中共参加国府委员、宪草审议委员及行政院人选的请示电。会议通过:(一)毛泽东、林伯渠、董必武、吴玉章、周恩来、刘少奇、范明枢、张闻天八人参加国府委员,如范不能去,改提彭真;(二)周恩来、董必武、吴玉章、博古、何思敬五人为宪章审议委员;(三)周恩来、林伯渠、董必武、王若飞参加行政院,分任行政院副院长、两部长及不管部长。

2月7日 中共中央电示各中央局各区党委各纵队首长：政协会议以后，国民党内部已起分化。因此，我们今天对国民党的态度必须细心谨慎。我们的方针是争取蒋介石国民党继续向民主方向转变，以实现国家民主化，孤立国民党内部的反动派。为了执行上述方针，中央决定暂时停止对于国民党的宣传攻势。将来国民党如再对我党采取宣传攻势，那时我们当相机决定在宣传上回答它。

2月12日 出席中共中央政治局会议。会议讨论同国民党谈判整军方案问题。

2月22日 中共中央致电晋察冀中央局，同意"大规模精简计划，编整四个主力师，余编地方部队"。

2月24日 在西北财经办事处召开的生产、供给、经济工作干部大会上讲话，号召大家要做长远打算，把生产搞好，建设陕甘宁边区的国民家务。

3月4日 与毛泽东、刘少奇、彭德怀等到机场欢迎美国代表、总统特使马歇尔，国民政府代表张治中和中国共产党代表周恩来以及军事调处执行部叶剑英、郑介民、罗伯逊等一行。与毛泽东、周恩来同马歇尔会谈。在当晚举行的欢迎会上，朱德代表中共中央致词："我们对于中国的前途始终是乐观的"，中共对于停战协定、政协决议、整军方案一定切实执行。同时指出：中国的和平民主统一建设事业还有许多障碍，许多困难，整军方案的实现更不容易一帆风顺，我们对中国的前途是乐观的，中国一定能够建设成独立、自由、富强的国家。翌日上午九时，与毛泽东等到机场欢送三人小组离延飞武汉。

3月12日 在延安华侨救国联合会会员大会上讲话："各位回到祖国参加抗战，艰苦奋斗了八年，现在已取得胜利，全国走上了和平、民主的新阶段，这是大家都高兴的事情。在和平时期,侨胞应努力参加建国工作,我们欢迎华侨回国或投资开办工厂、银行、商店及参加各种建设。""同时也欢迎盟国——尤其是美国贷款、投资或给以机器及技术上的帮助,建设一个和平民主富强的新中国。"

△ 苏联红军撤离沈阳。十三日,国民党军队进入沈阳。

3月15日 由于国民党军进占沈阳后兵分两路,一路进犯铁岭、四平街,一路抢占辽阳、抚顺、鞍山,发动进攻。是日,中共中央政治局召开会议,讨论目前的时局与对策、军队整编、工运方针和经济政策等问题。会议通过了《关于目前时局及对策的指示》,指示说:"苏军已从沈阳及其附近撤退,国共两军在东北的冲突即将展开。"为了对付国民党反动派,"除开审慎应付东北问题外,华北、华中各地应即提起警觉,密切注意顽方动态,并在军事上做必要准备,加强整训,加强侦察,严防反动派突然袭击。如果反动派发动进攻时,必须能够在运动中坚决、彻底、干净、全部消灭之"。在讨论时局及工人运动等问题时,朱德说:"国民党没有一点缩编军队的样子。""东北他们一定要打,他们要打,我们也就打。"武器他们比我们好,但士气我们比他们强,我们能够打赢他们。他又说:要注意发展生产,不要片面强调改善工人生活,要公家贴本,结果把自己的厂搞垮,害得工人无工做。报纸宣传只注意工人提高生活水平,这是很不够的,更重要的是宣传发展工商业。

4月2日 在延安召开的陕甘宁边区第三届第一次参议会上讲话,称赞边区参议会是坚持了八年的全国第一个实行民主政治的参议会,历述边区人民在八年抗战中的伟大贡献,并说:我们共产党人历来是主张各党各派无党无派的人士共同建设解放区的,今后我们一定继续抱着十分的热忱来与一切民主党派民主人士合作。中国的反动派还是不愿意中国人民享受民主，他们还在寻找各种名义来推翻政治协商会议的协议，继续保持独裁，继续进攻已经得到民主权利的人民，因此我们必须继续提高警惕性。

4月5日 中共中央就对付美蒋进攻东北给东北局及林彪的指示：（一）美蒋决以十五个军（已到七个尚有八个待运）向我大举进攻，尽占东北点线，然后与我谈判。（二）我方对策，一方面利用停战小组力争停战；另一方面不要被停战小组所迷惑，必须同时有对付十五个军进攻的全盘与持久计划。

△ 出席中共中央办公厅召开的欢迎民主建国军参观团暨边区参议乡各位议员晚会。在晚会上致欢迎词，说："高树勋总司令率部不愿进行内战，反对独裁，要求和平民主，高举义旗，成立民主建国军，功劳正大。他派遣参观团到延安我们非常欢迎。"并向正在参加讨论政府改造诸议员表示热烈的欢迎。

4月8日 中共中央委员、参加政协的代表王若飞，中共中央委员、参加政协宪草审议委员会的代表秦邦宪（博古）和原新四军军长叶挺，中共中央职工委员会书记邓发，老教育家黄齐生等由重庆飞延安。因飞机遭国民党特务破坏，又遇恶劣天气迷航，在山西兴县黑茶山失事，机上人员全部罹难。

4月13日 得知飞机失事，即由毛泽东、朱德等二十六人组成治丧委员会。十五日，朱德接见为"四八"遇难烈士前来唁慰中共中央的边区参议会全体议员特派代表，说明遇难诸同志此次返延安的目的是向党中央请示和磋商宪草问题，不幸在中途遇难。说："共产党员为人民服务的方针，是每个共产党员终身的信条，不管粉身碎骨，都要坚持正义，为真理为人民的利益奋斗到底！虽然不幸这些代表牺牲了，我们还要继续派代表，一直要和平民主在全国实现，有使这个人民得到解放，都过好日子。"

4月15日　参加中共中央举行的干部大会,悼念王若飞、秦邦宪(博古)、叶挺、邓发和黄齐生等"四八"遇难烈士,在大会上讲话说:"他们是久经锻炼的人民领袖,不幸遇难是革命的严重损失"。"无数先烈进行不屈不挠的斗争,终于使一万万以上人民得到解放,实行了民主。我们现在不是孤单的,更不是赤手空拳的,解放区人民是一个也不屈服的,全国人民也都要解放,民主一定要实行,我们一定能胜利。"十八日,与刘少奇、任弼时等率各解放区及延安各界代表与群众共两万余人赴机场接灵。十九日,出席延安各界三万人在飞机场举行的"四八"烈士安葬仪式,任主祭并致词。二十日,为"四八"烈士题词:"为全国人民和平民主团结而牺牲。"并在《解放日报》上发表《完成死难者所遗留下的事业》一文,文中记述了王若飞等的革命经历,并说:"仅仅悲痛于事无补,中国革命还有艰巨复杂的工作,留待我们生者去完成。我们的责任现在是更重了!我们应该更负责更积极更坚决的继承死者遗志,为和平民主事业,为人民解放事业而努力,才能安慰死难同志的英灵!"

　△　致函国民党第一集团军司令孙渡、第九十三军军长卢浚泉、第六十军军长曾泽生,希望他们发扬滇军护国的光荣传统,站在人民一边。

4月18日　国民党军向四平发动猛烈进攻。四平保卫战开始。本日,东北民主联军占领长春,驻守的伪军全部被歼。

4月27日　中共中央军委致林彪电:"四平守军甚为英勇,望传令奖励。""请考虑增加一部分守军(例如一至二个团),化四平街为马德里。"

5月1日　在纪念五一国际劳动节大会上讲话,号召全国工人加紧团结,为争取民主主权和生活保障而奋斗。说明工人阶级当前的任务是要努力发展生产,要和民族资本家订立协定,进行合作，反对官僚垄断资本，打退反动派向中国人民的进攻。

5月3日 刘少奇致信朱德："关于土地问题指示，请即看，并准备意见，在五月四日下午四时，到枣园开会讨论。"

5月4日 中共中央发出《关于清算减租及土地问题的指示》（即"五四指示"），决定将抗日战争时期削弱封建的减租减息政策，改变为实行"耕者有其田"的政策。要求"各地党委必须明确认识，解决解放区的土地问题，是我党目前最基本的历史任务，是目前一切工作的最基本的环节"。指示具体规定在进行土地改革中，不可侵犯中农土地，要保护工商业，对富农和地主、地主中的大中小、恶霸要有所区别，对开明绅士等应适当照顾，允许中小地主、富农、开明绅士保留多于农民的土地。

△ 在《解放日报》五四运动二十七周年纪念特刊上发表献词："五四以来，青年一贯是中国民主运动的急先锋，而中国的反动分子也是一贯的仇视青年的民主运动，这个规律在目前更显著了。""反动分子对于青年的唯一的手段就是由特务机关实行恐怖的镇压。但是伟大的中国青年从来不是恐怖所能吓倒的，全国青年团结起来，发扬五四的传统，坚决与全国人口百分之九十的工农群众站在一起，为实现民主做不屈不挠的奋斗，胜利必然是属于青年与人民的。"

5月10日 出席中共西北中央局高级干部会议，在会上作关于国内外形势及边区的财经、生产和复员等问题的讲话。指出：整个世界是向和平方面走的，民主势力相当大。世界需要和平，中国也需要和平，但是国内外的反动派不愿意和平，他们要压迫中国人民。蒋介石是靠枪杆吃饭的，他要消灭我们，我们随时准备大打。在讲到边区问题时说：我们过去做到自给自足，负担了十五万人的生活，这是一件过去了的事情，同志们亲手做的，同时也打下了今天经济发展的基础，我们将来一定要搞一些工业。"不搞工业，农业也是没有出路的"。

5月14日 东北国民党军集中十个师的兵力，向四平发起总攻。

5月19日 中共中央致东北局和林彪电，指出："四平退出，我兵力获得自由使用，顽占领面积愈大，补得线愈长，将愈困难。"

5月29日 中共中央军委致各军区首长电："国民党在东北扩大战争，在关内积极准备对我大举进攻，因此我应有对敌作战之准备。"本日，再次致电各军区首长，指出："黄色炸药为攻城之重要武器，各军区应设法大量购办，储存备用，每旅应有数百斤至数千斤。各大战略单位应自己制造黄色炸药。

△ 驻辽宁省海城县（今海城市）国民党第六十军第一八四师（滇军）师长潘朔端、副师长郑祖志等率师部和一个团共三千八百人于五月三十一日起义成立民主同盟，并通电全国反对内战。

6月5日 毛泽东、朱德向苏联最高苏维埃主席团暨苏联政府致唁电，对前任最高苏维埃主席加里宁逝世表示哀悼。

6月6日 致电潘朔端，对其率部起义表示欢迎。电报说："接读五月三十一日通电，欣悉兄等反对内战，决心为和平民主事业奋斗到底，义正词严，无任佩慰！""滇军素具光荣的民主传统，抗战受降，立功甚伟，不意去冬云南忽遭变故，滇军亦被迫远遣辽热，以外国武器，自残骨肉，事之可悲，宁有逾此?! 所幸兄等见义勇为，振臂一呼，揭和平之义旗，张滇军之荣誉，全国人心，无不为之振奋！和平民主光明在望，尚望共同努力，再接再厉，以竟全功！"

6月25日 与毛泽东致电上海人民团体请愿代表团马叙

伦等，对他们因奔走和平，二十三日在南京下关遭国民党特务毒打受伤表示慰问，电文说："先生等代表上海人民共走和平，竟遭法西斯暴徒包围殴打，可见好战分子不惜自绝于人民。中共一贯坚持和平民主方针，誓与全国人民一致为阻止内战争取和平奋斗。谨电慰问，并希珍重！"这个电报，于七月九日全文登载在《人民日报》上。

6月26日 蒋介石撕毁停战协定，以大举围攻鄂东、豫南以宣化店为中心的中原解放区为起点，对解放区发动全面进攻。全国规模内战爆发。

6月29日 与毛泽东接见二十六日驾机起义飞抵延安的国民党空军上尉刘善本和全体人员。当晚出席延安军民召开的欢迎大会，并讲话：蒋介石依赖美国经济和军事上的援助，进行内战，已遭到全国人民的一致反对。我们始终坚持和平，我们并不怕国民党内战分子所燃烧起来的这股凶焰，我们有力量扑灭它！

6月底 李先念、郑位三等领导中原军区部队，在国民党军三十万人包围进攻下，开始主动作战略转移，胜利地突破敌人的包围。

7月1日 毛泽东、朱德发表声明："在任何地点，如国民党军队不攻击我军，我军即不应主动地攻击国民党军。但如被攻击，我军将坚决采取自卫手段，保护人民之生命财产，并维持民主政府的法令。"

△ 复函美国女作家艾格尼丝·史沫特莱，首先对她和所有的美国朋友为中国的和平与民主运动寄予的关注和所作的努力表示感谢。同时指出：中国的和平民主运动虽然遭到了中国反动派的破坏，但这只不过是暂时的现象。"反动派的阴谋，虽然在表面上可能得逞于一时一地，但终将为中国人民的浩浩

荡荡大军所击败"。信中还说："我很感激地了解到，你想花费一些精力写我的生平。应该说，我的生平仅仅反映了中国农民和士兵生活的非常之少的一部分，是否值得你花费时间，我表示怀疑。由于你那样地坚持并已着手写作，我也只能应你所求。随函附上尚未发表的刘白羽先生所写的《朱德传》的部分草稿、《长征》故事两卷以及我从抗日战争到目前为止的部分写作。倘需其他材料，我将乐于照办。"这封信以《致艾·史沫特莱女士的信》为题编入《朱德选集》。

7月11日 专程到延安城南七里铺迎接四年前被国民党新疆省政府主席盛世才〔1〕逮捕入狱，经中共代表团在重庆着力营救，被张治中〔2〕释放归来的原中共中央西北局副书记、晋南军区政治委员马明方和原中央局组织部秘书、国际红色救济会常务委员杨之华等一百二十九人。在欢迎时讲话说："现在革命形势发展很快，连我这个当总司令的也不知道解放军已发展到多少了！你们当中还有航空队的同志们，你们回来就好了。我们在东北缴获了许多飞机，没有驾驶员，飞不起来，有了你们，飞机就可以飞起来了。"

7月13日 毛泽东、朱德致电中国民主同盟中央委员、云南总支部负责人李公朴的家属，对李公朴于十一日在昆明被国民党特务暗杀表示哀悼。电文中说："先生尽瘁救国事业与进步文化事业，威武不屈，富贵不淫。今为和平民主而遭反动派毒手，是为全国人民之损失，抑亦为先生不朽之光荣！全国人民必将以先生之死为警钟，奋起救国，即以自救。"

---

〔1〕盛世才，原国民党新疆省政府主席兼边防公署督办。
〔2〕张治中，时任国民党军事委员会委员长西北行营主任兼新疆省政府主席。

7月16日 与毛泽东等出席中共中央办公厅举行的宴会，招待出狱归来的同志并致词："一百二十九位同志在与国民党反动派不屈不挠的斗争中，经过了严重的考验，更加坚定了共产党人的意志。现在胜利回延，希望大家好好保养身体，继续为党工作。"

7月17日 毛泽东、朱德致电中国民主同盟中央委员、昆明支部负责人闻一多教授的家属，对闻一多于十五日在昆明被国民党特务分子暗杀表示哀悼。电文说："惊悉一多先生被害，至深哀悼。先生为民主而奋斗，不屈不挠，可敬可佩。今遭奸人毒手，全国志士必将继先生遗志，再接再厉，务使民主事业克底于成。"

7月19日 在中央管弦乐团成立和纪念人民音乐家聂耳逝世十一周年大会上讲话："我们新社会人民得到解放，就需要欢乐的歌唱；国民党统治区的人民只有悲哀、愤怒、反抗的声音。音乐表达社会的现实，我们的音乐工作者应贯彻群众路线，使我们的歌声能够为广大人民所赏识。"

7月20日 中共中央发出《以自卫战争粉碎蒋介石的进攻》的指示，强调政策：在军事上战胜蒋介石的作战方法，一般地是运动战。因此，若干地方、若干城市的放弃，不但是不可避免的，而且是必要的。此点，应使全党和全解放区人民都能明白，都有精神准备。

7月21日 中共中央委员、晋绥分局书记、陕甘宁晋绥联防军政治委员关向应在延安病逝。毛泽东、朱德、刘少奇、任弼时、彭德怀等十一人组成治丧委员会，组织延安各界举行悼念活动。

7月23日 出席关向应遗体安葬仪式，并致词，要求全党全军继承关向应的遗志，为完成中华民族独立、和平、民主事业而奋斗到底。二十八日，在延安各界召开的追悼关向应大会上致悼词，号召全党全军学习关向应忠诚为革命奋斗，终生如一日，从不计较个人利益的优良品质和全心全意为人民服务的思想。并题词："模范共产党员，终身为革命奋斗，百折不挠，死而后已——以志关向应同志千古。"

△　与毛泽东、刘少奇、任弼时收到常乾坤、王弼来电：因东北航校急需航空干部，建议从新疆返延的人员中，物色航空干部，请速派他们与六月二十六日驾机起义的原国民党空军上尉刘善本等八人同来东北工作。二十六日，常、王等又来电要求：速电晋察冀军区，将张垣航空站十五名航空干部于十天之内集中到东北航校工作，并将曾在苏联学航空的李东流及毕业于国民党航校的黄楚三，调东北航校任教育工作干部。

7月25日　毛泽东、朱德致电中国民主同盟中央委员、著名教育家陶行知先生的家属，对陶行知逝世表示哀悼。电文说："先生为人民教育家，为民族解放与社会改革事业奋斗不息。忽闻逝世，实为中国人民之巨大损失！"

7月26日　出席延安各界群众在大众剧场进行的反内战反特务大会，并追悼民主人士李公朴、闻一多，原东北抗日联军第三路军总指挥李兆麟，吉林省四平市中苏友好协会会长于树中，陕西省西安市《泰风工商日报》法律顾问王任等烈士。在大会上讲话，号召全国人民、全国民主人士一致团结起来，清洗法西斯好战分子和特务分子；全国一切爱国军队退出内战旋涡；中美两国人民共同携起手来，反对美帝国主义对华实行的侵略政策和军事干涉政策。号召国民党军队中一切爱国的军官和战士学习高树勋、潘朔端、刘本善等，退出内战，为人民服务；号召解放区的人民和军队，要给敢于进犯解放区的反动派以坚强的反击，拼死保卫解放区；号召国民党统治区的一切民主人士要坚决勇敢地为反对独裁、争取和平民主而斗争。

7月28日　中共中央军委致电刘伯承、邓小平、陈毅、宋时轮、张鼎丞、邓子恢："蒋军经过整编，其战斗力一般加强，我军对其作战时，必须集中优势分割歼灭方针，其比例为三对一或四对一，否则不易解决战斗，欲速不达，无好打机会时，宁可迟几天，等候机会。"

7月30日　毛泽东、朱德致上海人民团体请愿代表慰问信，表示："中共一贯坚持和平民主方针，誓与全国人民一致为阻止内战争取和平奋斗。"

8月1日　延安部队、机关集会纪念人民军队诞生十九周年，与陆定一在教导旅旅部向全体指战员讲演八路军英勇奋斗的历史及目前时局。

8月9日　电复苏鲁民主联军郝鹏举总司令[1]，对其于一九四六年一月在台儿庄率部起义表示欢迎。电文称"和平民主为全世界全中国之同一道路，亦为全中国一切军队一切军人之同一道路，大势所趋，人心所向。凡拥护和平民主者必然胜利，凡坚持独裁内战者必然失败"。

8月10日　马歇尔和美国新任驻华大使司徒雷登发表联合声明，宣布国共争论的根本问题"似已不可能获得解决"。

8月26日　在中共中央书记处召开的讨论建立青年团问题的会议上发言："我看可以组织民主青年团。团的性质，是带政治性的青年先进分子组织，是党的助手。团的工作内容是举行新民主主义教育，青年团要以教育为主，要教育出新民主

---

[1] 郝鹏举，原国民党陆军新编第六路军总司令。8月14日，苏鲁民主联军改名为华中民主联军。郝鹏举于1947年1月27日重新投靠蒋介石，就任国民党军第四十二集团军总司令，即鲁南绥靖区司令官。

主义的人。""青年要有组织，现在需要组织，就是到了社会主义社会也少不了组织。""青年中的积极分子比一般青年觉悟高一点，组织起来才好领导他们。"对青年团的工作要有正确的指导方针，工作要慎重，方法要多样，要以教育为主来改造青年的思想，再通过他们去改造社会。要组织青年参加生产，参加土改，参加军队，使他们在其中受到教育。

8月27日 在杨家岭中央大礼堂向中共中央机关干部作时事报告，指出：前一段同国民党和谈，我们并没有上当。我们确确实实要和平，但他们要打，我们也有准备，打了几个胜仗，没有吃亏。中原我军已经胜利突围。华东野战军部分主力在粟裕指挥下在苏中连战皆捷。刘、邓指挥晋冀鲁豫野战军向陇海路出击。我们的军队已发展到一百四十多万。"现在蒋介石的战略与过去不同，以前是集中主力用飞机大炮坦克打我们一点，向我们进攻是分几个步骤：先打苏北胶济路，再打津浦路，然后再打平汉路，他总是想把路打通，但是没有打通"，我们陈毅、刘伯承同志打了出去，他的战略失败了，蒋介石想打通铁路线，集中兵力打我们，但是行不通，而我们却把兵力集中起来了。蒋介石全面进攻解放区，我们就全面抵抗。开始有些人害怕我们打不赢，现在打了几个仗，证明美蒋并不是那么可怕。我们有条件有力量打赢他。

8月下旬 对美国《纽约先锋论坛报》记者阿蒂·斯蒂尔发表谈话，指出：共产党不要战争。和平可以使我们把解放区建设得更好，并在全国推行民主化与工业化，这个利益对共产党人是显然的。我们的战略方针是消灭对方的军事力量，我们在两个半月中已经歼灭了他们的二十六个师（旅），他们没有消灭过我们的一个团。人民知道，此次内战是美国反动派与中国反动派搞起来的，如果这些反动派的计划成功，就是中华民族的灭亡，所以全体中国人民热烈支持我们。坚持独裁的国民党当局，仅是表面上勉强接受停战，也因为调处执行部，未能公正地制止蒋介石把一百几十万军队从华南调往华北（中共军始终在原地，因调动即等于放弃），未能制止蒋介石在东北进攻，连北平附近的进攻也不能制止，其根本的原因则是美国援蒋政策的鼓励。我们欢迎公正的调处，反对不公正不中立的调处。

8月28日　国民党军以三个军向冀热辽解放区中心城市承德进攻，冀热辽部队撤出承德。

8月31日　鉴于国民党政府国防部参谋总长陈诚下令限令第十八集团军西安办事处于八月底撤销，电令第十八集团军西安办事处所属人员撤返延安，并致电国民党第一战区司令长官胡宗南，要求他拨给交通工具，保障沿途安全。

△　从七月十三日至八月三十一日，华中野战军主力在粟裕、谭震林指挥下，接连进行七次作战，共歼敌一个整编师部、六个旅五个交警大队五万三千余人，俘国民党将军十三名。迟滞了国民党军对苏皖和鲁南解放区的进攻。

9月1日　为记者题词："拿起笔杆，配合枪杆。"

9月3日　在延安组织部长联席会议上讲话，首先分析全国各战区的形势，强调中国共产党领导下的战争，最主要的特点是人民战争，苏中七战七捷都靠老百姓。"敌人进入了我们的区域，瞎子摸鱼，东西看不见，我们明明白白，要打他哪里就打他哪里，结果很快缴了械。"说明解放军的作战不是只顾一些城市，守不住的时候可以让国民党拿去，把他们的军队消灭后又可以拿回来。接着，着重讲要建立起革命的家务，管理我们的家务。指出：过去我们管理这个家务"进步还是很大的，成绩是很多的，一般的人得到了丰衣足食，经济是向上长的，"在发展经济过程中，还有封建残余存在，这就是贪污腐化。要有群众观点，改造社会，都要从群众出发。"听说下层干部有很多困难，只有帮助他们建立家务，同时只有把他们的家务建立好，贪污腐化的现象才会减少。不能光靠党性维持，那不是马克思主义，马克思主义还是讲唯物的，还是靠物质维持。"

9月6日 致电原国民党军第三十八军第五十五师师长孔从周，对他率部于五月十五日在河南省巩县起义，近日安抵河北省邯郸市表示欢迎和慰问。

9月13日 出席中共中央书记处召开的讨论建立青年团问题的第二次会议，在会上发言：历史上，社会主义青年团是打了先锋的，是起了很大作用的。"后来在苏区是过于革命了，革起了自己的命来了，结果就把自己革了。在解放区有政权的地方，政权很重要，但要有群众团体的帮助。"为了培养和教育好后代，必须建立青年团。名称还是叫新民主主义青年团为好。青年团要完全在中国共产党的领导下，根据青年的特点和所处的不同环境（如城市与农村、地方与部队等）进行工作。

9月25日 朱德致电孔从周，祝贺西北民主联军第三十八军成立："欣悉贵军已在邯郸成立，西北与全国人民深庆又得一生力军；人民力量日益团结与壮大，于此又得一新证明。特电申贺，并祝国内一切反独裁、反内战的军队与军人相继奋起，联合一致拒绝蒋介石的乱命，共同实现独立和平民主而奋斗！"

9月27日 亲笔写信给在辽宁省海城起义的潘朔端师长，信中说："你率军起义参加革命，我党我军及全国人民不胜欢迎之至。兹特由延安选派萧泽苍、刘惠之、司维、洛汀、徐克、白居、李尊七人（均是云南人）前来帮助你军工作，并希努力巩固你的军队,并帮助志舟〔1〕、浚泉〔2〕兄弟等军队一致起义,参加革命,更增滇军历史的光荣,我们当更为欢迎。"

9月28日 毛泽东、朱德致电高树勋:"冯(玉祥)先生来解放区估计暂时尚不可能,应当进行工作,俾于将来实现。"

10月3日 出席中共中央政治局会议。会议讨论通过毛泽东为中共中央起草的党内指示《三个月总结》。《总结》从军事上、政治上分析了人民解放军必定能够取得胜利的条件,提出了人民解放军今后的作战方针和作战任务。要求全党认真总结经验教训,继续加强军事训练,深入进行土地改革,有计划地扩兵,努力发展生产。朱德在会上发言指出:下棋要下活,作战也是一样,也要打得灵活。为了消灭敌人的有生力量,须要放弃一些城市,放下一些包袱。此外,用俘虏来补充我们的队伍,这个办法很好。开展生产运动,既要生产,又要节约,要做长期打算。冬季要普遍练兵。

10月4日 中共中央书记处召开会议。会议通过致周恩来、董必武电:蒋既已进攻张垣,则我应表示一切不谈,对马歇尔、司徒雷登退出调处的姿态,亦不必表示挽留。如蒋停止攻张垣,可同意召开三人会议。会议还通过了关于热河、冀东两区领导人员名单、工作问题的指示等。

10月5日 在中共中央办公厅召开的欢迎中原突围归来将士及由宁、沪返延的廖承志等人的大会上致词,阐述了解放区各战场的胜利,并指出:我们有充分的把握打垮蒋介石军队的进攻,全解放区的军民应用一切力量支援前线,保证自卫战争的胜利。

---

〔1〕 志舟,即龙云,时任国民党军事参议院院长。
〔2〕 浚泉,即卢浚泉,时任国民党军第九十三军军长。

△ 致电刘伯承、邓小平：你处朝鲜义勇军全部至山海关东北路线速回朝鲜，除自卫武器外，可不带枪支，沿途可寻会武亭部队。他们酉冬（十月二日）已过张家口向东北前进中。

10月7日 中共中央书记处召开会议。会议讨论本日周恩来收到的马歇尔致司徒雷登备忘录后，通过致周恩来、董必武电，指出：美蒋备忘录所提十天停攻张垣计划，完全是为了蒋军增援再攻，我绝对不能接受。我应声明攻张垣为全面破裂。要求恢复一月十三日位置，在外交宣传上，应采取强硬的立场和态度。

10月8日 中共中央书记处召开会议。会议决定：（一）叶剑英、张经武回解放区，北平军事调处执行部由薛子正负责。（二）向美方声明要求美军离华，在离华前将位置随时告我以免冲突。（三）德州不设军调小组。（四）安平事件俟美方发表声明后我亦发表声明。

10月11日 中共中央书记处召开会议。会议决定：（一）同意陕北保安副总指挥胡景铎部按期起义，但不过分宣传。（二）同意发表九月三十日至十月九日国、共、美三方文件。（三）冀东与美军新冲突事件在询明真相前不作宣传。十三日，胡景铎率国民党军第二十二军八十六师新编十一旅及榆林保安指挥部保安九团官兵共五千余人在横山一带起义。

△ 国民党军占领张家口。蒋介石背弃政协决定，下令召开由国民党一手包办的"国民大会"[1]。

10月14日 致电原中国、印度、缅甸战区美军司令兼中

---

〔1〕"国民大会"于1946年11月15日至12月25日在南京召开。它遭到中国共产党、各民主党派和全国人民的坚决反对和抵制。按照政协决议，国民大会应该是各党派参加的民主大会，必须在政协各项协议付诸实施之后，在改组后的政府的领导之下才能召开。

国战区参谋长约瑟夫·华伦·史迪威将军的夫人，吊唁史迪威于十三日病逝。电文说："史迪威将军的死，不但使美国丧失一个伟大的将军，而且使中国人民丧失一个伟大的朋友。中国人民将永远记得他对于中国抗日战争的贡献和他为建立美国公正对华政策的奋斗，并相信他的愿望终将实现。"

10月17日 中共中央书记处召开会议。会议讨论蒋介石十六日所提八项条件[1]，通过复周恩来电。指出：（一）对蒋介石十六日所提八条，延安将以中共中央名义发表声明。（二）蒋介石的方针是政治大攻，军事大打，现在他骄气正盛。（三）同意你酉酰（十月十六日）电方针，给第三者面子，参加三人会商与政协综合小组，不参加非正式五人小组，"在会上提出我们实行停战令及政协决议的主张"，"对于美蒋背信弃义，破坏和平，作历史性的解释"。（四）要逼马歇尔及蒋介石对实行一月停战令表示态度。

10月18日 中共中央发表对时局的声明，说："本党于抗日战争结束以来，即从事与国民党领袖蒋介石合作以实现国内和平民主的艰巨努力，为此并曾不惜再三让步。"声明指出：蒋介石于十六日提出其关于和平的八项条件，只是为了再一次蒙蔽人民，以达自己的野心。声明要求蒋，首先恢复信义。同时，为表示最后最大让步，郑重声明："今日一切会议如欲其有真实结果，必须承认停战、政协两协定的神圣效力，即承认恢复一月十三日国共双方军事商谈的准则，承认实行政协一切决议为一切组织协商的准则。"

---

〔1〕 八项条件：主要内容是要中共承认其侵占广大解放区的既成事实，同意"恢复交通"和让其占领东北的大部分地区，并参加其一党包办的"国民大会"。

10月28日 到机场欢迎英国援华总会主席伊索勃·克利浦斯夫人抵延安。三十日，与毛泽东设宴招待克利浦斯夫人，并在中央大礼堂举行欢迎晚会，观看陕北秧歌剧《兄妹开荒》和《黄河大合唱》等演出。三十一日，到机场欢送克利浦斯夫人离开延安。

10月29日 毛泽东、朱德电贺高树勋将军起义一周年："民主建国军成立，证明人民独立和平民主事业必然胜利，反动派卖国内战独裁计划必然失败。当今贵军成立一周年，特电申贺，并祝进步。"

10月30日 在《解放日报》上发表《祝高树勋将军起义一周年》，号召国民党广大官兵仿效高树勋，站到人民一边。文章指出："高树勋运动已经成为国民党陆海空军中一切有爱国心有良心的广大官兵的旗帜，成为人民在自卫战争中战胜反动派而实现国家的独立、和平、民主的重要因素之一"，"我相信高树勋运动今后必然会得到更大的发展，必然会与解放区军民的抵抗，蒋管区人民的民主运动鼎足而立，这三个潮流汇合一起，必然会直接造成反动派的军事失败，有效地恢复全国的和平。"这篇文章编入《朱德选集》。

△ 出席中共中央书记处会议。会议就周恩来已拒绝国民党提出的中共必须交出国大代表名单方可停战的阴谋一事进行讨论。同意周恩来二十九日来电所提方针，不以国大代表名单交换停战。

△ 与毛泽东参加中共中央办公厅举行的宴会，招待邯郸起义领导者之一范龙章暨民主建国军参观团全体团员。晚，出席在中央大礼堂举行的干部晚会，庆贺邯郸起义一周年，并欢迎十月二十九日抵延的著名法学家陈瑾昆教授。会上演出了平剧《逼上梁山》助兴。

11月2日 中共中央书记处召开会议。会议听取中共南京局代表宋平关于同国民党谈判问题报告,还决定人事任命:马明方任中共西北局副书记;王维舟为陕甘宁晋绥联防军副司令员,并加入中原局兼管四川武装工作;傅钟为总政治部副主任;饶漱石为中共中央副秘书长兼中共中央组织部部长;廖承志主管新华社、解放日报社兼中共中央宣传部副部长;中原局转移到延安,仍由原中原局负责人负责。

11月5日 中共中央给各中央局、中央分局关于建立民主青年团的提议:中央认为今天应该成立新的青年积极分子组织,此组织应比过去共产主义青年团更群众化、青年化,政治上接受党的领导,其名称拟定为民主青年团或新民主主义青年团。青年团应该在为青年和全体人民而服务的基础上,努力创造适合环境特点与青年兴趣的各种方式方法,灵活而有效地团结广大青年进行工作。

11月6日 出席中共中央书记处会议。鉴于蒋介石令第一战区司令长官胡宗南抽调晋南的整编第一、第九十师西渡黄河入陕西,准备会同原包围陕甘宁边区的部队突袭延安的形势,会议讨论通过了保卫延安的命令;决定组织对战争准备工作的检查;并决定冀热辽分局和军区的领导成员不变。

△ 毛泽东、朱德致电斯大林,祝贺苏联国庆。电报说:"二十九年来苏联一贯同情中国民族独立与人民解放事业,中国人民从孙中山先生起亦一贯同情苏联对于人类和平与进步的贡献,祝这个友谊永远巩固。"

11月8日 出席中共中央举行的庆祝苏联国庆晚会,并讲话:二十九年来,苏联人民以自己的坚决斗争,打退了外国干涉者和法西斯的进攻,促进了世界的进步,保障了战后的和平。他号召大家学习苏联,英勇奋斗和艰苦奋斗,粉碎反动派对解放区的进攻，争取和平民主的实现。

11月9日 出席中共中央书记处会议。会议部署保卫延安的动员工作，并通过关于时局的声明。决定：保卫延安由彭德怀负责与西北局联络，立即在党政军民中公开动员，一切笨重需运输的器材一两个月内疏散完毕。中央直属纵队由杨尚昆、邓洁任正、副司令，李涛任参谋长。

11月11日 在中共中央召开的动员保卫陕甘宁边区、保卫延安的干部大会上讲话，号召全边区三十万壮年男子和三十万壮年妇女都紧急动员起来，参加战争，人人学会埋地雷、投手榴弹，实现全民皆兵，保卫边区。并指出："英勇奋斗就是不怕死，不怕牺牲；艰苦奋斗就是不怕吃苦，不求个人享受。这是我们胜利的最大保证，是反动派永远做不到的。"

11月12日 为中央军委起草致华东局并陈毅、陈士榘、张云逸、舒同等电，就张、舒关于组织胶济线野战兵团致毛泽东、朱德、刘少奇的请示电答复："胶济线组织野战军，现在是必需的，从速组成为好。内部组织，我们意见能以九个团组成之纵队，配备炮兵一部为最适用。如主力团不够，不必尽以主力团编成，以两个主力团夹一次等团或一新编团，均可。总以能脱力（离）地方自由调动为主。打几次仗后，新兵团亦可练成主力。主力团之编成，总以十五个或十七个连的编制为宜，才能对付蒋军之现编制。另八师回鲁后亦应编成野战纵队才（再）配以数个团为宜，不应使主力孤立无助，其他部队亦难带成主力。请你们考虑。"

11月15日 国民党政府一手包办的"国民大会"开幕。中国共产党、各民主党派和全国人民坚决反对和抵制。十六日，周恩来在南京举行记者招待会宣布：中共坚决不承认这个"国大"，和谈之门已为国民党当局一手关闭。十九日，周恩来、邓颖超、李维汉等中共谈判代表团十余人飞抵延安。从即日起中共代表团改为中共驻南京办事处，董必武任主任。

11月21日 中共中央召开扩大会议。听取周恩来关于国共谈判和蒋管区情况的报告，确认：中共代表团谈判了一年之久，工作做得好，主要是教育了群众。今后的意见是恢复一月十三日停战令时的位置和实行政协决议。会议确定了"打"的方针，即蒋介石要灭共，我党必倒蒋。但目前尚不公开提"打倒蒋介石"的口号。认为共产党能够战胜蒋介石集团，预计用三年到五年，也可能十年到十五年。

11月27日 为祝贺朱德六十寿辰，《解放日报》发表中共中央祝贺朱德六十寿辰的祝词和《朱德将军年谱一八八六——一九四六》。中共中央的贺词说："人民庆祝你的六十年生活，因为你是中国人民六十年伟大奋斗的化身"，"你的六十大寿是中国共产党的佳节，是中国人民解放军的佳节，是全解放区和全国人民的佳节。今天反动派还在进攻"，"你的寿辰正是战斗的号召，胜利的号召！全解放区军民，一定用胜利的自卫战打退和粉碎反动派的进攻，作为替你祝寿的纪念品"。

11月30日 中共中央在杨家岭中央大礼堂设立寿堂，寿堂正中悬挂着毛泽东的题词"人民的光荣"和中共中央的贺幛"万古长青"。延安各界代表和外宾前往祝贺。刘少奇代表党中央在祝寿晚会上致词，赞扬朱德"六十年来为中国人民所作的事业，是中国共产党和中国人民最优秀的结晶，给予党和人民极大的光荣"。周恩来致词，赞扬朱德的革命历史，"已成为二十世纪中国革命的里程碑"。"全党中，你首先同毛泽东同志合作，创造了中国人民的军队，建立了人民革命根据地，为中国革命写下了新的记录。在毛泽东旗帜之下，你不愧为他的亲密战友，你称得起人民领袖之一。"朱德致词答谢，说：我是一个农民的儿子,要革命,但摸不到路。后来找到了,加入了中国共产党。中国人民一定要胜利,反动派一定要失败,我相信可以亲眼看到中国革命获得成功。

12月2日 在中共西北中央局、陕甘宁晋绥联防司令部、陕甘宁边区政府暨边区参议会祝贺朱德六十寿辰会上致词答谢,说:我虽然已经六十岁,但自己还不大相信;人家说我老,我还不甘心。我相信有解放区和全国人民的努力,有我们二百万党员、几百万军队的努力,我们一定可以战胜独裁卖国者。新中国的出现,我也一定能够看到的!

△ 中共中央书记处召开会议。会议确定在伪国大闭幕后发表说明;对马歇尔复电,表示只要解散非法国大,撤退侵犯军队,则仍可继续谈判。周恩来在会上汇报了蒋管区中共组织的情况和群众斗争、统战工作等情况,并就这些问题进行了讨论。

12月 读董必武从南京寄来的两首祝寿诗后,依原韵和两首:

其一

大好河山应革新,推翻封建属人民。
乾坤锦绣欣同有,田野肥沃患不均。
六十于今多扰攘,期年以内望清沦。
平分广土人三亩,栽遍神州满地椿。

其二

历年征战未离鞍,赢得边区老少安。
耕者有田风俗厚,仁人施政法刑宽。
实行民主真行宪,只见公仆不见官。
陕北齐声歌解放,丰衣足食万家欢。

1947年　六十一岁

1月1日　发表元旦广播词，指出今年将是中国人民斗争形势转变的一年，并提出一九四七年的十大任务：停止国民党反动派的进攻，收复失地；加强地方武装、游击队和民兵，加强游击战特别是被占区的游击战；加强部队和民兵的军事训练和政治教育；开展拥政爱民工作；加强支援前线的工作；搞好土地改革；发展生产；厉行节约；支援国民党统治区人民的独立、和平、民主求生运动；争取和国民党内一切爱国力量举行各种可能的合作。最后，号召"全解放区军民和全体爱国同胞，都要深刻了解自己对国家民族的神圣责任，人人坚定胜利的信心，反对悲观失望，反对盲目乐观，团结一致，积极工作，艰苦奋斗，英勇牺牲，来克服目前的苦难，迎接将来的光明。"这篇广播词以《一九四七年十大任务》为题编入《朱德选集》。

1月9日　毛泽东、朱德致电祝贺华中民主联军成立周年。电报说："贵军成立周年，特致热烈之祝贺。望共同努力，彻底粉碎蒋介石之进攻，以促进和平民主新中国之实现。"

1月10日　在延安各界祝贺徐特立七十寿辰的集会上致祝词："徐老从中国的封建社会到革命时代的七十年生活中，使他锻炼成为一位模范的革命教育家和科学家。早在江西苏区时，他就和工农兵打成一片，宣传马克思主义的思想与作风。我们要以不断学习徐老的优良作风来庆贺他的七十大寿。"并题词："徐老七旬大寿　当今一圣人。"

1月13日 与任弼时到安塞中共中央军委二局慰问、视察。

1月18日 中共中央军委致电各战略区首长,介绍陈赓纵队的攻城经验:集中绝对优势兵力及工兵爆炸,突破一点,打开一个缺口后,预选精干部队及优势兵力,纵深配备,像锥子一样向敌中心区钻,钻进敌核心区向四周扩张战果。

1月23日 中共中央军委致电豫鄂陕军区司令员文建武、政治委员汪锋,指出打大歼灭战必须注意两个条件:(一)集中优势兵力包围敌军一部,每一仗只打一部分敌人,切不可同时打几部分敌人;(二)以主力打迂回,以一部打正面,切不可以一部打迂回,以主力打正面。你们如能实现上述两个条件,多打歼灭战,形势就会好转。

1月24日(农历正月初三) 毛泽东、朱德设宴招待延安附近地区劳动英雄、居民及驻军干部代表等。并在宴会上讲话,号召大家积极生产、改善生活、丰衣足食,多种蔬菜、瓜、果及注意节约,尤须于婚嫁丧葬事不要铺张。强调军民之间、乡邻之间要和睦团结,争取和平光景早日实现。席间还询问了部队生产、群众生产的情况,介绍农业生产及培植果树方法等,并与区长、指导员们研究建设乡政府的家务问题。

1月29日 与刘少奇、周恩来等出席延安各界追悼中国工人领袖朱宝庭的公祭大会。

2月1日 出席中共中央政治局会议。会议根据人民解放军在几个战场上开始夺得主动权,国民党军开始失去主动权,同时国民党统治区的民主运动也有新的发展这一新形势,通过了毛泽东为中共中央起草的对党内的指示——《迎接中国革命的新高潮》。指示说:中国时局将要发展到一个新的阶段,即全国性反帝反封建斗争发展到新的高潮的阶段,现在是它的前夜。我党任务是为争取这一高潮的到来及其胜利而奋斗。朱德在会上发言说：现在到了快打出去的时候了，准备工作要做好。革命高潮的基础仍然是土地革命，土地问题解决得愈彻底，我们胜利的把握愈大，内无后顾之忧，外有发展之途。去年最大的成绩是土地改革，否则战争的进行没有那么顺利。东北能够站稳脚跟，也是靠土改。我们打这么大的仗，部队有饭吃，就得靠土改。土改问题不解决，其他问题就无法解决。土改要一村一村地搞。你来打，我就打运动战；你不来，我就搞土改。部队打出去以后，除了打仗就要去解决农民的土地问题。

2月10日 毛泽东、朱德、刘少奇签署命令：以晋绥军区第一纵队的第三八五旅和独立第一旅，以及新编第四旅、教导旅、警备第一旅和警备第三旅，共二万八千余人，组成陕甘宁人民解放军野战集团军，张宗逊任司令，习仲勋任政治委员。

2月18日 胡宗南部队五路进攻陕甘宁解放区的关中分区。不久，为防国民党飞机空袭，朱德和刘少奇、周恩来、彭德怀等迁到枣园后沟，开始清理文件，坚壁清野。

2月21日 与周恩来、彭德怀等，在延安机场欢迎撤离北平返回延安的北平军事调停处执行部委员、中共首席代表叶剑英，以及中共参加军调处工作的全体人员。

△ 中共中央军委致电聂荣臻、萧克、罗瑞卿：今后行动应学习陈粟[1]、刘邓[2]、陈谢[3]三区大踏步进退，完全主动作战的方针。那么部队休息若干天后，请考虑是否可以打第

---

[1] 陈粟：指陈毅、粟裕。
[2] 刘邓：指刘伯承、邓小平。
[3] 陈谢：指陈赓、谢富治。

三军，其目的不在占地而在歼灭顽伪有生力量，并吸引保定以北之敌南下，利于第二步歼击之。"总之，大踏步进退，不拘一城一地之得失，完全主动作战，先打强敌，调动敌人，各个击破"。

2月27日、28日 国民党政府先后通知中共驻南京、上海、重庆三地区担任谈判联络工作的代表和工作人员，于三月五日前全部撤返延安。

2月28日 蒋介石飞抵西安，同胡宗南部署进攻延安。中共中央决定紧急疏散，撤离延安。

2月 人民解放军自一九四六年七月至一九四七年二月，八个月歼灭国民党部队七十一万余人，迫使蒋介石放弃对解放区的全面进攻，改为重点进攻，即进攻山东解放区和陕甘宁解放区。根据此方针，国民党军队集中了三十四个旅二十五万人向陕甘宁边区进攻。

3月2日 中共中央书记处召开会议，讨论国民党军进攻延安的问题。

3月5日 与刘少奇设宴招待周恩来、叶剑英及从北平军事调停处执行部回到延安的工作人员。

3月7日 与周恩来、刘少奇等到机场迎接董必武等率中共在南京、上海坚持蒋管区工作的七十四位工作人员回到延安。

△ 毛泽东、朱德致电高树勋，指示："关于贵部发现特务组织事，恐有夸大之事，过去在我们党内已有很多此种经验。望你冷静地谨慎地处理，切勿操之过急，首先必须禁止使用肉刑，严禁杀人，绝大部嫌疑分子亦不必逮捕，以便能在比较长期内彻底弄清真相。关于此事处理，滕代远、薄一波等有些经验，望就近与滕薄商量办理。"

3月8日 在延安各界保卫陕甘宁边区、保卫延安的战斗动员大会上讲话：胡宗南部队要进攻延安了。我们有把握打垮胡宗南的进攻，我们一定能打胜仗。"打胜仗不是容易的事情。不是希望打胜仗，就能打胜仗。更不是希望人家打胜仗，我们来享福。所有打胜仗的地方，都是自己拼命的。老百姓和军队各个拼命，正规军民兵都拼命，大家一条心，真正不怕死，就能打胜仗"。"各个地方都要切实地做好坚壁清野工作，每一家的粮食都要好好地埋藏起来。敌人来了找不到米吃，找不到炭烧，敌人兵愈多，愈会感到进退两难，困也困个半死，大军一到就更容易消灭"。"我们要准备长期作战，打它一年半年，如果还没打出去，就打它三年五年，一直把胡宗南消灭为止，以配合其他解放区，争取全国的胜利。同志们，今天动员大会就是要大家下决心，打要打得彻底，全国胜利才能到来。同志们，这就是我们动员的意义"。

△ 与董必武等赴机场迎接被迫撤离重庆的中共驻渝办事处工作人员吴玉章等一行。

3月11日 上午，美军驻延安观察组撤离延安。下午，国民党军飞机轰炸延安。

3月12日 晚，与刘少奇、任弼时、叶剑英等率中共中央机关部分工作人员，由延安枣园转往子长县（瓦窑堡）以东附近的王家坪。毛泽东、周恩来从枣园撤到王家坪人民解放军总部办公。

3月13日 由胡宗南指挥十五个旅十四万余人分两路，右集团董钊指挥由洛川一线、左集团刘戡指挥由宜川一线，同时向延安发起进攻。并出动四十五架飞机轰炸延安。保卫延安部队节节抵抗进攻之敌。

3月16日 与刘少奇、任弼时电告晋绥军区司令员贺龙、政治委员李井泉和副司令员周士第：我们及中央机关已由延安撤至瓦窑堡至清涧一线，原在这一带的中央机关已陆续向晋西北转移，毛泽东、周恩来暂留陕北，南线总归彭德怀指挥。

△ 为中央军委起草给晋察冀军区司令员兼政治委员聂荣臻、副司令员萧克的指示：（一）东北战况已转入主动，二月消灭敌二万余，三月上旬又消灭敌人八十八师及击溃八十七师，敌如不从关内调一二个军去东北，势难再作攻势。（二）山东我军消灭敌七个旅后正在休整，敌正向津浦路济徐段推进中，临沂被占后设防守备未进，我军正准备继续寻求歼灭战。（三）你们应独立作战，按实际情况以能在运动中集中我优势兵力消灭敌人为主，你们主力是否出津西应依此来考虑，不必以配合东北及山东为目的而进行作战。

3月18日 为中央军委起草给冀热辽军区司令员兼政治委员程子华、副司令员李运昌的指示：（一）同意你们灰日（十日）破袭锦古、北宁路，此战役具有关内关外之战略行动的意义，望督促努力坚决彻底破坏之，破坏情形随时电告。（二）东北三月上旬战报，又击破七十一军之八十八师及八十七师大胜利后顽军已陷被动，如不在关内新调二三个军则不能再取攻势。因此，敌九十三师一部已调东北，现占通辽，另一部及十三军之一部亦有可能向东北调去，请详细侦察其行动并钳制之，不使敌轻易调去，以使东北反击胜利。（三）你们整顿军队及地方工作将近半年之久，想已收成绩，现值敌人调动，兵力减弱，又是春夏之交，正好举行反击，一方面努力收复失地，同时积极配合关内外之作战实为必要。

△ 晚八时，毛泽东、周恩来等率中共中央机关撤离延安。

3月19日 国民党军占领延安。

3月20日 与刘少奇、任弼时致电贺龙、李井泉：（一）

决定中央全部先后移到晋绥。(二)贺炳炎旅暂向离石、柳林线开进为宜,因克虎寨位置太偏北。贺旅电台即与我们电台联络,将来西渡后归我们指挥。(三)请在辛关渡设置少数船只,以便紧急时我们从河口渡河之用。

△ 与刘少奇、任弼时在子长县王家坪同周恩来会合。

3月23日 与周恩来听取军委三局局长兼作战部副部长王诤等关于撤出延安后如何保障通讯联络和无线电广播不中断的安排的汇报后,叮嘱大家:"回去后要给同志们多讲一讲:胡宗南来了,坛坛罐罐会打烂。但是,困难是暂时的,渡过了眼前的困难全国性的胜利就将来临了。"

3月25日 与周恩来等先后到子长县好坪沟村视察从延安迁来的陕北新华广播电台,勉励电台工作人员做好工作,保证广播不中断。

△ 刘少奇、朱德、周恩来、任弼时联名致电在任家山的毛泽东:敌似决心继续"扫荡"陕甘宁及晋西北,以延安为枢纽向东北行动,正面恐难找歼敌机会。为此,请考虑以下问题:(一)正面留一部兵力(二三个旅)滞阻敌之侧后行动,配合王世泰[1]断敌交通,打击敌之运输队。待敌更分散后,集中力量各个消灭单个敌人。这样,则要准备敌人进到永坪、延川甚至瓦窑堡、绥德。(二)因晋绥我兵力单薄,对傅作义可采取两种办法:一是要晋察冀调动适当兵力打击傅作义之南进;一是让傅作义南进,将傅作义主力一部也吸引到陕北或晋西北,以便其他区域打击敌人收复失地。如采第二方案,则中央大机关准备分散,在适当时期转至太行地区。(三)敌正准备北进,我们可能月底或下月初间须东进。有一些问题和你谈,"如你今晚

---

[1] 王世泰,时任陕甘宁晋绥联防军代理司令员。

未动身,则可不来王家坪,我们几人明晚来你处谈"。

△ 晚,与刘少奇、周恩来、任弼时在王家坪同到来的毛泽东会合。

△ 西北野战兵团在延安东北青化砭歼灭胡宗南军一部共二千九百余人,取得撤退延安后的第一个胜利。

3月28日 中共中央在王家坪作出决定,中央主要领导人留在陕北转战。周恩来由王家坪去晋西北布置工作。次日,毛泽东、朱德、刘少奇、任弼时率中共中央机关到达绥德以南清涧县石嘴驿附近的枣林子沟村。

3月29日晚—30日 出席在清涧县枣林子沟召开的中共中央政治局扩大会议。会议决定毛泽东、周恩来、任弼时率中央机关和人民解放军总部留在陕北,主持中央工作;以刘少奇、朱德、董必武为常委,刘少奇为书记组成中央工作委员会,前往晋西北或其他适当地点,进行中央委托的工作。

3月30日 毛泽东、任弼时致电贺龙即转周恩来:"中央决定组织中央工作委员会,在少奇主持下进行各项工作。朱、刘二同志明晚由石嘴驿(绥德南七十里)动身去临县与董、叶〔1〕诸同志会合,经五台往太行。中央直属机关人员已至晋西北者,照前议一部往太行,一部就地疏散,由你告董、叶处理,嗣后听从中央工委指示。""如敌攻清涧,我们准备移至安定、保安之间,为免被敌隔断,故请你早回河西,河东事由刘、朱、董、叶处理。"

3月31日 与毛泽东、刘少奇等率中共中央机关和中央工委从陕北绥德县石嘴驿出发,在绥德县田庄附近分手。当晚,与刘少奇率工委东奔黄河。临行前,向中共中央警卫团领

―――――――

〔1〕 董、叶,指董必武、叶剑英。

导交代，把身强力壮、有战斗经验的干部、战士挑选出来留在陕北。并召开警卫团连以上干部会议，再三嘱咐：一定要保证党中央、毛泽东的绝对安全，千万不能出一点差错。并将自己的望远镜送给骑兵连长。

4月1日 拂晓，东渡黄河至军渡，宿李家园。

4月2日 晨，到达山西省临县三交镇。与周恩来、董必武、贺龙等会晤。

△ 与刘少奇致电毛泽东、任弼时：（一）三十一日晚平安渡河，晨抵三交，与周、贺、董等谈半小时后，周即乘车去，二日夜可能渡河，三日或四日晨可能通过绥德城向老君店安定方向寻你们。（二）中军直已到四千余人正组织迁移。（三）绥德以东路上物资尚多，正搬运疏散中。（四）三泉兑九峪阁军已退回，我贺旅已到三泉方向。

4月3日 与刘少奇、贺龙在临县白文镇听取郝家坡土改试点工作汇报。

4月4日 与刘少奇致电毛泽东、周恩来、任弼时：我们到三交三天，经过了解会议后，决定如下：从延安出发的中直、军直五千五百人，留河西七百人，留晋西北及少数去五台工作的一千余人，去太行的三千八百人。路线经五台前进，第一批行军走三千人。四月十二日出发，其余陆续走，估计月底可到达。我军已在大同及忻县方面有布置，可以保证过路。董必武、叶剑英在前带电台先行，以便与各地保持联络。杨尚昆留三交处理后行人员，邓洁留守三交到最后。但邓洁尚未到三交，请令他速来。关于行军组织及教育，正切实进行，以便能完成此一长途行军任务。

△ 晚，与刘少奇、贺龙抵达兴县晋绥军区司令部。

4月5日 与刘少奇致电中共中央，报告中央档案资料转移情况：（一）曾三[1]所管之文件，除带来六箱外，其余均存在陕甘宁边区，由西北局曹力如[2]保存，在安条岭者十五箱（为《六大以来》、《两条路线》等），交清涧县委书记保存，在清涧以东四十里之某地二十箱（《向导》、《新青年》、《红旗》及抗战初期各地报告等），已告曾三派人将清涧文件中一切带秘密性者取出外，望中央直接负责告西北局保管与处理两批文件。（二）现存河东文件，除曾三者外，有机要处二十箱（历年电报等），中组部二十箱（干部结论及表格），一局八箱（历年军事文件），尚有二局、中社部、城工部各有数箱。现决定除各机关本身少数文件自己负责带走不得遗失外，所有曾三、机要处、中组部、一局文件，均集中交曾三保管，并由贺龙同志负责一切安全保障之责，暂时保存在贺龙同志处，以后听中央命令转移，并已令曾三将所有文件分为三类：甲、重要而不秘密者（如《向导》、《红旗》及已印刷之各种决定）；乙、秘密而不十分重要者（如某些电报及西北局财政计划等）；丙、又重要又秘密者。上述分类，以便在必要时或埋藏或销毁，或务必带走，无论如何不得遗失。

4月8日 在兴县蔡家崖晋绥军区建军会上作军事形势报告，指出：我们从日本投降到现在，有很大成绩，证明七大开得有很好的效果。因为有正确的路线，使我军无敌，歼敌五十几个师，从未有这么大的成绩。去年七月开始打，我们就准备打五年到十五年。我们打得很久很苦，敌人更苦。但一定要打出个新世界来。仗是怎么打的呢？就是毛主席的思想。我们的家务没有蒋介石的大，就是步枪加小米，军队加老百姓。仗虽

---

[1] 曾三，时任中共中央秘书处处长。
[2] 曹力如，时任中共中央西北局副秘书长。

然是军队打的，但应归功于老百姓。现在我们的任务是收复失地，不是打出去。在讲到建军问题时说，人民军队为人民服务。首先要建立政治工作制度，政治工作也不是政工人员单独去做，而是指战员都做。政治工作搞好了，支部团结了战士，兵才好带，也才好使好用。关于练兵，就是兵教兵，兵教官，官教兵，练了就用。同时要发动群众，同地形结合。我们在战术上有以多胜少，我们不是一次一口把它吃光，而是十次二十次，情愿多走它几次，走是为了打。

4月9日 中共中央发出关于保卫陕甘宁边区、中央仍留陕北及组织中央工作委员会的通知："（一）必须用坚决战斗精神保卫和发展陕甘宁边区及西北解放区，而此项目的是完全能够实现的。（二）我党中央及人民解放军总部必须继续留在陕甘宁边区，此区地形险要，群众条件好，回旋地区大，安全方面完全有保障。（三）同时为着工作上的便利，以刘少奇同志为书记，组织中央工作委员会，前往晋西北或其他地点进行中央委托之工作。以上三项为上月所决定，业已分别实行，特此通知。"

4月11日 接中共中央电："根据目前战争形势与上月中央仍留陕北另组中央工作委员会去华北之决定，为求中央领导及工作进行的便利起见，现在晋西北的中央工作结构应分为三部分，一部分回至陕北，一部分去太行，一部分暂留原地不动，准备将来仍与中央会合。""中央工作委员会现由刘、朱、董三同志为常委，刘为书记。朱、刘先至晋察冀指导工作一时期，董经五台即转太行参加财经会议，准备担任华北财经办事处主任。将来康生、彭真参加土地会议后，亦留中央工委为常委。"在中央工委下，中组部、中宣部、解放报社、社会部、政治部、青委、徐特立文教工作团、三局一部、中央机要处一部、中央办公厅及秘书处各一部、总卫生部一部、杨家岭行政处及军委供给部各一部，均由安子文〔1〕率领去太行，受中央工委领导。"中央及军委大部工作机构暂留晋西北，组织以叶剑英为书记，杨尚昆为后方支队司令的后方委员会。罗迈、邓颖超参加为委员。""中央后方机构留晋西北期间，其警戒由晋绥军区担任。"

4月16日 中共中央决定在太行成立华北财经办事处，统一华北各解放区财经政策，调剂各区财经关系和收支，并经常参加办事处工作。

4月19日 与刘少奇等经山西省兴县、静乐、宁武、崞县（今原平县）等地，到达五台县的善义村。

4月22日 中共中央军委致电聂荣臻、萧克、罗瑞卿并告朱德、刘少奇："你们现已取得主动……孤立了石家庄的国民党军。"

4月24日 与刘少奇给中共中央写报告，反映沿途了解到的土地问题等情况。报告说：晋绥地区土地问题基本上没有得到解决，只有少数地区农民分得土地，农民的生活很穷困。生产降低及破坏现象，到处可见。如果不采取有效办法，改善现状，确难继续支持长期战争。准备由中共中央晋绥分局召开一次干部会议，对晋绥地区所存在的问题进行检查，并从党政军民各机构中抽调最可靠的干部组织工作团，到农村中去帮助农民建立贫农小组，建立村、区、县及边区的农会组织系统，依靠农会组织和工作团去彻底发动群众，搞好土地改革。中共中央将此信转发给晋绥分局，要求他们坚决执行。

4月26日 与刘少奇率中共中央工作委员会抵达中共晋察冀中央局和晋察冀军区驻地河北省阜平县城南庄。

---

〔1〕 安子文，时任中共中央组织部副部长。

4月27日、28日 与刘少奇听取中共晋察冀中央局汇报工作。

4月30日 在中共晋察冀中央局干部欢迎会上讲话，介绍各个解放区战场所取得的胜利，指出各地打胜仗的几条主要经验：第一，主要是土地革命，发动了群众。为保卫土地，农民就要打仗，我们为人民服务，农民也不觉得打仗只是共产党八路军的事，这就有了打胜仗的基础。土地革命很要紧，军队要学习帮助土地革命，得到群众拥护，给养兵员等等就不成问题了。第二，党政军民团结一致，光靠军队打是不行的，只有党政军民团结一致才能打胜仗。第三，我们的战争是人民的战争，依靠人民群众，依靠民兵、地方部队到处打敌人，到处有人打，把野战军腾出来专打歼灭战，决不能叫主力到处去抵抗，分散兵力去保卫地方。相反，应该加强地方部队的建设，从地方部队挤出一部分人来充实野战军。又说：我这次来主要就是为了把仗打好。晋察冀地方很大，物产丰富，民兵也很多，如果学会了集中兵力，一定能打胜仗。你们最近打了一些胜仗，只是打得零碎一些，要学会打大歼灭战。"打歼灭战，是红军的传统战略思想。我们历来靠歼灭战来壮大自己，你们一定要贯彻打歼灭战的思想"。

5月3日 与刘少奇到达河北省平山县封城村，会见聂荣臻、刘澜涛、萧克、罗瑞卿，听取他们的工作汇报。随后中共中央工委机关设在平山县西柏坡村。

5月4日 在平山县封城与晋察冀军区司令员兼政治委员聂荣臻、副司令员萧克、副政治委员罗瑞卿会商，决定由聂荣臻分别召集纵队、旅、团级干部会议，总结晋察冀军区作战的经验教训。随后，又几次出席中共晋察冀中央局会议，并和指战员谈话，了解干部情况和部队存在的问题。在几次会议中，针对干部存在的问题，提出组织上进行调整的意见。

△ 中共中央致电刘伯承、邓小平、陈赓、谢富治、陈毅、粟裕、彭德怀、习仲勋：刘邓军十万立即开始休整，六月一日后经冀鲁豫出中原，以豫皖苏边区冀鲁豫边为根据地，以长江以北黄河以南潼关南阳之线以东津浦路以西为机动地区，或打郑、汉，或打汴、徐，或打伏牛山，或打大别山，均可因时制宜，往来机动，陈粟军受刘邓指挥。

5月6日 与刘少奇就彻底完成冀东土改问题致电冀东区党委：为了尽可能最高限度地满足农民土地要求，你们应学习太行山的经验，组织群众的复查，继续深入反对地主的运动，完全割掉封建尾巴。对于勤俭起家的富农及新富农的土地财产应以不动为原则。不要完全消灭富农经济，在每一乡每一区应该保存几家富农不动，中农才不恐慌。必须坚持联合中农，保持乡村人口百分之九十的反封建统一战线。

5月上旬 与刘少奇到达河北省行唐县上碑村，参加晋察冀部队纵队、旅、团级干部会议，总结晋察冀过去的各项工作。朱德在晋察冀军区高级干部会议上讲话：蒋介石正规军一百九十六个旅，一百九十万人，百分之九十以上已调到解放区战场作战。蒋军除在一两个地方如陕甘宁、山东尚能进攻外，其他几个战场已失去进攻能力。蒋介石在军事上已开始出现危机：兵力不足，士气低落，指挥官失去信心，到处失败。再歼灭蒋军六十个旅，则蒋军的军事优势就要完全丧失了。为了争取胜利，我们要适应正规战的需要，建立后勤部，建立统一的补训兵团，并且统一军工生产，搞好兵站运输和财政金融等工作。

5月12日 刘少奇、朱德、董必武电告滕代远、薄一波等，并报中共中央，决定中央工委及各机关留晋察冀工作一时期，不去太行。

5月17日 在行唐县上碑村，与杨成武谈话，向他宣布中央决定重新组建晋察冀野战军领导机构。说：现在我们已转入战略反攻阶段，野战军要完全适应打运动战和打大歼灭战的要求。嘱咐杨成武工作中要注意：（一）要团结。（二）戒骄戒躁，做事不要粗枝大叶，要细心谨慎。（三）注意组织军队，保证满员。（四）注意连队工作，加强深入下层，帮助连队。（五）干部有问题，要直爽地和他谈，帮助他。（六）注意巩固部队。（七）注意纪律，保证物资交公，即为筹款立功劳。（八）威信问题，上下级间有问题可以疏通，不要顾虑过多，要把工作做好。工作交给你两杨负责。（九）处事处人要有严密戒备，不要乱说话，要谨慎，不要慌忙，不要口松，多听人说，自己少说，生活、工作态度均要如此。（十）关心机关干部，注意对下层实际问题的帮助、解决，团结他们。（十一）静坐当思己过，反省旧日说话做事对人不周之处，加以警戒，加以反省，纠正之，加以这方面之学习，团结大家，锻炼自己。（十二）了解情况，了解干部（谈话、征求工作意见），否则不发表意见。

5月19日 毛泽东、朱德复电内蒙古人民代表大会全体代表，电文说："曾经饱受困难的内蒙古同胞，在你们领导之下，正在开始创造自由光明的新历史。我们相信：蒙古民族将与汉族和国内其他民族亲密团结，为着扫除民族压迫与封建压迫，建设新蒙古与新中国而奋斗。庆祝你们的胜利。"[1]

5月31日 与刘少奇致电各解放区：全国土地会议定于七月七日在晋察冀的平山县召开，各区除区党委务须派一负责

---

〔1〕 内蒙古自治区人民政府于5月1日正式成立，乌兰夫当选人民政府主席。

代表到会外，各地委亦可出席代表一人。

△ 就晋察冀野战军领导机构组建问题与刘少奇致电中共中央："我们提议以杨得志为晋察冀野战军司令员，以罗瑞卿为政治委员，以杨成武为第二政治委员，负责全权指挥晋察冀野战军，上述提议经我们与聂、萧、罗分别谈话，在数日考虑之后，又经晋察冀中央局会议一致赞成和同意。"六月二日，中共中央复电同意。

6月1日 就晋察冀军事工作的初步处理情况向中共中央报告：为了今后能更好地打击敌人，在几次中共晋察冀中央局会议中决定：（一）恢复野战军，以杨得志为野战军司令员，罗瑞卿为政治委员，杨成武为第二政治委员；（二）建立军区后勤部。萧克回军区统一指挥军区工作，赵尔陆任军区参谋长兼后勤部长，黄敬任军区副政治委员兼后勤部政治委员，统一领导供给、卫生、兵站、运输、交通、补充新兵、训练俘虏等工作，使野战军脱去后方勤务工作，割去大尾巴，不做生产，商店归公。这样，部队就可以"轻快有力，能灵活使用，只管训练与打仗两件事，增加战斗人员"。

6月2日 与聂荣臻去冀中，越平汉路抵达河北省安国县。

6月3日 中共中央工作委员会致电中共中央，汇报晋察冀野战军工作情况：野战军尚未形成一个统一的集团，各纵队各旅以至各团都有自己的后方，还带着联合作战的形式，整个战争机构和制度未建立，现正着手改变这种情况。为此建议在青沧战役后允许野战军休整一个月，责成杨得志及罗瑞卿在朱德、聂荣臻的帮助下完成一切必要的改组。朱德现已随聂荣臻去冀中，刘少奇因身体不好未去，拟回阜平修养一时期。

△ 中共中央就战略进攻开始的时间致电刘伯承、邓小平并告陈毅、粟裕、谭震林及朱德、刘少奇："（一）同意本月刘

邓野战军全军休整，渡河时间推迟至月底；（二）在此期间，望令老黄河以南、新黄河以北各区[1]之地方部队亦以主力从事休整，以期下月配合作战更为有利；（三）主力南进须长期打算，望作政治上物质上之各种准备工作。"

6月4日 与聂荣臻抵达河北省河间县黑马张庄冀中军区所在地。

6月5日 听取冀中军区领导汇报情况。

6月10日 在冀中军区干部会议上讲话：我们的部队是人民的勤务员，要为人民服务。部队脱离群众，就会走向失败。要把纪律整顿好，首先是上边，要严格要求。"歼灭战思想是红军传统的战略思想，我们经常是用歼灭敌人来壮大自己"。一定要贯彻打歼灭战的思想。党政军民结合为一体，各级都建立后勤指挥部，从地方上挤出两万部队充实野战军。集中兵力打歼灭战时，要注意：（一）集中兵力，主动作战。主动就是让敌将就我，而我不将就它。我能调动敌人，不受敌人调动。（二）打敌之侧背，包围消灭敌人。打侧背须要胆大。要练出欲打敌人跑不了，欲退敌人追不上的本领。要发扬迅速、秘密、坚决的老传统。（三）利用有利地形，把敌人引进去消灭掉。此外，打歼灭战还有组织战场宣传喊话，不但要有打垮敌人的威力，而且要有压倒敌人的盛气。我们要在政治上压倒敌人，瓦解其抵抗。关于建军问题，"我们建军就是要建立真正的人民军队"。我们还要学会自己的建军方法，学会依照自己的情况去带兵、养兵、练兵、用兵。"有什么武器打什么仗，在什么地方打什么仗，遇到什么敌人打什么仗，学通与行通了这三条，就学好了用兵"。我们在战略上轻视敌人，决

---

[1] 老黄河以南、新黄河以北各区，主要指鲁西南和豫皖苏两地区。

心要完全消灭他；但在战役战术上必须慎重，不可轻敌，要经常调查研究敌人的特点，研究出消灭他的方法，既不能抄袭别人，也不能千篇一律。还提出要大量培养干部，准备担负解放全中国的任务。机关要精简，但学校要加强。"最后希望同志们，把野战军很好地搞起来，打胜仗！"随后，组织、指挥了晋察冀野战军实施青沧战役。这篇讲话的部分内容以《关于干部问题》为题编入《朱德选集》。

6月12日 青沧战役打响。历时四天，歼灭河北省保安第六、第八总队全部，第三总队大部，共计九千五百余人。连克青县、沧县、永清三座县城，控制了津浦铁路陈官屯车站以南八十公里地段，使冀中军区与渤海军区连成一片。从而迫使原拟增援东北的平津的国民党军队不敢出关，有力地支持了东北民主联军。

6月13日 聂荣臻电告中共中央："据内线悉，顽已知朱总司令来边区，现三青团之中心任务为：探悉其驻地。"

6月14日 毛泽东致电朱德、刘少奇："各电均收，处置很对。""你们在今后六个月内如能（一）将晋察冀军事问题解决好；（二）将土地会议开好；（三）将财经办事处建立起来，做好这三件事，就是很大的成绩。"又说："就全局看，本月当为全面反攻开始月份。"

6月16日 与刘少奇复电华东局，同意雷经天任华东军区两广纵队政治委员。

6月19日 中共中央军委致电朱德、刘少奇、聂荣臻并转杨得志、罗瑞卿、杨成武："青沧战役胜利完成甚慰。""下一步行动，似以全力（主力三个纵队不要分散，再加地方部队）向平津段出击，截断杨村、黄村段，争取在大清河北歼灭援敌为有利；如援敌不好打时，则转向平保段出击。如此，可在平津、平保两线往来机动寻歼敌之正规部队。"

6月下旬 随晋察冀野战军司令部移驻白洋淀，与聂荣臻组织保（定）北战役。

6月25日 保北战役打响。这是一次大规模主动作战，集中兵力攻歼漕河、徐水、固城、北河店等据点之敌。此役七月六日结束，历时十二天，歼敌八千二百余人。调动拖住了敌人，粉碎了其增援东北的企图，有力地配合东北战场解放军的作战。

6月29日 致电中共中央军委和刘少奇、董必武、叶剑英[1]、杨尚昆[2]：我们现移白洋淀。青沧战役经过四日战斗结束，很快迅速转入保北战役，又经过三天战斗，打开徐水、固城，消灭顽军两个团又两个营，占领了漕河。北河店段约七十里之铁道线，拔去该线点碉。东西原是老解放区，造成了新战场，孤立了保定。主力再向北打，已不适宜。易县、满城已被我占，容城在我军围攻中，指日可下。因此，主力现集结徐水、固城之线休整。青沧战役和保北战役之所以取得胜利，是由于"打堡垒及攻城的战术技术都相当地提高，能步炮协同及善于使用炸药，能迅速秘密组成，故能成功，对于打歼灭战大有进步。现士气旺盛，唯兵员不足。今后作战已转为主动，仍是围城打援为宜。在平原作战为有利，大炮能自由运动，攻城器具能搬运便宜，群众甚好，供给容易，即是较坚的城堡，如准备得好，时间宽裕，亦可攻破。下一战役尚未考虑，如全局需要，亦可迅速进行。我与聂在七月初旬即转军区"。

7月2日 与聂荣臻等一行回到阜平。

7月3日 中共中央军委致电朱德、刘少奇、聂荣臻即转

---

[1] 叶剑英，时任中共中央后方委员会书记。
[2] 杨尚昆，时任中央军委秘书长、中央后方委员会支队司令员。

杨得志、罗瑞卿并告林彪、罗荣桓，部署下半年行动。电报说：现在距雨季尚有一个月，主力应即照杨、罗电移至高阳、雄县以东，休息若干天，争取在七月二十日或七月二十五日以前，在永定河以北（平津间）进行一个战役。此役完成后即回至石门[1]以东，休整一个月（八月），然后进行石门战役（九月）。打石门以后休整一时期，即应移至平绥、平汉两路之间，对该两路之敌作战，计时约在十月半以后，准备以三四个月时间将该两路之敌充分削弱，然后与我东北部队配合夺取平绥路。杨得志、罗瑞卿于四日致电中央提议提早开始石门战役。六日，中央军委复电同意。

7月8日 中共中央军委就晋察冀再组三个地方纵队问题致电朱德、刘少奇、聂荣臻、萧克、刘澜涛、黄敬："此次刘邓野战军南下前，晋冀鲁豫已从四个军区组成地方纵队，担任起解放区周围的野战任务。除王新亭[2]纵队已在晋南吕梁建立战功外，现冀鲁豫七纵队已重新解放河南浚、滑、封丘、延津四县，秦基伟[3]纵队正在道清西段行动，已占博爱、沁阳。""本此经验，晋察冀可否亦于最近从四个军区组成三个地方纵队，以便配合杨、罗野战军或独自在本区对敌作战。"

7月10日 中共中央工委就禁止毁坏古书、古迹给各中央局、分局的指示并报中央：据最近所得报告，有些地方在土地改革时，所清出的地主家庭书籍、字画、碑帖、古董受很大损失，当成废纸贱卖，五台的古庙古物，也破坏得很厉害。这是中国文化上的损失，请即通知各级党委及军队中各级首长对

---

[1] 石门，即今河北省石家庄市。
[2] 王新亭，时任晋冀鲁豫军区第八纵队司令员兼政治委员。
[3] 秦基伟，时任晋冀鲁豫野战军第九纵队司令员。

于现有书籍及古物，如已分散的，应当尽可能设法收集凑拢。还没有分散的，务必指定专人妥当整理，或暂就原地保存，或在必要与方便时，集中在一起适当地方保管，准备将来集中到地方适当的图书馆，绝对不要任意破坏或出卖。古庙古迹亦必须保存，禁止拆毁。已开始破坏的必须停止，将来统一处理。各地各级党组织，特别对于支部，要做好民兵及农民群众的解释工作。

7月11日 致电中共中央军委及罗瑞卿、李涛[1]，介绍和推荐冀热辽和冀中发明使用炸药的两种经验。认为"冀热辽发明使用炸药的方法很好，用布包炸药一包，安上雷管，外皮再敷以黏性的胶质，如粘苍蝇之类的黏液，掷上墙壁或堡垒的斜坡上或坦克车上，先粘紧再炸，最为有效，名曰软性炸弹。又，冀中十分区也发明布包炸药，再用手榴弹的木把及雷管，去了铁壳，掷出比手榴弹效力大得多。以上两种经验，请罗、李通知各军区及野战军"。

△ 致电毛泽东，报告晋察冀军区军工生产、人员补充等问题。报告说：我二日到阜平军区[2]，布置军工生产，主要是炸药。各种炸弹，在技术上能解决，在组织上很差，分散在各军区，现决定统一起来做。原料多，可大规模生产。不仅满足晋察冀军区的需要，还要支持其他军区。人员补充也布置了，部队七月休整中，每个团要补足二千人以上。要求在一个军区作战时，野战军加上地方军，都在十个旅以上的兵力。炮兵现已成旅，各种炮都很多。"我提出十个旅在运动战中，争取消灭敌人十个团的兵力，当然是各个击破，但在一个战役

---

[1] 李涛，时任中央军委总参谋部作战部部长。
[2] 阜平军区，指晋察冀军区。

中，敢于与敌人十个团决战，他们向这方面去争取。下次战役，他们拟打石家庄。据杨得志估计，石家庄有条件打下，无城墙，先打下飞机场，援兵不易来，时间较久，可以逐次打开。他们正在准备，如补充顺利，八月可打。我已告他们要充分准备后再进行。如敌人由保定来援，正是雨季，要过几次河。此地群众好，打援更为有利。此间军事工作，经少奇同志的两月指导，方向是拨正了，督促进行并非易事。财政经济及土地改革更是困难解决的事，但是这两个问题不解决好，军事进行仍是会遇到许多阻碍的"。我六日回到工委，参加土地会议，俟毕后，再去看野战军打石家庄。

7月12日 刘少奇电告各中央局、分局："现朱德、董必武、康生、彭真、陈伯达〔1〕均已到达平山工委所在地，中央工委即正式成立，各处情况及报告望即送工委。"

7月15日 全国土地会议预备会召开。讨论决定：全国土地会议定于十七日开幕，会期大概三四十天。会议开法，先由各地作报告，然后讨论，最后做出决定。会议的领导机构是主席团，由中央工委委员及各代表团负责人组成。工作机构是秘书处，下设文件编辑委员会。主席团由朱德、刘少奇、董必武等二十二人组成；常委为朱德、刘少奇、董必武、康生、彭真。秘书长为安子文。编辑委员会由陈伯达、廖鲁言〔2〕负责。

7月16日 为中央军委起草致聂荣臻、萧克、彭真电，指示：（一）东北战况已转入主动，二月消灭敌二万余。三月上旬又消灭敌八十八师及击溃八十七师，敌如不从关内调一二个军去东北，势难再作攻势。（二）山东消灭七个旅后，我军

---

〔1〕陈伯达，时为中共中央候补委员、中央法律委员会委员。
〔2〕廖鲁言，时任中共中央政策研究室秘书长。

正在休整，敌正向津浦路济徐段推进中，临沂被占后设防守备未进，我军正准备继续寻求消灭战。（三）你们应独立作战，按实际情况如何，以能在运动中集中我优势兵力消灭敌人为主。你们主力是否出津西应以此作基准来考虑。不必以配合东北及山东为目的而进行作战。

7月17日 出席中共中央工委在西柏坡召开的全国土地会议。参加会议的有晋察冀、冀晋、察哈尔、太行、太岳、晋冀鲁豫、冀鲁豫、冀南、冀热辽、晋绥、山东、陕甘宁、东北等解放区的代表一百一十余人。朱德在会议开幕时讲话：中国革命的中心问题是土地革命问题。历史经验证明，凡是怕土地革命的人，怕农民起来的人都垮台了。而红军经常同几倍以至几十倍于自己的敌人作战，中间也打了很多败仗，但是没有垮，其中一个重要原因，就是我们一直坚持土地革命，或者实行减租减息，农民拥护和支持我们。我们党在大革命失败后，转到农村领导土地革命，建立军队，在武装斗争中得到了保存和发展。我们的党是工人阶级的政党，代表工人阶级的利益。在农村，主要代表雇农和贫农的利益。要使每个党员都懂得这个道理，并要实行。只有这样，党的土地改革政策才能贯彻下去。军队是革命的主力，要认真学习土地改革的方针政策。这篇讲话以《在全国土地会议开幕时的讲话》为题编入《朱德选集》。

7月20日 致函毛泽东、周恩来、任弼时等，反映全国土地会议期间及其前后了解到的各地土改情况、晋察冀地区三个月以来敌我双方军事活动情况及到冀中一个多月了解到该地的人力物力情况，"晋察冀工作，这三月已有转变。""现在野战军已完全组成，所委人员已到职，人员补充也正在进行，约可得一万补充兵。""后勤已组织好，支援前线已较前合理而有力，兵工有大进步"。"最近野战军进行了青沧战役及徐固北战役

（注：即保北战役）后，引起敌人大集中"，"好好打一次十个团的歼灭战，此间敌人就能大转变，转到守，成为被动，这是很有可能的。"信中建议在十一月至十二月召开晋察冀军工会议、参谋会议和交通运输会议，以便加强反攻的准备。说：我军将来反攻时，最重要的是炮弹、炸药的补充。"各解放区野战军反攻时，应特别注意组织后方运输补给，尽管是些微小的补充（大部由前线解决），也是必须的"。此间将来亦能为前线补充的，一是大批干部，拟抽调一千个干部，训练一时期，逐次应各方之请求，给予之；二是炸药、炮弹，将来也能供给。我们向这两方面努力，帮助前线。又说：晋察冀野战军正在休息补充，只要休整好，很有可能打好歼灭敌人十个团以上的歼灭战。在冀中、冀东消灭蒋、傅主力，比在察、热一带更有利。九月十九日，毛泽东来电说：朱总司令意见很好，唯开参谋、通讯等项会议在目前情况下是否适宜，请与少奇商量酌办。

7月23日 致信姚依林、刘再生、刘鼎："晋察冀兵工厂两三月来整理后大有进步，再加以二等军区兵工厂，均统一指挥后，更加便利于大发展。我要求你们要争取时间尽先完成，又要能适用，取得各战地的赞美，那时自然不愁款项无着。但是你们计划不可过于太贵，应尽现有材料或征收民间钢铁等，尽量减低成本，发动工人为前线义务服务，如再急需昼夜开工等等计划以确实可靠为准，任务能做到支援全国性的反攻军所用。以炮弹特别是山野炮弹、炸药绵药为重要，其次是迫击炮八二、五〇、六〇的为适用；其他是机枪弹。以上这些任务你们是否有可能做到，并就现有统一兵工基础上，本月底能生产多少出品，八、九、十、十一、十二月份每月增加数目字，请详细列表告诉我，以便进行总的计划。过剩生产或各地要求的特别生产，均由我们负责调剂款项。又明年一年计划分上半年下半年，能出多少产品，需款多少，亦请详细计划告诉。总之，此地兵工事业应尽可能范围内来发展扩充技师、工人、机器原料来解决，来计算。这一光荣任务给你们，望努力完成。你们如何计划，做成后即速派人送来。今后望你们直接向我作负责的报告，至少一月一次。"

7月26日 毛泽东致电朱德、刘少奇、康生，通报近期工作和战争情况。

7月31日—8月7日 在土地会议期间，逐日听取山东、华东、鲁中、胶东、陕甘宁边区和晋绥等地区负责人关于土地改革以及其他工作情况的汇报。

8月9日 起草与刘少奇、聂荣臻联名致中共中央电："据杨、罗、杨〔1〕电：敌主力退大清河以北扫荡，我以军区部队配合民兵对付之，野战军急须整顿到八月二十五日。我们商量的意见，趁此时机，应准其充分休整，因野战军初组成，干部调动多，交代就职均不熟习，连队补充了新兵，亦应争取训练短时期。如准备充分，再配合东北作战或独立作战均须准备连续作两个战役为宜。因此，我们提议准许他们趁机整训至八月二十五日为好。"

8月11日 与在陕甘宁边区的周恩来联名致电美国远东民主政策委员会主席伊万斯·福代斯·卡尔逊将军的家属，吊唁卡尔逊于五月二十七日病逝。

8月13日 与刘少奇致电聂荣臻、杨得志、罗瑞卿、杨成武：据东北林彪、罗荣桓电，东北主力将于九月尾开始行动，要求冀热辽部队于九月八日前后，先在北宁路山（海关）、锦（州）段进行彻底破坏，以便尔后配合作战。

―――――――――

〔1〕 杨、罗、杨，指杨得志、罗瑞卿、杨成武。

8月16日 与刘少奇、聂荣臻致电晋察冀野战军：石门既不好作战，请提出新的战役意见，以便我们商讨后呈军委决定。如暂时各方不好打，可多整训十至十五天，将部队补充完整，好好训练，待秋高时大举进攻北平、天津、保定三角地带和平汉、津浦、北宁三条铁路，或再攻石门。现正定有保安队二千余人，在此休整中亦可派一部分兵力解决之。

8月17日 出席全国土地会议主席团会议，讨论目前存在的"和平幻想、土地改革不彻底、党内不纯"等问题。

8月23日 与刘少奇就杨得志、罗瑞卿、杨成武关于主力向青县、静海地区进攻及攻涞水等问题致电中共中央军委，报告："同意杨、罗、杨十九日十时之第二方案行动（三纵去西面涞水一带行动）可否，请军委批示。"二十四日，中央军委复电"同意以一个纵队攻涞水一带、主力至大清河以北机动之方案。"

8月28日 毛泽东致电刘伯承、邓小平、陈毅、粟裕、许世友、谭震林、陈赓、谢富治，并告彭德怀、习仲勋、朱德、刘少奇（转聂荣臻、萧克）、杨得志、罗瑞卿、杨成武，林彪、罗荣桓电：在目前情况下，给敌以歼灭与给以歼灭性打击，必须同时注重。给敌以歼灭是说将敌整旅整师干净全部地加以歼灭，不使漏网。执行这一方针，必须集中三倍或四倍于敌之兵力，以一部打敌正面，以另一部包围敌之两翼，而一主力或重要一部迂回敌之后方，即是说四面包围敌军，方能奏效。这是我军的基本方针，这是在敌军分散孤立、敌援兵不能迅速到达之条件下必须实行的正确方针。但在敌军分数路向我前进，每路相距不远，或分数路在我军前进方向施行防堵，每路亦相距不远之条件下，我军应当采取给敌以歼灭性打击的方针。这即是说，不要四面包围，只要两面或三面包围，而以我之全力用于敌之正面及其一翼或两翼，不以全部歼灭敌军为目标，而以歼灭其一部、击溃其另一部为目标。这样做，可以减少我军伤亡，其歼灭之部分可以补充我军，其被击溃之部分可以使其大量逃散，敌能收容者不过一部分，短期内亦难恢复战斗力。现在顾祝同系统尚有三十二至三十五个战略性野战机动旅，分散使用于胶东、鲁西南、皖西及河南，若我能依情分别采取上述两种方法，在短期内给其十个至十五个机动旅以歼灭及歼灭性打击，则局势可以迅速改变。

8月30日 起草与刘少奇联名致杨得志、罗瑞卿、杨成武电，指出："你们应寻求运动中消灭敌人。敌地堡坚固，应研究对策、筹备技术与材料后，再设法攻破。东北进攻已开始，不要顾虑配合，但对于你们行动是有利的。""部队行军、宿营都要紧缩、灵敏，避免笨重累赘，善于利用群众掩护及地形熟悉的条件，即能寻求在运动中突然袭击或打埋伏的好机会去消灭敌人。如数次布置无效亦不必灰心，下级亦不宜说怪话，能长此灵活使用，一年内能一二次收效亦可算成功，或可大量歼灭敌人。这些建议供你们采择，你们仍应按实际条件去行动。"

9月1日 中共中央发出《解放战争第二年的战略方针》的指示，明确指出："我军第二年作战的基本任务是：举行全国性的反攻。"即以主力打到外线去，将战争引向国民党区域，在外线大量歼敌。部分任务是：以一部分主力和广大地方不断连续在内线作战，歼灭内线敌人，收复失地。

9月4日 在全国土地会议上讲话：彻底平分土地是从大革命时代和中央苏区的实际经验中得来的。现在需要一下把封建势力推翻，否则，它还有反抗的力量。把土地分好了，战争的胜利和战争的结束也要快些。

9月7日 在全国土地会议上作关于国际国内形势的报

告,指出:"整个形势变了。敌人的盛气凌人的进攻,大规模的进攻,以为三个月把我们消灭,最多半年把我们消灭,现在证明是一场春梦。""所以今年的精神是进攻。"他说:放手发动群众,彻底消灭封建势力,是打垮蒋介石的最基本条件。要很快地取得战争的胜利,第一个关键就是分田地,消灭封建势力,挖掉蒋介石的根子;第二个关键是要打胜仗。在农民分得了田地之后,要注意大力发展生产,除搞好农、副业生产外,还要发展工业、手工业和运输业,这样对军事和发展经济都有利。还说:我们的军队需要从思想上组织上加以整顿,需要一个查阶级、查思想、查作风的运动,使军队在思想上拥护土改,组织上纯洁严密。关于军队里走群众路线问题,指出:首先,军事教育要走群众路线。我们实行了官教兵、兵教官、兵教兵的方法,使指战员的军事技术大大地提高了。其次,战术运用要走群众路线。每一战役结束后,从组织一个班到全部队都来检讨战术,这样就能大大地提高部队的战术水平。干部要真正地爱护战士,就要把战术学得更好,运用得更好,战斗中少死人,这才算是群众路线。依靠群众,走群众路线,战术才容易学得好。第三,政治工作要走群众路线。把老八路,土改后参军的新战士,从国民党部队过来的解放战士编在一个班里,开诉苦会,提高阶级觉悟。第四,实行奖励要走群众路线。总之,做一件事发动整个部队去做,战士们是很有政治觉悟、很有能力的,能做很多事情的。我们在部队工作的同志要不断加强群众观念,遇事走群众路线,同群众打成一片,做到思想一致、行动一致,那我们就一定能把部队带好,带成一支模范的队伍。这篇讲话的部分内容以《部队工作要走群众路线》为题编入《朱德选集》。

9月13日 全国土地会议通过《中国土地法大纲》和在

全国各解放区普遍整党的决定。朱德在会议上致闭幕词，要求认真贯彻这次大会通过的《中国土地法大纲》，并挑选一批好干部去执行。指出：土改搞好了，我们的基础就稳固，就能打垮任何敌人。同时还要搞好生产，不搞好生产，群众就要反对；搞好了生产，我们就能富裕和繁荣。

9月18日 与刘少奇分别致电续范亭治丧委员会和续范亭夫人。晋绥军区副司令员续范亭于一九四七年九月十二日在山西临县病逝。

9月22日 与刘少奇、冯文彬[1]致电中共中央，报告全国解放区青年工作会议情况，建议在全国解放区范围内正式建立新民主主义青年团，并提出今后建团的工作计划。十月二日，中共中央复电刘少奇、朱德、冯文彬，同意关于建团提议及布置。

9月23日 起草与刘少奇联名致中央军委电，就拟去晋察冀野战军亲自指挥向军委请示："野战军大清河战役[2]，因围敌过多，不能最后解决，伤亡四千余，毙俘伤敌三千余。但此次士气极旺，干部之具有牺牲精神，较以前不同。""朱拟去野战军再整理一时期，随同杨、杨等打一二个好仗，将野战军树立起来。""东北此次作战很大，配合有无大妨碍，请示。"二十四日，中央军委复电："此次大清河战役，歼敌一部，虽未获大胜，战斗精神极好，伤亡较多并不要紧。休整若干天，按照该区具体条件部属新作战，只要有胜利，无论大小，都是好的。一切按自己条件独立部署作战或休整，不要顾虑东北或别区配合问题。"

───────

〔1〕 冯文彬，时任中共中央青年工作委员会书记。
〔2〕 大清河北战役，指1949年9月2日至12日，晋察冀野战军在大清河以北发起对霸县、雄县国民党第九十四军、第十六军各一部的进攻。

△　起草与刘少奇联名致聂荣臻、刘澜涛、萧克、黄敬、赵尔陆并告杨、杨、耿电："野战军应速加补充整理，暂不配合东北作战。朱拟去野战军。"

9月25日　对中共中央工委机关全体工作人员讲话：全国土地会议作出整党的决定，决定查阶级、查思想，重新整编队伍。中共中央工委机关应该首先执行这个决议，要查清机关工作人员的阶级成分，还要检查自己的思想究竟是为人民服务还是为个人利益。不论哪个阶级出身的，都要把思想弄通，要一心一意为工农服务，这样才能够纯洁我们的队伍，建成一个有组织、有纪律、有训练的战斗的党。

9月30日　与刘少奇致电晋冀鲁豫军区第一副司令员徐向前、晋冀鲁豫军区第二副司令员滕代远、晋冀鲁豫军区第一副政治委员薄一波并报中共中央："叶、陶两纵是陈、粟兵团主力，他们的削弱，对大局是不利的。据一波说，你们的兵员还不很困难，你们可否在尽快的时间内，给该两纵以兵员补充，望告。"十月四日，徐、滕、薄复电，说拟于今冬扩大十万新兵，给叶飞、陶勇两纵以补充，唯新兵须经短期训练，估计明年一月始能拨兵。

10月5日　起草与刘少奇联名复杨得志、杨成武、耿飚并告聂荣臻、萧克电："同意你们出击保北。并仍以寻求打运动战为主之方针。"

10月6日　毛泽东、朱德致电斯大林，祝贺十月社会主义革命三十周年。

10月7日　在中共中央工委机关全体工作人员大会上讲话，提出要反对那种不在下面好好办事，而用假报告、说空话来欺骗上级的作风。还说：反对官僚主义，是土地改革能不能搞好、工作能不能改进的关键。只有发扬民主，真正发动群众，真正反映群众意见，才能打掉官僚主义，把事情办好。

10月9日 起草与刘少奇联名致杨得志、杨成武、耿飚电，就破坏铁路应注意的问题指示："破坏铁道应注意桥梁、水塔及其他我们将来不能或难于修复者，均不要破坏；但铁轨应搬走，枕木应烧毁，路基应彻底平毁，以及其他我们将来易于修复者应尽量彻底破坏，以图达到我战术要求为止。"

△ 中共中央致电中共中央工委和晋察冀中央局："土地法大纲业已修改完毕，决于明日发表。""至于按照土地法实行分配，应在你们土地会议决定实行步骤全部布置完毕以后，方才开始。"

10月10日 中国人民解放军总司令朱德、副总司令彭德怀发表《中国人民解放军宣言》，号召全国人民协同解放军"打倒蒋介石，解放全中国"。宣布人民解放军的八项基本政策：打倒蒋介石独裁政府，成立民主联合政府；惩办内战罪犯；保障人民的言论、出版、集会、结社等自由；肃清贪官污吏，建立廉洁政治；没收官僚资本，发展民族工商业，改善职工生活；废除封建剥削制度，实行耕者有其田；中国境内各民族一律平等；废除蒋介石签订的一切卖国条约，和外国订立平等互惠通商友好条约，联合世界上一切的平等结成之民族共同奋斗。

△ 中共中央发布《中共中央关于公布中国土地法大纲的决议》和《中国土地法大纲》。决议指出："中国共产党中央委员会完全同意这个土地法大纲，并予以公布。希望各地民主政府、各地农民大会、农民代表会及其委员会，对于这个建议加以讨论及采纳，并订出适合于当地情况的具体办法，展开及贯彻全国土地改革运动，完成中国革命的基本任务。"

10月11日 晋察冀野战军发起清风店战役。首先采取"攻城打援"方针，围攻徐水，诱敌增援。随后将由石家庄出发的援敌围困在定县、望都之间的清风店地区，至二十二日，全歼国民党第三军军部及第七师全部和第二十二师之第六十六团共一万七千余人，俘第三军军长罗历戎、副军长杨光钰和第七师师长李用章等人。

10月22日 晋察冀野战军向中共中央军委及刘少奇、朱德报告，提出乘清风店战役胜利之机夺取石家庄的建议。报告说："现石门仅有三个正规团及一部杂牌军，我拟乘胜夺取石门。军委是否批准此方案，请即示。"

10月23日 起草与刘少奇联名致中央军委电，建议批准聂荣臻等关于攻打石家庄的报告，"我们意见亦以打石门为有利。石门无城墙，守兵仅三团，周围四十里长的战线，其主管官被俘，内部动摇，情况亦易了解。乘胜进攻，有可能打开，亦可能引起平、保敌人南援，在保、石间寻求大规模运动战的机会。你们意见如何，望速复。"并告，朱德拟即去晋察冀野战军司令部。同日，中共中央军委复电同意乘胜夺取石家庄的建议，并指出："清风店大歼灭战胜利，对于你区战斗作风之进一步转变有巨大意义。目前如北面敌南下，则歼灭其一部，北面敌停顿，则我军应于现地休息十天左右，整顿队势，恢复疲劳，侦察石门，完成打石门之一切准备。然后，不但集中主力九个旅，而且要集中几个地方旅，以攻石门打援兵姿态实行打石门，将重点放在打援上面。"这个电报以《关于石家庄战役的电报》为题（文中第一节）编入《朱德选集》。

△ 起草与刘少奇联名致聂荣臻、刘澜涛[1]、黄敬[2]、罗瑞卿电，指示："我们同意乘胜打石门。有可能打开。即不

---

[1] 刘澜涛，时任晋察冀军区副政治委员。
[2] 黄敬，时任晋察冀军区副政治委员兼政治部主任。

能打开，亦可能引起李文[1]、袁朴[2]等南援，在石、保间可能寻求大规模的运动战，对我有利。请你们预为准备各种补充。待军委批准后，用全力来进行此战役。朱拟即去野司。"这个电报以《关于石家庄战役的电报》为题（文中第二节）编入《朱德选集》。

10月27日 凌晨，到安国县西北张村视察晋察冀军区炮兵旅，上午步行加上骑马，连续到了六个村庄，视察了两个团、两个营和四个连队。在接见该旅第一团排以上干部时讲话："炮兵很重要，为步兵开辟道路，可以减少伤亡，炮不打，口不开，打开口可以胜利向纵深推进，扩大战果。""在战术上要注意，接近敌人要秘密，打炮时要猛，要突然，火力齐整集中，集中里面还要再集中，还要注意运用不同地形实施射击，不打则已，一打就打得猛，打得准，打得狠。步、炮协同好，胜仗不断打。"下午二时，回到旅部。向炮兵旅团以上干部传达讲解中央文件《解放战争第二年的战略方针》，并指出：要打石家庄了，打下石家庄，可以学会攻坚战，学会打大城市，还可以把晋冀鲁豫和晋察冀两大解放区联成一片，在军事上、政治上、经济上的意义都很大。并提醒大家："石家庄敌人经营了多年，有坚固的工事，摆在你们面前的一个重要课题，就是阵地攻坚战。炮兵应该对这个课题学得更好。"

10月28日—29日 分别召集连、排、班干部和战士座谈如何打石家庄。还找了在清风店战役被俘的驻守石家庄的国民党军第三军的俘虏，了解敌方情况。

10月30日 刘少奇致电中共中央：朱德已到杨得志、杨

---

[1] 李文，时任国民党军第三十四集团军总司令。
[2] 袁朴，时任国民党军李文部第十六军军长。

成武、耿飚处，康生已于二十九日晚从阜平起身去渤海张鼎丞、邓子恢处，彭真到阜平晋察冀中央局，董必武、刘少奇、陈伯达留中央工委。

△ 在安国县参加晋察冀野战军司令部召开的炮兵、工兵会议，讨论和研究任何攻打堡垒、如何进行坑道作业、通过外壕等问题。并在会上讲话：这次会议有两个优点，一是民主空气好，使一些很好的意见发表出来；二是求实精神好，提出了一些紧密联系实际的问题。炮兵、工兵要努力在战争实践中学习。"在作战部署上，主要进攻方向兵力火力要集中使用，大集中里面有小集中。迫击炮要能伴随步兵一起行动，山炮、野炮、榴弹炮，要组成火力队，在主要进攻方向上支援突击队。"

10月31日 参加晋察冀野战军司令部召开的旅以上干部会议，与杨得志、罗瑞卿、杨成武共同拟定了攻打石家庄的作战部署：以阵地战的进攻战术为主，用坑道作业接近堡垒，用炸药爆破，加以炮击，各个摧毁，采取稳打稳进的办法。在会上朱德讲话要求指战员要特别注意学习、民主和作风三点：要把石门（石家庄）当做一所难得的学校，要从这个学校练出一套能攻善守的本领来；要认真地发扬军事民主集中大家的智慧；要严守三大纪律，八项注意，要拿石家庄来证明：我军不但能打下大城市，而且能很好地管理大城市。规定两条纪律：一是民兵不入城，二是野战军不住城。朱德特别强调打仗要"勇敢加技术"。会后，晋察冀野战军司令部把朱德提出的"勇敢加技术"的号召作为一个口号传达到所有部队，要求坚决贯彻执行。

11月1日 致电聂荣臻、萧克等："我到此已去看过炮兵，召集炮兵、工兵干部开过会，讨论攻石门问题。又召集旅以上干部会议，共同决定了攻打石门计划，以阵地战的进攻战术为主要方法，有组织、有步骤地去进攻，用坑道作业接近堡垒，用炸药爆破，加以炮击，各个摧毁，采取稳打稳进的办法。"为保障战役胜利，要求晋察冀军区注意几件事：（一）物资必须准备充足，特别是炸药、炮弹；（二）人员补充，组织好医疗队、慰问队，巡视各医院，迅速医好伤兵；（三）军队干部家属、子弟不能自给者，必须发给生活费。这个电报以《关于石家庄战役的电报》为题（文中第三节）编入《朱德选集》。

△ 下午六时，到达河间县的黑马张庄冀中军区所在地。

△ 毛泽东致电刘少奇："朱总到杨、杨[1]处帮助整训一时期很好，但杨、杨举行石门或他处作战时，请劝朱总回工委，不要亲临最前线。"

11月2日 在黑马张庄听取冀中行政公署负责人汇报献县天主教教堂的情况。晚，在河间县城内观看冀中旧剧实验院的演出。

11月3日 听取冀中财政经济办事处负责人、前泊镇火柴生产管理处负责人汇报泊镇永华火柴生产公司情况。

11月4日 与刘少奇致电刘伯承、邓小平："我们电台已与你们电台经常联络，你们情况及地方工作情况，请直接发给我台。"

△ 听取冀中重点工业情况汇报，其中有兴集皮毛业、安国药材业、高阳纺织业、火硝等生产情况。

△ 晚，听取冀中工会劳保部负责人汇报工人、工资情况。

11月5日 听取兴集工人合作社办的兴隆毡厂厂长汇报毡厂情况。

△ 晋察冀野战军司令部运动到离石家庄二十多里的一个小村庄。即将发动对石家庄的攻击。

──────────

[1] 杨、杨，指杨得志、杨成武。

11月6日 听取冀中行属负责人汇报冀中土改复查情况。

△ 毛泽东、朱德致电苏联领导人斯大林，庆贺苏联十月革命胜利三十周年。

△ 晋察冀野战军发起石家庄战役。七日，在冀中军区打电话给在前线指挥的杨得志，询问战役进行情况，指示按原定计划打下去。并说：告诉大家，后边的同志可是都指望着你们哪！

11月7日 听取晋察冀边区银行冀中分行副行长汇报冀中分行情况。

△ 午夜，在冀中军区和杨得志通电话，询问石家庄战役进展情况。

11月8日 听取河间县新华面粉公司经理谈公司情况。

11月9日 在冀中军区打电话指示杨得志等：（一）突破内市沟后，一定要猛推、深插、狠打，不让敌人有半分钟喘息；（二）充分做好打巷战的准备；（三）全歼包括还乡团在内的一切敌人。

△ 听取冀中财政经济处副处长汇报冀中财政经济情况。

11月10日 听取冀中军区副司令汇报民兵情况。

11月11日 听取冀中财政经济处有关人员汇报冀中农业情况。

11月12日 杨得志、杨成武、耿飚向中共中央工委报告晋察冀野战军攻占石家庄战役于本日胜利结束，歼国民党军二万四千余人。

11月13日 致电嘉勉晋察冀全体指战员："仅经一周作战，解放石门，歼灭守敌，这是很大的胜利，也是夺取大城市之创例。特嘉奖全军。"这个电报以《关于石家庄战役的电报》为题（文中第四节）编入《朱德选集》。

△ 中共中央致电庆祝晋察冀军民攻克石家庄，歼敌二万

余人的胜利。说：近数月来，我解放军举行全线反攻，东北我军于最近五十天攻势中歼敌六万余人。南线刘邓、陈粟、陈谢三军深入敌后歼敌数万，早已立住脚跟。彭张在西北，许谭在山东亦已转入反攻大量歼敌，整个敌军战线处于进退维谷疲于奔命之地位。在此有利形势下，尚望团结全军继续寻机歼敌，争取冬季作战之大胜利。

△ 在河间县黑马张庄听取华东军区两广纵队司令员曾生的汇报时说：你们出去，任务不是攻坚，打大城市，而是打中小城市，打运动战，扩大解放区，消灭地主武装，搞农民武装。你们名为两广纵队，实际是人民解放军。我们迟早要过长江，过江是战略性行动。局势是定了的，这一个多月来更明朗了。

11月14日、16日 在黑马张庄调查了解小学教育情况，听取校长、教师和农会干部汇报。

11月18日 在束鹿县东小庄村出席由晋察冀野战军政治部召开的总结石家庄战役经验座谈会，主要座谈阵地攻坚战的体会和战场民主练兵的经验。朱德在会上强调，必须极大地注意学习阵地攻击战术，这是我国革命征途上的一个里程碑，是我军自建军以来，经过三次革命战争后遇到的新课题，它意味着中国革命战争已跨入一个新阶段。打下了石家庄，只是上了第一课，而更大的课题，更艰苦的实践还在后面。

11月19日 在河间县致函鲁南军区副司令员郭化若，指出：我们战胜美蒋，主要靠发动和组织本阶级的力量。你们要注意发展民兵武装。大战小战中缴获的武器都要归公，要用武器把民兵武装起来。你对民兵工作是有经验的，今后仍须注意这一工作。华北地区及东北是巩固的，将来可派大批干部给你们，除此以外，你们应当自力更生去发展。

△ 离开黑马张庄前往饶阳县南善仁村。

11月21日—24日 在南善仁村听取华东军区副司令员张云逸汇报部队建设、作战和军事工业情况。

11月25日 在南善仁村对冀中军区和行署干部讲话：我们南线已经打出去了，我们这里也打下了石家庄。不要小看打下石家庄的意义，打下了这样的大城市，美蒋都害怕了。全国性的革命高潮已经到来。敌人已经不能进攻，只能单纯防御，现在到处退却。经济建设是基础，我们打仗、土改都是为了生产建设。战争是暂时的，生产是长久的。土改完成后，不论党务工作、政权工作、群众团体工作，都要注意发展生产建设。

11月26日 对冀中财政经济干部讲话，指出：以后要拼命节约，个人、机关、社会上都不应浪费，吃得饱、穿得暖就可以了。要以农业为重，因为你们这里一千万人中，九百九十万是种地的。土改后要给农村贷款，分轻重缓急，不要平均每个县贷多少，由银行直接贷给农村。合作事业要大力发展，成为半公半私的经济组织，公家商店应扶持合作社。要打通解放区的交通联系，开展船运，大车拉脚。公营贸易事业要大大发展。搞专营商店或严格划分各种不同性质和类型的商店，是不适合农村的复杂情况的。银行的作用要大大加强。冀中的经济部门包括工商局、银行、商店等，都要建立监督制度，要教育人们不贪污，不浪费，不造假账，不作假报告。在这次讲话之前，对冀中各经济部门负责人多次谈话，其中说道：国营工厂要扩大和发展，对私人工业也要扶持。许多工厂管不好的原因，一是不会管，二是工资高。你们的工人运动走错了路，只知道发动工人改善生活，而不知道教育他们好好生产。工资过高，对发展生产是自杀政策。要学习技术，降低成本，提高劳动生产率。这些谈话的部分内容以《对冀中经济工作的意见》为题编入《朱德选集》。

11月27日 夜十一时四十五分，抵达晋县北侯城村。

11月28日—12月1日 在北侯城村听取杨得志和攻打石家庄的部分连、排干部以及战士的汇报，和他们一起总结攻打石家庄的经验教训。主要经验是：（一）战前准备充分，布置周密。（二）连队在作战前进行了支部动员，分组分工。（三）战士和下级干部都很勇敢，并很好地运用了各种战术，炮兵和爆破协同打开突破口后，步兵能迅速巩固突破口并往两边扩大。（四）善于利用政治瓦解。（五）在石家庄有四百多名地下党员作内应。存在的问题主要是：（一）战斗未结束即拥挤争缴获，以致有许多不必要的伤亡。（二）打扫战场差。（三）卫戍无经验，以致市面乱了十天。（四）个别干部不善于指挥巷战。（五）个别队伍作战差。

11月 为歌颂全国各战场人民解放军的胜利和解放区的大好形势，作《感事八首用杜甫〈秋兴〉诗韵》，八首诗是：《冀中战况》、《贺晋察冀军区歼蒋第三军》、《新农村》、《十月战景》、《攻克石门》、《战局时局》、《寄南征诸将》和《寄东北诸将》。其中《战局时局》的诗句是：

兴安岭下楚江头，万里烽烟接素秋。
灭敌原因分地遍，兴师只为解民愁。
法西当道如豺虎，民主高潮胜美欧。
四万万人争解放，铲除封建建神州。

12月1日 在北侯城村晋察冀野战军干部会议上讲话，总结了打下石家庄的意义和经验教训：我们打下了石家庄，敌人动摇了防守大城市的信心。保定、北平的敌人怕得很厉害。我们自己却更有了打大城市的信心。这次胜利，最大的收获是我们提高了战术,学会了打大城市。这是军事上政治上的意义。经济上的意义也是很大的,可以把晋冀鲁豫和晋察冀两大解放区联成一片,发展交通、工业、商业,发展生产、支援战争。这次仅用一周时间就打下石家庄,有四点经验教训:(一)我们有充分准备。打石家庄准备了一年,对敌情作了详细的调查,情况了解得比较清楚。我们准备的兵力很充足,相当于敌人的四倍,既准备攻坚,又准备打援,甚至准备以打援为主。我们的物资条件准备得也很充分,有充足的攻城器械,准备的炸药和炸弹都没有用完。(二)这次动员工作做得很好。对军队、民兵、爆炸英雄、老百姓都作了动员,发动广大群众起来打石家庄。战前,多数连队开支部会动员,宣布三大纪律八项注意。(三)讲究战术,战士们做到了"勇敢加技术"。冲锋前,在冲击出发位置上挖了工事,缩短了冲锋距离,减少了伤亡;炸药使用得很好,很普遍。好多连队会用炸药炸开突破口和开辟通道,打手榴弹的技术也很重要;炮兵起了很大作用;这次采用了集中几十门炮打一个突破口的办法,学会了炮、炸、步协同;学会了集中火力突破一点,随即向两边扩张的战术;巷战打得很艺术,除充分使用手榴弹、炸药及冲锋枪外,并会挖墙壁前进。作战经验像一篓子钱,是散的,战术就是钱串子,可以把那些钱都串起来,用的时候,要用哪个,就拿哪个。(四)善于利用俘虏。有一个连的同志,缴获了敌人一辆坦克,马上把俘虏争取过来,利用坦克里的炮和炮手打敌人的阵地。这次石家庄胜利来得很快,并不是偶然的,不要骄傲。你们要把这些经验好好收集起来,加以整理、学习和发展。这次战役开展了立功运动,发动了群众,对取得胜利起了很好的作用。但争功就要不得。人家的功,你争来有什么用?功是谁的?是战士和工人、农民的。领导人不经过他们,就一点功也没有。中国的工人、农民在革命战争中流了许多血，世界上晓得中国的工人、农民英勇，但不晓得他们那样多名字，那样多详细的事迹，有时就记住了他们的领导人，就以领导人来代表中国的工人、农民。比如我是总司令，有时把我当做他们的代表，把他们的功挂在我的名字上，如果我因此就夸功，那岂不可笑！不经过工农群众，哪里来的功！这篇讲话的部分内容以《打下石家庄的意义和经验教训》为题编入《朱德选集》。

12月4日 夜，到达石家庄。

12月5日 视察石家庄炼焦厂、大兴纱厂，并听取石家庄市负责人的汇报。当晚，回到西柏坡。

12月6日 刘少奇电告中共中央：朱德、陈毅已到中央工委，彭真、聂荣臻两日内亦可由石家庄来工委。

12月10日 致函中共中央、毛泽东，报告到晋察冀野战军、冀中，再由石家庄回工委的经过及所见，肯定晋察冀野战军在大清河北战役、清风店战役、石家庄战役中，学会了打运动战、防御战、攻坚战。此次在攻打石家庄过程中，发扬了军事民主，发动了士兵群众，上下一致，群策群力，人自为战，因而胜利地完成了任务。又说：在河间及石家庄听取当地负责人的汇报，感到工人工资待遇过高，做出来的产品质量不高，成本却高。已当面向工会负责人说明，只顾自己改良生活，不顾战争，不顾大家，这样会使公私工厂大部关门，工人失业。实际上是一种"自杀政策"，这种做法，现已纠正。毛泽东见信后，对朱德提出的军事民主和职工待遇问题十分重视，于一九四八年一月三十一日将此信转发给各中央局、野战军。毛泽东在批转信中说："朱总司令亥灰信中提出了两个重要问题。第一个问题，是用民主讨论方式，发动士兵群众，在作战前、作战中、作战后，讨论如何攻克敌阵，歼灭敌人，完成战斗任务。

特别是在作战中，放手发动连队支部、班排小组，反复讨论任何攻克敌阵，收效极大。陕北将此种情形叫做军事民主，而将诉苦运动、三查三整，叫政治民主与经济民主。这些军队中的民主生活，有益无害，一切部队均应实行。第二个问题，是工厂中商店中工人、店员、职工的生活条件，不可过高。我党工商业政策的任务，是发展生产，繁荣经济，公私兼顾，劳资两利。""决不可只看见眼前的片面的所谓劳动者福利，而忘记了工人阶级的远大利益。此事，中央早已发了指示，但在许多地方未能引起注意"，"各地中央局以下各级党委，必须以严正态度对待此项问题，立即改正党内在此项问题上存在着的错误思想与错误政策。"中共中央军委也发出指示，要求全军广泛开展以政治民主、经济民主、军事民主为中心的民主运动。这封信以《给党中央和毛泽东同志的一封信》为题编入《朱德选集》。

△ 出席中共中央工委会议，听取聂荣臻、彭真、赵振声等汇报晋察冀中央局召开的扩大会议（即四分区干部会）、土地会议、政工会议（实际是部队的整党会议）的情况汇报。发言指出：这次土改能搞得好，因为群众有准备，有信心。我们要准备明年的生产组织和生产贷款，以便使农民在土改中得到的胜利果实用到生产上。工业、手工业要配合农业的发展，农业必须有工业的援助，否则农民的经济活跃不起来。如果只搞好土改，只是农业上了轨道，而其他未上轨道，农业也就不能发展。我看到许多农民除经营农业外，一年中有半年无事可做，必须组织起来发展副业，那就富裕了。生产发展了，农民富裕了，这是支援战争的雄厚的物资基础，也是今后经济发展的雄厚的物资基础。

12月19日 冀中财经办事处印发朱德在冀中三次召集各经济部门负责人的谈话纪要，主要内容有：（一）关于长期打算发展经济问题。发展经济要动员广大群众自己起来干，光靠公家是不成的。土改之后你们要选拔一批最好的干部去搞经济工作，要把经济工作、生产建设，造成像土改一样的热闹。（二）关于发展工业与工人运动。土改后，首先要发展农业。粮食、棉花、牲畜、水利、农村副业等，都要很好发展。公营工厂要扩大要发展。（三）关于发展合作社问题。合作社是下边的根，国家商店是头。合作社不要搞大的，大的就不成为合作社了。国家商店应扶持合作社，合作社可与公营商店发生信用关系。（四）关于交通问题。要打通解放区的交通联系，大量开展船运，大量购置大车。我们要从建立革命家务上着眼。（五）关于商店工作问题。公营贸易商业要大发展起来。我们设贸易机关是为人民服务，不是与民争利。（六）关于银行工作问题。银行要很好地经营存贷款业务，从吸收的存款中发放生产贷款。（七）关于设立监委制度。经济部门要确立政治委员制度。

12月20日—翌年1月12日 经中共中央同意，中共中央工委在西柏坡召开华北各解放区军工会议、交通会议。十二月二十一日，朱德在会上讲话：军工生产对我们结束战争的快慢有重要意义，要加强军工生产。我们现在主要靠的不是自己的军工生产，而是靠缴获，这是不得已而为之的办法。现代的战争要用武器来杀伤敌人，在我们的战术来说，白刃战很重要，这是不得已的。一般的来说，还是武器杀伤敌人为最好，所以兵工生产就是在后方出汗打倒蒋介石。兵工是不是军队？是很好的军队，是在后方打蒋介石的一种队伍。这就是军火工业的伟大作用。我们是以战争来结束战争。怎样才能提早结束战争呢？要多增加手榴弹、炮弹、炸药，这是重要条件之一。我们的近战战术要靠手榴弹。打近仗别的东西都不起作用，只有手榴弹起作用。手榴弹再加上炮、炸药，那就无坚不摧。军工生产要有规律地进行，上了轨道，也会对我们整个工业走上轨道产生影响。又指出：要搞好交通运输。有铁路更好，没有铁路建公路，没有公路搞水路，要把水路、陆路搞好，把我们需要的物资运进来，把军工产品很快地运到前线去。

12月22日 在石家庄工商业代表会议上讲话：蒋介石快要被打倒了，以后永远是我们的天下。政策的中心是发展生产，要学会建设新民主主义社会。我们要首先依靠自己的力量，自力更生，任何困难都是可以克服的。我们的国营经济领导私营工商业和合作社。我们的一贯政策是保护私营工商业，并鼓励他们的发展，因为这对人民有好处。但私营工商业不能对工人剥削过重，要实行劳资两利。

12月25日 中共中央工委致电中央军委参谋部，报告军工会议情况：会议已进行五天，根据刘少奇、朱德的报告讨论了军工的建设方针。工厂以分散在山地为原则，不搞工业中心。产品集中解决弹药和炸药，除生产一些有效用的各种迫击炮外，武器主要靠缴获。

12月31日 中共中央工委发出关于阶级分析问题的指示，对在土改中出现的许多尚未充分发动群众地区，及已发动群众的地区存在左倾错误等问题，提出批评。同时，指出这些错误"如不及时防止和纠正，将妨碍土改之进行，并使将来难于纠正。"

是年 起草《关于兵员补充的指示》：（一）解放区经几次动员补充后，壮丁已感缺乏，前线野战军，因战斗频繁，经常要求补充满员，以便连续战斗。（二）目前及今后兵员最大来源是靠俘虏来补充。（三）今后无论前方及后方对补充兵员应当极端重视。组织补充兵团，设新兵训练处专司其责。文章还公布了新兵训练管理处兼动员武装部及遣俘机关的职责。

1948 年　六十二岁

1月2日　在华北各解放区军工会议上讲话：我们一切工业要搞起来，从运输业到手工业、纺织、轻工业、重工业，凡属能办的，我们在今年要大大地发展一下。工厂管理是个很大的问题。过去我们实行军事供给制，是靠政治吃饭，而不是靠经济吃饭。现在要发展生产，不变不行了。工厂管理要实行企业化，管理要严格。工会要替工人说话，要大公无私地为工人办事。要努力提高技术，提高质量，搞统一的标准化，增加军工产品，以适应战争需要。军事工业还要帮助民间工业的发展，工业地区对于农村经济有很大的责任，要跟农民搞好关系。

1月5日　与刘少奇、董必武致电中共中央："三交机关[1]搬到平山与工委会合甚好。陕北中央机关是否亦搬来，搬到平山后，是否作较长期打算，请即示复，以便作各种准备。"

1月7日　中共中央工委作出关于军工会议几个问题的结论，指出：我们的军工生产方针，是为争取革命战争的胜利而服务。我们的军工建设方针，是以自力更生为主，但不忽视可能争取的外援。照顾目前需要，实事求是，又必须作长期打算。扩大兵工生产，组织民用工业，补助国民经济。

1月8日　就军工生产和运输线问题，致函晋绥军区司令员贺龙、政治委员李井泉：此次华北各解放区军工会议开得

---

〔1〕　三交机关，即中共中央后委机关。

好,有成绩。太行和晋察冀地区的军工厂向企业化道路前进,实行经济核算制度工资制度比较好。希望晋绥军区的军工厂也逐步企业化。又指出:炸药、炮弹、手榴弹成为决定战争胜利的重要因素。晋绥军区因经济困难与原料不足,不能大量生产,仍希望多生产一些炸药。组织运输线对供给弹药是十分重要的,"望秋夏季在交通线上设粮草站,以便由各地转运弹药及其他物资帮助你们"。

1月11日 复信冀中军区司令员孙毅:今后你们南面无战事,可一意向北。要注意战术技术:(一)围点打援,小部队亦可利用;(二)发挥你区坑道战术的特长;(三)大量生产炸药,使部队能充分使用;(四)手榴弹为近战巷战之重要武器,要多生产,质量要好;(五)各种炮为平地便于运动的武器,可多采用,游击队也可配备炮。同时指出:"此次作战,敌以主力来援保定,我主力当以慎重对之。""我军当不以速决为是。因此,敌集中了主力,必放弃许多地方,凡有可乘之机,你处当乘之,决不可错过。"东北正积极利用冬季寒天,寻求敌人作战。"你们也要鼓励士气,在寒天与敌人作战,是有利的。敌人多是南方人,有不耐寒的缺点。"关于军工生产,指出:解决河北的各大城市,及肃清一切碉堡,必须造大量炸药、炮弹、手榴弹,使我军以武器战胜敌人,造成有攻必克之气概。如财政不足,可省衣节食,如原料不足,可发动广大群众。这里军工会议、交通会议,均开得好。过去兵工成绩很好,各种炮弹均能制造。"今年是战争胜利之年,各种工作亦是胜利之年,望大家努力。"

1月13日—22日 分别听取中共河北省井陉县委、获鹿县委、平山县委、建屏县委、冀南三地委和华北军区政治部联络部负责人的汇报。

1月27日 在中共中央工委召开的敌军工作会议上讲话。指出：要搞通思想，敌军工作的任务就是瓦解敌人，就是斗智的工作。对俘虏争取改变他们的思路，争取他们站到人民方面来做事，做共产党员也是可能的，当然是少数，但也有。瓦解敌人和争取使用，两者缺一不可。除打胜仗外，对敌军要用智取，采用"不战而屈，攻心为上"的策略，蒋介石就垮得快。还要考虑给他们出路，到全国胜利后安置这些人的问题，是下一步更重要的工作。

1月31日 出席中共中央工委会议。在讨论工厂、铁路的管理问题时说：国营工厂的领导和工人双方要合作，工人一定要和生产相结合。这样，矛盾就容易解决。要注意节约。企业化管理可以大大节约。

2月2日 出席中共中央工委会议。会议讨论了财经问题。决定：石家庄之统一管辖问题，由董必武以中央特派员名义统一之。

2月14日 与刘少奇向晋察冀野战军发出关于新的作战方针的指示，要求他们"仍应照预订计划按军委前次电示，向平绥冀东方向行动"，"你们在战略上应该是大胆地无所畏惧地进行机动。"强调要："克服各种不愿长途行军，不愿急行军，不愿爬山吃苦等思想，并须改变某些不适宜于大踏步进退的组织形式和习惯。现天气已暖，笨重行李必须丢掉，紧缩的宿营必须学会。如此你们才能在大的战略范围内适时地去打击敌人的弱点，调动敌人，在运动中歼灭敌人，并各个孤立敌人，打通我之战略联系，然后各个歼灭据点之敌，以取得最后的胜利。"

2月19日 中共中央工委致电中共东北中央局等并报中共中央，介绍管理石家庄的经验说：（一）"这次进攻石家庄以前及攻入城市过程中，即训令部队及民兵的干部，注意保护机器物资及一切建筑物,不准破坏,不准自由抓取物资。"(二)"我们曾向派入石家庄工作的干部和警卫部队宣布:石家庄不会再被蒋介石占去,石家庄是人民的石家庄,我们工作应作长期打算,方针是建设,而不是破坏,一切的石家庄工作的干部和士兵,不准私人拿取一点东西,不准制新衣,不准大吃大喝,必须保持纯洁和艰苦作风。"除政府及公安局得依法逮捕与没收财产外,禁止任何团体和个人没收财产及逮捕殴打任何人。对国民党的残余势力也要有足够的重视。二十五日,中共中央发出《关于注意总结城市工作经验的指示》,要求全党注意中央工委所总结的初期管理石家庄的方针和方法为基本方针和方法。

2月21日 中共中央致电各中央局、各军区、各野战军前委及中央工委、中央后委,征求对中国人民解放军军旗、军徽和臂章的意见。

2月27日 复函孙毅,指出:冀中"如能做到产炸药一千万斤,则今年平绥、平汉、平津各据点、各城市均能拿下,望就此努力,随时报告我。硝可外消(销)山东、太行各区域,成本不宜超过五斤粮或能更低成本,更为适宜,公家才能多办,望你注意。如我有便,当随时来你处调查,我是很愿意的。太行及晋察冀两中央局均来此开会,合并以后事更好办了。"

2月 赋诗《贺董老〔1〕六三大寿并步原韵》:

    人生幸福寿为先,况遇新春胜利年。
    革命高潮连海外,民军蜂起接滇边。
    农民得地耕耘乐,战士立功远近传。
    且有操舟神舵手,能团大众去撑天。

---

〔1〕 董老,即董必武。

3月2日—5日 出席中共中央工委会议。会议由陈毅传达中共中央一九四七年十二月下旬在陕北米脂县杨家沟召开的扩大会议精神，与会者就形势、军事、土改、纠正"左"的错误等问题展开广泛讨论。

3月5日 与刘少奇致电中央军委：杨得志、罗瑞卿、杨成武要求军委将绥远地区划归他们机动范围。因傅作义主力现集中平、津、保及张家口地区，绥远后方极为空虚，每当发现我军主力所在方向，即集中三四个军的兵力和我周旋，常形成顶牛形势，于我不利，而其绥远后方极为空虚。因此他们拟在适当时机，以两个或三个纵队向大同、丰镇、集宁及归绥方向行动，打击傅作义后方，破坏平绥路西段，调动分散敌人，以便求得战机歼灭敌人。他们这一要求，我们已同意，请军委批准并通知晋绥军区。

△ 中共中央工委发出关于召开全国各解放区工人代表大会的通知：全国各解放区工人代表大会将在哈尔滨举行，准备成立解放区统一的工会联合会，并选派参加世界工会联合会第二届代表大会的代表。此次大会将确定各地区工作方针、工作部属、干部配备，并以此为起点开始重视职工运动。将来解放区工联将进一步团结蒋管区进步工会代表，走向成立全国统一的工会组织，而形成中国共产党领导的统一的工会运动。

3月6日 出席中共中央工委会议，讨论《中共中央关于土地改革中各社会阶级的划分及其待遇的规定（草案）》，提出修改意见。

△ 中共中央致电中央工委，指示：合并两个中央局，成立北方局，有利无害。时机亦已成熟，拖下去无必要。我们意见即以中工委为中心合并两个中央局成为北方局，以刘少奇兼

任北方局第一书记,薄一波为第二书记,聂荣臻为第三书记。两区的军政两项机构,暂时不合并。但将财经逐步集中于华北财经办事处。华北财办实际上管两区财经同时,在政策方面领导华东、西北两区的财经。经过几个月,待党务及财经两方面工作在统一之后有了头绪,再将军事机构合并。待开全区人民代表大会,选出华北人民民主政府,再将两区政府合并。

3月7日 中共中央致电中央工委,指示:"华北局成立后,大党报应如延安《解放日报》那样,是同时代表中央和华北局的报纸,由中央负责,集中新华社、《人民日报》、《晋察冀日报》在一起,有充分条件办一个较好的报纸,其名称似宜恢复《解放日报》。大党校、大军校亦是同时担负为华北、又为全国训练干部的责任,但中央现在尚无充分把握担负供给经费和管理事务的能力,似由中央会同华北局规定方针及计划交华北局办理为适宜。以上意见请交会议讨论。"

3月9日 中共中央工委致电中共中央,汇报和请示晋察冀与晋冀鲁豫两个中央局合并问题及华北金融贸易问题。电报说:和各同志商量的结果,认为合并党务财经机构,而不合并军政两项机构,势不可能,因主要机构均需迁至石家庄附近,才便利工作,如不合并,工作人员不安心。我们意见,两个军区司令部、政治部亦一道合并,暂由朱德主持。两区政府亦合并办公,但仍各保持独立领导,指定党团负责人,由董必武主持。关于华北金融贸易问题,拟以冀南银行为基础,合并晋察冀银行,成立华北银行,发行华北银行新钞,统一两区货币;并拟在第二步即以华北银行新钞统一西北货币,再下一步即以华北银行统一渤海与山东的货币。如此才能使天津和胶东、渤海等海口与华北、西北内地联系,才能统一组织对外贸易,使货畅其流,否则无法与国民党作经济斗争,而内部的经济斗争则无穷尽。中共中央于十日复电同意中央工委"所述党、政、军、财一律统一的方针"。

3月10日 中共中央决定东渡黄河、转移华北。毛泽东致电刘少奇:"我们拟于寅号(二十日)动身东移,约于卯删(四月十五日)左右可到达你处,届时拟约粟裕一商行动计划[1]。"

3月12日 出席中共中央工委会议,讨论《中共中央关于土地改革中各社会阶级的划分及其待遇的规定(草案)》。

3月14日 出席中共中央工委会议,听取华东军区政治委员、中共中央华东局书记饶漱石汇报华东局工作。朱德在会上发言说:产生"左"的错误的根源之一是阶级分析的错误。中国社会有若干过渡阶层,对这些阶层分析不清就会发生偏差,在执行政策中就会发生"左"的或右的错误。执行政策要联系到各个方面,在进行自己所担负的工作的同时,要照顾到别方面的工作,如搞土改的,要照顾到工商业,照顾到工人,照顾到军事。这样,就可能少犯错误。在谈到军事问题时说:跳跃式的发展将减少,衔接式的发展将增加。已出发到外线作战的第一线部队会有若干损失,现在的第二线应加紧训练,打掉内线敌人占据之点。内线之点不能希望外线部队回来攻坚,第二线部队要攻下内线之点后再出发到外线。现在军火武器的供给主要在前线,但后方的供应也应逐步增加。应设立兵站补给线,建立兵站制度,不要单纯靠民兵、民夫支援前线。还要重视兵源问题,要成立新兵训练处,建立军事补训制度。会议一致决定晋冀鲁豫与晋察冀两中央局合并,成立中共华北中央局。

3月15日 继续听取饶漱石关于山东的军事、政治、土改和工商业等情况汇报。

---

[1] 拟议中的粟裕率华东野战军第一、第四、第六纵队渡江计划。

3月17日 出席中共中央工委会议，分别听取聂荣臻关于晋察冀军区军事情况的汇报和晋冀鲁豫军区副政治委员薄一波关于练兵、土改等情况的汇报。

3月20日 出席中共中央工委会议，听取晋察冀财经办事处主任黄敬关于冀中贸易、税收、公粮征收等情况的汇报。

3月22日 出席中共中央工委会议，听取中共晋冀鲁豫中央局委员滕代远关于土改情况的汇报。

3月25日 复函孙毅，指示："火硝仍要加紧收集，配合平绥线主力作战。你们的活动是牵制性的，也容易收到效果。估计平绥我军愈胜利，平原地区的兵力大部会调去，在此时期你们能有计划地打通一二次的冀东交通，接人接物，送人送物，是一重要任务。你们能否完成，请计划后见告。"

3月27日 出席中共中央工委会议，讨论任何支援南下、调配各地部队、管理后方，以及各地的整党、土改等工作。

3月31日 听取中共石家庄市委负责人关于该市财政经济工作情况的汇报。

3月 在财经工作会议上讲话："我们的政策是打倒四大家族，对中小工商业者实行争取的方针。""工商业要保护是我们一贯的政策，但保护总不够，一保护就怕人说是'右倾'，是'保护资本家、地主、富农'。就是这一怕吃了亏，使社会财富破坏不少，造成无政府状态。"强调：进城应该有秩序，一切都不破坏。旧的经济机关如工厂、商店、作坊都应该保存，不能把城市变成农村。

4月2日 出席在石家庄召开的财经会议并讲话，指出：解放区的经济办法很多，正在走向建设统一的道路，我们的工商业政策与城市政策都有利于国家企业的发展。我们要把农业国变成工业国。

4月12日 鉴于临汾战役是晋冀鲁豫军区初次进行较大城市的攻坚战，与刘少奇致电晋冀鲁豫军区第一副司令员徐向前、第一副政治委员薄一波、第二副司令员滕代远："建议攻临汾采用攻石家庄的经验，炮炸协同，击开突破口。其用法以多量重迫击炮（十五公分及十二公分），并用八二重弹，再加以榴弹炮及野炮，集中打一点；并挖好坑道，用一千公斤至五千公斤黄色炸药，埋好后，协同炮击，必能奏效。大量炸药炸后，城墙及外壕均破裂填满，守兵被猛炸后，十数分钟内，均聋哑不能行动。趁此时，以步兵冲进，再以多量手榴弹及少量炸药，可占稳突破口，再向两面发展。但是必须充分准备炸药五万到十万斤，炮弹需有五万到十万发，请薄、滕令兵工厂加工赶制，以达攻占临汾任务。"

△ 毛泽东率党中央机关到达河北阜平县西下关村。晚间开会商定：周恩来、任弼时、陆定一率机关到西柏坡与中共中央工委、后委会合，毛泽东暂住晋察冀军区所在地阜平县城南庄。

4月19日 复董必武信，指出在炸药有限的情况下，"东北给东南兵工方面以TNT为最重要，已去电要先给五吨，这是很不够的，请去人设法多运山东，统一分配。首先是做山野炮及榴弹炮弹，其次是做迫击重炮弹，及一般炮弹用。"

4月21日 西北野战军收复延安。

4月23日 与刘少奇、董必武迎接周恩来、任弼时率中共中央机关部分工作人员先期到达西柏坡村。中共中央机关与中央工委在河北省平山县西柏坡村会合。

4月24日 接到冀中军区领导关于部队同敌骑兵作战经验不足，在战斗中遭受一些损失的报告后，致函孙毅，对打敌骑兵的战术作具体指示：对骑兵的战术，用民兵守据点、坑道口，作单个打冷枪或架好机枪在坑道口突然袭击之。守据点，敌骑不能久攻，即可打退。用步兵追骑兵不可用，亦不可能，只能打埋伏，突然以火力袭之。请你们按实际情况对付之。敌骑是骚扰性质，应家家打枪，即不敢来。民兵因土改后未重新更好地组织起来，可速组织，不可无人负责。敌此次得了便宜当复来，请速布置为要。熬硝关系重大，请罗玉川[1]同志每月督促进行，向我处报告。

4月25日　致函董必武，指出：现在兵工、兵站更加重要了，请你在大会上再重复说通开会同志的思想，用很大力量来维持已有的兵工，再尽可能地加工制造，以便早点胜利。兵站是大支前时代取消了的，大支前已不可能，劳民伤财，各地大叫起来，已不能支持，前方又须要接济，只有恢复兵站，掌握汽车与部分交通用的胶皮轮子大车，代替大批支前的民夫。如不够，再由兵站雇一部分民夫转运。再不够时或特别需要时，再动员一批民役。这是长期作战所需，将来结果也一定是如是。但是，民役出得少，民负担公粮必加重一些。如此办法，比较合理适用。如你同意，请各区注意。

　　△　毛泽东从城南庄致电刘少奇、朱德、周恩来、任弼时，通知关于即将召开的中央会议准备讨论的问题：（一）邀请港、沪、平、津等地各中间党派及民众团体的代表人物到解放区，商讨关于召开人民代表大会并成立临时中央政府问题。（二）关于在今年冬季召开二中全会的问题。（三）关于酌量减轻人民负担，大力发展农业生产和工业生产问题。（四）关于消灭某些无政府状态和酌量缩小地方权力的问题。（五）关于区、乡、村人民代表会议组织大纲草案。（六）陈、粟兵团的行动问题及其他问题。以上各问题请他们先作大概的讨论，然

---

〔1〕　罗玉川，时任冀中行政公署主任兼冀中军区后勤司令。

后再到城南庄商定。

4月29日 对赴哈尔滨出席第六次全国劳动大会的代表们讲话，要求他们和各地代表共同把会议开好，提高工人阶级的觉悟，发动工人搞好生产，特别是军工生产。强调指出：发展生产，既是为了战争的胜利，也建设了国家的轻、重工业。"东北与华北有很充分的物资条件，过去我们提出建立家务，现在已经不够，而是建立国家了。"工人阶级要有建设国家的信心，大家都要全心全意为国家打算，管好这个"家"。

4月30日—5月7日 出席中共中央书记处扩大会议（即城南庄会议），会议通过中共中央庆祝五一节口号，提出："各民主党派、各人民团体、各社会贤达迅速召开政治协商会议，讨论并实现召集人民代表大会，成立民主联合政府。"口号于四月三十日颁布。会议讨论三项议题：（一）把战争引向国民党地区；（二）发展生产，减轻人民负担；（三）反对无政府无纪律状态，适当缩小地方权力。毛泽东在会上发出了"军队向前进，生产长一寸，加强纪律性，革命无不胜"的号召。会议听取了华东野战军副司令员粟裕汇报，决定采纳粟裕等人的建议，即华东野战军第一、第四、第六纵队暂不向江南出动，集中主力在中原黄淮地区大量歼敌，尽可能多地把国民党的主力消灭在长江以北。会议还研究了在华北、中原解放区建立统一组织建制，将晋察冀与晋冀鲁豫两解放区合并为华北解放区，两中央局合并为华北中央局，两军区合并为华北军区，两边区政府合并为华北联合行政委员会。会后，刘少奇、朱德、周恩来、任弼时先后返回西柏坡。

5月5日 听取晋冀鲁豫边区人民政府副主席薄一波在中央书记处扩大会议上汇报有关粮食和军费问题。

5月9日 中共中央、中央军委发出《关于改变华北、中原解放区的组织、管辖境地及人选的决定》：（一）晋冀鲁豫及晋察冀两解放区合并为华北解放区；（二）晋冀鲁豫及晋察冀两个中央局合并为华北中央局，以刘少奇兼华北中央局第一书记，薄一波为第二书记，聂荣臻为第三书记。（三）晋冀鲁豫及晋察冀两军区合并为华北军区。以聂荣臻为司令员，薄一波为政委，徐向前为第一副司令员，滕代远为第二副司令员，萧克为第三副司令员。（四）晋冀鲁豫及晋察冀两边区政府在华北人民代表会议未召开前暂成立华北联合行政委员会（一九四八年八月改称华北人民政府），以董必武任主席，黄敬、杨秀峰为副主席。（五）华北局成立后，中央委托华北局办理大党校、大军校、大党报及华北大学统一北方、联合两大学，并以刘澜涛为党校校长，叶剑英兼军校校长及政委。又决定将除华中解放区现辖地外的陇海路以南长江以北直至川陕边区均属中原解放区。（六）中原中央局以邓小平为第一书记，陈毅为第二、邓子恢为第三书记。（七）刘伯承为中原军区及中原野战军司令员，邓小平为政委，陈毅为军区及野战军第一副司令员，李先念为军区及野战军第二副司令员。陈毅仍兼华东野战军司令员及政委，粟裕为副司令员，宋任穷为副政委。（八）中央已与中央工委会合，中央工委即行撤销。

5月10日 晚，在华东野战军司令员兼政治委员陈毅、副司令员粟裕陪同下，代表中共中央、中央军委赴濮阳（今河南省濮阳市）对华东野战军进行慰问，并对工作进行指导。

5月11日 在去濮阳途中，就徐向前指挥晋冀鲁豫部队攻打临汾问题，致函华北军区政治委员薄一波、副司令员滕代远："我很顾虑你们怕伤亡，又打不开，不如不打，那就前功尽弃，敌人守城更有信心，我们攻坚的信心又会失掉，部队也学不会攻坚。如此损失更大，又毫无代价。请你们考虑，如向前有决心，应支持他一切，如炮弹、炸药、手榴弹之类，源源供给向前，撑他的腰。我在军委动身时已告剑英，打临汾决不可自动放弃，更不可由后方下命令叫他放弃。""我意临汾在敌人无增援的条件下，一定可能打开；又在敌人增援不多而我又能打援队，而援队被消灭或打退之后，也一定可打下临汾城，不过是时间早迟而已，决不是城中守兵能长期维持打不下去的。"我建议你们商派炮兵指挥官去帮徐（向前），并派一部分炮去。请你们再给向前三个月的时间打下临汾，或更长期的时间，他是有信心的，一定打下。信中还介绍了元氏战例，说：赴濮阳途中，在元氏县车站休息时，观看地方部队用炸药炸开该县城墙的遗迹，了解使用炸药炸开缺口的办法，即用棺材装二千五百斤炸药炸一个缺口，几个缺口同时爆炸，威力很大。如此威力任何城也能炸破，在炸之先当然是肃清了外围敌人。请你们再检阅攻元氏战例，鼓励攻临汾战士，以大力支持他们，一定能打下。

5月12日 抵达濮阳城东的华野司令部所在地——孙王庄。

5月13日 在华东野战军第一兵团直属队欢迎会上讲话：我们的任务是消灭蒋介石，消灭封建势力，消灭官僚资本，使中国人民获得彻底解放。为了完成这个任务，中央经过反复讨论，已制定了各种政策，我们全体党员、解放军全体指战员都要很好地去执行。我们不但要拿枪去消灭敌人，也要用政策去消灭敌人，使敌人很快地瓦解和投降。要保证政策的执行，就要有良好的纪律。纪律是我们的命脉，纪律遵守得好，胜利可以更快地到来。要实行民主集中制。只讲民主没有领导就是尾巴主义与无政府主义；另一方面，要反对军阀命令主义。要有坚强的整体观念，要有全局观念，过去那些山头主义、游击习气、本位主义、军阀主义倾向都要去掉。

△ 听取华东野战军第一兵团第一纵队司令员兼政治委员叶飞关于军事情况的汇报。

　　5月14日　晚，华东野战军第一兵团召开团以上干部会欢迎朱德。陈毅在欢迎会上作《向朱总司令学习》的演说，介绍朱德的生平及功绩，号召大家从六个方面学习朱德的崇高品德：（一）对人民事业，对党的无限忠心。（二）对党的路线坚定不移。（三）政治远见与实际精神相结合的乐观主义。（四）对敌人坚决斗争，对自己人团结、宽大。（五）生活非常朴素；（六）精通革命军事学，熟悉各种战法，不断地有创造。接着，朱德在会上就部队建设和作战问题作报告，着重讲了政策与纪律和军队建设问题。说："中央最近公布了许多政策与纪律的文件，大家要好好研究，认真执行。"现在人多队伍大，特别要强调集中统一。部队要既会打仗，又会执行政策，对违反政策和纪律的现象必须认真追究，政策和纪律才可以执行得好，我们才能胜利。要加强部队的政治建设和军事建设。"军事工作与政治工作是部队建设的两个重要方面，只能都搞好，不能只搞好一个"。"我们部队能打仗，就是靠党的力量，政治的力量"。我们要提倡革命英雄主义，反对个人英雄主义。在军事建设上，首先要求大家都要学习战术，既要系统地总结自己的战术，也要研究敌人的战术，特别是变化了的战术，也要研究敌人武器的变化。对不同敌人要有不同的打法，打小敌、弱敌，可以用比较简单而直接的办法；打大敌、强敌，必须定出系统的斗争方针。对于敌人的主力部队要采取"钓大鱼"的办法，必须懂得摆布它，懂得用迂回曲折的办法，把它拖疲劳了再歼灭它。另外，看什么天候打什么仗，在什么条件下打什么仗，对什么敌人打什么仗等等，也都是重要的战术原则，都要很好研究。希望大家懂得学习战术的重要，要虚心学习。朱德的讲话以《目前形势和军队建设问题》为题编入《朱德选集》。

△ 听取华东野战军第一兵团第六纵队司令员王必成关于军事情况的汇报。

5月15日 在华东野战军第一兵团连、排、班及士兵代表会议上讲话：我们的战士和连、排长都认识到人民解放军是他们自己的军队，是人民的军队。有了这种认识，就必然产生强大的力量，这就是我们可以打倒蒋介石，使全体人民得到解放，建设新中国的一个很好的保证。我们的部队要打胜仗，就要一面打仗一面学治天下，打开一个地方，就要管好一个地方，认真执行党的政策。要把连队建设好，在连队建设问题上：首先，要加强党的领导，连队工作要靠党支部起核心作用；其次，以政治工作、党的工作保证军事工作，要努力自觉地学习军事战术技术；另外，要加强团结，要反对地域观念。连队的三大任务：一是打仗；二是做群众工作，宣传群众，帮助群众；三是筹款。队伍组织好，包打胜仗，多打胜仗，革命就会早日成功。

△ 听取华东野战军特种兵纵队司令员陈锐霆关于军事情况的汇报。

5月16日 听取冀鲁豫行政公署副主任韩哲一汇报后勤支前工作情况。

5月17日 晋冀鲁豫部队攻克临汾。至此，晋南全部解放。

5月18日 离濮阳北返。临行前，将与陈毅、郭化若唱和的两首诗交陈毅。陈毅将华野在战斗中缴获的国民党军整编第七十四师师长张灵甫的勃郎宁手枪和铝合金折叠桌椅赠送给朱德。（这套桌椅朱德一直保存，直到一九七六年他逝世前的二十天，才亲自批示捐赠给平山县西柏坡革命纪念馆。）

5月20日 途经山东观城县十王庙村（今属莘县），听取冀鲁豫区党委、军区领导人汇报工作。

5月21日 抵石家庄。在华北解放区工商业会议上讲话：新民主主义的经济建设，要靠国营经济为主体，好好领导私人资本，以及农村、城市的合作社，使三者相辅而行。我们的工商业是在破烂的基础上，在战争环境中建立起来的。大家要认清这种情况，自力更生，克服困难。要认真执行党的各项政策，特别是发展生产的政策，不要"左"右摇摆。我们的工作做好了，不要自满；工作做得不好时，不要推卸责任，一个怪一个，要有自我批评的精神。要把人们组织起来参加生产，放在一定的生产岗位上，逐步创立一个工业化的国家，把我们的国家建设成为繁荣、富强的国家。

5月22日 在石家庄听取晋冀鲁豫边区政府工业厅副厅长赖际发汇报兵工生产情况。

5月27日 毛泽东从阜平县城南庄移驻西柏坡村，中共中央五位书记会合。当晚，即召开五位书记会议，讨论华北地区的作战诸问题。

6月2日 致函孙毅等，要求冀中部队配合热河、冀东战役，在夏季应乘傅作义部对付热河人民解放军攻击之际，加紧活动，在平、津、保三角地带努力作战。"现南面无顾虑，应努力北面，长期斗争，以至收复平、津、保为止。"又嘱："火硝你们组织已很好，唯天候不良仍是供不应求，仍望努力。缉私更为重要，敌人买去以杀我军，我收买以杀敌人，切不可以一般奸商走私可比。另外硝价应适当，不可过低，仍望努力争取五百万到一千万斤。今年你区生产运动谅有进步，应克服不敢致富的思想，生产才能往上涨。以后一直往上涨，才是兴旺的新中国。"

6月3日 致函毛泽东。就东北野战军围攻长春提出建议：长春还是可能打下的条件很多。（一）敌人正规军不到六万，其他警察、宪兵、自卫志愿兵等二万八千人。正规军中只有两个师比较坚强的，其他部队军事上是混杂的，比较差的。（二）援军很远，我军可以打援，即围城打援亦有利。（三）敌守孤城，粮、弹、人的补充均靠飞机，不能持久。（四）我军兵力优势，后方接济便利，有相当攻坚经验，有相当的军火物资。（五）攻坚即强攻，打城军不在多，两个纵队及几个独立师能攻能防，其余的可打增援队。打法是用坑道为第一，用技术、炸药、手榴弹，抵近射击以各种炮为主，以工事对工事，进一步巩固一步，做好工事再进。（六）李纵队[1]攻过四平，有经验，但遇着顽敌抵抗，估计艰苦些。黄纵队[2]估计可能打开，即损失代价须大。（七）攻城必须先有计划，收集各种专门炮工人材，组织指挥所。必须用攻城战术，实事求是的，一步一步地进攻，带一种学习态度，决不可性急，准备两月三月打下，也算是快的。（八）再一种攻法是长围，在一定的圈子内，围死他，使其粮弹俱困，人心动摇时再攻。（九）这两种攻城战术，强攻与长围，可采取第一种。打久了第二种也出现了。如家务不大，攻一城将炮弹炸药耗尽，一时难补充，则不如打野战。打长春要看家务大小来决定。中央军委致电东北野战军司令员兼政委林彪、第一副政委罗荣桓，请他们就朱德所提意见作出回答。后经反复磋商，至七月二十二日，决定围困长春，以主力南下。

7月1日 在华北军政大学开学典礼及纪念中国共产党成立二十七周年大会上讲话。指出：革命形势的迅速发展，不但

―――――――
[1] 李纵，李天佑纵队，即东北人民解放军第一纵队。
[2] 黄纵，黄永胜纵队，即东北人民解放军第六纵队。

在数量上要求有大批的干部去开展工作,而且在质量上也要有很大的提高。要求我们的干部"必须有见识、有能力,更要作风好,党性强的去坚持工作,开拓工作"。

△ 与华北军政大学干部谈话,指出:我们已学会攻坚。攻临汾是新部队,也很有办法。打开北平、天津、太原,只是时间问题。

7月5日 在石家庄召开的中共华北中央局扩大会议上讲话:首长负责,亲自动手,集中领导,分散经营的生产方针是正确的。要很快地很大地发展生产,要下些本钱把生产搞起来,发展得越大对国家的贡献也越大。我们党搞起来了,群众也会跟着去搞。机关生产过去有成效,今后还要继续搞好。"在发展中不要怕出乱子,出了乱子我们可以纠正。也不要怕人钱多了不得了,不要不敢有私有财产"。

8月9日 起草中央军委对防空的指示:国民党军"依靠美机狂施轰炸,企图以此振作士气,威胁我前方部队,破坏我后方建设,""经常的飞机来往运输兵员粮食及其他物质,在我解放区上空穿梭飞行,毫无忌惮,我军对此应实行积极防空方针,采取有计划有组织的射击敌机办法,以破坏敌人的狂妄企图。"规定如下:(一)组织专门对空射击队。(二)防空布置前后方有别。(三)我军已打下百余架敌机,责成各军收集对空射击经验作为训练材料。

8月23日 在人民解放军总部作战局战况汇报会上讲话,指出:"中原战场是决战的战场。自古以来谁在中原取得胜利,最后胜利属于谁的问题就能解决。""今年(解放战争第三年)战争的第一个月(七月)已取得很大胜利。八月快要完了,还剩下十个月。在这十个月中,军事上,我们希望能解决傅作义,拔掉济南、太原诸点,然后集中兵力继续向蒋管区挺进,实行毛主席的指示,将战争继续引向蒋管区。现在敌人在中原组织许多大兵团,企图同我们决战,我们则不同他们决战,因为时机还未到,过早决战对我们不利。""到条件成熟时再同他们在中原决战。那时'啃不动'的也要啃动,'拔不掉'的也要拔掉"。"二十年来我们在军事上所苦恼的,即对敌人坚固设防的城市无法攻破,但近半年来学习的结果,已经能够攻破敌人较大的坚固设防的城市了"。"只要我们在军工生产上努力,今后不会有什么攻不破的城市。这点,美蒋对我们都估计不足。太原、济南是可以打下来的"。"对东北的敌人,我们不能让他们进关"。"如果让他们进关,不论是增至华北或华中,都会增加我们不少的麻烦"。"我们的胜利,在今天来说是更有把握了。"但如果我们的许多政策——土地改革、工商业、镇压反革命、生产、争取俘虏等,有一条执行得不正确,都可以使我们失败。"在军事上争取俘虏的成功(现在我们的军队有百分之六七十是解放战士),是一个大胜利"。这篇讲话的部分内容以《在中国人民解放军总部作战局战况汇报会上的四次讲话》(第一节)为题编入《朱德选集》。

8月 撰写《对于解放区经济建设与发展生产的意见》。文中说:毛泽东号召把解放区的生产提高一寸,有很大的意义,是目前迫切的需要。我们的经济建设与发展生产的方针,应当仍然是一九四七年十二月毛泽东提出的"发展生产,繁荣经济,公私兼顾,劳资两利"的方针。从生产事业的经营方式方法上看,可分为五种,即:(一)国家直接经营的。国营经济是主要的、领导的成分。它应当掌握着最主要的经济命脉。(二)机关、学校所经营的(公营)。公营经济是国家经济的辅助部分,对于这个公营经济要大大地提倡,好好加以组织。(三)合作方式经营的。合作经济目前占着重要地位,特别是当前分散的、个体的,独立小生产者在目前我国社会主义经济中占主要地位的时候,用合作的方式使它逐渐向着集体方向发展,这是很重要的。政府对于这种合作事业,应当给以帮助,加以扶持,但不是包办,亦不得听其自流。(四)公私合办的。公私合营包含有两种形式:一种是国家与私人合营,另一种是公营事业与私人合营。(五)私人经营的。私人经济会受到国家的保护,给以一定的发展可能,这是党既定的政策。这五类经营方式"都是新民主主义经济的必经道路,"在华北、东北、西北三大解放区内,搞生产运动的条件比延安时期好得多了,是大有发展前途的。应当加以提倡,加以组织,不要再忽视了。希望大家大力发展机关、学校、团体生产,并在生产战线上发挥带头作用。

9月4日—7日 出席中共中央书记处会议,为召开政治局扩大会议做前期准备。

9月7日 毛泽东、朱德致电中国国民党革命委员会及冯玉祥夫人李德全女士,吊唁冯玉祥于八月三十一日在离美归国途中,因所乘轮船失火于黑海遇难。唁电说:"冯先生连年为民主事业奔走呼号,此次归国,对于中国人民民主事业,定多贡献,今忽遭此意外,实为国家民族之损失。"

9月8日—13日 出席在西柏坡召开的中共中央政治局扩大会议(即九月会议)。会议以"军队向前进,生产长一寸,加强纪律性,革命无不胜"为中心议题,根据解放战争前两年的战绩和敌我形势,提出建设五百万人民解放军和大约用五年左右开展解放战争,从根本上打倒国民党反动统治的战略任务。十二日,朱德在会上发言,同意争取在五年时间内从根本上打倒国民党反动统治的意见。指出:年来我们的部队有了大进步,战斗力大大提高了,但不能满足于现状。要经常整训,要不断提高部队的技术装备,加强人员和物资的补充,搞好军工生产,统一兵站运输,统一医疗卫生工作,使部队能连续作战。还就银行、公营经济、合作社、公私合营、私人企业、税收等问题发表意见。十三日,又在会上提出:"将来攻城打援的大会战最可能在徐州进行。"

△ 中共中央政治局九月会议后,朱德、刘少奇、周恩来、任弼时每晚到毛泽东处集体办公,指挥全国解放战争。

9月12日 协助毛泽东指挥东北野战军发起辽沈战役。此役分为锦州战役、解放长春、辽西战役、沈阳战役四个阶段,于十一月二日结束,历时五十二天,共歼灭国民党军四十七万二千余人,解放了东北全境。辽沈战役的胜利,加上当时其他战场上的胜利,使人民解放军不但在质量上,而且在数量上也转入优势。

9月17日 在中共中央社会部第十期训练班开学典礼上讲话。指出:训练班的目的是培养管理城市的工作干部,将来进了城就是你们的责任。社会部的任务过去是保卫党、是维持治安的。现在还要加一条"保卫人民"。进城后,首先要维持治安,保障人民生命财产的安全。保卫工作干部必须全心全意为人民服务,要学习城市政策,要有智慧,学会对敌斗争的本领。要学习政策。保卫工作还要建立在群众的基础上,走群众路线。

9月19日 毛泽东、朱德致电朝鲜最高人民议会主席金枓凤、朝鲜人民民主共和国政府金日成,祝贺朝鲜政府成立。

9月20日 在解放区妇女工作会议上讲话:"中国人民的革命战争很快就要在全国范围内取得胜利,新中国的建设工作需要大量的人来参加。我们要是不能组织占全国人口一半左右的妇女来积极参加这个工作,那将是极大的损失。"

妇女自己要努力奋斗,培养独立的工作能力,有独立的积极地位,才能得到真正的解放。"不论是政权工作、文教工作、妇女工作,都要对生产起推动作用,否则就失去了它们的意义"。这篇讲话以《在解放区妇女工作会议上的讲话》为题编入《朱德选集》。

9月24日 华东野战军解放济南。

9月25日 为《人民战士》副刊题词:"学会攻坚战,收复一切城市。"

9月 毛泽东就青年团名称问题,致信刘少奇、朱德、周恩来、任弼时:"请告东北局,不用'毛泽东青年团'名称,一律称为新民主主义青年团。"

10月1日 在人民解放军总部作战局战况汇报会上讲话,指出:过去我们是怕东北的敌人进关,因为进关后,不管增加到哪里对我们都是不利的。现在敌人已不可能进关,我们可以在东北将他们消灭。华北最后的问题是解决傅作义,在华北方面他的力量现在还比我们大,但我们还是要解决他;胡宗南有二十多万人,比我西北野战军大,一时消灭不了他,时间要放慢些;打下济南对我们有利,可以利用原有的工业基础进行生产,山东是一个重要的大后方;徐州方面,我们的力量可以消灭邱清泉[1]、黄百韬[2]、李弥[3]三个兵团中的任何一个兵团。今年的任务消灭敌人一百个旅,三年内要把解放军发展到五百万人。今年是决定胜负的一年。中原是决战的战场。现在打仗,人的思想问题是一个重要问题。农民为保卫家乡的土地

---

[1] 邱清泉,时任国民党军第二兵团司令官。
[2] 黄百韬,时任国民党军第七兵团司令官。
[3] 李弥,时任国民党军第三兵团司令官。

财产可以拼命，但打出去解放别人却不一定都是那样坚决，所以需要在思想上进行教育。另外，解放战士占我军的比例很大，以后对解放战士要加强教育，很好地发挥他们的作用。敌人现在实行"三角、四边、十三点"[1]的计划，这是美国人替他们制定的，也是准备较长期实行的一个计划。我们就要面对敌人这个计划想些办法打他们。这篇讲话以《在中国人民解放军总部作战局战况汇报上的四次讲话》为题（第二节）编入《朱德选集》。

10月初 到中央团校向学员作报告。在讲到战争形势时指出：东北野战军很快就要进关，全国大反攻的时刻已经到了。你们要好好学习，随时准备随军行动，协助做好接管工作。

10月13日 复电原国民党整编第九十六军军长吴化文等，对他们于九月二十四日在山东省济南市率部起义表示欢迎，电文说："你们决心站在人民立场上，为驱逐美国帝国主义的侵略势力，为打倒国民党反动统治而奋斗，这个决心，值得全国人民的热烈欢迎。希望你们本此方针，力求进步，奋斗到底，你们的前途，必然是光明的。"

10月15日 东北野战军解放锦州。

10月16日 在人民解放军总部作战局战况汇报会上讲话。指出：现在打下锦州，敌人要撤也撤不出来了。锦州在战略上

---

[1]"三角、四边、十三点计划"：是对国民党军1948年秋制定的一个作战计划的概括。当时国民党军为阻止人民解放军南下，在华中、华东、豫陕战场集结65个整编师（军）上百万兵力，企图保持住徐州、武汉、西安之间的三角地区；陇海路全线、津浦路兖州至浦口段、郑州以南平汉线、宝鸡至成都公路四条边；以及开封、郑州、济南、商丘、南阳、襄樊、确山、信阳、汉中、安康、钟祥、宜昌、合肥13个重要据点。

意义很大,是关内与东北联系的补给与转运基地。打下锦州,我们更好地取得了攻坚战及攻取大城市的经验。"目前主要作战在东北,形势对我们有利,可以打几个好仗,在今冬解决东北问题。东北解决了,我军可以入关,最后解决傅作义"。"太原如果打下,战略意义也很大,即使一下打不开,长期围困,饿也把敌人饿死。"彭总那里比其他地方困难得多。对他那边目前不能多增兵,因为多了也没饭吃。山东问题已经解决,只剩下一个青岛了。山东现在已经抽出很大力量,粟裕和许世友、谭震林可以会合打大仗(指华东野战军内外线部队配合作战)。"徐州敌人三个兵团靠在一块比较难打,如果能搞掉它一两个兵团就容易解决问题。现在山东虽打了些大仗,但还不算决战"。"今后要注意攻坚战术,好好学习"。"蒋介石近来也跟我们学,放弃城市,进行机动作战,也搞大队行进。但他没有群众,所以没有饭吃。而且这样做已经迟了。他撤出孤立城市对我们也有利,这样我们的后方可以更加巩固。过去对接收城市无经验,现在则不同了,能掌握政策,有经验了"。"敌人现在丢一处地方即无法恢复。我们要加紧准备工作,迎接突变——敌人垮台"。这篇讲话的部分内容以《在中国人民解放军总部作战局战况汇报会上的四次讲话》为题(第三节)编入《朱德选集》。

  10月18日 东北野战军解放长春。

  10月22日 中原解放军解放郑州。

  10月24日 中原解放军解放开封。

  10月27日 与毛泽东复电原国民党第六十军军长曾泽生、第一八二师师长白肇学、暂编第二十一师师长陇耀等,对他们率部于十月十七日在长春起义表示欢迎。电文指出:贵军在长春举义,加入人民解放军,使长春获得有秩序的解放,深感欣慰。贵军长等此次行动,应当为东北与全国一切愿意觉悟的国民党官兵所效法。希望贵军长等在林司令员、罗政委直接领导之下，团结全军，力求进步，改善官兵、军民关系，与全国人民解放军并肩作战，为驱逐美国侵略势力，打倒国民党反动派，建立新中国而奋斗。

10月29日 在部队妇女代表大会上讲话。鼓励后方家属要加紧生产，大家动手，支援前线。要有计划地组织家属去学习、工作和生产。生产以合作社的形式为主。一方面公家可以拿点钱集点股，个人也可以集股，将来这种组织就是我们新民主主义国家最主要的生产组织。

11月1日 与中国人民解放军副总司令彭德怀联名发布《中国人民解放军总部关于惩处战争罪犯的命令》。宣布：凡国民党军官，命令其部属实行屠杀人民，抢掠人民财物，或拆毁焚烧人民房屋者；施放毒气者；杀害俘虏者；破坏武器弹药者；破坏通讯器材，烧毁一切文电案卷者；毁坏粮食、被服仓库及其他军用器材者；毁坏市政水电设备、工厂建筑及各种机器者；毁坏海陆空交通工具及其设备者；毁坏银行金库者；毁坏文化古迹者；毁坏一切公共资材及建筑物者；空袭空炸已解放之人民城市者，均加以逮捕，并以战犯论罪，依法惩办。凡采取有效办法，因而使人民的生命财产，及一切属于本军的战利品及城市建设获得安全或免于破坏者，均给予应得之奖励。人民解放军对待国民党反动派党政军人员的政策是："首恶者必办，胁从者不问，立功者受奖。"

△ 中共中央军委发布《关于统一解放军全军组织和部队番号的规定》，决定部队番号纵队改为军，军以上设兵团。全军分为四个野战军，共二十个兵团番号。全国分五大军区，与中央局同级并受其领导。与中央分局同级者为二级军区，与区党委同级者为三级军区，与地委同级者为军分区。团和分区以

上各部队，均冠以"中国人民解放军"名称，从一九四九年一月起全军组织统一。

11月2日　东北野战军解放沈阳。

11月5日　以中国人民解放军总司令名义与中国共产党中央委员会主席毛泽东，致电斯大林，热烈祝贺俄国十月革命三十一周年。

11月6日　协同毛泽东指挥华东、中原两野战军发起淮海战役。此役在以徐州为中心，东起海州，西至商丘，北起临城（今薛城），南达淮河的范围开展，于一九四九年一月十日结束，历时六十六天，共歼灭国民党军五十五万五千人，基本上解放了长江中、下游以北广大地区，使国民党统治中心南京、上海以及武汉均处于人民解放军的直接威胁之下。

11月8日　毛泽东致函刘少奇、朱德、周恩来、任弼时、彭真："北平、天津、唐山、张家口解放在即，即须准备接管干部及党政机构的配备，务于一个月至多一个半月内准备完毕。"

11月9日　毛泽东、朱德、周恩来复电李济深、沈钧儒等："沈阳占领，东北全部解放，加速了全国解放的进程。对于召开新政协会议成立民主联合政府更为有利。"

11月21日　毛泽东致函朱德、刘少奇、周恩来、任弼时、彭真：关于中央军委对外全称，提议为"中国人民革命军事委员会"。并嘱："青年团文件中'毛泽东思想'改为'马列主义'一点，请会商决定。"

11月26日　在人民解放军总部作战局战况汇报会上讲话。指出："我们正以全力与敌人进行决战。二十年来的革命战争，向来是敌人找我们决战。今天形势变了，是我们集中主力找敌人决战。东北决战已把敌人消灭了，现在，正在徐州地区进行决战，平津决战也即将开始。"我军在徐州地区集中的兵力数量上比敌人多一点，质量上比敌人高得多，武器也不比敌人差。我军已歼灭了黄百韬兵团，主力已南下打黄维兵团。黄维兵团共十一个师，兵力大，他估计我们不敢打他，实际上兵越多越容易乱。队伍一乱就很快可以把他解决。徐州集中了邱、李、孙〔1〕三个兵团不易打，我以四五个纵队监视徐州敌人，决心连续作战，不怕伤亡，随时补充俘虏，这是取得胜利的关键，只有我们无产阶级队伍才能如此。黄维、李延年、刘汝明三部解决后，徐州敌人也跑不了，他们没有粮吃，没有援兵。傅作义比较聪明，但他的家务只有这么大。他固守的可能性是存在的，但其结果仍逃不出被歼的命运。留下的还有马鸿逵、马步芳和胡宗南部。我西北野战军力量较小，今后西北方面再增加一点兵力，求得把胡宗南部消灭在陕西，如他退到四川就比较费事。另外，白崇禧的桂系军队缩回广西也比较麻烦。至于蒋介石的部队倒无须顾虑，顶多只能再到广东去重建家务。"我们的胜利已经肯定了，但胜利中还有困难。要在新解放区迅速把群众组织起来，恢复生产，以便支持大军继续前进，直到解放全中国。不要因胜利冲昏头脑而看不到困难"。这篇讲话以《在中国人民解放军总部作战局战况汇报会上的四次讲话》为题（第四节）编入《朱德选集》。

11月29日 协助毛泽东指挥东北野战军、华北军区第二、第三兵团发起平津战役。此役历时六十四天，于一九四九年一月三十一日结束，共歼灭和改编国民党军五十二万余人，基本上解放了华北。

△ 毛泽东、刘少奇、朱德、周恩来、任弼时联名致电太

---

〔1〕邱、李、孙，指邱清泉、李弥、孙元良。孙元良，时任国民党军第十六兵团司令官。

原前线的徐向前:"闻病极念,务望安心静养,不要挂念工作","你病情略好,能够移动时,即来中央休养。待痊愈后再上前线。总之,治疗和休养是第一等重要,病好一切好办。"前方指挥由周士第、胡耀邦、陈漫远担负。

11月 贺刘少奇五十寿辰赋诗一首:

少奇老亦奇,天命早已知。
幼年学马列,辩证启新思。
献身于革命,群运见英姿。
人山人海里,从容作导师。
真理寻求得,平生能坚持。
为民作勤务,劳怨均不辞。
党中作领袖,大公而无私。
群众欣爱戴,须臾不可离。
修养称楷模,党员作范仪。
今年虽半百,胜利已可期。
再活五十年,亲奠共产基。

12月3日 致函华北军政大学校长叶剑英:在校委扩大会议讲话,我已看过。你们在校内做教育是好的,不长的时间得出一种教育方法,使教者学者都有进步,特别是争取了解放过来的军官参加学与教,这是一个创造。可以印,可以作他校借鉴。

12月6日 与任弼时视察中共中央军委二局工作。

12月10日 与毛泽东共同电复原国民党第三绥靖区副司

令何基沣[1]、张克侠[2]等，对他们于十一月二十八日在淮海前线台儿庄、贾汪地区率部二万三千人起义表示欢迎。电报指出："你们在徐州前线率部起义，加入人民解放军，极有助于革命战争的发展。希望你们团结一致，加强部队的政治工作，改进官兵关系与军民关系，以便早日出动与人民解放军并肩作战，为完成全国革命任务而奋斗。"

12月12日 毛泽东致函刘少奇、朱德、周恩来、任弼时、彭真：中原局已有威信，在攻占湘鄂赣时期，可以林彪为第一书记，罗荣桓为第二书记，邓子恢为第三书记，其初期仍称为中原局。该局现有管辖区域，除安徽部分划归东南局外，其余均不变动，以利衔接供应。所需干部，主要由东北供给，一部由中原自给，少数由华北调动。待湘鄂赣三省局面大定，即改称华中局，河南划归华北局，陕南划归西北局。

12月13日 在第二次兵工及军械会议开幕大会上讲话，指出：军火生产要有统盘筹算，要有重点地、大规模地生产。同时要克服生产中严重的浪费现象。如：人力的浪费；检验制度不严格，报废数目较大；管理不良、技术掌握不好、机器工具损坏数大等。今后要实行企业化管理，精确计算成本，建立核算制度。二十五日，在会上作总结报告，对过去一年的军工工作做了基本总结，提出了今后工作的七项任务。并指出：现在人民解放战争规模浩大，部队数百万，有正规化的装备，这些装备今后还会增加，缴获敌人的武器也能马上装备起来。我们有了这些装备，就能战胜敌人，在战后也能建设国防。因此必须重视军工军械工作，在军委的统一领导下，健全军工军械

---

[1] 何基沣，1939年1月加入中国共产党。
[2] 张克侠，1929年加入中国共产党。

工作的组织机构,建立各项必要的规章制度,把军工军械工作做好。

12月15日 听取华北人民政府工矿部部长李人俊关于胶东地区工业生产情况的汇报。

12月17日 在军供座谈会上讲话,说:晋绥为重工业区,目前困难主要是运输问题。首先要设兵站搞大车解决运输,再根据资源,开设专门工厂制造炸药供应各地。

12月20日 在《中国青年》复刊第一期上发表《中国青年当前的任务》一文。文中说:中国人民解放战争很快就要在全国范围内取得胜利,美帝国主义的走狗国民党反动集团的统治行将崩溃,一个真正和平、民主、繁荣的新中国的建立已为期不远。当此伟大的历史时期,青年的任务首先是要积极勇敢地参加正在进行着的人民解放战争,其次是要积极参加生产建设工作。中国青年要与全世界青年团结在一起,为建设一个和平、民主的新世界而奋斗。

12月21日 毛泽东、朱德复电原国民党第八十五军第一一○师师长廖运周、副师长杨柳营并该师其他官兵,对他们十一月二十七日在双堆集前线起义,脱离黄维兵团,加入人民解放军,感到极为欣慰。并勉励他们"团结一致,力求进步,在部队施行革命的政治工作,改善官兵关系与军民关系,和人民解放军一道,为完成全国革命任务而奋斗"。

12月26日 在后勤工作会议开幕式上讲话,就国内形势问题、后勤工作的作用、新形势下的后勤工作任务、统一集中等四个问题分别进行了阐述。指出:蒋介石企图以长江为防线,但他是不能达到目的的。明年春天我们就要过江了。大军出动就要求后勤工作做好准备。现代的战争离开后勤工作是不可能胜利的,要把后勤的一切工作准备好。"现在的战争不但要勇敢，而且必须要有技术，勇敢加技术就等于很好的战术（技术就是很好地使用现有的炮弹、炸弹、手榴弹……）。有了好的战术，战争一定胜利"。今后在新的形势下，要进一步加强后勤工作。要消除过去客观条件所造成的地域观念，要建立统一的装备样式和各项规章制度，要有计划地进行军工、军需生产，用物资来保障战争的胜利，并为将来的社会主义建设服务。

是年 发布关于学习和执行政策的指示：要打胜仗，有几个问题要同志们永久做到的，第一，要一面打仗，一面学治天下。第二，有维持执行政策，就有执行纪律，实行三大纪律、八项注意，大家要自觉遵守。纪律是军人的生命。

△ 撰写《生产运动的经验教训》提纲，指出：（一）有些同志对经济问题研究得不够，对发展经济的重要性，在思想上认识得不够。在我们的建设工作中，主要的就是要搞生产，发展经济，努力打下经济基础。（二）另外一些同志，自己不管理整个财政经济，而仅仅只负责一个单位，一个部门的经济工作，因此他以"本位"，以小团体的局部的利益出发，而看不见全解放区的整个利益。其结果，破坏了我们的财经政策。（三）由于许多机关、部门过去在生产经营方面发生了不少的毛病，现在开展生产运动中，除以大力发展国营经济而外，同时也必须稳定、巩固和发展合作事业、公营事业和个人私营企业及其资本积累。（四）城市工商业、交通运输业及农村经济，由于战争和土地改革中对工商业政策执行得不好，使它们遭受到相当的损失。

1949年　六十三岁

1月1日　参加华北人民政府财经会议，讨论一九四八年财政决算、一九四九年财政预算和工农业生产问题。

1月6日—8日　出席在西柏坡召开的中共中央政治局会议。会议通过了《目前形势和党在一九四九年的任务》的决议。指出：整个国民党在长江以北的战略上的战线已经崩溃，国民党在其统治区域内是处在极大的混乱和崩溃的状态中。我们已经完全有把握在全国范围内战胜国民党。在平津、淮海、太原、大同诸战役以后，就国民党的军事主力已经被歼这一点来说，国民党政权已经在基本上被我们打倒了。基本地打倒了国民党，不等于全部打倒了国民党。"我们必须将革命进行到底，而不容许半途而废"。会议决议规定党在一九四九年的十七项任务，其中包括在北平解放后召开七届二中全会；召集没有反动派代表参加的各民主党派、各人民团体的协商会议，通过共同纲领，成立中华人民共和国，组成中央人民政府等。会议认为，一九四九年和一九五〇年将是中国革命在全国范围内胜利的两年。

1月7日　与毛泽东、周恩来等中共中央领导人一起和华东、中原、东北、华北的负责人共同讨论渡江作战和财经等问题。

1月14日　中共中央主席毛泽东发表关于时局的声明，指出："中国共产党愿意和南京国民党反动政府及其他任何国民党地方政府和军事集团,在下列条件的基础之上进行和平谈判。这些条件是:(一)惩办战争罪犯;(二)废除伪宪法。(三)废除伪法统。(四)依据民主原则改编一切反动军队。(五)没收官僚资本。(六)改革土地制度。(七)废除卖国条约。(八)召开没有反动分子参加的政治协商会议,成立民主联合政府,接收南京国民党反动政府及其所属各级政府的一切权力。中国共产党认为,上述各项条件反映了全国人民的公意,只有在上述各项条件之下所建立的和平,才是真正的民主的和平。"声明要求中国人民解放军全体指战员,在国民党反动政府接受并实现真正的民主的和平以前,丝毫也不应当松懈自己的战斗努力。对于任何敢于反抗的反动派,必须坚决、彻底、干净、全部地歼灭之。

△ 毛泽东、朱德、周恩来复电中国国民党革命委员会主席李济深,对他抵达沈阳,表示欢迎。

1月15日 人民解放军解放天津。

1月21日 蒋介石以"因故不能视事"宣告"引退",其"总统"职务由"副总统"李宗仁代理,但蒋介石在浙江奉化故里仍以国民党总裁身份指挥部队。

1月28日 在铁道工作会议上讲话。指出:中国局势发展很快,在这一年内可以完全统一起来。"这一点,过去几个月中我们已经估计到,现在则是任何人都可以估计到的了"。"为适应目前政治、军事发展的需要,中共中央决定成立铁道部",以便"将全国的铁道统一管理,统一修建,统一运输"。目前铁道部门的主要任务是支前,在解放区还要支援生产。要求各区铁路工作要依靠老工程师、老管理人员和老工人,正确执行党对工程师和职员的政策,提拔工人中的积极分子和表现好的下层职员。要克服游击习气,树立企业化的思想,实行成本核算,尽量降低成本,提高运输量。

1月30日 与任弼时等抵石家庄,迎接受斯大林委派到中国了解中国革命形势的苏共中央政治局委员阿·伊·米高扬。随即回到西柏坡参加中共中央书记处同米高扬的会谈。

1月31日—2月7日 毛泽东、刘少奇、朱德、周恩来、任弼时在西柏坡同苏共代表米高扬进行三次正式会谈。毛泽东代表中共中央介绍了中国革命的形势和特点,阐明了中国共产党将把革命进行到底的决心和方针:到目前为止,中国革命发展较为迅速,军事进展也较快,比过去我们预计的时间要短些,就能过长江,并向南推进。估计渡过长江后,用不了多少时间,就可以攻克南京、上海等大城市。我们的口号是:打过长江去,解放全中国。面临的问题是建立新政权,这个政权是无产阶级领导的工农联盟为基础的人民民主专政。还介绍即将召开新政治协商会议。关于中国的对外政策,是打扫好房子再请客。真正的朋友可以早点进屋子里,但别的客人得等一等。二月七日,米高扬离开西柏坡回国。

1月31日 北平和平解放。

2月2日 毛泽东、朱德复电李济深、沈钧儒、马叙伦、郭沫若等五十六位民主人士,对他们二月一日来电祝贺人民解放战争的伟大胜利,表示感谢,对他们到达解放区表示欢迎。并指出:"欲求人民解放斗争获得最后胜利,必须全国一切民主力量同德同心,再接再厉,为真正民主的和平而奋斗。""诸先生长期为民主事业而努力,现在到达解放区,必能使建设新中国的共同事业获得迅速的成功。"

2月8日 听取华北人民政府工商部部长姚依林关于经济情况的汇报。

2月18日 为全国学生第十四届代表大会题词:"庆祝你

们在解放了的北平开全国学生代表大会,这是你们的幸运。请你们努力学习一切科学,掌握一切技术,在这个得到了自由的美丽的锦绣山河上,欢迎你们来参加人民大众的新建设,建设一个独立的自由的民主的富强的繁荣的新中国。"

2月22日 与周恩来等接见从北平前来西柏坡的傅作义、邓宝珊等,对傅以人民利益为重和平解决北平问题表示欢迎。

2月27日 与彭德怀以中国人民解放军总司令、副总司令名义复电奥地利共产党第十四次代表大会,感谢其于一九四八年十一月四日电贺人民解放军解放东北全境。

3月5日—13日 出席在西柏坡召开的中共七届二中全会。会议讨论了在全国胜利的局面下,党的工作重心由乡村转为城市,以生产建设为中心任务的问题。同时着重研究和规定了党在全国胜利后,在政治、经济、外交方面所采取的基本政策,以及使中国由农业国转变为工业国,由新民主主义社会转变为社会主义社会的总任务和主要途径。全会号召全党在胜利面前,务必保持谦虚、谨慎、不骄、不躁的作风,务必继续地保持艰苦奋斗的作风。会议作出了在本年内召开政治协商会议,成立民主联合政府的决定,六日,朱德在会上发言说:过去从城市到农村,是个大转变。现在从农村转到城市,又是个大转变。我们的工作要适应这个大转变。军队要由战斗队逐步转变成工作队,这也是个大转变。我们的部队是一个学校,这个学校要培养出会做事的人。将来管理生产,搞生产建设,也要靠他们。今后我们进了城市,取得全国政权,就有了自己的国家,因而就要搞国防。不能像以前游击时代,敌人来了我就走。要实行征兵制,训练国防部队,建立自己的海军、空军、炮兵、步兵等,建立和训练国防部队,敌人来了就得打。还说:中国是个多灾多难的国家,要把这样的国家建设好,有许多事情要做，我们的科学知识不够，没有什么可以值得骄傲的，骄傲的人往往是幼稚的人。会议在最后一天通过《关于军旗的决议》："中国人民解放军的军旗应为红底，加五星，加'八一'二字。"

3月8日 根据东北航空学校校长刘亚楼的建议，与毛泽东、刘少奇、周恩来、任弼时等约见东北航校副校长常乾坤和副政治委员王弼，听取他们关于培养航空技术人才情况的汇报，酝酿创建人民空军。

3月中旬 到石家庄面粉厂、玻璃厂、卷烟厂等工厂，向工人宣传中共七届二中全会精神，号召各厂党员、干部坚决贯彻执行七届二中全会决议，依靠工人阶级，努力恢复生产，管理好城市，为进行社会主义革命和建设作好准备。

3月11日 与周恩来复电李济深、蔡廷锴，感谢他们为配合解放战争所进行的革命工作。

3月23日 上午十一时，与毛泽东、刘少奇、周恩来、任弼时等率中共中央机关及人民解放军总部人员，离开西柏坡乘汽车前往北平。当晚八时在唐县淑闾村宿营。二十四日上午九时起程，下午四时到涿县，宿于第四野战军第四十二军军部驻地。当晚，与其他中央领导一起接见由北平赶到的叶剑英、滕代远等，共同商议二十五日的行动安排，并听取周恩来报告到达北平后将在西苑机场举行阅兵式及接见民主人士等诸事宜之安排。二十五日凌晨三时，由涿县乘火车出发，早晨六时抵达北平清华园火车站，受到在北平的各界人民代表和民主人士的热烈欢迎。

3月24日 与毛泽东复电原国民党海军巡洋舰"重庆号"舰长邓兆祥并全舰官兵，热烈庆祝他们英勇的起义。指出："美帝国主义和国民党的空军虽然炸毁了重庆号，但是这只能增加你们的起义的光辉，只能增加全国爱国人民、爱国的海军人员和国民党陆军、空军人员的爱国分子的愤恨，使他们更加明了你们所走的道路乃是爱国的国民党军事人员所应当走的唯一道路。""中国人民必须建设自己强大的国防，除了陆军，还必须建设自己的空军和海军，而你们就将是参加中国人民海军建设的先锋。祝你们努力！"

△ 中国妇女第一次全国代表大会，在中南海怀仁堂隆重揭幕。朱德为大会题词："目前妇女工作的重心要移到城市，去做女工工作，并妇女联合工作"，成为大会指导的中心。

3月25日 下午五时，中国人民革命军事委员会主席毛泽东与中国人民解放军总司令朱德，及中共中央政治局委员刘少奇、周恩来、任弼时、林伯渠等出席在西苑机场举行的阅兵仪式，检阅人民解放军部队，受到北平各界群众代表和民主人士一千多人的热烈欢迎。当晚，进驻香山来清轩。

3月27日 在中共中央机关香山行政会议上讲话，指出：进城是件大事情。对管理国家，从负责同志到勤务员都要重新学习，在实际中学习，工作人员要保持艰苦朴素的作风，解放军要注意军容风纪。各部门要注意防空，要保护一切公共财物。

3月31日 与毛泽东、刘少奇、周恩来、任弼时等在香山接见第四野战军师以上干部约四百人，鼓励他们"打过长江去，解放全中国！"

4月1日 由周恩来、林伯渠、林彪、叶剑英、李维汉、聂荣臻组成的中共代表团，与本日到达北平的由张治中、邵力子、黄绍竑、章士钊、李蒸、刘斐组成的南京国民党政府代表团开始和平谈判。

4月2日 与周恩来、叶剑英、聂荣臻等出席原国民党华北"剿总"总司令傅作义为刚刚进入北平的中共中央党政军领导举行的宴会。

4月3日 出席中国妇女第一次代表大会闭幕式，接受大会献予毛泽东、朱德的三面锦旗，旗上写着："全国妇女团结起来，在毛主席旗帜下胜利前进"，"我们紧紧地跟随着你前进"，"领导我们走向光明。"并在会上致词，盛赞大会成功，号召代表回去，很好地团结全国民主妇女，完成新民主主义革命，建设新中国。指出：只有彻底摧毁国民党的反动统治，中国妇女才能得到解放。在推翻反动的国民党政权之后，发展生产，不仅对中国社会前进有决定的意义，而且对提高妇女地位也有着决定的意义。在动员与组织妇女生产中，不应忽视妇女本身所具有的特殊困难和要求。四日，与毛泽东等在香山接见会议全体代表，同她们照相留念。

4月10日 中国人民革命军事委员会主席毛泽东，副主席朱德、刘少奇、周恩来、彭德怀联名公布《铁路军运暂行条例》，以保证铁路军事运输的顺畅和合理使用铁路运输力。

4月10日—23日 华北兵工局首届职工代表大会召开。会议期间，收到朱德的贺旗，上写："向近代国防工业前进。"

4月11日 在北平中山公园音乐堂对即将南下的第四野战军高级干部作报告。在谈到国内形势时指出："敌人的主力兵团约五百万人，已被我先后消灭。现在敌人所余下的仅是残余的军事力量了，总共约二百万人左右，其中战斗部队不过一百四十万人。""我们要积极准备迅速南下渡江解放全中国。"今后解决敌人的办法，大体上有三种方式：天津方式、北平方式、绥远方式。"和谈如果破裂，我军将有二百万以上大军渡江，南下作战，你们是其中的一个主要部分，你们负有解放全中国的光荣任务"。我军南下作战有有利与不利两方面的条件，必须在干部和战士中作深入的动员解释，不要只强调有利的一面而不讲不利的一面。指出南下应注意的几个问题：第一是政策与纪律问题。要认真执行党规定的土改政策、城市工商业政策、统一战线政策、争取知识分子政策、社会政策等；要严格遵守纪律，要靠纪律来保证政策的执行，政策、纪律执行得好，才能团结全国百分之九十以上的人民，才能获得全国的胜利；要加强对干部、战士的政策和纪律教育，各级干部起模范作用，并严格管理、检查，认真追究责任，赏罚严明才能保证政策、纪律的执行。第二是工作队问题。"人民解放军是个战斗队，又是个工作队"。"在现在和将来一定历史时期内（帝国主义制度存在的时期内），人民解放军无疑是个战斗队。但今后在南方各地用北平方式及绥远方式解决问题的可能性增多了，随着战斗的逐渐减少，工作队的作用就要增加了"。第三是军事民主问题。军事民主是实现领导的重要方法，是我军的优良传统，必须继续发扬，并将已有的丰富经验总结起来，以便更好地运用和推广。第四是学习问题。学习有两方面进行，一是在实际斗争中学习，二是理论学习。大家必须学习马列主义、毛泽东思想，提高理论水平和政治觉悟，这样才能有效地完成革命所给予的光荣任务。"希望同志们将我军在土地革命战争、抗日战争和解放战争中的丰富的战争经验收集和整理起来，作为我军今后的新的教程，愿大家共同努力完成这一任务"。这篇讲话以《国内形势和南下后应注意的几个问题》为题编入《朱德选集》。

　　△　在中国新民主主义青年团第一次全国代表大会开幕式上代表中共中央和中国人民解放军总部致贺词，说：中国新民主主义青年团应该继承青年运动的光荣传统，在中国共产党领导下，作团结教育广大青年的核心，做中国共产党在各个工作中的助手和后备军。要善于引导广大青年很好地学习，学习马

列主义和毛泽东思想，学习文化、科学、生产、军事知识，真正成为新中国建设人材。"我们把一个旧中国打垮了，你们要把一个新中国完全建设起来。"并为大会题词："由于人民解放战争即将在全国范围取得完全胜利，领导青年群众积极参加恢复和发展工业和农业生产，已日益成为新民主主义青年团的头等重要的任务。"十八日，在闭幕式上讲话，勉励青年团员要热爱人民自己的国家，并培养新道德，以集体主义与大公无私的精神，为新社会服务。

4月17日　毛泽东、朱德在香山接见中共中央华北局、中央军委铁道部的干部，并合影留念。

4月20日　南京国民党政府拒绝接受中共代表团和南京国民党政府代表团共同达成的《国内和平协定（最后修正案）》。

△　中国人民解放军发起渡江战役。

△　出席在原平汉铁路局大礼堂召开的平津区铁路职工代表座谈会，在会上讲话，说明目前军事、政治、经济各方面的胜利发展的形势，提出铁路职工今后的任务等。

4月中旬　在华北军区和第四野战军特种兵领导、天津市领导陪同下，到天津部署海防作战，以防敌人在我大军渡江作战之际，对我后方口岸进行骚扰，破坏我军渡江作战。在塘沽至山海关一线察看地形，到炮兵第二师三十团察看炮兵阵地、检查阵地伪装。并指示：不能麻痹大意，不仅要准备蒋机来空袭，而且要准备对付美国飞机可能的轰炸，要做好充分准备。还具体指导阵地要挖一些防空洞，平时把炮放在洞里，训练或作战时拉出来。在考察大沽口炮台时，向一行人讲述了清军利用炮台抗击英法侵略军的历史，教育大家重视海岸防御，加强炮兵建设。

4月21日　南京国民党政府拒绝国内和平协定。中国人民革命军事委员会主席毛泽东、中国人民解放军总司令朱德发布《向全国进军命令》，命令中国人民解放军"奋勇前进，坚决、彻底、干净、全部地消灭中国境内一切抵抗的国民党反动派，解放全国人民，保卫中国领土主权的独立和完整"。同日，第一、第三野战军在西起江西省九江市东北的湖口县，东至江苏省江阴县，长达五百余公里的战线上，强渡长江，彻底摧毁国民党军苦心经营的长江防线。人民解放军各野战军分别向中南、西南、华东、西北等地发起进攻。至年底，全部歼灭了大陆上的国民党军队，解放了除西藏以外的全部中国大陆。

△ 对中国新民主主义青年团第一次全国代表大会的代表们讲话，指出：蒋介石讲和谈是假的，下野也是假的，事实上他还在那里指挥。李宗仁想和是事实，但指挥者是蒋介石。蒋介石要拖延时间，他不接受我们提出的和平条件，我们就过江，把他的军队消灭。我们在一年左右取得全部胜利是完全有把握的。还讲到劳资两利、公私兼顾、城乡政策、内外政策等。

4月23日 中国人民解放军进占国民党政府首都南京。

4月25日 中国人民革命军事委员会主席毛泽东、中国人民解放军总司令朱德颁布《中国人民解放军布告》，布告称：我们已命令人民解放军奋勇前进，消灭一切国民党反动军队，逮捕一切战争罪犯，解放全国人民，保卫中国领土主权的独立和完整，实现全国的真正统一。兹宣布约法八章：（一）保护全体人民的生命财产；（二）保护民族工商业、牧业；（三）没收官僚资本；（四）保护一切公私学校、医院、文化教育机关、体育场所和其他一切公益事业；（五）除怙恶不悛的战争罪犯及罪大恶极的反革命分子外，所有国民党大小官员，凡不持枪抵抗、不阴谋破坏者，一律不加俘虏，不加逮捕，不加侮辱；（六）为着确保城乡治安，安定社会秩序的目的，一切散兵游勇，均应向当地人民解放军或人民政府投诚报到，并将所有武器交出者，概不追究；（七）有准备、有步骤地废除农村中的封建土地所有权制度；（八）保护外国侨民生命财产的安全。并声明：人民解放军愿与全体人民共同遵守此布告。人民解放军纪律严明，公买公卖，不许妄取民间一针一线。希望全体人民，一律安居乐业，切勿轻信谣言，自相惊扰。

4月27日 与董必武亲临指导华北人民政府农业部在中南海颐年堂召集的由七十余位农业专家参加的座谈会，并在会上致词，答谢大家对建设方面提供的宝贵意见。同时对中国由农业国进到工业国、农业及科学、农业教育应与群众需要相结合等问题，作了扼要的说明。

5月4日 代表中共中央在中华全国青年第一次代表大会开幕式上致贺词。指出：三十年来，中国工农青年和革命知识青年，始终是站在中国人民革命斗争的第一线，他们成了我们民族最宝贵的财产，成了我们民族最可爱的子弟。知识青年在中国革命过程中是有重大作用的。现在国民党政府已经从根本上灭亡了，剩下的反革命残余，人民解放军也将在短期内把他们扫荡干净。新中国的建设为中国青年开辟了无限美好的前途，我们的青年同志应当鼓足勇气把帝国主义在华的侵略势力及国民党反动势力消灭干净，同时要加倍努力学习，准备献身于新中国的建设事业。大会向毛泽东、朱德献锦旗。

5月11日 出席在北平香山召开的财政经济委员会会议，和刘少奇、陈云等讨论上海、天津、唐山等地的生产、金融、税收和对外贸易等问题。十三日、十四日、十五日、十六日、二十二日讨论财政经济组织机构的设置等问题。

5月12日 与毛泽东、刘少奇接见出席中华全国青年第一次代表大会的代表。大会向毛泽东、朱德献旗，大旗上写着:"毛主席、朱总司令:我们向你们学习,在你们的旗帜下前进。"

△ 根据中央军委指示,第三野战军以第九、第十兵团发起上海战役。

5月13日 致信华北军区后勤部部长杨立三,指出:你们在前线辛苦多年,得到胜利。我们非常欢喜,你的工作是任劳任怨,渡过了难关。现在已到建国时期,你应当为经济部门努力工作。请你多设法看社会主义的建设与帝国主义的经济学说与方法,来配合我国初创的经验教训,要与有经济学识的同志经常讨论研究,打开我们经济建设的道路。

5月15日 在第二次全国军工会议上作总结报告,强调:今后一年,由于战争胜利向南发展,南方气候、地形都和北方不同,因此要特别注意军工产品的质量、防潮和运输等问题。要求各军工厂努力提高生产效率,完成生产计划,保证质量,降低成本,建立厂长负责制,实行企业化、专业化,搞好党和工会的工作。

5月17日 与毛泽东在香山接见华北职工代表会议代表并讲话:工人阶级应担负建设新中国的巨大历史任务,因此必须很好地掌握毛主席所指出的四面八方的政策,建立新的劳动态度,恢复与发展工业生产,并很好与农业生产的发展相配合。

5月18日 毛泽东、朱德致电原国民党海防第二舰队司令官林遵和他率领的二十五艘舰艇的起义官兵,对他们于二月二十三日在南京东北笆斗山附近长江江面起义,加入人民解放军表示欢迎。电报指出:"庆祝你们在南京江面上的壮举。你们率领二十五艘舰艇毅然脱离反动阵营,参加到中国人民解放军的大家庭来,这是值得全国人民热烈欢迎的行动。在巡洋舰重庆号于二月间起义并被国民党反动派于三月间炸毁以后,四月间又有你们大规模起义,可见中国爱国人民建设自己的海军和海防的伟大意志,不是任何反动残余所能阻止的。希望你们团结一致,学习人民解放军的建军思想和工作制度,并继续学习海军技术,为中国人民解放军的光明前途而奋斗!"

△ 毛泽东、朱德致电原国民党伞兵第三团团长刘农畯、副团长姜健和全体起义官兵,对他们于二月十八日在上海吴淞口起义表示欢迎。电报说:"庆祝你们脱离国民党反动集团而加入人民解放军的英勇举动,希望你们努力于政治上和技术上的学习,为建设中国的新伞兵而奋斗!"

5月20日 复电中共中央中原局第三书记邓子恢,强调组织劳资双方共同努力发展生产。指出:"中国共产党的工作重心,已由乡村转到城市,但各地在执行城市政策和工商业政策上,曾经发生过并继续存在着若干偏向。偏向的表现有'左'的,也有右的,有的地方甚至'左'、右两种偏向同时存在。""我在铁道运输会议上提出'四面八方'的政策,在劳资关系上,主张两方面都要顾到,既不要'左',也不要右。既要照顾到工人生活,也要使资本家有利可图,既要组织工人,教育工人群众,提高工人的劳动热忱,也要利用原有的资本家的组织(如同业工会商会等)向资本家进行宣传,解释我们党的劳资两利发展生产的政策,消释资本家的顾虑,提高其复工复业从事生产的积极性。只有广大工人群众与正当的私营工商业资本家都动员起来了,才能恢复与发展生产。单动员一方面是不行的。"这是目前中国经济条件所需要的。自然,我们所说的双方照顾,是有重点有立场的,是依靠工人阶级,是从工人阶级和整个国家的根本利益出发的。

△ 第一野战军解放陕西省省会西安。二十四日,成立以贺龙为主任的西安市军管会。

5月22日 听取军事汇报,研究财经组织。

5月23日 中央军委同意第四野战军与中原军区合并,改称第四野战军兼华中军区,司令员林彪,第一政治委员罗荣桓,第二政治委员邓子恢,第一参谋长萧克,第二参谋长赵尔陆。

5月24日 为《人民日报》卫生版题词:"保护人们大众的健康。"

5月27日 第三野战军解放上海市。

5月28日 与刘少奇等接见即将出国参加世界工会联合会第二届代表大会的中国工人代表团成员并讲话,指出:今年准备开政治协商会议,成立民主联合政府。中国现在要开始建设了,这是无产阶级自己的任务,要联合广大劳苦群众及知识分子建设我们的事业。

5月29日 听取中共中央东北局军工部部长何长工关于军工生产情况的汇报。

6月1日 毛泽东、朱德、周恩来、董必武复电在上海的中国民主同盟主席张澜,说:"革命战争迅速发展,残敌就歼为期不远。今后工作重心在于建设,亟盼各方友好共同致力。先生及罗(隆基)先生准备来平,极表欢迎。"

6月2日 在聂荣臻陪同下视察河北省秦皇岛市,听取耀华玻璃厂负责人的汇报。

6月4日 在聂荣臻、黄克诚、杨成武、黄敬陪同下,视察河北省唐山市,听取瓷厂、造纸厂负责人的汇报。在视察唐山机车车辆厂后,为该厂题词:"努力工作完成二十万里铁道的任务。"

6月6日 在聂荣臻陪同下视察天津市,出席天津市解放后首届工程师节纪念大会并讲话,指出:中国资源丰富,人民勤劳而且富于智慧,华北和东北有较好的工业基础,特别是重工业的基础,还有一部分有学识、有经验的工程师、技师和熟练工人,这些都是我们从事建设的既有的优良的条件。他说:全体工程师为了担当起建设新中国的光荣任务,就需要:第一,加强团结,不应有派别观念,不要互相妒忌,不要矜骄,要把一切技术贡献给人民自己的国家,全心全意为人民服务。第二,要与工人合作,发挥工人的力量和天才,把建设事业办好。第三,要与管理职员团结起来,互相帮助,为完成计划共同努力。

6月9日 在天津华北大学讲话,鼓励师生们要学习马列主义毛泽东思想,并指出今后工作要以经济建设为主。

6月15日—19日 出席在北平召开的新政治协商会议筹备会第一次全体会议,并在开幕典礼上演讲,指出:今天新政治协商会议筹备会开幕了。经过这个筹备会的工作,将要产生一个真正民主团结的新政治协商会议,并经过这个会议去建立一个全国统一的各革命阶级联合专政的人民民主政权。中国的历史,从此将要进入一个新的时代。中国革命的特点之一是"武装的革命反对武装的反革命"。"并不是革命者特别喜欢枪杆子,因为不拿起枪杆子,革命的力量就不能生存。这种血的教训使中国的革命者——首先是中国共产党,认识到拿枪杆子的重要。二十余年来,中国人民正由于有了自己的人民解放军,所以帝国主义与反动统治者虽然勾结起来时时刻刻想尽方法要扑杀革命力量,终于不能达到目的。到了今天人民革命战争终于获得了全国的胜利,建立着全国的人民民主政权。这一点历史经验是值得记取的。"同时强调:中国人民解放军是中国民主运动的最忠实的支持者,现在它是新政治协商会议及即将建立的民主联合政府的最坚定不移的柱石。会议通过了《新政治协商会议筹备会组织条例》和《关于参加新政治协商会议的单位及其代表名额的规定》，选出了以毛泽东为主任的筹备会常务委员会。这次会议所以称新政治协商会议，是区别于一九四六年一月在重庆召开的政治协商会议。十九日，在会上当选为新政协筹备会常务委员会委员。

6月15日 中国人民革命军事委员会主席毛泽东、副主席朱德、刘少奇、周恩来、彭德怀颁布关于公布中国人民解放军军旗及军徽样式的命令：人民解放军军旗样式为红底，上缀金黄色的五星及"八一"两字，表示中国人民解放军自一九二七年八月一日南昌起义诞生以来，经过长期奋斗，正以其灿烂的星光，普照全国。"中国人民解放军军徽为镶有金黄色边之五角红星，中嵌金黄色'八一'两字"。

6月16日 毛泽东、朱德复电国民党原华中军政长官公署副长官兼河南省政府主席、国民党军第十九兵团司令官张轸及其兵团全体起义官兵，对他们于五月中旬武汉解放前夕在贺胜桥、金口地区举兵起义表示欢迎。勉励他们"官兵团结一致，努力学习人民解放军的军事政治制度，改进官兵关系和军民关系，参加中国人民解放军斗争的行列"。电文中还表示欢迎国民党军残余力量中有爱国心的将领率部脱离反革命营垒，加入人民解放军。指出："他们过去的罪责，将因他们的有益于人民事业的行动而获得宽恕。"

6月19日 在中华全国第一次科学筹备会成立大会上讲话，指出：今天是一个科学界团结的盛会，诸位都是将来建设新中国的很大力量。由于人民革命战争的迅速胜利，我们新中国的建设有了希望，并将认真地开始，使我们的国家很快地变为一个科学的新中国。今后建设中国一定要科学工作者团结一致，才能发展新的科学建设工作。其次，科学工作者要与工人、农民团结起来，这样就可以迅速地发展中国的建设事业。

科学家必须做到和大家商量，互相想办法。今后我们要自力更生，使中国能在困难中建设起来。中国要从农业国变为工业国，科学的发展是很重要的，我希望依靠今天这个盛会，能使大家团结起来，完成建设新中国的大业。

6月20日 听取铁道部门负责人关于铁路运输情况的汇报。

6月21日 毛泽东、朱德致电原国民党广东绥靖公署副主任吴奇伟和其他国民党军官李洁之等，欢迎他们于五月间率部在粤东、闽西起义，配合当地人民解放军，占领以广东省梅县为中心的广大区域。电文称："接读诸先生五月十四日宣言，决心脱离国民党反动派，加入人民解放军行列，极为欣慰。希望你们遵守人民解放军制度，改造部队，与人民解放军整个力量协同一致，为解放广东全省而奋斗。"并指出："广东的一切国民党军，凡愿脱离反动派，加入人民解放军方面者，我们将一律不咎既往，表示欢迎。"

6月23日 听取中国人民银行行长南汉宸关于货币问题的汇报。

6月24日 听取北平市人民政府企业局负责人关于门头沟煤矿、电车公司、汽车公司等厂矿企业情况的汇报。

6月25日 听取新民主主义青年团中央委员会常委会文教部长钱俊瑞汇报中国代表团赴欧洲出席世界拥护和平大会情况。

6月27日 致函华北军政大学副校长曾涌泉、副政委朱良才，祝贺军大成立一周年，并充分肯定军大一年来取得的成绩，指出：你们进行了很多工作，收集了过去的战争经验，编了许多教材，训练了一部分教员，教育毕业了一大批学生，这是你们与全体教职员努力的结果，你们的教育方法走上了正规化道路，打起了国防教育新基础。望你们在这个基础上面再努力进行，真正建立起新的国防教育的军大，预祝你们成功。

7月1日　与毛泽东、刘少奇、周恩来等出席中共中央华北局、中共北平市委在先农坛体育场召开的纪念中国共产党诞辰二十八周年大会，并讲话指出：中国共产党成立二十八周年的艰苦奋斗，到现在取得了基本的胜利。这个胜利是马列主义的胜利，是无产阶级国际主义的胜利。纪念党诞生二十八周年，就必须加强全党马列主义的学习，提高全党马列主义思想水平。推翻国民党的反动统治，只是万里长征走完了第一步。更伟大、更艰苦、更复杂的任务还在前面，全国胜利以后，经济建设就成了压倒一切的中心任务。要特别认识经济建设的重要性，认真地、努力地学会做经济工作，把我国从落后的农业国变为先进的工业国。

△　在中华全国铁路职工临时代表会议上讲话：革命战争已接近全国的最后胜利，在这胜利形势下，铁路工人最大的任务是："迅速恢复全国的铁路交通，支援人民解放战争，争取全国最后胜利。"

△　在北平石景山钢铁厂庆祝全面开工大会上讲话，号召职工迅速清除敌人造成的破坏，恢复和发展生产，并要求驻厂军代表向老工人学习，向技术人员学习，拜他们为师，老老实实地学，只要钻进去，三年五年，十年八年，就能变成搞钢铁的行家。

△　晚十九时五十分，为纪念建党二十八周年对全国发表广播演讲。

7月2日　在中华全国文艺工作者代表大会上代表中共中央致辞，说：中国的新文艺运动与人民革命斗争有着广泛的、不可分离的关系。文学艺术工作者在将来的新时代中，要担负比过去更重大的责任，这主要的就是用文学艺术的武器鼓舞全国的人民。首先是劳动人民团结一致，克服困难，改正缺点，来努力建设我们的独立、自由、民主、统一、富强的新国家。我们的国家，在经历重重困难以后，将要达到一个光明的兴旺的时代。真正和人民站在一起的文学艺术，也一定是要兴旺起来的，希望全国的文学艺术工作者团结起来，加强工作，迎接这个新时代。

7月4日　在中央团校第一期学员毕业典礼上讲话，指出：这一期毕业的学员多半是从农村中来，现在回到农村中去，第一，要注意城乡结合，搞好生产建设；第二，要彻底肃清农村中反动的封建残余势力；第三，要为实现农业社会化而努力，要提高农业生产，普及农村文化教育，注意提倡农村卫生，破除封建迷信，改造二流子；第四，要很好地在农村中做好培养教育青年的工作；第五，要培养提拔大批青年干部，供给各方面的需要。

7月7日　代表中国人民解放军和其他党派团体代表一起签署发表《新政治协商会议筹备会各党派各团体为纪念七七抗日战争十二周年宣言》。

△　与毛泽东、周恩来等出席北平各界二十余万人在天安门广场举行的为纪念七七抗战十二周年并庆祝新政治协商会议筹备会成立举行的群众集会。

△　为纪念七七抗日战争十二周年，在北平新华广播电台向全国军民发表广播演说，坚决反对美国扶助日本侵略势力，要求按照波茨坦协定，实现日本非军国主义化并进行民主改革。号召全国军民在政治、军事、经济、文化各条战线上，百倍努力地工作，消灭反动派的残余，打击反动派的破坏活动，发展工业生产、农业生产和文化教育事业。

7月9日　与毛泽东、周恩来在中南海怀仁堂接见出席全国铁路职工临时代表会议暨全国机务会议全体代表和铁道部、铁道兵团、平津铁路管理局部分工作人员。

7月10日 就朱德提议"派学生赴苏联学习空军，六个月毕业即可使用"一事，毛泽东致信周恩来：根据朱德建议，可考虑选派三四百人去苏联学习空军。同时购买飞机一百架左右，连同现有的空军组成一个攻击部队，掩护渡海，准备明年夏季夺取台湾。同时须考虑在闽、浙两省建立飞机隐蔽库。

△ 与夫人康克清到玉泉山看望因病休养的任弼时。

7月11日 毛泽东、朱德复电奖勉原国民党第二十二军军长左协中及全体官兵，欢迎他们于五月二十九日与人民解放军签订协议，接受和平解决方案，于六月一日在陕西省榆林起义。电文说："尚望努力团结部队，加强整训，改造官兵、军民关系，为参加西北解放斗争的伟大任务而奋斗。"

7月12日 出席中华全国民主妇女联合会举办的第一期保育干部训练班开学典礼，在会上讲话，勉励全体学员处处为孩子、为人民大众、为建设新社会着想，搞好保育工作。

7月14日 在中国社会科学工作者代表会发起人会议上讲话：中国革命的胜利，就是马克思列宁主义的胜利。拥护中国革命胜利的人，必须承认这个真理，注意这个真理，研究这个真理。中国社会与历史还有许多许多荒地需要社会科学来开垦，需要从研究当中得出科学结论。他号召社会科学工作者努力学习马克思列宁主义，埋头工作，取得更大的成绩。

7月15日 代表中共中央及中国人民革命军事委员会，在北京大学民主广场，向解放军南下工作团第一、第三分团各队干部、学员及总团直属队工作人员六千余人讲话，欢送大家南下，迎接新任务。勉励他们向人民学习，向毛泽东学习，改造自己，树立革命人生观，加强组织纪律性，加强团结，努力工作。

△ 在华北人民革命大学第一届毕业学员大会上讲话，勉励学员毕业后在工作岗位上要全心全意依靠工农群众，随时随地关心工农利益，办一切事情都要以工农利益为出发点；要虚心向群众学习，与工农群众紧密结合，打成一片。要养成凡遇问题，就去分析、研究的作风。要和实际工作紧密结合，认真学习马列主义、毛泽东思想，提高理论水平、政治觉悟和工作能力；抱定不为名、不为利、长期地干下去的决心，把自己改造好，把社会改造好。

7月16日 在中苏友好协会发起人大会上讲话，号召大家增进中苏友谊，虚心地向苏联学习，学习他们的建设经验和科学文化，用到我们伟大祖国的建设方面来。

7月21日 以中共中央委员会、中国人民革命军事委员会名义，与周恩来在北京饭店设宴招待全国文艺工作者代表大会全体代表，祝贺大会的胜利成功。

7月23日 在全国工会工作会议开幕式上讲话：工人阶级是我们国家的领导阶级，工人阶级应当认清自己所处的地位。在国营企业中，工人阶级应该面向生产，学习经营管理，努力提高政治和科学文化水平。在私营企业中，工会是工人阶级的阶级组织，应该坚定不移地保护工人阶级的利益。但是，工人阶级的利益并不等于无限制地增加工资。如果这样，那就是经济主义者的路线，是落后工人的情绪，而不是真正工人阶级的利益。总之，革命的终极目的就在于发展生产。为着支援当前尚未结束的解放战争，需要发展生产；为着建设新中国，使中国由农业国变为工业国，由新民主主义转变到社会主义，更需要发展生产，特别是发展工业。发展生产，发展工业，是中国人民的要求，也是工人阶级的要求，也是我们党的要求。

工会是新民主主义政权的重要支柱，是党联系工人群众的纽带，党的工业政策、工业计划与工资政策、劳资关系的政策，都是经过工会而深入到工人群众中去，并由工人群众实现之。八月十六日，在闭幕式上再次讲话，指出：我们取得了胜利，但是还有许多困难摆在我们面前，我们要从克服困难中建立家务。号召全国工人阶级要吃苦在前享福在后，要有全局观念，组织起来，为恢复和发展生产而努力。这篇讲话以《关于工会工作的几个问题》为题编入《朱德选集》。

△ 在中华全国第一次教育工作者代表会议筹备会上讲话。指出：今后中国人民的任务，一方面要继续肃清反动派的残余力量，另一方面要用极大的力量，恢复和发展人民的经济和人民的文化教育事业。我们在经济上要把我们的国家，从一个落后的农业国建设成为一个先进的工业国；在文化上要从一个文盲遍地、文化落后的旧中国建设成为教育普及、文化发达的新中国。教育工作在今后的建设工作中将占据极其重要的地位，全体教育工作者必须拿出无限的忠诚和才能，来完成中国人民所给予的光荣任务。

7月28日 为中国戏曲改进会发起人大会题词："开展平剧改革运动"。

7月31日 在华北大学第一部同学毕业典礼上讲话，勉励同学们要做到解放军打到哪里就到哪里工作，要与当地解放前的地下干部相结合，经过他们与当地群众建立联系，依靠工人团结农民，一心一意为他们服务，建立新政权、新文化、新经济，在当地的群众中生根下去。

△ 与毛泽东在中南海接见刘亚楼、王弼、吕黎平，研究关于建立空军去苏联谈判问题。

7月 为解放军总部编辑出版《中国人民解放战争三年战

绩》一书题词："这是决定中国人民解放战争的基本胜利进程表"。

△ 为《新中国妇女》杂志创刊题词："为建设新中国而奋斗"。

8月1日 为华北军区机关报《华北解放军》题写报名，并在创刊号头版题词："学习正规化，保护国防"。

8月5日 毛泽东、朱德致电四日在长沙通电起义的国民党原湖南省政府主席、长沙绥靖公署主任程潜，国民党军原第一兵团司令官陈明仁，指出：为对抗广州伪府，为维护湖南秩序，为稳定军心，为便利谈判，为号召各方，所提设立由先生领导的中国国民党湖南人民临时军政委员会及陈明仁将军的中国国民党湖南人民解放军司令部两项临时机构，并由临时军政委员会派出临时性质的省政府主席及湖南人民解放军司令官，均属必要，可即施行。总之，解决湖南及西南各地需要借重先生及贵方同志之处甚多，只要于人民解放军进军及革命工作有利，各事均可商量办理。

8月9日 在北平各界代表会议上讲话，号召北平各界人民努力恢复和发展生产，尤其是要努力恢复和发展工业生产，打下建设新北平的基础。

8月12日 参加中央财政经济委员会会议，研究成立化工部和讨论海关、税收等问题。

△ 第一野战军各兵团自陇东向兰州、西宁攻击前进。二十六日解放兰州，九月五日进占西宁，中旬，青海全省解放。

8月13日 毛泽东、朱德致电陈明仁，就其十二日来电，建议取消湖南人民临时军政委员会派出的临时性质的湖南省政府，正式成立省人民政府一事，答复说："湖南举义，遐迩欢迎，颂云〔1〕先生及贵主席领导有方，为功极大。贵主席主持之过渡时期省政机构极为必要，仍应行使职权，借维秩序，并利号召。尚望贵主席团结所属，再接再厉，弟等则嘱中共人员与颂云先生及贵主席推诚合作，以利革命事业之推进。至人民省政府之建立，当俟军事有进一步发展，并与颂云先生及贵主席商酌，然后办理较为适宜。贵主席如有所见，尚望随时见教。"

8月15日 听取兵工生产情况的汇报。

8月16日 毛泽东、朱德复电程潜、陈明仁，对他们于八月四日率部在长沙起义表示欢迎。指出："诸公率三湘健儿，脱离反动阵营，参加人民革命，义声昭著，全国欢迎，南望湘云，谨致祝贺。尚望团结部属，与人民解放军亲密合作，并准备改编为人民解放军，以革命精神教育部队，改变作风，力求进步，为消灭残匪，解放全中国人民而奋斗。"

8月28日 毛泽东、朱德、周恩来等五十余人，到火车站欢迎孙中山夫人宋庆龄自沪抵平。当晚，出席毛泽东招待宋庆龄的宴会。

△ 致函周恩来，说："请下一通令，训练沿海群众无论何项船只遇难靠岸均应看守保护清查，不得破坏东西。"周恩来当日批示："遵照总司令指示拟一电令。"

8月29日 听取上海市负责人关于上海工农业生产、金融贸易、劳资关系等情况的汇报。

9月1日 在共产党与工人党情报局机关报《争取持久和平，争取人民民主！》上发表《中国人民的解放斗争》一文，文中说：中国革命的武装斗争所经历过的具体道路，就是我们

---

〔1〕 颂云，即程潜，字颂云。

党在毛泽东领导下,走农村包围城市,最后夺取城市的道路。中国革命的武装斗争是建立在坚固的工农联盟的基础上,同时联合其他人民大众的武装斗争。毛泽东总结出来的中国革命的三个主要经验:武装斗争,统一战线,党的建设,这三者是不可分割的,我们是依靠这三者去取得胜利的。同时,中国人民的解放斗争,得到苏联和全世界其他国家无产阶级和一切革命人民的援助,没有这些援助,我们是不可能获得胜利的。

9月2日 出席新中国妇女职业学校开学典礼并讲话,勉励大家在建立新北平、把消费城变为生产城的原则下,势必先学而后做才能做得好,做到老,学到老,去掉贵族思想,必须与群众结合,安心学,努力学,为社会服务而学,与实际工作结合起来,现在只是开始。

9月6日 在华北供销合作总社训练班毕业典礼上讲话,指出:必须把合作社办好。合作社的任务是把广大的工人、农民、小生产者等组织起来,它是群众的经济组织,又有国家经济的直接扶植,因而这就决定了它有广阔发展的前途。合作社首先要为社员服务;其次要为当地的人民服务;再次要为国家服务。今后要着重于组织和发展乡村合作社,然后再逐步地向上发展,这样才算有了基础。

9月7日 在华北电业干部会议上讲话,说:华北目前主要工作是建设,电业须有必要的准备。燃料是重工业的基础,是各种工业之母。要建设一个强国,首先就要发展燃料工业,包括煤炭、煤油、电业。经营管理要合理化,要统一调度配合,农村与城市,白天与夜晚都要配合好,又有电用,又不浪费。经营上要企业化,要向其他各企业看齐。

△ 与毛泽东、周恩来等,到车站欢迎湖南省军政委员会主任程潜自长沙抵达北平。八日,出席毛泽东招待程潜的宴

会。

△ 宁夏战役开始。第一野战军第十九兵团从兰州、定西、海原地区分三路向宁夏省会银川进军,二十四日,进驻银川,宁夏宣告解放。

9月12日 在北平交际处宴请程潜、陈明仁,出席宴会的还有刘伯承、陈毅、聂荣臻、林伯渠、粟裕、黄克诚等。

9月13日 衡宝战役开始。第四野战军主力及第二野战军一部共四十万兵力分两路对敌白崇禧部发起进攻,至十月中旬结束。解放湘南、湘西大部地区,为进军广西全歼白崇禧部创造了条件。

9月14日 在中共中央军委卫生部召开的第二届药学工作大会上讲话,指出:今后药学事业要赶上医学在中国的发展,并应从中药中提炼精制,来代替一部分西药,以求得自力更生。他说:过去解放区药学事业主要是为军队服务,今后要注意为老百姓服务,并且要在各地成立教育研究机构。

9月17日 中国人民政协筹备会举行第二次全体会议,由筹备会常委会副主任周恩来代表常委会向会议报告三个月来的筹备工作。会议原则通过了《中国人民政治协商会议组织法》、《中国人民政治协商会议共同纲领》、与《中华人民共和国中央人民政府组织法》三个草案。会上,中国人民解放军代表团首席代表朱德起立声明代表中国人民解放军表示完全同意这三个草案。

9月20日 毛泽东、朱德致电原国民党西北军政长官公署副长官兼绥远省政府主席董其武等,欢迎他们率部于九月十九日在绥远通电起义。电文指出:"看了你们九月十九日的声明,你们的立场是正确的。自从傅作义将军领导北平和平解放后,人民表示欢迎,反动派表示反对。反动派还企图破坏绥远军民和平解放的努力,但是终归失败,你们已经率部起义,脱离反动派,站在人民方面了。希望你们团结一致。力求进步,改革旧制度,实行新政策,为建设人民的新绥远而奋斗。"

9月中旬 在聂荣臻陪同下,视察北平南苑机场,检阅空军飞行大队、飞机和空勤人员。

9月21日—29日 出席中国人民政治协商会议第一届全体会议。会议代行全国人民代表大会职权,通过起临时宪法作用的《中国人民政治协商会议共同纲领》。二十四日,在会上代表中国人民解放军代表团发言,宣布:"我们一致拥护中国人民政治协商会议组织法草案、中华人民共和国中央人民政府组织法草案和中国人民政治协商会议共同纲领草案。中国人民解放军愿意坚决服从中国人民政治协商会议的共同纲领,并在中央人民政府领导之下,为完全实现这个纲领而奋斗。"同时向全国人民保证:我们一定要忠实地保卫中国的独立和领土主权的完整,保卫中国人民的革命成果和一切合法权益。并一定要建立一支统一的、现代化的、政治上坚定地为人民服务的强大的人民军队。

9月23日 中国共产党主席毛泽东、中国人民解放军总司令朱德举行晚宴,宴请程潜、张治中、傅作义、邓宝珊、黄绍竑等二十六名原国民党高级将领。席间,毛泽东和朱德几次举杯庆祝到会诸将领起义胜利,并高度评价他们响应人民和平运动的功绩。使国民党残余军事力量加速了瓦解,使人民有了迅速增强的空军和海军。

9月26日 在中共北平市委干部训练班第三期学员大会上作关于恢复发展生产的报告,该期学员均为公营工厂工人。讲话着重讲了"工人阶级怎样在工厂做主人和怎样领导国家"。他说:"工人阶级当了主人,成为国家的领导阶级,就必须大公无私,努力发展生产,为人民服务。工人发展生产,同时也就是为了工人自己改善生活。因为把工厂搞好了,生产发展了,国家经济繁荣起来了,工人的生活改善就有了物质条件。也就解决了工人自己和家庭生活的困难。""工人阶级应该像保护自己的眼睛一样来保护工厂的机器和一切国家财产。"

9月28日 毛泽东、朱德复电原国民党西北长官公署副长官、新疆省警备总司令陶峙岳和新疆省政府主席包尔汉,欢迎他们于九月二十五日、二十六日先后通电率部起义。指出:"我们认为你们的立场是正确的。你们声明脱离广州反动残余政府,归向人民民主阵营,接受人民政治协商会议的领导,听候中央人民政府及人民革命军事委员会的命令处置,此种态度符合全国人民的愿望,我们极为欣慰。希望你们团结军政人员,维护民族团结和地方秩序,并和现在准备出关的人民解放军合作,废除旧制度,实现新制度,为建立新新疆而奋斗。"

9月30日 出席中国人民政治协商会议第一次全体会议闭幕式。会议选举毛泽东为中华人民共和国中央人民政府主席,朱德、刘少奇、宋庆龄、李济深、张澜、高岗六人为副主席,陈毅、贺龙等五十六人为中央人民政府委员;选举一百八十人为中国人民政治协商会议第一届全国委员会委员。会议通过《中国人民政治协商会议宣言》。《宣言》指出:"中国的历史,从此开辟了一个新的时代。""中华人民共和国现已宣告成立,中国人民业已有了自己的中央政府。这个政府将遵照共同纲领在全中国境内实施人民民主专政。它将指挥人民解放军将革命战争进行到底,消灭残余敌军,解放全国领土,完成统一中国的伟大事业。"会议还通过《给全国人民解放军的致敬电》、竖立"为国牺牲的人民英雄纪念碑"的决定和由毛泽东起草的纪念碑碑文。朱德在会议结束时致闭幕词:"中国人民政治协商会议第一届会议的工作,已经胜利地完成了。我们全体一致,宣告了中华人民共和国的成立。我们通过了人民政治协商会议组织法,中央人民政府组织法和共同纲领,选举了中央人民政府主席、副主席、委员和人民政治协商会议的全国委员会,定了国旗,决定了国都、国歌和纪年。我们所做的这一切工作,都符合于人民的意志。""我们既然能够团结一致,开创了中华人民共和国,我们就一定能够团结一致把我们国家建设好,把我们的国家引导到繁荣昌盛的境地。"这篇闭幕词以《中国人民政治协商会议第一届全体会议闭幕词》为题编入《朱德选集》。

△ 下午六时,毛泽东、朱德、刘少奇、周恩来等,同出席中国人民政协会议的全体代表在天安门广场举行人民英雄纪念碑奠基典礼,为纪念碑执锹奠基,并表示对于先烈的崇敬。